Schüz, Grundriß der Vogelzugskunde

Grundriß der Vogelzugskunde

Von

ERNST SCHÜZ
Professor, Dr. phil. habil.

Ehem. Direktor des Staatlichen Museums für Naturkunde in Stuttgart,
ehem. Leiter der Vogelwarte Rossitten der Kaiser-Wilhelm-Gesellschaft
sowie der Vogelwarte Radolfzell der Max-Planck-Gesellschaft zur Förderung
der Wissenschaften

unter Mitarbeit von

PETER BERTHOLD
Dr. rer. nat., Vogelwarte Radolfzell
am Max-Planck-Institut für Verhaltensphysiologie

EBERHARD GWINNER
Dr. rer. nat., Max-Planck-Institut
für Verhaltensphysiologie in Erling-Andechs

HANS OELKE
Dr. rer. nat., Groß-Ilsede

Zweite, völlig neubearbeitete Auflage

Mit 142 Abbildungen

1971

PAUL PAREY IN BERLIN UND HAMBURG
Verlag für Landwirtschaft, Veterinärmedizin, Gartenbau, Fischerei, Forst- und Jagdwesen
BERLIN 61, LINDENSTRASSE 44—47

Die erste Auflage, verfaßt von E. Schüz, erschien 1952 unter dem Titel „Vom Vogelzug, Grundriß der Vogelzugskunde“ im Verlag Schöps (Frankfurt/Main) als Vogelwartenbuch Nr. 4. Die vorliegende Neuauflage rechnet als Nr. 10 dieser Reihe. Voraus gingen:

1. J. Thienemann: Rossitten (1. Aufl. 1927, 5. Aufl. 1941)
2. J. Thienemann: Vom Vogelzuge in Rossitten (1931)
3. O. Uttendörfer mit G. Bodenstein und R. Kuhk: Neue Ergebnisse über die Ernährung der Greifvögel und Eulen (1952)
5. F. Goethe: Die Silbermöwe. Neue Brehm-Bücherei Nr. 182 (1956)
6. E. Schüz: Die Vogelwelt des Südkaspischen Tieflandes (1959)
7. H. Löhrl: Die Kleiber Europas. Neue Brehm-Bücherei Nr. 196 (2. Aufl. 1967)
8. H. Bub: Vogelfang und Vogelberingung, Teil I (1966, 3. Aufl. 1971), Teil II (1967), Teil III (1968), Teil IV (1969, 2. Aufl. 1970). Neue Brehm-Bücherei, Nr. 359, 377, 389, 409.
9. G. Thielcke: Vogelstimmen. Verständliche Wissenschaft, Bd. 104 (1970)

Schutzumschlag- und Einbandgestaltung:
Christian Honig, Neuwied am Rhein

ISBN 3 489 75534 0

Vorwort

Als dieses Buch erstmals 1952 unter dem Titel „Vom Vogelzug, Grundriß der Vogelzugskunde“ erschien, war Jahre hindurch friedliche Arbeit gestört gewesen, und so brach erst nach Erscheinen der Ausgabe 1952 die eigentliche Lawine wichtiger und tiefgreifender Neuerscheinungen über uns herein. Es ist bekannt, wie viele und wie fördernde neue Methoden in den letzten zwei Jahrzehnten erarbeitet wurden: Das Registrieren der Zugrichtungen im Laboratorium, das Erfassen des Zuges durch Radar, das Verfolgen von Einzelvögeln durch Funkpeilung, der Ausbau physiologischer Untersuchungen und der Einsatz statistischer Verfahren. Diese Fortschritte ließen auch die Maßstäbe strenger werden, die an Beobachtung und Beringung zu legen sind. Die Felduntersuchungen haben zudem nun die entlegensten Gebiete erfaßt. Der jährliche Anfall an Veröffentlichungen ist größer als jemals; neue Periodica entstanden, und unsere Themen drangen zudem in weitere Zeitschriften ein. So nahm der Verfasser Anlaß, sich für die Neuauflage 1971 der Mitwirkung tüchtiger jüngerer Kräfte zu versichern. Die Abschnitte Zugphysiologie und Orientierung sind selbständige Arbeiten von Dr. PETER BERTHOLD (Vogelwarte Radolfzell) und Dr. EBERHARD GWINNER (zur Zeit Universität Stanford). Dr. HANS OELKE (zur Zeit McMurdo Station, Cape Crozier, Antarctica) hat wesentlichen Anteil an dem Methoden-Kapitel. Leider konnte ich mich nicht mehr wie bei der ersten Auflage der Mithilfe des Meteorologen Professor Dr. HEINRICH SEILKOPF (Hamburg) erfreuen; er verstarb am 27. Juni 1968. Indes wirken seine Anregungen nach, zumal wir bis zu seinem Tod in Gedankenaustausch standen und auch einige Notizen erhalten blieben. Ich habe auf diesem Fachgebiet nun den früheren Direktor des Wetteramtes Stuttgart, Regierungsdirektor a.D. Dr. RUDOLF NESTLE, dafür zu danken, daß er meine Niederschrift kritisch durchsah und das Umzeichnen der Wetterkarten überprüfte. Dipl.-Ing. GERWIN DIENGER (Universität Stuttgart) hat bei der Bearbeitung der Flugprobleme (Seiten 18 und 233) wesentlich mitgeholfen. Dr. VOLKER DORKA (Tübingen) bereicherte Seite 40 das „Bild des Zuges“ durch eine Schilderung vom Alpenpaß Cou-Bretolet. Weiterhin gewährten Rat und Hilfe: Professor Dr. RUDOLF DROST und Wissenschaftlicher Direktor Dr. FRIEDRICH GOETHE (Vogelwarte Helgoland, Institut für Vogelforschung, Wilhelmshaven), Dr. RUDOLF KUHK und Dr. GERHARDT ZINK (Vogelwarte Radolfzell am Max-Planck-Institut für Verhaltensphysiologie), Dr. DIETRICH RISTOW (Beuel), Dr. ALFRED SCHIFFERLI (Leiter der Schweizerischen Vogelwarte Sempach), Professor Dr. STAFFAN ULFSTRAND (Universität Lund) und Studienrat HANS WOLPERS (Hildesheim). Unter denjenigen Fachleuten, die durch eingehende Kritik der Auflage 1952 auch dieser Neufassung dienten, erwähne ich den verstorbenen Professor Dr. HANS Baron GEYR VON SCHWEPPENBURG (Eicks) und Herrn HERBERT RINGLEBEN (Vogelwarte Helgoland). Zu den Bildern leistete einen dankenswerten Beitrag Professor Dr. ERWIN LINDNER (Staatliches Museum für Naturkunde in Stuttgart), und eine Anzahl Zeichnungen fertigte Ing. grad. HARTMUT HECKENROTH (Hannover), Photounterlagen Herr GEORG KUBE (Geislingen/Steige). Die Büchereien des Staatlichen Museums für Naturkunde in Stuttgart und der Vogelwarte Radolfzell ergänzten die eigenen Separatensammlungen. Viele hier benützte Arbeiten hatten schon in „Die Vogelwarte" einen kurzgefaßten Niederschlag gefunden, so daß ihre Verwendung vorbereitet war.

Gedankt sei schließlich dem Verlag Paul Parey, der unseren Wünschen großes Verständnis entgegenbrachte und um eine gute Ausstattung bemüht war.

Wer die Bücher 1952 und 1971 vergleicht, wird sowohl im Inhalt als auch im Aufbau wesentliche Unterschiede feststellen. Einige heute nicht mehr so wichtige Gesichtspunkte konnten wegfallen. Da so viel Neues einzubeziehen war, übertrifft die neue Auflage im Umfang trotzdem die alte beträchtlich; es waren einst 231 Seiten und 55 Abbildungen. Dabei überschritten wir auch jetzt den Maßstab eines „Grundriß" nicht (manche Benutzer werden stellenweise ein weiteres Eingehen vermissen). Bei dem Ringen mit der Fülle des Stoffs hat uns auch die Frage der Literaturauswahl sehr bedrängt. Auf manche an sich wichtige Arbeiten wurde notgedrungen verzichtet, besonders bei Themen, für die eine neue umfassende Übersicht zitiert werden konnte.

Wenn dieses Buch erscheint, sind seit der Gründung der Vogelwarte Rossitten 70 Jahre verflossen, und einige Monate später werden es 25 Jahre, daß sie als Vogelwarte Radolfzell in Schloß Möggingen einzog. Manches in diesem Buch spiegelt die Arbeit dieses Instituts und der mit uns in gutem Kontakt stehenden Vogelwarte Helgoland wider. Aber oft und oft kommt zum Ausdruck, daß in allen Erdteilen ein großer Kreis am Werk ist, um in die Geheimnisse der Vogelwanderungen einzudringen. So haben viele, nah und fern, unmittelbaren Anteil an dem, was wir hier ausgebreitet haben.

Ludwigsburg, Dezember 1970 Ernst Schüz

Inhalt

A. Vogelzug – eine Form der Tierwanderungen

Übersichtsliteratur

Tierwanderungen

Wanderungen sind bei Tieren sehr verschiedener Organisationsstufen ein wichtiges Mittel der Lebensbewältigung geworden. Die Tiere können je nachdem schwimmend, laufend oder fliegend ungünstig gewordene Gebiete fliehen und bessere aufsuchen. Da solche Räume nicht beliebig zur Verfügung stehen, kommt es vielfach auf ein Pendeln hin und her hinaus, zumal die Nutzbarkeit der Biotope den Jahreszeiten entsprechend wechseln kann. Das ist nicht immer so; einer „Emigration" muß nicht unbedingt eine „Remigration" folgen. Das wird besonders dann der Fall sein, wenn fliegende Tiere sich passiv der Winddrift überlassen. Insekten: Manche Wanderzüge laufen sich allmählich tot (Wanderheuschrecken). Erst dann sprechen wir von Zug, wenn Tiere wieder eine Rückwanderung antreten. Eine Nahost-Getreidewanze, *Eurygaster integriceps*, erlebt in Getreideebenen im Frühjahr und Frühsommer eine kurze Aktivzeit. Die eben erwachsenen Jungen wandern Mitte Sommer 10 km, aber auch 150 km, jedenfalls nicht mehr als 200 km weit ins Gebirge, um nach der Überwinterung dort im Frühjahr zur Fortpflanzung in die Felder herabzufliegen. Diesem Verhalten in Anatolien steht ein umständlicheres in Usbekistan gegenüber. Die Wanzen begeben sich hier nach einer Sommerruhe in 2000 bis 2400 m Höhe im Herbst in Lagen von etwa 1500 m, um nun von hier nach dem Überwintern die Tieflagen zur Fortpflanzung (und zum Absterben) aufzusuchen, so daß es für die Art also 3 Wanderungs- und 2 Ruheperioden gibt. Der in Nordamerika berühmte Monarch-Schmetterling (*Danaus plexippus*) bezieht z.B. in Südkalifornien und Florida Jahr für Jahr sein Winterquartier. Ein Teil der Falter kommt 3000 km weit von Kanada und begibt sich zur Fortpflanzung dorthin wieder zurück. Unter den Wirbellosen können noch Tintenfische (Vertreter der Mollusken) als Saisonwanderer auftreten. Berühmte Wanderer sind eine Anzahl Fische. Soweit sie zwischen Süß- und Salzwasser wechseln, ziehen sie „katadrom" oder „anadrom". Unter den letzteren, die zum Laichen vom Meer in die Flüsse aufsteigen, sind die verschiedenen Lachsarten genauer untersucht. Sie vermögen mit großer Genauigkeit ihren Heimatstrom, aus dem sie stammen, wiederzufinden. Während die

Oncorhynchus-Lachse des Pazifik nach dem Laichen sterben, treiben die atlantischen Lachse (*Salmo*) nach dem ersten Laichen in die See zurück; sie können später erneut zum Laichen in die Oberläufe der Flüsse aufsteigen. Katadrom verhält sich der Aal, der im Sargassomeer des Westatlantik laicht. Die Jungen ziehen als durchsichtige Glasaale in die Flüsse, etwa in einem Jahr in diejenigen des östlichen Nordamerika, in $2^1/_2$ Jahren in westeuropäische (auch NW-afrikanische) Ströme, wobei die Golfstromdrift den Transport beeinflussen dürfte. Die im Süßwasser reif gewordenen Aale wenden sich ozeanwärts. Nach der Theorie von Tucker (1959) finden nur die neuweltlichen Aale in das Sargassomeer zur Fortpflanzung zurück, während die zahlreichen altweltlichen Aale auf verlorenem Posten stehen und beim Versuch der Rückwanderung im östlichen Nordatlantik zugrundegehen. Diese Annahme ist noch sehr umstritten. — Unter den Reptilien sind vor allem Seeschildkröten große Wanderer. Die brutreifen Tiere wissen zur richtigen Zeit an ihre Brutplätze zurückzufinden, so etwa *Chelonia mydas* von Brasilien aus, sogar der Strömung entgegen, 1400 Seemeilen weit zur Küste der Insel Ascension.

Bei den Säugetieren spielen Wanderungen ebenfalls für Weltmeerbewohner wie Robben und Wale eine lebenswichtige Rolle. Der Eisbär (*Thalarctos maritimus*) befindet sich offenbar viel auf Wanderschaft, wohl als mehr oder weniger passiver Gast der Packeisdrift. Als Nomadismus kann die Wanderweise der Huftiere vor allem Afrikas gelten; auch das Rentier in Taiga und Tundra verhält sich so, und das Nomadisieren huftierhaltender Menschen ist auch nichts anderes als eine zweckvolle Anpassung an die Weidebedürfnisse. Es kommen Wanderwege zwischen Sommer- und Winterweide bis zu 1000 km vor. Die Darbietung künstlicher Wasserstellen vermag den Wanderbetrieb nicht oder nur in manchen Fällen zu dämpfen. Die Regelmäßigkeit der Bewegungen kann durch wechselnde Gunst oder Ungunst gestört werden, so daß es allerlei Übergänge zwischen streng gleichmäßigem Verhalten und wenig geordneten Bewegungen (die offenbar einst für den amerikanischen Bison, *B. bison*, zutrafen) gibt. — Auch Fledermäuse können einen echten Zug ausführen.

Der Mensch ist wie angedeutet als Nomade letzten Endes durch die Bedürfnisse seiner Weide- oder Beutetiere gelenkt. Indes wohnen auch ihm triebhafte Grundlagen inne: Das klassische *Ver sacrum*, die Wanderlust und die Fernsiedlungsbereitschaft des jungen Mannes gehen offenbar ebenfalls auf angeborene Anlagen zurück.

Bei keiner Tiergruppe sind indes Wanderungen so entwickelt und so in den Dienst der Arterhaltung gestellt wie beim Vogel; so haben die Erscheinungen des echten Zuges hier die stärkste Ausprägung erfahren.

Über Tierwanderungen mit Ausnahme der Vögel siehe in der nachfolgenden Liste u.a. die Sammelwerke von H. Hediger (1967, dabei auch W. Luther, Fische, H. Roer, Insekten, Fledermäuse, F. Walther, Tierstraßen in Afrika, H. Wermuth, Reptilien), J.D. Carthy (1957), O.v. Frisch (1969), S.A. Gerlach (1965) und O. Kalela (1961).

Ferner: C. B. Williams (1961): Die Wanderflüge der Insekten. Hamburg & Berlin. — D. W. Tucker (1969): A new solution to the eel problem. Nature (London) 183—185. (Dazu Erwiderungen.)

Literatur

Hier seien vorweg die mehr allgemeinen Arbeiten genannt, die an verschiedenen Stellen des Buchs herangezogen sind. Die spätere Bezugnahme erfolgt so, daß den einzelnen Literaturlisten Verfasser und Jahreszahl mit einem beigefügten (A) vorausgeschickt sind. Auch sonst sind Zitatwiederholungen in dieser Weise abgekürzt, so daß also solche Kurznennungen etwa mit (D 12) oder einem anderen Abschnitthinweis versehen sein können. Leider läßt sich dabei nicht vermeiden, daß eine mehrfach zitierte Arbeit nicht immer an der wichtigsten Stelle steht. Im übrigen sind in Anbetracht des lawinenhaften Anwachsens des Schrifttums die Listen ganz und gar unvollständig; notwendigerweise wurde besonders auf ältere Arbeiten verzichtet, da sie ja in den neueren eingeschlossen zu sein pflegen. Im übrigen findet man Weiteres in dem Schriftenschau-Teil von *Der Vogelzug* (1930 bis 1943) und *Die Vogelwarte* (1948 bis jetzt) erwähnt oder auch besprochen; ferner sei auf den Literaturteil der ersten Auflage dieses Buches (1952) verwiesen.

Über die Form der Zitate sei bemerkt, daß wir bewußt Kürzungen vorgenommen haben, um den Druckraum zu entlasten. Das Verbinden von volkstümlichem und wissenschaftlichem Namen und das (in vielen Fällen geradezu unsinnige) Hinzufügen von Subspezies und gar Autorname (!) kann ohne Schaden eingespart werden.

Bannerman, D. A. (1953/63): The Birds of the British Isles. 12 Bände. Edinburgh & London.

Bauer, K. M., & U. N. Glutz von Blotzheim (ab 1966): Handbuch der Vögel Mitteleuropas, herausgegeben von G. Niethammer. Soweit erschienen (Band 1 bis 3).

Berndt, R., & W. Meise (1959): Naturgeschichte der Vögel. Band 1. Stuttgart.

Bernis, F. (1966): Migración en Aves. Madrid. — (Ders. 1966/67): Aves migradores Ibericas. (Non-Passeres, 5 Lieferungen). Madrid.

Brewster, W. (1886): Bird Migration. Mem. Nuttall Orn. Club 1.

Cahn, A. R. (1925): The migration of animals. Amer. Nat. 59: 539—556.

Carthy, J. D. (1957): Animal Navigation. 2. Aufl. London.

Cathelin, F. (1920): Les migrations des oiseaux. Paris.

Clarke, W. E. (1912): Studies in Bird Migration. London.

Cooke, W. W. (1915): Bird Migration. Bull. U.S. Dept. Agricult. 185.

Creutz, G. (1952): Geheimnisse des Vogelzugs. Neue Brehmbücherei 75. Leipzig.

Curry-Lindahl, K. (et al.) (1959—1963): Våra fåglar i Norden (2. Aufl.). 4 Bände. Stockholm.

Darlington Jr., Ph. J. (1957): Zoogeography, The Geographical Distribution of Animals. New York.

Dementiev, G. P., et al. (als Herausgeber) (1959): Migracii schivotnych (Wanderungen der Tiere). Moskau.

Dementjev. G. P., N. A. Gladkov et al. (1966—1970): Birds of the Soviet Union. 6 Bände. Jerusalem. Übersetzung von Ptitsy Sovetskogo Soyusa, Moskau 1951—1954.

Diesselhorst, G. (o. J.): Klasse Aves, Vögel. Handbuch der Biologie Band VI, Heft 29—33. Konstanz.
Dircksen, R. (1961): Vogelvolk auf weiter Reise. Gütersloh.
Dorst, J. (1962): The Migration of Birds. Erweiterte Auflage von Les Migrations des Oiseaux, Paris 1956. London/Melbourne/Toronto.
Duncker, H. (1905): Wanderzug der Vögel. Jena.
Eastwood, E. (1967): Radar ornithology. London.
Edelstam, C., & C. Ramel (1956): Fåglarnas flyttning. Stockholm.
Eibl-Eibesfeldt, I. (1967): Grundriß der vergleichenden Verhaltenskunde. München.
Frisch, O. v. (1969): Über Länder und Meere, Geheimnis der Tierwanderung. Wien.
Gerlach, S. A. (1965): Tierwanderungen. Handbuch der Biologie Band V, Heft 14 bis 19.
Geyr v. Schweppenburg, H. Frh. v. (1955): Allgemeine Prinzipien des Vogelzuges. Acta XI Congr. Int. Orn. Basel: 155—160.
Graeser, K. (1912): Der Zug der Vögel. Leipzig.
Griffin, D. R. (1965): Vogelflug. München. Übersetzung (mit falscher Überschrift) von: Bird Migration, the Biology and Physics of Orientation Behavior. 1964 New York.
Harnisch, E. (1929): Der Vogelzug im Licht moderner Forschung. Leipzig.
Hartert, E. (1903/22): Die Vögel der paläarktischen Fauna. 3 Bände und Nachtrag. Mit F. Steinbacher (1932/38): Ergänzungsband.
Heape, W. (1931): Emigration, migration and nomadism. Cambridge.
Hediger. H. (1967): Die Straßen der Tiere. Braunschweig. Dabei J. Szijj: „Zugstraßen" der Vögel: 134—147.
Hemmingsen, A. M. (1951): Observations on Birds in North Eastern China, especially the Migration at Pai-Tai-Ho Beach. Spolia Zool. Mus. Hauniensis 11. Skrifter Univ. Zool. Mus. København.
Hickey, J. J. (1943): A Guide to Bird Watching. Oxford Un. Press.
Homeyer, E. F. v. (1881): Die Wanderungen der Vögel mit Rücksicht auf die Züge der Säugethiere, Fische und Insecten. Leipzig.
Kalela, O. (1961): Wanderungen (bei Säugetieren). Handbuch der Zoologie 8: 1—40.
Lack, D. (1968): Bird migration and natural selection. Oikos 19: 1—9.
Lincoln, F. C. (1950): Migration of Birds. Circular 16, Fish and Wildlife Service. Washington. — (Ders. 1952): Migrations of Birds. New York.
The Living Bird, Annual of the Cornell Laboratory of Ornithology, Ithaca.
Lönnberg, E. (1935): Svenska Fåglars flyttning. Stockholm.
Lucanus, F. v. (1929): Die Rätsel des Vogelzugs. 3. Aufl. Langensalza.
Marshall, A. J. (1960, 1961): Biology and Comparative Physiology of Birds. 2 Bände (Sammelwerk). New York & London.
Matthews, G. V. T. (1968): Bird Navigation (2. Aufl.). Cambridge.
Moreau, R. E. (1966): The Bird Faunas of Africa and its Islands. London & New York.
Nice, M. M. (1937): Studies in the Life History of the Song Sparrow I. Transact. Linn. Soc. New York Vol. IV. — (Dies. 1943): Ebenso II. Ebenda Vol. VI. — (Dies. 1964): Neudruck beider Bände, Dover Publ. New York. Über Zug siehe Kap. V in Band I.
Niethammer, G. (1937/38/42): Handbuch der deutschen Vogelkunde. 3 Bände. Leipzig. — (Ders. 1958): Tiergeographie. Fortschr. Zool. 11.
Niethammer, G., & H. Kramer (1966): Tiergeographie. Ebenda Band 18 (betr. 1957—1964).
Oordt, G. J. van (4. Aufl. 1960): Vogeltrek. Leiden.
Otterlind, G. (1954): Flyttning och utbredning. Ett bidrag till kännedomen om den skandinaviska fågelfaunans utbredningsdynamik. Vår Fågelvärld 13: 1—31, 83—113, 147—167, 245—261.
Palmén, J. A. (1876): Über die Zugstraßen der Vögel. Leipzig. — (Ders. 1882): Antwort an Herrn E. F. von Homeyer bezüglich der Zugstraßen der Vögel. Helsingfors und Leipzig.

Poll, M. (1958): Les migrations animales. Les Naturalistes Belges 39.
Putzig, P. (1936): Das Wunder des Vogelzugs. Die Welt im Fortschritt. 5: 129—188.
Rensch, B. (1950): Die Verteilung der Tierwelt im Raum. In L. v. Bertalanffy, Handbuch der Biol. V, 1. Teil: 125—172.
Rowan, W. (1931): The Riddle of Migration. Baltimore.
Rudebeck, G. (1950): Studies on Bird Migration. Vår Fågelvärld Suppl. 1, Lund.
Salomonsen, F. (1967): Fugletraekket og dets gåder. 2. Aufl. Kopenhagen. — (Ders. 1969, als deutsche Ausgabe): Vogelzug. München.
Schüz, E. (1929): Der Vogelzug. Naturw. Msch. Aus der Heimat 42: 65—87. — (Ders. 1952): Vom Vogelzug, Grundriß der Vogelzugskunde. Frankfurt/Main.
Schüz, E., & H. Weigold (1931): Atlas des Vogelzugs nach den Beringungsergebnissen. Abh. Vogelwarte Helgoland, Berlin.
Spencer, R. (1963): Instructions to young ornithologists. III. Bird migration. London.
Steinbacher, J. (1951): Vogelzug und Vogelzugforschung. Frankfurt a. M.
Stresemann, E. (1927/34): Aves. Kükenthals Handbuch der Zoologie. Berlin.
Szijj, J. (1967): Siehe Hediger.
Thienemann, J. (1926): Rossitten, drei Jahrzehnte auf der Kurischen Nehrung. Neudamm 4. Aufl. 1938. — (Ders. 1931): Vom Vogelzuge in Rossitten. Neudamm.
Thomson, A. Landsborough (1926): Problems of Bird Migration. London. — (Ders. 1949): Bird Migration. A short Account. 3. Aufl. London. — (Ders. 1964): A New Dictionary of Birds. London & Edinburgh.
Timmermann, G. (1967): Der Vogelzug. Westermann Taschenbuch „Die Vorbereitung“ Band 9. Braunschweig usw.
Tinbergen, L. (1949): Vogels onderweg. Vogeltrek over Nederland in samenhang met landschap, weer en wind. Amsterdam.
Tinbergen, L., & J. J. Zijlstra (1953): De veldwaarnemingen, een schakel die ontbrak. Jaarber. 1953, Vogeltrekstation Texel: 14—22.
Toschi, A. (1939): La migrazione degli uccelli. Suppl. Ric. Zool. Caccia. Bologna.
Udvardy, M. D. F. (1969): Dynamac Zoogeography. New York etc.
Vaurie, C. (1959, 1965): The Birds of the Palearctic Fauna. London. 2 Bände.
Verheyen, R. (1947): Un aperçu général du problème de la migration des oiseaux. Gerfaut 37: 1—14.
Verwey, J. (1949): Migration in birds and fishes. Bijdr. Dierk. 28: 477—504.
Voous, K. H. (1962): Die Vogelwelt Europas und ihre Verbreitung. Hamburg & Berlin.
Wachs, H. (1926): Die Wanderungen der Vögel. Ergebnisse der Biologie 1: 479—639.
Wagner, H. (1962): Versuch einer Neuordnung der Wanderungen der Vögel nach ihren Ursachen. Veröff. Überseemuseum Bremen A 3: 85—97.
Weigold, H. (1926): Maße, Gewichte und Zug nach Alter und Geschlecht bei Helgoländer Zugvögeln. Wiss. Meeresuntersuch. Bd. 15. — (Ders. 1930): Der Vogelzug auf Helgoland, graphisch dargestellt. Abh. a. d. Geb. der Vogelzugforsch. 1, Berlin.
Weismann, A. (1878): Das Wandern der Vögel. Sammlung gemeinverst. wiss. Vorträge, Heft 291, Berlin.
Wetmore, A. (1926): The migration of birds. Cambridge Mass.
Witherby, H. F., F. C. R. Jourdain, N. F. Ticehurst & B. W. Tucker (1940/41): The Handbook of British Birds. 5 Bände. (Revidiert 1943.)

Es gibt eine ganze Anzahl Zeitschriften, in denen mehr oder weniger regelmäßig auch Ergebnisse der Vogelzugforschung veröffentlicht werden. Hier eine begrenzte Aufzählung, die von einer ganzen Reihe örtlich sehr gebundener kleineren Periodika absieht:

Organe, die bevorzugt die Befunde der Vogelberingung darstellen: Die Vogelwarte (früher: Der Vogelzug) — Auspicium — The Ring — Bird Study (vereinigt mit Bird Migration) — Bird-Banding.

Weiter folgende Zeitschriften und Jahrbücher:

Deutsches Sprachgebiet: Journal für Ornithologie — Anzeiger der Ornithologischen Gesellschaft in Bayern — Beiträge zur Vogelkunde — Die Vogelwelt — Ornithologische Mitteilungen — Der Falke — Ornithologischer Beobachter (Schweiz) — Egretta (Österreich) — Regulus (Luxemburg).

Englisches Sprachgebiet: Ibis — British Birds — Bulletin of the British Ornithologists' Club — Annual Report of the Wildfowl Trust (jetzt: Wildfowl Nr. ...) — The Auk — Wilson Bulletin — The Condor — The Emu (Australien).

Romanischer Sprachbereich: L'Oiseau et la Revue française d'Ornithologie — Alauda — Nos Oiseaux (Schweiz) — Rivista Italiana di Ornithologia — Ricerche di Zoologia applicata alla Caccia — Ardeola (Spanien) — Anais da Faculdade des Ciências do Porto — Cyanopica (Portugal).

Niederlande und Belgien: Ardea — Limosa — Le Gerfaut.

Skandinavien in weiterem Sinn: Dansk Ornithologisk Forenings Tidsskrift — Danske Fugle — Feltornithologen — Vår Fågelvärld — Sterna — Ornis fennica — Memoranda Societatis pro Fauna et Flora fennica — Ornis scandinavica.

Östliches Mitteleuropa und Osteuropa. Baltische Staaten: Communications of the Baltic Commission for the Study of Bird Migration — Polen: Acta Ornithologica — Tschechoslowakei: Sylvia — Zoologické Listy — Ungarn: Aquila — Jugoslawien: Larus — Sowjetunion: Ornitologija — Migracii schivotnych.

Indien: Journal of the Bombay Natural History Society — Pavo.

Japan: Tori — Miscellanous reports of the Yamashina Institute für Ornithology.

Südafrika: The Ostrich.

B. Von Grundbegriffen und Arbeitsweisen

I. Glossar der Begriffe

Die Vogelzugforschung benötigt, wie andere Wissenschaftsgebiete auch, gewisse Fachausdrücke. Man kann sich ohne sie und ohne eine entsprechende begriffliche Klärung nur schwer einen tieferen Einblick in das Geschehen des Vogelzugs verschaffen: es kommt sonst leicht zu Mißverständnissen. Dazu zwei Beispiele: Das Buch eines verdienstvollen amerikanischen Vogelzugforschers wurde in der deutschen Übersetzung mit „Vogelflug" überschrieben, obwohl nichts vom Flug, dagegen alles vom Vogelzug handelt. Und eben, im September, rief mich ein Fernsehmann an, ich möchte doch etwas Klärendes über den „Rückflug" der Vögel aussagen. Er meinte natürlich den Zug, und zwar den Wegzug.

Hier nehmen wir in der Kurzfassung eines Glossars einige Begriffe vorweg:

Zug: Periodisches, gerichtetes Wandern von Tieren, vorzugsweise Vögeln. Flug ist nur die Fortbewegung mit Flugorganen und vorwiegend Gegenstand funktionell-anatomischer und aerodynamischer Untersuchungen; beim Zug spielen in besonderem Maß hormonelle Regulierungen (siehe J) und höhere sinnesphysiologische Leistungen (siehe K) eine Rolle.

Standvögel verlassen auch außerhalb der Brutzeit ihr heimatliches Gebiet nicht. — Zugvögel führen gerichtete periodische Wanderungen aus. Invasionsvögel sind Zugvögel, die nicht alljährlich oder doch in sehr verschiedenem Umfang wandern (G).

Zwischen Stand- und Zugvogel gibt es jede Art von Übergang, und die Grenzziehung ist willkürlich. Der Begriff Strichvogel gilt diesem Zwischenverhalten. Indes schließt er noch ein besonderes Merkmal ein: Der Strichvogel braucht sich nicht gerichtet zu bewegen, sondern kann mehr oder weniger richtungslos streuen. Eine zusätzliche Schwierigkeit ergibt sich daraus, daß nicht immer die einzelne Art einfach diesem oder jenem Begriff zugeordnet werden kann. Viele Arten verhalten sich sowohl als Stand- wie als Zug- oder auch Strichvogel, indem a) sich darin verschiedene Populationen unterscheiden oder/und b) innerhalb einer Population, ja sogar innerhalb einer Familie verschiedenes Verhalten vorkommt. Solche „Zug-Stand-Vögel gemischten Verhaltens“ (Schüz 1952) werden neuerdings, dem englischen partial migrant entsprechend, als Teilzieher bezeichnet (E 16).

Wegzug und Heimzug (E 7) zu sagen ist allgemeiner zutreffend als Herbstzug und Frühjahrszug, da beide Abläufe keineswegs genau mit den Jahreszeiten zusammenfallen; auch schließt die weitere Fassung den Wechsel bei Trockenzeit- und Regenzeitbewegungen usw. ein. Postnuptialzug und Praenuptialzug (in gewissen Sprachen) erscheint nicht glücklich, da der Zug auch noch nicht fortpflanzungsreife Vögel betrifft.

Jahresvogel bedeutet eine ganzjährig anzutreffende Art; die Gegensätze wären Sommervogel, Wintervogel (Wintergast) und Durchzügler (Durchzugsgast). Irrgäste sind unregelmäßige Ausnahmen.

Ruheziel (E 13) fällt meist mit dem Begriff Winterquartier zusammen, bezieht aber auch die entsprechenden Gebiete ein, die z.B. bei einer Trockenzeitflucht aufgesucht werden. In unserer Sprache ist zwar Ziel etwas Angestrebtes, indes erleben wir beim Vogel viele Formen des Verhaltens, wo ein biologisches „Ziel“ auf höherer Ebene gemeint, aber vom Ausführenden schwerlich „gewußt“ ist.

Leitlinie: Eine geographische Ausformung, der entlang sich ein Massenzugweg entwickelt; sehr häufig ist dies eine Küste (E 6).

Eine Schmalfront gibt es nur bei wenigen Vogelarten. Diese Verengung der Zugstrecke geht beim Wegzug aus einem Trichterzug hervor und weitet sich beim Heimzug im Fächerzug wieder aus. Eine Schmalfront ist im Gegensatz zum Massenzugweg nicht oder nicht allein durch örtliche, unmittelbar wirksame Leitlinien zu erklären. Schmalfront ist mehr artbezogen (Beispiele: Weißstorch D 11, Graukranich D 12, Rotrückenwürger D 8, Abb. 40, 44, 33), Massenzugweg vor allem ortsverknüpft (E 6). — Breitfront: Der weithin unverdichtet über die Landschaft führende Zug, der nur stellen- und zeitweise durch Leitlinien zu einem Massenzugweg abgewandelt wird. Wo die Leitlinien ökologisch besonders stark wirken, spricht man von Geleiteter

Breitfront (Lachmöwe D 4, E 6). — Den Ausdruck Zugstraße vermeiden wir, da in ihm Massenzugweg und Schmalfront vermischt sind.

Zwischenzug: Eine außerhalb des eigentlichen Weg- und Heimzuges sich abspielende Bewegung, in der Regel eine explosive Ausbreitung des Nachwuchses (E 10).

Zugunruhe: Die Auswirkung des Zugtriebs (J). — Zugdisposition: Die physiologisch bedingte Zugbereitschaft (J IV).

Circadian und circannual sind (künstlich geschaffene) Bezeichnungen für endogene Schwingungen mit einer Periode von ungefähr 24 Stunden bzw. ungefähr 12 Monaten.

Für weitere physiologische Termini siehe Kapitel J, ferner J. Aschoff, K. Klotter & R. Wever (1965): Circadianer Wortschatz/Circadian Vocabulary, in Circadian Clocks, ed. J. Aschoff, Amsterdam.

Weitere Fachausdrücke lassen sich auf dem Weg über das Sachverzeichnis am Schluß des Bandes klären.

Oft angewandte Abkürzungen: N Norden — S Süden — E Osten — W Westen — SA Sonnenaufgang — SU Sonnenuntergang — LD Licht-Dunkel-Wechsel — sec Sekunde — h Stunde — ♂ Männchen — ♀ Weibchen.

II. Institute

Die meisten ornithologisch arbeitenden Institute befassen sich auch — bisweilen vorherrschend — mit dem Vogelzug. Das galt schon für die Erstgründung, die Ungarische Ornithologische Zentrale (1893, seit 1945: Ungarisches Ornithologisches Institut) von Otto Herman (1835 bis 1914) mit seinem Nachfolger Jacob Schenk (1876 bis 1945). Der Name „Vogelwarte" tauchte erstmals offenbar 1883 auf, und zwar in handschriftlicher Verbindung mit dem Schaffen von Heinrich Gätke (1814 bis 1897), der sein Buch in der deutschen Ausgabe (1891, 1900) „Die Vogelwarte Helgoland" nannte. Johannes Thienemann (1863 bis 1938) hatte 1901 mit der Gründung der Vogelwarte Rossitten diesen Namen aufgegriffen. Die vogelkundliche „Entdeckung" der Kurischen Nehrung war 1888 durch Friedrich Lindner (1864—1922) erfolgt. Das zunächst kleine Rossitten-Unternehmen gewann allmählich Weltruf, besonders nach Errichtung der Beobachtungsstation Ulmenhorst in den Dünen, 7 km südlich Rossitten (1908, Neubau 1922, zerstört 1945) und nach Übernahme der Verwaltung durch die Kaiser-Wilhelm-Gesellschaft zur Förderung der Wissenschaften (1923). Dem Begründer folgten 1929 Oskar Heinroth (1871—1945) und Ernst Schüz. Die Kurische Nehrung ist ein großartiger Massenzugweg für die Vogelwelt und also für Zugstudien hervorragend geeignet; wir werden mehrfach auf Rossitten zurückzugreifen haben, zumal Thienemann 1903 in Verfolg der Anfänge des Dänen H. Chr. C. Mortensen (1856 bis 1921) die Vogelberingung übernahm und in Deutschland einbürgerte. — Nach dem Verlust Ostpreußens wurde die Vogelwarte Rossitten in die „Vogelwarte Radolfzell (vormals Vogelwarte Rossitten)" umgebildet, nach Schloß Möggingen verlegt und 1959 mit Rücktritt SCHÜZ in das Max-Planck-Institut für Verhaltensphysiologie (Sitz Seewiesen und Erling-Andechs) eingegliedert; und zwar in die Abteilungen GUSTAV KRAMER, der (geb. 1910) noch 1959 verstarb, dann KONRAD LORENZ und seit 1967 JÜRGEN ASCHOFF. Die örtliche Leitung war 1959 an RUDOLF KUHK übergegangen; seit dessen Zurruhesetzung 1967 liegt sie bei HANS LÖHRL, das Feld der traditionellen Vogelwarteaufgaben in der Hand von GERHARDT ZINK. — Auf der Kurischen Nehrung arbeitet im einstigen Rossitten nun die Biologische Station Rybatschi der Akademie der Wissenschaften in Leningrad. Statt des zerstörten Ulmenhorst ist in ähnlicher offener Nehrungslandschaft eine neue Fang- und Feldstation („Fringilla") entstanden (Lit. siehe BELOPOLSKI und Kapitel C 1).

Auf Helgoland brach die Arbeit mit dem Tod von GÄTKE 1897 zunächst ab, bis HUGO WEIGOLD 1910 die Vogelwarte Helgoland als Abteilung der Staatl. Biologischen Anstalt neu begründete. 1924 übernahm RUDOLF DROST die Leitung des Instituts, das 1947 selbständig wurde („Vogelwarte Helgoland, Institut für Vogelforschung") und seinen endgültigen Sitz in Wilhelmshaven fand, ohne die Arbeit auf der Insel zu vernachlässigen. Seit 1958 ist FRIEDRICH GOETHE Leiter der Vogelwarte, die 1967 einen Neubau in Wilhelmshaven-Rüstersiel beziehen durfte.

Die Vogelwarte Hiddensee (Sitz Kloster auf Hiddensee) entstand 1931 als Teil der Biologischen Forschungsanstalt Hiddensee (Universität Greifswald). Die eigentliche Gründung geschah 1936 durch RICHARD STADIE. Nach dem Krieg folgte HANS SCHILDMACHER, gleichzeitig Direktor der Biologischen Forschungsanstalt Hiddensee und Ordinarius an der Universität Greifswald.

Alle drei deutschen Vogelwarten haben Außenstellen und zahlreiche Außenmitarbeiter. Es bestehen auch Querverbindungen zu den sieben deutschen Vogelschutzwarten, die vor allem angewandte Aufgaben zum Ziel haben, aber bei ihren Untersuchungen auch immer wieder mit dem Arbeitsfeld der Vogelwarten in Berührung kommen. Diese selbst beschränken sich keineswegs auf Fragen des Vogelzugs; seit langem nehmen Forschungen über andere Probleme des Vogellebens und besonders über populationsdynamische Fragen einen erheblichen Raum ein.

Die Schweizerische Vogelwarte Sempach, gegründet 1924 von der Schweizerischen Gesellschaft für Vogelkunde und Vogelschutz, stand bis 1934 unter der Leitung von ALFRED SCHIFFERLI sen. (1879—1934); ihm folgte der gleichnamige Sohn. In Österreich nannte sich die Österreichische Gesellschaft für Vogelkunde von 1953 bis 1969 zwar Österreichische Vogelwarte, doch gibt es kein eigentliches Institut dieser Art (abgesehen von der Biologischen Station am Neusiedlersee).

Die folgende Liste umfaßt die Beringungsstationen nach dem Stand 1969. Man kann nicht in allen Fällen von selbständigen Instituten mit hauptamtlicher Besetzung sprechen, doch geben sie alle eigene Vogelringe aus.

Australien: Commonwealth Scientific and Industrial Research Organization — 314 Albert Str., East Melbourne C 2.

Belgien: Institut Royal des Sciences Naturelles de Belgique — 31, rue Vautier, Brüssel 4.

Bulgarien: Institut et Musée de Zoologie, Centre d'Ornithologie — 1, Boulevard Rouski, Sofia.

Dänemark: Universitetets Zoologiske Museum, Ringmaerkningen — Universitetsparken 15, Kopenhagen Ø.
Dansk Ornithologisk Central — DK 8800 Viborg.
Vildtbiologisk Station — Kalö pr. Rönde.

Deutschland: Institut für Vogelforschung „Vogelwarte Helgoland" — 294 Wilhelmshaven-Rüstersiel, Umfangstr. 7.
Vogelwarte Radolfzell (vormals Vogelwarte Rossitten) am Max-Planck-Institut für Verhaltensphysiologie — 7761 Möggingen.
Vogelwarte Hiddensee — DDR-2346 Kloster auf Hiddensee (Rügen).

Finnland: Zoologisches Museum der Universität, Beringungszentrale — P. Rautatiekatu 13, Helsinki.

Frankreich: Muséum National d'Histoire Naturelle, C. R. M. M. O. — 55, Rue de Buffon, F 75 Paris V^e^.

Großbritannien: Bird Ringing Committee, British Trust for Ornithology — Beech Grove, Station Road, Tring (Herts.), England.
Société Jersiaise, Ornithological Section — The Museum, 9, Pier Road, Jersey, Channel Islands.

Indien: Bombay Natural History Society — 114 Apollo Str., Bombay.

Indonesien: Lembaga Biologi Nasional, Museum Bogoriense — Bogor.

Island: Fuglamerkingar Náttúrugripasafnid — P. O. B. 532, Reykjavik.

Italien: Laboratorio di Zoologia applicata alla Caccia, Università di Bologna — S. Giacomo 9, Bologna.

Japan: Yamashina Institute for Ornithology — 49 Nanpeidai-machi, Shibuya-ku, Tokyo.

Jugoslawien: Instituta za Biologiju, Odjel za Ornitologiju — Ilirski trg 9, Zagreb.
Ornitoloski Oddelek — Stožice 49 pri Ljubljani.

Kongo: Université Lovanium — Léopoldville, P. B. 118, Congo.

Korea: Kyung Hee University, Seoul.

Malaysia: U. S. Army Medical Research Unit and University of Malaya, Kuala Lumpur — Sarawak Museum, Kuching — Sabah Museum, Jesselton.

Neuseeland: Department of Internal Affairs, Wildlife Service — Government Buildings, P. O. B. 7, Wellington C 1.
Ornithological Society of New Zealand, Dominion Museum — 39 Renall Str., Masterton.

Niederlande: Vogeltrekstation — Kemperbergerweg 11, Arnhem.

Nigeria: The Museum — Jos, Nigeria.

Norwegen: Stavanger Museum, Zoologisk Afdeling — Stavanger.
Statens Viltundersökelser — 1432 Vollebekk.

Philippinen: Philippine National Museum, Manila (Nord-Philippinen) — Silliman University, Dumaguete City, Negros Oriental — Mindanao State University, Marawi, Mindanao (Süd-Philippinen).

Polen: Stacja ornitologiczna — Górki Wschodnie, p-ta Sobieszewo, pow. Gdánsk.

Portugal: Instituto de Zoologia „Dr. Augusto Nobre" — Universidade Porto.

Rumänien: Musée d'Histoire Naturelle „Gr. Antipa" — Sos. Kisseleff, Bukarest.

Schweden: Ringmärkningscentralen, Riksmuseets Vertebratavdelning — Stockholm 50.

Schweiz: Schweizerische Vogelwarte — CH 6204 Sempach.

Spanien: Centro Migración Aves — Castellana 80, Madrid 6.
Grupo de Ciencias Naturales „Aranzadi", Museo de San Telmo — Plaza de Ignacio Zuloaga 1, San Sebastian (Guipuzcoa).

Südafrika (Republik Südafrika): Percy Fitz Patrick Institute of African Ornithology — Rondebosch, Cape Town.

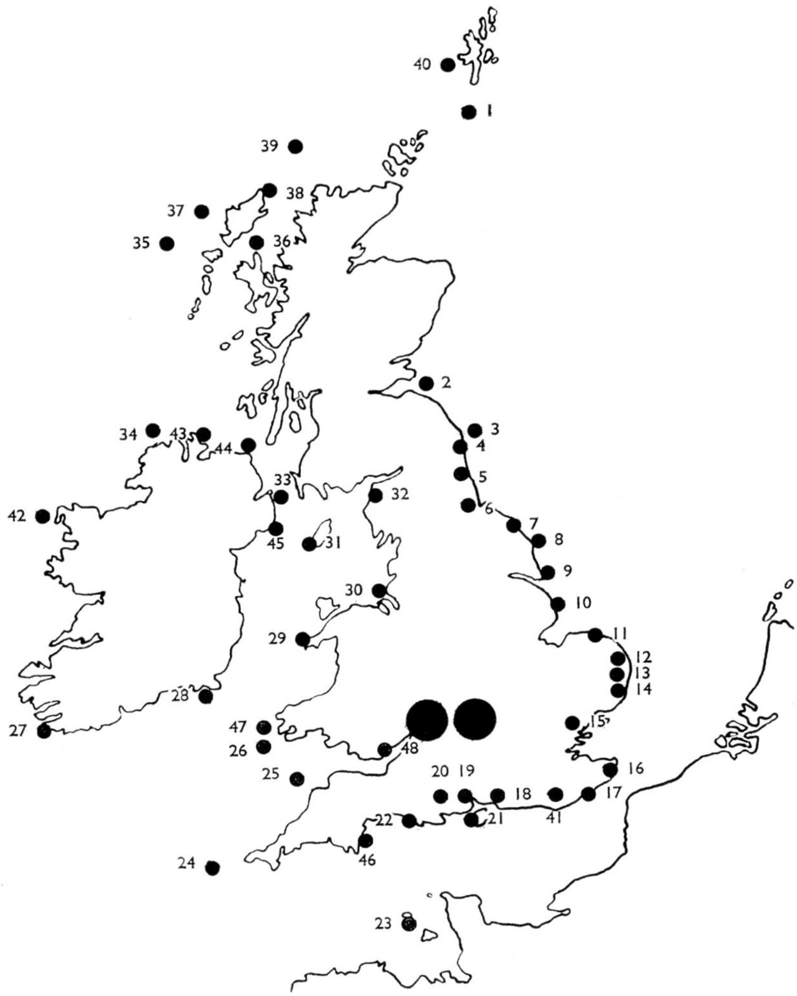

Abb. 1. Beobachtungsstationen in Großbritannien und Irland nach WILLIAMSON 1961/63. Ein solches Netz erlaubt eine gute Erfassung des Vogelzugs. Besonders bekannt und in diesem Buch mehrfach angeführt sind (1) Fair Isle — (2) Isle of May — (26) Skokholm — (35) St. Kilda. Die beiden dicken Punkte bezeichnen (östlich) Oxford, Sitz des Edward Grey Institute of Field Ornithology, das 1932 vom British Trust for Ornithology (jetzt Tring, Hertfordshire) gegründet wurde, und (westlich) Slimbridge (Gloucestershire), Sitz des Wildfowl Trust unter PETER SCOTT; auch Arbeiten dieses Instituts sind mehrfach herangezogen.

Taiwan (Formosa): Tunghai University, Taichung.
Tschechoslowakei: Kroužkovaci stanice, Národni Muzeum — Václavské námêstí 1700, Praha 1.
UdSSR: Vogelberingungszentrale — Kravtschenko-Straße 12, Moskwa V 331.
Ungarn: Madártani Intézet — Költö utca 21—23, Budapest XII.
Vereinigte Staaten: Fish and Wildlife Service. Patuxent Research Refuge — Laurel, Maryland, U.S.A.

Nicht wenige dieser Beringungszentralen unterhalten zeitweise oder ständig Außenstationen für bestimmte Aufgaben (Beispiel Abb. 1). Beachtenswert sind vor allem solche Stationen, die im fernen Ausland gewissermaßen am Zugweg oder im Winterquartier der Vögel angesiedelt sind. Man könnte und müßte eigentlich eine große Liste anführen. Wir beschränken uns auf zwei Beispiele: Schweden hat auf der Insel Capri, Villa San Michele, eine Station eingerichtet, worüber von Edelstam et al. 1963 ein anschaulicher Bericht über 6 Jahre vorliegt. Die dortigen Beobachtungen und Beringungen gelten unter anderem der Frage des Schleifenzugs europäischer Zugvögel (E 12), wobei sich bald ergab, daß wegen der Ungleichheit der Meldeaussichten (infolge des übersteigerten Vogelfangs in Italien) eine gewisse Vorsicht in der Beurteilung der Funde geboten ist. Weiterhin sei als Zweig der Beringungszentrale in Paris erwähnt das „Office de la Recherche Scientifique et Technique d'Outre-Mer" in Richard Toll am unteren Senegal, wo Morel wesentliche Beiträge über Durchzug und Ruheaufenthalt europäischer Zugvögel besonders in ökologischer Sicht beitragen konnte.

Siehe Schüz 1952 (A), Thienemann 1926, 1931 (A), ferner:
Belopolski, O. I. (1967): Die Biologische Station Rybatschi. Falke 14: 383—385.
Bruns, H., & O. Niebuhr (1961): Die Vogelwarten und Vogelschutzwarten Mitteleuropas. Biol. Abh. 25—26, 68 S.
Drost, R. (1948): Die Vogelwarte Helgoland. Vogelwarte 15: 1—3. — (Ders. 1957): Vogelwarte Helgoland, die neue Inselstation auf Helgoland. Vogelwarte 19: 160—161. — (Ders. 1958): Geschichte der Vogelwarte Helgoland. In: Natur und Jagd, Weigold-Festschrift, Hannover: 12—32.
Duvall, A. J. (1966): Where do they go? In: A. Stefferud et al. Birds in Our Lives. Washington: 262—275.
Edelstam, C., L. Broberg, B. Engström, W. Jenning & S. Lundberg (1963): Den svenska fågelstationen på Capri och dess verksamhet 1956—1961. Vår Fågelvärld 22: 225—270.
Goethe, F. (1966): „Vogelwarte Helgoland" am neuen Standort Wilhelmshaven-Rüstersiel. Vogelwarte 23: 332—338.
Hildén, O. (1968): The bird stations of Finland and their activities in 1967. Orn. fenn. 45: 58—65. — (Ders. 1969): Activities of Finnish bird stations in 1968. Orn. fenn. 46: 179—187.
Kuhk, R. (1960): Die Vogelwarte Radolfzell in Schloß Möggingen. In: Möggingen 860—1960. Hegau-Bibl. Bd. VI: 177—183. Singen.
McClure, H. E. (1968): Banding in Southeastern Asia 1967. The Ring 57: 164—171.
Morel, G., & F. Roux (1966): Les Migrateurs Paléarctiques au Sénégal. La Terre et la Vie 1966: 19—72, 143—176.
Mortensen, H. C. C. (1950): Studies in Bird Migration ..., Collected Papers ... Kopenhagen.
Ringleben, H. (1958): Zur Entstehungsgeschichte der Bezeichnung „Vogelwarte". Vogelwarte 19: 206—207.
Schüz, E. (1956): Aus der Vorgeschichte der Vogelwarte Rossitten. In: Aus der Forschung der letzten Dezennien, Festschrift E. Telschow: 321—325. — (Ders. 1961): Geschichte der Vogelwarte Radolfzell (vormals Vogelwarte Rossitten) am Max-

Planck-Institut für Verhaltensphysiologie. Jb. Max-Planck-Ges. 1961 Teil II: 779–788. — (Ders. o. J., 1963): Die Vogelwarte in Rossitten. In: Leben in Ostpreußen. München: 259–275. — (Ders. 1967): Über die Entwicklung der Vogelwarte Radolfzell, vormals Vogelwarte Rossitten, am Max-Planck-Institut für Verhaltensphysiologie. Mitt. bad. Landesver. Naturkde. Naturschutz N. F. 9: 607–610.

Schüz, E., & R. Kuhk (1951): 50 Jahre Vogelwarte Rossitten. Vogelwarte 16: 1–8.

Stresemann, E. (1967): Vor- und Frühgeschichte der Vogelforschung auf Helgoland. J. Orn. 108: 377–429; 502.

Velzen, W. T. van (1966): Das amerikanische Bird-Banding-Programm. Vogelwarte 23: 161–163.

Vönöczky-Schenk, J. (1943): Fünfzig Jahre, Rückblick auf die 50jährige Vergangenheit des Königlich Ungarischen Ornithologischen Instituts. Aquila 50: 75–141.

Williamson, K. (1961/63): Special index of reports from bird observatories and similar stations. Bird Migration 2: Anlage.

III. Forschungsmethoden

Von Hans Oelke und Ernst Schüz

1. Sichtbeobachtung des Zugs

Dieses nächstliegende Verfahren sollte sich nicht auf Gelegenheitstätigkeit beschränken. Die Beobachtungen mit dem Fernglas und mit möglichst genauen Notierungen nach Arten und Mengen sollen planmäßig erfolgen. Räumlich, indem die Zählungen am Beobachtungspunkt ein Feld von bestimmter Breite umfassen und gleichzeitig tätige Beobachter ein sinnvoll angelegtes Beobachternetz bilden sollen. Solche wurden immer wieder versucht, mit Erfolg jedoch nur dann, wenn zuverlässige Beobachter nach strengen Richtlinien verfuhren. Zeitlich: Die Erfassung des Zuges soll nach Möglichkeit täglich und zu bestimmten, mit dem Sonnenaufgang gleitenden Stunden erfolgen; in Rossitten beschränkten wir uns im allgemeinen auf 3 Stunden, doch sind natürlich 4 oder 5 Stunden besser.

Leuchtfeuer (für Schiffe, für den Flugverkehr, Leuchtanlagen auf Fernsehtürmen) können gute Anhaltspunkte für den Vogelzug bei Nacht geben; berühmt sind die Untersuchungen an Leuchttürmen wie (einst) auf Helgoland und an Fernsehtürmen in Nordamerika. Freilich muß man die unnatürlich verdichtende Wirkung und die Abhängigkeit von Witterungsbedingungen in Rechnung stellen.

Es besteht die Gefahr, daß man bei sonnigem Wetter hochfliegende Kleinvögel *übersieht*. Man muß dann auf dem Rücken liegend mit dem senkrecht gehaltenen Feldstecher längere Zeit den Himmel über sich mustern.

Man kann für eine weiträumige Erfassung auch *mit dem Auto* den Zugscharen entgegenfahren oder sie überholen und auf diese etwas ungenaue Weise einen Begriff von den Arten und Zahlen beschaffen.

Ein langsam fliegendes *Kleinflugzeug* oder ein Hubschrauber ermöglicht das Verfolgen von Vögeln, die groß genug oder wenigstens so hell sind, daß sie im Gesichtsfeld bleiben. Allerdings ist ein gewisser Abstand erforderlich, da viele Vögel, auch Brieftauben, gegen das Flugzeug empfindlich sind. Wenn nicht auf gut Glück Vögel verfolgt, sondern bestimmte Stücke oder Schwärme erfaßt werden sollen, muß man sich über Funk oder Radar vom Boden her einweisen lassen. Mit dem Flugzeug allein läßt sich ein bestimmter Vogeltrupp nicht gezielt finden.

Broekhuysen, G. (1967): Bird Migration in the Most Southern Part of the African Continent. Vogelwarte 24: 6—16.
Drost, R. (1960): Über den nächtlichen Vogelzug auf Helgoland. XII. Int. Orn. Congr. Helsinki: 178—192.
Griffin, D. R. (1953): Airplane observations of homing pigeons. Bull. Mus. Comp. Zool. Cambridge Mass. 107: 411—460.
Hitchcock, H. B. (1952): Airplane observations of homing pigeons. Proc. Amer. Phil. Soc. 76: 270—289. — (Ders. 1955): Homing flights and orientation of pigeons. Auk 72: 355—373.
Kramer, G. (1931): Zug in großer Höhe. Vogelzug 2: 69—71.
Mitchell, K. D. G. (1955): Aircraft observations of birds in flight. Brit. Birds 48: 59—70. — (Ders. 1957): Further aircraft ... Brit. Birds 50: 291—302.
Oelke, H. (1961): Zugbewegungen von Meisen und weiteren Kletterartigen im Wendesser Moor bei Peine (1954—1961). Beitr. Naturkde. Niedersachsen 14: 32—46. — (Ders. 1965): Quantitativer Überblick über zehn Jahre Zug-Planbeobachtungen (1954—1963) im Raum Peine. Ebenda 18: 40—46. — (Ders. 1967): Umwelt und Vogelzug im niedersächsischen Binnenland. Ebenda 20: 99—110.
Tschelzow-Bebutow, A. M., & R. K. Koshewnikowa (1959): Autofahrten in Longitudinalrichtung als Hilfsmittel für die Vogelzugforschung. Zweite Allsowj. Orn.-Konf. Moskau: 108—109.

2. Verhören von Zugrufen

Die Lautäußerungen ziehender Vögel sind schon bei Tag ein für das Ansprechen gewisser Arten unentbehrliches Hilfsmittel. Das gilt in noch viel höherem Maß beim nächtlichen Zug. Man kann zur Sicherung die Vogelstimmen auf Tonband aufnehmen, wobei ein Parabolspiegel mit leistungsfähigem Mikrophon und Verstärker verbunden wird; störende Nebengeräusche müssen allerdings ausgeschaltet werden.

Graber, R. R., & W. W. Cochran (1959): An audio technique for the study of nocturnal migration of birds. Wilson Bull. 71: 220—236.

3. Spezielle Meßmethoden im Sichtbereich

Es gibt einfache und komplizierte Meßmethoden. Das erstere gilt für die Bestimmung von Höhe und Geschwindigkeit des Zugvogels bei einer unmittelbar gegebenen Vergleichsmöglichkeit. Die Höhe eines fliegenden Vogels läßt sich durch Vergleich mit einem Bauwerk, Berggipfel, Baum bekannter Höhe oder durch einen Höhenmesser im Flugzeug ermitteln. Bei parallel zu einem Auto oder Flugzeug fliegenden Vögeln kann deren Geschwindigkeit direkt von einem Tachometer oder Geschwindigkeitsmesser abgelesen werden.

Ein *Fernglas* bietet folgende Möglichkeiten: Bei Einbau einer Strichplatte in das Binokular läßt sich die Entfernung (bei direkt überfliegenden Vögeln auch die Höhe!) zu einem Vogel berechnen nach der Formel $e = \frac{G \cdot T}{nT}$. G bedeutet die Vogelgröße (nach den bekannten Werten der Länge, Körperbreite oder Spannweite einer Vogelart; Meßeinheit: m), T die Entfernung, die genau 1 m Abstand zwischen 2 Teilstrichen der Fernglasstrichplatte in Wirklichkeit entspräche (ein Wert, den der Fernglashersteller mitteilt), nT die Teilstrichanzahl, die bei der Messung auf einen im Blickfeld erscheinenden Vogel entfällt (modifiziert nach DROST 1935, siehe auch PONCY 1955).

Steht dasselbe Fernglas (mit Strichplatte) auf einem Stativ und ist außen ein Winkelmesser zur Messung des Höhenwinkels α zwischen der Waagerechten und dem Objekt angebracht, so kann die Flughöhe nach der Formel $h = e \cdot \sin \alpha$ ermittelt werden (e = Entfernung, berechnet nach der obigen Methode; h = Flughöhe) (DEELDER & TINBERGEN 1947). Die Flughöhe kann auch ohne Kenntnis der bei der Berechnung von e notwendigen Vogelgröße bestimmt werden. Dazu eignet sich die Formel $h = \frac{v \cdot t \cdot 90^\circ}{\pi \cdot \gamma^\circ}$ (v = Eigengeschwindigkeit des Vogels, t = Zeit, die ein Vogel zum Durchqueren des Gesichtsfeldes im Fernglas benötigt, γ° = Öffnungswinkel des Fernglases) (OELKE & WOLPERS 1968).

Die Geschwindigkeit des Zugvogels wird wie folgt geprüft: Zwei Beobachtungspunkte von genau bekannter Entfernung werden durch Funksprechgerät (oder Fernsprecher) verbunden, so daß zwei Beobachter die Zeit des Vorbeifluges bestimmter Vögel abstoppen und nach $v = s \cdot t$ die Geschwindigkeit ausrechnen können. Die Eigengeschwindigkeit ist bei Windstille ohne weiteres gegeben. Bei unmittelbarem Gegenwind ist die Windgeschwindigkeit der Fluggeschwindigkeit zuzurechnen, bei unmittelbarem Rückenwind von der Fluggeschwindigkeit abzuziehen. Bei seitlichem Wind wird die Eigengeschwindigkeit nach dem Kosinussatz $a^2 = b^2 + c^2 - 2bc \cdot \cos \alpha$ berechnet, wobei a der gesuchte Wert, b die Windgeschwindigkeit, c die gemessene Fluggeschwindigkeit und α der eingeschlossene Winkel zwischen Zug- und Windrichtung ist. Man kann zu diesem Ergebnis auch ohne Logarithmentafel kommen, indem man in gleichmäßiger Verkleinerung, z. B. $^1/_{1000}$, die beiden Werte b und c als Schenkel des Winkels α aufträgt. Nun wird die diesem Winkel gegenüberliegende Dreiecksseite gezogen und abgemessen. Sie ergibt (nach Rückrechnung auf Grund des gewählten Maßstabs) die Eigengeschwindigkeit des Vogels.

Eine sehr verläßliche Methode zum Bestimmen der Fluggeschwindigkeit beruht darauf, daß zwei Beobachter am Anfang und Ende einer Meßstrecke mit Theodolithen die fliegenden Vögel anpeilen (MEINERTZHAGEN 1955), also eine Verbesserung des vor einem halben Jahrhundert von J. THIENEMANN angewandten Verfahrens. Aber auch hier ist zur Ermittlung der Eigengeschwindigkeit die oben erwähnte Einrechnung des Windes erforderlich.

Das Beobachten der nächtlichen Mondscheibe mit dem Fernglas bietet einige auch quantitativ aufschlußreiche Möglichkeiten. Zugdichte und Richtungen lassen sich erfassen, sofern die Fehlerkalkulation die in Abhängigkeit vom Mondstand wechselnde Größe der Mondscheibe und Form des Beobachtungskegels berücksichtigt (Abb. 2, 3). Bei einer Flughöhe von 600 m hat dieser über uns einen Durchmesser von etwa 10 m (LOWERY 1951, LOWERY & NEWMAN 1955). Zwei Beobachter, die von zwei nahen Punkten mit genau bekanntem Abstand die Mondscheibe kontrollieren, können ohne Kenntnis der Größe die Höhe des Vogels berechnen aus der Messung des Höhenwinkels und der Berücksichtigung der Mondhöhe (SCHÜZ 1926). Es ist ein Nachteil, daß man die Schattenrisse während der kurzen Zeit des Vorüberflugs nur selten artrichtig ansprechen kann.

In Nächten ohne Mondsicht können Anzahl, Flugrichtung und gegebenenfalls auch Art der Vögel bestimmt werden, die das beleuchtete Gesichtsfeld eines Teleskopes bzw. Fernglases passieren, indem Teleskop bzw. Fernglas und ein Scheinwerfer unmittelbar nebeneinander in den Nachthimmel

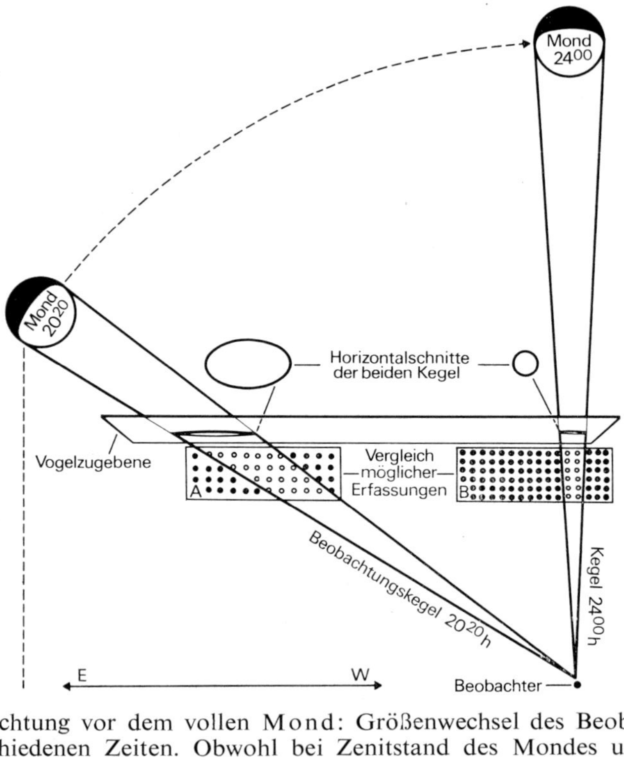

Abb. 2. Beobachtung vor dem vollen Mond: Größenwechsel des Beobachtungsfeldes zu zwei verschiedenen Zeiten. Obwohl bei Zenitstand des Mondes um Mitternacht doppelt so viel Vögel wie am Abend ziehen dürften, sind infolge der Größenabnahme des Beobachtungskegels nur halb so viele Vögel wie am Abend zu sehen. Nach LOWERY 1951.

gerichtet werden. Wo nicht die zur Bestimmung der unteren Wolkengrenze auf Flugplätzen dienenden Scheinwerfer mitbenutzt werden können, erfüllt auch eine einfache, mit einer 6-V- oder 12-V-Autobatterie verbundene Lampe dieselbe Funktion. So werden Singvögel durch ein Teleskop (zum Beispiel 20×60) einwandfrei bis zu einer Höhe von 300—500, maximal 700 m erfaßt (GAUTHREAUX 1969).

Binokular-Methoden eignen sich trotz erheblicher, nur unvollständig bekannter Fehlerquoten für Messungen von Vögeln in Bodennähe und für Beobachter mit knappen Geldmitteln.

Photographische Verfahren können nützlich sein, um bei Wiederholung einer Aufnahme gewisse Daten über Höhe, Geschwindigkeit, Richtung (über Grund und als Steuerkurs) und Verdriftung zu ermitteln, wie in Abb. 4 erläutert ist.

Deelder, C. L., & L. Tinbergen (1947): Waarnemingen over de vlieghoogte van trekkende Vinken, *Fringilla coelebs*, en Spreeuwen, *Sturnus vulgaris*. Ardea 35: 45—78.
Drost, R. (1935): Ein Hilfsmittel zur Bestimmung der Flughöhe. Vogelzug 6: 82—83.
Gauthreaux, S. A. (1969): A portable ceilometer technique for studying low-level nocturnal migration. Bird-Banding 40: 309—320.
Graber, R. R. (1968): Nocturnal migration in Illinois — different points of view. Wilson Bull. 80: 36—71.

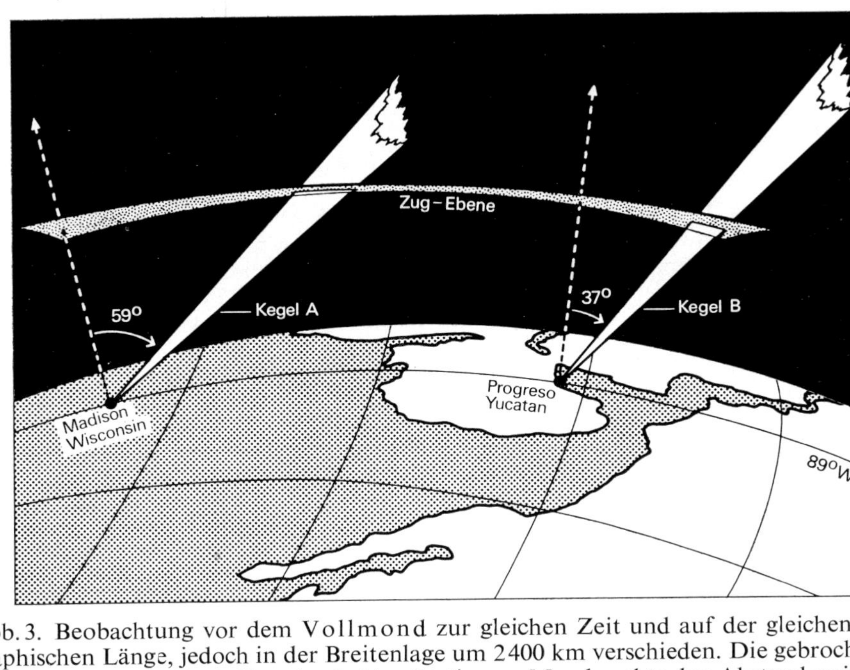

Abb. 3. Beobachtung vor dem Vollmond zur gleichen Zeit und auf der gleichen geographischen Länge, jedoch in der Breitenlage um 2400 km verschieden. Die gebrochenen Linien führen zum Zenit über den beiden Stationen. Man beachte den Abstand zwischen dem Zenit und dem Schnitt der Zug-Ebene an den beiden Beobachtungspunkten. Die nördliche Lage erfaßt wegen der stärkeren Neigung des Beobachtungskegels ein größeres Bildfeld und ist also für die Beobachtung günstiger als die südliche. Nach LOWERY 1951.

Lowery, G. H. (1951): A Quantitative Study of the Nocturnal Migration of Birds. Univ. Kansas Publ., Lawrence, 3 No 2: 361–472.

Lowery, G. H., & R. J. Newman (1955): Direct studies of nocturnal bird migration. In: Recent studies in avian biology: 238–263. Urbana Ill. – (Dies. 1963): Studying bird migration with a telescope. Special publ. Mus. Zool., Louisiana State Univ., 48 p.

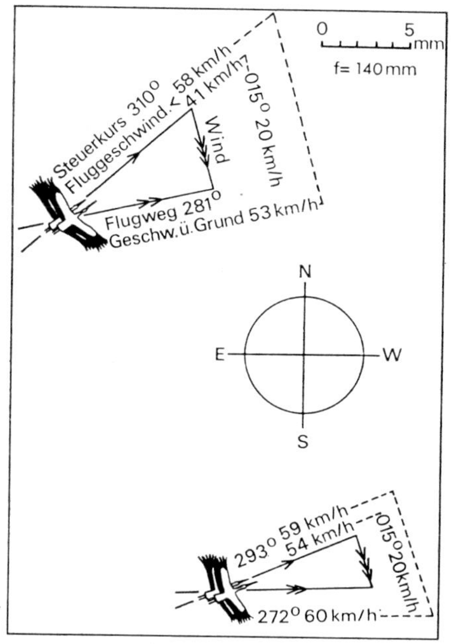

Abb. 4. Doppelaufnahme zweier ziehender Weißstörche zur Ermittlung ihrer Navigationsdaten; Umzeichnung (und Berichtigung) einer Autotypie von Rainey (1960). Die Aufnahme senkrecht nach oben ergibt ein Bild, bei dessen Betrachtung Ost und West vertauscht sind, weshalb die Winkelangaben seitenverkehrt erscheinen. Die Belichtungen ($^1/_{465}$ sec) erfolgten im Abstand von $^1/_{46,5}$ sec. Kenntnis einer in der Abbildung enthaltenen Länge ergibt den Maßstab, der es erlaubt, aus den Richtungen und Längen der im Zeitintervall zurückgelegten Wege die Richtung und die Geschwindigkeit über Grund zu ermitteln. Ferner ist die Flughöhe über das Abbildungsgesetz der Kamera (Brennweite 140 mm) zu bestimmen. (Der eingetragene Maßstab bezieht sich auf das Negativ.) Wird als durchschnittlicher Wert der Flügelspanne 2,10 m zugrundegelegt, so ergeben sich als Geschwindigkeiten über Grund 53 und 60 km/h und als Flughöhen 59 und 71 m, bei einer Ungenauigkeit entsprechend schwankender Spannweite von $\pm 10\%$. Da ferner der Steuerkurs aus der Aufnahme zu entnehmen ist, braucht man zur Festlegung des sog. Geschwindigkeitsdreiecks und damit zur Ermittlung der wahren Fluggeschwindigkeit (Anblasgeschwindigkeit) nur noch die Richtung des Windes. Weiß man auch seine Stärke, so ist die Kenntnis der Geschwindigkeit über Grund nicht erforderlich. Beide Möglichkeiten sind hier angedeutet. Man erhält mit der aus mehreren Messungen gemittelten Geschwindigkeit und Richtung des Windes die wahren Fluggeschwindigkeiten der beiden Störche von 58 und 41 bzw. 59 und 54 km/h. (Diese Werte schwanken gemäß der örtlichen und zeitlichen Abweichung der Windgeschwindigkeit und Windrichtung vom Mittelwert.) – Nach R. C. Rainey (1960), mit Beratung von R. Dienger.

Meinertzhagen, R. (1955): The speed and altitude of bird flight. Ibis 97: 81—117.
Oelke, H., & H. Wolpers (1968): Möglichkeiten und Fehlerquellen der Bestimmung der Flughöhen von Zugvögeln unter Zuhilfenahme des Fernglases. Vogelwarte 24: 201—206.
Poncy, R. (1955): De la hauteur de vol des Oiseaux. Nos Oiseaux 23, 241/2: 115.
Rainey. R. C. (1960): Applications of theoretical models to the study of flight-behaviour in locusts and birds. Symposia Soc. Exper. Biol. 14: 122—139.
Schüz, E. (1926): Die Beobachtung vor dem Monde. Mitt. Vogelwelt 25: 83—84.

4. Spezielle Meßmethoden im Ultrakurzwellenbereich

Präzisere Angaben besonders von sehr hoch, außerhalb Sichtweite, bei schlechtem Wetter oder im Dunkeln fliegenden Vögeln ergeben sich nur durch Einsatz von Ultrakurzwellen (Funkmeßtechnik) und den sich an die Ultrakurzwellen anschließenden Radarwellen (Radartechnik). Während des 2. Weltkrieges konnten einige Male Funkmeßgeräte (Freya-Gerät: Wellenlänge 2 m, Würzburg-Gerät: Wellenlänge: 54 cm) der Flakartillerie zum

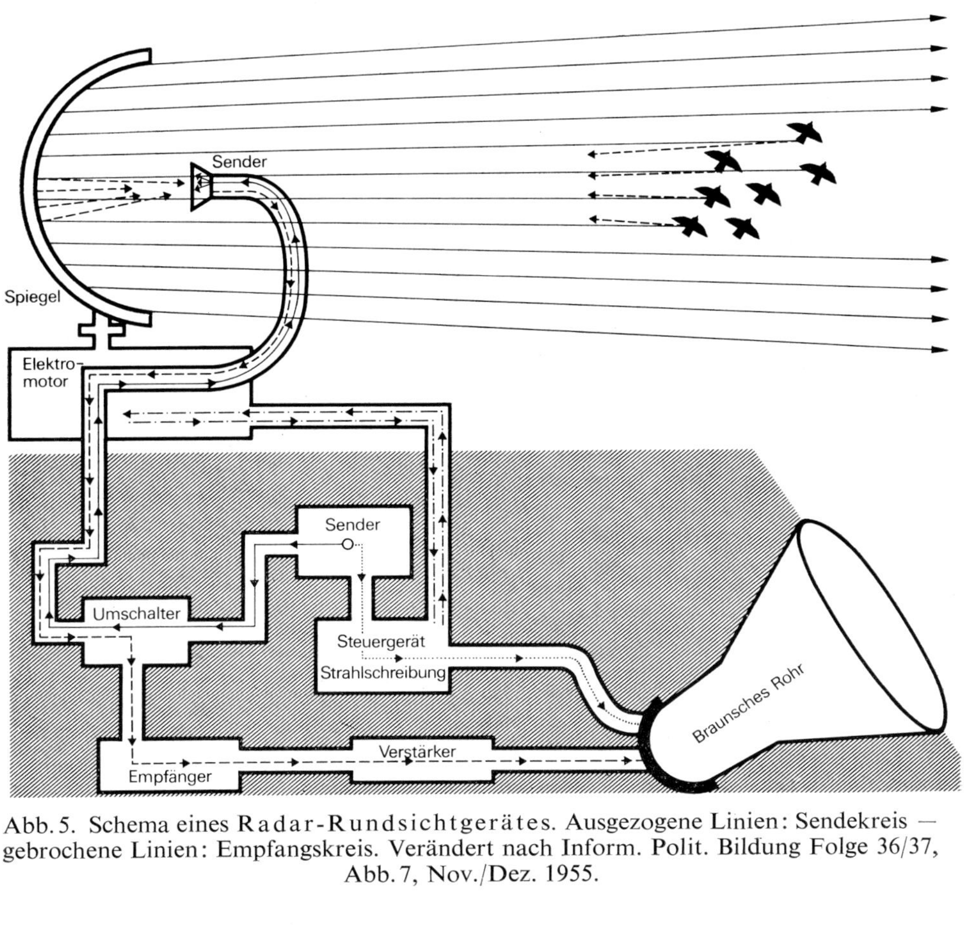

Abb. 5. Schema eines Radar-Rundsichtgerätes. Ausgezogene Linien: Sendekreis — gebrochene Linien: Empfangskreis. Verändert nach Inform. Polit. Bildung Folge 36/37, Abb. 7, Nov./Dez. 1955.

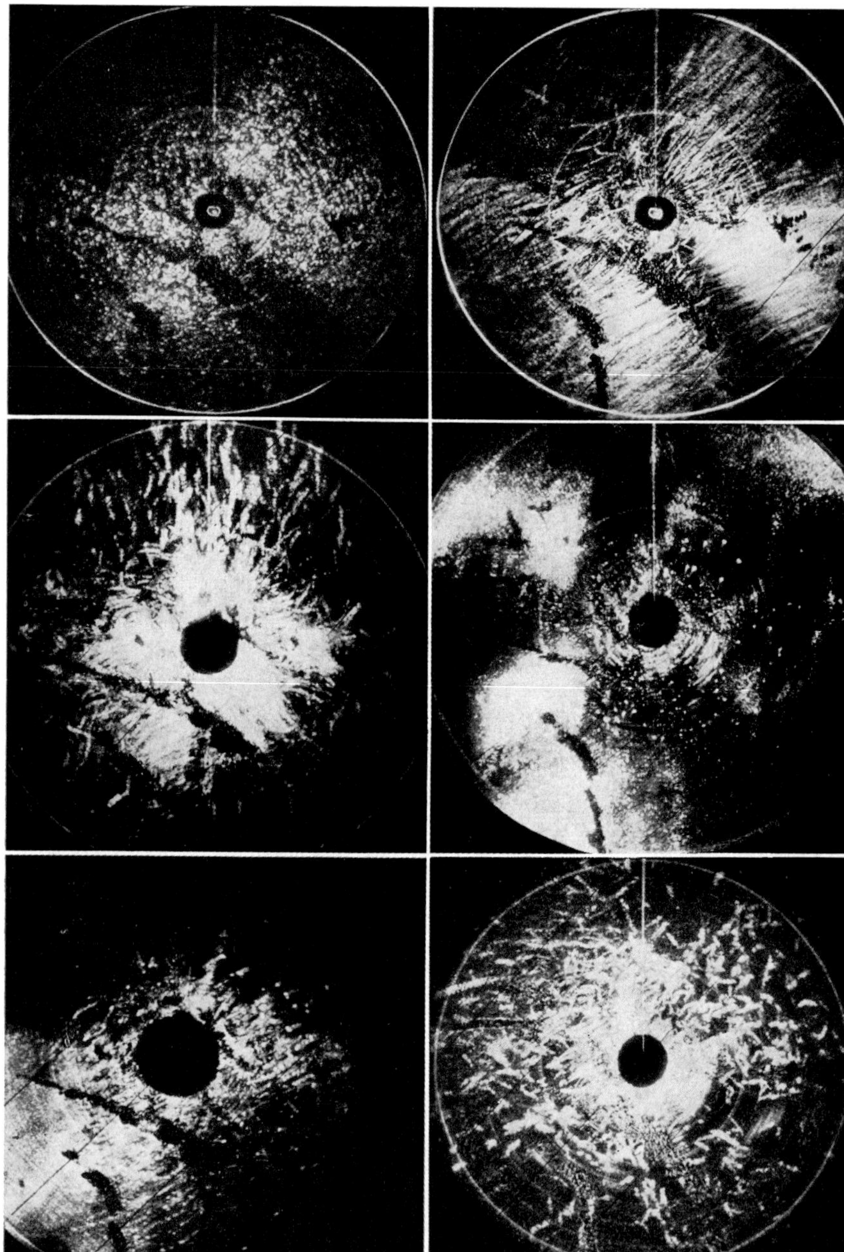

Abb. 6. Radar-Aufnahmen des Vogelzugs nach dem Überwachungsradar in Kloten bei Zürich. Die beiden Kreise haben einen Radius von 5 Seemeilen (9,25 km) und 10 Seemeilen (= 18,5 km). Die dunklen Markierungen im S und SE aller Bilder geben Bergzüge an. Aus W. GEHRING 1963.

(Fortsetzung nächste Seite)

Bestimmen der Höhe und Geschwindigkeit fliegender Vögel eingesetzt werden (MILDENBERGER 1950, RITTINGHAUS 1957). International gebräuchlich sind heute nur noch die im Prinzip gleich arbeitenden Radargeräte.

Radargeräte (Radar aus: Radio Detecting and Ranging) sind Geräte, die mit gebündelten elektromagnetischen Wellen der Wellenlänge 1 m bis 1 mm einen Gegenstand abtasten können und mit Hilfe der von diesem Gegenstand reflektierten Wellen („Echo") seine Richtung, Entfernung, Geschwindigkeit und seinen Charakter bestimmen lassen (Abb. 5). Vollführt die Radarantenne (= Sendeantenne) eine kreisförmige Drehbewegung, so wird die Hemisphäre über der Antenne auf eine kreisförmige Bildebene (Plan Position Indicator = PPI) im Radarschirm projiziert. Wippt die Antenne in vertikaler Richtung, so erscheint eine Streckenprojektion (Range Height Indicator = RHI) auf dem Bildschirm. Wird schließlich die Antenne fest auf ein bestimmtes Objekt gerichtet, bildet sich nur ein Gegenstand auf der Braunschen Röhre ab.

Die Fluoreszenzechos der im Vergleich zu Flugzeugen sehr langsam fliegenden Vögel (zumeist Vogeltrupps) sind auf dem Radarschirm nicht unmittelbar erkennbar. Er komprimiert Lufträume von 30 bis 350 und mehr km Durchmesser auf die kleine Oberfläche der Braunschen Röhre. Diese Echos müssen in den meisten Fällen erst durch bestimmte Zeitraffertechniken sichtbar gemacht werden. Wird der Bildschirm photographiert[1], so heben sich bei langer Einzelbildbelichtung (1 bis 12 Minuten) ziehende Vogeltrupps in Form von Strichen oder Strichfeldern hervor. Werden Filmaufnahmen mit der Umlaufgeschwindigkeit des Radarstrahles synchronisiert (1 Bild auf 3—12 Sekunden) und nach dem Entwickeln mit normaler Laufgeschwindig-

[1] Schwarz-Weiß-Film DIN 21°, Blende 2,8 oder 4.

Oben links: Tagzugbeginn 5.30 h bei ungestörter Wetterlage am 4. Okt. 1959. Belichtungszeit 6 sec.

Oben rechts: Zeitaufnahme (Belichtung 3 min) der Aufbruchsphase am 4. Okt. 1959, 6.10 h. Die feinen Echos im SE zeigen einheitliche WSW-Richtung. Im NE sind bis zu 5-Meilen-Linie Echos von Nachtzüglern markiert.

Mitte links: Zeitaufnahme (3 min) von zwei einander überlagernden Zugbewegungen am 29. Sept. 1958, 6.25 h. In der Mitte niedrig fliegende, normal nach SW gerichtete Vögel, im N hochfliegende Vögel, die von dem stärkeren Höhenwind nach S abgelenkt werden. Lokaler Bodennebel.

Mitte rechts: Mitwindbewegung in Gegenzugrichtung. Die Echos NE-gerichteter, vor dem Wind treibender Vögel sind erkennbar. Wind 240°/20 Knoten, Bewölkung 6—8/8 Altostratus. Die hellen Flächen sind Regengebiete. 14. Okt. 1958, Belichtung 6 sec.

Unten links: Zug im Regen. Die Vögel stoßen auf ein von SW kommendes Regengebiet (helle Fläche), ziehen aber weiter. 3. Okt. 1960, 7.10 h, Belichtung 2 min.

Unten rechts: Desorientierung der Zugvögel unter einer außergewöhnlich mächtigen Hochnebelschicht zwischen 400 und 1400 m Höhe, bei schwachem Wind. 8. Okt. 1958, 7.38 h, Belichtung 2 min.

keit auf eine Leinwand projiziert, so vermag man Bewegungen und Richtungen zu erkennen. Die photographischen Aufnahmen (Abb. 6) vermitteln Informationen über Zugdichte, Zugrichtung, Zuggeschwindigkeit. Die Flughöhe muß mit Höhenmeßgeräten (RHI-Geräten) bestimmt werden. Bei festeingestellten Sendeantennen (Zielverfolgungsradar) können unter bestimmten Umständen, d.h. bei Einschalten eines Kathodenstrahl-Oszillographen und gleichzeitiger Filmaufnahme des Radarbildes, aus dem Schwingungsmuster des Echos — der Flügelschlagfrequenz — Rückschlüsse auf die vorliegenden Vogelgattungen oder selbst auf Insekten gezogen werden (Gehring 1967). Bequeme und zahlreiche Geschwindigkeitsmessungen erzielte Schnell (1965) mit einem relativ einfach konstruierten Gerät, das nach dem Doppler-Effekt arbeitete.

Die Radartechnik weist drei Nachteile auf: a) Kauf und Wartung der Geräte sind mit hohen Kosten verbunden, die der einzelne nicht tragen kann. b) Die meisten, besonders die guten modernen Geräte unterliegen allzu strengen militärischen Sicherheitsbestimmungen. c) Im Nahbereich und bei niedrigen Höhen (je nach Gerät unterhalb 50 bis 300 m Höhe) heben sich Vogelechos kaum von den Streu-Echos der Bodenziele ab.

Eastwood 1967 (A).

Bellrose, F. (1967): Radar in orientation research. Proc. XIV Intern. Orn. Congr. Oxford: 281—309.

Gehring, W. (1963): Radar- und Feldbeobachtungen über den Verlauf des Vogelzuges im Schweizerischen Mittelland ... Orn. Beob. 60: 35—68. — (Ders. 1967a): Radarbeobachtungen über den Vogelzug am Col de Bretolet ... Ebenda 64: 133—145. — (Ders. 1967b): Analyse der Radarechos von Vögeln und Insekten. Ebenda 64: 145—151.

Graber, R. R., & S. S. Hassler (1962): The effectiveness of aircraft-type (APS) radar in detecting birds. Wils. Bull. 74: 367—380.

Hild, J. (1968): Beobachtungen des Kranichzuges am Niederrhein mit Hilfe von Radargeräten. Niederrhein 1: 5 S.

Mildenberger, H. (1950): Messungen von Höhe und Geschwindigkeit ziehender Vögel (Columba palumbus, Corvus frugilegus, Grus grus). Bonner Zool. Beitr. 1: 55—57.

Rittinghaus, H. (1957): Ermittlung von Flughöhen mit optischem Entfernungsmeßgerät. Vogelwarte 19: 90—97.

Schnell, G. D. (1965): Recording the flight-speed of birds by Doppler radar. Living Bird 4: 79—87.

5. *Individuelle Kennzeichnung*

a. Funkpeilung

Funkpeilung an biologischen Objekten (*Biotelemetrie*) kann als Fernmeßtechnik zum Erlangen quantitativer und qualitativer Daten über Organismen und ihre Umgebung mittels elektromagnetischer Impulse bezeichnet werden, also als eine Art Beobachtung außerhalb des normalen Gesichtsfeldes. Das Peilsystem erfüllt drei Funktionen: (1) Erlangen biologischer Daten durch

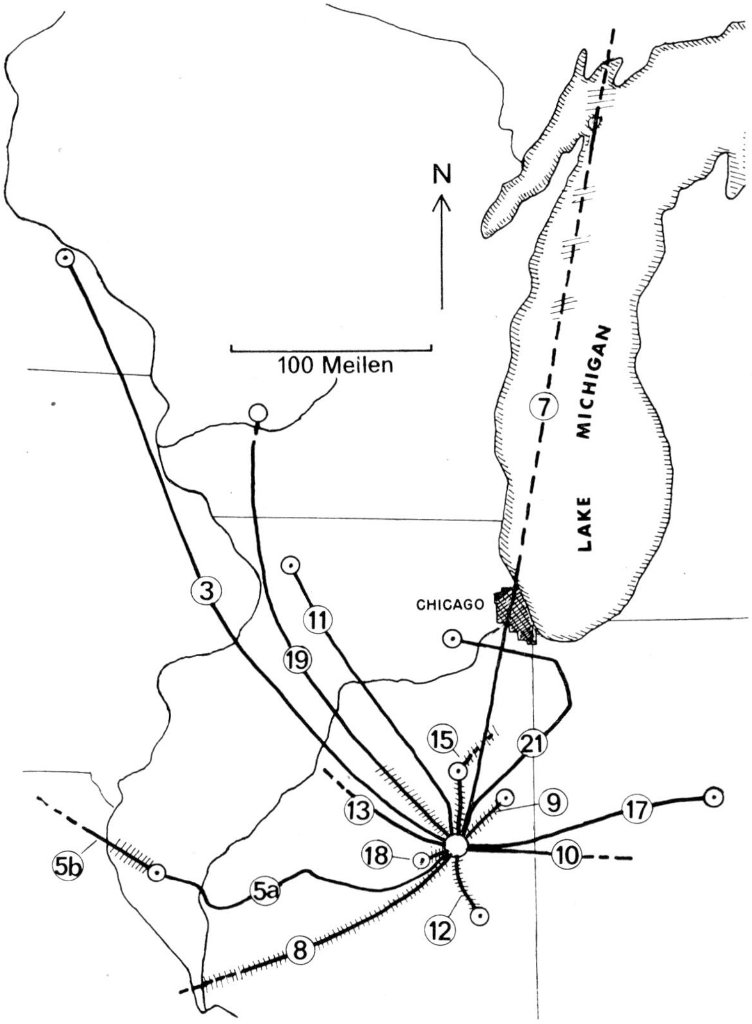

Abb. 7. Flugstrecken von ziehenden Drosseln (*Hylocichla*) mit Kleinstsendern. Die einzelnen Vögel sind beziffert: *Hylocichla fuscescens* 11 — *H. ustulata* 7, 8, 18, 19, 21 — *H. minima* die übrigen Ziffern. Kreise ohne Punkt ungefährer, mit Punkt genauer Landungsplatz. Unterbrechung der Streckenlinie bedeutet: Funkkontakt unterbrochen; Querstrichelung der Strecken: Himmel bedeckt. Die Drosseln wurden im Raum des Michigan-Sees mit Flugzeug (Nr. 7) oder Auto verfolgt und angepeilt (siehe Text). Die Unregelmäßigkeit von Strecke 5 ist auf Änderung der Flughöhe bei verschiedenen Windrichtungen in verschiedenen Höhen zurückzuführen. Bei 3 und 19 gelang keine ausreichende Erfassung der Flughöhe, so daß hier dieser Zusammenhang nicht behauptet werden kann. Drossel 21 wich einer Kaltfront oder dem See aus. Besonders hervorzuheben Drossel 7: Der Kontakt war über dem See unterbrochen, gelang aber wieder über Washington Island. Nach Cochran, Montgomery & Graber 1967.

verschiedene Sensoren und Sender, (2) Übermittlung und Codierung der Daten, (3) Empfang und Aufbereiten der Daten zur Auswertung durch den Untersucher. Als Ausrüstung ist erforderlich: (a) Kleinstsender mit Antenne, die am biologischen Objekt, zum Beispiel Vogel, angebracht werden, (b) Empfänger zum Auffangen der übermittelten Signale und (c) Antennen zum Anpeilen der Position des Tieres. Die Sender haben (laut Sammelreferat von SOUTHERN 1965) ein Minimalgewicht bis hinab zu 2,5 g, eine (von Sendefrequenz und -stärke abhängige) Lebensdauer von 6 Tagen bis zu einem Jahr, und eine Reichweite von etwa 40 m bis 5 km. Die Kosten für die gesamte Ausrüstung belaufen sich (Wert 1965) auf etwa 1000 US-$ (Sender — im Eigenbau — 8 bis 10, Empfänger 180 bis 540 $). Diese Aufwendung ist wirtschaftlich, da nur eine wesentlich höhere Zahl menschlicher Arbeitsstunden mit den bisher geläufigen Methoden — siehe Beringung — die Menge biotelemetrisch erzielbarer Meßdaten (wenn überhaupt) erreichen könnte.

Das praktische Vorgehen in einem solchen Fall wäre so: Bei einer Zwergdrossel (*Hylocichla ustulata*) macht der Sender mit 2,5 g etwa 8% des Körpergewichts aus. Man entfernt einige Federn am Rücken des Vogels und klebt den „Transmitter" auf; er geht zwar über kurz oder lang verloren, erlaubt aber doch, den Vogel einige Zeit zu verfolgen, am Boden nur etwa auf Kilometerweite, im Flug aber auf 16 bis 25 km und mehr. Eine solche Drossel, am 25. Mai in Champaign-Urbana in Illinois gefangen und ausgerüstet, führte damit und mit der 30,5 cm langen dünnen Drahtantenne einen mehr als achtstündigen Nachtflug aus (Abb.7). Sie erhob sich um 20 h und flog 225 km nach Chicago, von da über die Länge des Michigansees weitere 400 km zur Washington-Insel, teilweise durch Sturmwolken und Nebel. GRABER verfolgte sie mit dem Flugzeug. Weitere entsprechende Untersuchungen wurden von einem Auto mit entsprechender Empfangsantenne unternommen. Das Verfahren hat den Nachteil, daß die ausgestrahlten Kurzwellen durch Hindernisse abgefangen werden und von begrenzter Reichweite sind; die Batterieleistung ist gering. Andere Versuche in Nordamerika betrafen den Weißkopf-Seeadler; er trägt ohne weiteres Sender von 80 g und 3 Monaten Batterieleistung. Auch beim Kragenhuhn (*Bonasa umbellus*), bei Virginia-Wachteln, Raubmöwen, Eulen, Pinguinen und bei Brieftauben wurden solche Funkpeilungen mit Erfolg vorgenommen.

Cochran, W. W., G. G. Montgomery & R. R. Graber (1967): Migratory flights of *Hylocichla*-thrushes in spring: a radiotelemetry study. The Living Bird 6: 213—225.
Graber, R. R. (1965): Night Flight with a Thrush. Audubon Mag. 67: 368—374. — (Ders. 1968): The Problematical Migration of Birds. Science Teacher 35: 5.
Graber, R. R., & S. L. Wunderle (1966): Telemetric observations of *Turdus migratorius*. Auk 83: 674—677.
Jaeger, R. D., (1970): Radiotelemetrie in der biologischen Forschung. Naturw. Rdsch. 23: 51—56 (Sammelreferat).
Nicholls, T. H., & D. W. Warner (1968): A Harness for Attaching Radio Transmitters to large Owls. Bird-Banding 39: 209—214.

Southern, W. E. (1964): Additional Observations on Winter Bald Eagle populations, Including Remarks on Biotelemetry Techniques ... Wilson Bull. 76: 121—137. — (Ders. 1965): Biotelemetry: a new technique for wildlife research. The Living Bird 4: 45—58.
Walcott, C., & M. Michener (1967): Analysis of tracks of single homing pigeons. Proc. Intern. Orn. Congr. Oxford 1966: 311—329.

Abb. 8. Nestjunger Weißstorch wird beringt. Beringungen nichtflügger Jungvögel haben den Vorteil, daß die Herkunft genau bekannt ist. Doch spielt auch der Fang flügger Vögel (etwa mit Japannetzen, seltener mit Zugnetzen, siehe Abb. 14) eine wichtige Rolle, vor allem bei Sperlingsvögeln.

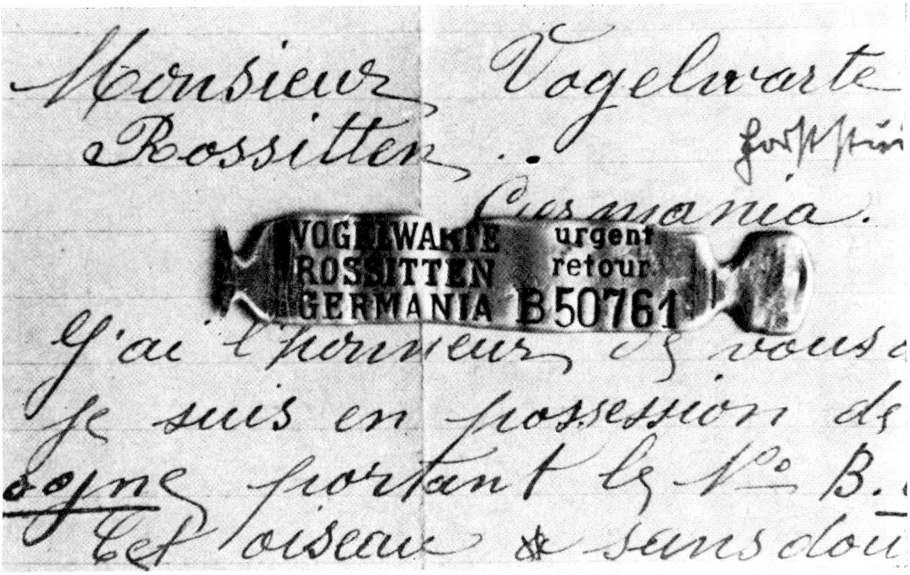

Abb. 9. Rückmeldung eines 1934 in Südbaden beringten Weißstorchs vom 18. März 1949 aus dem Dép. Ardèche in Frankreich. Der Storch war offenkundig 15jährig auf dem Heimzug in seine Heimat, möglicherweise ein Opfer von Drahtleitungen. Der Ring erwies sich bei einem Gehalt von 99,41 % Aluminium gegen chemische Angriffe als ziemlich widerstandsfähig, wurde aber mechanisch stark abgenützt. Wahrscheinlich gibt es nicht wenige sehr alte Störche, die ihren Ring verloren haben. (Bonn. zool. Beitr. 4, 1953, S. 34).

b. Numerierung (Abb. 8, 9, 10)

Schon in sehr früher Zeit wurde vereinzelt versucht, einen Vogel durch einen beschrifteten *Fußring* zu kennzeichnen. Seit 1899 kann man von einer „wissenschaftlichen Vogelberingung“ sprechen, im Gegensatz zu mehr spielerischen Versuchen früher und zu rein praktischen Maßnahmen wie im Geflügelhof und Taubenschlag. Dem Vorbild von H. Chr. C. MORTENSEN (1899) folgten 1903 J. THIENEMANN (B II) und dann weitere, und nunmehr wird in vielen Ländern planmäßig beringt; die größten Zahlen haben die

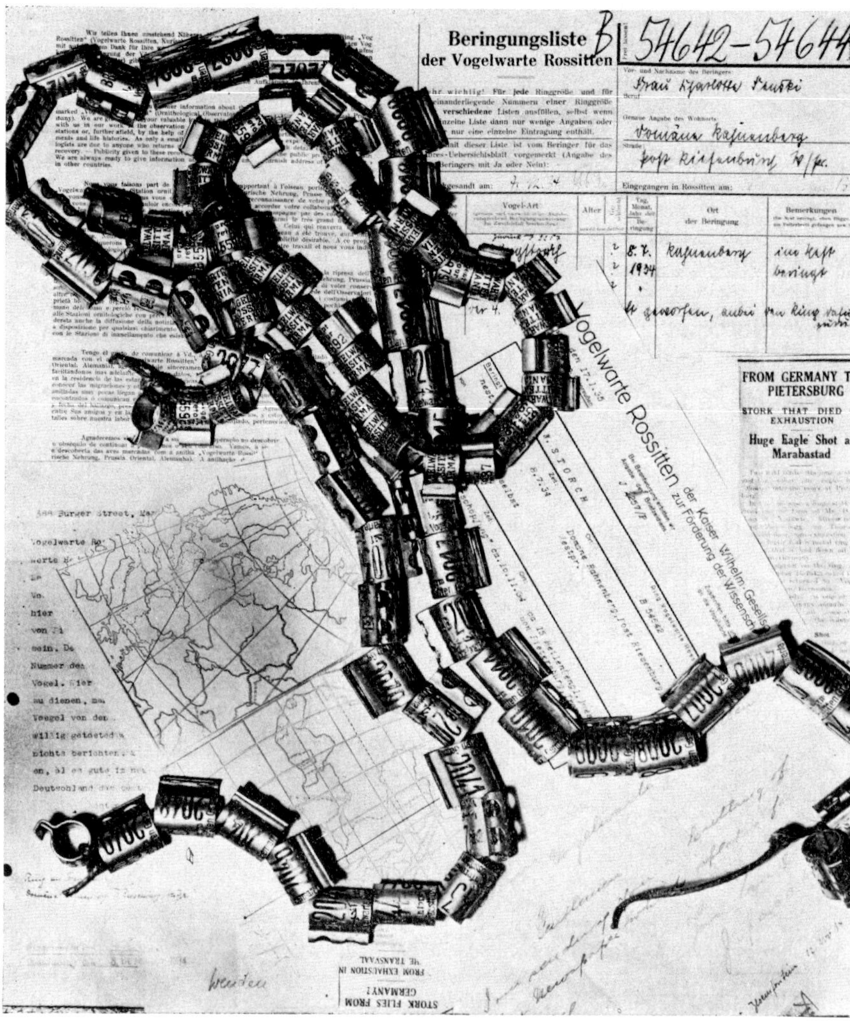

Abb. 10. Die einst von der Vogelwarte Rossitten verwendeten Storchringe mit zugehörigen Vordrucken (Normalringe und Ableseringe).

Vereinigten Staaten aufzuweisen, aber auch Deutschland, Großbritannien und andere Länder sind sehr tätig. Die meiste Arbeit wird nicht von hauptamtlichen Kräften geleistet, sondern von freiwilligen Mitarbeitern. Es ist jedoch Sache der Vogelwarten oder Beringungsstationen, die Tätigkeit in einer sinnvollen Weise zu lenken. So sind von jeher bestimmte, gute Ergebnisse versprechende Arten bevorzugt beringt worden, und das Streben geht immer mehr zur Konzentration auf bestimmte Aufgaben (Beispiel: Grasmückenprogramm[1]). Die Verantwortungsträger sind bemüht, die Mitarbeiter sorgfältig auszulesen und anzuweisen. Es gibt darüber entsprechende Drucksachen, und auch die Frage der rechtlichen Zulassung ist meistens (nach Staaten in verschiedener Form) gelöst. Die Vogelringe werden in verschiedenen Größen und auch Modellen ausgegeben; die deutschen Vogelwarten führen zur Zeit etwa 15 verschiedene Formen. Da in dem nun fortgeschrittenen Stand der Arbeit die Zufallsfunde und -meldungen nicht mehr die Bedeutung haben wie früher, sondern planmäßige Beobachtungen und gegebenenfalls Fänge zur Erfassung einer Population am Heimatort oder gar bei Fremdansiedlung in den Vordergrund treten, hat man für größere Vogelarten „Kennringe" geschaffen. Diese zeigen verschiedene Profile der Ringschlaufen und tragen große, mit dem Feldstecher am freilebenden Vogel ablesbare Ringe (Abb.10).

Seit 1939 werden auch, besonders in Schweden und Finnland, *Flügelplättchen* (*Flügelmarken*) verwendet, mit einer dem Fußring entsprechenden Prägung. Sie sind nur bei gewissen Vogelgruppen wie Enten und Hühnern anwendbar, da sie bei Jungvögeln mit einer bügelartigen Nadel im Patagium (in der Flughaut zwischen Ober- und Unterarm) befestigt werden müssen; ein in der Geflügelzucht seit langem übliches Verfahren.

Bub, H. (1966, 1967, 1968, 1969): Vogelfang und Vogelberingung. Teile I, II, III, IV. Die Neue Brehm-Bücherei 359, 377, 389, 409.
Kraft, W. (1960): Seit wann beringt man die Vögel zur Erforschung des Vogelzugs? Mitt. Ver. Geschichte Stadt Nürnberg 50: 325—329.
Kuhk, R. (1940): Zur Geschichte der Vogelberingung. Vogelzug 11: 124—125.
Rydzewski, W. (1951): A historical review of bird marking. Dansk Orn. For. Tidsskr. 45: 61—95.

c. Farbringverfahren

Für populationsdynamische oder ethoökologische Untersuchungen muß man zwar Einzelstücke immer wieder erkennen, doch kann man sie zu diesem Zweck nicht immer oder oft genug fangen. Man muß also den Vogel durch bloße Beobachtung ansprechen können. Das gelingt bei Arten, die nicht zu kurze, im Gefieder versteckte Füße haben, mit der Hilfe von Farbringen. Verschiedenartige Kombination mehrerer Ringfarben erlaubt das Auseinander-

[1] Auf mehrere Jahre berechneter Plan der Vogelwarte Radolfzell zur Untersuchung vor allem der Jahresperiodik und Ökologie der Grasmücken; siehe Vogelwarte 24 (1968): 320.

halten einer recht großen Zahl von Individuen. Es gibt die Möglichkeit zu Anordnungen, die mit einer Schlüsselzahl wiedergegeben werden können. Außer an Staren sind solche Farbringkombinationen an einer großen Zahl von Kleinvogelarten mit Erfolg ausprobiert worden. Man hat auch bei Pinguinen in dieser Weise oder mit farbigen Flügelklammern gearbeitet, doch ist die Frage der Farbenhaltbarkeit auf lange Zeit noch nicht ideal gelöst. Man kann übrigens Nummern- und Farbring vereinigen, wenn man die bezifferten Aluminiumringe eloxiert, doch halten lebhafte Eloxalfarben besonders in tropischem Klima auch nicht sehr lange.

Schüz, E. (1948): Verwendungsweise von Farbringen bei der Planberingung am Nistplatz. Vogelwarte 15: 44—47.

d. Gefiederkennzeichnung

Es gibt gewisse künstliche Farben, die mehrere Wochen oder gar bis zur nächsten Mauser halten und dann, wenn auch befristet, einzelne Individuen noch deutlicher als mit Farbringen herausheben lassen. Bei großen Vögeln kann man durch gut bedachtes Beschneiden von Federfahnen am Flügel, noch besser Schwanz, individuelle „Fenster" anbringen und damit Einzelstücke — natürlich nur bis zur nächsten Mauser — kennzeichnen. — Um einzelne Jungvögel zu markieren, hat man mit Erfolg versucht, bei ganz jungen Möwen, Wachteln und Staren den Daumen abzuschneiden und in einen kleinen Hautschnitt des Scheitels oder anderer Körperstellen zu verpflanzen, so daß dem Jungvogel eine auffallende Alula am Kopf oder anderswo sproßt, je nach der Einpflanzung des Keims sogar mit einer abweichenden Richtung. Die Eltern scheinen an dieser Markierung keinen Anstoß zu nehmen.

Coppinger, R. P., & B. C. Wentworth (1966): Identification of Experimental Birds with the Aid of Feather Autografts. Bird-Banding 37: 203—205.
Oelke, H. (1969): Farbmarkierungen des Federkleides als Methode zur Ermittlung des Nahrungsraumes einer Uferschwalbenkolonie. Vogelwelt 90: 180—184.
Snelling, J. C. (1968): Request information on marked Raptors. Ostrich 39: 42.

e. Natürliche Individualmerkmale

Nicht oft bietet die Natur selbst das Hilfsmittel zum Ansprechen von Einzelvögeln. Bekannt sind die Albinismen oder Teilalbinos unter den Amseln; in manchen Fällen hält dieses Merkmal nur bis zur nächsten Mauser vor. Es gibt Vogelarten, die in verschiedenen Färbungsmutanten auftreten; eine echte Hilfe erwächst dadurch nicht, da in der Regel jede Form mehr- bis vielfach vertreten ist. Als einzige Ausnahme wäre der Kampfläufer zu nennen, wo die Mannigfaltigkeit der Männchen im Prachtkleid das Herauskennen einzelner mit ziemlicher Sicherheit erlaubt. Indes bezieht sich diese Möglichkeit nur auf die Fortpflanzungszeit. Beim Weißstorch setzt das Schwarz der äußeren Mundbodenhaut gegen das Rot des Kinns in einer individuell ganz variablen Weise ab, so daß jeder Einzelvogel sein bestimmtes Muster aufweist. Dieses Merkmal hat aber den Nachteil, daß man es nur beim Klappern oder beim Auswürgen des Futters sehen kann. Dagegen gibt es beim Zwergschwan ein sehr gutes Einzelkennzeichen: die starke individuelle Variation in der Abgrenzung des Gelbs zum Schwarz des Schnabels. Sie ermöglicht das Wiedererkennen der Einzelvögel selbst in größeren Scharen und über lange Zeit hinweg.

Schüz, E. (1942): Über die Unterscheidung freilebender Einzelstücke des Weißen Storchs. Orn. Mber. 50: 99–104.

Abb. 11. Der Mitte April 1935 in Leetza bei einem Nestkampf gefangene Pfeilstorch. Der Pfeil ist 74 cm lang und gehört einem in Afrika weit verbreiteten Typus an, kann also nicht näher lokalisiert werden. Der Vogel mit dem Pfeil befindet sich in der Sammlung des Kirchlichen Forschungsheims in Wittenberg Lutherstadt (14 km vom Fundort). Nähere Angaben Schüz 1948; Aufnahme Hörstel durch Freundlichkeit von O. Kleinschmidt.

Scott, P. (1966): The Bewick's Swans at Slimbridge. The Wildfowl Trust, 17. Ann. Rep. 1964—1965: 20—26.

f. „Pfeilvögel" (Abb. 11)

Man kennt 17 Weißstörche (Abb. 11), 2 Regenstörche, 1 Marabu, ferner 1 Schwarzen Milan, 2 Wespenbussarde und 2 Eiderenten, die Pfeile oder Pfeilspitzen trugen und in diesem Zustand große Wanderungen, sogar bis in die Heimat, zurücklegten. Solche Vögel sind nicht nur individuell markiert, sondern man kann bei ethnographischen Vergleichen unter Umständen auch Anhaltspunkte über das Gebiet gewinnen, wo der Vogel beschossen worden ist. Da Pfeil und Bogen mehr und mehr den Feuerwaffen Platz machen, werden solche Fälle offenkundig immer seltener.

Schüz, E. (1948): Störche als Eingeborenenbeute. Vogelwarte 15: 8—18. — (Ders. 1969): Storks and Other Birds Carrying Arrowheads. Ostrich 40: 17—19.

6. *Physiologische Methoden*

Die Zugphysiologie verlangt subtile Untersuchungen und immer wieder auch Experimente. Ihre Darstellung kann nicht gut von der Behandlung der Fragen getrennt werden. Soweit die Methoden die Steuerung des Zugablaufs betreffen, sind sie in J III dargestellt, während Versuche über die richtenden Vorgänge beim Zug mehrfach im Abschnitt K (so in K II 1) beschrieben sind.

7. *Auswertungsweisen*

Die Methoden der Auswertung sind zum Teil aus den nachfolgenden Kapiteln ersichtlich, und wir begnügen uns daher hier mit Andeutungen. a) Planmäßige Erfassungen durch Beobachten, unter Umständen auch durch Fänge, eröffnen die Möglichkeit, für das einzelne Beobachtungsjahr oder als Mittelwert für eine Reihe von Jahren einen *Vogelzugskalender* aufzustellen. Bei gründlichem Vorgehen kann daraus noch mehr entstehen, nämlich ein *jahres- und tageszeitliches Zugmuster*; Abb. 12, 13 und 110 zeigen, wie dies einen übersichtlichen graphischen Ausdruck finden kann. b) Die Ergebnisse der Vogelberingung lassen sich in vielfältiger Weise niederlegen. Soweit sich die Funde in die Ferne erstrecken, wird man dies in Karten darstellen können (Atlas des Vogelzugs und viele *Zugmonographien*). Dabei kommt es mehr und mehr zur Ausnützung moderner Hilfsmittel, etwa beim Berechnen der Entfernungen nach den geographischen Koordinaten; die neuen Methoden der Datenverarbeitung auf Grund sorgfältig vorbereiteten Materials (Lochkarten) sind heute unentbehrlich. In allen Fällen sollten Beobachtungsserien und Meßergebnisse durch statistische Grundwerte erläutert und statistischen Prüfverfahren unterzogen werden.

Schüz & Weigold 1931 (A).
Berthold, P., & V. Dorka (1969): Vergleich und Deutung von jahreszeitlichen Wegzugs-Zugmustern ausgeprägter und weniger ausgeprägter Zugvögel. Vogelwarte 25: 129—129.
Dorka, V. (1966): Das jahres- und tageszeitliche Zugmuster von Kurz- und Langstreckenziehern nach Beobachtungen auf den Alpenpässen Cou/Bretolet (Wallis). Orn. Beob. 63: 165—223.
Kern, H. (1962): Die Berechnung von Entfernung und Kurswinkel beringter Vögel. Vogelwarte 21: 327—328.
Vries, R. de (1967): FORTRAN-Programm zum Berechnen von Entfernung und Kurswinkel für Nah- und Fernfunde beringter Vögel. Vogelwarte 24: 110—115.
Yeatman. L. Y. (1969): Seasonal fluctuations of a bird population on the coast of the Var, France. Bird Study 16: 75—82.

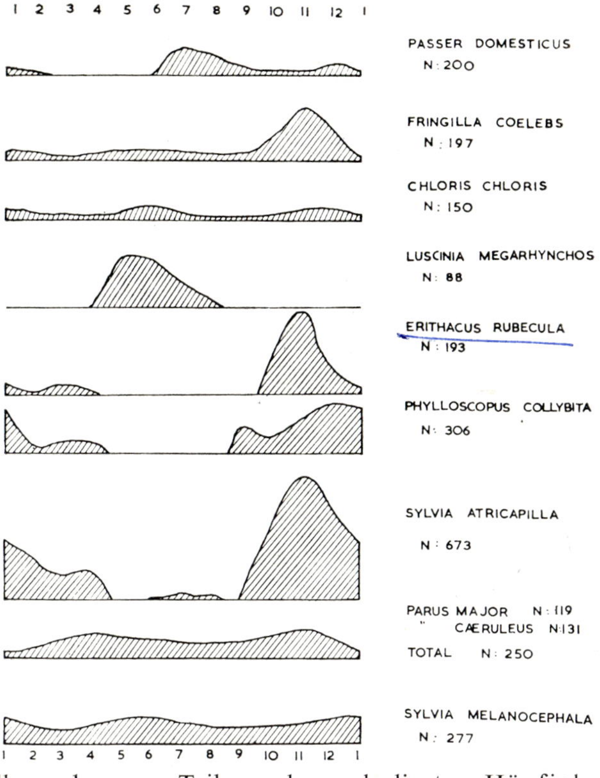

Abb. 12. Darstellung des zum Teil wanderungsbedingten Häufigkeit-Index verschiedener Arten im Lauf des Jahres, und zwar an der Mittelmeerküste (Département Var, Frankreich). Von oben nach unten: Der Haussperling fehlt zur Brutzeit, da er dann an die Dörfer gebunden ist, erscheint aber im Sommer an den Touristenplätzen. Buchfink und (weniger) Grünfink nehmen im Winter zu. Die Nachtigall ist nur Sommervogel. Rotkehlchen, Zilpzalp und Mönchsgrasmücke sind vor allem Durchzügler, die letztere Brutvogel wenigstens in der Nähe. Kohl- und Blaumeise, ferner Samtkopf-Grasmücke sind das ganze Jahr da, zeigen aber mit dem Erscheinen der Jungvögel und im Herbst mit einer geringen Zuwanderung ein leichtes Anwachsen. Aus YEATMAN 1969.

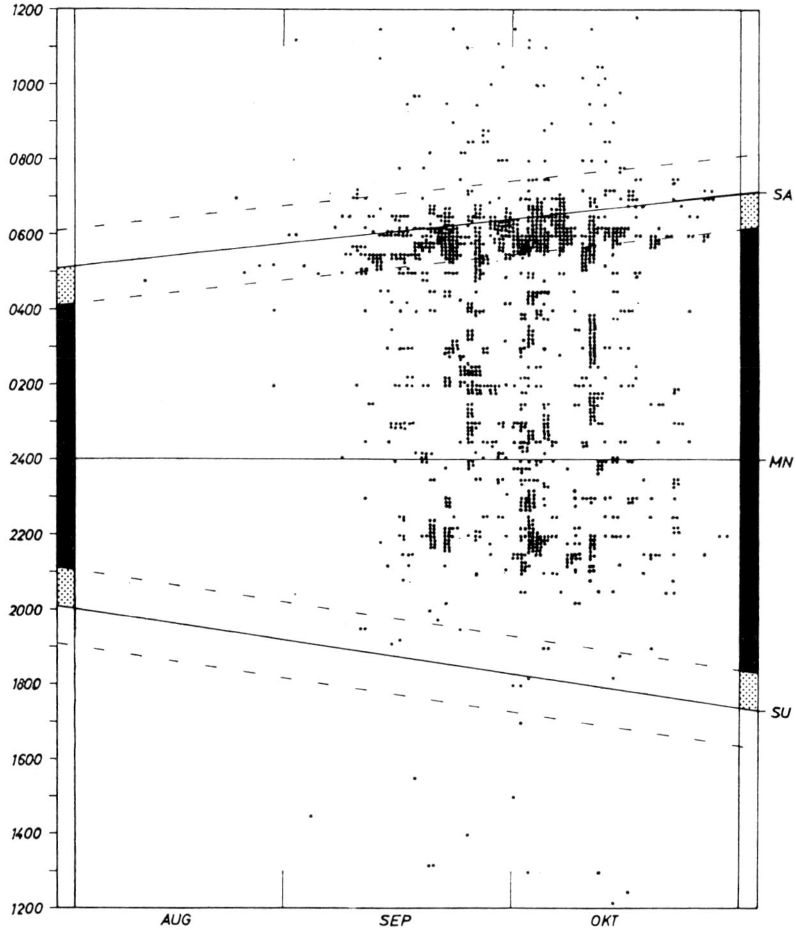

Abb. 13. Zugmuster (jahres- und tageszeitliche Häufigkeitsverteilung) des Rotkehlchens (*Erithacus rubecula*) beim Wegzug nach den Netzfängen (n = 1415) auf den Pässen Cou und Bretolet (Wallis, Schweiz) von 1960 bis 1963. Die Ordinate gibt als Tageszeitachse die Uhrzeiten an (in der Mitte die Mitternachtslinie, seitlich die Markierung von Nacht, Dämmerung und Tag); die Abszisse ist die Jahreszeitachse. Der Höhepunkt des Durchzugs fällt in die erste Oktoberdekade. „Die Art ist ausgesprochene Nachtzieherin mit einem Gipfel schon vor Mitternacht. Bis Sonnenaufgang leichtes Absinken der Frequenz, dann massierter Morgeneinfall; tagsüber nur noch wenige Fänge wohl überwiegend rastender Vögel." (Aus DORKA 1966.)

IV. Zur Forschungsgeschichte

Wegzug und Heimzug der Vögel mit ihren mancherlei Erscheinungsformen konnten dem erwachenden Menschengeist nicht verborgen bleiben. Aber es hat offenbar lange gedauert, bis über den Verbleib der verschwundenen Vögel und über die Zusammenhänge etwas bekannt wurde. ARISTOTELES (384–322 v. Chr.) konnte mit gewissen Erkenntnissen aufwarten, die dann anscheinend bis zur Zeit eines PLINIUS (GAJUS PLINIUS SECUNDUS, 23 bis 79) kaum Fortschritt machten. Es blieb noch weitere Jahrhunderte dunkel, bis der Staufenkaiser FRIEDRICH II. (1194 bis 1250) in seinem – nur zu einem Teil erhaltenen – Werk *De arte venandi cum avibus* ein helles Licht entzündete. Als Verfechter induktiver Methoden kündete er eine neue Zeit an. Weitere Zeugnisse dieser Art sind spärlich. Es verdient aber Beachtung, daß ein Schriftsteller wie H. J. Chr. v. GRIMMELSHAUSEN (geb. 1622) sich schon recht vernünftige Gedanken über den Vogelzug gemacht hatte. Wir gehen sogleich zu zwei großen Persönlichkeiten über, die ebenfalls in ihrer Betrachtungsweise und in der Aufdeckung ursächlicher Zusammenhänge vorauseilen: FERDINAND ADAM Frhr. VON PERNAU (1660 bis 1731) und HERMANN SAMUEL REIMARUS (1694 bis 1768). Sie ragen in die Zeit des großen schwedischen Archivars der Natur, CARL LINNAEUS (VON LINNÉ), dessen *Systema naturae* (10. Auflage 1758) einen Markstein auch für die Ordnung der Formenfülle in der Ornithologie bedeutete. Wir schütteln freilich den Kopf, daß er das aristotelische Märchen vom Überwintern der Schwalben im Sumpf (J VII) wiederum ernst nahm, nachdem es der aufgeklärte Kaiser FRIEDRICH ein halbes Jahrtausend vorher schon überwunden gehabt hatte. Nun verdichtet sich die Reihe der Vogelzugforscher. Ihren Beitrag leisteten unter anderem Väter und Söhne der bekannten Familien NAUMANN und BREHM. Allerdings beschattete auch diesen Teil des großen Lebenswerkes des jungen (ALFRED EDMUND) BREHM jene unheilvolle Vermenschlichung tierischen Wesens, die wohl von der Tierseelenkunde des P. SCHEITLIN (1840) angestiftet worden war. DARWINS Zeitgenosse A. P. WALLACE behauptete die Erlernbarkeit der Zugwege; darin folgt ihm J. A. PALMÉN, der ein Netz von Zugstraßen (E 6) aufstellte, in beiden Punkten aber scharfen Widerspruch bei E. F. VON HOMEYER fand. Über dieses Thema (K IV) und über andere nunmehr der Geschichte angehörende Forscher und Anschauungen wird später berichtet werden.

Siehe v. Homeyer 1881 – Palmén 1876, 1882 (A).

Geyr, H. Baron (1958): H. J. Chr. von Grimmelshausen über Vogelzug. Vogelwarte 19: 266.

Stresemann, E. (1951): Die Entwicklung der Ornithologie von Aristoteles bis zur Gegenwart. Berlin.

C. Vom Bild des Zugs

Die Erscheinungen des Vogelzugs greifen selbst bis in den Bereich des städtischen Häusermeers hinein. Wer Gehör für hohe Töne hat, kann bei uns zu jeder Zugzeit nächtlicherweile mindestens die Rufe von Singdrossel, Rotdrossel und Feldlerche vernehmen. Bei Tage treten in dieser Weise in

Mitteleuropa vor allem Feldlerche, Buchfink, Wiesenpieper und (vereinzelt) Heckenbraunelle hervor, und im Zuggebiet des Kranichs (D 12) kann man die Phalanx und die Trompetenrufe dieser Art ebenfalls über der Großstadt (etwa Berlin) feststellen. Invasionsvögel wie Tannenmeise, Kreuzschnäbel und Erlenzeisig dringen unbeirrt in die Stadt ein. Auf dem Lande ist die Zahl der Durchzügler noch auffallender. Selbst über Gebirgen, Meeren und Wüsten ziehen Vögel.

1. Kurische Nehrung (Abb.14, 15)

Aber die eindrucksvollsten Erlebnisse warten dort auf uns, wo ein Zusammendrängen des Zuges an Leitlinien stattfindet. Denken wir uns einen guten Zugvormittag — sagen wir am 16. April — bei Ulmenhorst, der einstigen Beobachtungsstation der Vogelwarte Rossitten, Kurische Nehrung, wo wir den Blick von der Ostsee zum Kurischen Haff schweifen lassen können, vor uns die Wanderdünen und die dürftig bewachsene Pallwe (Abb.14), hinten in 1 km Ferne der Nehrungswald. In allen Büschen schnickern und hüpfen Rotkehlchen und schnurren Zaunkönige. Sie sind ebenso wie die Zilpzalp-Laubsänger schon nächtlicherweise eingefallen, rasten jetzt oder schieben sich nur allmählich im Bereich des Bergkiefern-Gebüschs nordwärts weiter, während die ebenfalls nächtlich wandernden Steinschmätzer nun den kahlen Sandboden bevölkern. Alle anderen Arten sind in deutlicher Bewegung, so die immer wieder strömenden Buchfinken mit ihrem schüch-

Abb.14. Fang der Nebelkrähe (*Corvus corone cornix*) auf der Kurischen Nehrung. Das Zugnetz war einst nur Hilfsmittel für das Beschaffen von Nahrung, wurde dann aber Ausgangspunkt für Planberingungen der Vogelwarte Rossitten (an Krähen, Möwen, Rauhfußbussard usw.). In dieser Landschaft zwischen Ostsee und Kurischem Haff stand einst auch die Beobachtungs- und Fangstation Ulmenhorst. An ihre Stelle ist jetzt 5 km weiter südlich die Feldstation der Biologischen Station Rybatschi getreten.

ternen *jübb*-Ruf, in engem Gedränge dahinfliegende Erlenzeisige, kleine Trupps Bluthänflinge und lose gruppierte Kernbeißer. Wiesen- und Baumpieper wandern in hüpfendem Fluge nordwärts, gut am Ruf unterscheidbar. Noch wichtiger zum Ansprechen ist der Fluglaut bei der Heckenbraunelle, denn ihr silberheller Zugruf ist oft das einzige, was man von diesem meist verhältnismäßig hoch fliegenden Vogel bemerkt. Die immer wieder durchhastenden Sing-, Rot- und Misteldrosseln, eigentlich doch Nachtzügler, können hier in der allgemeinen Zugatmosphäre auch am frühen Vormittag den Wandertrieb nicht abbremsen. Rohrammern locken da und dort, fremde Gestalten in dieser doch fast sumpflosen Landschaft. Die Stare machen besonderen Eindruck, denn sie bilden große Schwärme und stoßen mit erheblicher Geschwindigkeit vor. Zeigt sich ein Sperber aufdringlich, so ballen sie sich in lebhaften Manövern zu dichten Wolken. Draußen auf See fliegt eine Kette von 6 Singschwänen mit wohlklingendem Ruf nordwärts. Am

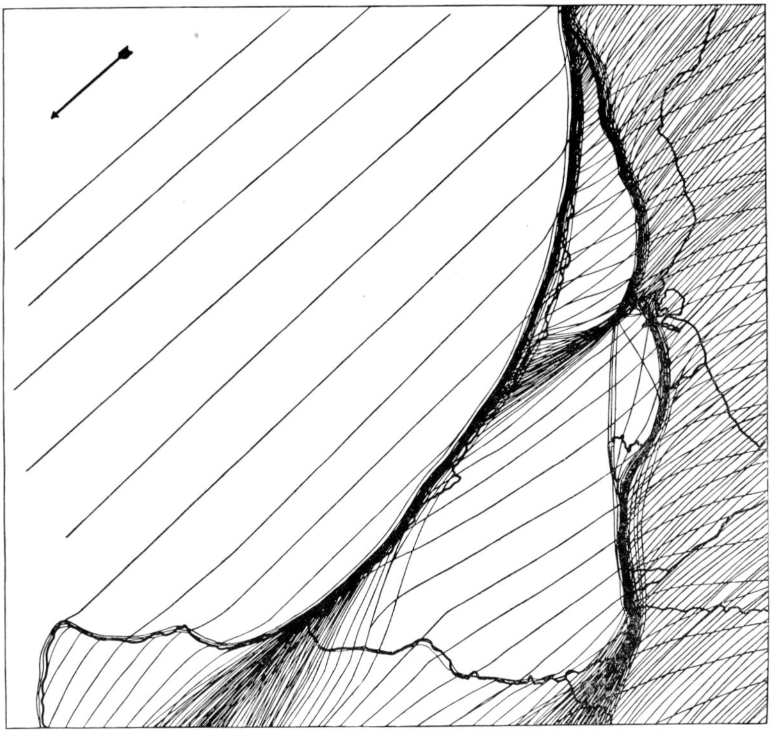

Abb. 15. Die Kurische Nehrung als Brücke oder „Flaschenhals" des Vogelzugs. Der über das Festland heranströmende herbstliche Vogelzug wird schon nördlich des Kurischen Haffes und dann auch auf dessen Ostufer gestaut. Die in das Haff hinausweisende Windenburger Ecke entsendet einen starken zusätzlichen Zugstrom, so daß der Raum von Rossitten — am nördlichen Ende des Süddrittels der Nehrung — besonders gut beschickt ist. Die Verteilung entspricht dem Tagzug.

meisten bezaubert uns aber der Durchzug der Greifvögel. Nur vereinzelt treten Turmfalk, Schwarzmilan und Kornweihe auf. Zahlreich ist dagegen der Rauhfußbussard des Nordens (Abb. 62). Von 10.35 bis 11 Uhr zählen wir etwa 150; der Verspätung des Greifvogelzuges entsprechend bringt aber die folgende Viertelstunde schon 114. Dazu kommt ein verhältnismäßig nur kleiner Anteil des Mäusebussards, der in anderen Jahren vorherrschen kann. Selten ist an einem guten Bussardtag der Himmel frei von diesen königlichen Vögeln; bald sind es einzelne, bald kommen 6 nahe beisammen, nicht selten sieht man 10 gleichzeitig, und einmal waren es sogar 25. Auch der Sperber stellt große Zahlen. Während Bussarde und Milane weithin sichtbar und in würdiger Ruhe heransegeln und -kreisen, stieben die Sperber hastig und niedrig vorbei, oft ganz tief die Bodenwellen nehmend und hinter den Buschreihen hinschwenkend. Am folgenden Tag zählten wir in einer halben Stunde ziemlich genau 100 Sperber; ein wenig später, 11.15 bis 12.15 Uhr, stellte unser Gewährsmann sogar 372 fest. Das sind fürwahr eindrucksvolle Zahlen.

2. *Falsterbo und Öland*

Weiteren Leitlinien-Massenzug im Bereich der Ostsee finden wir anschließend an die Kurische auf der Frischen Nehrung und außerdem weiter westlich, so an der Küste Pommerns. Zwei Punkte ragen aber ganz besonders hervor, und sie sind von den Ornithologen Schwedens gründlich untersucht. Der eine ist die Südspitze der nicht ganz 140 km langen und bis zu 15 km breiten Insel Öland. Hier entfaltet die Vogelstation Ottenby eine eifrige Tätigkeit, denn die wegziehenden Vögel drängen sich hier zusammen, bevor sie auf die See oder zum Festland hinüberziehen. Der andere Punkt ist Falsterbo, wo sich ebenfalls eine in der Zugzeit besetzte Station befindet. Hier ragt die SW-Spitze Schwedens hammerförmig in den S des Öresunds. Nachdem die Wegzügler aus dem NE dem 7 km langen „Hammerstiel" ostwest entlang gezogen sind, geraten sie zwangsläufig an den Kopf des Hammers, um sich hier nun entweder zu stauen oder den Weiterzug über das Wasser anzutreten. Er führt nach 24 km WSW-Überseeflug an die Ostküste Süd-Seelands. Wenn wir an einem Augusttag etwa von 4 Uhr früh ab an der Falsterbo-Spitze, dem „Nabben" (Schnabel), beobachten (Beispiel 4. August 1953), so kann es sein, daß wir wegen des recht kräftigen Westwindes zunächst nicht mit starkem Zug rechnen. Wie überrascht sind wir aber, wenn tatsächlich ein dichter Strom von Limikolen an der Falsterbo-Spitze hinzieht! Ein kleiner Teil verbleibt in Sand, Geröll und Pflanzenwuchs der Südspitze und bildet dort ein hartnäckig am Platz haftendes Trüppchen. Die Hauptzahl streicht aber ganz niedrig über die bewegte Wasserfläche in die See hinaus. Es sind vorwiegend Alpenstrandläufer, von denen ein Flug nach dem anderen vorüberschießt: alles schwarzbäuchige Stücke, also Altvögel, hin und wieder einzeln oder zu wenigen Knutts, auch (vorwiegend rostbraune) Altvögel. Es folgen ebenfalls alte Kiebitzregenpfeifer, Sanderlinge, Temminckstrandläufer. Zwischen kleinen Verbänden des Hellen Wasserläufers erscheinen oft Uferläufer und Sandregenpfeifer. Vereinzelte Steinwälzer sind offenbar jung. Wundervoll zwei weithin leuchtende Flüge von etwa 30 und 20 Säbelschnäblern, ferner 2 Pfuhlschnepfen. Einzelne Goldregenpfeifer, und zwar junge, suchen auf dem heideartigen Golfplatz ihre Nahrung und nehmen dann ebenfalls den Weg auf die See hinaus. Auch Schwärme von Staren tauchen von Zeit zu Zeit auf: Sie fallen zunächst auf dem kurzen Rasen ein, stochern hastig nach Nahrung, kämpfen sich dann gegen den Wind steil in die Höhe und ringen sich schließlich in zerstreuten Scharen einigermaßen hoch nach SW durch; manche schaffen es nicht und kehren wieder zurück. Uferschwalben streichen in kleiner Zahl immer wieder nach SW auf See hinaus. Sogar der zunächst auf dem Lande rüttelnd und jagend beobachtete Turmfalk setzt sich niedrig über das Wasser fliegend nach SW ab und entschwindet dem nachschauenden Glas erst nach mehreren Minuten in einem fernen Möwenschwarm. Lach-, Sturm-, Silber-, selten Heringsmöwe fliegen ab und zu, von den größeren Möwen meist junge Stücke; vielleicht gehört ein Teil zu der 2 km entfernten Insel Måkläppen, wo sich wiederholt Schwärme erheben. Zwergseeschwalben befinden sich auf offenbarem Durchzug, während die Brandseeschwalben den Weg nach N zur Brutinsel zwischen Skanör und Vellinge nehmen. Mittelsäger fliegen mehrfach von der Ostsee zum Öresund, und eine dunkle Kette von Eiderenten kreuzt weit draußen westwärts. — Wir wandern weiter zu den Flommen, einem westlich von Skanör nordwärts in die offene See sich auflösenden Teichgebiet. Unbeschreiblich ist der Reichtum, vor allem die Artenfülle, an Limikolen. Das Schlammufer lebt von Alpenstrandläufern und Bruchwasserläufern, einigen Knutts, Uferschnepfen, Dunklen und Hellen Wasserläufern, Temminckstrandläufern, einzelnen Sanderlingen, Odinshühnchen, Bekassinen; alle 3 halsbandtragenden Regenpfeifer sind vertreten. Einzelne Brandgänse und mindestens 50 Säbelschnäbler, darunter auch Jungvögel, leuchten auf. Lach- und Sturmmöwen, alte Silbermöwen und eine junge Mantelmöwe stellen die großen Arten. Von Ende August bis Mitte/Ende September erscheint eine auffallende Zugwelle des Wespenbussards (siehe E 6).

3. Nehrungen in Nordamerika und am Kaspischen Meer

In anderen Erdteilen gibt es eine große Zahl von Küsten und Nehrungen, die zu Massenzugwegen geworden sind. Am Südufer des Kaspischen Meeres westlich von Pahlevi (Iran) erstreckt sich eine ausgeprägte Nehrung mit starkem Vogelzug. Am 26. April 1956 ließen sich an einem einzelnen Punkt in 15 Minuten etwa 1800 durchziehende Schafstelzen erfassen; nach diesen und anderen Stichproben dürften in der Stunde etwa 20000 und am Tag etwa 80000 Schafstelzen diesen Querschnitt der Nehrung beflogen haben (Schüz). In Nordamerika gibt es solche Bildungen an den Ufern der Großen Seen wie auch an der Atlantikküste von Massachusetts bis North Carolina; hier laufen die Nehrungen mehrfach in Kap-Spitzen aus, und sie sind also besonders wirksam.

4. Helgoland

Während langgestreckte Inseln (siehe Öland) ähnlich wie Nehrungen wirken können, besonders wenn sie in Landnähe liegen, bilden Inseln ohne große Ausdehnung und weit abseits einen rundum anlockenden Brennpunkt (Abb.16, 58), besonders wenn ein Leuchtturm die nächtlichen Zieher heranzuholen hilft. Helgoland ist berühmt durch das reiche Leben rastender Zugvögel nach guten Zugnächten; mehr als anderswo finden sich hier auch seltene oder einmalige Arten aus fremden Ländern, etwa des Ostens, ein. Der nächtliche Vogelzug staut sich dann, wenn eine Wolkendecke aufzieht und den vorher sternklaren Himmel verfinstert. Versetzen wir uns in die Vorkriegszeit zurück, wo ein besonders starkes Leuchtfeuer kreisende Strahlen entsandte. Dann begann ein wildes Gestöber um das Licht, mit einem „unbeschreiblichen Stimmengewirr der durcheinander flötenden, piepsenden, krächzenden, schreienden Vogelmassen“ (DROST). Außer Kleinvögeln und

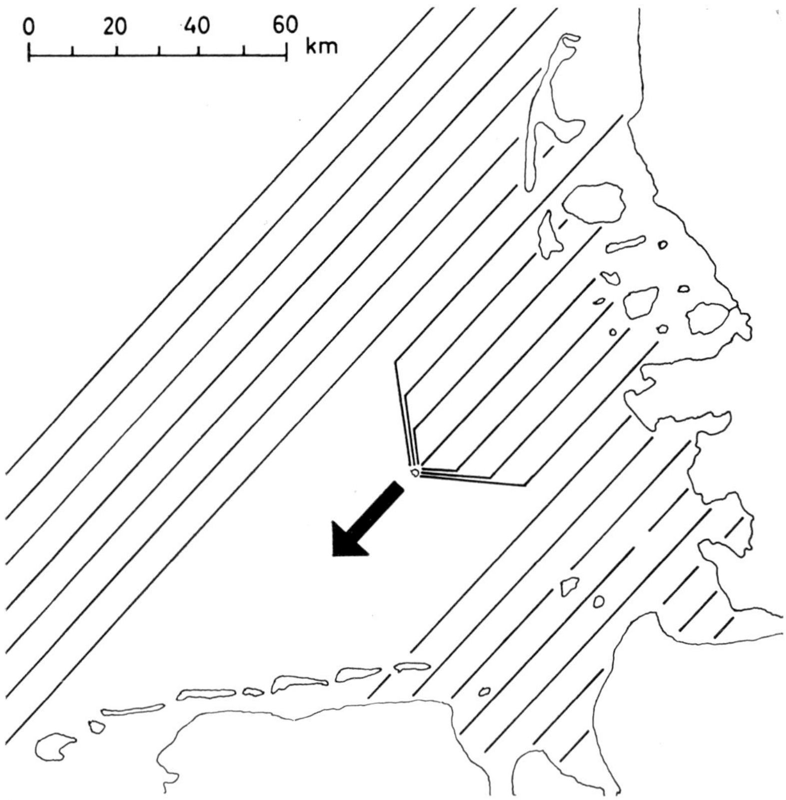

Abb. 16. Schematisches Bild des Zugverlaufs über der Deutschen Bucht im Herbst und der abfangenden Wirkung der Insel Helgoland in dunklen Nächten. Umgezeichnet nach DROST 1940.

Drosseln treten auch größere Arten hervor. Brachvögel und Wasserläufer verschiedener Art erfüllen die Luft mit ihren vollen Flötenrufen, in die sich die dumpfen Glockentöne der verwirrten Trauerenten hineinmischen. Es kommt sogar vor, daß Singvogelgesang ertönt, wenn etwa ein Kleinvogel auf dem Leuchtfeuergestänge Fuß gefaßt hat und seiner Aufregung auf diese ungewöhnliche Weise Ausdruck verleiht. DROST schätzt für seine beste Zugnacht (24./25.Oktober 1927) die Massen von Staren zusammen mit großen Zahlen von Drosseln usw. auf mindestens 1 Million. Die den Turmkopf schwach erhellenden und also über die Lichtquelle aufklärenden Vogelschutzlampen retten viele Vögel vor dem tödlichen Anrennen. Schwächere Leuchtfeuer wirken viel harmloser. Nachdem der alte Helgoländer Leuchtturm im Krieg zerstört wurde, gilt dies auch für das Helgoland von heute; „mit den gewaltigen Helgoländer Zugnächten ist es ein für allemal aus, wenn die Insel auch ihre Bedeutung als Brennpunkt des Vogelzugs bewahrt hat". — „Helgolands" in vermindertem Maßstab gibt es weiterhin dort, wo ebenfalls kleine Inseln im Vogelzugbereich liegen, z. B. Isle of May im Firth of Forth, Fair Isle zwischen Orkney- und Shetlandinseln (Abb. 1), Greifswalder Oie in der Ostsee, Schlangeninsel im Schwarzen Meer und viele andere.

5. *Untersee*

Nun noch ein Blick auf eine andere Sammelstätte des Vogelzugs: Den Untersee westlich von Konstanz (Bodensee), wo das Ermatinger Becken im Spätherbst gewaltige Mengen von Wasservögeln beherbergt. Das nahrungsreiche Gewässer bietet ihnen eine willkommene Zuflucht. Es ist Anfang Oktober, und wir richten den Blick vom Naturschutzgebiet Wollmatinger Ried aus zum Schweizer Ufer; rechts erstreckt sich die Insel Reichenau. Auf Blänken hinter dem Schilfbestand sehen wir einen dichten, dunklen Saum von Bläßhühnern und Enten. Zahl und Zusammensetzung dieser allherbstlichen Wasservogelgesellschaft des Ermatinger Beckens schwanken je nach Wasserstand: Bei Niederwasser sind neben Kolben- und Tafelente auch die Gründelenten stark vertreten, zum Beispiel bis zu 8000 Krickenten. Seit 1960 sind die Bestände der drei in Massen auftretenden Arten — Kolbenente, Tafelente und Bläßhuhn — auf weniger als die Hälfte gesunken, eine Folge der durch die Seeverschmutzung dezimierten Hauptnahrungspflanze *Chara* (Armleuchteralgen). Gleichwohl ist der Besuch von etwa 1000 Kolbenenten (vor 1960 bis zu 7000), rund 4000 Tafelenten (vorher bis zu 15000) und bis 8000 Bläßhühnern (vorher mehrfach bis 30000) noch immer bemerkenswert. Alle drei Arten versammeln sich hier zur Mauser, bevor sie im November den Zug nach SW-Europa fortsetzen. Besondere Erwähnung verdient die Kolbenente, mit der es sich wahrscheinlich folgendermaßen verhält: Im Ermatinger Becken brüten etwa 30 Paare; die nächsten Hauptbrutplätze liegen in Südfrankreich und Spanien. Von da ziehen die ♂♂ im Juni/Juli zur Mauser weit nach NE; davon mausern im Ermatinger Becken heute noch etwa 500 ihr Großgefieder. Im September kommen weitere hinzu, und alle wechseln hier und andernorts ihr Kleingefieder. Im November ziehen sie nach SW weg. Fast jederzeit, solange das Wasser offen ist, schmücken zahlreiche Höckerschwäne wie weiße Blüten den See. Sie leben wild, entstammen aber einem eingesetzten Bestand. Zur Zugzeit sind auch regelmäßig Kormorane da, seltsame Verzierung der Seezeichen. Sie kommen aus den Brutsiedlungen vor allem Hollands. Hauben-, Zwerg- und Schwarzhalstaucher brüten hier und fehlen auch zur Zugzeit nicht; die ersteren treten in Mengen auf. Gibt der See nach einem trockenen Sommer schon im August/September größere Schlickflächen frei, dann beherrschen Schnepfenvögel die ufernahen Zonen des Ermatinger Beckens: Bis zu 260 Große Brachvögel, 200 Bruchwasserläufer und 100 Zwergstrandläufer wurden schon gezählt. Bei Hochwasser finden sie kaum die erforderlichen Rast- und Nahrungsplätze, erscheinen aber zahlreich bei trockenliegendem Strand. Unter den Möwen herrscht die Lachmöwe vor. Nehmen wir das Leben im Schilfrohr und Gebüsch dazu, so ergibt sich hier eine besonders bevorzugte Raststätte des Zuges vor allem der Wasservögel. Über den großen Durchzug von Rauchschwalbe und Uferschwalbe siehe D 7.

6. *Alpenpaß Cou-Bretolet*[1]

Auch Hochgebirgspässe können unter gewissen Bedingungen zu Konzentrationen führen, so der Paß Cou-Bretolet (46.9 N 6.47 E) an der Grenze Schweiz/Frankreich in den Niederwalliser und Hochsavoyer Alpen. Der fast 2000 m hohe Paß öffnet sich nach NE zum Rhonetal und nach S und SW zu den Alpentälern Hochsavoyens. Hier registrieren die schweizerischen Ornithologen von Juli bis Oktober tags und nachts den sicht- und hörbaren Vogelzug; über den „stummen" Nachtzug gibt eine Schranke von Hochnetzen in den Paßeinschnitten Auskunft. Bei *Hochdruck-Wetterlagen* queren die meisten Zugvögel in breiter Front ungehindert das Gebirge. Man kann von den knapp 3000 m hohen Paßflanken aus dann nicht nur viele Kleinvögel, mit dem Feldstecher eben noch erfaßbar, überhinziehen sehen, sondern gelegentlich selbst Lachmöwe, Heringsmöwe, Raubseeschwalbe und Schwarzstorch; nächtlicherweile hört man Grau-, Purpur- und Nachtreiher, Zwergrohrdommel, Stock- und Krickente, und auch nächtliche Netzfänge von Wachteln, Tüpfelsumpfhuhn, Wasserralle, Zwergohreule und Eisvogel zeugen eindrucksvoll von recht „respektloser" Alpenüberquerung eines Breitfront-Gutwetterzugs. *Tiefdrucklagen* mit Winden aus W bis S, Wolkendecken und Hochnebel drücken den Zug herab, der nun zunehmend in Abhängigkeit vom Landschaftsrelief tritt; der Paß und das nach SW sich öffnende Val d'Illiez bieten sich als Durchlaß in Primärzugrichtung an und nehmen die in Bodenfühlung entlang den Mauern der Hochalpenzone zu-

[1] Originalbeitrag von Volker Dorka.

geleiteten Wanderer auf (Abb.17). Generell sind dabei nächtlich ziehende Vögel weniger reliefabhängig als Tagzügler, und nur wenige Arten wie etwa Meisen und Mäusebussard sind allgemein landschaftsgebunden. Die erste Hälfte des Wegzuges, im *Juli/August*, ist auf Cou-Bretolet fast ausschließlich durch nachts ziehende Fernwanderer gekennzeichnet. Eine *gute Zugnacht Ende August* kann so aussehen: Es ist schon stark dämmrig. Über den kurzgrasigen Matten unterhalb des Passes erklingen die Rufe der hier ansässigen Wasserpieper, und bis zur völligen Dunkelheit hat noch ein Schneehahn geknarrt, ein Steinhuhn gekakelt, und einige Rufe des Paß-Uhus drangen aus den Felsen herüber. Von Vogelzug ist nichts zu bemerken, doch vernimmt das gespannt lauschende Ohr zunehmend Fluggeräusche von Fledermäusen, von denen sich auch manche (mindestens 11 Arten) in den Netzen verfangen. Auch ihre Insektenbeute (besonders Schwärmer, Eulen, Glucken, Nachtpfauenauge, Großlibellen) geraten in die Netze, und zwar manche regelmäßig nur von einer Seite, so daß auch sie als nächtliche Zieher gelten

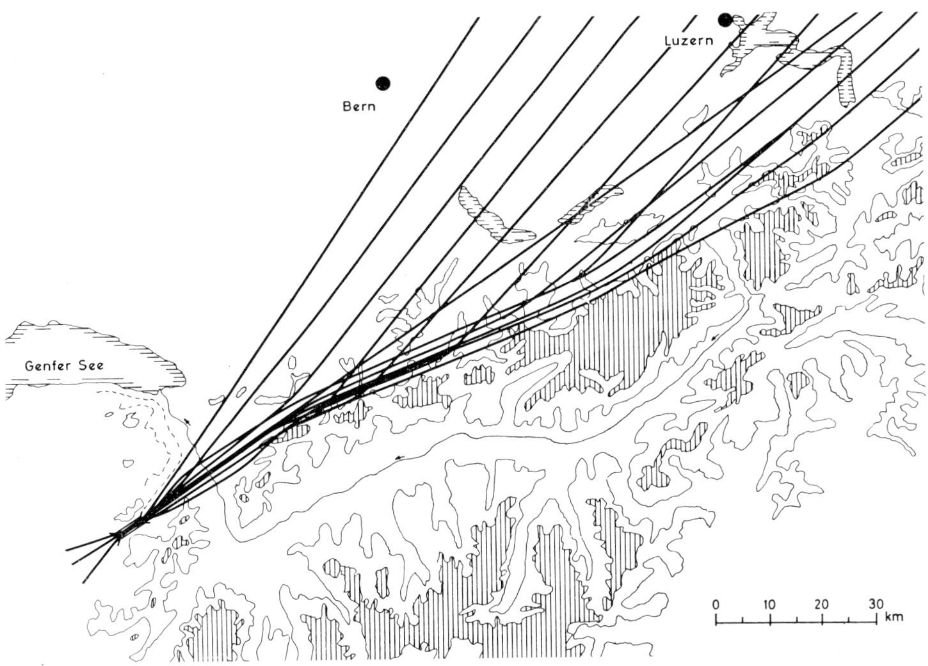

Abb. 17. Alpenpaß Cou-Bretolet südlich des Genfer Sees. Senkrechte Schraffuren: Lagen über 3000 m, darunter die 2000-m-Höhenlinien als dünne Linienzüge. Das Rhonetal teilt die mauerartige Kette der Nord- und der Walliser Alpen; sie wirkt im Herbst auf die etwa aus NE heranfliegenden Zugvögel (dicke Striche) als Leitlinie, wenn bestimmte Witterungsbedingungen den sonst in der Höhe die Alpen querenden Vogelzug in die Tiefe drücken. Hier sind bildhaft Strecken angeführt, die auf den Cou-Bretolet zuführen; natürlich können sich Gebirgsketten und Täler auch an vielen anderen Stellen als Leitlinien in der Bildung von Massenzugwegen auswirken. Zeichnung Heckenroth.

müssen. Und nun durchdringen plötzlich die hellen Rufreihen des Uferläufers die Nacht. Der Bann ist gebrochen, die Rufe ertönen in regelmäßiger Folge, ebenso die des Bruchwasserläufers und vereinzelt des Waldwasserläufers, einmal des Rotschenkels, und zweimal die Triller des Regenbrachvogels. Ein weiterer nächtlicher Rufer ist der Ortolan; seine hohen *djüb*-Laute sind kennzeichnend für die Nächte im August und Anfang September. Er ist um diese Zeit der einzige Singvogel mit nächtlichen Stimmfühlungslauten. Soweit der akustisch erfaßbare Teil des Geschehens. Die bis 6 und 8 m hohen Netze in den Paßeinschnitten fangen gleichzeitig einen wenn auch winzigen Bruchteil aus dem „stummen" Ablauf des Zuges heraus. Eine gute Stunde nach Sonnenuntergang zappeln in den Netzmaschen die ersten Trauerschnäpper und Gartenrotschwänze; sie bilden zusammen mit Steinschmätzer, Braunkehlchen und Fitis die Hauptmenge der nächtlichen Fänglinge. Weniger vertreten sind Dorn- und Gartengrasmücke, Grauschnäpper, Berg- und Waldlaubsänger; Besonderheiten dieser Nacht sind als Einzelvögel Teichrohrsänger, Gelbspötter, Orpheusgrasmücke, Nachtigall und Blaukehlchen. Netzkontrollen noch in der Dunkelheit ergeben die ersten Sommergoldhähnchen dieser Saison, je einen Rotrücken- und Rotkopfwürger, Ziegenmelker und Wendehals und je 2 Turteltauben und Wachteln. Die letzten $1^1/_2$ Nachtstunden sind fast ohne hörbaren Durchzug; mit dem ersten Dämmerungsschein setzt das *sichtbare* Zuggeschehen ein, das Ende August noch kaum ausgeprägt ist und hauptsächlich von Baumpieper und Schafstelze bestritten wird. Einige Brachpieper verraten sich durch ihr *tschlip*; dazu kommen einige Ortolane. Fichtenkreuzschnäbel fliegen truppweise mit harten *kip*-Rufen immer wieder überhin, dazu einige Hundertschaften Ufer-, Mehl- und Rauchschwalben (mit möglichen Tagesmaxima über 100000). Zum Bild einer sommerlich sonnigen Paßstimmung gehören unzählige Kleininsekten, vor allem Schwebfliegen (Syrphiden), die in schier ununterbrochenen, schwarzschwirrenden Schlangenwolken niedrig über den Paß hinwegziehen. — Ein sonniger Tag *Mitte September* vermittelt Eindrücke vom Zug der *Greifvögel*: Schon in der Morgendämmerung und noch nach Sonnenuntergang kann der Fischadler erscheinen, ferner, mit Tagesmaxima bis über 150, Rohrweihe und Wespenbussard. Sie sind weniger witterungsabhängig, im Gegensatz zum Mäusebussard, der geradezu selten ist und, auf sommerliche Hochdruckwetterlagen angewiesen, Segelflugbedingungen braucht. Die späten Vormittagsstunden und die Nachmittagsmitte bringen den regsten Greifvogelzug. Außer den oben als dominierend genannten Arten folgen Turmfalk und Sperber, Baumfalk (3) und Habicht (5), ferner der erste Merlin dieses Herbstes, der Schwarze Milan (2) und eine Kornweihe. — Anfang bis Mitte *Oktober*: Nun prägen die Massen *tagziehender Singvögel* das Bild. *Nachts* fangen sich zahlreiche Rotkehlchen (Abb. 13), gelegentlich Waldschnepfe und Rauhfußkauz. Rufe von Bekassine, Sing-, Rot-, Ringdrossel, Amsel, Feld- und Heidelerche kennzeichnen den Nachtzug. Die Drosseln brechen in der ersten Morgendämmerung den Zug ab: Sie stürzen mit pfeifenden Flügelgeräuschen und oft wie Steine aus dem nachtdunklen Himmel in die Büsche am Paß. Zilpzalp und Wintergoldhähnchen finden sich jetzt vermehrt in den Netzen, und das helle Klingeln der Heckenbraunelle leitet unvermittelt zum Tageszugeschehen über, das sich vor allem in den Morgenstunden vollzieht. Buchfink (heute über 20000), Bachstelze (2000), Bluthänfling (3000), Erlenzeisig (2000) und Stieglitz (200) bringen die Hauptmassen; dann folgen Gebirgsstelze, Wiesenpieper, Zitronenzeisig, Grünfink, Kernbeißer, Gimpel, Girlitz, ferner — bis in den späten Nachmittag hinein — regelmäßig auch Rohrammer, in kleiner Zahl Gold- und Zippammer und zweimal Zaunammer. Schwärme von Hohl- und Ringeltaube und des Stars runden das Bild ab. Nicht alljährlich, aber heuer (1963), erscheinen in großen Mengen (heute mehrere hundert Fänglinge) ziehende Meisen (Kohl-, Tannen- und Blaumeise). Wenn die ersten Trüpplein, am Bodenrelief klebend und jeden längeren Flug über freies Gelände möglichst meidend, geradezu in die kleinen Büsche am Paß und damit in die davorstehenden Netze plumpsen, dann sind sie für die mit ihnen Beschäftigten den Tag über zum Beherrscher der Szene geworden. Nur der Eingeweihte weiß, wie unangenehm das Kegelschnäbelchen einer Blaumeise hinter einem Fingernagel wirksam werden kann.

7. Oasen

Schließlich ziehen Oasen in der Wüste die wandernden Vögel an; sie sind oft eine Rettungsstätte bei gefahrvoller Reise. Es gibt eindrucksvolle Beschreibungen zum Beispiel für die Oasen Nordafrikas. J. STEINBACHER (1960) schildert das Vogelleben der Oase Gabès in Tunesien im März. Sie umfaßt eine Fläche von 2 mal 6 km und hat das ganze Jahr Wasser. Ein am Rand der Oase gestauter Teich lockt viele Wasservögel und Limikolen an, dazu Kleinvögel; jetzt, im März, fliegen viele Ufer- und Rauchschwalben auf Insektenjagd hin und her, „während aus der Oase der Gesang von Nachtigallen herüberklingt. ... In jedem Gebüsch bewegen sich Dorngrasmücken und Laubsänger, da trippeln auf freieren Flächen Wiesenpieper und Steinschmätzer, Baumpieper und Wiedehopfe, während Trauerschnäpper, Gartenrotschwänze und Rotkopfwürger die höheren Lagen besetzt halten, in ihrer Zahl nicht zu schätzen, aber stets wenigstens hundert im Blickbereich." — Noch ein Beispiel aus dem vorderen Orient, Asraq, in der jordanischen Wüste, etwa 80 km östlich von Amman. Hier gibt es Regen im Dezember/Januar, so daß die Feuchtzone eine Fläche von fast 10 mal 5 km umfaßt; im Lauf des Frühjahrs trocknet die umgebende wüstenhafte Hamada aus. Im Frühjahr ist dementsprechend die Oasenwirkung stärker als im Herbst. Über Asraq gibt es außer dem Buch von MOUNTFORT (1965) weitere Schilderungen, so die von FERGUSON-LEES 1968. Er hat dort in 3 Jahren 8 Frühjahrswochen verbracht und 203 Vogelarten (darunter 32 brütend) festgestellt; dazu kommen noch 28 reine Wüstenbewohner der Umgebung. „Zeitweise muß die Gesamtzahl der Zugvögel innerhalb des Oasengebiets in die Zehntausende gehen. An Limikolen hatten wir zwischen 100 und 250 Uferschnepfen, Alpenstrandläufer und Waldwasserläufer, bis zu 500 Brachschwalben, Seeregenpfeifer und Stelzenläufer, einschließlich der in der Oase brütenden Populationen dieser 3 Arten. Wir sahen 1000 und mehr Bruchwasserläufer, Zwerg- und Temminckstrandläufer und über 5000 Kampfläufer. Es wurden Entenschwärme festgestellt, die bis zu 250 Knäkenten zählten, ferner Trupps von 200 Wespen- und Mäusebussarden, 100 Rallenreihern und 200 Weißstörchen. Am 14. April 1963 schätzte ich die Rauchschwalbenschwärme auf 20000 Stück, und zusammen mit denen, die sich über der gesamten Wasserfläche herumtrieben, waren es sicher noch mehr. Unter den Arten, deren Zahl über 1000, vermutlich 5000 Individuen betragen mochte, waren Uferschwalbe, Rotkehlpieper, Schafstelze und Sylviiden wie Schilfrohrsänger, Mönchsgrasmücke, Fitis- und Weidenlaubsänger, vor allem aber unzählige Zaungrasmücken. Innerhalb eines Tages kann man alle 5 europäischen Würgerarten zu Gesicht bekommen, Rotrückenwürger und Schwarzstirnwürger manchmal zu Hunderten.“ Dann folgt eine lange Liste bemerkenswerter Greifvögel, Limikolen, Sperlingsvögel usw., vielfach östlicher Verbreitung, und Hinweis auf die Beringungstätigkeit, die unter anderem den physiologischen Status der Oasengäste betraf. Ein am 18. und 23. April gefangener Wendehals hatte in diesem Zeitraum sein Gewicht um 27% verbessert; 16 Tage später wurde er 1128 km nördlich, zwischen Tschernigow und Kiew, erbeutet. Eine Rauchschwalbe vom 26. April war nach 14 Tagen 1900 km NNW in Magdalinowka (UdSSR).

1. ***Kurische Nehrung:*** Thienemann 1926, 1931 (A) — Belopolski 1967 (B II).

Schüz, E., an vielen Stellen in: Der Vogelzug 1930 bis 1944. — (Ders. 1955): Vogelwelt und Vogelwarte der Kurischen Nehrung; in: Wind, Sand und Meer. München: 28—33.

Tischler, F. (1941): Die Vogelwelt Ostpreußens und seiner Nachbargebiete, Königsberg, 2 Bände; Band 2: 1236—1242, ferner ebenda M. Dumkow, Zahlenbildliche Darstellungen...: 1243—1246.

Über die jetzt auf der Kurischen Nehrung arbeitende Biologische Station Rybatschi erscheinen laufend Berichte u.a. in den jährlichen Communications of the Baltic Commission for the Study of Bird Migration (Tartu). In Kapitel J sind mehrfach physiologische Arbeiten von Dolnik & Blyumenthal zitiert.

2. ***Schweden:*** Rudebeck 1950 (A) — Edelstam & Ramel 1956 (A), ferner:

Ottenby: Edelstam, C. (1951): The Ottenby Bird Station. Proc. XIth Int. Orn. Congr. Uppsala: 295—309. Ferner fortlaufende Jahresberichte und einzelne Mitteilungen verschiedener Autoren in Vår Fågelvärld von 6 (1947) bis 28 (1969); Literaturliste in 16: 267.

Falsterbo: Rudebeck, G. (1943): Preliminär redogörelse för fågeliakttagelser i Skanör och Falsterbo hösten 1942. Vår Fågelvärld 2: 1—88.

Malmberg, T. (1955): Skånes Ornitologiska Förening och Falsterbo fågelstation, en introduktion. Ebenda 14: 78—89.

Sodann weitere Berichte ebenda von 15 (1956) bis 28 (1969). Dabei auch
Ulfstrand, S. (1958): De årlige fluktuationerna i *Pernis apivorus* sträck över Falsterbo Ebenda 17: 118—144.
Rosén, L. (1966): Rovfågelsträcket vid Falsterbo. Ebenda 25: 315—326.
3a. ***Iran:*** Schüz, E. (1959): Die Vogelwelt des Südkaspischen Tieflandes. Stuttgart.
3b. ***Nordamerika:*** Siehe F 5, ferner Peterson, R. T. (1948): Birds over America. New York.
4. ***Helgoland:*** Eine Reihe Arbeiten von R. Drost (Abb. 16 aus: Helgoland als Heimat von Seevögeln und als Rastplatz von Zugvögeln. Kal. f. Haus u. Heimat 1940, Sachsen-Anhalt), F. Goethe, G. Vauk, H. Weigold, ferner H. Gätke (1891 und 1900): Die Vogelwarte Helgoland.
5. ***Untersee:*** Noll, H. (1953/54): Die Vogelwelt des Untersees. Mitt. Naturforsch. Ges. Schaffhausen 25: 1—112.
Jacoby, H., S. Schuster & G. Zink (1968): Die Vogelwelt des Kreises Konstanz. In: Der Landkreis Konstanz: 221—247.
6. ***Col de Bretolet.*** Siehe Dorka 1966 (B III 7), ferner
Crousaz, G. de (1960): Activités de l'Observatoire Ornithologique alpin du col de Bretolet en 1959. Nos Ois. 25, 268: 69—194.
Glutz v. Blotzheim, U. (1960): Alpiner Vogelzug auf Col de Cou und Col de Bretolet. Vogelwarte 20: 280—282.
Schifferli, A. (1959): Vogelzug auf dem Col de Bretolet, Ber. 1958 der Schweiz. Vogelwarte Sempach: 2—17.
Vuilleumier, F. (1963): Factors concentrating fall migrants at an Alpine Pass. Proc. XIII Int. Orn. Congr. Ithaca 1962: 485—491.
7. ***Oasen.***
Gabès: Steinbacher, J. (1960/61): Vogelleben und Vogelzug in Tunis. Natur & Volk 90: 398—406, 91: 20—28.
Azraq (El Azraq, Asrak):
Ferguson-Lees, J. (1968): Auch Jordaniens Wüste lebt. Wir verbrachten dreimal den Frühling in Azraq. Vogelkosmos 5: 4—9, 48—51.
Mountfort, G. (1965): Portrait of a Desert. London.

D. Zug einzelner Arten

Der Anteil der Zugvogelarten ist nach Gebieten vor allem entsprechend den Klimazonen sehr verschieden. Wie ist das Verhältnis in Deutschland? Nehmen wir die „Artenliste“ 1964 zur Hand, so finden wir 434 Arten aufgeführt, die sich wie folgt verteilen:

103 Sommervögel,
131 Jahresvögel,
88 Durchzügler und Wintergäste,
108 Irrgäste (zum Teil seltensten Auftretens).

Zu diesen 430 Arten kommen noch 4, die früher Brutvögel waren und bei uns nun verschwunden sind. Die 103 Sommervögel (Brut-Zugvögel) machen 44 % der 234 Brutvogel-Arten aus. Das Verhältnis der Sommervögel, Durchzügler und Wintergäste zusammen zu den Jahresvögeln ist 191:131 oder 100:69. Der Anteil des Zuges ist in Wirklichkeit noch höher, denn viele Arten Jahresvögel umfassen auch Populationen, die aus nördlichen oder nordöstlichen Gebieten bei uns zu- oder durchströmen.

Bei einer so großen Zahl von Zugvogelarten können wir allein für Europa nur eine begrenzte Auswahl gesondert behandeln. Wir beschränken uns auf die folgenden 14 Arten, wobei von Fall zu Fall auch verwandte Formen mitberücksichtigt werden, und als Nr. 15 beziehen wir noch Vertreter der vorwiegend im antarktischen Raum beheimateten Sturmtaucher ein.

Niethammer, G., H. Kramer und H. E. Wolters (1964): Die Vögel Deutschlands. Artenliste. Frankfurt a. M.

1. Singdrossel (*Turdus philomelos*)

Die Singdrossel brütet vom Baikalsee bis zum Atlantik und von Nordskandinavien bis 40° S (nicht mehr mittleres Italien). Sie verbringt den Winter in Südeuropa, im südlichen Mitteleuropa, auf den Britischen Inseln, im nordafrikanischen Küstengebiet und in SW-Asien bis etwa 30° N. Die 4°-Januar-Isotherme bildet die Nord- und Ostgrenze des Winterquartiers; nur gelegentlich wird die 1°-Januar-Isotherme erreicht. Wie Siivonen gezeigt hat, erfolgt der herbstliche Aufbruch in allen Breiten des Brutgebietes dann, wenn die Wirbellosen-Fauna im Boden abnimmt. Die Wegzugrichtung der Europäer ist betont südwestlich mit nur geringem Ausschlag nach WSW oder SSW, wie die Karte (Abb. 18) zeigt.

Beachtlich ist das Verhalten der britischen Singdrosseln, die sowohl Zugals auch Strich- und Standvögel sein können („Teilzieher", E 16). Die südwärts auf das Festland (bis Spanien und Nordafrika) ziehenden Vögel, die hauptsächlich aus England kommen, sind größtenteils (84%) junge Drosseln, während unter den nach Irland westwärts wandernden (bei denen die Schotten überwiegen) ebenso wie bei den Standvögeln die alten Singdrosseln vorherrschen (s. Abb. 72). Von diesen Fällen abgesehen, scheint eine besondere Schichtung nach der Herkunft der Überwinterer nicht oder kaum zu bestehen, so daß sich im Winter also Standvögel und Wintergäste aus recht verschiedenen Entfernungen im gleichen Gebiet zusammenfinden können.

Es gibt jahresrhythmische Übereinstimmungen zwischen 50° und 70° N: Gleichzeitigkeit des letzten Sommergeleges, Gesangsende allgemein Ende Juli, Wegzugbeginn zweite Augusthälfte bis September und Oktober; zwischen letztem Gelege und Wegzugbeginn etwa gleichdauernde sommerliche Ruhezeit. Die nördlich beheimateten Vögel treffen also entsprechend später im Winterquartier ein als die im Süden brütenden. Der Heimzug aus dem Winterquartier folgt dem Erwachen des tierischen Lebens im Boden und verzögert sich entsprechend der Nordlage des Brutgebiets, so daß sich die nördlichsten Vögel noch auf dem Zuge befinden, wenn die südlichsten das erste, ja sogar das zweite Gelege fertig haben. Während an der Nordgrenze der Verbreitung nur ein Gelege möglich ist, finden an der Südgrenze zwei bis drei (ausnahmsweise vier) Bruten statt.

Die Singdrossel ist vorwiegend Nachtzieher; ihr nächtliches *zipp* zeigt ebenso wie das *srieh* der Rotdrossel selbst über dem Großstadtgetümmel dem kundigen Ohr den geheimnisvollen nächtlichen Vogelzug an. Tagzug ist mehr Ausnahme, kommt aber z. B. auf der Kurischen Nehrung vor.

Eichler, W. (1934): Vom Zuge der Singdrossel. Vogelzug 5: 135—143.
Formanék, I. (1958): Zug der Amsel und der Singdrossel aus der Tschechoslowakei. Sylvia 15: 23—41.
Siivonen, L. (1939): Zur Ökologie und Verbreitung der Singdrossel. Ann. Zool. Soc. Zool.-Bot. Fenn. Vanamo 7 Nr. 1.

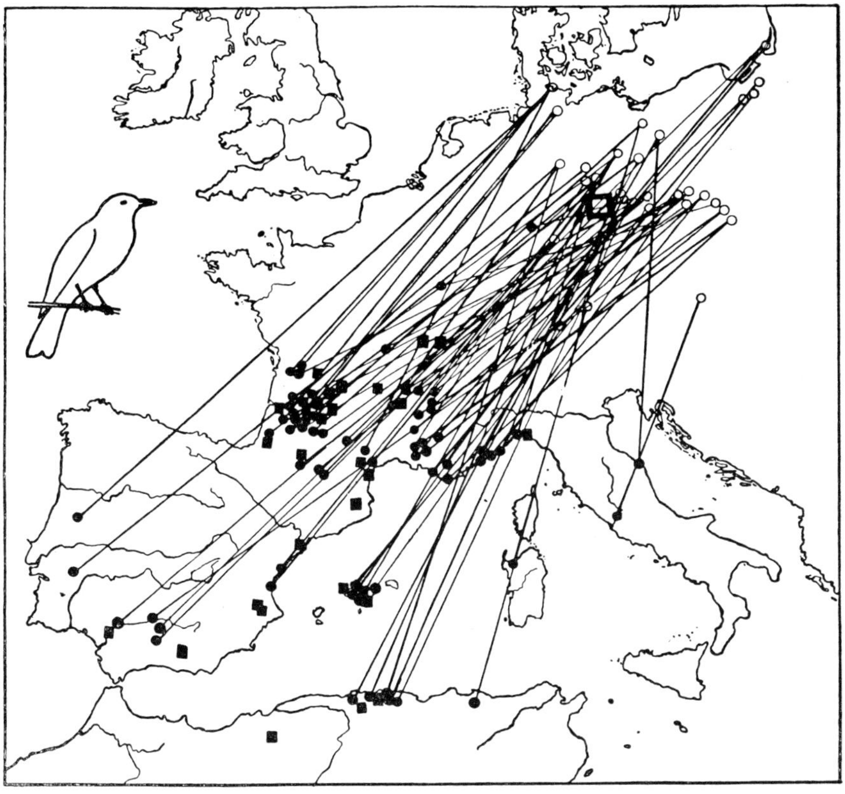

Abb. 18. Die Singdrossel (*Turdus philomelos*) als Typus des Breitfrontzüglers nach den Wiederfunden von Vögeln, die von der Ostsee bis Österreich beringt worden waren. Nach Eichler 1934.

2. *Star* (*Sturnus vulgaris*)

Der Star hat seine natürliche Verbreitung von Sibirien westwärts fast über das ganze paläarktische Gebiet hinweg. Er zeigt höchst bemerkenswerte populationsspezifische Unterschiede im Zugverhalten.

a) Richtung: Die Stare in den südlich an die Ostsee angrenzenden Ländern ziehen ungefähr küstenlängs, also westwärts (Abb. 19) mit nur geringem Süd-Einschlag. Die Stare des inneren Ostdeutschland, Böhmens und Mitteldeutschlands halten nach SW. Die Zugrichtungen stehen ungefähr senkrecht auf den Linien gleicher Januartemperatur (Januar-Isothermen), die im groben über dem südlichen Europa ostwestlich, über dem westlichen und nördlichen Europa dagegen südnördlich verlaufen (Abb. 20). Die Stare nördlich der Ostsee ziehen allerdings auch nach SW.

b) Winterquartiere: Die Britischen Inseln nehmen viele Stare aus (fast) rein östlichen Gebieten (z. B. Ostpreußen) und aus dem NE (Norwegen) auf. Außerdem überwintern hier auch die britischen Brutvögel selbst, die meist am Platz bleiben oder nur geringe Strichbewegungen ausführen. (Es sind fast nur Junge, die einige Grafschaften weiterziehen, allenfalls nach Irland wechseln oder gar Frankreich erreichen. Über Unterschiede der britischen Brutstare und der Gaststare siehe E 15.) In Südfrankreich, Spanien und Marokko finden sich Brutvögel z. B. Mitteldeutschlands ein. In Italien, Algerien und Tunesien wintern vor allem Stare aus dem östlichen Binnendeutschland und aus der Tschechoslowakei. Die Schweizer Stare nehmen eine Mittelstellung ein (Abb. 21). Die starke Anpassungsfähigkeit zeigt sich darin, daß der Star in Island heimisch geworden ist (erste Brut 1941 festgestellt) und sogar überwintert (GUDMUNDSSON, TIMMERMANN). Auch an der norwegischen

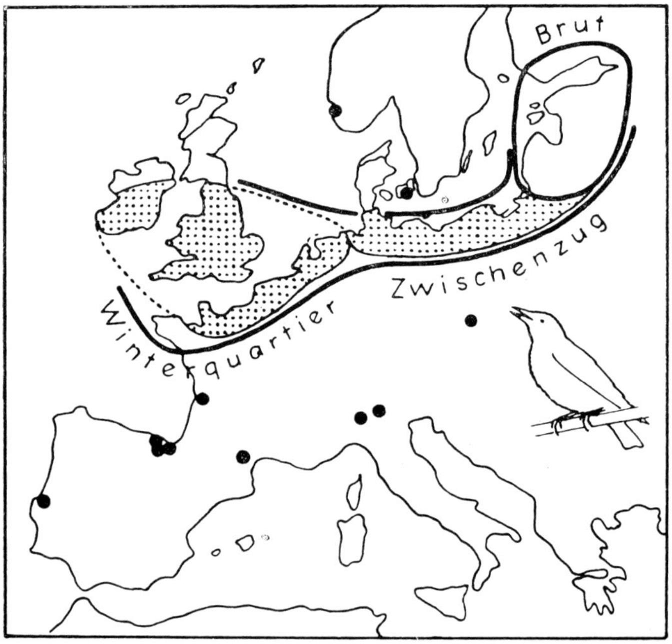

Abb. 19. Zug der ostbaltischen Stare nach den Ringfunden, schematisch dargestellt; abliegende Einzelfunde in Punkten. Nach KRÄTZIG 1936.

Küste, sogar nördlich des Polarkreises, kommen Überwinterungen vor (Wagner, Reinsch, Pomeroy).

c) Zwischenzug: Gewisse Populationen führen einen Zwischenzug („Frühsommerzug", E 10) aus. Kurz nach dem Flüggewerden der Jungen setzen sich die Massen in Bewegung, um jedoch noch nicht das Winterquartier, sondern ein Zwischenziel zu erreichen (z. B. von Ostpreußen aus den Raum Mecklenburg-Niederelbe, Abb. 19). Erst nach monatelangem Aufenthalt im Zwischenziel wird der eigentliche Wegzug (z. B. bis zum Ärmelkanal und bis Irland) angetreten. Weiter im Binnenland und im Westen ist dieser Zwischenzug nicht mehr oder doch nicht als gerichteter Zug auf größere Strecke ausgebildet, sondern nur als ein Zustand ungebändigten Herumschweifens zu erkennen. Merkwürdig ist das Auftauchen eines Zwischenzugs bei Schweizer Staren, die in großer Streuung sich fast explosiv entfalten, vorwiegend nordwärts bis Belgien, wie die Karte Schweizer Stare im ersten Lebensjahr zeigt (Abb. 21). Zwischenzugstare sind Jungvögel mit geringer

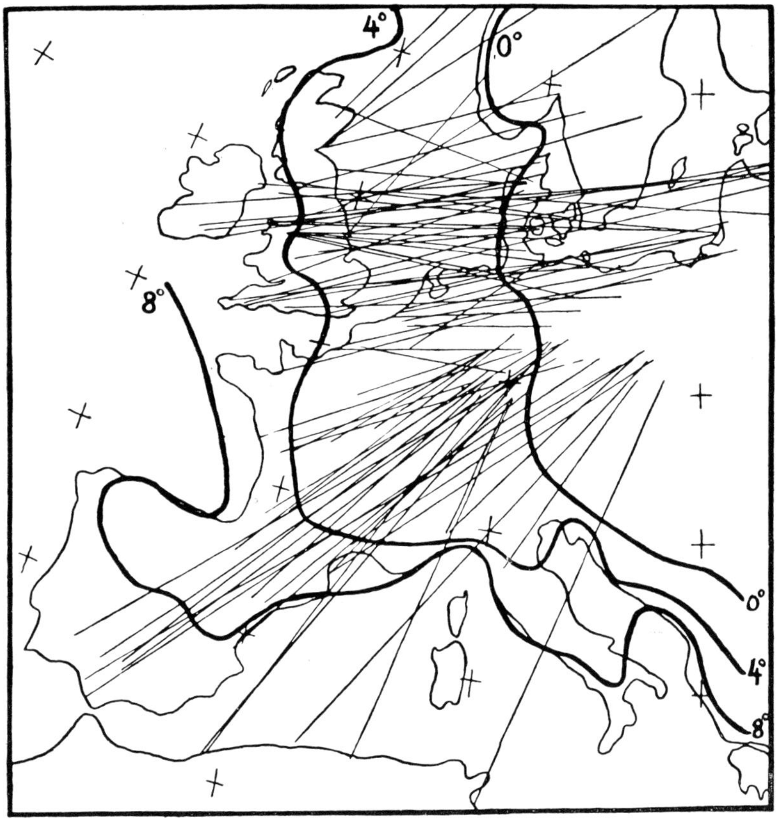

Abb. 20. Die Zugrichtungen des Stars in Europa stehen im allgemeinen senkrecht auf den Isothermen des Januar. Nach Schüz & Weigold 1931.

Beimischung Einjähriger und noch geringerer Beteiligung Mehrjähriger. Zweifellos ist eine Ausbreitung des Starenvolks nach dem Flüggewerden der Bruten eine biologische Notwendigkeit, weil die Massen sich nach der Nahrungsmenge verteilen müssen. Trotz der erblichen Bindung dieser Verhaltensweisen besteht eine gewisse Anpassung an die jeweilige Nahrungsfülle im Sinne dieser Ausnützung, da z.B. „Haffmückenjahre" mit ihrem unbeschreiblichen Reichtum an guter Nahrung die durchziehenden Zwischenzugstare am Kurischen Haff in Millionenzahl anreichern.

d) Aus Europa *eingeführte* Stare gibt es in Nordamerika seit 1872, in Australien/Neuseeland seit 1862 und in Südafrika seit 1899. Es ist bezeichnend, daß diese Populationen wuchsen und sich im Rahmen der Möglichkeiten

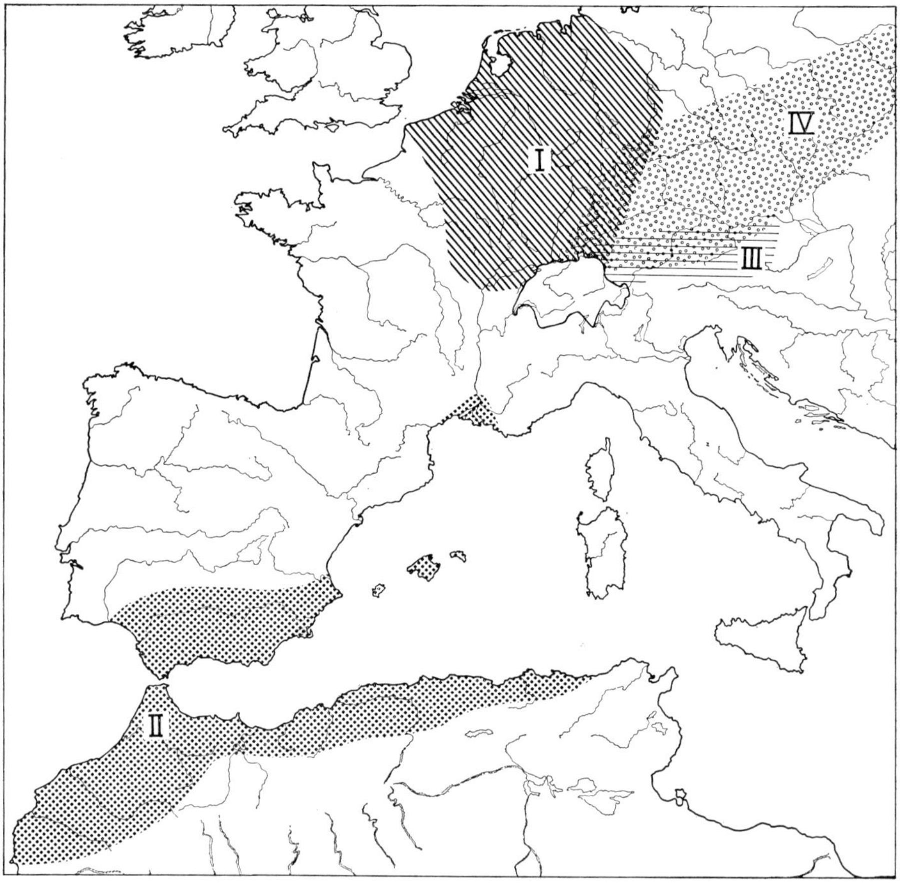

Abb. 21. Stare der Schweiz: Verbleib der Schweizer Stare und Herkunft der Gäste. I Gebiet des Zwischenzugs hauptsächlich junger Stare aus dem schweizerischen Mittelland, vor allem Ende Juni bis Mitte September — II Winterquartier der schweizerischen Stare — III Gebiet der Fremdansiedlung schweizerischer Stare — IV Herkunft der schweizerischen Durchzügler. Aus A. STUDER-THIERSCH 1969.

in die neuen Umweltsverhältnisse fügten, z.B. auf der Südhalbkugel dem dortigen Jahreszyklus anpaßten. In *Nordamerika*, wo es 1890 einen weiteren starken Nachschub aus England gab, hat sich die Art seither von New York her weit ausgebreitet, bis Colorado und sogar zur Westküste. Die eigentliche Heimat der einst in den USA freigelassenen Stare ist nicht bekannt, sie waren aber Europäer und stammten aus England. Sie haben es verstanden, sich zweckmäßig anzupassen. Im Osten ist die Zugrichtung N—S, während weiter landein wohnende Stare eine Zugachse NE—SW entwickelt haben (KESSEL, BURTT et al.). Die Ausbreitung in *Südafrika* verlief nicht so stürmisch wie in den Staaten; sie reicht jetzt von Kapstadt aus an der Südküste ostwärts bis Port Elizabeth (seit 1955) und sogar King Williams Town (seit 1961) und wird im Inland etwa durch die Höhenlinie von 2000 ft (610 m) begrenzt. Es finden in der Ruhezeit Scharungen (auch zusammen mit *Spreo bicolor* und *Ploceus capensis*) statt, jedoch keine Wanderungen (WINTERBOTTOM & LIVERSIDGE 1954). Die Hauptbrutzeit ist der Oktober (WINTERBOTTOM 1968).

e) Der Star ist mehr und mehr ein klassischer Vogel der Zugforschung geworden. Das gilt auch für die jüngste Zeit, da G. KRAMER mit seinen Rundkäfigversuchen die Abhängigkeit der Richtungswahl des Stars vom Sonnenstand nachgewiesen hat (K II 1). BERTHOLD hat sich mit den Unterschieden im Gonadenwachstum der ♂♂ verschiedener Klimagebiete befaßt und Zusammenhänge zwischen diesem Prozeß und dem Zugablauf erkannt (J V 4). Der Star zeigt also populationsweise Unterschiede in Zugrichtung und Zugleistung, aber auch in der jährlichen Nachwuchsmenge: Im NE Europas gibt es nur eine Jahresbrut und kommen einjährige Stare nur selten zur Reife; im Westen und Süden sind zwei Jahresbruten häufig und brüten auch Einjährige. Dies setzt Unterschiede nach Gelegegröße und Lebensalter voraus, die wenigstens zum Teil schon festgestellt sind.

Hier sind keineswegs alle wichtigen Punkte behandelt, und die Literatur über den Star ist sehr umfangreich. Wir zitieren also nur wenige, hier herangezogene Arbeiten, nennen aber als Stichworte noch Verfasser und Jahreszahlen weiterer wichtiger Veröffentlichungen, deren Erscheinungsorte z.B. in Berthold 1964 zu finden sind: Berndt 1939 — Bruns & Nocke 1961 — Bullough 1945 — Creutz 1939, 1952 — Dathe 1940 — Delvingt 1959, 1960, 1961 — Gerber 1960 — Glutz v. Blotzheim 1961 — Hedenström 1952 — Hudec 1960 — Kluyver 1933, 1934 — Kuhk 1939 — Lack 1948 — Lack & Schifferli 1948 — Lehtoranta 1952 — Liversidge 1962 — Marples 1934 — Merikallio 1946 — Moreau 1944 — Oelke 1967 — Ringleben 1941 — Rüppell & Schein 1941 — Sager 1960 — Schifferli 1957 — Schneider 1955, 1960 — Schüz 1942, 1943, 1948, 1953 — Yocom 1963 — Zedler 1955.

Berthold, P. (1964): Über den Fortpflanzungszyklus südwestdeutscher Stare und über bedingende Faktoren der Brutreife beim Star. Vogelwarte 22: 236—275. — (Ders. 1967): Über die Gonadenentwicklung beim Star in Abhängigkeit von seinem Zugverhalten. Experientia 23: 963—968.

Burtt, H. E., & M. Giltz (1966): Recoveries of Starlings banded at Columbus, Ohio. Bird-Banding 37: 267—273.

Gudmundsson, F. (1950): The effect of the recent climatic changes on the bird life of Iceland. Proc. Xth Int. Orn. Congr. Uppsala: 502—514.

Kessel, B. (1953): Distribution and migration of the European Starling in North America. Condor 55: 49—67. — (Dieselbe 1957): A study of the breeding biology of the European Starling in North America. Amer. Midl. Nat. 58: 257—331.

Pomeroy, D. E. (1966): The birds of Røst, Lofoten Islands, with special reference to a visit in August 1960. Sterna 7: 19—32.

Reinsch, R. (1965): Ornithologische Beobachtungen auf drei Fahrten nach Island. Beitr. Vogelkde. 10: 241—256.

Studer-Thiersch, A. (1969): Das Zugverhalten schweizerischer Stare nach Ringfunden. Orn. Beob. 66: 105—144.

Timmermann, G. (1938/49): Die Vögel Islands. Reykjavik.

Wagner, G. (1958): Verbreitung und Überwinterung des Stars nördlich des Polarkreises in Norwegen. Sterna 3: 73—89.

Winterbottom, J. M. A. (1968): A Check List of the land and fresh water birds of the western Cape Province. Ann. South Afr. Mus. 53, Part 1.

Winterbottom, J. M., & R. Liversidge (1954): The European Starling in the south west Cape. Ostrich 25: 89—96.

3. Kiebitz (Vanellus vanellus)

a) Der weit westöstlich durch die Paläarktis verbreitete Kiebitz zeigt deutlich eine klimabedingte Nordgrenze, die in Finnland neuerdings 66°N überschritten hat (Kalela, Vepsäläinen, Abb. 137). Revierbesetzung, Paarbildung, Brut und gerade auch Wanderungen sind gut untersucht, geben aber noch immer Fragen auf. Der Zug zielt in unserem Raum vor allem nach Irland und nach dem SW Europas, auch nach Italien, und macht spätestens nördlich der Sahara halt. Er zeigt einige Merkwürdigkeiten.

b) Die ersten Ortsveränderungen einer gewissen Anzahl sind *Streubewegungen* ganz ungerichteter Form, wie sie übrigens bei nicht wenigen Arten vorkommen (z. B. auch beim Weißstorch); sie reichen nicht weit (Kraak et al. 1940). Dann folgt ein ausgeprägter *Zwischenzug* (E 10), und zwar gerichteter Art, der schon sehr früh, sogar vor dem Fertigwerden der Brut (siehe c), erstmals Mitte, regelmäßig schon Ende Mai und im Laufe des Juni, z. B. zwischen Ostpreußen und Holland, aber auch von Polen und Tschechoslowakei, mehr oder weniger große, geschlossene Zugtrupps westwärts führt. Man nannte diese, wie es schien, dem Kiebitz eigentümliche und auch nur einen Teil des Bestandes erfassende Bewegung zuerst *Frühsommerzug* (Schüz 1932) oder Frühwegzug; es hatte den Anschein, als ob dieser Zug unmittelbar bis zum Winterquartier reiche. Inzwischen haben wir aber gelernt, daß ebenso wie beim typischen Zwischenzug auch diese Wanderung meist in einem *Zwischenziel* ihr vorläufiges Ende findet; hier wird auch gemausert (Klomp & v. d. Starre 1956), doch zeigt sich Schwingenmauser mindestens einjähriger Vögel auch schon während des Zwischenzugs selbst (Putzig 1938, Stresemann 1968). Man muß also von einem Zwischenzug — und zwar gerichteter Art — sprechen. Der *Wegzug* zeigt insoweit nichts Auffälliges, als er sowohl Vögel mit erfolgreicher Brut als auch die Jungen betrifft; für die Jungkiebitze vom Jahr liegt der Zwischenzug zu früh, und sie können in dem üblichen Etappenzug ohne besonders ausgeprägte Einschnitte bis zum Winterquartier ziehen. Anders der Wegzug der Zwischenzügler aus ihren Zwischenzielen. Er erfolgt verhältnismäßig spät und in sehr wetterabhängiger Form, so daß ihm oft das Zeichen einer Winterflucht anhaftet. So ist der Kiebitz Beispiel eines deutlich außenweltbedingten Zugvogels, eines „Wettervogels“ (J II). Je tiefer die Wegzugerscheinungen in den Winter hineinreichen, desto mehr bieten sie das Bild der Winterflucht (E 5h, H 1f, Abb. 87). Wie gewaltsam sie sich auswirken können, zeigt die Verdriftung winterflüchtender Kiebitze von England über den Atlantik zur Neuen Welt, wo die Art nicht vorkommt. Im übrigen bleibt ein kleiner Teil der britischen Brutvögel im Inselreich zurück (Teilzieher, E 16). Die Durchzügler und Wintergäste können aus Gebieten recht weit im Osten stammen: Ein am 15. Dezember in Kent beringter Kiebitz war am folgenden 10. Mai in Tjumen 61.12 N 69.49 E.

c) Wie steht es nun mit der Physiologie dieser *„überfrühen“ Zwischenzügler*? Es handelt sich nur teilweise um nicht ausreichend ausgereifte Vorjahrsvögel. Allerdings kann der Kiebitz schon einjährig brüten. Am Zwischenzug ist stets auch eine ganze Anzahl dieser Vögel beteiligt; offenbar fallen solche Vögel dem frühen Zwischenzug anheim, die keinen Erfolg bei der Revierverteilung oder, soweit ♀♀, bei der Gewinnung eines Partners hatten. Die Keimdrüsen dieser Frühziehenden sind nicht in voller Entwicklung. „Das Wiedereinsetzen des Zuges bei beginnender Keimdrüsenreduktion (ohne Brutanfang? Brutstörung?) erweckt den Eindruck, daß eine Bindung fortgefallen ist, die den Vogel normalerweise hätte halten müssen“ (PUTZIG 1938).

d) Verglichen mit diesen vom Brutplatz weggerichteten Bewegungen verläuft der *Heimzug* recht einheitlich. Der außenweltbedingten Natur des Kiebitzzuges entsprechend führen Nachwinter einen Umkehrzug herbei (E 11 g, H 1f). Er ist bei einer Art, die völlig auf weiche Beute und offenen Boden angewiesen ist, in nördlichen Breiten von großer Bedeutung. Während die Waldschnepfe, für die Ähnliches gilt, sich fast ausschließlich bei Nacht bewegt, ist dann der Tagzug des Kiebitzes sehr auffallend, gerade bei solchen Massenfluchten. Trotz dieser zweckmäßigen Fähigkeit, auf Temperaturstürze auch während des Heimzuges anzusprechen, finden im Norden oft größere Mengen nicht mehr den rückwärtigen Anschluß. Harte Nachwinter haben uns in Rossitten mehrfach das Bild eines großen Sterbens von Kiebitzen beschert, und es kann zu schweren Ausfällen in den betroffenen Brutgebieten kommen (VEPSÄLÄINEN 1968). Es gibt auch Massenverluste durch Hagelschlag (NIETHAMMER 1970).

e) Der Kiebitz steht in stark kultivierten Gebieten sehr unter Druck, hat Brutplätze aufgegeben, jetzt aber durch Anpassung an trockenere Stellen (Ackerland) auch neue gewonnen; außerdem neigt die Art zur *Kolonisation* (Abb. 137), neuerdings sogar in Island. In Großbritannien und anderswo jung beringte Kiebitze weilten später zur Brutzeit in der Ferne, so aus England mehrfach ostwärts bis Astrachan und aus Norwegen bis Leningrad.

Es ist offen, ob die Art eine angeborene Ausbreitungstendenz hat oder ob etwa britische Wintergäste in England beheimatete Kiebitze in ihr Heimatgebiet mitnehmen können. In jedem Fall dürfte es zu einem stärkeren Gen-Fluß kommen, so daß das Fehlen von Subspeziesbildung verständlich ist (Evans 1968, Mead et al. 1968).

Evans, P. R. (1968): A factor inhibiting subspecific differentiation in the Lapwing. Bird Study 15: 167.
Geyr von Schweppenburg, H. Frhr. von (1942): Zur Terminologie des Kiebitzzuges. Vogelzug 13: 40—44.
Kalela, O. (1955): Die neuzeitliche Ausbreitung des Kiebitzes in Finnland. Annal. Zool. Bot. Soc. Fennicae 16, Nr. 11, 80 S.
Klomp, H., & C. van der Starre (1956): Verslag van het kievitenringstation „Reeuwijk". Ardea 44: 269—281.
Kraak, W. K., G. L. Rinkel & J. Hoogerheide (1940): Oecologische bewerking van de Europese ringgegevens van de Kievit. Ardea 29: 151—175.
Kroymann, B. & L. (1969): Die Kiebitz-Brutplätze zwischen Schwarzwald und Schwäbischer Alb. J. Ges. Naturkde. Württemberg 124: 251—259.
Mead, C. J., J. J. M. Flegg & C. J. Cox (1968): A factor inhibiting subspecific differentiation in Lapwing. Bird Study 15: 105—106.
Niethammer, G. (1967): Hagel erschlägt Kiebitze. Vogelwarte 24: 107—109.
Putzig, P. (1938): Frühwegzug des Kiebitzes. J. Orn. 86: 123—165.
Schüz, E. (1932): Frühsommerzug bei Star und Kiebitz. Vogelzug 3: 49—57.
Stresemann, E. & V. (1966): Die Mauser der Vögel. Sonderheft J. Orn. 107.
Vepsäläinen, K. (1968): The Effect of the Cold Spring 1966 upon the Lapwing in Finland. Ornis Fenn. 45: 33—47.

4. Lachmöwe (Larus ridibundus) und andere Möwen

Die Beringung hat uns ein recht genaues Bild vom Zugverhalten der Lachmöwe verschafft. Die Art verbleibt meist in Eurasien und dringt nur vereinzelt über Nordafrika südwärts (bis zum Senegal); Transatlantikflüge kommen als Verirrungen vor (E 5). In günstigen Gebieten wie auf den Britischen Inseln bleibt ein Teil der Vögel in der weiteren Heimat zurück. Die Jungvögel entwickeln dabei einen etwas stärkeren Zugdrang als die Altmöwen. Zugwege: Obwohl die Küste und in gewissem Umfang auch Ströme einen leitenden Einfluß nehmen, scheut sich die Lachmöwe nicht vor der Ablösung vom Wasser, überspringt Wasserscheiden und gehört also noch zu den „Breitfrontzüglern" (E 6), wenn auch in bedingter Form („Geleitete Breitfront", Abb. 22). Die Art streut über einen weiten Sektor, ja die Funde füllen in der Regel den ganzen Südwest-Quadranten der Europakarte. Einen Sonderfall bilden die Möwen Nordböhmens und Sachsens, denn sie lassen sich zu einem großen Teil von der Elbe „abfangen" und gelangen also vielfach nordwestwärts (!) zur Nordsee (Abb. 23). Bei anderen Populationen hat man den Eindruck, daß in Form der Urstromtäler Norddeutschlands alte, erblich gewordene Bindungen nachwirken. Bei der starken herbstlichen Durchmischung der Populationen ist es kein Wunder, daß etwa die Wintermöwen Hamburgs, Berlins, Prags, des Bodensees und der Schweizer Seen aus einer Vielzahl von Brutsiedlungen stammen. Sehr genau ist das Verhalten der Schweizer Wintermöwen untersucht (siehe etwa KNOPFLI). Beobachtungen und Versuche haben gezeigt, daß die Möwen eine deutliche Bindung zu einmal gewählten Winterquartieren haben und unschwer dorthin wieder zurückfinden. Weiter erkannte man, daß der einzelne Vogel nicht den ganzen Winter über an einem Platze haftet, sondern z. B. den ersten Teil des Winters in Berlin verbringt und dann plötzlich in Prag oder Luzern auftauchen kann. Jungmöwen kommen gewöhnlich verspätet (oder gar nicht) an den Brutplatz. Dem entspricht, daß die Möwen in der Regel einjährig noch nicht brüten. Einjahrsbruten sind aber in Holland und in der Schweiz nachgewiesen. Die Zahl der mit einer Brutsiedlung zusammenhaltenden Einjährigen nimmt mit der klimatischen Gunst der Gebiete ab.

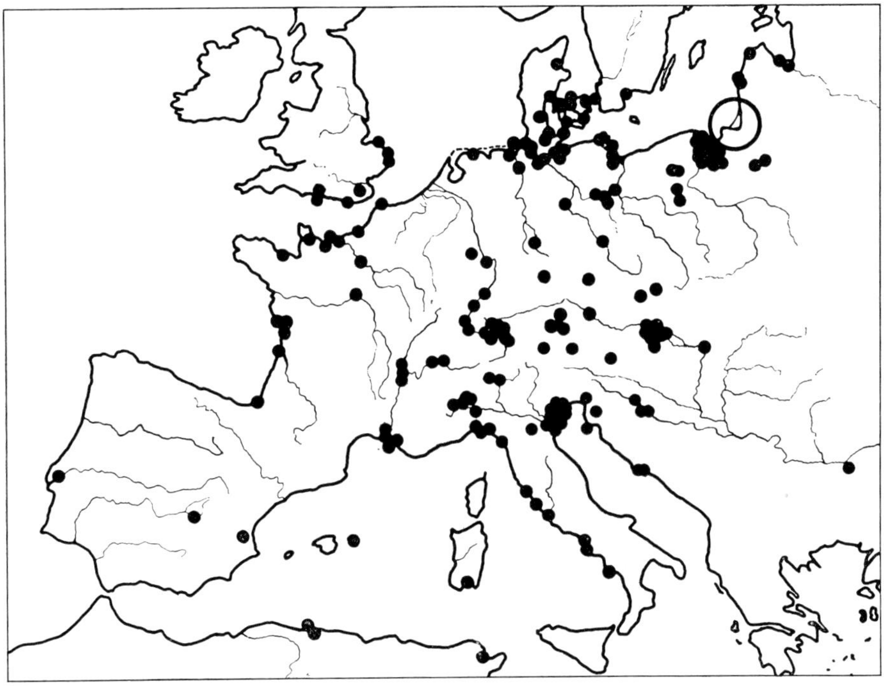

Abb. 22. Lachmöwen des Möwenbruchs Rossitten (Kurische Nehrung). Die Lachmöwe hält sich zwar gern an Küsten und Flüsse, überspringt unbedenklich aber auch Wasserscheiden, so daß es zum Bild einer „Geleiteten Breitfront" kommt. (SCHÜZ 1933.)

Weitere Möwen

Um die großen Unterschiede herauszustellen, die zwischen Vertretern einer Gattung vorkommen können, sei noch kurz auf die Zugweise einiger anderer europäischer Möwenarten verwiesen, die hauptsächlich Küstenbewohner sind. Mantelmöwe (*Larus marinus*) und Sturmmöwe (*L. canus*) führen

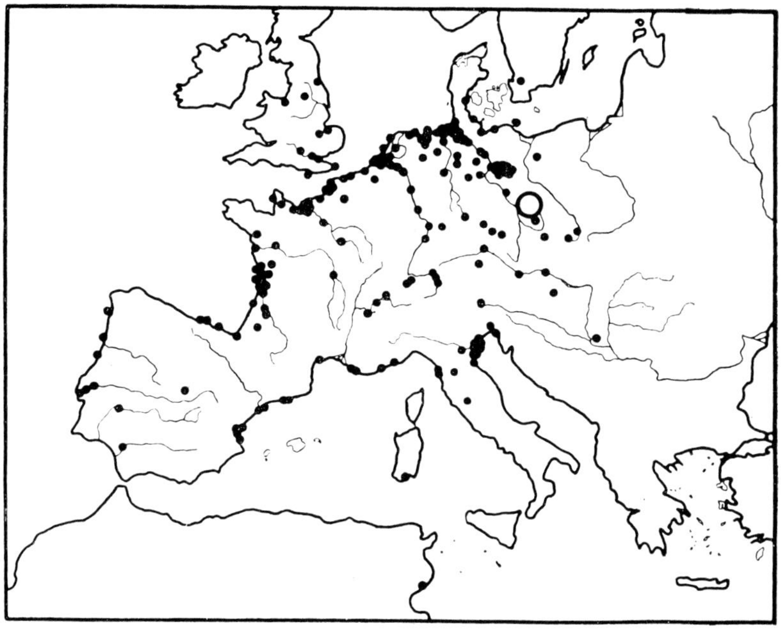

Abb. 23. Die Lachmöwen des Hirschberger Teichgebiets (Tschechoslowakei) und der Lausitz verlassen ihr Brutgebiet großenteils entlang der Elbe; sie ziehen also zahlreich nach NW ab. (SCHÜZ 1933.)

nur geringe Wanderungen ganz vorherrschend entlang den Küsten aus. Die Silbermöwe (*L. argentatus*) verhält sich ähnlich und zieht z.B. von der Deutschen Bucht gewöhnlich nicht über Holland hinaus; die Ostseevögel verlassen die Ostsee nur vereinzelt (DROST & SCHILLING 1940, PALUDAN 1953, GOETHE 1956). Östliche Rassen der Silbermöwe wandern aber von der Eismeerküste nicht nur bis zur Nordsee, sondern sogar bis ins nordöstliche Afrika; umgekehrt erschienen Schwarzmeer-Silbermöwen in Ungarn, ja einmal ein Ringvogel der Krim auf Helgoland. Die Silbermöwe Nordamerikas und die der Sturmmöwe ähnliche Ringschnabelmöwe (*Larus delawarensis*) weisen nach Altersstufen verschiedene Winterquartiere auf. Die Heringsmöwe (*L. fuscus*) verhält sich trotz sehr naher Verwandtschaft mit der Silbermöwe anders als diese. Die britische Form, kenntlich an der Schieferfarbe des Mantels, wandert küstenlängs bis Nigerien (Ringfunde bis Senegal); *L. f. intermedius* von SW-Norwegen und W-Schweden verhält sich ähnlich. Die schwarzrückige Form des übrigen Fennoskandiens (*L. f. fuscus*) zieht zum Mittelmeer, Schwarzen Meer und Kaspischen Meer (ein junger Rossitten-Durchzügler vom 19. Okt. schon am 2. Nov. bei Astrachan) und noch viel weiter: Finnländische Ringvögel erreichten die Andamanen und den Golf von Aqaba; bei Elat ziehen dort vom Golf und von den Sinaibergen kommend im Frühjahr wohl 20000 bis 50000 Heringsmöwen nordwärts dem

Rifttal nach ins Land hinein. Während die meisten Frühjahrsfunde dänischer und finnischer Ringvögel in den östlichen Mittelmeerraum fallen, verdichten sich die Herbstfunde im Gebiet Sizilien-Tunesien, um das Schwarze Meer und (70 Funde) in Osteuropa zwischen 20 und 47° E (während im Frühjahr kein Fund östlich von 37° E liegt). Offenbar findet der Wegzug mehr in breiter Front von Italien bis Arabien, der Heimzug mehr konzentriert in Rifttal und Ostmediterraneis statt. Das Ruheziel liegt indes teilweise tief in Afrika; die Art wurde südlich bis zum Schirwa-See (15.15 S 35.49 E) erfaßt. Kennzeichnende Ringfunde sind ein junger Rossitten-Durchzügler vom 14. Okt. am 2. Jan. am Nordufer des Viktoriasees, ein ebensolcher vom 8. August am 17. Okt. am mittleren Kongo und eine Heringsmöwe der finnischen Westküste, zweijährig, am 2. Sept. ebenda. Diese drei Fälle liegen ziemlich genau am Äquator, mehr als 6000 km (Luftlinie) von der Heimat entfernt. Ringvögel von Gotland und Halland (Schweden) zeigten sich an der Goldküste, und es ist durchaus nicht sicher, daß sie die Wanderung dorthin nur an den Küsten zurücklegten. Wie Binnenlandbeobachtungen und die innerafrikanischen Ringfunde beweisen, wendet sich die Heringsmöwe also unbekümmert landein, überspringt dementsprechend auch ohne weiteres Wasserscheiden. Sie scheut offenbar nicht vor einem Wüstenflug zurück; MOREAU traf am 16. April zehn nordwärtswandernde Heringsmöwen in der Oase Kharga (SCHÜZ 1934, BODENSTEIN & SCHÜZ 1937). Andererseits sind Heringsmöwen weit draußen im Indischen Ozean festgestellt ($2^1/_2$° S 34 E, ferner Insel Aldabra 9.20 S 46.20 E). — Über die Dreizehenmöwe siehe E 5g, über Möwen Südamerikas Abb. 76.

Siehe u.a. Salomonsen 1967 (A), ferner:

Bailey, R. S. (1968): The Pelagic Distribution of Sea-Birds in the Western Indian Ocean. Ibis 110: 493—519.

Barth, E. K. (1968): The circumpolar systematics of *Larus argentatus* and *L. fuscus*.... Medd. Zool. Mus. Oslo, No. 86. Nytt Mag. Zool. 15, suppl. 1, 50 S.

Bodenstein, G., & E. Schüz (1937): Rossittener Heringsmöwe am Viktoria-See. Vogelzug 8: 61—62.

Drost, R. (1955): Wo verbleiben im Binnenland aufgezogene Nordsee-Silbermöwen? Vogelwarte 18: 85—93.

Drost, R., & L. Schilling (1940): Über den Lebensraum deutscher Silbermöwen auf Grund der Beringungsergebnisse. Vogelzug 11: 1—22.

Goethe, F. (1956): Die Silbermöwe. Neue Brehm-Bücherei 182, 95 S.

Hladik, B., & B. Slavik (1960): Beitrag zum Zuge und Bionomie der Lachmöwe ... Vlastvědný Sbornik Vysočiny 4: 105—130.

Hofslund, P. B. (1959): Fall Migration of Herring Gulls from Knife Island, Minnesota. Bird-Banding 30: 104—114.

Knopfli, W. (1946): *Larus ridibundus* in: Die Vögel der Schweiz, 18. Lief.: 3531—3726.

Long, C. R. (1962): The Lesser Black-backed Gull in Nyasaland. Ostrich 33: 52.

Ludwig, F. E. (1943): Ring-Billed Gulls of the Great Lakes. Wilson Bull. 55: 234—243.

Makatsch, W. (1952): Die Lachmöwe. Neue Brehm-Bücherei 56, 98 S.

Paludan, K. (1953): Nogle resultater af Kobenhavns Zool. Mus. ringmaerkning af *Larus argentatus*. Vidensk. Medd. Dansk Naturh. For. 115: 181—204.

Schüz, E. (1934): Vom Zug der schwarzrückigen Heringsmöwen (*Larus f. fuscus*). Vogelzug 5: 123—134.
Smith, W. J. (1959): Movements of Michigan Herring Gulls. Bird-Banding 30: 69—104.
Suchantke, A., & P. Géroudet (1959): La race occidentale du Goéland brun *Larus fuscus graellsii* est-elle observée aussi à l'intérieur du continent? Nos Oiseaux 25: 138—144.
Voous, K. H. (1965): Summer records of *Larus fuscus* in Mombasa, Kenya. Ardea 53: 83.

5. *Wachtel (Coturnix coturnix)*

Hühnervögel haben kurze, runde Flügel, die sie schnurrend-schnell bewegen müssen, um den Flug zu bewältigen. Hühner sind daher nicht auf Fernflüge eingerichtet und meist Standvögel. Eine Ausnahme machen die Wachteln (Gattung *Coturnix*), die dementsprechend auch einen spitzeren Flügelbau aufweisen. Unsere Wachtel bewohnt Europa bis Südskandinavien, den Ural bis 64° N, ferner darüber hinaus Asien bis in den fernen Osten; Südgrenze Abessinien. Die Japan-Wachtel, von Transbaikalien bis Japan beheimatet, ist sehr ähnlich, ruft jedoch abweichend und überlappt sich in der Nord-Mongolei mit der Westwachtel; man kann sie als Rasse oder als eigene Art *Coturnix japonica* ansehen. Wenig abweichende Rassen unserer Wachtel kommen auch in Afrika vor, besonders im Süden. Das Winterquartier der Paläarkten reicht südlich bis Assam, Indien, Arabien und zu den Äquatorialgebieten Afrikas. Die Wachtel zeigt gegenüber anderen Hühnern manche

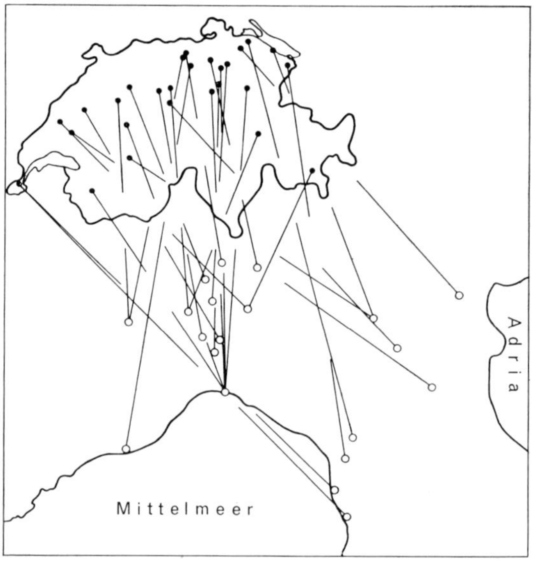

Abb. 24. Wiederfunde von im Frühjahr in Italien beringten Wachteln in der Schweiz. Die Auflassungsorte (Kreise) sind mit den Fundorten (schwarzer Punkt) verbunden zu denken. Aus SCHIFFERLI 1960.

Eigentümlichkeit, so eine zweite Mauser, und zwar im Winterquartier. Der Südnordzug vollzieht sich im mittleren Mediterranraum so, daß im April bis

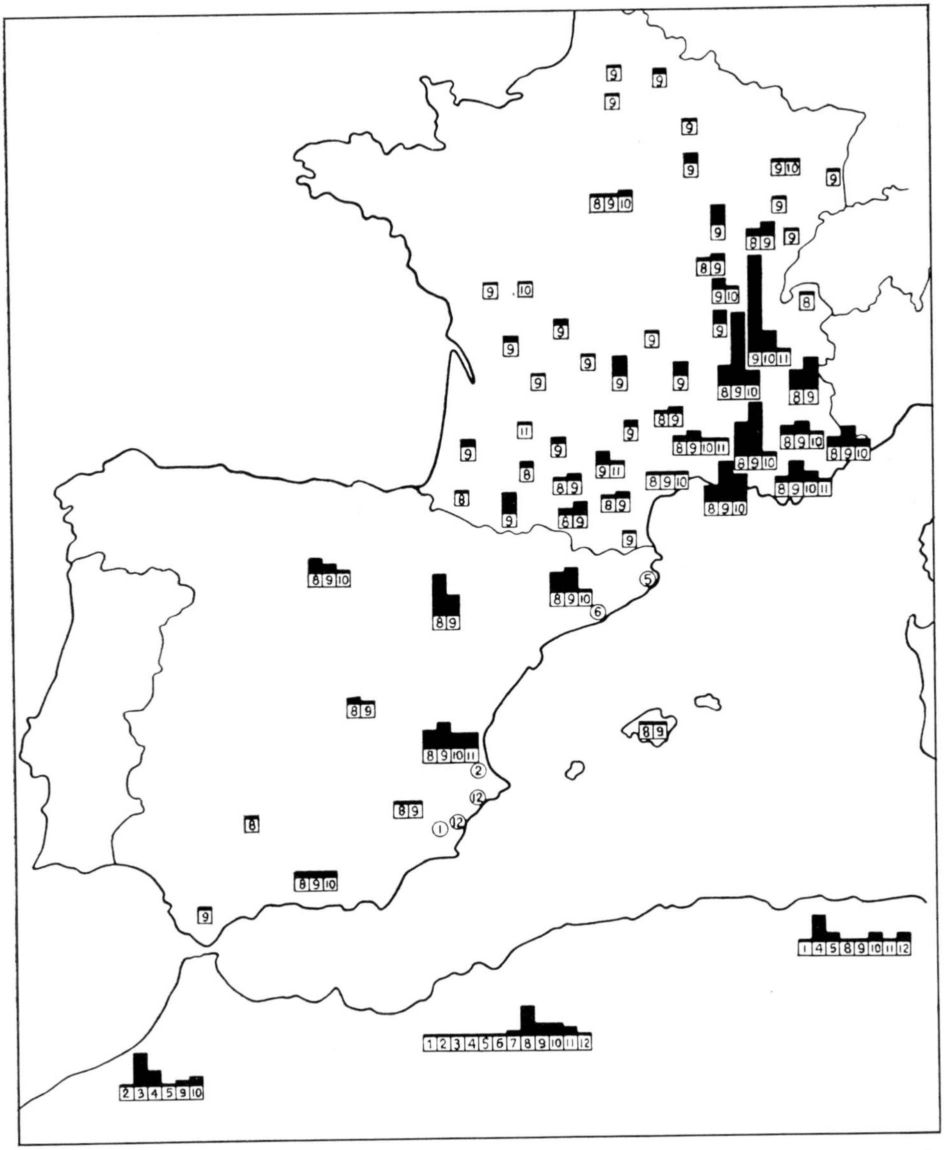

Abb. 25. Spätsommer- und Herbstfunde von im Frühjahr in Italien beringten Wachteln im Raum westlich der Alpen. Die Zahlen geben die Fundmonate an; darüber in Säulenform die Zahl der Funde (niedrigster Wert = 1 Wachtel). Aufgeteilt nach Departements in Frankreich und Nordafrika und spanischen Provinzen. Hinweis auf das Einhalten einer nach Westen ausbiegenden Schleife beim Wegzug. SCHIFFERLI 1960 nach TOSCHI 1956.

Mai zahlreiche Wachteln aus Nordafrika in Italien einfliegen. Sie erreichen deutlich erschöpft die Küste und werden nun in Menge gefangen. Der Bischof von Capri („Wachtelbischof“) erhielt schon im 10. Jahrhundert den Kirchenzehnten hauptsächlich von den Wachtelfängern, und noch in den 1880er Jahren wurden hier jährlich 50000 bis 60000 Wachteln nach Rom und Marseille verkauft. Der Wachteleinfall ist erheblich zurückgegangen. Aber es gibt ihn noch, auch auf den Pontinischen Inseln und an der mittleren und südlichen Adriaküste. Die Fänger bedienen sich des Lockrufs der ♀♀, so daß fast durchweg ♂♂ gefangen werden. Man verwendet diese Vögel für die Ausbildung der Vorstehhunde; man läßt sie zu diesem Zweck unversehrt frei, und zwar im Raum Genua—Turin und in der Poebene. Toschi hat sich diese Gelegenheit zunutze gemacht und in 7 Jahren eine halbe Million Wachteln beringen lassen. Sie ziehen meist über die Alpen in die Schweiz (Abb. 24) und brüten vorwiegend in dem Raum vom Rhein bis Polen. Der Wegzug dieser Vögel weist nicht mehr nach Italien, sondern auf die Westseite des Mittelmeers (Abb. 25). Sie setzen diesen Zug von Spanien aus bis zum Senegal und Niger fort. Der Nordwärtszug hält sich auf mehr gerader Linie über Tunesien bis Italien, wie geschildert. Die Art beschreibt also im mittleren und westlichen Mittelmeergebiet einen Schleifenzug (E 12); ob die Schleife für

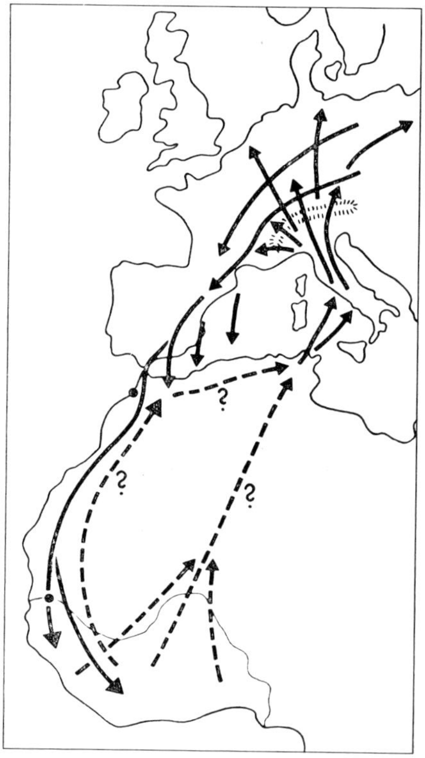

Abb. 26. Zugwege der mitteleuropäischen Wachtel (mit Fundangabe in Casablanca und Senegal) nach den Ringfunden. Die gebrochenen Linien bedürfen noch der Sicherung. Nach Schifferli 1960.

einen Teil der Wachteln schon viel weiter südlich einsetzt, ist noch zu prüfen (Abb. 26). Aber auch in anderen Gebieten findet ein außerordentlicher Wachteldurchzug statt. Ägypten belieferte die Feinschmecker Europas mit gewaltigen Mengen erbeuteter Wachteln.

Ein Teil dieser Wanderungen vollzieht sich in der Form eines merkwürdigen Zwischenzugs. Schon bei uns fällt auf, daß zur eigentlichen Brutzeit, Anfang bis Mitte Juni, eine Zugwelle wenigstens von ♂♂ erscheint, die dann sogar in die Städte eindringen und dort durch nächtlichen Schlag überraschen. Ein Beobachter zählte in der Nacht vom 1./2. Juni 1934 in Breslau etwa 50 schlagende Wachteln! Eine am 20. Mai an der Rhone beringte Wachtel war am 30. Juni bei Leningrad. An der Küste von Rom wurden in der Fangstation Castel Fusano im Juni/Juli über See zuziehende ♀♀ mit Brutfleck gefangen. Sie hatten offenkundig vorher in Tunesien gebrütet und anschließend einen Weiterzug angetreten. Gleichzeitig, ja schon ab April, pflegen in Castel Fusano Jungwachteln einzutreffen, etwa 7 bis 8 Wochen alt. Sogar diese Vögel waren vom Zugtrieb gepackt, obwohl sie noch in der Handschwingenmauser standen. Dieser Zug hängt wahrscheinlich mit der sommerlichen Austrocknung der afrikanischen Brutgebiete zusammen. Man muß dabei in Rechnung stellen, daß in künstlichen Zuchten Wachtel-♀♀ schon im Alter von 40 bis 50 Tagen zu legen vermögen. In der Natur werden sie dies schwerlich tun; der Befund zeigt aber die Möglichkeit sehr schneller Reifung. Es wäre also denkbar, daß z.B. in Tunesien erbrütete Jungvögel anschließend in Europa schon ihre erste Brut ausführen. Nach der erwähnten Spätzugwelle und vielen Spätbruten in Europa ist es auch nicht ganz von der Hand zu weisen, daß Altvögel der Brut im Süden im gleichen Jahr eine zweite im Norden folgen lassen. Indes muß betont werden, daß Beweise dafür noch ausstehen.

Die Wachtel wechselt in ihrem Auftreten ganz beträchtlich; es gibt für viele Orte Jahre ganz ohne, dann wieder solche mit ziemlich viel Wachteln, und auch die Winterquartiere z.B. am Senegal werden recht verschieden beschickt. Dies ist offenbar eine Anpassung an zeitliche und örtliche Unterschiede im Nahrungsangebot. Die ausgesprochene Bereitwilligkeit zur Brut, der bei Altwachteln nicht einmal die Großgefiedermauser im Weg steht, darf ebenfalls als arterhaltende Eigentümlichkeit gelten.

Die in der Südhälfte Afrikas heimischen Wachteln unserer Spezies scheinen keine großen Wanderungen auszuführen, sondern mehr unregelmäßig Trockenzeiten zu fliehen. In höherem Maß Zugvogel ist die afrikanische Art *Coturnix delegorguei.*

Wachteln wurden auch in Übersee ausgesetzt, so schon im 19. Jahrhundert, aber auch wieder in neuerer Zeit, in Nordamerika. Die Freilassungen erfolgten in einem breiten Gürtel von Virginia bis Kalifornien. Die Ringfunde lassen einen deutlichen N—S-Zug erkennen; für viele, besonders diejenigen westlich des Mississippi, gilt ein gewisser SE-Einschlag. Die eingeführten Vögel sind in der Regel Wachteln aus Japan, wo die Art in großem Maßstab gezüchtet wird.

Moreau 1966 (A).
Benson, C. W., & M. P. St. Irwin (1966): The Common Quail in the Ethiopian and Malagasi Region. Arnoldia 2, Nr. 13: 1—14.
Bozsko, S. I. (1967): Quail in the Inner Part of Debrecen. Aquila 73—74: 194.
Campbell, W. D. (1952): Some Observations on Quail during the Breeding Season of 1951. Brit. Birds 45: 167—170.
Larsson, K. (1968): Förekomsten av vaktel (*C. coturnix*) och kornknarr (*C. crex*) i Närke. Vår Fågelvärld 27: 122—135.
Meise, W. (1954): Über Zucht, Eintritt der Geschlechtsreife, Zwischen- und Weiterzug der Wachtel. Vogelwarte 17: 211—215.
Moreau, R. E. (1951): The British Status of the Quail and some problems of its biology. Brit. Birds 44: 257—276. — (Ders. 1956): Quail in the British Isles, 1950—1953. Brit. Birds 49: 161—166. — (Ders. 1961): Problems of Mediterranean-Saharan migration. Ibis 103a: 373—427, 580—623. — (Ders. 1963): The Migration of the Quail. In: Bannerman, The Birds of the British Isles, Vol. XII: 374—375. Edinburgh.
Schifferli, A. (1960): Ringfundmeldungen lassen Schleifenzug bei der mitteleuropäischen Wachtel vermuten. XII Int. Orn. Congr. Helsinki: 651—661.
Schüz, E. (1955): Wachteln als Stadtbesucher, eine Umfrage. Jh. Ver. vaterld. Naturkde. Württemberg 110: 273—274.
Toschi, A. (1956): Esperienze sul comportamento di quaglie am migrazione interrotta. Ricerche Zool. Appl. Caccia 27: 1—275. — (Ders. 1959): La Quaglia. Lab. Zool. Appl. Caccia Vol. III, Num. unico.
Wetherbee, D. K., & K. F. Jacobs (1961): Migration of the Common Coturnix in North America. Bird-Banding 32: 85—91.
Yamashina, Y. (1961): Quail Breeding in Japan. J. Bombay Natur. Hist. Soc. 58: 216—222.

6. Spießente (Anas acuta) und Krickente (Anas crecca)

Die Enten sind ganz auf offenes Wasser angewiesen. Sie sind gute Flieger und zeigen dort, wo sie es nötig haben, eine große Beweglichkeit als Zugvögel, die zum Teil sogar bis in tropische Räume wandern. Das gilt besonders für die noch hoch im Norden (nördlichster Nachweis: 81.49 N, Ellesmere Island) brütende Spießente; sie war nach alten Fresken ein beliebtes Jagdwild der Pharaonen (Abb. 77). Schon der Begründer der Vogelberingung, MORTENSEN, hat mit Hilfe von Durchzüglern in den Entenkojen der Insel Fanö, *Jütland*, viele wichtige Funde erzielt (67 bei 320 Beringungen 1908/10, also über 20%). Sie wiesen einerseits in den W und S (Irland—Spanien—Italien) als Winterquartier, andererseits nach dem nördlichen und östlichen Rußland (bis 60 °E) als Brutgebiet. *Niederländische Gäste* kamen bis 70 °E (unterer Ob) und gelangten beim Zug südwärts bis NW-Afrika. *Britische* Wintervögel wurden bis 72 °E angetroffen. Überwinterer von *Kairo* ließen den unteren Ob als Herkunftsgebiet erkennen. In *Finnland* geschlüpfte Spießenten wanderten nach England, Italien, Marokko, Tunesien und Bulgarien. Ein *niedersächsischer* Jungvogel war im August bei Leningrad, also 2000 km NE.

In der *UdSSR* gibt es eine ganze Anzahl *Mauserstationen*, wo die Spießenten fern der Brutheimat, aber auch des Winterquartiers, Zwischenaufenthalt nehmen. Die Mausergäste von Astrachan an der Wolgamündung hatten sich vor allem aus Nordrußland und Westsibirien zusammengezogen und wandten sich zur Winterung nach (besonders dem östlichen) Südeuropa, selbst nach Algerien, zum Nildelta, bis Niger und Mali. Die Herkunft dieser Mauserer der unteren Wolga ist weithin beiderseits des Urals und südlich bis Kasachstan zu suchen. Ein großer Teil sibirischer Spießenten zieht unmittelbar südwärts nach *Indien*. Die außerordentliche Streuung wird erkennbar, wenn wir von den Astrachan-Ergebnissen die Beringungen eines Tages herausgreifen, so die 28 Funde, die auf den 26. 7. 1931 zurückgehen: Solche Vögel waren sowohl an der Nordsee (31. 10. 1935) als auch in Südeuropa, selbst am mittleren Niger (7. 11. 1932), an der südwestlichen Kaspiküste, ferner in Turkmenien (Frühjahr 1934) und sogar in Indien (Winter 1933) anzutreffen. Umgekehrt fanden sich 56 als Wintergäste in Indien (Radschasthan 27.13 N 77.32 E) beringte Spießenten hauptsächlich im Mai in einem weiten Raum der UdSSR mit den Eckpunkten: 66.30 N 67.48 E — 39.36 N 67.36 E — 62.32 N 113.48 E — 57.45 N 108.10 E. Sie haben also großenteils hohe Gebirgsschranken überflogen.

Spießenten von *Island* wandern zahlreich z.B. nach Irland; ein Isländer fand sich in Quebeck (Erstnachweis der altweltlichen Rasse in Nordamerika). In *Nordamerika* fügen sich die Zugvögel und dabei auch die dort ebenfalls beheimatete Spießente in höherem Maße einer längenparallelen Richtung als in der klimatisch, überhaupt geographisch ganz anders gegliederten Westhälfte Eurasiens. Aber auch in der Neuen Welt kommen abseitige Wanderungen vor: Die Art ist regelmäßiger Wintergast auf den Hawaiischen Inseln, legt in diesem Fall also wenigstens 3200 km über die hohe See zurück. Der Zug geht noch weiter: Am 3. 11. 1953 erschienen auf Christmas Island (2 N 157.30 W) Scharen erschöpfter Spießenten, auf Fanning Island (in einem anderen Jahr beobachtet) ebenso, und unter 22 ermatteten Spießenten am 5. 11. 1942 auf Palmyra Island (5.53 N 162 W) war ein beringtes Stück vom Bear River Migratory Bird Refuge in Utah; es war dort krank an Botulismus gefangen und am 5. 8. 1942 freigelassen worden! So zieht die Spießente also offenbar 1600 km S von Honolulu und 4800 km von Nordamerika regelmäßig durch; mit welchem Ziel? Je ein Einzelstück wurde auf Jarvis Island (0.23 S 160.03 W), 800 km südlich noch von Palmyra Island, und in der Phoenixgruppe, über 1100 km westlich der genannten Inseln der Line-Gruppe, angetroffen! Diese „Linie" weist südwärts nach Tahiti, wo bisher jedoch nur Verdacht und kein Nachweis für diese Art besteht. Unter diesen Umständen wundert uns nicht, daß von 50 Spießenten der Bucht von San Franzisko, die Mitte März 1935 auf den Hawaiis freigelassen wurden, ein Stück am 4. 12. 1936 in Kalifornien 120 km SE vom Beringungsplatz erlegt wurde. Ein Vogel gleicher Herkunft (3. 1. 1936 Kalifornien) war im folgenden Sommer am Indian Point, der der St.-Lorenz-Insel (Beringstraße) zugewandten Spitze Sibiriens (COOKE). Zwei Spießenten von Labrador waren später in S-England und zwei Kanadier in Japan. So ist auch das Auftreten

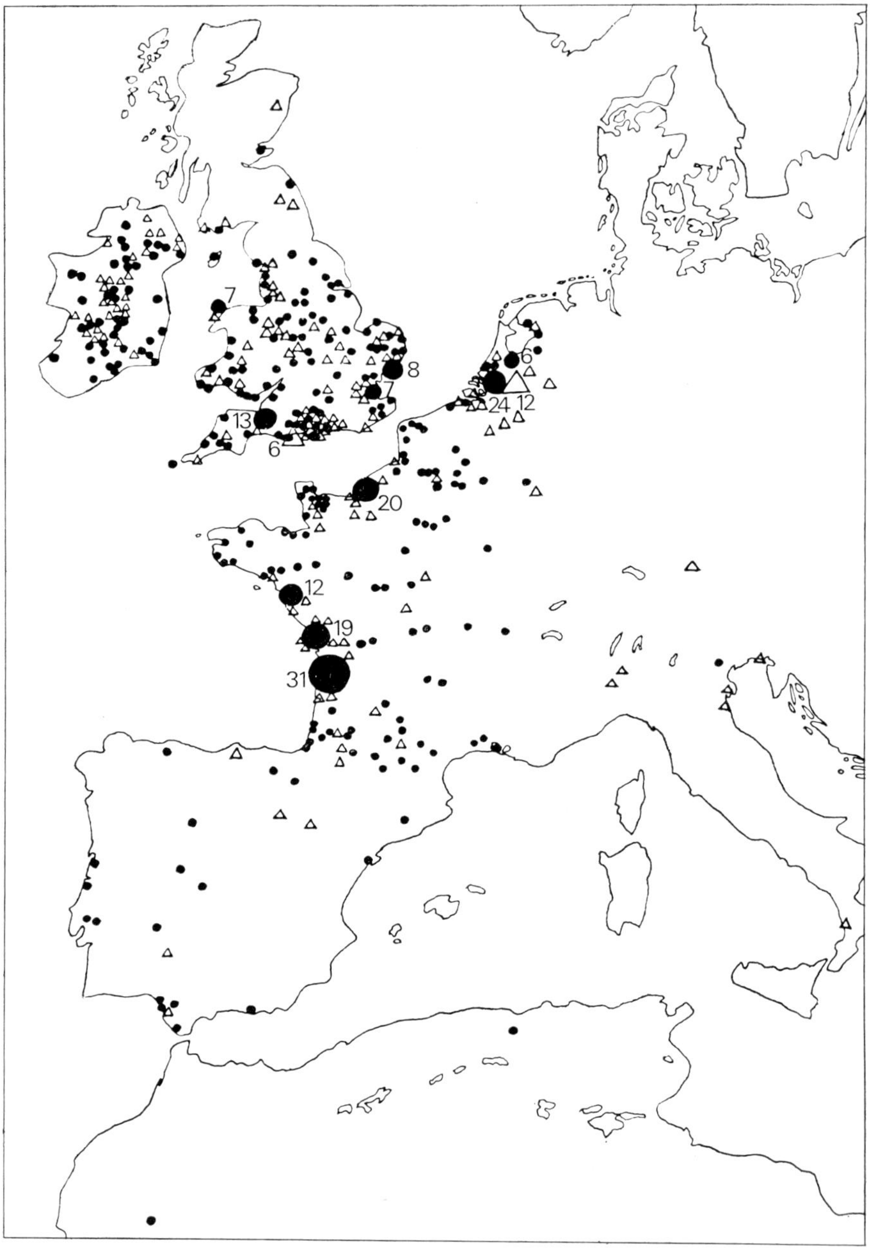

Abb. 27. Januar-Wiederfunde von Krickenten, die in den Niederlanden als Durchzügler von August bis Dezember beringt worden waren. *Punkte:* Januarfunde unmittelbar nach der Beringung. *Dreiecke:* Januarfunde in späteren Jahren, also nach einer oder mehr Brutzeiten. Für die Verteilung ist zu beachten, daß die Jagd im Januar offen ist in den Beneluxländern, auf den Britischen Inseln, in Westdeutschland, Frankreich, Schweiz, Österreich, Italien und Spanien. Aus Wolff 1966.

der amerikanischen Rasse in der Alten Welt erwiesen. Ein Vogel vom 12. 2. 1956 in Kalifornien wurde im Oktober 1963 am Baikalsee gemeldet.

Die *Zugleistungen* sind manchmal beträchtlich: Nordbrabanter Ringvögel bewältigten 28./29. 12.: 220 km SW, 6./7. 9.: 510 km NNE (dies ein Jungvogel) und 11./17. 3.: 2000 km E (Dnjepropetrowsk).

Wahrscheinlich für alle Enten bezeichnend ist die *Auswanderung* nicht weniger Stücke, die sich infolge der frühen Verlobung der Partner im Winterquartier mit Artgenossen aus einem fremden Land zusammengefunden haben (E 9). Dies ist vor allem für die Stockente erwiesen, doch gehört hierher recht sicher auch die junge Spießente, die in Dänemark als Junges beringt und im folgenden Frühjahr in Westsibirien, bei Tscheljabinsk, erbeutet wurde.

Jede Entenart hat ihr eigenes Zugbild, und wir wollen als Gegenstück zur Spießente wenigstens noch eine zweite nordische Spezies, die Krickente (*Anas crecca*), erwähnen. Sie ist in der Neuen Welt durch zwei weitere Rassen vertreten. Auch diese Art wurde zahlreich in Entenkojen zum Beispiel der Niederlande und Englands beringt; siehe die Karten. Die nördlichsten Brutplätze werden erst Ende Mai oder gar noch später erreicht. Die ♂♂ sammeln sich bald nach Brutbeginn in Scharen und ziehen nach S bis W weg;

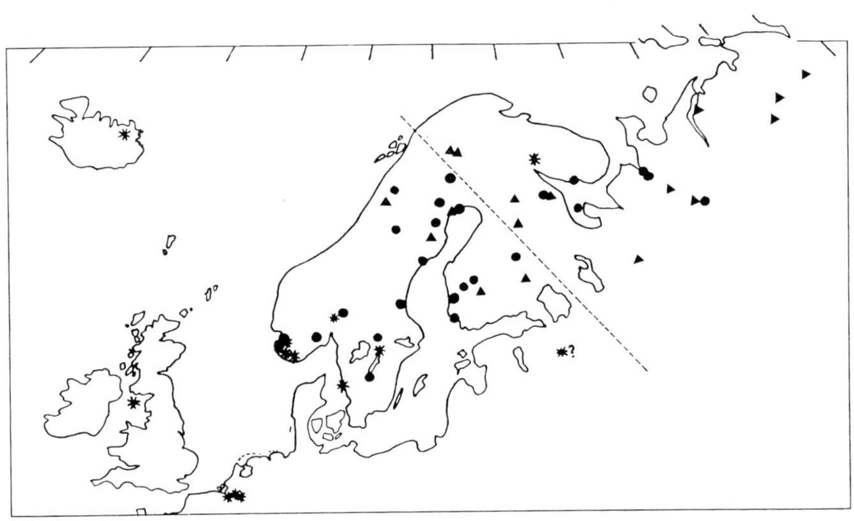

Abb. 28. Krickente: Brutgebiet der Herbstdurchzügler der Niederlande. *Sternchen:* Beringungsort von Küken, die noch im 1. Lebensjahr bis 16. Januar in den Niederlanden erbeutet wurden. Man beachte die Herkünfte aus Belgien, von der Insel Man und von Island. Übrige Zeichen: Fundorte zwischen 21. Mai und 16. Juni von Krickenten, die in den Niederlanden zwischen 1. August und 30. September (*Punkte*) und zwischen 1. Oktober und 16. Januar (*Dreiecke*) beringt worden waren. Enten der mittleren und südlichen Lagen Fennoskandiens sind also im Durchschnitt früher als die Enten des NE; die Trennung der beiden (natürlich nicht so scharf geschiedenen) Populationen ist durch eine Gerade angedeutet. Aus WOLFF 1966.

sie mausern dann irgendwo im nördlichen Europa. Die ♀♀ mausern nach der Jungenaufzucht im Bereich des Brutplatzes, falls nicht Bruten gestört sind und ♀♀ dann ebenfalls früher wegziehen. In den Niederlanden strömen besonders viele Krickenten zusammen, um dann später nach Großbritannien und Irland oder südwärts nach Frankreich und Iberien, in kleinerer Zahl auch nach Italien und NW-Afrika weiterzuziehen (Abb. 27). Die vor allem im August/September in den nördlichen Provinzen der Niederlande durchziehenden Krickenten haben verglichen mit den späteren, hauptsächlich im Süden der Niederlande auftretenden Krickenten ihre Heimat mehr im SW des Artareals (Abb. 28); sie sind es vor allem, die im britischen Inselgebiet überwintern; die südholländischen Durchzügler kommen mehr vom NE und halten sich beim Zug an das Festland. Man vergleiche auch die Karte der Herkünfte südfranzösischer und englischer Wintergäste (Abb. 29). Der Weiterzug der niederländischen Gäste erstreckt sich bis in den Februar hinein; er ist dann ausgeprägt Ergebnis von Winterflucht oder Pendelzug (E 13 h, H 1 f) (nach WOLFF u.a.). Die Art erscheint in Indien sehr zahlreich. In Radscha-

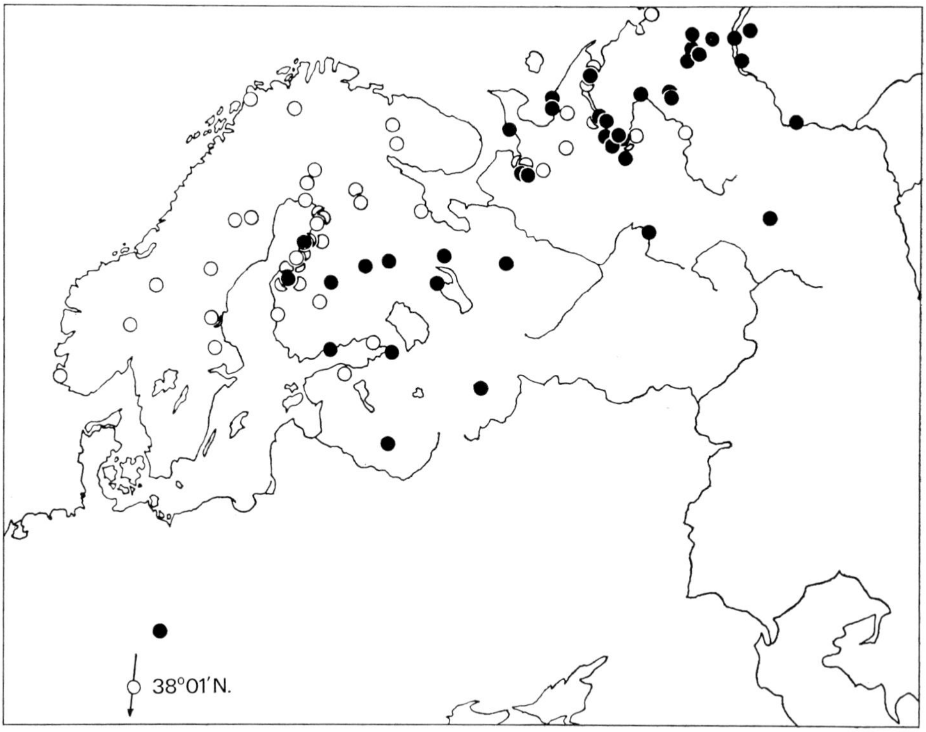

Abb. 29. Brutgebiete (nach Funden zwischen 21. Mai und 16. Juni) von Krickenten, die in England (*Kreise*) und in Südfrankreich (Camargue, *Punkte*) überwinterten und dabei beringt worden waren. Die mehr östliche Herkunft der südfranzösischen Wintergäste verglichen mit den mehr westlich beheimateten englischen Überwinterern ist deutlich. Aus WOLFF 1966.

sthan unter 27.13 N 77.32 E beringte Wintergäste wiesen auf die UdSSR zwischen 69.20 N 88.14 E und 60.48 N 114.12 E als Heimatgebiet.

Bauer & Glutz von Blotzheim Bd. 2, 1968 (A) — Mortensen 1950 (B II), ferner:
Boyd, H. (1957): Summer Recoveries of Wigeon, Pintail, Shoveler and Tufted Duck ringed in Britain. Wildfowl Trust, 18. Ann. Rep.: 47—51.
Cooke, M. T. (1945): Transoceanic recoveries of birds. Bird-Banding 16: 123—129.
Cooper, J., & A. Lysaght (1956): Migrating Pintails in the Central Pacific. Ibis 98: 316—319.
Daniel, J. C. (1970): Bombay Natural History Society, Bird Banding Project Sept. 1967 to Dec. 1969. Vervielfältigung, 9 S.
Derivot, J. H., & J. C. N'Gunyen van Tung (1968): Catalogue des Oiseaux bagués contrõlés par l'Ifan. Bull. Inst. Fondament. Afrique Noire 30: 370—387.
Lebret, T. (1947): The Migration of *Anas crecca* in western Europe. Ardea 35: 79—131.
Maher, W. J., & D. N. Nettleship (1968): The Pintail breeding at latitude 82° N on Ellesmere Island. Auk 85: 320—321.
Rajala, P. (1959): Wild-Markierung durch das Wildforschungs-Institut 1956—1958. Suomen Riista 13: 164—175 (Karte).
Rjabov, V. P. (1960): Jahreszeitliche Verteilung und Zug der Krickente. Ornitologia 3: 384—395.
Spencer, R. (1965): Report on bird-ringing for 1964. Brit. Birds 58: 533—583 (Karte).
Uramoto. M. (1962): First Annual report on the bird ringing scheme for the year ... 1962. Misc. Rep. Yamashina's Inst. Orn. Zool. 18: 138—143.
Wolff, E. J. (1966): Migration of Teal ringed in the Netherlands. Ardea 54: 230—270.
Worobjev, K. A., et alii (1963): The Fauna and Ecology of Birds of Volga-delta and Caspian Sea-Shores. Transact. Astrakhan Wildlife State Preserve 8.
Wuczeticz, W., & A. Tugarinov (1937): Seasonal distribution and migration of ducks: *Dafila acuta*. Central Bureau for Bird Ringing. Moskau.

7. *Rauchschwalbe (Hirundo rustica)*

Die Rauchschwalbe ist in verschiedenen geographischen Rassen im Norden der Erde weit verbreitet. Die nordamerikanische Rasse zieht im Winter bis Mittelargentinien und bis Chile etwa unter 37° S. Unsere Form umspannt als Brutgebiet einen Nordsüdraum von 4400 km (von 71 °N bis Tripolis) und als Durchzügler und Überwinterer weitere 7000 km (bis Südafrika). Das Winterquartier beginnt etwa unter 12° N, doch scheinen einzelne den Winter schon in den Oasen zu verbringen. Die Palästinarasse ist mindestens großenteils, die ägyptische Form durchweg Standvogel. In ihrem Mauserverhalten ist die Art in besonderer Weise an den Zug angepaßt (E 17a/bb, c). Die europäischen Heimkehrer treffen in Gibraltar schon Ende Februar, in Deutschland etwa Ende März bis Mitte April und in Nordschweden Ende Mai ein (Abb. 30). So könnte man folgern, daß die Artvertreter um so weiter südlich überwintern, je weiter nördlich sie beheimatet sind, und daß im Laufe des Zuges die nahe überwinternden Südbrüter zuerst und die am fernsten überwinternden Nordbrüter zuletzt eintreffen, die Massen sich also von Süden nach Norden überfliegen. Dieser *Überspring-Zug* besteht tatsächlich.

Aber wie ist es mit der Schichtung der *Überwinterer*? Darüber sollten die nunmehr rund 240 Afrikafunde beringter Paläarkten einigen Aufschluß geben; besonders erfolgreich war die Beringung von Wintergästen und Durch-

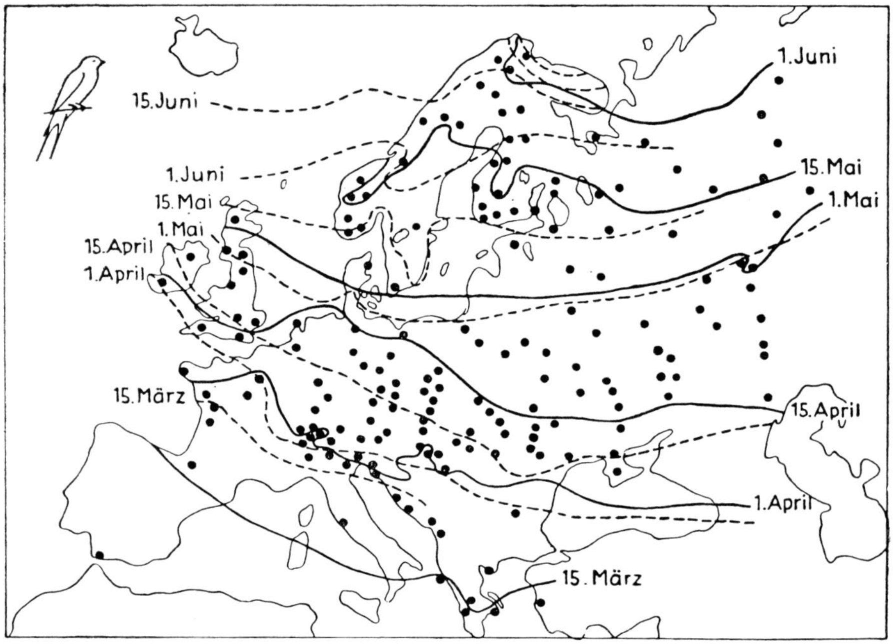

Abb. 30. Isepiptesen, Linien gleicher Erstankünfte, der Rauchschwalbe in Europa (Durchschnittswerte): Ausgezogene Linien, Datenangaben rechts. Ihnen sind gegenübergestellt die Isothermen von 8,9 °C: Gebrochene Linien, Datumsangaben links. Die Ankünfte bleiben zunächst hinter den Isothermen zurück, überholen sie aber ab 1. Mai. Die Punkte bedeuten Kontrollorte. Nach SOUTHERN 1938.

(Fortsetzung von Abb. 31)

Monate		9	10	11	12	1	2	3	4	5	6	?
37–20° N	B	3	7	2					2	3		1
	N		2					1		1		
	D	3	7			1		2	16	8		
20–0° N	B		9	4	1	1			2			
	N			1	1	1		1				
	D	2	6	4	3	4	2	3	1	1	1	1
0–20° S	B		2	1	3			2	1			
	N		1	2	1							
	D	1	6	7	4	3	4					3
Summe 149:		9	40	21	13	10	6	9	22	13	1	5

In die Tabelle sind auch die Angaben SPENCER 1967/68/69 einbezogen. Ihm zufolge kommen für Südafrika südlich von 20° an britischen Schwalben außer den 54 alten Nachweisen (bis 1964, siehe DAVIS) noch 145 neue (1965 bis 1968) hinzu, ferner zu dem Fund in Walfischbucht noch 2 weitere SW-Afrikaner. Karte und Tabelle wären ferner zu ergänzen durch je eine Schwalbe aus Hessen und Neumark in Südafrika, sodann Rauchschwalben weiterer Länder wie Dänemark, Skandinavien, Polen und Ungarn; auch sie erscheinen in kleiner Zahl in Südafrika.

züglern in Afrika, vor allem Südafrika, mit mehr als 170 Funden. (Abb. 32). Es zeigt sich:

Die in den *Tropen* von 10° N bis 10° S überwinternden Rauchschwalben stammen aus dem Raum Niederlande—Südschweden—Ostpreußen—Tschechoslowakei. Die Britischen Inseln stellen 25 Funde, davon nur 5 im Dezem-

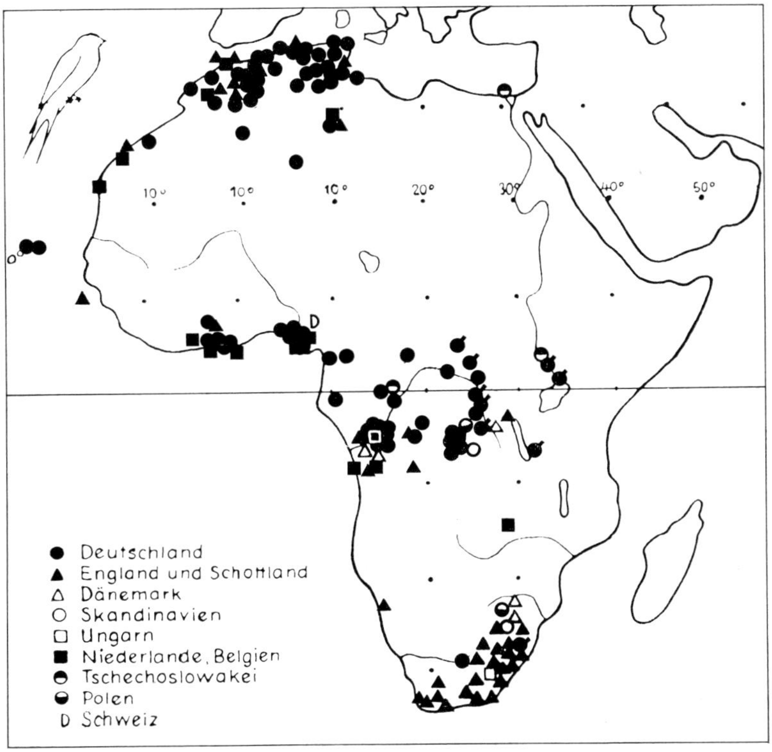

Abb. 31. In Europa beringte Rauchschwalben bei Zug und Überwinterung in Afrika. Diese Karte geht auf eine Veröffentlichung 1937 zurück, die 1952 ergänzt wurde (Drost & Schüz). Infolge starker Zunahme der Funde wurden in die alte Karte nur drei Kategorien vervollständigend einbezogen: Die britischen Rauchschwalben nach Davis 1965, die niederländischen nach Perdeck & Speek 1968 und die deutschen nach Zink (Manuskript). Die Funde aus dem früher deutschen Gebiet östlich der Oder wurden mit einem Haken rechts oben versehen, so daß deutlich wird, daß sich diese östlichen Schwalben auch auf den Osten Afrikas beschränken (mit einer Ausnahme am unteren Kongo, die wegen der Fundhäufung nicht erkennbar gemacht werden konnte; dasselbe gilt für zwei Funde am Kassai). Von den zahlreichen britischen Funden im südlichen Afrika wurden nur einige neue Nachweise im SW-Kap und ein Fund in SW-Afrika zugefügt, da die Ergänzung der britischen Schwalben im Ostkap, Transvaal, Oranjefreistaat usw. eine unübersichtliche Häufung ergeben hätte. Die Ringfunde von Schwalben dreier Herkunftsgebiete (B Großbritannien und Irland — N Niederlande — D Deutschland, wobei auf Grund der alten Karte 1937 eine Trennung nach alten und neuen Grenzen nicht erfolgen konnte) verteilen sich in Afrika zwischen 37° N und 20° S so:

(Fortsetzung S. 68 unten)

ber/Januar. Alle übrigen 87 Briten beschränken sich auf *Südafrika* mit Schwergewicht im Osten. Ihnen sind beigesellt in geringer Zahl Europäer westwärts bis Belgien und Spanien (wenige Festlands-Mitteleuropäer, die sich ja hauptsächlich zu den Westtropen Afrikas wenden), vor allem aber

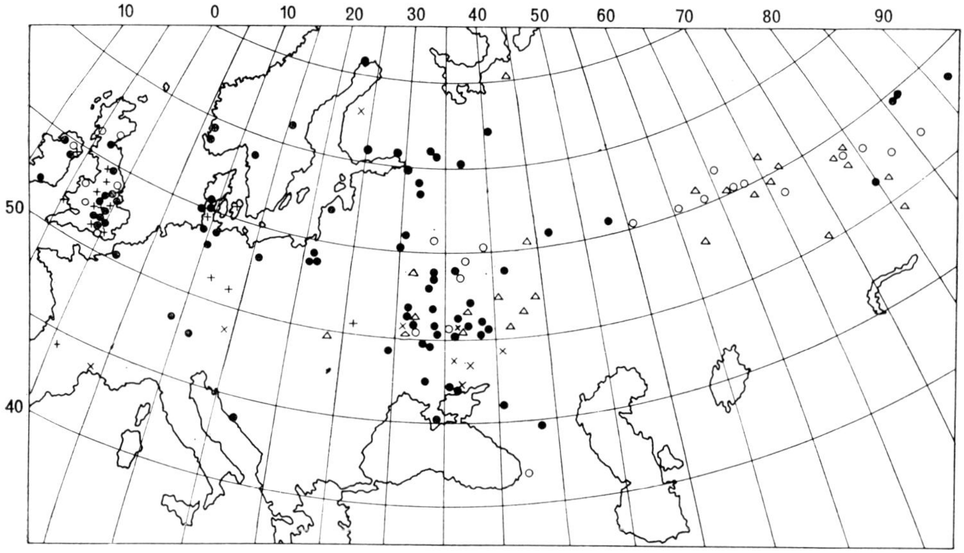

Abb. 32. Wiederfunde von im südlichen Afrika (meist als Ruheziel) beringten Rauchschwalben. Die Beringungen erfolgten: Schwarze Punkte in Transvaal — Offene Kreise in Kap-Stationen (Kapstadt bis Bredasdorp 20° E) — Dreiecke in Durban — Kreuze in Sambia und Rhodesien — + in Kimberley. Ein Transvaal-Vogel ist jenseits des linken Kartenrandes bei Alicante an der Ostküste Spaniens hinzuzudenken. Genauigkeit der Ortslagen zum Teil mit Vorbehalt. Aus Rowan 1968.

Schwalben aus dem sowjetischen Bereich: Von 157 Eurasienfunden südafrikanischer Gäste entfielen 31 auf die Britischen Inseln (wozu die 87 Schwalben mit britischen Ringen kommen, siehe oben) und 98 auf die UdSSR. Von diesen nahm die Hauptmenge den Raum nördlich vom Schwarzen Meer (weiterer Bereich um Moskau) ein, doch geht von hier aus ein Streifen von Nachweisen weit nach Sibirien (bis etwa 92° E) hinein. Die britischen Rauchschwalben werden zwar vor allem im Osten Südafrikas angetroffen, doch treten sie ganz im Osten wieder gegenüber den Schwalben östlicher Herkunft zurück. Alle 16 in Kimberley beringten und später wiedergefundenen Rauchschwalben gehörten zu Europa westlich von 30 °E, ja alle bis auf eine westlich von 20° E, und 10 von ihnen zu den Britischen Inseln. Dagegen wurden sämtliche 29 in Durban beringten und später wiedergefundenen Schwalben in der UdSSR nachgewiesen; dazu kommt allerdings ganz neu ein Aprilfund in Algerien. Die „Kap-Stationen“ lieferten etwas mehr Funde in den UdSSR als auf den Britischen Inseln (Abb. 32).

Dieser Sachverhalt führt zu der Frage einer *West—Ost-Schichtung*, wie sie für Südafrika mit britischen und russischen Schwalben bedingt stattfindet; indes hat die Bearbeiterin (ROWAN) betont, daß die Herkunfts-Populationen sich dort weitgehend durchdringen. Eine gewisse Schichtung — mit starker Überschneidung — zeigt sich in den Tropen Afrikas: a) Die Ringfunde im tropischen Afrika vom Westen bis 10° Ost (Kap Verden bis Nigerien) entstammen dem Raum Spanien, Südfrankreich, Schweiz, Niederlande und Schweden bis Mecklenburg und Thüringen. Dazu 11 Briten im Okt./Nov.; 1 auf See bei Guinea (Jan.) und 2 in Ghana (Jan./April). — b) 10° bis 20° Ost: 5 britische Schwalben (wohl 3 Durchzügler, 2 im Dezember), ferner Stücke aus Niederlanden bis Dänemark, Pfalz bis Cottbus und Tschechoslowakei. — c) 20° bis 30° Ost: Britische Inseln (Nov., Dez., März), Belgien bis Krim und mittlere Wolga, Südschweden und Finnland bis Jugoslawien. — d) 30° bis 35° Ost bringen Funde aus Polen, Ostpreußen, Schlesien und Tschechoslowakei und neuerdings einen Engländer im Dezember in Uganda (2.41 N 32.27 E).

Man sieht also, daß zwar weite Übergänge spielen, in den Tropen ganz östliche Herkünfte aber im Westen und ausgesprochen westliche Herkünfte im E fast fehlen. Das stimmt damit überein, daß beim Wegzug in Europa eine wenn auch nicht strenge Zugscheide etwa unter 15° E erkennbar ist: Die westlichen Schwalben streben mehr nach SW, die östlichen mehr nach SE, so daß es für den Hauptstrom zu einer Umgehung des Mittelmeers oder doch seines mittleren Raumes kommt. Allerdings muß man zugestehen, daß allenthalben im Mittelmeergebiet Rauchschwalben auf dem Zug anzutreffen sind: Im Herbst erweist sich die italienische Halbinsel als ein wichtiger Zubringer, und beim Heimzug halten sich die im Herbst am Bodensee beringten Durchzügler, wohl Wintergäste von Goldküste bis Kongo, zum Teil östlich der Wegzugstrecke, so daß sie von Algerien oder Tunesien her das Mittelmeer nach Italien oder Korsika kreuzen (Schleifenzug? Abb. 67). Die Sahara wird ohnehin durchquert.

Sahen wir, daß südafrikanische Wintergäste in Sibirien bis etwa 92° E reichen, so beginnt in Ostsibirien bei 116° E im Amurgebiet südlich bis Korea eine Population, die den Winter wenigstens teilweise in Thailand verbringt, wie viele Wiederfunde nach Beringung von Wintergästen in Bangkok zeigen; im Geschäftsviertel dieser Stadt als Schlafplatz überwintern rund 150000 Rauchschwalben.

Die Rauchschwalbe ist auch ein gutes Beispiel dafür, wie sich einerseits arteigenes Verhalten ohne viel Rücksicht auf äußere Einflüsse durchsetzt, wie sich aber andererseits infolge der Spezialisierung auf Fluginsekten eine ausgesprochene Empfindlichkeit ergibt. Die erstere Erscheinung kennzeichnet den *zeitlichen Ablauf des Heimzugs*. Gewiß begünstigt gutes Wetter das rechtzeitige Eintreffen und wirken Kälte und Nässe in gewissem Maße störend. Es besteht aber keine ganz enge Abhängigkeit von der mittleren Temperaturverteilung, denn während — wie Abb. 30 zeigt — die Linie gleicher Ankunft (Isepiptese) zunächst stark hinter der Isotherme 8,9 °C (48 °F) zurückbleibt, hat sie diese etwa im Lauf des April eingeholt, um ihr dann bald vorauszueilen, so daß der Abstand am 1. Juni mehrere Wochen erreicht hat. (Der Besiedlungsvorgang wickelt sich über die 3200 km [2000 Ml.] der Karte in 77 Tagen ab, und zwar ziemlich gleichmäßig, wenn auch im westlichen Küstengebiet ein wenig beschleunigt und in höheren Lagen verzögert.)

Zur Frage der Wetterabhängigkeit werfen wir auch einen Blick auf den *Wegzug*. Beispiel: Der Untersee (westlicher Bodensee) zieht im Spätsommer eine Unmenge Schwalben aus weiten Gebieten zusammen. Sie rasten in diesem nahrungsreichen Raum; vor allem aber finden sie hier die so wichtigen sicheren *Nächtigungsplätze*, nämlich im Wasser stehende, große Schilfrohrbestände wie etwa an der Nordseite der Mettnau oder bei Allensbach. Es handelt sich ausschließlich um Rauchschwalbe und Uferschwalbe, die dort nächtigen. Tagsüber sind nur da und dort Trupps zu sehen. Gegen Sonnenuntergang schlagen sie sich zu größeren Scharen zusammen, die unstet am Seeufer umherziehen und schließlich ihren Schwerpunkt an dem Übernachtungsplatz bilden. Wir sehen die Schwalben oft niedrig, später aber mit Vorliebe in recht großen Höhen — für das bloße Auge oft nur schwer sichtbar — zusammengeballt. Und das Blickfeld des Glases ist bisweilen erfüllt von einem unschätzbaren Getümmel gewaltiger Schwalbenmassen. Dieses Hochsteigen hängt mindestens sehr oft mit dem Beutezug von Baumfalken zusammen, die bis zu mehreren sich fast regelmäßig einstellen und hier unschwer ihre Nahrung finden. Es kann vorkommen, daß Schwärme ganz niedrig über dem Schilfrohr streichen, womöglich verschwinden und nun offenbar in große Höhen emporsteigen. Die Trupps wogen dort hin und her, schwingen wie faltenschlagende Fahnen, ziehen sich auseinander und ballen sich zusammen, wie bei Staren, deren „Fahnen" freilich etwas langsamer schwingen. Während aber Stare diese Manöver in der Tiefe und oft unmittelbar vor dem Einfallen ausführen, spielen sie sich bei den Schwalben in größerer Höhe ab. Der eigentliche Einfall vollzieht sich eigentümlich: Wie Steine fallen erst wenige, dann mehr und bald Hunderte von Schwalben aus beträchtlicher Höhe hinunter ins Schilfrohr. Diesem Herabtropfen folgt manchmal ein Auffangen unmittelbar über den Rohrspitzen und ein eiliges Entlangfegen bis zu dem wirklichen Einfallsplatz. Man hat dabei den Eindruck, daß flugtechnische und besonders flugbiologische Faktoren mitsprechen und ein gewisses „Auslaufen" des Flugspieles stattfindet. Oft sitzen dann mehrere Vögel auf einem Schilfhalm. An dem Zwitschern der Schwärme vor dem Einfall und nachher hat man ein gewisses Urteil darüber, inwieweit Ufer- oder Rauchschwalben überwiegen. Die *Wetterabhängigkeit* wird bei der Auflösung dieser Schlafplätze z. B. am Untersee deutlich: Sie leeren sich oft von einer Nacht zur anderen, wenn zur gegebenen Zeit die Temperatur sinkt. Manchmal aber gehen diesem Wegzug wahre Tragödien voraus. Die Rauchschwalbe brütet in der Regel zweimal, in guten Sommern bei rechtzeitigem

Einsatz der ersten Brut nicht selten auch dreimal. Diese dritte Brut wird zwar oft noch flügge, aber sie ist doch wohl immer zum Tode verurteilt, da diese späten Jungen den Anforderungen des Zuges nicht mehr gewachsen sind. (Auch die zweite Brut ist gefährdet, wenigstens wenn sie nicht früh liegt.) Wenn nun während oder noch vor dem Wegzug anhaltende Regen einsetzen, sind die stoffwechselempfindlichen Schwalben, vor allem die jüngsten, dem nun hereinbrechenden Mangel nicht mehr gewachsen. Die Schwalben verkriechen sich dann in Massen. Besonders auffallend tun dies die Mehlschwalben; sie machen nicht halt, wenn ein Nest oder eine Ritze unter dem Dach überfüllt ist, sondern klumpen sich geradezu in Trauben zusammen. Dieses *Sichsammeln, Stillhalten und Zusammenballen* beugt der Abkühlung vor; das weitgehende Einstellen jeder Tätigkeit setzt Stoffwechsel und damit Kraftverlust herab (J VII). In vielen Fällen, und zwar besonders bei Jungvögeln, führt dieser Starrezustand in den Tod hinüber. Bei Temperaturerhöhung, auch z.B. im Zimmer, werden die dem Anschein nach schwer betroffenen Vögel jedoch oft wieder munter, und bei rechtzeitiger Wetterbesserung kann so die schlimmste Zeit mit Erfolg überbrückt werden. So mögen angeborene Triebhandlungen unter Umständen drohende Gefahren abfangen.

Über den weiteren Zug der Rauchschwalbe südlich von Mitteleuropa und besonders in *Afrika* sei bemerkt: Massenschlafplätze an Ufern gibt es nicht nur, wie beschrieben, als Raststation in Mitteleuropa, sondern auch in Italien (Ostia, Kuhn 1955). Die Papyrusbestände des Tanasees beherbergen im Oktober unendliche Scharen dieser und anderer Schwalbenarten (Schüz 1968); es gibt ferner solche Ufernachtquartiere für Durchzügler und Wintergäste in Katanga (de Bont 1957), sodann in gewaltigem Ausmaß im März in Transvaal 250 km ESE von Pretoria (Rudebeck 1954). Gewiß sind Seeufer nicht nur durch Röhricht oder Papyretum günstig für die Deckung bei Nacht; auch die Insektennahrung pflegt in Ufernähe besonders reichlich zu sein. So konnte es kommen, daß am Tschad-Westufer an 4 Märztagen wohl 100000 Rauchschwalben durchzogen.

In *Südafrika* tritt die „überwinternde“ Rauchschwalbe des Nordens dort im südlichen Sommer auffällig in Erscheinung; die Zahlen gipfeln von Dezember bis Februar. Zählungen in 12 Jahren ergaben einen Anteil dieser Art von 74 bis 96% an allen beobachteten Schwalben überhaupt. Es ist beachtlich, daß Rauchschwalben als Gäste des fernen Südens auch ohne Hemmung in die Großstädte einzudringen vermögen. Man sah in Durban sogar noch Mitte März ein auf einem Trolleybusdraht eifrig singendes ♂ (Clancey 1965).

Zugweise: Im Gebirge zieht die Rauchschwalbe viel niedriger als die Mehlschwalbe, gewissermaßen in Bodenfühlung, und bezeichnend ist wohl eine Schilderung des Zugs am 3. Mai 1931 im äthiopischen Semien-Hochgebirge, 3000 bis 3300 m hoch, wo die Hochfläche plötzlich in einem 700 m tiefen Absturz abbricht: Schar um Schar strömte pfeilgerade von S nach N und tauchte am Klippenrand nun sofort in die Tiefe, um dort schnell den Augen zu entschwinden. Die Schwalben wollten also keineswegs in der Höhe weiterziehen (CHEESMAN 1935, 1936).

Über die *Heimkehrtreue* der Rauchschwalbe ist man durch planmäßige Beringungsstudien gut unterrichtet (E 9). Die Rauchschwalben sind bemüht, einen einmal bezogenen Nistplatz immer wieder aufzusuchen, während die erste Ansiedlung nur selten auf den Geburtsplatz fällt und oft in der weiteren Umgebung oder sogar in größerer Ferne erfolgt. Die alten Partner können sich am alten Brutplatz wiederfinden, aber da die Singvögel in der Regel nur kurzlebig sind, kommt es oft zu einem Wechsel, selbst innerhalb eines Jahres von einer Brut zur anderen.

Broekhuysen 1967 (B III 1) — Jacoby et al. 1968 (C) — Moreau 1961 (D 5), 1966 (A).
Bont, A.-F. de (1957): Notes sur l'Hirondelle de cheminée dans son quartier d'hiver. Gerfaut 47: 127—133.
Bont, A.-F. de, A. de Roo & J. Deheegher (1965): Résultats du baguage d'oiseaux en République Democratique du Congo et en République du Rwanda. Gerfaut 55: 394—457 (448).
Broekhuysen, G. J. (1964): The Status and Movement of the European Swallow in the most Southern Part of Africa. Ardea 52: 140—165.
Cheesman, R. E. (1935): On a collection of birds from Northwestern Abyssinia. Ibis: 161. — (Ders. 1936): Lake Tana and the Blue Nile: 163. London.
Clancey, P. A. (1965): Wintering European Swallows Occurring in a City Centre. Ostrich 36: 229—230.
Davis, P. (1965): Recoveries of Swallows ringed in Britain and Ireland. Bird Study 12: 151—169.
Drost, R., & E. Schüz (1952): Europäische Rauchschwalben in Afrika. Vogelwarte 16: 95—98.
Elgood, J. H., R. E. Sharland & P. Ward (1966): Palaearctic migrants in Nigeria. Ibis 108: 84—116.
King, B. (1969): Swallow Banding in Bangkok, Thailand. Bird-Banding 40: 95—104.
Kuhn, H. (1955): Massenschlafplatz der Rauchschwalbe bei Rom. Vogelwarte 18: 32.
Perdeck, A. C., & B. J. Speek (1968): Ringverslag van het Vogeltrekstation Nr. 52 (1967). Limosa 41: 118.
Rowan, M. K. (1968): The Origins of European Swallows „wintering" in South Africa. Ostrich 39: 76—84.
Rudebeck, G. (1954): Massenübernachtungen von *Hirundo rustica* in Transvaal, Südafrika. Vogelwarte 17: 216.
Schüz, E. (1968): Ornithologischer Oktober-Besuch am Tanasee. Stuttgarter Beitr. zur Naturkde. 189.
Southern, H. N. (1938): The Spring Migration of the Swallow over Europe. Brit. Birds 32: 4—7.
Spencer, R. (1966): Report on bird-ringing for 1965. Brit. Birds 59: 441—491. — (Ders. 1967): ... for 1966. Brit. Birds 60: 429—475. — (Ders. 1968): ... for 1967. Brit. Birds 61: 477—523. — (Ders. 1969): ... for 1968. Brit. Birds 62: 393—442.
Vietinghoff-Riesch, A. Frhr. von (1954): Verbreitung und Zug der Rauchschwalbe. Bonner Zool. Beitr., Sonderband 1955.
Zink, G. (MS): The Migrations of *Hirundo rustica* to Africa from data atteined through ringing in Europe. III Panafr. Orn. Congr.

8. *Rotrückenwürger (Lanius collurio) und andere Würger*

Der Rotrückenwürger (oder Neuntöter) Europas und Westasiens bezieht Winterquartier in den Savannen- und Buschsteppenländern Ost-, Süd- und Südwestafrikas, nördlich etwa bis zum Äquator (Abb. 33). Höchst beachtlich ist seine Zureise dorthin, denn er vermeidet dabei SW-Europa und W-Afrika. Auch die in W-Frankreich und in England brütenden Vertreter nehmen — bis auf wenige Ausnahmefälle — den Weg nicht südwärts, sondern halten nach E bis SE (im Mittelmeergebiet westwärts begrenzt durch Westgriechenland und westliche Cyrenaica, also etwa den 20. Meridian). Die Würger erreichen Afrika durch Flug über das östliche Mittelmeer; sie fallen auf einer Front von fast 1000 km von der Cyrenaica bis zum Nildelta ein (MOREAU). So kommt es zu einem *Schmalfrontzug* (E 6). Beim Heimzug wird die Art nicht westlich vom Nil angetroffen; sie nimmt den Weg über Rotes Meer und Suezkanal nach (Arabien und) Transjordanien und schwenkt im Raum der syrischen Wüste westwärts um. So liegen die Heimzugsfunde östlicher als die Wegzugsfunde und gibt es einen *Schleifenzug* (E 12), der Afrika östlich vom Gebiet der Spätsommerankunft verläßt. Die Heimzügler bevölkern die S- und W-Küste Anatoliens und die NE-Küste der Ägäis mit Lemnos, Samothrake und Mytilene; von da geht es weiter nach NW (E 12). Von den Theorien, die das östliche Ausweichen der mediterranen Schmalfront im Frühjahr verständlich machen wollen, sei die Deutung von MOREAU erwähnt: Während in beiden Zugzeiten in NE-Afrika N-Winde herrschen, wiegen in den höheren Schichten Winde aus SW vor. Sie könnten den Heimkehrern bei der Bewältigung der Wüstenstrecken hilfreich sein und die Vögel in denjenigen Winkel des Mittelmeers tragen, wo auch die Winde über See günstig sind. Warum dies gerade für unsere Würgerart gilt, bleibt freilich offen.

Noch etwas zu den *Zugleistungen*: Bei einer Entfernung zwischen den äußersten europäischen Brutplätzen und dem Winterquartier von wohl 9000 bis 10000 km ist in Anbetracht der Umwege eine Wanderstrecke von etwa 12000 km anzusetzen. Der Vogel langt nach einer Wanderung von rd. 60 Tagen in unseren Breiten etwa Anfang Mai am Brutplatz an (Abb.34). (STRESEMANN 1944 schätzt damit die Zugleistungen höher ein als SOUTHERN 1941.) Die Südskandinavier können unter Umständen bei geeigneter Winddrift von SE zunächst nach Schottland und dann in einem zweiten Nordseeflug in die Heimat gelangen. Der im August einsetzende *Wegzug* nimmt mit etwa 100 Tagen eine wesentlich längere Zeit in Anspruch als der Heimzug. Die *Heimzug*-Tagesleistung von 200 km ist nur als Durchschnitt zu verstehen. Der Würger zieht bei Nacht und möglicherweise oft die ganze Nacht durch, legt also in diesem Fall in zehn Stunden 500 km zurück. Er würde demnach 1000 km nicht in fünf Tagesreisen machen, sondern in dieser Zeit nur zwei Nächte wandern, drei andere Nächte schlafen und die fünf Tage selbst zur Nahrungssuche verwenden. Natürlich sind diese Berechnungen STRESE-

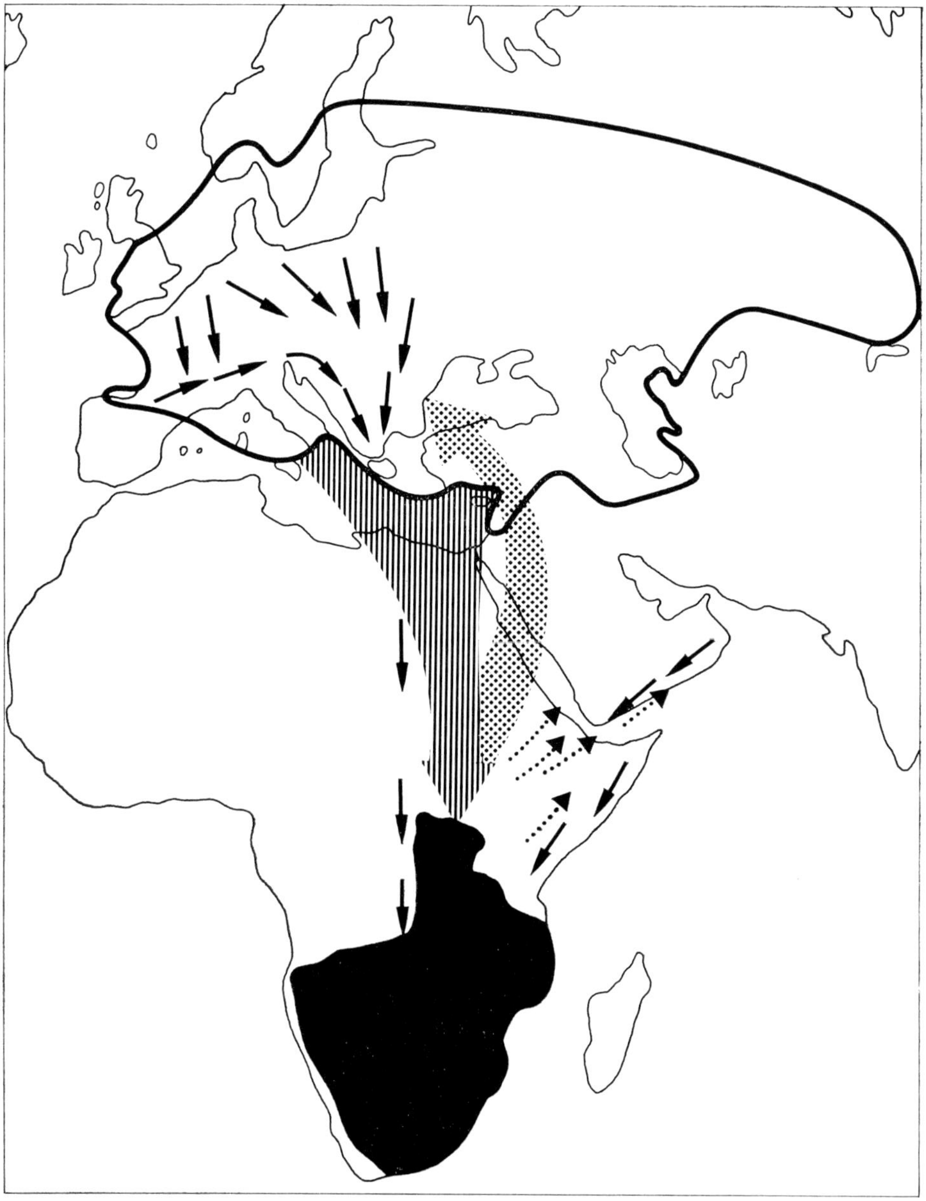

Abb. 33. Zugkarte des Rotrückenwürgers (*Lanius collurio*) zur Darstellung des Schleifenzuges. Geschlossene schwarze Fläche: Winterquartier. Die Pfeile geben den Wegzug und den Heimzug an. Umrandetes Feld: Brutgebiet dieser Form. Nach VERHEYEN 1951, verändert nach Angaben von MOREAU 1961.

MANNS (1944) nur Annäherungswerte. In besonderen Fällen kommen auch Abweichungen vor, so in Notlagen, wie bei jenem Würger, der am 7. Juni 1934 18 Uhr auf Helgoland beringt und am folgenden Tage gegen 15 Uhr 700 km NNW aus dem Wasser gefischt wurde (DROST 1934).

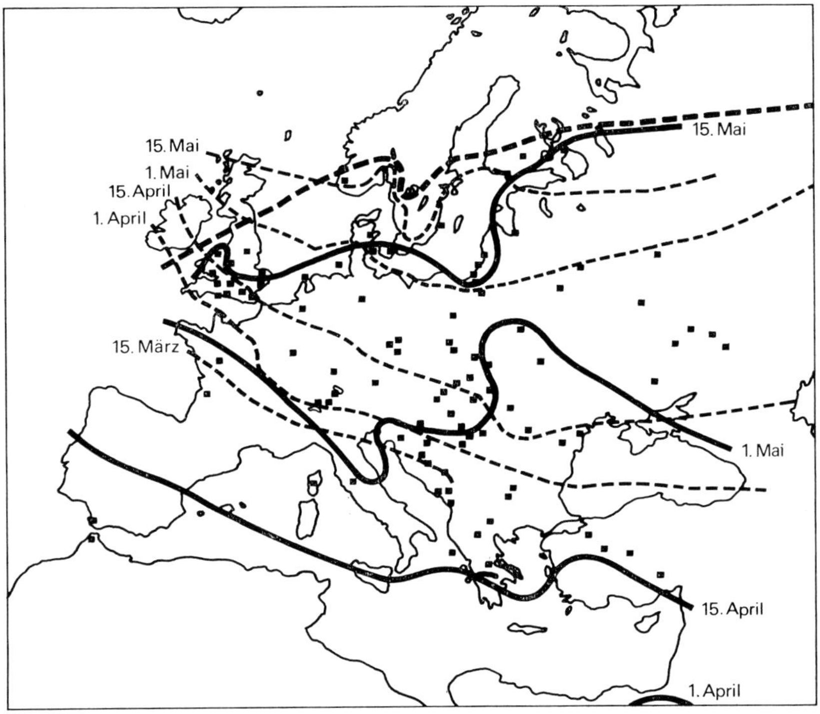

Abb. 34. Zugverlauf des Rotrückenwürgers in Europa im Frühjahr. Ausgezogene Linien = Isepiptesen (siehe E 7). Dicke unterbrochene Linie = Nordgrenze des Brutgebiets. Dünne unterbrochene Linien = Isothermen von 8,9 °C (48 °F). Jedes Quadrat ein Kontroll-Ort. Nach SOUTHERN 1941.

Höchst eigenartig ist auch das Zugverhalten der östlichen Formen des Rotrückenwürgers und das des anschließenden Rotschwanzwürgers (*Lanius cristatus*). Wie Abb. 35 zeigt, *überschneiden sich die Zugwege der einzelnen Rassen* teilweise. So überwandert die japanische Form auf dem Weg ins Winterquartier Indochina, Sumatra, Java und noch weiter die in Richtung Philippinen weisende Zugstrecke der chinesischen Vertreter. Die japanische Form kreuzt überdies (soweit sie nicht schon in Hinterindien Winterherberge nimmt) den östlichen Ausläufer des Ruheziels der ostsibirischen Rasse, nämlich die malayische Halbinsel. Derjenige Teil der chinesischen Form, der nicht nach den Philippinen, Nordborneo und Nordcelebes zieht, wendet sich nach den Andamanen und Nikobaren, quert also das Winterquartier der ostsibirischen Rasse ebenfalls (in Burma). Ein so verwickeltes Bewegungsmosaik hat gewiß seine besondere Entstehungsgeschichte (L 4). Dies gilt vor allem auch für die oben beschriebenen Wanderwege der in West- und Mitteleuropa brütenden Würger dieser Art (E 15 c). Hier ist sie jedenfalls erst in verhältnismäßig junger Zeit eingewandert, und auf dem Einzelzug wird nun die alte Einwanderungsrichtung ein erhebliches Stück weit zurückverfolgt.

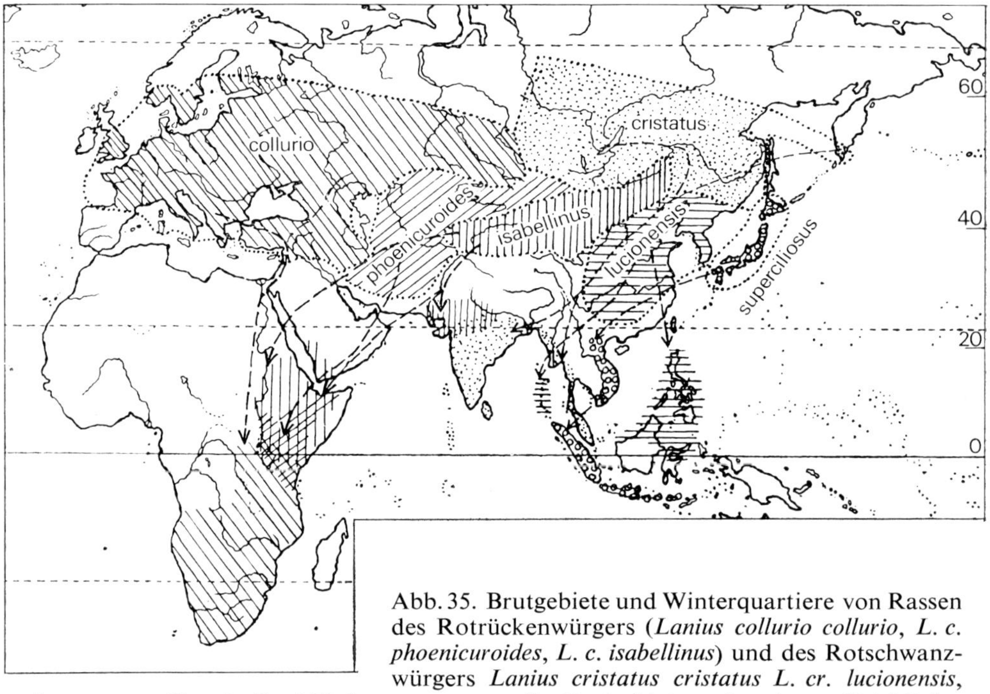

Abb. 35. Brutgebiete und Winterquartiere von Rassen des Rotrückenwürgers (*Lanius collurio collurio*, *L. c. phoenicuroides*, *L. c. isabellinus*) und des Rotschwanzwürgers *Lanius cristatus cristatus L. cr. lucionensis*, *L. cr. superciliosus*). Punktlinien umgrenzen die Brutgebiete, gebrochene Strichlinien geben die mutmaßlichen Zugwege oder Zugrichtungen an. (Nach STRESEMANN 1927).

Der *Schwarzstirnwürger* (*Lanius minor*) verhält sich dem Rotrückenwürger nicht unähnlich. Er brütet westwärts bis Holland, wendet sich von Westeuropa zunächst nach SE und dann in der Ägäis nach S. Das Schwergewicht des Durchzugs und der Überwinterung liegt ganz im östlichen Afrika. Der Heimzug vollzieht sich ebenfalls östlich, die Art ist dann auf Zypern häufig. Wahrscheinlich konzentriert sich ein starker Durchzug auf eine kurze Zeitspanne. — Der *Rotkopfwürger* (*L. senator*) dagegen zieht auch in westlichen Bereichen geradewegs nach S.

Moreau 1961 (D 5), 1966 (A), ferner:
Drost, R. (1934): Welchen Weg nehmen die auf Helgoland durchziehenden Neuntöter? Vogelzug 5: 190—191.
Ecke, H. G. (1936): Die Ringfunde deutscher Rotrückenwürger. Vogelzug 7: 123—135.

Geyr v. Schweppenburg, H. Frhr. (1926): Die Zugwege von Lanius senator, collurio und minor. J. Orn. 74: 388—404.
Southern, H. N. (1941): The Spring Migration of the Red-backed Shrike over Europe. Brit. Birds 35: 114—119.
Stresemann, E. (1927): Die Wanderungen der Rotschwanzwürger (Formenkreis *Lanius cristatus*). J. Orn. 75: 68—85. — (Ders. 1943): Überblick über die Vögel Kretas und den Vogelzug in der Ägäis. J. Orn. 91: 448—514. — (Ders. 1944): Der zeitliche Ablauf des Frühjahrszuges beim Neuntöter. Orn. Mber. 52: 1—8.
Verheyen, R. (1951): La migration de la Pic-Grièche Ecorcheur, Lanius c. collurio. Gerfaut 41: 111—139.
Williamson, K., & A. Butterfield (1952): Reports on the movements of some commoner summer migrants at British Bird Observatories in 1951. Brit. Birds 45: 245—255.

9. Kuckuck (Cuculus canorus)

Der Kuckuck mit seinem auffallenden „Gesang“ fordert zu einer weiträumigen Erfassung der *Erstankünfte* heraus. Es gibt darüber eine Anzahl aufschlußreiche Arbeiten. Im Durchschnitt hat unser Vogel am 7. April Mittelfrankreich und Ungarn erreicht, 5 Tage später die Südküste Englands, am 27. April Schottland, Weißrußland und die Krim, am 15. Mai das südliche N-Schweden, und am 1. Juni ist sein ganzes Verbreitungsgebiet nördlich bis Lappland besiedelt (Abb. 36, H 1a). Im hohen Norden verweilt die Art kaum länger als einen Monat, denn der *Wegzug* beginnt recht früh. Die Alten verlassen die Heimat vor den Jungen. Die Vorhut der *wegziehenden* Altvögel berührt Palästina und Unterägypten schon im Juli. Die Hauptmasse durchwandert Südarabien und Ägypten in der zweiten Augusthälfte und im September, und der Äquator wird im Oktober überschritten; das *Winterquartier* dürfte im November und Dezember erreicht und bis Anfang Februar bewohnt sein. Dieses Ruheziel liegt in der Südhälfte Afrikas (wohl ohne den

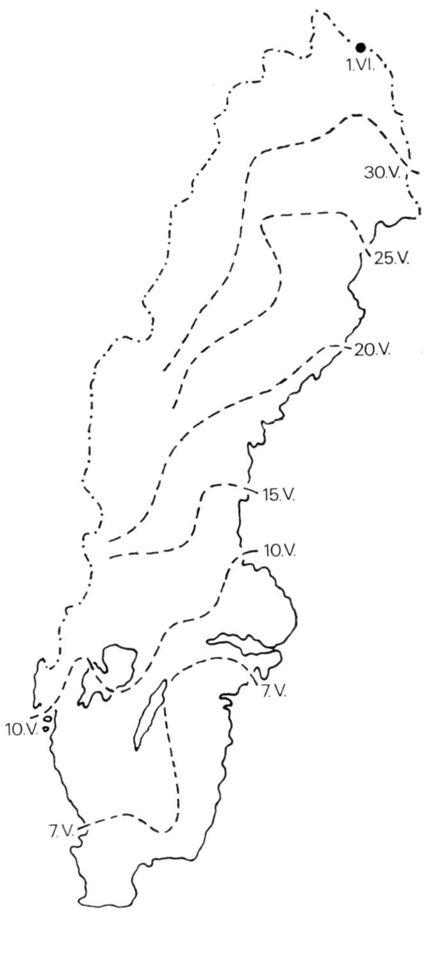

Abb. 36. Isepiptesen (siehe E 7a) der Ankunft des Kuckucks in Schweden nach RENDAHL 1965.

äußersten Süden) und reicht nördlich bis Belgisch-Kongo und Kenia. Aber auch im Westen Afrikas, und zwar in *Kamerun und Nigerien*, überwintern Kuckucke, vor allem wohl solche von Südengland und vom Westrand des europäischen Festlands. Englische Vögel sind außer in Kamerun auch in W-Deutschland und sechsmal in Italien, deutsche in SE-Frankreich, viermal in Italien, je einmal in Jugoslawien und der Ägäis, ein Lettländer auf Kreta gefunden. Die früher vermutete Zugscheide durch Großbritannien-Westeuropa ist mit der Zunahme der Ringfunde zweifelhaft geworden, zumal die Art in Tunesien und auf Malta (hier im Mai ein britischer Ringvogel) häufiger Frühjahrsgast ist. Beim Heimzug erscheint die Art in SW-Marokko schon Ende Januar; viele ziehen über Tanger. Ostafrika wird auch von den zarter gebänderten Kuckucken erreicht, die als Rasse *telephonus* Asien von Westsibirien ostwärts bewohnen und in der Hauptmasse in Indien und in südöstlich anschließenden Inselreichen ihr Ruheziel finden. Es ist für die Wahl der Zugwege und Winterplätze bezeichnend, daß den Kuckuck Urwaldgebiete nicht abschrecken. VERHEYEN, der den Zug der Art in einer umfassenden Darstellung behandelt, glaubt nach seinen Beobachtungen in Katanga, daß dieser Nachtzügler nicht durchaus einzeln zieht, wie man sonst anzunehmen pflegt. — Die Ringfunde und die erwiesene Wiederkehr ungewöhnlich rufender Kuckucke sprechen für eine ausgeprägte *Ortstreue*, die auch für die Jungvögel gegenüber ihrem Geburtsplatz Geltung haben dürfte. Dies steht mit der evolutionistisch höchst wichtigen Tatsache im Einklang, daß sich beim Kuckuck zahlreiche, äußerlich nicht erkennbare Sippen entwickelt haben: Die oft sehr ausgeprägte Bevorzugung bestimmter Wirtsvögel und die damit übereinstimmende Ausbildung völlig voneinander abweichender Eifärbungstypen — entsprechend dem Ei-Charakter der Wirtsvögel — war nur bei einer Art mit großer siedlungsmäßiger Beständigkeit möglich. Diese Tatsache wirft ein bezeichnendes Licht auch auf die mögliche Strenge angeborener Bindung an bestimmte Zugrichtungen, Ruhegebiete und Zugzeiten.

Moreau 1961 (D 5) — Spencer 1968 (D 7).
Rendahl, H. (1965a): Die Frühlingsankunft des Kuckucks in Schweden. Arkiv for Zoologi 17 Nr. 3: 373—413. — (Ders. 1965b): Zur Frage der Frühlingsankunft des Kuckucks in Frankreich. Ebenda Nr. 6: 475—535.
Verheyen, R. (1951): Particularités rélatives à la migration et au quartier d'hiver du Coucou d'Europe. Gerfaut 41: 44—61.

10. Brand-, Fluß- und Küstenseeschwalbe (Sterna sandvicensis, St. hirundo, St. paradisaea); Riesenseeschwalbe (Hydroprogne caspia)

Die Brandseeschwalbe bewohnt in enggeschlossenen, aber sehr zerstreuten Kolonien die Küsten Europas bis Südschweden, ferner Tunesiens und Nordamerikas. Die Überwinterung unserer und der britischen *Nordseevögel* findet an der afrikanischen Küste statt, und zwar von den Nordtropen (hier vereinzelt) bis zur Südspitze und weiter ostwärts bis Natal. Manche dringen

— vorübergehend? — auch in das Mittelmeer (nach Ringfunden bis Sizilien) ein. — Die jungen Brandseeschwalben führen oft eine Art *Zwischenzug* aus, der sie nach verschiedenen Richtungen tragen kann. Junge Vögel von Norfolk können noch im August sowohl an der Calvadosküste (400 km SSW) als auch in Amrum (540 km NE) und in Schottland (bis 500 km NNW) gefunden werden; solche von Arcachon wenden sich nordwärts zur Bretagne. Es ist noch nicht klargestellt, ob dieser Zwischenzug der Brandseeschwalbe eine Eigenschaft nur der jungen Vögel ist. Der eigentliche *Wegzug*, der wie gesagt bis zur Umrundung Südafrikas führen kann, beginnt erst im Lauf des September. Verdünnungen da und dort und Häufungen von vielen Dutzend Ringvogel-Nachweisen etwa an der Goldküste und in Angola sind vor allem der menschlichen Bevölkerungsdichte und den damit steigenden Rückmelde-Aussichten zuzuschreiben. *Junge* Brandseeschwalben halten sich, den Ringnachweisen zufolge, bis Februar/März zur Mehrzahl in den Nordtropen auf. Es sind also nicht — wie sonst oft — die Jungen, die am weitesten voraneilen und die größten Wanderungen ausführen (E 15), sondern ältere Vögel. Die jungen Seeschwalben überschreiten vielfach erst gegen das Nordfrühjahr hin den Äquator und dehnen dementsprechend ihren Ruheaufenthalt lang aus. Kein Wunder, daß wir einjährige Brandseeschwalben nur selten in ihrem Brutgebiet antreffen, und daß die Hauptmenge erst vierjährig zur Brut schreitet, ferner, daß die Art recht alt wird (Nachweise bis 21 Jahre). Ortstreue ist mehrfach erwiesen, doch kommen auch Neuansiedlungen vor. — Die Brandseeschwalben von der Nordküste des *Schwarzen Meeres* ziehen vorwiegend in das westliche Mittelmeer und nur vereinzelt darüber hinaus (Marokko, Senegal). — Die Brandseeschwalbe ist beim Zug streng an die Küste gebunden, und indem sie der ihrer Lebensweise, besonders ihrer Ernährung, gemäßen Leitlinie folgt und eine im wesentlichen südliche Richtung beachtet, kommt sie gewissermaßen „von selbst" in ihr Winterquartier. In bezug auf das Zurechtfinden scheint also der Fall bei dieser Art einfacher zu liegen als bei leitlinienlosem Zug.

Hinsichtlich der Siedlungs- und Populationsverhältnisse wurde vor allem über die Flußseeschwalbe Genaueres bekannt. Sie ist weit über Paläarktis wie Nearktis verbreitet, sowohl an den Küsten als auch im Binnenland. Unsere Europäer sind Wintergast in denselben Gebieten wie unsere Brandseeschwalben. Die Flußseeschwalben der nordamerikanischen Ostküste wandern bis zur Südspitze Südamerikas; ein in Saskatchewan beringter Vogel war vier Jahre später auf den Cook-Inseln, also 10000 km entfernt im Pazifik. Bemerkenswert ist das nicht seltene Auftreten an den Küsten Australiens. Es handelt sich dabei vorwiegend um die in NE-Asien beheimatete Rasse, doch stammte ein Januarfund in SW-Australien aus Schweden. Austin untersuchte die Flußseeschwalbe (und die vergleichbare Rosenseeschwalbe, *Sterna dougallii*) an der Küste von Massachusetts (Cape Cod) in großem Maßstab. Bei 872 Wiederfeststellungen nestjung beringter Vögel fand sich nur ein schon einjährig brütendes Stück. Auch zweijährige sind selten (0,2% der zwei Jahre vorher beringten), dreijährige häufiger (0,6% ihrer Generation). Den Gipfel der Erstbrüter nehmen die Vierjährigen ein (0,7% ihrer Generation), und sie bilden auch 26% des brütenden Bestandes (an Ringvögeln). Die Vollreife ist mit sechs Jahren erreicht. Kolonievögel von 18 und (mindestens) 20 Jahren waren offenbar noch bruttüchtig; man kennt auch einen Fall von 25 Jahren. (Für die nahverwandte Küstenseeschwalbe ist schon der Altersnachweis von 31 Jahren geführt.) Einjährige legen meist ein Ei, selten mehr als zwei, nie vier Eier, auch ließen sie die Bruten viel eher im Stich als die alten Seeschwalben. Die erstmals brütenden treffen später ein und brüten später als die alten. 81% der jung beringten und zur Brutzeit wiedergefundenen Vögel hatten den Geburtsort besiedelt.

Die der Flußseeschwalbe sehr ähnliche K ü s t e n s e e s c h w a l b e, mit Recht „Arctic Tern" genannt (*Sterna paradisaea*), brütet zirkumpolar besonders weit nördlich, in Grönland sogar bis über 82° N hinaus. Die Bewohner der finnischen Bottenküste ziehen im Unterschied zur Flußseeschwalbe großenteils die schwedischen Täler hinauf über den Gebirgskamm an die norwegische Küste, um erst dann südwärts zu ziehen. Noch eigentümlicher ist der

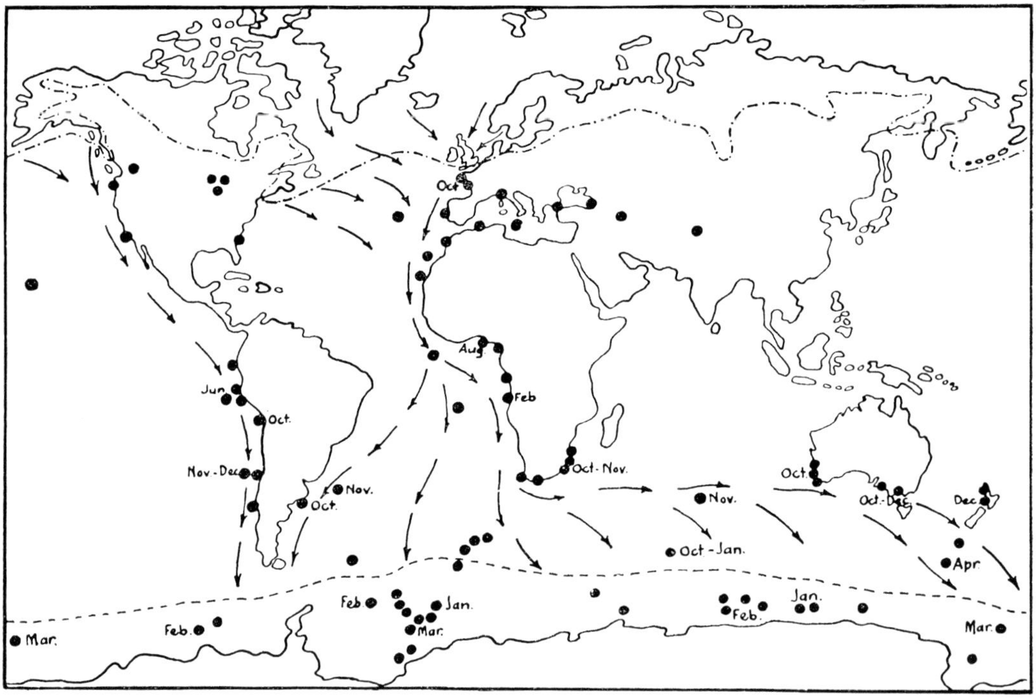

Abb. 37. Zugvorkommen der K ü s t e n s e e s c h w a l b e und Andeutung der südwärts gerichteten Wanderstrecken (nach unberingten Stücken, doch gibt es eine ganze Anzahl stützende Ringbelege). Die gebrochene Linie im N gibt die Südgrenze des Brutareals, diejenige im S die Nordgrenze des antarktischen Packeises an. Nach STORR 1958.

Wegzug der Küstenseeschwalben des nordamerikanischen Ostens: Sie ziehen diagonal über den Nordatlantik zur altweltlichen Westküste, während die Ostküste des südlichen Nordamerika und des nördlichen Südamerika gemieden wird (Abb. 37). Die Seeschwalben des atlantischen Bereichs folgen der Westküste Afrikas; Winterquartier ist das Randgebiet des südlichen Pack-

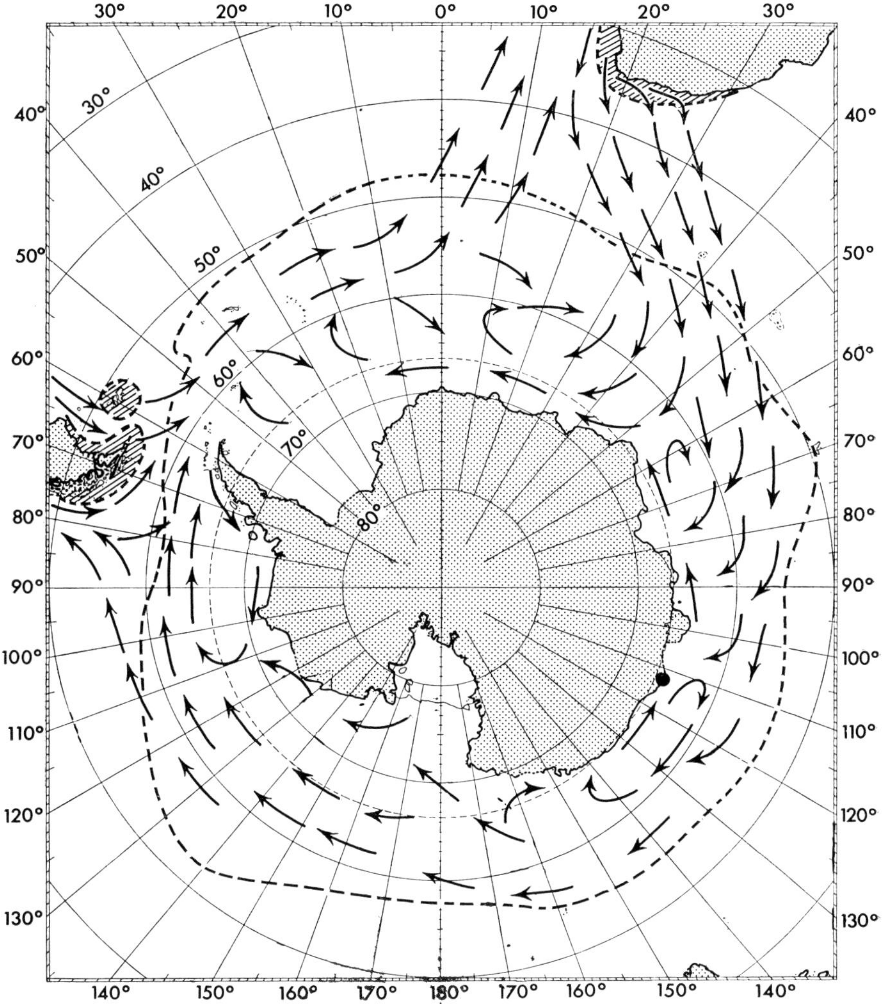

Abb. 38. Wandersystem der Küstenseeschwalbe (Pfeile) im Antarktischen Ozean, schematisch. Die Ruheziehe im Küstenbereich von S-Amerika und S-Afrika sind gestrichelt. Der Fundort eines Ringvogels (o ad. am Nest 22. 5. 58 Saltholm, Dänemark, † 4. 2. 59 im Packeis 65.08 S 111.15 E) ist durch einen dicken Punkt angegeben. Die gebrochene Linie grenzt Antarktis gegen Sub-Antarktis ab. Aus SALOMONSEN 1967.

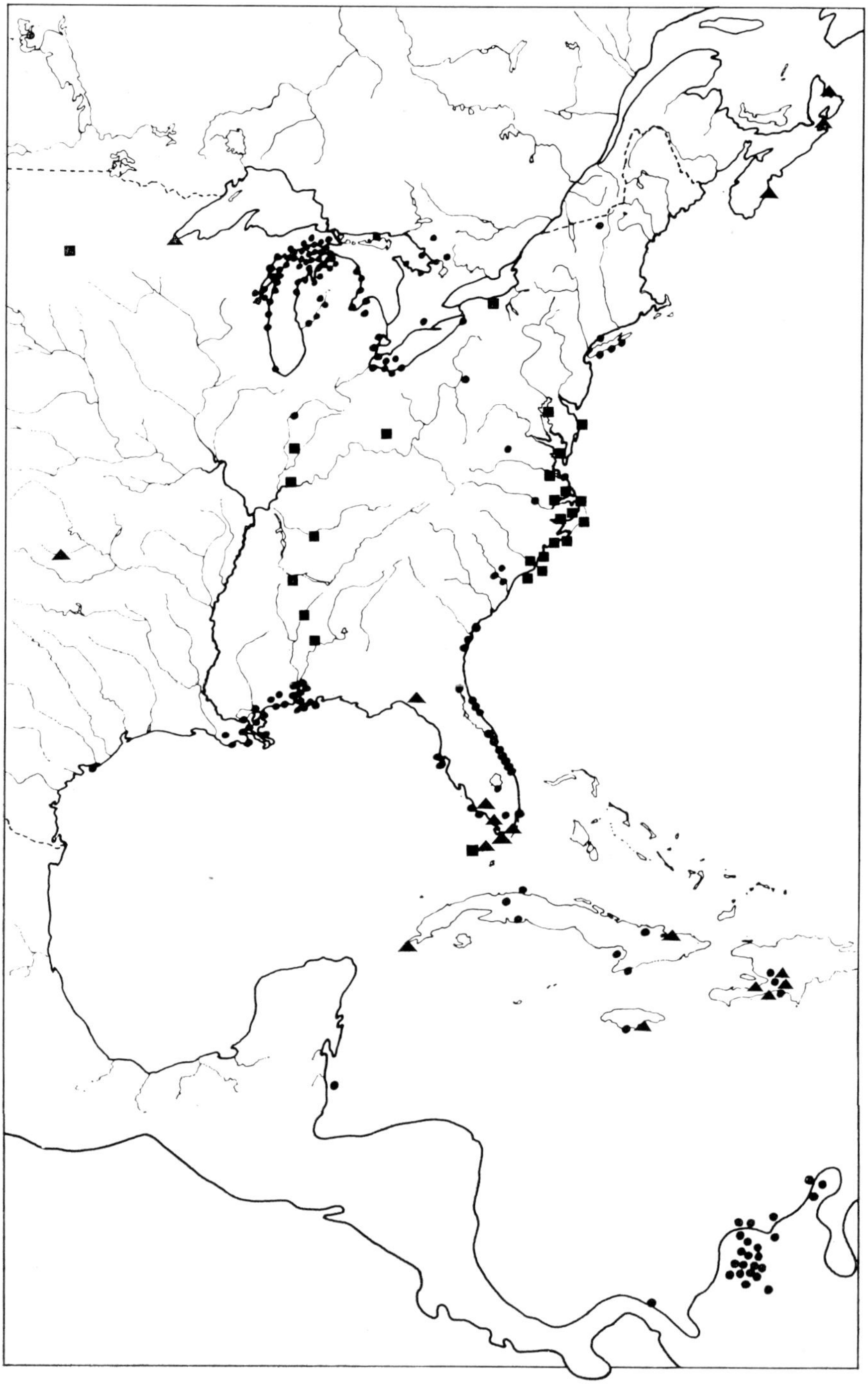

eisgürtels. Die Art erscheint auch an der Süd- und Westküste Australiens (hier in Perth ein Ringvogel aus dem Weißen Meer!), und offenbar umkreisen viele dieser Seeschwalben in Anpassung an die zyklonalen Westwinde das antarktische Festland (Abb. 38). Mit dem Zurückweichen des Packeises gerät der Eisrand in den Bereich kontinentaler östlicher Winde. Mit ihrer Hilfe setzt im März/April der Heimzug ein, von der Ost-Antarktik westwärts zur Weddellsee, und von da geht es am Ende des 2. Lebensjahres in die Brutheimat. Die Vögel können sich die Mauser erst nach Bewältigung der wohl bis 7000 km betragenden Zugstrecke leisten. Wenn sie im Südherbst (Nordfrühling) die Rückreise antreten, tragen sie ihr neues Gefieder. Die Küstenseeschwalbe ist wohl das Lebewesen mit den größten Wanderungen und mit der größten Tagesdauer, denn in hohen Breiten geht zur Brutzeit die Sonne nicht unter, und im fernsüdlichen Winterquartier verhält es sich ähnlich.

Auch die Riesenseeschwalbe (Raubseeschwalbe, *Hydroprogne caspia*), die sehr zerstreute Kolonien in allen Erdteilen bildet, wandert erheblich, wenn auch nicht so weit wie die vorher behandelten Arten. Diese Seeschwalben queren unbehindert das Binnenland, auch wenn sie in Küstenkolonien aufwachsen. Außer von Brutvögeln des Ostsee- und Schwarzmeer-Gebiets weiß man das von den Artgenossen der Großen Seen in Nordamerika (Abb.39), die querlandein zur Atlantikküste ziehen und bis Panama, Kolumbien und Venezuela nachzuweisen sind: Unter 370 Funden war auch einer (verirrt?) in England. 3 Jungvögel waren 1000 km NE nach Neuschottland verschlagen. Alte und Junge beziehen dasselbe Winterquartier; die Unreifen (unter 3 Jahren) verbringen hier zum Teil auch den Sommer. Die Königs-

---

(Zu Abb. S. 84)

Abb. 39. Zug der Riesenseeschwalbe (Raubseeschwalbe, *Hydroprogne caspia*) von Brutkolonien im Lake Michigan und Lake Huron, zusammengestellt nach Karten von LUDWIG 1965. *Punkte:* In Panama, Kolumbien und Venezuela Wintergäste aller Altersklassen (n = 23), im übrigen Gebiet Subadulte bis Adulte, 19 Monate bis 26 Jahre alt (n = 149) — *Dreiecke:* Immature, 6 bis 18 Monate alt (n = 78). Aus Platzmangel sind alle Funde an der Küstenstrecke North Carolina—Florida—Mississippimündung ausgelassen, soweit die Plätze schon durch Punkte (Altvögel) besetzt sind; auch die wenigen Funde am Michigan- und Huron-See sind weggelassen — *Quadrate:* Jungvögel, 0 bis 6 Monate alt (n = 143), ohne die zahlreichen Nachweise an den Großen Seen und an der Küste von Georgia, Florida und Louisiana. Eingezeichnet ist aber der transkontinentale Strom südwärts; außerdem ist auf einen entsprechenden Querlandeinzug über den Erie-See und Pennsylvanien in Richtung SE zur Küste von Delaware bis North Carolina zu schließen. — *Abweichungen:* 4 immature Seeschwalben in Neuschottland und 4 Jungvögel auf Neufundland (diese nicht mehr auf der Karte) gehen großenteils, wenn nicht alle auf Sturmverdriftungen zurück. Auffallend eine adulte Seeschwalbe im August in England (siehe E 5 k). — *Alte und Junge* haben offenbar dieselben Ruheziele und etwa dieselben Zugstrecken, mit dem Unterschied, daß die noch nicht brutreifen Seeschwalben zunächst ein ganzes Jahr im Überwinterungsgebiet verbringen; nur sehr wenige begeben sich einjährig in die Heimat zurück. Erst dreijährig ist mit Brut und normaler Heimkehr zu rechnen.

seeschwalbe („Royal Tern“, *Sterna maxima*) in Nordamerika verhält sich ähnlich wie die Riesenseeschwalbe dort. Da sie aber Küstenbrüter (vor allem in Virginia) ist, entfallen die Überlandzüge der vorgenannten Art (VAN VELZEN).

Austin, O. L. (1953): The Migration of the Common Tern in the Western Hemisphere. Bird-Banding 24: 39—55.
Davant, P. (1967): Première Nidification de *Sterna sandvicensis* sur le Banc d'Arguin (Bassin d'Arcachon). Actes Soc. Linnéenne Bordeaux 104, A 7, 11 S.
Hitchcock, W. B. (1965): Geography and Seasonal Movements of the Common Tern in Australia. Emu 64: 157—171.
Lemmetyinen, R. (1968): The Migration Routes of Finnish Common and Arctic Terns. Orn. Fenn. 45: 114—124.
Ludwig, J. P. (1965): Biology and Structure of the Caspian Tern Population of the Great Lakes. Bird-Banding 36: 217—233.
Mayaud, N. (1956): Etude sur la Migration et les Zones d'hivernage des Sternes caspiennes d'Eurasie. Alauda 24: 206—218.
Müller, H. (1959): Die Zugverhältnisse der europäischen Brandseeschwalben nach Beringungsergebnissen. Vogelwarte 20: 91—115.
Salomonsen, F. (1967): Migratory Movements of the Arctic Tern in the Southern Ocean. Kgl. Danske Vidensk. Selskab Biol. Medd. 24: 1—42.
Storr, G. M. (1958): Migration Routes of the Arctic Tern. Emu 58: 59—62.
Tamanzewa, L. S. (1955): Saisonwanderungen der Seeschwalben. Arb. (Trudy) des Büros für Beringung, Lief. 8: 91—100, Leningrad (deutscher Bericht in Vogelwarte 18, 1956: 230).
Thomson, A. L. (1943): The migration of the Sandwich Tern. Brit. Birds 37: 62—69.
Velzen, W. T. van (1968): The Status and Dispersal of Virginia Royal Terns. The Raven 39: 55—60.

11. Weißstorch (Ciconia ciconia)

a) Unzählige Beobachtungen und viele Ringfunde (in Afrika allein wohl über 1200) lassen das Bild des Zuges sehr deutlich erstehen. Hier liegt der bemerkenswerte Fall vor, daß ein wenig empfindlicher Vogel *sehr weite Wanderungen* ausführt, obwohl er mit geringer Nachhilfe oder ausnahmsweise auch ohne eine solche bei uns überwintern kann, früh eintrifft (Süddeutschland im März, Nordostdeutschland in der ersten Aprilhälfte) und bei früher Ankunft einem Nachwinter trotzen kann. Der *Wegzug* erfolgt bei uns mit ziemlicher Pünktlichkeit im dritten Augustdrittel. Diese ausgeprägte Rhythmik ist notwendig, wenn eine so weite Reise bewältigt werden soll. Die Störche sind beim Wegzug etwa drei Monate unterwegs. Die Vorhut erreicht den Nil noch im August, Transvaal im Oktober und die Kapprovinz im No-

---

Fortsetzung von Abb. 40)

kann nur angedeutet werden, weil hier keine eigentliche Konzentration mehr besteht. Wo Störche sich im Randgebiet der allgemein gemiedenen Hylaea finden, ist ihre Herkunft aus Westen oder Osten meist unklar, zumal diese Stücke in der Regel Nichtheimkehrer vor der Brutreife, aber nicht mehr im ersten Lebensjahr sind. — Die 3 Punkte in der Kapprovinz geben die Orte an, wo der Weißstorch — offenbar erst seit etwa 1935 — mit einigen Brutpaaren kolonisiert und mit Erfolg gebrütet hat.

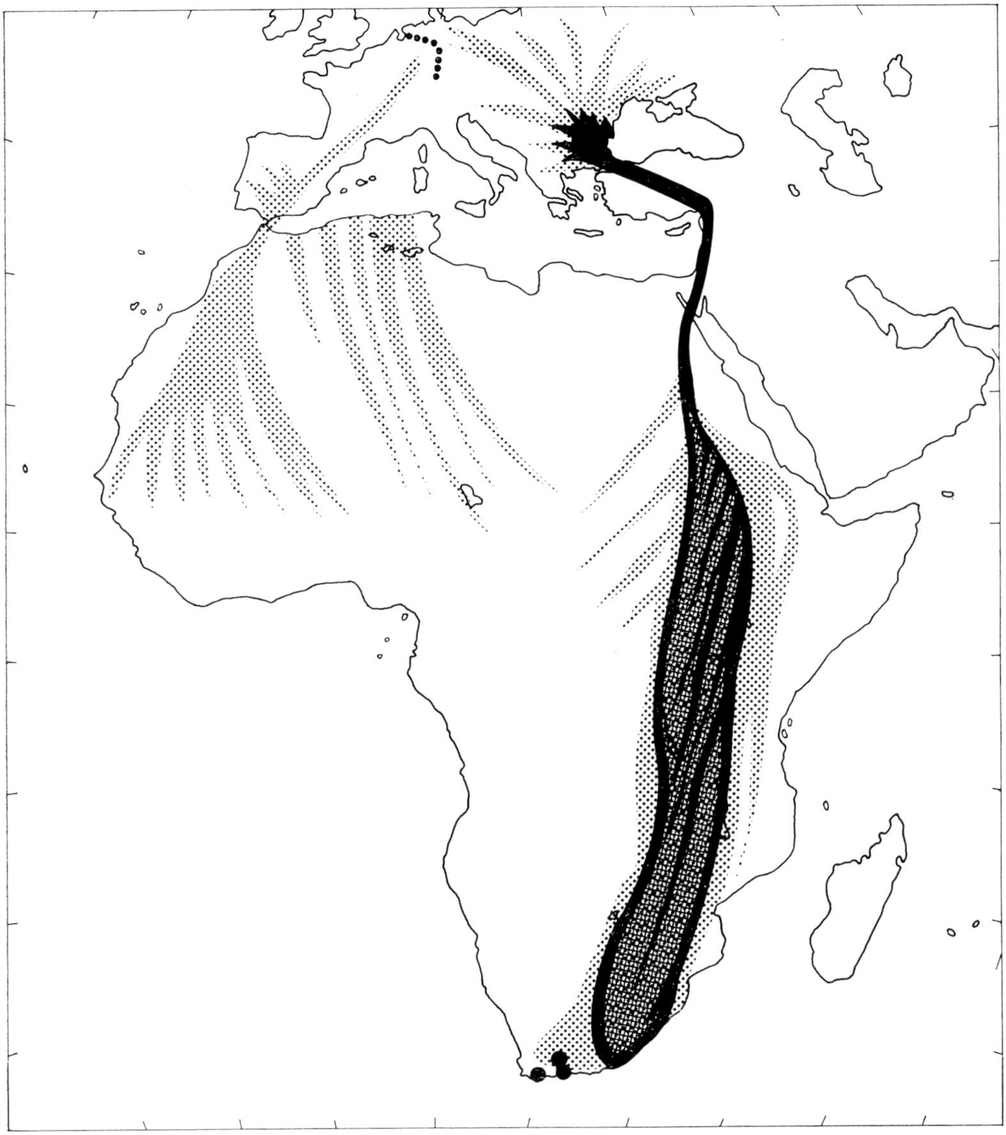

Abb. 40. Der Zug des Weißstorchs aus Europa im Gebiet von Mittelmeer und Afrika, schematisch, nach den Ringfunden. Die mitteleuropäische Zugscheide ist durch eine Punktreihe angedeutet. Die östliche Schmalfront umfaßt den Hauptbestand, während die westliche Schmalfront nur von wenigen Mitteleuropäern, dazu aber von den iberischen Störchen und denjenigen des westlichen Maghreb beflogen wird. Die östlich anschließenden Maghrebstörche zielen etwa auf das Ahaggargebirge und den Tschadsee. Die Zerstreuung der Weststörche im Raum Senegal—Niger und vor allem weiter östlich

(Fortsetzung S. 86 unten)

vember; der *Heimzug* setzt im Februar oder auch schon etwas vorher ein (Maghreb-Störche mit einer weniger weiten Zugstrecke erscheinen teilweise schon im Dezember wieder am Nest). Im Ganzen lassen sich Störche für die Wegreise mehr Zeit als für den Heimzug, so daß sie bei 10000 km Strecke einen Tagesdurchschnitt von ungefähr 120 km im Herbst und 150 km im Frühjahr leisten. Da an geeignetem Ort längere Rasten eingeschaltet werden, sind die wirklichen Tagesraten teils viel niedriger, teils viel höher. Die Regel gilt auch nicht für die ganze Wanderung: Im Spätsommer mit seiner Trockenheit wandern die Störche im Vorderen Orient schneller durch als im Frühjahr, wenn die höhere Feuchtigkeit mehr Nahrung bietet und mehr zum Verweilen einlädt.

b) Die Karte (Abb. 40) macht mit den Besonderheiten des Storchzugs bekannt. Bezeichnend ist die *strenge Umgehung des Mittelmeers*. Die Art ist in so hohem Maße *Segelflieger*, daß sie auf die warmen Aufwinde der Landmassen angewiesen ist. Während Kranich und Reiher ohne viel Hemmung ruderfliegend die See auf große Strecken überqueren, würde dies für den Weißstorch zu anstrengend und damit zu gefährlich sein. (Der im Wald horstende Schwarzstorch, der sich gewandt in den Baumwipfeln zu bewegen weiß, ist darin nicht so stark spezialisiert, und es ist daher kein Zufall, daß er, trotz seiner großen Seltenheit in Mitteleuropa, in Italien und auf den italienischen Inseln öfters durchziehend vorkommt als der Weißstorch.) Dieses Suchen nach Aufwind kann recht auffallende Formen annehmen, wie dies für den Aufbruch am Vormittag in Oberägypten beschrieben wird: „Alles ist in Verwirrung mit Kreisen, mit Sichkreuzen und Herumsuchen; aber allmählich wird die Thermik kräftiger, die Vögel breiten die Schwingen und schweben aufwärts, und man kann weit über die Wüste hin, oft zu beiden Seiten des Nils, zahlreiche Spiralen sich emporschraubender Störche sehen" (Reed & Lovejoi 1969).

c) Dieser Meidung des Mittelmeers entsprechend trennt eine *Zugscheide* eine südwestlich und eine südöstlich wegziehende Population voneinander (Abb. 41). Daraus ergeben sich beachtenswerte Orientierungsprobleme (siehe K IV). Diese Zugscheide, genauer gesagt der Zugscheidengrat, Scheitellinie einer Mischzone, verläuft vom Ijsselmeer in Holland über Osnabrück zum Kyffhäuser und von da südwärts entlang den Flüssen Regnitz und Lech. Die Mischzone entsendet, nach außen abnehmend, Vögel nach beiden Richtungen; sie ist im Norden recht breit (Niederlande bis Mecklenburg und sogar Rügen), im Süden viel schmäler (Oberschwaben bis bayerisches Donauknie). *Westliche Schmalfront*: Entsprechend der westlichen Lage der mitteleuropäischen Zugscheide sind die nach SW ziehenden Bestände sehr klein; auch wenn wir den Brütern die Nichtbrüter und die Jungen hinzuzählen, kommen wir auf weniger als 2000 Störche. Der Strom wächst später allerdings durch die Störche Iberiens (wohl 100000) und vor allem des Maghreb (190000) beträchtlich. Die Europäer setzen von der Südspitze Spaniens nach Tanger über und queren Marokko südwärts. Sie verlassen den Küstenraum etwa bei 30° N; die spanische Saharaküste wird gemieden, ausgenommen seltene Verdriftungen, die sogar auf den Ozean hinausführen können. Die Schmalfront rückt weiter über den Raum von Tindouf (27.42 N 8.10 W) mit Richtung auf Senegal vor. Am gleichnamigen Fluß und von da südlich bis zum Niger erscheinen auffallend viele elsässische Störche. Eine zweite westafrikanische Zugstrecke, die wohl vor allem von den algerischen Störchen wahrgenommen wird, verläuft ungefähr in der Nähe des Nullmeridians und östlich davon (4° W). Das würde für eine Art Zugscheide innerhalb der Maghreb-Störche sprechen: hier Marokko, dort Algerien-Tunesien. Da erstere schon im Dezember/Januar, die Algerier erst im Januar (Februar) zurückkehren, ist diese Deutung nicht abwegig. Eine solche Beschränkung auf die beiden Pluvialbrücken Mauretanien und Tadmait-Ahaggar ist allerdings nicht unbestritten; das sie trennende Wüstengebiet — Tanesruft —

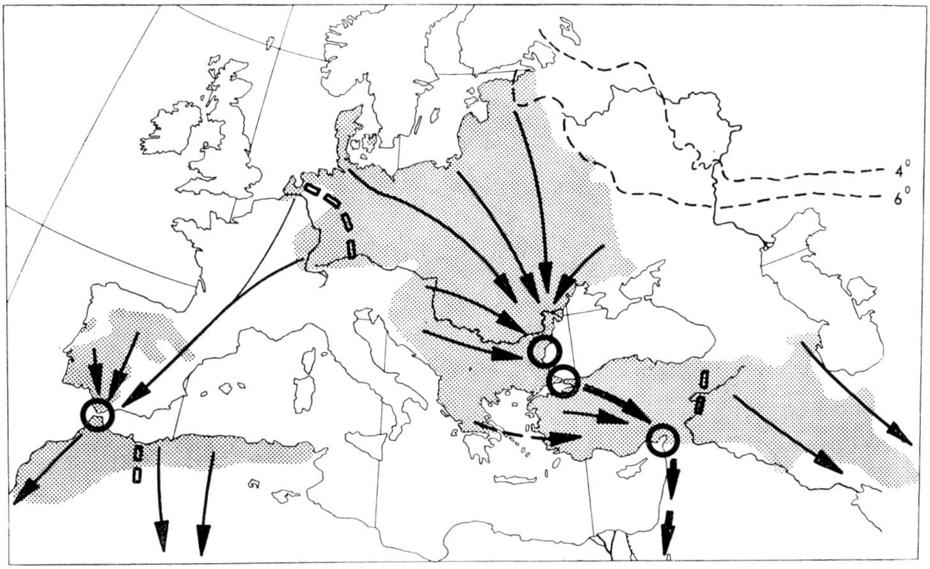

Abb. 41. Verbreitung der Westrasse des Weißstorchs (*Ciconia c. ciconia*) und ihr Wegzug in Europa, Westasien und im Maghreb. Die gebrochenen Linien im NE geben die Märzisothermen von 6° und 4° an; die Nord- und Nordostgrenze ist bei der ziemlich früh ankommenden Art temperaturbedingt. An drei Stellen ist eine *Zugscheide* eingezeichnet. Die Störche ziehen beiderseits des Zugscheidengrats in Mitteleuropa nach verschiedenen Richtungen weg. Das Zugscheidenmischgebiet reicht etwa bis Rügen; die Fälle regelwidrigen Wegzugs werden um so seltener, je weiter der Brutort von dem Zugscheidengrat abliegt. Die Zugscheide im Maghreb ist noch umstritten, doch strömen die östlichen und westlichen Brutvögel (die letzteren ebenso wie die europäischen Westdurchzügler) auf verschiedenen Bahnen südwärts. Auch die Zugscheide in Armenien ist noch nicht genauer erforscht und gesichert. Die vier Kreise geben *Konzentrationspunkte* des Zuges an: Gibraltar—Westufer des Schwarzen Meeres etwa bei Burgas—Bosporus—Iskenderun mit der anschließenden Richtungsänderung (Abb. 42), und südlich des Kartenrandes wäre noch El Tor an der Sinaihalbinsel zu nennen.

ist so unwirtlich, daß es völlig an Beobachtern fehlt, die den Storchzug dort erfassen könnten. In jedem Fall gibt es aber einen Zugstrom etwa unter 4° W; er führt über das Ahaggargebirge hinaus bis in das Gebiet des Tschadsees. Von dort streuen nicht wenige Störche noch weiter südlich und östlich, und die letzteren können sogar von der *östlichen Schmalfront* angezogen werden.

d) Diese betrifft die „Oststörche" Europas, Brüter und Nichtbrüter zusammengenommen wohl in der Größenordnung 425000. Sie strömen aus ihrer Brutheimat trichterförmig zusammen nahe der Westküste des Schwarzen Meeres (Burgas), verdichten sich bei der Überquerung des Bosporus, wo ein Beobachter im Spätsommer auf 200000 Störche kam, schneiden schräg durch Anatolien (wo ein weiterer großer Brutstorchbestand den Strom vermehrt) und fliegen quer über den Golf von Alexandretta (Iskenderun) oder nördlich vorbei zum Amanusgebirge und zum Teil zum See von Antiochia (Abb. 42). Sie vertrauen sich hier dem meist wehenden Nordwind an und *biegen aus der bisherigen NW—SE-Richtung nun scharf nach S*, wo ein System von Tälern, vor allem des Jordan, die Zugvögel aufnimmt. Sie steuern den Golf von Aqaba an und queren vorwiegend den Süden der Sinaihalbinsel, ohne die Berghöhen zu scheuen, wo sie stellenweise nützlichen Aufwind genießen. In eindrucksvollen schmalen Zugbändern wird nun der Golf von Sues ungefähr unter 28° N (El Tor), aber auch etwas südlich oder nördlich davon, gekreuzt und nach einem weiteren Zug über das Kattargebirge (Arabische Wüste Afrikas) Kena an der Nilschlinge erreicht. Nun wirken der Nil und das afrikanische Grabenbruchgebiet weitgehend als Leitlinie (Abb. 43).

(Fortsetzung von Abb. 42)

zum Euphrat und nach Indien weiterziehen, wissen wir heute durch unzählige Ringfunde, daß die Störche im Bereich dieses Gebirges oder, ein wenig weiter, des Amik Gölü (See von Antiochia) eine Rechtswendung zum Jordan und nach Afrika ausführen. Diese Bedingungen genau zu erkunden ist für grundsätzliche Fragen der Orientierung und des Zugverlaufs wichtig. 1963/65 haben Heckenroth und Mitarbeiter das Verhalten des Storchzugs dort genauer studiert. Die Störche queren teils den 30 bis 40 km breiten Golf, und zwar in ganz niedrigem Flug, teils umfliegen sie ihn im Norden. Sie lassen sich dann meist vom Hangaufwind auf den Kamm des gut 2000 m hohen Gebirges hinauftragen und durchstoßen dabei die meist in etwa 1000 m Höhe lagernde Wolkenschicht. Ein Teil begibt sich weiter zum Amiksee; man darf vermuten, daß sie nach einer Rast von dort aus südwärts wandern. Ein anderer, größerer Teil vertraut sich auf dem Kamm des Gebirgszugs dem hier meist wehenden Nordwind an und vollzieht also schon hier seine Rechtswendung. Die Karte, Ergebnis der Untersuchungen eines Beobachternetzes, zeigt die Massenverteilung des Zugs im Bereich Iskenderun—Osmaniye August/Anfang September. Der östlich von Iskenderun über dem Amanusgebirge südwärts verlaufende Strang ist nur angedeutet, da die Beobachtung dort nur auf eine Strecke von etwa 10 km möglich war; in Wirklichkeit hat man sich dort den Hauptstrom vorzustellen, wie man auch aus den Beobachtungen in Syrien und Libanon schließen darf.
Aus Heckenroth 1968.

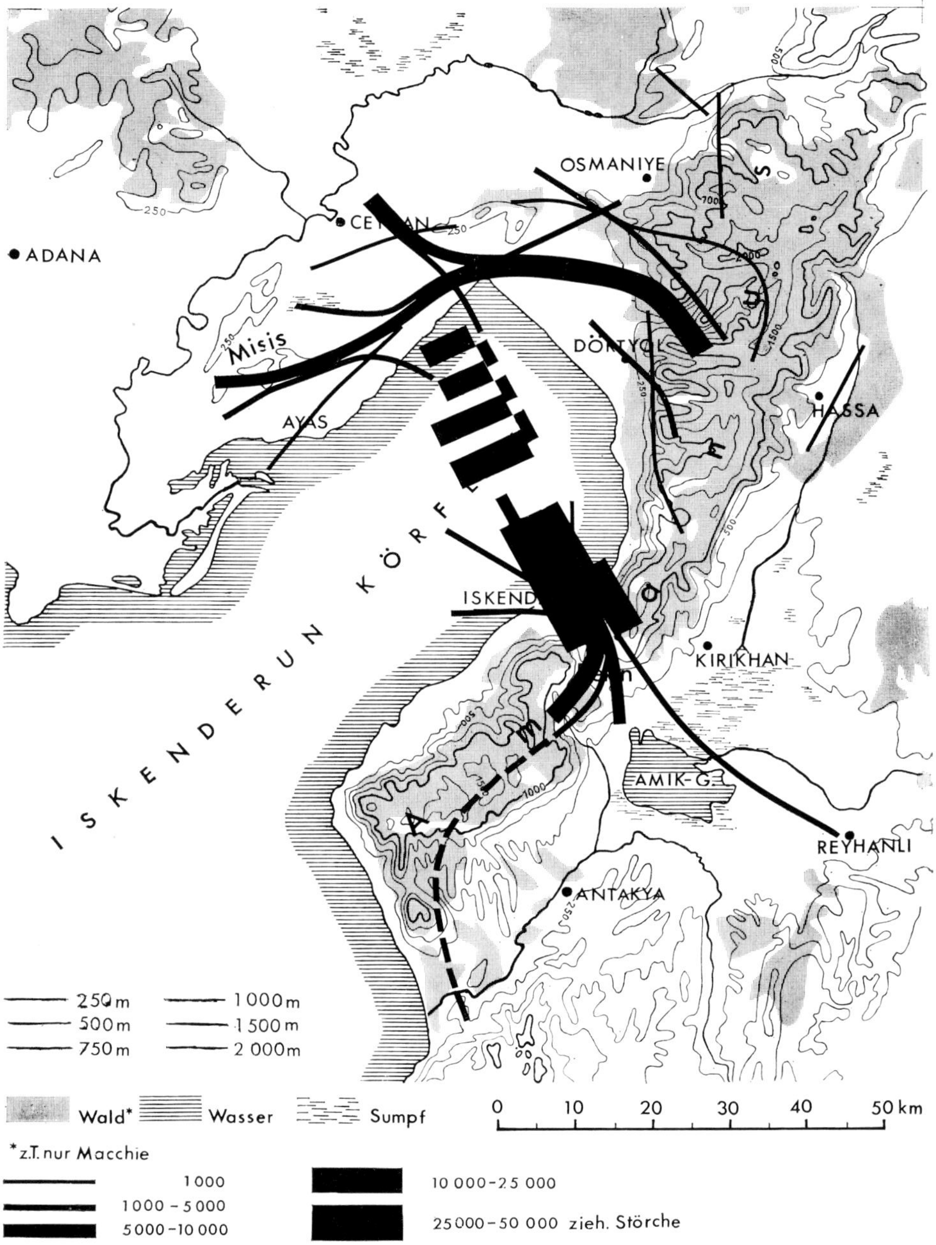

Abb. 42. Seitdem Admiral LYNES im September 1906 im Golf von Iskenderun (NE-Bucht des Mittelmeers) geankert hatte, weiß man von einem beträchtlichen Storchzug dort. Während LYNES glaubte, daß die in das Amanusgebirge hinauffliegenden Störche

(Fortsetzung S. 90 unten)

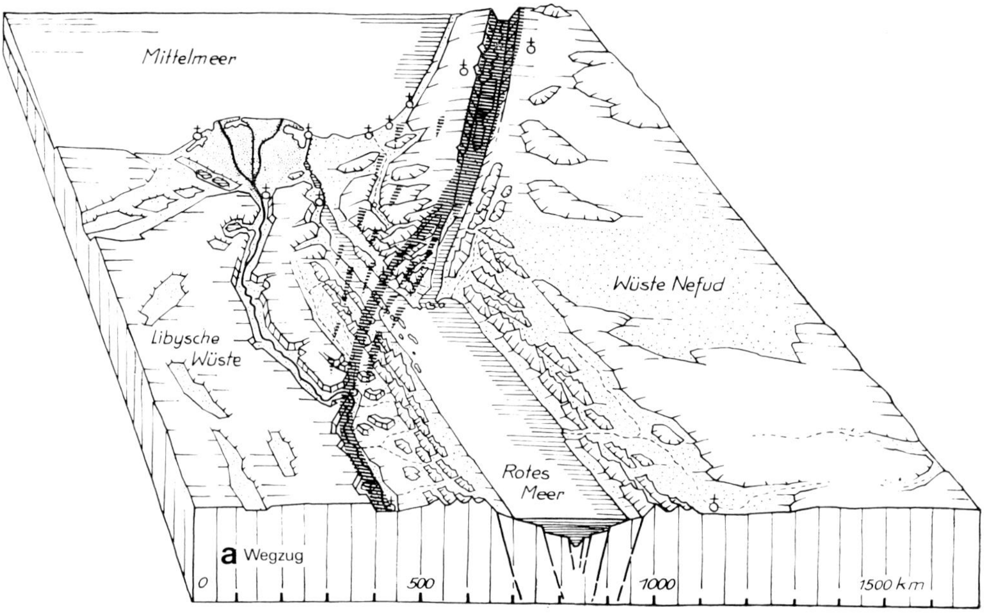

Abb. 43a. Wegzug

Abb. 43. Der Weißstorch zeigt im Grenzgebiet Asien—Afrika ein besonderes Zugbild. Wegzug und Heimzug unterscheiden sich bis zu einem gewissen Grad. Die Querung des Golfs von Sues hauptsächlich bei El Tor geschieht in einer sehr auffallenden Form. Ein Schiffsreisender schreibt (gekürzt) für den 3. September 1903:

Einige tausend Störche überflogen in einer Kette aus den Sinaibergen kommend ganz niedrig einen 3 km von uns entfernten Frachter. Ihnen folgte ein zweiter Schwarm, der den Frachter nach einer Viertelstunde erreichte und sich bis dicht auf das Schiff herabsenkte, um dann ebenfalls nach Afrika weiterzufliegen. Auf der Sinaiseite war kein Ende abzusehen; immer neue Massen quollen aus dem Tal hervor, in einer einzigen, nirgends unterbrochenen Linie, eine lebendige Kette von Erdteil zu Erdteil. Der Frachter war inzwischen einige Kilometer weitergefahren; die Kette der Störche hielt mit und bildete einen überflüssigen Bogen, der sich immer weiter nach Norden hinauszog. Nun machte sich die Kette vom Frachter los und warf sich mit elegantem Schwung über unser Schiff, das schneller fuhr als der Frachter und diesem inzwischen nähergekommen war. Jenseits des Schiffs senkten sich die Störche wieder herab. Als sich die Kette über unser Schiff gelegt hatte, war das Ende immer noch nicht abzusehen.

So die Schilderung, der andere Berichte entsprechen. Da der Golf von Sues bei El Tor 30 km breit ist, dürften die Beobachter wohl nicht sehr übertreiben, wenn sie solche bandartigen Scharen auf 40 km und die Zahl der Störche auf eine sehr hohe Zahl (genannt werden 25000 und sogar 50000) schätzen. — Blockkarten nach Koch et al. 1966, Eintragungen nach Safriel 1968.

e) Man beachte, daß *Unterägypten* außerhalb der eigentlichen Schmalfront liegt. Infolge der dichten menschlichen Besiedlung gibt es trotzdem eine ganze Anzahl Rückmeldungen. Die aus dem Nildelta gemeldeten Ring-

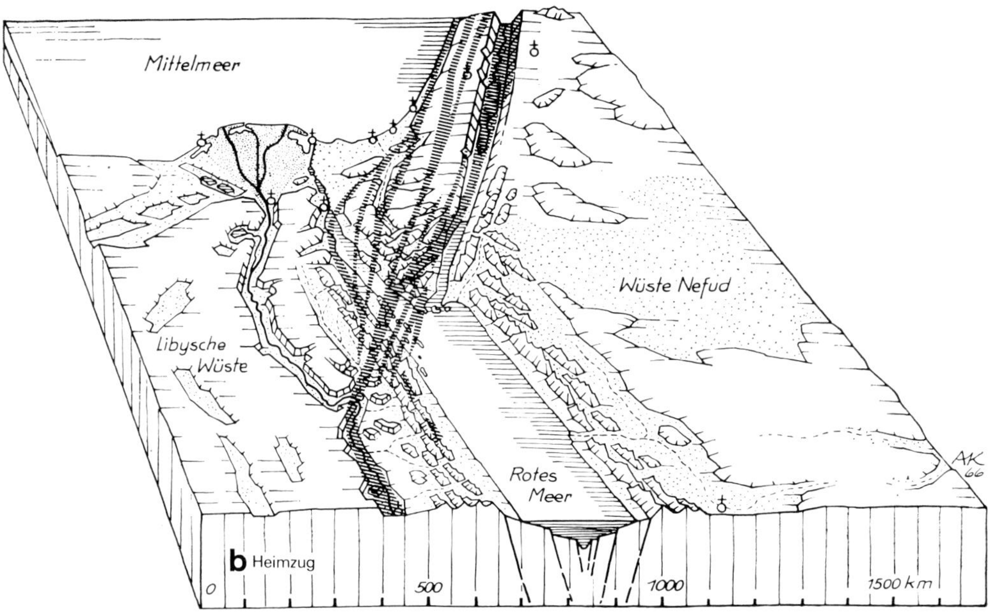

Abb. 43 b. Heimzug

störche sind größtenteils Frühjahrs- und Frühsommerfunde; von 50 Nachweisen liegen allein 31 in den Monaten Februar bis Juli. Diese Störche haben sich also beim Heimzug nicht bei Kena vom Nil abgesetzt; sie sind damit in eine Sackgasse geraten, und oft dürften es nicht ganz vollwertige Stücke sein. Bei dieser „Verirrung" spielt eine Rolle, daß der *Heimzug in Nah-Ost etwas anders verläuft als der Wegzug*: Die Heimkehrer drängen, gewissermaßen die Biegung bei Iskenderun vorbereitend, schon früh nach links und queren zu einem Teil den Golf von Sues weiter nördlich als im Spätsommer (Abb. 43 b); ein gewisser Strom gelangt also in den Norden der Sinaihalbinsel und erreicht Israel über Gaza, unbeschadet der nach wie vor bestehenden Hauptverdichtung des Zuges im Gebiet Aqaba—Totes Meer. Während beim Wegzug Störche im Küstenraum Israel—Libanon ganz fehlen, breitet sich der Zugstrom im Frühjahr in eindrucksvoller Form bis an die Küste aus. Aber im Gegensatz zur Trockenheit des Spätsommers finden die Heimkehrer nun auch östlich der Jordantalachse mehr Feuchte und also mehr Nahrung, so daß im ganzen in der Levante die Zugzone im Frühjahr breiter ist als zur Zeit des Wegzugs.

f) In *Afrika* hat die Schmalfront des Storchs (soweit sie nicht an den Nil bindet) nicht gerade das Ansehen einer „Straße", denn ihre Breite beträgt je nachdem 400 bis 500 km, und sie schneidet vielfach gar nicht scharf ab. Trotz vieler Beobachtungen sind noch einige Punkte zu klären. Wahrscheinlich wird die große Nilschlinge im Nordsudan abgekürzt, wenigstens beim

Heimzug, indem die Störche von Abu Hamed aus nordwärts die Nubische Wüste queren und erst im weiteren Raum Korosko wieder den Nil treffen, doch muß das noch genauer geprüft werden. Ein Rätsel ist die fast vollkommene Lücke von Nachweisen am oberen Nil unter 10° bis 4° N, wo der berüchtigte „Sudd" nur selten europäische Beobachter sieht, vielleicht auch bei dem wasserreichen Untergrund die fördernden Aufwinde für den Zug fehlen. In Norduganda tritt der Durchzug wieder in starker Form zutage. Die *Überwinterung* beginnt für Oststörche zu einem Teil vielleicht schon in Oberägypten, jedenfalls im Sudan (ungefähr von 14° N ab). Das Hauptziel ist aber der Raum Sambia bis Kapland, mit dem Schwergewicht im Gebiet Transvaal—Natal—Oranjefreistaat. Das mögliche Winterquartier erstreckt sich also über 70 Breitengrade (etwa 7500 km). Nach den Ringfunden verschiebt sich das Zahlenverhältnis Jung zu Alt vom Norden bis etwa 28° S gleichmäßig: In Uganda—Kenia sind es 51% Jungvögel, auf der Höhe von Transvaal 73%; im äußersten Süden sinkt der Betrag wieder auf 65%. Der Schluß, daß die Jungstörche auf dem Zug gegenüber den Älteren weiter südwärts vorstoßen, kann noch nicht als gesichert gelten. — Die Bestände sind nicht jeden „Winter" (dort ist dann Sommer) auf die gleichen Plätze festgelegt, und auch innerhalb eines Winteraufenthalts kann ein starker Wechsel vorkommen. Maßgebend ist dann das Auftreten der *Wanderheuschrecken*, besonders der Art *Nomadacris septemfasciata*, denn ihnen stellt unser Storch, im Mund der Afrikaner der „Große Heuschreckenvogel", mit Vorliebe nach; der im Sudan beheimatete *Regenstorch* (*Ciconia abdimii*) (Abb.78, 79) u.a. Wintergäste oder auch Standvögel gesellen sich dann dem Weißstorch zahlreich zu. Die erwähnte Rote Wanderheuschrecke hat ihr Hauptvermehrungsgebiet am Nyassasee und im Küstengebiet von Natal, wohin die Heuschrecken zu Beginn der Regenzeit im Oktober/November zusammenströmen; dementsprechend verdichten sich die gefiederten Heuschreckenverfolger, zumal diese Zeit in den Ablauf des Zugs der Weißstörche paßt. Sie beginnen dann im Januar/Februar, wenn die Trupps junger Heuschrecken abrücken, wieder den Heimzug. Aber sie sind auch vorher schon entsprechend der wechselnden Verteilung der Heuschrecken in Bewegung. Weiterhin führt das Massenvorkommen der Raupen zweier Eulenschmetterlinge in Luzernefeldern die Störche in Scharen zusammen. *Hagelwetter* kann in höheren Lagen (Drakensberg usw.) den Störchen gefährlich werden.

g) Wie das Ruheziel fügt sich auch der Zugverlauf des Weißstorchs in zweckmäßiger Weise dem Wechsel von Trocken- und Regenzeit ein (Abb.99). So meistert dieser große Flieger die Umweltbedingungen in dem weltweit gespannten Lebensgebiet. Dies ist das Ergebnis einer Entwicklung, die wohl immer im Fluß ist und also damit labil, wie die „*Störungsjahre*" zeigen, in denen die Störche vermindert und schleppend von ihrer Wanderung zurückkehren und es dann nur zu sehr geringen Nachwuchszahlen bringen. Die Ursache ist noch unbekannt. Man hat zeit- und gebietsweise die Pestizide verdächtigt, mit denen die Wanderheuschrecken bekämpft wurden und werden, und hat auch Anhaltspunkte, daß es hier wirklich Verluste gab. Indes haben die Chemikalien gewechselt, und offenbar wirken neu entwickelte Mittel wie das BHC (Benzolhexachlorid, = HCH, Hexachlorcyclohexan) soweit selektiv, daß auch große Mengen vergifteter Heuschrecken verzehrt werden können, ohne daß es zu einer Gefährdung kommt. Es bleibt aber noch offen, ob nicht Spätschäden möglich sind, die sich etwa auf die Fortpflanzungsfähigkeit auswirken. Nicht verantwortlich für die Störungsjahre, aber eine ernste Gefahr für die Störche, ist die Verfolgung in fernen Ländern wie z. B. schon in Libanon und Syrien, aber auch im Senegal, wo Großvögel und also auch Störche gern erlegt und gegessen werden. Die Zunahme der Feuerwaffen im Zusammenhang mit steigendem Wohlstand und dem Selbständigwerden der Völker bildet eine Gefahr, der die so notwendige Erziehung und Gewissensschärfung bisher nicht ausreichend begegnen kann.

h) Die *Spätreife* des Weißstorchs, der erst 4-, teilweise 3- oder 5jährig, ganz selten 2jährig zur ersten Brut schreitet, nimmt auf das Zugbild starken Einfluß: Erst die reifen Vögel sind dem Termin- und Streckenplan voll eingepaßt, während die noch nicht brutreifen Stücke, vor allem die einjährigen, sehr verzögert heimziehen und zu einem Teil übersommernd in der Fremde bleiben. Fast alle Ringfunde in Asien und Afrika außerhalb der üblichen Zugzeit betreffen solche Stücke, und die lange Ausdehnung des Frühjahrzuges im Nahen Osten geht weithin auf solche zurück.

i) Eine strenge physiologische Steuerung verbietet den meisten Zugvogelarten die *Ansiedlung im Bereich des Ruheziels*, auch wenn dort die äußeren Bedingungen günstig erscheinen. Immerhin hat es der *Schwarzstorch* (*Ciconia nigra*) zu einer Kolonisation im südlichen Afrika gebracht; man kennt 34 Paare von Rhodesien bis Kapprovinz. Erst neuerdings sind wir Zeuge solcher Versuche auch beim Weißstorch: Die Art zieht nur in kleiner Zahl bis zum äußersten SW von Südafrika, doch sind nicht weit östlich davon, etwa unter 22° E und sogar 20° E, ungefähr seit 1935 an drei Stellen einzelne bis wenige Paare zum Brüten dageblieben. Ein dort im Dezember beringter Jungstorch wurde im März an der Sambia—Tansania-Grenze unter 9° S als Zugvogel angetroffen.

k) Auch der *indische Raum* dient als Ruheziel des Weißstorchs. Europäer sind nur ganz ausnahmsweise beteiligt, nämlich dann, wenn Wegzieher bei Alexandretta die Rechtswendung versäumten; ein Braunschweiger Storch geriet so nach Indien, und 15 Ringfunde wiesen nach Arabien. Indes ziehen die Störche Irans offenbar einschließlich derjenigen des westkaspischen Küstengebiets der UdSSR nach Indien, ja, der Wegzugfächer reicht anscheinend bis Westarmenien, so daß hier wohl eine Zugscheide Afrika—Indien verläuft. Pakistan und Indien sind vor allem Ruheziel des *Turkestan-Storchs* (*Ciconia c. asiatica*) aus dem Raum Turkestan bis Kaschgarien. Diese Störche queren hohe Gebirgslagen, und am Südrand des Hindukusch nördlich Kabul (Afghanistan) ziehen regelmäßig solche Störche.

l) Der *Schwarzschnabel-Storch* (*Ciconia boyciana*) wohnt in Zentral- und Ostasien östlich von Blagowestschensk (50.20 N 127.40 E) und zieht etwa vom unteren Amur und Ussuri bis Korea und NE-China, nicht viel weiter als 1000 km südwärts. Die unmittelbar vor dem Aussterben stehende japanische Population zieht noch weniger oder ist gar Standvogel.

Bauer & Glutz von Blotzheim Bd. 1, 1966 (A) — Rainey 1960 (B III 3) — Schüz 1948, 1969 (B III 5 f).

Bernis, F. (1959): La Migracion de las Cigüeñas Españolas y de las otras Cigüeñas „occidentales". Ardeola 5: 9—80.

Broekhuysen, G. (1965): Nesting of the White Stork in South Africa. Vogelwarte 23: 5—11.

Dubief, J. (1952): Les Cigognes et le Sahara. Bull. de Liaison Saharienne: 2—10.

Heckenroth, H. (1968): Beobachtungen über die Rechtswendung des wegziehenden Weißstorchs am Golf von Iskenderun. Vogelwarte 24: 246—262.

Heckenroth, H., & E. Schüz (1970): Orient-Funde beringter Europa-Weißstörche östlich der Schmalfront. Zool. Abh. Staatl. Mus. Tierkde. Dresden 31: 193—203.

Koch, A., D. Magnus, H. Seilkopf, H. Baron, E. Schüz (1966): Der Weißstorch-Zug im Raum Sinai bis Kena in landschaftsmorphologischer Sicht. Vogelwarte 23: 209—220.

Kuhk, R. (1956): Hagelunwetter als Verlustursache bei Störchen und anderen Vögeln. Vogelwarte 18: 180—182.

Libbert, W. (1954): Wo verbleiben die Weißstörche aller Altersstufen in den Brutmonaten? Vogelwarte 17: 100—113.

Milstein, P. le Sueur (1965): Über BHC-vergiftete Heuschrecken als Nahrung des Weißstorchs in Südafrika. Vogelwarte 23: 117—121.

Moreau, R. E. (1967): Water-Birds over the Sahara. Ibis 109: 232—259.

Niethammer, J. (1967): Störche in Afghanistan. Vogelwarte 24: 42—44.

Rainey, R. C. (1969): Effects of atmospheric conditions on insect movement. Quart. J. Roy. Meteor. Soc. 95: 424—434.

Reed, C. A., & T. E. Lovejoy (1969): The Migration of the White Stork in Egypt and Adjacent Areas. Condor 71: 146—154.

Safriel, U. (1968): Bird Migration at Elat, Israel. Ibis 110: 183—320.

Schnetter, W., & G. Zink (1960): Zur Frage des Brutreifealters südwestdeutscher Weiß-Störche. Proc. XII Int. Orn. Congr. Helsinki 1958: 662—666.

Schüz, E. (1953): Die Zugscheide des Weißen Storches nach den Beringungs-Ergebnissen. Bonner Zool. Beitr. 4: 31—72. — (Ders. 1959): Problems about the White Stork in Africa seen from a European Viewpoint. Proc. First Pan-Afr. Congr., Ostrich Suppl. 3: 31—34. — (Ders. 1960): Die Verteilung des Weißstorchs im südafrikanischen Ruheziel. Vogelwarte 20: 205—222. — (Ders. 1963): Über die Zugscheiden des Weißstorchs in Afrika, Ukraine und Asien. Vogelwarte 22: 65—70. — (Ders. 1964): Zur Deutung der Zugscheiden des Weißstorchs. Vogelwarte 22: 194—223. — (Ders. 1965): Gefahren für den ziehenden Weißstorch. Bericht 5, Intern. Rat für Vogelschutz, Deutsche Sektion: 15—22. — (Ders. 1966): Über Stelzvögel im Alten Ägypten. Vogelwarte 23: 263—283.

Schüz, E., & R. Böhringer (1950): Vom Zug des Weiß-Storchs in Afrika und Asien nach den Ringfunden bis 1949. Vogelwarte 15: 160—187.

12. Graukranich (Grus grus)

Die beiden Ordnungen der Kraniche einerseits und der Schreitvögel (mit Reihern und Störchen) andererseits haben zwar äußerlich eine gewisse Ähnlichkeit entwickelt, sind aber von sehr verschiedener Natur. Man muß die beiden Gruppen nur etwa hinsichtlich der Jungvögel (Nestflüchter – Nesthocker) oder der Ernährung (vorwiegend pflanzlich – rein animalisch) vergleichen. Auch in der Zugweise weicht der Graukranich sowohl vom Weißstorch wie auch vom Graureiher erheblich ab. Er ist wie jener Schmalfrontzügler, aber wie dieser ein ausgesprochener Ruderflieger, nicht Segelflieger. Der Graukranich hat es nicht nötig, die freie See zu meiden, quert übrigens in ziemlicher Höhe auch Hochgebirge (Kaukasus, Elbursgebirge). Die Pflugscharformation (E 3) und die Trompetenrufe kennzeichnen die Kraniche auch beim Zug. Der über die Paläarktis verbreitete (freilich vielfach vom Menschen zurückgedrängte) Graukranich überwintert in kleiner Zahl in Iberien (Abb. 44, 45), im Maghreb, am See Mariut, im Sudan, in Äthiopien und in Asien. Eine Merkwürdigkeit sind gewisse Sammelplätze nach einem ersten Abschnitt des Wegzuges (vielleicht besser Zwischenzuges, E 10); in

Abb. 44. Brutgebiete und Zugwege des Graukranichs in Europa, mit Angabe der Wegzugrichtungen. Doppelschraffur deutet das angenommene Mischgebiet einer Ost- und Westpopulation an. Diese Karte von NÖRREVANG (1959) ist dahin zu ergänzen, daß ein Teil der SW-Zügler nicht in Iberien bleibt, sondern ins Maghreb weiterzieht (siehe Abb. 45), wohin möglicherweise aber auch östliche Kraniche über Osteuropa – Ungarn – Süditalien – Sizilien wandern; auch vermutet MOREAU (1967), daß der Küstenzustrom westlich des Nildeltas nicht allein von der Westpopulation, sondern auch von NNE her gespeist wird.

diesen Zwischenzielen vereinigen sich nicht nur die benachbarten, sondern auch die aus nördlichen Räumen durchziehenden Stücke auf Wochen. Bei uns sind die berühmtesten Sammelplätze in Pommern, an der Müritz in Mecklenburg und auf der Westseite von Rügen, wo sich die Kraniche von Ende August bis in die zweite Oktoberhälfte hinein halten (Höhepunkt Mitte September). Natürlich ist dieser Großvogel ganz davon abhängig, daß ihm der Mensch an diesen Stationen die nötige Ruhe gönnt, und so sind diese Treffpunkte in unruhigen Gebieten stets gefährdet. Der Zuzug kommt von Skandinavien, und zwar nur mit geringer Berührung der dänischen Inseln; die Trupps überqueren ungehindert die Ostsee etwa mit einer östlichen Grenze Öland—Bornholm—Rügen. Woher die in Hinterpommern sich sammelnden Kraniche kommen, ist noch nicht ganz klar. Das Auftreten und der Umfang dieser Versammlungen ist nicht alljährlich gleich. 1955

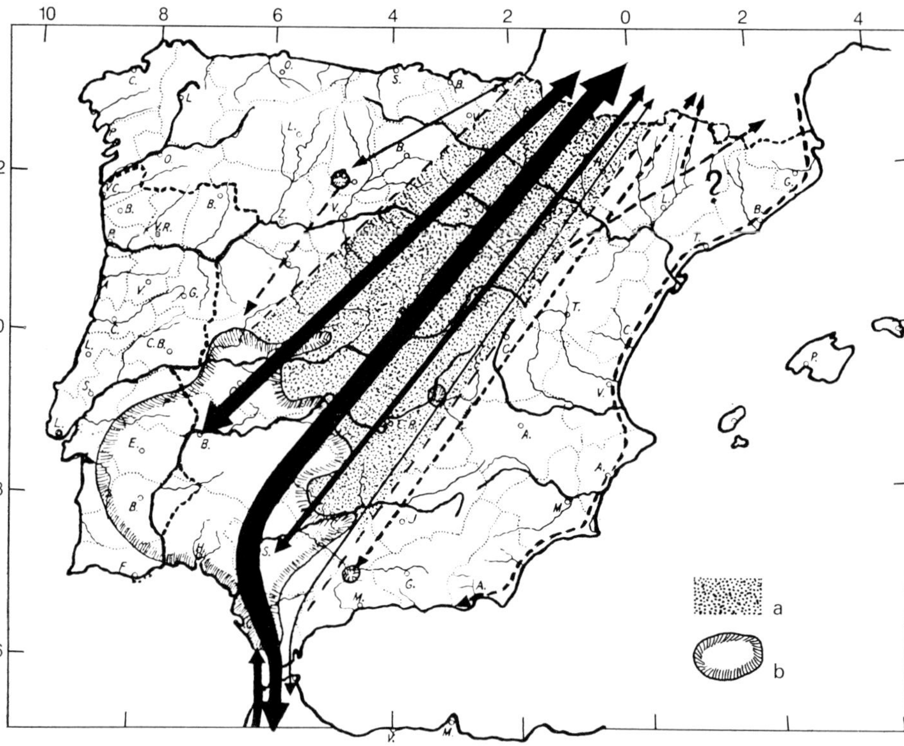

Abb. 45. Graukranich in Iberien. Musterung (a) bezeichnet das hauptsächliche Durchzugsgebiet, Musterung (b) ein Hauptruheziel und mehrere kleine, jetzt wohl so gut wie aufgegebene Ruheziele. Die ganz schematisch gemeinten Pfeile und Linien verweisen vor allem auf den Durchzug nach und von Afrika (dickster Pfeil) und zum und vom iberischen Winterquartier. Die übrigen Linien deuten unregelmäßige und spärliche Wanderstrecken an, die aber ebenso wie die kleinen Überwinterungsplätze in der Vergangenheit viel stärker benützt worden sein dürften. Aus Bernis 1960.

war ein Jahr ausgesprochenen Massenzugs, mit 10000 rastenden Kranichen am 22. Oktober an der Müritz; die Scharen brachen in den folgenden Tagen auf, und durch zahlreiche Meldungen konnte der Weiterzug verfolgt werden. Ein Kaltlufteinbruch in N-Europa und der Durchzug eines kalten Höhentrogs waren Anlaß für die starke Verdichtung und den plötzlichen Wegzug. – Die in Westpommern und Mecklenburg eingefallenen Vögel begeben sich auf einer 300 bis 400 km breiten Bahn südwärts. Sie wird etwa von den Linien Lübeck/Antwerpen und Küstrin/Wittenberg/westlicher Thüringer Wald/Untermain abgegrenzt, und zwar so scharf, daß in weiten Gebieten vor allem Süddeutschlands, westwärts bis Württemberg, die Art so gut wie unbekannt ist. Bemerkenswert ist eine jahreszeitliche Verschiedenheit: In dem Querschnitt Niederelbe bis Sachsen liegt das Zuggebiet im Frühjahr etwas nördlicher als im Herbst, wie die Zahlenunterschiede z. B. im Raume Winsen südlich Hamburg und in Sachsen zeigen. Der Kranichstrom gelangt zum größten Teil über die Argonnen südwestlich nach Frankreich hinein und erreicht über die untere Garonne hinweg Spanien. Aber auch im Oberrheinischen Tiefland, an der Saône und unteren Rhone besteht ein gewisser Durchzug. Die Überwinterung dieser Kraniche erfolgt teils in SW-Iberien, teils im Maghreb (Abb. 45). Bernis hat im spanisch-portugiesischen Gebiet rund 5000 Überwinterer ermittelt. Da diese Lebensstätten in wachsendem Maß landwirtschaftlich genützt werden, muß man mit weiterem Rückgang rechnen. (Die letzten Brutplätze lagen einst im äußersten Süden des spanischen Winterquartiers.)

Es gibt in Fennoskandien auch SE-Wegzug; zwei Schweden wurden bei Posen und in Mähren nachgewiesen, so daß möglicherweise zwei Ströme verschiedener Richtung sich kreuzen oder eine West- und Ostpopulation in einer breiten Zugscheide sich mischen. Die größten Bestände an Kranichen stammen naturgemäß aus dem nördlichen Osteuropa. Sie fließen in Mengen über die Dobrudscha ab und haben ihre Hauptverdichtung auf der asiatischen Seite des Ägäischen Meeres. Ein weiterer Strom quert von der Krim aus das Schwarze Meer; vielleicht ist er an der reichlichen Beschickung von Zypern beteiligt. Auch im Hintergrund der Levante, so im Jordantal, ferner südlich davon im Sinaigebirge kann lebhafter Zug herrschen. Von Zypern, vor allem aber von Kreta und Rhodos her findet offenbar eine Überquerung des (rd. 500 km breiten) Mittelmeeres mit dem Ziel westliches Libyen statt. Die Kraniche suchen nun die Oasen Libyens und der Ägyptischen Wüste auf und überwintern zahlreich einerseits am See Mariut am Westrand des Nildeltas und andererseits im Gebiet Kordofan – Weißer und Blauer Nil – Abessinien und auch schon weiter nördlich. Vor allem der Heimzug kann in den Oasen der Ägyptischen Wüste und in dieser selbst auffallende Formen annehmen; also nicht wie beim Weißstorch Beschränkung auf den Nil. Bei den Pharaonen spielte der Graukranich (und auch der mehr östlich verbreitete Jungfernkranich, *Anthropoides virgo*) als Beute- und Opfertier eine große Rolle; ausgezeichnete Halbreliefs z. B. aus Sakkara südlich Kairo zeigen, wie die Kraniche in Scharen gehalten und gemästet wurden (Abb. 46). In Nubien (etwa unter 24° N) wurden noch vor kurzem Kraniche auf Sandbänken bei Nacht gefangen. — Über Kabul herrscht (nur) im Frühjahr ein lebhafter Durchzug beider Arten.

Abb. 46. Graukraniche und zwei Jungfernkraniche (*Anthropoides virgo*), wohl halbdomestiziert, mit ihrem Wächter. Aus dem Grab des Ti in Sakkara, Anfang der 5. Dynastie (rd. 2600 v. Chr.) (Uni-Dia 10471, aus Schüz 1966).

Die eingangs erwähnten herbstlichen Sammelplätze, die man als Zwischenziel einer Art von Zwischenzug bezeichnen kann, werden beim Heimzug nicht besucht; dieser verläuft offenbar direkt und ohne solche Aufenthalte. Dagegen haben russische Ornithologen südlich Omsk einen flachen, brackigsalzigen See gefunden, an dem sich im Mai etwa 3500 Kraniche geschart hatten. Nur etwa 300 konnten fliegen; die übrigen bewegten sich zu Fuß weiter, und die Massen ausgefallener Schwungfedern bewiesen, daß es sich hier um eine Mausergesellschaft handelte. Kraniche wechseln ihr Großgefieder nicht alljährlich. Es bleibt offen, ob diese Maivögel noch nicht brutreif waren, oder ob alte Kraniche nicht alljährlich brüten und alle 2 Jahre der Mauser wegen mit der Brut aussetzen. Bisher fand man nur in einem einzigen Fall an einem Brutplatz abgeworfene Schwingen; offenbar sucht die Art zur Mauser besondere Sammelstationen auf.

Da Kraniche alt werden, bei Tag und gesellig ziehen, spricht manches dafür, daß zu der angeborenen Primärrichtung hinzu auch das Erlernen von Landschaftspunkten und die Tradition eine Rolle spielt. Kraniche brauchen einen sozialen Zugantrieb; gefangen gehaltene Vögel mit Freiflug ziehen, von Menschenhand aufgezogen, unter Umständen nicht weg, und Junge halten über die Jahreszeiten zu ihren Eltern.

Die im Frühjahr an der südfinnischen Küste einfliegenden Kraniche halten genau nordwärts, über der Ostsee 35 bis 60, über dem Festland 100 m hoch. Sie verstehen eine Windversetzung auszugleichen, wenigstens beim Tagzug, und zwar schon weit draußen auf See, möglicherweise unter Beachtung des Wellenverlaufs. Die Kraniche sind bei Nebel und Bedeckung desorientiert (Bergman 1964).

Moreau 1967 (D 11) — Schüz 1966 (D 11), ferner:

Bergman, G. (1964): Zur Frage der Abtriftkompensation des Vogelzuges. Ornis Fenn. 41: 106—110. — (Ders. 1965): Über die Schwankungen der Herbstzugzeit des Kranichs in Südfinnland. Mem. Soc. Fauna Flora Fenn. 41: 7—12.

Bernis, F. (1960): About Wintering and Migration of the Common Crane in Spain. Proc. XII Intern. Orn. Congr. Helsinki 1958: 110—117.

Frändén, C. A. (1958): Tranor. Stockholm.

Geyr von Schweppenburg, H. Frhr. (1934): Warum kein Kranichzug am Bosporus? J. Orn. 82: 579—593.

Libbert, W. (1938): Der Zug des Kranichs. J. Orn. 86: 374—378. — (Ders. 1957): Massenzug des Kranichs im Herbst 1955 und seine Ursachen. Vogelwarte 19: 119—132.

Niethammer, J. (1966): Der Zug von Kranichen bei Kabul, Afghanistan. Vogelwarte 23: 308—309.

Nørrevang, A. (1959): Om Tranens traek. Dansk Orn. For. Tidsskr. 53: 103—109.

Stresemann, E. & V. (1967): Ein Sammelplatz mausernder Kraniche (*Grus grus*). J. Orn. 108: 81—82.

13. Graureiher (Ardea cinerea)

Die Vogelwarte Rossitten brachte 1929 eine planmäßige Untersuchung der Art in Gang. Es entstanden im Lauf der Zeit Einzeldarstellungen der Befunde in 8 verschiedenen Untersuchungsgebieten, wozu noch die ausländischen Auswertungen (besonders in England und Frankreich) kommen; eine ausführliche Bearbeitung von 4187 Funden europäischer Reiher erfolgte durch Rydzewski 1956. Wir knüpfen an den Ergebnissen in dem besonders gut bekannten Ostpreußen an, wo eine Anzahl wagemutiger Mitarbeiter der Vogelwarte Rossitten regelmäßig Beringungen großen Umfangs durchführte (Abb. 47). 636 Wiederfunde (bis 1938) ergaben: Die Jungreiher verlassen sehr früh das engere Brutgebiet und streuen zunächst im *Zwischenzug* („nomadische Periode“, E 10) nach fast allen Richtungen, so daß sie im Juli sogar bis Riga und im August selbst bis Pernau (Estland) gelangen (Abb. 48). Im September wird die SW-Richtung stärker betont, da sich nunmehr der eigentliche Zug, der *Wegzug*, entfaltet: Die Ausbreitung nach E und N wird zurückgenommen und gleichzeitig schon Tunesien erreicht. Trotzdem trifft man im Oktober Ringvögel noch in Ostpreußen und in Litauen (dies ein Einzelfall; ob normal?). Im November liegt der nördlichste Fund an der unteren Weichsel, andererseits der südlichste schon am 3. des

Monats in Togo. Man kennt soweit südlich (Sierra Leone, Togo, mittlerer und unterer Niger) 7 Funde aus S-Schweden bis Rußland, wozu noch ein Gast ungarischer Herkunft kommt; ein Ostpreuße war in Darfur. Beim *Heimzug* dürfte im großen ganzen die Wegzugstrecke zurückverfolgt werden; immerhin lassen Wiederfunde schweizerischer Heimkehrer außer in Spanien auch in Italien den Verdacht aufkommen, daß eine wenn auch geringe Neigung zu Schleifenzug (E 12) besteht. Die brutfähigen Reiher treffen früh in

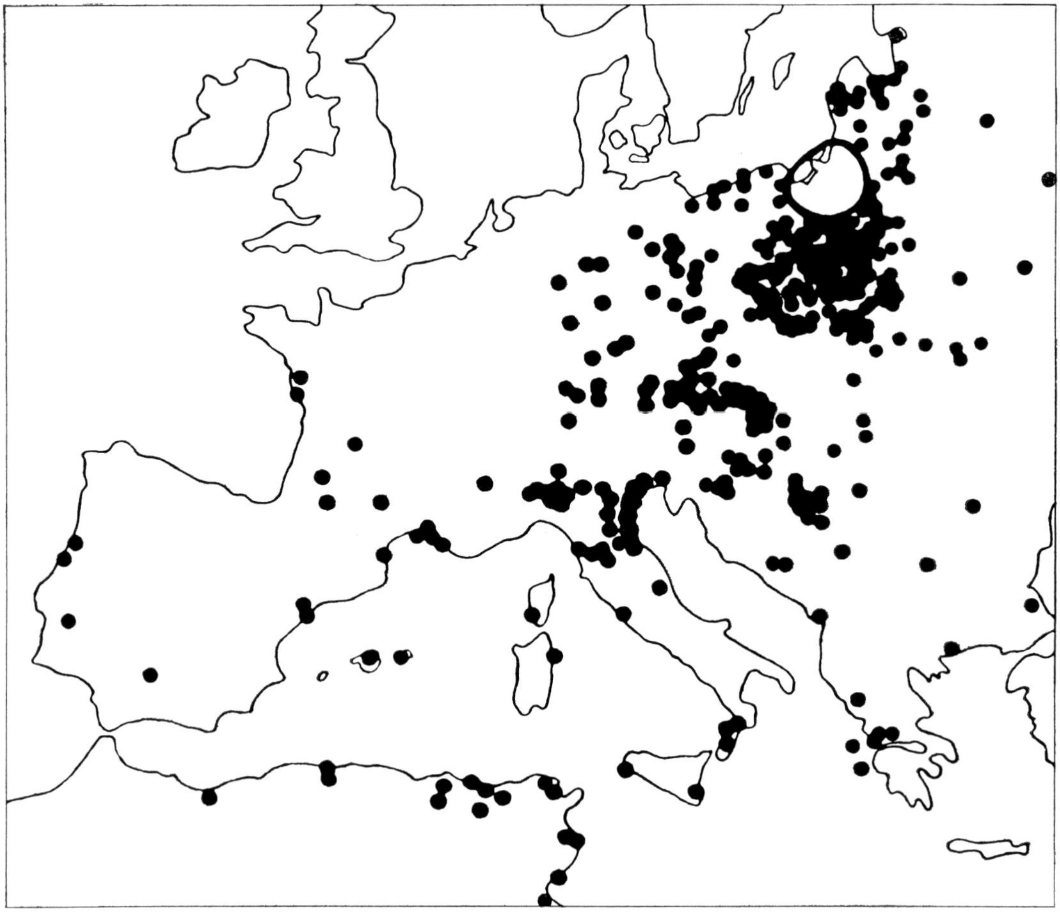

Abb. 47. Ringfunde von Graureihern aus dem früheren Ostpreußen. (Karte von 1952 ergänzt durch H. HECKENROTH nach Kartei Radolfzell; siehe auch Larus 6/7, Wild & Hund 54 und 59, Mém. Soc. Sc. Natur. Tunisie 4.). Die Karte schließt Funde jeden Lebensalters ein. (Ein Reiher bei Tunis war $24^1/_2$ Jahre alt; KUHK, Wild & Hund 59, 1956, S. 27.) Man erkennt das Nordwärtsstreuen von Zwischenzüglern und die offensichtlich regelmäßige Überquerung des Mittelmeers. Südlich der Sahara noch 4 Funde von Togo bis Darfur (siehe Karte 20 von RYDZEWSKI 1956).

der Heimat ein und beginnen schon im März, selbst bei Schnee, mit dem Besetzen der Brutsiedlungen. Es sind im wesentlichen die jungen Vögel, die sich um diese Zeit noch im mittleren (und sogar südlichen) Europa aufhalten. Die Art brütet ganz im Gegensatz zum Storch teilweise schon *einjährig*; das gilt allerdings fast nur für die ♀♀. Die Bruttätigkeit setzt aber bei den Jung-

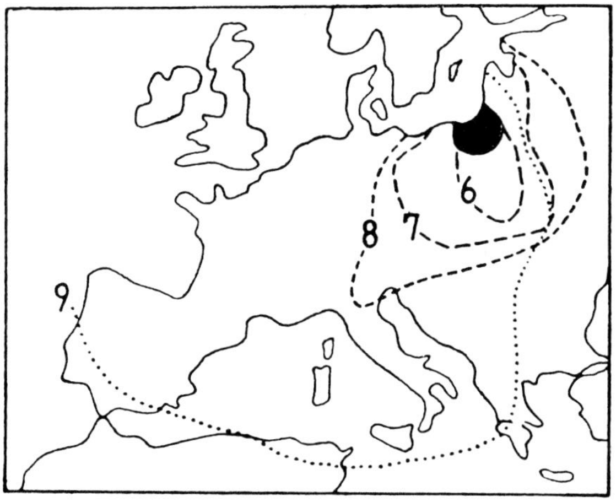

Abb. 48. Jahresverbreitung ostpreußischer Graureiher nach Monaten (Juni bis September). Man beachte das Ausschwärmen (den Zwischenzug) nur der Jungvögel in den frühen Sommermonaten auch ostwärts.

reihern später im Frühjahr ein, und die Gehecke dieser Jungvögel werden dementsprechend um mehrere Wochen später flügge als diejenigen der alten Vögel. (Einmal ist ein Einjahresbrüter für Ostpreußen nachgewiesen; in England kommen solche mehrfach vor.) Spätere polnische Untersuchungen vertieften diese Befunde.

Nochmals ein Wort über das frühe, plötzliche Aufbrechen der Jungreiher am Geburtsort. Dieser *Zwischenzug* der Jungen (E 10) führt zu dem gewiß arterhaltenden Ergebnis, daß die Fischwässer im Bereich der Brutstätte nicht überlastet werden (wenn ich auch nicht glauben kann, daß es erst des Nahrungsmangels als Auslöser bedarf; Olsson). In diesem Sinn wirkt auch die fast allseitige Streuung des Zwischenzugs. Man hat schon am 17. August einen Reiher der Kurischen Nehrung 540 km nordöstlich angetroffen (Weißrußland; siehe auch den Augustnachweis in Estland, S. 101), und 2 Tage vorher (15. August) war ein Reiher ebenfalls von Schwarzort schon in Venetien. Der letzterwähnte Fall zeigt eine besonders starke Förderung in der gewöhnlichen Wegzugrichtung, so daß in solchen Fällen Zwischenzug und Wegzug nur zeitlich zu trennen sind. Ein märkischer Reiher war schon am 23. Juni 480 km südlich in Niederösterreich. Die weitesten Entfernungen auch des Zwischenzugs weisen also nach SW bis SSW. Fremdansiedlungen sind bis zu 490 km nachgewiesen; vielleicht ein Ergebnis des Zwischenzugs.

Ein *Vergleich der Reiher Ostpreußens mit denen anderer Gebiete* ergibt, daß sich die Artgenossen Westpreußens und des alten Polen am ähnlichsten verhalten. Je weiter wir uns aber in klimatisch ausgeglichenere Lagen begeben, desto geringer erscheint die Zuglust. Dafür spricht auch die Durchmusterung der 60 (bis 1955) erzielten Wiederfunde beringter Reiher in *Afrika* (vorwiegend Maghreb, östlich bis Cyrenaica, dazu 9 jenseits der Sahara, siehe oben). Der Zwischenzug der württembergischen Reiher ergibt einen weitgehenden Verzicht auf Nordrichtungen. Ihr Wegströmen findet in gabelartiger Teilung vorwiegend nach SW und nach SE statt, vielleicht kann man sagen: zum Rhein- und zum Donausystem; die Südlücke könnte auf die abhaltende und ableitende Wirkung der Alpen zurückgehen. Man hat aber am 25. April 1943 nach starkem Föhn einen (unberingten) Graureiher 3770 m hoch angetroffen (GÉROUDET).

Es ist bezeichnend, daß Reiher vom *Überseezug* nicht oder nicht besonders zurückschrecken. An der Camargue-Küste zum Beispiel sieht man Graureiher teilweise nicht der Küste folgen, sondern auf das Mittelmeer hinausfliegen. Während die schwedisch-dänischen Reiher gern die dänische Landbrücke wahrnehmen, halten die norwegischen Reiher mit Vorliebe auf die hohe See hinaus, bis zu den Britischen Inseln, ja den Färöern und (zwei Nachweise) Island; aber auch Frankreich und Iberien werden von ihnen erreicht. Auch auf Grönland (12mal) und Spitzbergen erschien die Art. Ein französischer Jungreiher (aus Pas-de-Calais) erschien im September auf den Kapverden; im Oktober gab es Zuflüge auf den Kanaren (von Dänemark), Azoren (Holland) und Madeira (Schleswig-Holstein, dieser im 2. Lebensjahr), und überdies gibt es Schiffsbeobachtungen (unberingter Stücke) auf dem Atlantik. Auf den Kleinen Antillen und Trinidad wurden im Aug./Sept. 1959 zwei an der unteren Loire beringte Graureiher vom gleichen Jahr und vom Vorjahr angetroffen (Ring des einen liegt vor). Man muß ab Azoren mit einer Flugzeit von 48 bis 60 Stunden rechnen, sofern nicht Schiffe als Transporthilfe dienten; der Hurrikan „Flora", der am 13. September die Azoren passierte, könnte mit Windgeschwindigkeit von 120 km/h geholfen haben.

Bauer & Glutz von Blotzheim: Bd. 1, 1966 (A). — ferner:

Baudouin-Bodin, J. (1960): Des Hérons cendrés bagués au lac de Grand-Lieu repris aux Antilles. Oiseau 30: 274.

Géroudet, P. (1954): Un Héron cendré sur le Pigne d'Arolla. Nos Oiseaux 22, 237: 299.

Knabe, G. (1938): Ostpreußische Fischreihersiedlungen und der Zug ostpreußischer Fischreiher... Schr. Physikal.-Ökon. Ges. Königsberg (Pr) 70: 9—52.

Knabe, G., & H. Ringleben (1938): Beringte Fischreiher aus Europa in Afrika. Schr. Physikal.-Ökon. Ges. Königsberg (Pr) 70: 217—224.

Kuhk, R. (1962): Referat zu Baudoin-Bodin (siehe oben) mit Angaben von H. Seilkopf. Vogelwarte 21: 227.

Lowe, F. A. (1954): The Heron. The New Naturalist. London.

Olsson, V. (1958): Dispersal, migration, longevity and death causes of Strix aluco, Ardea cinerea and Larus argentatus. Acta vertebratica 1 No. 2: 89—189.

Owen, D. F. (1959): Some aspects of the behaviour of immature Herons in the breeding season. Ardea 47: 187—191 (dazu Vogelwarte 20: 236).
Rydzewski, R. (1955): The nomadic movements and migrations of the European Heron. Acta XI Congr. Intern. Orn. Basel: 632—654. — (Ders. 1956): The nomadic movements and migrations of the European Common Heron. Ardea 44: 71—188. — (Ders. 1965): Aves anilladas recuperadas en las Islas del Atlantico Oriental. Informe II. Ardeola 11: 69—72.
Rydzewski, R., & H. Baron Geyr (1957): „Nomadic period"? Vogelwarte 19: 135—138.
Schifferli, A. (1956): Aus dem Leben des Fischreihers. Bericht der Schweizer. Vogelwarte Sempach.
Schüz, E. (1956): Von den Wanderungen der europäischen Graureiher. Vogelwarte 18: 231—233.
Suchantke, A. (1960): Herbstlicher Reiherzug an der Camargue-Küste. Vogelwelt 81: 33—46.

14. Prachttaucher (Gavia arctica)

Der gänsegroße, im schönen Kleid schwarz-weiß-graue Prachttaucher (früher Polar-Seetaucher genannt) brütet in nördlichen Zonen, jedoch nicht so weit nordwärts wie der Sterntaucher (*Gavia stellata*). Einzelne Brutplätze des Prachttauchers gibt oder gab es in Pommern und in der Neumark. Er kommt als Wintergast und Durchzügler auf offenen Seen und Strömen vor und ist besonders in Ostpreußen zu gewissen Zeiten eine kennzeichnende Erscheinung. Im Mai kreuzen diese Taucher in Flügen die *Kurische Nehrung* von SE nach NW, also entgegen der üblichen Vogelzugrichtung. Die Fischer haben der Vogelwarte Rossitten seit 1929 anläßlich des Lachsfanges gut 1000 Taucher zum Beringen gebracht. Auch Estland wird in großer Zahl gequert. Wir wissen nun, daß diese Vögel nur teilweise in Skandinavien und Finnland brüten (Abb. 49). Ein großer, sogar der größte Teil ist im äußersten NE-Europa und in *Westsibirien* östlich bis zur Taimyr-Halbinsel beheimatet, also im Raume von Petschora, Jenissei, Ob und Chatanga, bis über 4000 km östlich von Rossitten (Abb. 49). Wie weit das Einzugsgebiet dieser Taucher reicht, zeigt der Nachweis der mittelsibirischen Rasse *Gavia arctica viridigularis* unter den Durchzüglern in Rossitten und noch weiter westlich.

Der herbstliche *Wegzug* ist noch umstritten, doch gibt es immerhin dank der Ringfunde und der Beobachtungen einige Anhaltspunkte. Russischen Beobachtern zufolge wandern die Taucher des russisch-sibirischen Nordens aus Tundra und auch Waldtundra mit ihren Jungen flußabwärts zum Eismeer (wo man z.B. bei 85° E, östlich der Jenissei-Mündung, die Art im August in großer Menge antrifft), um sich dann küstenlängs, wahrscheinlich schwimmend (!), westwärts, vermeintlich sogar bis Skandinavien, weiterzubewegen. Die südlicheren Populationen aus den Waldgebieten des europäischen Rußland wenden sich zu einem Teil wohl zur Ostsee, vor allem aber wohl zum Schwarzen Meer, wo der Prachttaucher im Winter häufig ist, selbst an der Südküste. Obwohl offenbar auch viele sibirische Seetaucher den Weg direkt südwärts bzw. nach SW nehmen, wird das Kaspische Meer weniger besucht. Es sind zwar neuerdings Zweifel laut geworden, doch sprechen die Ringfunde recht deutlich dafür, daß die Taucher beim Wegzug unmittelbar auf das Schwarzmeergebiet zielen, beim Heimzug aber den Umweg westwärts über die Ostsee nehmen. Der Sinn dieses *Schleifenzugs* (E 12) ist leicht einzusehen. Die Seetaucher mit ihrem großen Gewicht und ihren weit hinten eingelenkten Füßen können weder vom Land noch vom Eis auffliegen. Offenes Wasser ist für sie lebensnotwendig. Beim Flug, womöglich über weite Strecken trockenen Landes, können sie nicht die Gefahr in Kauf nehmen, auf Eis anstatt auf Wasser zu stoßen. Sie weichen also dem großen kontinentalen Eisraum aus, den Ostrußland-Westsibirien bis in den April und Mai hinein darstellen, und pirschen sich gewissermaßen aus dem Gebiet des offenen Wassers von Westen her auf sicherem Wege an ihr Brutgebiet heran.

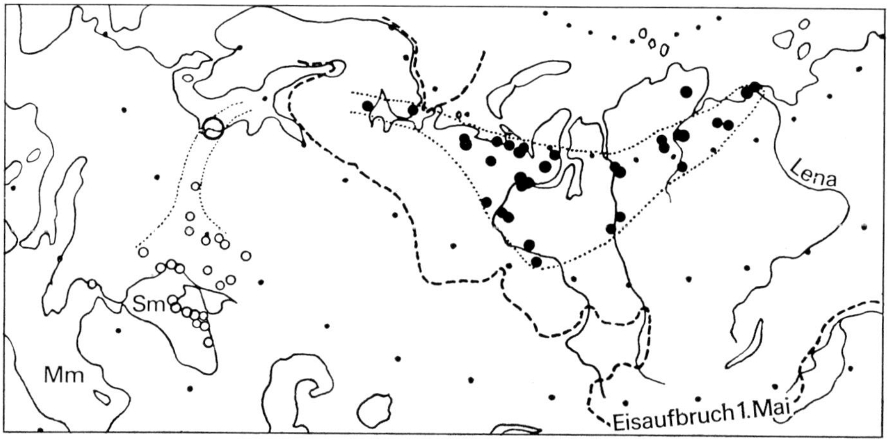

Abb. 49. Wiederfunde von Prachttauchern, die als Durchzügler meist im Mai bei Rossitten (großer Kreis links) anläßlich der Lachsfischerei in der Ostsee erbeutet und dann beringt worden waren. Wie die Funde im Oktober/Februar (April) zeigen, kamen die Taucher aus dem Winterquartier im Bereich des Schwarzen Meeres. Die Nachweise in der Brutzeit liegen im nördlichen Eurasien, von Skandinavien und Finnland (mit gegen 20 Funden, die hier nicht eingetragen sind) ostwärts bis zur Lenamündung. Das nordrussisch-sibirische Brutgebiet der erfaßten Seetaucher ist auf der Karte umgrenzt. Ein Spätsommerfund auf der Taimyrhalbinsel nördlich davon entspricht dem Wegzug vieler Tundra-Seetaucher flußabwärts zum Eismeer, wo sie dann westwärts schwimmen. Da sie im Herbst in der Ostsee ungleich seltener sind als im Frühjahr, ist ein mehr direkter Wegzug aus dem Eismeergebiet (und wohl erst recht aus der Taiga) in das Winterquartier anzunehmen; immerhin besteht da eine Fundlücke, und Septemberfälle sind ganz selten. Die Mauser findet vorwiegend im Winterquartier statt. Die Bedeutung des Schleifenzugs besteht in der Möglichkeit, beim Heimzug ungefähr senkrecht zu den Isochronen des Eisaufbruchs (angegeben ist die Linie für den 1. Mai) in das Brutgebiet zurückzugelangen. Die Punktreihen der Karte bezeichnen die Schnitte der Zehnerkoordinaten. Mm = Mittelmeer — SM = Schwarzes Meer. (Nach Schüz 1954, ergänzt durch 14 inzwischen dazugekommene Funde.)

Die *Mauser* ist von einschneidender Bedeutung für Zug und Überwinterung gerade dieser Art. Die Prachttaucher lassen einem herbstlichen Schlichtkleid von kurzer Frist schon im Dezember das Prachtkleid folgen. Sie werfen bei dieser Mauser im Winterquartier die Schwingen auf einmal ab. Nicht recht geklärt ist die Herkunft der in der Ostsee überwinternden Prachttaucher; ein am 12. April 1934 bei Rossitten in voller Schwingenmauser betroffener, offenbar zweijähriger Vogel war am 3. Juni 1940 an der Obmündung! Wahrscheinlich ist aber die Ostsee vor allem Sammelplatz fennoskandischer u.a. westlicher Brutvögel.

Bezeichnend sind die großen Überlandflüge, die diese Vögel trotz der kleinen Flügel leisten, beim Zug, aber offenbar oft auch bei Nahrungsflügen am Brutplatz. Eine andere Art von Seetauchern, der *Gelbschnabel-Eistaucher* (*Gavia adamsii*), Brutvogel von N-Rußland ostwärts bis zur Boothia-Halbinsel (also beinahe Hudsonbai in Kanada), und zwar im besonderen die im hohen Norden Amerikas brütende Population, gibt in dieser Hinsicht fesselnde Fragen auf. Man vermutet bisher, daß diese Vögel (mit sibirischen Artgenossen zusammen) in Ostasien überwintern und von da über die Beringstraße, Point Barrow (NW-Ecke Alaskas) und Mackenzie-Küste an die Brutplätze fliegen. Das mag für die im höchsten Norden beheimateten Taucher zutreffen. Man glaubt jetzt aber, daß die Brutvögel des inneren Kanada (Großer Sklavensee) in den pazifischen Gewässern nahe der SE-Küste Alaskas überwintern und von da die Rocky Mountains überqueren. In jedem Fall handelt es sich um beachtliche Flugleistungen (LINCOLN 1950).

Bauer & Glutz von Blotzheim: Bd. 1, 1966 (A) – Lincoln 1950 (A).
Dementjev, G.P. (1948): Über den Zug des Prachttauchers. (Russ.) Trudy Bjuro Koljtsevanija: 132–140.
Grote, H. (1950): Zur Kenntnis des Prachttauchers. Zool. Garten N.F. 17: 87–90.
Jögi, A. (1966): Über den Zug der Seetaucher im östlichen Teil des Ostseeraums und im Weißmeergebiet. Eesti NSV Teaduste Akad. Toimetised, Biol. Ser.: 402–413.
Lehtonen, J. (1965): Über den Zug und die Vorgänge am Anfang der Brutperiode beim Prachttaucher. Orn. fenn. 42: 76–89.
Schüz, E. (1954): Vom Zug der westsibirischen Population des Prachttauchers. Vogelwarte 17: 65–80. – (Ders. 1957): Über den Prachttaucher, Fünfter Bericht. Vogelwarte 19: 132–135.
Woolfenden, G.E. (1967): Selection for a delayed simoultaneous wing molt in Loons. Wilson Bull. 79: 416–420.

15. Kurzschwanz-Sturmtaucher (Puffinus tenuirostris) und andere Sturmtaucher

Unter den 86 „Röhrennasen" (*Tubinares*) gibt es sehr große (Albatrosse) und sehr kleine (Sturmschwalben; siehe *Buntfüßige Sturmschwalbe* unter E 5 f und Abb. 54). Alle sind auf die Hochsee spezialisiert und kommen nur zur Brut an Land, nämlich an geschützte Küsten, vor allem Inseln meist der südlichen Zonen. Wir wählen als Beispiel eine Art mittlerer Größe, den *Kurzschwanz-Sturmtaucher* (Abb. 50), auch Hammelvogel genannt, da die

Jungen auf Öl, Fleisch und Federn ausgebeutet werden. Er heißt auch Millionen-Sturmtaucher, da er an seinen Brutplätzen und bei Ausflügen auf See in riesigen Mengen erscheinen kann. Die Art brütet an Küsten und Inseln Südaustraliens und Tasmaniens. Die Vögel kommen dort Ende Sep-

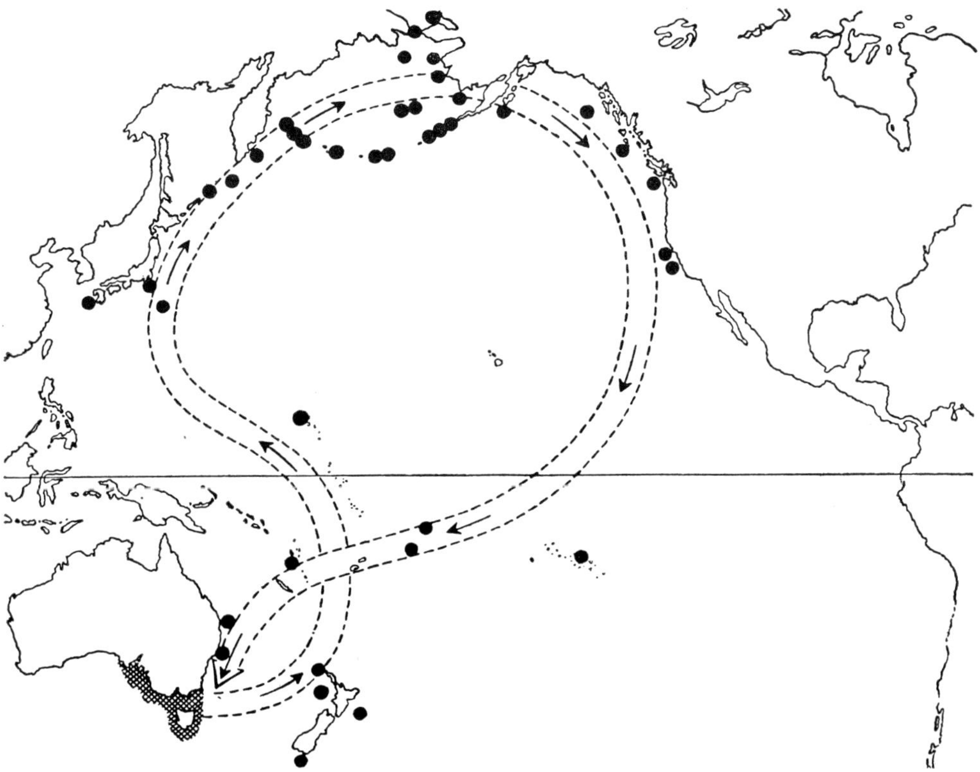

Abb. 50. Zug des Kurzschwanz-Sturmtauchers (*Puffinus tenuirostris*) nach Belegstücken (nicht nur Ringvögeln). Nach SERVENTY 1953 aus MARSHALL 1956.

tember an, richten in 4 Wochen ihre Höhlen her und verschwinden dann nochmals 3 Wochen. In dieser Zeit reift beim ♀ das (einzige, große) Ei. Rückkehr und Beginn der 12tägigen Legezeit erfolgt gegen Ende November. Die Mehrzahl der Anlandenden sind vierjährig (viel weniger drei-, nur vereinzelt zweijährig), doch sind die Sturmtaucher erst fünfjährig, die ♀♀ wohl erst sechsjährig brutreif. Zuerst brüten die ♂♂, nach wohl 2 Wochen kommen die ♀♀ an die Reihe, und dieser Wechsel zwischen Vollfüttern auf See und reservenverbrauchendem Brüten dauert rund 53 Tage. Das Küken schlüpft im Januar; die Fütterung erfolgt gegen Ende der Aufzuchtszeit in langen Abständen, bis die Eltern Mitte April Schluß machen. Das zunächst fette Junge verbleibt noch bis Anfang Mai in der Höhle (oder nachts vor der Höhle), um dann selbständig wegzuziehen. Die Sturmtaucher wandern im Uhrzeigersinn um den Nordpazifik, erreichen Japan (hier 33° N ein Jungvogel schon vor Ende Mai), Kamtschatka und die Beringsee (hier schon 7 Wochen nach der Beringung!), bevorzugen eutrophes Oberflächenwasser und kehren an der amerikanischen Seite zurück. In diesem Fall brütet also ein Zugvogel am wärmeren Pol seiner Jahresverbreitung. Er ist ökologisch gut eingepaßt, denn Ankunft und Aufenthalt am Brutplatz fallen mit dem Oberflächen-Schwärmen des Euphasia-Planktons zusammen. Die Heimkehrer erleiden in manchen Jahren an der ostaustralischen Küste im Oktober/Dezember/Januar) — die unreifen Vögel sind ja verspätet — abgemagert den Hungertod, wenn ungünstige Windverhältnisse den Nahrungsvorrat schädigen.

Der Dunkle Sturmtaucher (*Puffinus griseus*), der „Hammelvogel“ Neuseelands, aber auch sonst südlich 60° S an Pazifischen und Atlantischen Inseln brütend, verhält sich ähnlich. Er zieht im Südwinter nordwärts, z. B. von Neuseeland nach Japan und von Kap Hoorn zur Westküste Nordamerikas. Dabei führt er ebenfalls in Anpassung an die Windverhältnisse eine Art Kreiszug im Uhrzeigersinn aus. Die Art erreicht auch Süd-Grönland. — Der Große Sturmtaucher (*Puffinus gravis*) brütet in einer Kolonie von etwa 2 Millionen Paaren im Bereich der Tristan-da-Cunha-Gruppe (Südatlantik) und zieht gut 10000 km (nahezu 100 Breitengrade) nordwärts; Ringfunde weisen nach Neufundland und Westgrönland.

Eine Art der Nordhalbkugel, der Schwarzschnabel-Sturmtaucher (*P. puffinus*), Brutvogel vor allem an atlantischen Küsten, macht z. B. von Skokholm an der Walesküste aus Nahrungsflüge bis zur Biskaya, wo die Atlantische Sardine (*Sardina pilchardus*) eine wichtige Rolle spielt. 47 Ringfunde weisen auf die Ostküste Südamerikas vor allem zwischen 20° und 30° S als Hauptaufenthaltsgebiet in den letzten Monaten des Jahres; ein Jungvogel, der Anfang September seine Bruthöhle auf Skokholm verlassen haben dürfte, war schon am 16. Oktober an der São-Paulo-Küste, ein am 19. Juli beringter Altvogel am 22. Sept. bei Rio de Janeiro. Das Erscheinen eines Schwarzschnabel-Sturmtauchers von Nord-Irland in Süd-Australien war wohl nicht ganz normal. Verfrachtungsversuche zeigten erstaunliche Orientierungsfähigkeit. Die Art brütet meist erst vierjährig. In diesem Zusammenhang haben sich an der nordamerikanischen Atlantikküste auffallende Befunde ergeben. Die Art wurde hier seit der Mitte des letzten Jahrhunderts bis etwa 1950 vollständig vermißt; seither erscheint sie in steigendem Maß. Da man nichts über eine wesentliche Vermehrung der Brutkolonien weiß, besteht die Möglichkeit, daß klimatische Änderungen wie Erwärmung an der kanadischen Küste und im westlichen Golfstrombereich eine Rolle spielen. Die zwei einzigen Grönlandbeobachtungen fallen in einen solchen Abschnitt der Klimabesserung. Weiterhin ist beachtenswert, daß offenbar alle nordamerikanischen Gäste unreife Nichtbrüter sind. Einjährige sieht man nur ganz selten und nicht vor Juni an der Brutkolonie; Zweijährige kommen etwas früher und zahlreicher, und erst die Dreijährigen erscheinen mehr termingerecht und in größerer Zahl. Die vier nordamerikanischen Ringfunde von Skokholm-Vögeln, alle bei Neufundland, waren einjährig (10. Juli bis 29. Sept.) und zweijährig (30. Juni). Bei den Bermudas gibt es einen ausgeprägten Durchzug nach NE von Anfang Februar bis Anfang April, offenbar adulte Heimkehrer zu den europäischen Brutplätzen. Ein Achtjähriger wurde am 23. April 275 km NE von den Bermudas nachgewiesen. Eine etwas schwächere, aber ganz deutliche Welle erscheint bei den Bermudas Ende Mai; dies sind offenkundig die jungen Nichtbrüter, wie sie dann später bei Neufundland auftauchen.

Schließlich noch ein Blick auf die Albatrosse. Zwei Fälle, die wahrscheinlich den *Wander-Albatros* (*Diomedea exulans*) betreffen, haben in der Geschichte der Vogelmarkierung eine gewisse Berühmtheit erlangt. Der eine, am 8. Dezember 1847 unter 43 S 148.40 W gezeichnet, war 22 Tage später in 43.24 S 79.05 W und hatte also mindestens 3050 nautische Meilen (5650 km) mit Tagesdurchschnitt 134 Meilen bzw. 257 km zurückgelegt. Ein anderer Albatros, der ein Halsband erhalten hatte, war 1887 von den Crozet-Inseln nach West-Australien geflogen: In 46 Tagen 3027 Meilen (5600 km) bei einem Tagesdurchschnitt von 66 Meilen (122 km). Neue Untersuchungen durch Beringung in Südgeorgien und an anderen Stellen haben dieses Bild wesentlich erweitert.

Es ist bei dieser Vogelgruppe schwieriger als bei allen anderen zu entscheiden, was bei ihrem Umherschweifen (vagrancy) noch die Regel ist und was nicht mehr. Es gibt erstaunliche Extreme: Ein Sturmvogel der Gattung *Pterodroma* erschien sogar, wahrscheinlich im Gefolge eines Hurrikans, am 3. Oktober 1959 an dem berühmten Hawk Mountain in Pennsylvanien. Es wird angenommen, daß selbst solche verdrifteten Vögel mit großem Kraftaufwand ihre Heimat (in den südlichen Ozeanen) wieder zu erreichen suchen.

Bauer & Glutz von Blotzheim: Bd. 1, 1966 (A) — Spencer 1966, 1967, 1968, 1969 (D 7).

Alexander, W. B., bearbeitet von G. Niethammer (1959): Die Vögel der Meere, Hamburg und Berlin.

Bourne, W. R. P. (1967): Long-distance vagrancy in the petrels. Ibis 109: 161—167.

Harris, M. P. (1966a): Breeding Biology of *P. puffinus*. Ibis 108: 17—33. — (Ders. 1966b): Age of return to the colony, age of breeding and adult survival of Manx Shearwater. Brit. Birds 13: 84—95.

Hitchcock, W. B., & R. Carrick (1958): First report of banded birds migrating between Australia and other parts of the world. C. S. I. R. O. Wildlife Research 3.

Kuroda, N. (1957): A brief note on the pelagic migration of the Tubinares. Misc. Rep. Yamashina Inst. Orn. Zool. 11: 436—449.

Lockley, R. M. (1953): On the movements of the Manx Shearwater at sea during the breedings season. Brit. Birds 46, Suppl., 48 S.

Marshall, A. J. (1956): The breeding cycle of the Short-tailed Shearwater in relation to trans-equatorial migration and its environment. Proc. Zool. Soc. London 127: 489—510.

Phillips, J. H. (1963): The pelagic distribution of *Procellaria grisea*. Ibis 105: 341—353.

Post, P. W. (1967): Manx, Audubon's, and Little Shearwaters in the Northwestern North Atlantic. Bird-Banding 38: 278–305.
Richdale, L. E. (1963): Biology of *Puffinus griseus*. Proc. Zool. Soc. London 141: 1–117.
Serventy, D. L. (1967): Aspects of the population ecology of *Puffinus tenuirostris*. Proc. XIV Orn. Congr. Oxford 1966: 165–190.
Thomson, A. L. (1965): The transequatorial migration of the Manx Shearwater. Oiseau 35, No. Spécial: 130–140. Diese Arbeit wird ergänzt durch Spencer 1967 und 1968.
Tickell, W. L. N., & J. D. Gibson (1968): Movements of Diomedea exulans. Emu 68: 7–20.
Voous, K. H., & J. Wattel (1963): Distribution and migration of the Greater Shearwater. Ardea 51: 143–157.
Warham, J. (1964): Marked Sooty Shearwaters *Puffinus griseus* in the northern hemisphere. Ibis 106: 390–391.

E. Einzelabschnitte aus dem Zuggeschehen

1. Bewegungsweisen: Zug im Fliegen, Laufen und Schwimmen

Der Zug vollzieht sich, wie zu erwarten, ganz vorherrschend in der Form des Fluges: Die Anforderungen des Zuges haben entsprechende funktionelle Leistungen und damit anatomische Voraussetzungen herausgezüchtet.

Andererseits setzt sich der Zugtrieb so stark durch, daß zu prüfen ist: Sollte sich nicht ein Teil der Bewegung auch auf andere Weise vollziehen – im Schwimmen, im Laufen, im Hüpfen auf der Erde oder im Gezweig? Pinguine haben keine andere Wahl, als schwimmend oder als gehend zu wandern, und sie bewältigen in dieser Form ganz beträchtliche Strecken (F 4). Aber auch flugfähige Schwimmvögel vermögen ihrem Zugtrieb schwimmend zu genügen. Nur wenige Beispiele: Junge Tölpel (*Sula bassana*) sollen im Nordatlantik und auch bei Neuseeland nach dem Sprung vom Geburtsfelsen sofort und ständig in Richtung Ruheziel schwimmen. An der Westküste Schwedens bewegen sich im April bei ungünstigem Wetter Scharen von Eiderenten (*Somateria mollissima*) in Zugrichtung, ebenfalls im Frühjahr an der finnischen Küste Ringelgänse (*Branta bernicla*), im Beispielsfall 13 km am Tag, und zwischen Finnland und Schweden schwimmen im Herbst Lappentaucher (*Podiceps cristatus*, *P. griseigena*) stündlich 2 km in Richtung Winterquartier. Lummen sind ausgeprägte Schwimm-Wanderer. So ist die Karte über den Zug der Trottellumme (*Uria aalge*) von Helgoland nach Norden zu deuten (Abb. 65), und Salomonsen (1953, 1969) zeigt ein entsprechendes Südwärtsschwimmen der Dickschnabellumme (*U. lomvia*) an der Westküste Grönlands auf über 1000 km.

Sodann wurden auffällige Fußwanderungen in Oregon bekannt, wo im Mai 1929 tausende von Bläßhühnern (*Fulica americana*) drei Tage hindurch nordwärts marschierten; sie hielten sich an die Uferlinie, schienen aber das Wasser und das Fliegen geradezu zu vermeiden. Auf der Kurischen Nehrung hatte man den Eindruck, daß im Kieferngebüsch längs der Straße zur Zugzeit manche Kleinvögel beim Hüpfen von Ast zu Ast die Zugrichtung bevorzugten. Man wird noch viele Beispiele entsprechender Art finden.

Mit dieser Bereitschaft, auch außerhalb der eigentlichen Zugstunden auf die Zugrichtung eingestellt zu sein, hängt eine Beobachtung von Baron LOUDON an *Ficedula albicollis semitorquata* (und anderen Arten) am Kaspischen Meer zusammen: Die Tages-Fluchtdistanz ist beim Angehen gegen die Zugrichtung deutlich geringer als bei der Annäherung mit der Zugrichtung.

Salomonsen 1953, 1969 (A).
Andersson, T. (1954): Simflyttning hos *Podiceps cristatus* och *P. griseigena*. Vår fågelvärld 13: 133—142.
Bergman, G. (1941): Der Frühlingszug von *Clangula hyemalis* und *Oidemia nigra* bei Helsingfors. Orn. fenn. 18: 1—26.
Freuchen, P., & F. Salomonsen (1958): The Arctic Year. New York.
Loudon, Baron H. (1913): Ergebnisse meiner V. Reise nach dem Talyscher Tieflande und Transkaspien. Annuaire Mus. Zool. Acad. Impér. Sci. St. Petersburg 18: 431 bis 510.
Müller-Schwarze, D. (1967): Tierstraßen in der Antarktis. Siehe das Sammelwerk von Hediger (A): 120—133.
Prill, A. G. (1931): A Land Migration of Coots. Wilson Bull. 43: 148.
Ringleben, H. (1956): Vogelzug im Laufen und Schwimmen. Falke 3: 160—163.
Ulfstrand, S. (1953): Flockar av ejder som sträcka simmande. Vår Fågelvärld 12: 29—36.
Wodzicki, K., & P. Stein (1958): Migration and Dispersal of New Zealand Gannets. Emu 58: 289—312.

2. *Tagzug und Nachtzug*

Der Zug ist viel mehr, als manche glauben, ein *nächtliches* Geschehen. Nicht nur nachtaktive Arten (wie Eulen und Nachtschwalben) wandern nachts, sondern auch viele Tagvögel. Nicht wenige ziehen sowohl tags wie nachts. Fast alle unsere insektenfressenden Kleinvögel — auch noch diejenigen von Drosselgröße —, ferner Limikolen und großenteils auch Enten wandern in der Hauptsache bei Nacht. Doch können auch ausgesprochene Nachtzügler unter zwingenden Umständen *am Tag* wandern; so sah SICK am 5. April 1931 bei einem Kälteeinbruch auf der Kurischen Nehrung in $6^1/_2$ Stunden 575 Bekassinen, einmal sogar einen Trupp von 36, SW-wärts ziehen. Schwalben, Segler und Bienenfresser nehmen eine Sonderstellung ein, indem sie vorwiegend bei Tag wandern. Von der Thermik abhängige Segelflieger wie Störche (D 11) und viele Greifvögel sind an den Tag gebunden. Während die übrigen Tagzieher die Frühstunden bevorzugen, setzen sie sich erst am späteren Vormittag mit dem Aufkommen der Thermik in Bewegung; die Zeit vorher wird zum Beutemachen benützt. Die Nachtzieher sind bis Mitternacht am lebhaftesten (LOWERY); aus den Zugrufen möchte man auf einen Höhepunkt kurz vor Mitternacht und auf ein Aufleben vor der Dämmerung schließen (VLEUGEL). Umgekehrt wurde aber auch ein Anschwellen der Rufe in der zweiten Nachthälfte registriert, während gleichzeitig die Radarsignale abnahmen. GRABER schreibt beides einem Tiefergehen der Vögel zu; für eine Zugunterbrechung sieht er keine Hinweise. So gibt es hier noch manche Einzelheiten zu klären. — Der Nachtzug tritt dort am auffallendsten in Erscheinung, wo ein starker Inselleuchtturm (C 4) oder wo andere *hochragende Lichtquellen* (Radio- und Fernsehtürme, Wolkenkratzer) die Vögel anziehen; sie wirken um so mehr, je stärker die Lichtquelle ist, und es kann zu vielen Totanflügen kommen. In Tennessee fielen vor der Dämmerung des 10. September einem Flugplatz-Wolkenscheinwerfer gegen 300 Zugvögel zum Opfer, in Kansas einem 290 m hohen Fernsehturm vom 25. Sept. bis 30. Okt. 1090 Vögel (meist Kleinvögel, aber auch 17 Rallen usw.), und an einem 11. Sept. fand man am Fuß des Washington-Monuments (182 m) 576 abgestürzte Vögel, Ergebnis eines Anflugs von $1^1/_2$ Stunden. Auch an einem 11. Sept. flogen an das Empire State Building (387 m) in New York hunderte von Vögeln in 25 Arten an. Hier wirkte nicht nur die Blendung: Eine südwärts fließende Kaltluftmasse keilte wahrscheinlich so aus, daß die warme, den Zugvögeln unerwünschte Gegenströmung die Gebäudespitze erreichte und den Zug nach unten drückte. Weiteres über Leuchtfeuer als „Todesfallen" siehe VOSBURGH (L 6).

Der *abendliche Aufbruch* der Nachtzügler richtet sich nach dem SU, also nach der Dämmerung, wie DROST für die Amsel dartat. Auch der Durchzug von Strandläufern vollzog sich auf Helgoland in bestimmtem Abstand zum SU. Die ersten erschienen regelmäßig $1^1/_4$ bis $1^1/_2$ Stunden danach, was einer Dämmerungs-Aufbruchzeit am 60 bis 90 km entfernten Küstenabflugsort entsprach. Tagzügler setzen sich früh nach dem Hellwerden in Bewegung (Ausnahmen siehe oben), und die größte Zugdichte ist in den Frühstunden üblich. Um 9 Uhr läßt der Zug nach, mittags erlahmt er, und gegen Abend pflegt er in schwächerem Maße wieder aufzuleben. Meteorologische Bedingungen können dieses Verhalten abwandeln.

Die Festlegung auf Tag- oder (und) Nachtzug ist weitgehend *physiologisch* zu deuten. Nachtzügler sind größtenteils schnellverdauende Kleintierfresser, die lange Zeit für die Futtersuche benötigen und die Freßzeit nicht durch die Wanderung kürzen dürfen. (Darüber und über andere physiologische Gesichtspunkte siehe J IV 2.)

Dorka 1966 (B III 7) — Drost 1960 (B III 1) — Graber 1968 (B III 3) — Lowery 1951 (B III 3).

Beneden, A. van (1957): Comportement d'Oiseaux insectivores lors de la migration d'autumne. Gerfaut 47: 89—90.

Drost, R. (1931): Über den Einfluß des Lichtes auf den Vogelzug, insbesondere auf die Tagesaufbruchszeit. Proc. VIIth Intern. Orn. Congr. Amsterdam: 340—356.

Overing, R. (1938): The 1937 fall migration at the Washington monument. Wilson Bull. 50: 146.

Pough, R. H. (1948): Out of the night sky. Audubon Mag. 50: 354—355.

Sick, H. (1935): Tageszug von *G. gallinago* 1931 am Kurischen Haff. Vogelzug 6: 128—129.

Tordoff, H. B., & R. M. Mengel (1956): Studies of Birds Killed in Nocturnal Migration. Univ. Kansas Publ., Mus. Natur. Hist., 10: 1—44.
Vleugel, D. A. (1960): On the temporal Pattern of Nocturnal Migration in Thrushes. Auk 77: 10—18.
Vosburgh, J. (1966): Deathtraps in the Flyways. In: A. Stefferud et al.: Bird in Our Lives, Washington: 364—371.

3. Fühlunghalten beim Zug

Manche Vogelarten ziehen *einzeln* (viele Greifvögel), andere in mehr oder weniger *lockeren Schwärmen* (Krähen, Wespenbussard) oder gar in *enggeschlossenen Verbänden*, bei denen die Einzelvögel ziemlich gleichartige Abstände einhalten und bei Richtungs- und Geschwindigkeitswechsel in bestimmter Weise manövrieren (gewisse Tauben und Strandläufer; Star). Die Scharung kann sehr zahlreiche Vögel umfassen. Es gibt aber natürliche Grenzen. Man sieht manchmal Stare in weit mehr als 4000 oder 5000 Stück beisammen, doch zerfallen solche Riesenflüge nach Aufgang vom Schlafplatz mehr oder weniger bald in sehr viel kleinere Zugeinheiten.

Es gibt auch Fluggesellschaften, die sich aus mehr als einer Art zusammensetzen können, z. B. bei Strandläufern (ja gelegentlich ein Mischen von ziehenden Vögeln und Fledermäusen). Die Verbände neigen bei stärkerer Belastung zum Auseinanderbrechen nach Arten. Gewisse Arten sammeln sich auf dem Zug, vor allem an Schlafplätzen (Weihen, Geyr & Haas 1957; Krähen, Schwalben).

Kraniche, Gänse und Enten bilden mit Vorliebe *Schrägreihen* und streben zur Bildung eines meist ungleichschenkligen, nach hinten offenen *Winkels*. Diesen gibt es bisweilen auch bei Möwen, während sich Austernfischer mit einer *einlinigen Front* begnügen. Man hat oft vermutet, daß diese Flugordnungen, insbesondere der Flug in Keilform, aerodynamische Vorteile bringen in der Art, daß die vom Vorderflieger erzeugte Luftströmung den nachfolgenden Vogel fördere. Demnach wäre eine gewisse Ordnung des Flügelschlags mit Phasenverschiebung von Vogel zu Vogel zu erwarten. Für den Graukranich beschreibt Baron Geyr (1934, 1952) sie „wie die wellenförmig fortschreitende Bewegung in einem Weizenfelde, über das der Wind hinstreicht!" Franzisket allerdings kommt auf Grund eigener Erfahrungen im Flugzeug-Formationsflug zu dem Ergebnis: Die Ordnung gilt nicht dem Anschluß an die vom Vordermann erzeugte *Strömung*, sondern hilft ‚ihr *auszuweichen*; diese Luftwirbel sind vorwiegend schädlicher Art. „Der Formationsflug ist die Flugform, die es einem Schwarm großer Vögel am zuverlässigsten gestattet, sehr dicht zusammen zu fliegen, ohne daß ein Schwarmmitglied von den Wirbeln eines Vorausfliegenden gestört wird." Neue Untersuchungen haben allerdings Geyr recht gegeben, daß eine Phasenbeziehung zwischen den Flügelschlägen der einzelnen Vögel eines Keilverbandes besteht — wenigstens bei Gänsen —, so daß eine Energie-Rückgewinnung aus der Gesamtströmung nicht auszuschließen ist (Nachti-

GALL). Nach FRANZISKET ist ferner der Keilflug bei Mensch wie Vogel die beste Möglichkeit, um den *optischen Halt* nach den Seiten, nach vorn und hinten zu gewährleisten. Die Keilanordnung führt von selbst auch zu einer zweckvollen Aufteilung des Sehfeldes mit der Möglichkeit guten *Warnschutzes*. Bei kleineren Vögeln (wie Staren) nehmen die von den Flügeln hervorgerufenen Wirbel einen weit kleineren Raum ein und sind die Bedingungen für die optische Perzeption anders, so daß sie eng geschart fliegen können und nicht in so bestimmter Weise räumlich gebunden sind wie große Vögel bei dichtem Anschluß. Auch EICHNER deutete auf bemerkenswerte Parallelen zwischen Vogel- und Jagdflieger-Formationen hin.

Das Fühlunghalten gesellig ziehender Arten wird (zumal bei nächtlicher Wanderung) nicht selten durch *Flugrufe* erleichtert (J V 7b). Sie können als angeborener Ausdruck der mit dem Zugflug verbundenen Erregung gelten. Diese Auffassung wird der Tatsache gerecht, daß (als Ausnahme) die neuweltliche Limikole *Bartramia longicauda* trotz Einzelzugs, bei Nacht sowohl wie bei Tag, fortwährend ihre Rufe ausstößt. — Die nächtlichen Zugrufe nehmen zu bei Bedeckung und wenn die Vögel an Leuchttürmen oder über erleuchteten Städten fliegen, wenn sie die Richtung ändern oder in niedrigere Höhen herabsteigen; das gilt vor allem für die Zeit nach Mitternacht (GRABER).

Die *Familienbindungen* erlöschen bisweilen schon vor dem Wegzug, sehr häufig bei diesem selbst. Man hat nach einem reichen Ringmaterial in Nordamerika nachgewiesen, daß die Partner von Stockenten-Paaren geradezu regelmäßig getrennte Winterquartiere beziehen, und wenn sich hier wie etwa auch beim Weißstorch nicht selten die Partner zur Brut wiederfinden, so geschieht das offenbar allein auf Grund der Ortstreue. Bei Stockenten trennten sich auch Mütter und Kinder. Darüber hinaus gibt es aber auch Arten, wo (beide?) Eltern und Kinder auf dem Zug zusammenhalten, selbst auf große Strecken, so daß die Seeschwalbe *Sterna maxima*, Brutvogel in Nordamerika, noch an der Küste von Peru die schon halbjährigen Jungen füttert. Gerade bei Fischfressern scheint diese Verlängerung der Brutfürsorge weit in die Zugzeit hinein nicht selten zu sein, wobei mitsprechen dürfte, daß die gebotene Geschicklichkeit im Beuteerwerb noch einer längeren Nachhilfe bedarf. Doch gibt es auch bei Pflanzenfressern wie Graugans und Graukranich einen Zusammenhalt der Familien sogar über die Zugzeit hinaus.

Geyr 1934 (D 12) — Graber 1968 (B III 3).
Ashmole, N. P., & H. Tovar S. (1968): Prolonged Parental Care in Royal Terns and other Birds. Auk 85: 90—100.
Drost, R. (1963): Zur Frage der Bedeutung nächtlicher Zugrufe. Vogelwarte 22: 23—26.
Eichner, D. (1954): Formationsflugregeln auch beim Flug der Haustaube. Vogelwarte 17: 15—18.
Franzisket, L. (1951): Über die Ursachen des Formationsfluges. Vogelwarte 16: 48—55.

Geyr v. Schweppenburg, Frh. H. v. (1952): Vorteile der Zuggeselligkeit. Vogelwarte 16: 116—119.
Geyr, H. Baron, & G. Haas (1957): Über Geselligkeit von Weihen (Circus) auf dem Zug und am Schlafplatz. Vogelwarte 19: 53—55.
Martinson, R. K. (1968): Lack of association among ducks broodmates during migration and wintering. Auk 85: 684—686.
Nachtigall, W. (1970): Phasenbeziehungen der Flügelschläge von Gänsen während des Verbandsflugs in Keilformation. Z. vergl. Physiol. 67: 414—422.
Westernhagen, W. v. (1955): Zuggeselligkeit bei Greifvögeln. Vogelwarte 18: 15—19.

4. Höhe und Geschwindigkeit

a. Zughöhe

Mindestens ein großer Teil des Zuges wickelt sich in geringen Höhen ab, unter 100 m oder wenig mehr; das lehrt die unmittelbare Beobachtung. Andrerseits weiß man, daß große Vögel gelegentlich recht hoch fliegen und auch kleinere Vögel dem Auge ganz entschwinden können. Gätke, dessen scharfen Augen auf Helgoland die Vögel oft nach oben entschwanden, glaubte den normalen Zug der meisten Vögel „in unbekannte Höhen" verlegen zu dürfen. Er verstand darunter solche von mehr als 3500 m, selbst Lagen von 3500 bis 10500 m. Wahrscheinlich hat Gätke die Sichtbarkeitsgrenze fliegender Vögel reichlich hoch angesetzt (z. B. Sperber nach Gätke 3000 m, nach v. Lucanus 850 m. Immerhin dürfte der lebende Vogel viel weiter zu sehen sein als der präparierte, wie ihn v. Lucanus vornahm; vgl. Bruns 1953). Sodann ermittelten gewisse Untersucher mit Fernrohrbeobachtungen vor dem Mond erstaunlich große Höhen. Da es sich nicht um ein Entfernungsmeßverfahren mit Hilfe zweier Beobachter handelte, sondern die Größe des — im eiligen Vorüberflug angeblich erkannten (?!) — Vogels zum Winkel der Mondscheibe in Beziehung gesetzt wurde, sind Zweifel an der Richtigkeit auch dieser Ergebnisse am Platz. Leider fehlt es auch sonst in den meisten Fällen an einer sicheren Artbestimmung. Das gilt z. B. für eine November-Beobachtung vermutlicher Gänse in 2600 m Höhe über der Nordsee vom Flugzeug aus. Immerhin erfaßte Mildenberger mit Funkmeßgerät für mehrere bekannte Arten Höhen bis über 2000 m (Ringeltaube 2400, Saatkrähe 2500). Eine Ente, wohl Stockente, flog bei Frankfurt a. M. 2700 m, eine Löffelente zwischen Bombay und Bangkok 13000 feet (3960 m) hoch gegen ein Flugzeug, und Douglas nennt für einen Waldwasserläufer 12000 ft (3650 m), jeweils ü. d. M. Ein Flugzeugführer sah am 16. September 1950 über dem Ärmelkanal angeblich Kraniche in 4300 m Höhe. Lack fand mit Radar-Höhenfinder, daß im Herbst über Norfolk von der Nordsee zuwandernde Sperlingsvögel tags zwar gewöhnlich unter 1500 m fliegen, nachts jedoch Werte bis fast 4000, einmal 4200 m erreichten! Limikolen hielten Höhen bis 3300 m.

Diese Angaben beziehen sich auf niedrig liegende Gebiete, so daß wenig Unterschied ist, ob die Zughöhe über Grund oder über Normalnull gemessen ist. Bei Gebirgen und besonders Hochgebirgen muß man beides streng unterscheiden. Ringfunde beweisen, daß von Ostrußland und Sibirien sehr viele Vögel nach Indien und zurück ziehen (E 13), also gewaltige Gebirgsmassive queren. DONALD sah (nur mit dem Glas, also jenseits der Sichtbarkeitsgrenze des bloßen Auges) im Himalaja bei 14000 feet (4270 m) Höhe Ende Mai „Störche oder Kraniche" (wohl das letztere) nordwärts über sich ziehen. Das bedeutet, daß diese Vögel in etwa 6000 m über Meereshöhe geflogen sind. Auf dem höchsten Andenberg Venezuelas fanden sich bei einer erleuchteten Station 4200 m hoch Nachtzügler aus Nordamerika (*Coccyzus americanus*, *Oporonis agilis*) ein. Man muß aus diesen und anderen Beobachtungen schließen, daß Vögel besser als der Mensch geringen Druck und niedrige Temperaturen ertragen können. Demnach sind die physiologischen Voraussetzungen für den von GÄTKE behaupteten Hochflug nicht in dem Maße abwegig, wie es zunächst schien. Dennoch dürfen wir annehmen, daß der Hauptzug den Raum unter 600 m einnimmt. Oft genug herrscht lebhafter Zug in sehr geringen Höhen, ja selbst zu beiden Seiten des an etwas erhöhtem Punkt aufgestellten Beobachters. Manche Vögel nehmen in ganz niedrigem Streichen Bodenwelle um Bodenwelle.

Welche *Faktoren* nehmen Einfluß auf die Flughöhe? Die Obergrenze wird natürlich vor allem durch Sauerstoffmangel bestimmt, indes sind Bau und Mechanik des Atemapparats beim Vogel so hervorragend entwickelt, daß er auch bei recht niedrigen Drucken bestehen und sogar Flugarbeit leisten kann. Bei der unteren Grenze des Zuges könnte das Bedürfnis nach ausreichender Übersicht eine Rolle spielen. Nach DUNCKER entspricht einer Höhe von 100 m infolge der Erdkrümmung ein Horizontradius von rd. 42 km; weitere Zahlen sind: 200 m: 60 km — 500 m: 80 km — 1000 m: 113 km — 2000 m: 161 km — 5000 m: 252 km — 10000 m: 355 km. Da die atmosphärischen Bedingungen das Ausnützen der theoretischen Sichtgrenzen nur begrenzt erlauben werden, dürften diese nicht oft Anlaß zum Aufsteigen in große Höhen geben. Im übrigen bestehen gewisse Unterschiede nach Arten. Es ist nicht nur beobachtungstechnisch bedingt, daß die größten Flughöhen nicht bei Kleinvögeln, sondern bei großen Arten ermittelt sind. Es gilt ferner wohl, daß eine Zunahme des Windes den Zug nach unten drückt, weil die Reibung an der Erdoberfläche die Windstärke herabsetzt. EASTWOOD & RIDER (1965) konnten dies mit Radar nur für den Herbstzug bestätigen. DEELDER & L. TINBERGEN (1947) wiesen ferner (bei Finken und Staren) nach, daß die Zunahme des Winkels zwischen Zug- und Windrichtung die Flughöhe steigert. Bei diesigem Wetter findet der Zug in tieferer Lage statt als bei guter Sicht. Eine tiefe Wolkendecke drückt den Zug ebenfalls, doch kommen auch Zugflüge oberhalb einer Wolkenbank oder gar einer Wolkendecke vor (so wie bei der oben erwähnten Wanderung der vermutlichen Gänse über der Nordsee, die eine 700 m dicke Wolkendecke unter sich hatten). Eine niedrige Nebelschicht wird von den Vögeln unbedenklich überflogen, wenn darüber Sicht herrscht; man hört dies an den aus dem Nebel herabtönenden Stimmen.

Buchfinken erheben sich über baumlosem Gelände höher als über baumbestandenem, Buchfinken und Stare über einem See oder Meer höher als über dem Land, Eis- und Trauerenten über den inneren Schären höher als über den äußeren und dem Meer (Bergman 1941): Eine fremdartige Lebensstätte wird möglichst hoch überflogen (vgl. aber *Grus* S. 101). Ebenfalls könnte es psychologisch bedingt sein, wenn große Startrupps oft höher fliegen als kleine und wenn gefahrbringende Greifvögel überhöht werden (soweit nicht Gelände mit Deckung zum raschen Einfall lockt). Offensichtlich spielt sich der nächtliche Zug allgemein in größeren Höhen ab als der Tagzug. Der ganz niedrige, am Boden haftende Zug, wie man ihn an windigen Tagen sieht, kommt bei Nacht nicht vor. Nach Mitternacht pflegt der Zug abzusinken (Graber, Myres), und mindestens in England verläuft der Zug im Frühjahr höher als im Herbst (Lack), wie Radarbeobachtungen zeigten.

b. Zuggeschwindigkeit

Auch darüber bestanden eine Zeitlang recht irreführende Meinungen. Gätke war des Glaubens, die in Helgoland durchziehenden Nebelkrähen seien schon nach 3 Stunden in England, ja die auf der Insel rastenden Blaukehlchen schon nach Verlauf einer Nacht in Ägypten. Diese Annahmen greifen viel zu hoch. Viele Vögel (ausgenommen z. B. Greifvögel und Möwen) sind beim Zug geschwinder als beim üblichen Flug, doch haben sie meistens (ausgenommen schwere Arten mit kleinen Flügeln) noch eine gewisse Geschwindigkeitsreserve (Meinertzhagen 1955). So stellt der Zug keine Geschwindigkeitshöchstleistung dar. Ein Wanderfalk, der sich auf seine Beute stürzt, bedarf dabei einer ganz anderen Geschwindigkeit, als wenn er zieht. Der stoßende Wanderfalk soll nach zuverlässigen Beobachtungen Geschwindigkeiten von 75 m/sec = 270 km/h entfalten können, während seine Zuggeschwindigkeit mit 59,2 km/h ermittelt ist, und zwar von J. Thienemann. Dieser gab aus Rossitten als erster eine Reihe verläßlich bestimmter Zuggeschwindigkeiten; einige weitere Angaben stammen von Banzhaf (Greifswalder Oie). Die Stundenleistungen waren:

41,4 km	Sperber	52,2 km	Saatkrähe, Buchfink
44 km	Rauchschwalbe	53 km	Wiesenpieper
45 km	Wespenbussard	59,8 km	Kreuzschnabel
50 km	Nebelkrähe, Mantelmöwe	61,6 km	Dohle
51 km	Erlenzeisig	74,2 km	Star

(Untersuchungen von Meinertzhagen auch in Asien und Afrika bestätigten und erweiterten diese Angaben beträchtlich.) Während bei Tauben 60 (Reisetauben 66) km/h i.a. wohl nicht überschritten werden, dürften vor allem Regenpfeifer und Schnepfen erheblich höhere Werte erzielen. Sie mögen nach unverbindlicher Schätzung 90 km erreichen oder überschreiten. Besonders schnelle Flieger dürften wohl die Flughühner Asiens sein, die in ihrem wüstenhaften Wohngebiet gewaltige Entfernungen zum täglichen

Wasserplatz zurücklegen. Sie sind aber im allgemeinen keine Zugvögel (siehe jedoch G 19).

Die angegebenen Zahlen sind *Eigengeschwindigkeiten*. Die *Geschwindigkeit über Grund* ist nicht nur Sache des Vogels, sondern wird entscheidend durch Stärke und Richtung des Luftstroms bestimmt. Daher können obige Werte je nachdem stark abgewandelt werden, und zwar durch Mitwind nach oben und durch Gegenwind nach unten. Es ist unter diesen Umständen wohl glaubhaft, daß Goldregenpfeifer 180 km/h, ja Stachelschwanzsegler (*Chaetura*) 320 km/h zurücklegen können (DE GRAVE 1941, ST. BAKER 1922), und daß Landvögel in *einem* Zuge von England bis Neufundland verschlagen werden (E 5).

Vögel ziehen nicht Tag für Tag, sondern legen je nach Witterung und Nahrungsangebot, vor allem auch nach dem Zugtrieb und dem Kräftebedarf, *Pausen* von einem oder wenigen Tagen, manchmal auch mehr, ein. STRESEMANN hat auf Grund der phänologischen Daten für den Heimzug der Kappenammer ein Ziehen in Etappen postuliert. Ein solcher Abschnitt soll etwa 2 Zugnächte und 5 Schlafnächte, dazwischen 7 Rasttage, umfassen. Auch bei Käfigvögeln kann die Zugunruhe in Schüben auftreten. Wo an Massenzugstrecken widriges Wetter die Scharen gebremst hat, erlebt man nach Besserung ein „Losstürmen". (Über die physiologische Bedeutung des Rastens siehe J IV, V.)

Bergman 1941 (E 1) — Deelder & Tinbergen 1947 (B III 3) — Duncker 1905 (A) — Eastwood 1967 (B III 4) — Gaetke 1891, 1900 (C 4) — Graber 1968 (B III 3) — v. Lucanus 1929 (A) — Meinertzhagen 1955 (B III 3) — Mildenberger 1955 (B III 4) — Mitchell 1955, 1957 (B III 1) — Oelke & Wolpers 1968 (B III 3) — Rittinghaus 1957 (B III 4) — Thienemann 1926, 1931 (A).

Bruns, H. (1953): Zur Zughöhe und Sichtbarkeitsgrenze fliegender Vögel. Orn. Mitt. 5: 105.

Deane, C. D. (1955): Curlews at 4500 feet. Brit. Birds 48: 544.

Donald, C. B. (1952): Bird migration across the Himalayas. J. Bombay Natur. Hist. Soc. 51: 269—271.

Eastwood, E., & G. C. Rider (1965): Some radar measurements of the altitude of bird flight. Brit. Birds 58: 393—426.

Harrison, J. (1969): The altitude of a migrating Shoveler. Bull. Brit. Orn. Club 89: 72.

Lack, D. (1959, 1960a): Migration across the North Sea studied by Radar. Ibis 101: 209—234, Ibis 102: 26—57. — Ders. (1960b): The height of bird migration. Brit. Birds 53: 5—10.

Myres, M. T. (1964): Dawn Ascent and Re-Orientation of Scandinavian Thrushes (*Turdus* spp.) migrating at Night over the Northeastern Atlantic Ocean in Autumn. Ibis 106: 7—51.

Phelps, W. H. (1961): Night Migration of 4200 Meters in Venezuela. Auk 78: 93—94.

Stresemann, E. (1944): Der zeitliche Ablauf des Frühjahrzuges bei *Emberiza melanocephala*. Orn. Mber. 52: 85—92.

5. Durchschnitts- und Höchstleistungen

Tagesleistungen

Man kann für die Tagesleistung grobe Durchschnitte errechnen, wenn man den Zeitpunkt des Wegzugs am Brutplatz und den der Ankunft im Winterquartier kennt. Dies führt i.a. zu recht niedrigen Werten. Der Weißstorch, der sich für den Zugweg von rd. 10000 km viel Zeit nimmt, hat dann nur eine Tagesleistung von 120 bis 150 km, im Frühjahr etwas mehr als im Herbst. Tatsächlich gibt es viele Tage mit höherer und viele Tage mit geringerer Leistung, sogar Tage oder Tagreihen völliger Ruhe. Selbst Arten, die zu erheblichen Geschwindigkeiten imstande sind, erweisen sich als wenig eilige Zugvögel. Es wird mit Recht darauf hingewiesen, daß die meisten Vögel auch zur Brut- und Ruhezeit Tagesleistungen zeigen, die hinter denjenigen zur Zugzeit nicht zurückstehen. Im einen Fall ist es ein stetes Hin und Her, im anderen Fall wickelt sich die Bewegung so ab, als ob mehr oder weniger geradlinig einem fernen Ziel zugestrebt würde.

In manchen Fällen haben sich *besondere Tagesleistungen* ergeben. Man konnte auffallende „Pulke" der Blau-Schneegans in Nordamerika von der James Bay bis Louisiana verfolgen; sie bewältigen 2700 km in weniger als 60 Stunden (Stundendurchschnitt also 72 km). Am zuverlässigsten sind Ringnachweise: Ein am 5. September auf Helgoland beringter Steinwälzer war 25 Stunden später an der Ärmelkanalküste. Die 820 km dürften im wesentlichen während eines Nachtflugs zurückgelegt worden sein. Ein anscheinend erschöpft gegriffenes Bläßhuhn schaffte vom 7. Dezember 16 Uhr bis zur Nacht des 8./9. Dezember 730 km. Eine Rotdrossel brauchte für die 2500 km lange Strecke von Island zur Gironde 4 Tage; Tages- (d.h. wohl Nacht-) Durchschnitt also 600 km. Stockenten in Nordamerika leisteten Tagesstrecken von mindestens 480 km. Diese Beispiele ließen sich vermehren. (Eine Karte mit Einzeldarstellungen solcher Fälle siehe Edelstam & Österlöf 1969.)

Solchen Gewaltleistungen liegen oft *zwingende Veranlassungen* zugrunde. Sie können in der Landschaft begründet sein (Landvögel über dem Weltmeer, Wasservögel über dem Land, Waldvögel über der Wüste), aber auch in zeitlichen Umständen wie Kälteeinbrüchen im Herbst oder wie auch solchen im Vorfrühling, durch die z.B. Waldschnepfen gezwungen sein können, „Hals über Kopf" kehrtzumachen, in einem Wettflug mit dem Tod, der ihnen sicher ist, wenn die Vögel kein frostfreies Gelände zum Wurmen vorfinden (Umkehrzug). Die Eisbildung auf den Gewässern führt zu einer großartigen und weiträumigen Massenflucht von Enten u.a. Wasservögeln. Umgekehrt kann schnelle Zunahme der Temperatur im Frühjahr die Wanderung sehr beschleunigen. Solche Außenreize nehmen auf physiologische Abläufe Einfluß, die beim Vogelzug eine entscheidende Rolle spielen (H, J).

Gesamtleistungen

Gesamt-Zugstrecken, die sehr große Anforderungen an die Physiologie des Vogels stellen — in der Kraftaufwendung wie in der Sinnesleistung —, sind nicht ganz selten. Schon die Einzelbilder eines Zuges ergaben Bemerkenswertes (so in Kapitel D: 6. Spießente, 7. Rauchschwalbe, 8. Rotrückenwürger, 10. Seeschwalben, 11. Weißstorch, 15. Sturmtaucher). Hier seien einige weitere Beispiele herausgestellt.

a) Der Nordische Laubsänger (*Phylloscopus borealis*) läßt im Spätfrühjahr seine liebliche Trillerstrophe im hochnordischen Birkenwald von Alaska bis Norwegen ertönen. Das Winterquartier dieser Vögel liegt am Südostrand Asiens und im Malayischen Inselgebiet. Es spricht alles dafür, daß die westlichen Populationen der Art erst einmal ostwärts in Richtung Ostsibirien und die östlichsten westwärts ziehen, bevor sie nach Süden umbiegen. Ähnliches gilt für den von Nordrußland bis Kamtschatka brütenden Petschorapieper (*Anthus gustavi*).

b) Ostsibirier bis Afrika: Die ostsibirische (Amur-)Form des Rotfußfalken (*Falco* [*vespertinus*] *amurensis*) legt, um den Winter in Südafrika zu verbringen, von Indien aus wohl mehr als 2500 km über den Ozean zurück. Demselben Ziele streben noch andere fernöstliche Vögel zu, so die entsprechenden Populationen des Grau-Fliegenschnäppers (*Muscicapa striata neumanni*, brütend bis Transbaikalien), des Steinrötels (*Monticola saxatilis*, Nordostchina) und des Mauerseglers (*A. apus pekinensis*, bis Peking). Auch der Persische Bienenfresser (*Merops superciliosus persicus*), ferner Vertreter des Rotrückenwürgers (*Lanius collurio phoenicuroides*, *L.c. isabellinus*, D 8 Abb. 35) und mehrere andere asiatische Brutvögel wandern von Indien her über die hohe See nach Afrika.

c) Ein Fernzügler von Ostsibirien in das pazifische Gebiet bis Tasmanien ist der Stachelschwanzsegler *Chaetura caudacuta*.

d) Eine Anzahl Limikolen führt große Wanderungen über den Ozean aus: Der nordchinesische Wermut-Regenpfeifer *Charadrius asiaticus veredus* überwintert in Nordaustralien, die in den Tundren Ostsibiriens wohnende Pfuhlschnepfe *Limosa lapponica baueri* an der neuseeländischen Küste[1], mindestens 15000 km entfernt (Abb. 51); der Zwergbrachvogel (*Numenius minutus*) begibt sich von Sibirien nach Australien und Neuseeland, und die Japan-Sumpfschnepfe *Gallinago hardwickii* erreicht ihr Winterquartier Tasmanien und Südostaustralien offenbar in einem Ohnehaltflug über 5000 km. Auch neuweltliche Limikolen wagen sich in den Pazifik hinaus: Die amerikanische Form des Wander-Wasserläufers (*Tringa incana*) fliegt von Alaska sowohl Hawaii als auch Polynesien, ja Australien und Neuseeland an, wo sie sich mit dem nahen sibirischen Verwandten *Tringa brevipes* treffen kann. Der Borsten-Brachvogel, dessen Brutgebiet an der Westküste Alaskas erst 1948 entdeckt wurde, führt seit langem den Namen *Numenius tahitiensis*, weil er zuerst von Tahiti und dann von den Hawaiis und anderen pazifischen Inseln bekannt wurde (Abb. 51). Der merkwürdigste Hawaii-Besucher ist jedoch der Braunachsel-Goldregenpfeifer (*Pluvialis dominica fulva*), Brutvogel von Westalaska bis zum Jenissei. Er begibt sich weit in den fernen Süden, zum

[1] Von 113 Ende Mai 1966 auf den Pribilof-Inseln als Gästen beringten *Limosa lapponica baueri* wurde eine im Oktober 1967 als Skelett auf der Nordinsel Neuseelands gefunden (De Long & Thompson).

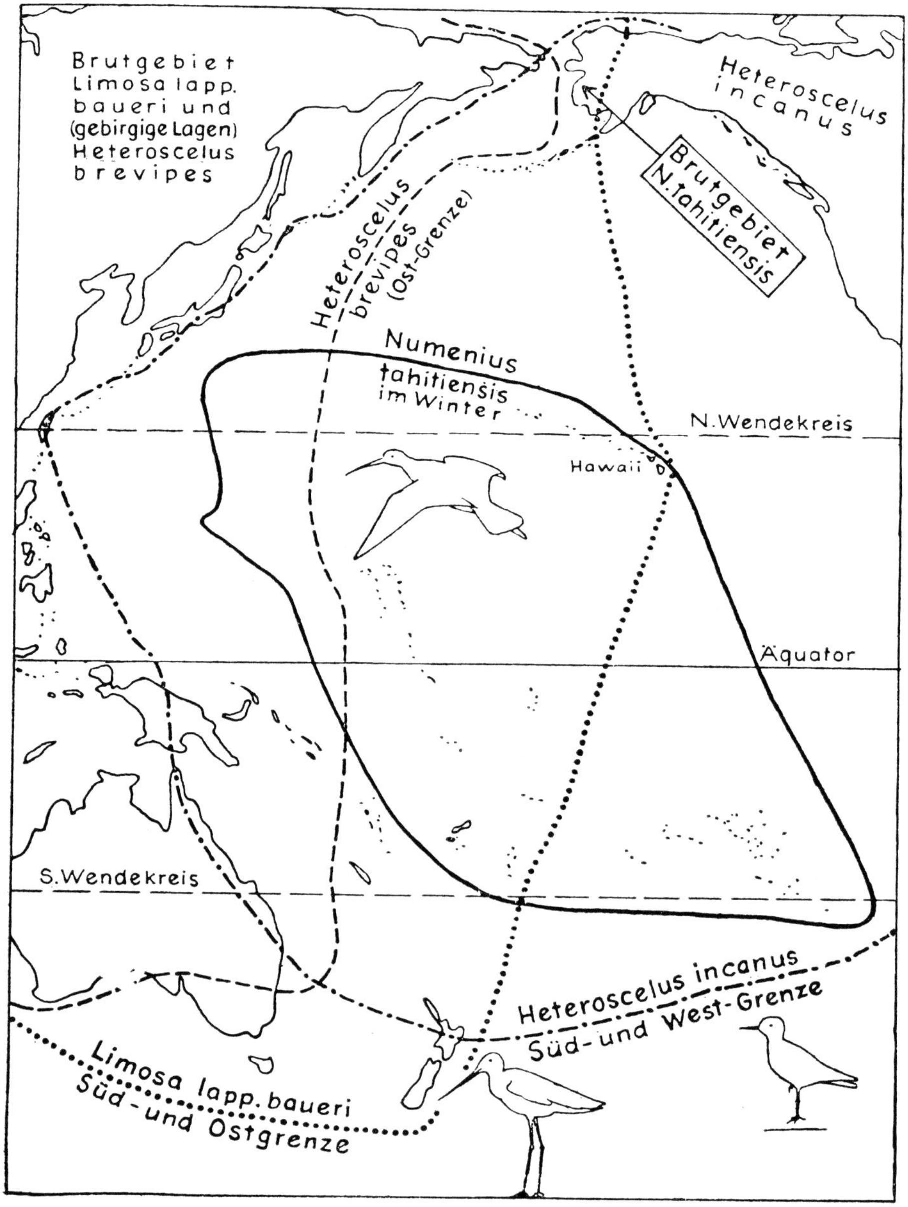

Abb. 51. Verbreitungsgrenzen fernziehender Limikolen, die weiteste Ozeanflüge ausführen: Ostasiatische Pfuhlschnepfe[1] (unten Mitte), Borstenbrachvogel (Mitte) und Wander-Wasserläufer, der auch zur Gattung *Tringa* (an Stelle *Heteroscelus*) gezogen werden kann. Früher wurde *Tringa* (*Heteroscelus*) *brevipes* aus Sibirien mit *T. incana* zu einer Art zusammengefaßt, doch überlappen sich beide in Anadyrland, so daß sie besser

(Fortsetzung S. 123 unten)

Teil in Fühlung mit den ostasiatischen Inselketten, zum anderen Teil aber auf die hohe See hinaus, um bis zu den Hawaiischen Inseln — das bedeutet von der nächsten Alëuten-Insel 3300 km Ozeanflug — oder gar 3000 km weiter bis zu den Marquesas-Inseln vorzustoßen. (Ein anderer Teil folgt den Ostküsten Asiens bis Ostindien—Neuseeland.) Diese Leistung ist außerordentlich. STRESEMANN hat folgende Rechnung aufgestellt: Wenn man diesem Vogel 26 m/sec und für jede Sekunde 2 Flügelschläge zubilligt, so würde er die 3300 km in über 35 Stunden zurücklegen und 252000 Flügelschläge ausführen. Bei der angegebenen Berechnung ist Windstille vorausgesetzt. Mitwind kann die Arbeit entscheidend erleichtern, Gegenwind die Aussicht auf Erfolg zunichte machen. Die physiologische Beanspruchung wäre zu verstehen, da auf Wake Island rastende Vögel mit 18 g Reservefett die 3800 km bis zu den Alëuten oder Kamtschatka bewältigen können (siehe J IV 1 e). Dazu kommt als bisher unfaßlich die Fähigkeit, in der Weite des Ozeans diese Inseln zu finden. Von einem Ausruhen auf den Wellen kann nicht die Rede sein, denn wenn müde Vögel tatsächlich auch auf dem Wasser liegen und sich nachher wieder aufnehmen können (wie bei anderen Arten beobachtet), so scheidet diese Möglichkeit gerade im Ernstfall, d.h. bei stürmischem Wetter, völlig aus. Allerdings gibt es offenbar bei Hawaii größere Tangmassen im Ozean, wo diese Art und die vorher genannten Limikolen rasten könnten (MANSON-BAHR 1953). Es ist eine sehr bedeutsame Frage, ob die z.B. von den Alëuten in See stechenden Regenpfeifer bestimmte Richtungen einhalten, also ob die Hawaiis als Ziel „vorgesehen" sind — oder ob die Vögel in das Weltmeer hinausstreuen, zunächst zwar, geleitet von Wind und Sonnenstand, geradeaus fliegen, früher oder später aber im Zickzack oder sonstwie den Ozean abtasten, um dann — zufällig — die Hawaiis, die Marquesas, Neuseeland oder andere Inseln zu erreichen. GRIFFIN & HOCK sind zu dieser letzteren Auffassung geneigt (und die Griffinsche Abb. 52 hier entspricht dieser Deutung); sie stützen sich auf 7 Weltmeer-Beobachtungen ziehender Regenpfeifer, von denen nur 2 oder 3 auf die Strecke Alaska—Hawaii, andere weit östlich davon entfallen. Obwohl die auf den Hawaiis eintreffenden Regenpfeifer in gutem Futterzustand erschienen, eine Erschöpfung also offenbar nicht so schnell eintritt, setzt diese „Explorationsmethode" in den Weiten des Ozeans doch wohl eine fast unvorstellbare physische Leistungsfähigkeit voraus. SAUER (1963) hat die mindestens ebenso erstaunliche Orientierungsleistung experimentell zu klären versucht. Er zog an der Beringküste Alaskas (Lawrence Island) 10 junge *Pluvialis dominica fulva* auf, flog sie noch im August nach Madison (Wisconsin) und von da im Februar

---

(Fortsetzung von Abb. 51)

artlich getrennt werden. Auch das Zuggebiet überschneidet sich; die Karte ist dahin zu ergänzen, daß *Tringa brevipes* bis Neuseeland und *Tringa incana* gelegentlich bis zu den Philippinen reicht. Umgezeichnet nach STICKNEY 1943.

nach S. Francisco und stellte hier einen Teil im Lichtkontrollraum auf die Bedingungen von Honolulu um, so daß die innere Uhr dieser Vögel $3^1/_4$ Stunden gegenüber dem Versuchsort zurückblieb. Diese Gruppe (a) war in

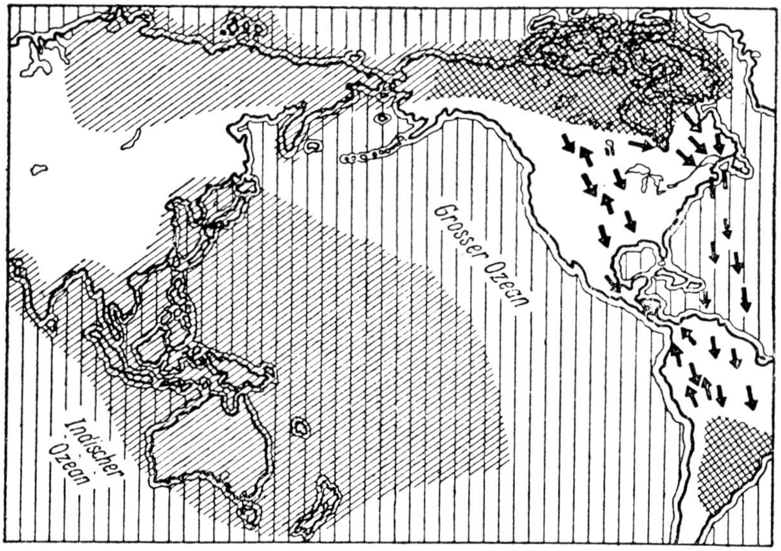

Abb. 52. Wanderungen der Westrasse (*Pluvialis dominica fulva*) und der Ostrasse (*P. d. dominica*) des Braunachsel-Goldregenpfeifers (Pazifischer und Westatlantischer Goldregenpfeifer). Diese Darstellung von GRIFFIN (1949) weicht von der üblichen Wiedergabe ab, indem eine unmittelbare Verbindung von den Aleuten her zu den Hawaiischen Inseln fehlt (die dort zu denken sind, wo die Senkrechte des G von Großer Ozean auf die Schattierung trifft). GRIFFIN & HOCK (1951) halten das Auftreten auf Hawaii nicht für das Ergebnis zielgerichteten Fluges, sondern des Zufalls und eines Streuens über den Ozean. Die Ostrasse zeigt ein auffallendes Beispiel von Schleifenzug, wie die Pfeile erkennen lassen.

Madison von Himmelssicht abgeschirmt gewesen. Registrierungen am 7./9. Juni ergaben ein recht genaues Einhalten der Richtung von S. Francisco nach Lawrence Island. Gruppe (b) war in Madison dem Blick auf den Himmel ausgesetzt gewesen; sie hielt am 13./15. Mai im Versuchskäfig in S. Francisco die Richtung von Madison zu Lawrence Island. Ein Regenpfeifer (a) wurde am 14. Sept./2. Okt. erneut getestet und zeigte nun die Richtung Lawrence Island nach S. Francisco. Der Experimentator folgert, daß diese Regenpfeifer sowohl zur Brutzeit wie bei der Überwinterung in einer sensitiven Periode die innere Uhr auf die jeweilige geographische Lage einstellen und auf dieser Basis navigieren können. So könnten auch unerfahrene Erstzieher, um die es sich bei diesen Versuchen handelt, mit einer gewissen Erfolgsaussicht den langen Transozeanflug wagen; die zwar dünne, aber breit hingelagerte Hawaiische Inselkette liegt dann auf ihrem Weg. Die Deutung der Ergebnisse ist nicht unbestritten geblieben (vgl. MATTHEWS

1968). Obwohl zahm erwiesen sich die Versuchsvögel gegenüber verschiedenen Einflüssen als empfindlich, und das geforderte langfristige Festhalten an der inneren Uhr und sogar das Beibehalten verschiedener Einstellungen widerspricht dem, was über die Bereitschaft der Vögel zum (experimentellen) Umstellen der circadianen Uhr bekannt ist (siehe K II 1c). So wäre ein weiterer Ausbau des höchst interessanten Versuchs zu begrüßen.

Die östlich an die Form *fulva* anschließende Westatlantik-Rasse *Pluvialis d. dominica* pflegt beim Wegzug aus dem Innern des subarktischen Nordamerika etwas ostwärts nach Labrador und Neuschottland zu stoßen. Zwar hat man die Art schon an der USA-Atlantikküste gesehen, doch pflegt die Mehrzahl in einem — wie geschätzt wurde, normal 48stündigen — Gewaltzug über den Atlantik bis zu den Kleinen Antillen, nach Guyana und nach NE-Brasilien zu ziehen; das Ruheziel liegt in Argentinien und Ostpatagonien. Der Rückweg findet auf einfachere Weise statt, nämlich über Bolivien, Mittelamerika, Yukatan, Texas und das Mississippital hinauf bis zur arktischen Küste; östlich der Hudsonbucht fehlt die Art im Frühjahr. Der Zug verläuft also in Schleifenform. Eine gewisse Beständigkeit der Wetterlage im Herbst, ein Hochdruckwetter mit Rückenwind, hat offenkundig die Entwicklung des herbstlichen Überseezuges begünstigt.

e) Landvögel der Südhalbkugel. Zwei auf Neuseeland lebende Kukkucke, der Langschwanz- und der Bronze-Kuckuck (*Urodynamis taitensis*, *Chalcites lucidus*, Abb. 53), fliegen weit über die hohe See nach Norden zu ihren Insel-Winterquartieren. Die erstgenannte Art verbringt den Winter in dem riesigen Raum zwischen den Palau-Inseln (Karolinen) im Westen und den Marquesas-Inseln im Osten, vor allem aber in Mittel- und Ost-Polynesien, die zweitgenannte auf den Salomonen und im Bismarck-Archipel. Es sind von Neuseeland bis zu den Palau-Inseln in Luftlinie 6000 bis 6600 km, zu den Salomonen 3000 bis 4000 km. Beide Kuckucke sind Brutschmarotzer und ziehen bei Nacht. Auch falls die auf den Salomonen überwinternden Bronzekuckucke von Neuseeland nicht über die Ostküste Australiens ziehen (1900 km), hätten sie über Lord Howe als Zwischenstation noch immer 1400 km zurückzulegen. Merkwürdigerweise macht die Art an der australischen Küste (Queensland) offenbar keine längere Pause, sondern schließt sogleich einen Flug von weiteren 1500 km an. Beim Langschwanz-Kuckuck findet dagegen offenbar eher ein Springen von Insel zu Insel statt.

f) Die weltmeerbeherrschenden Röhrennasen (*Tubinares*, *Procellariiformes*) sind schon unter D 15 behandelt. Außer den dort erwähnten Sturmvögeln, die z.B. von den antarktischen Meeren bis zur Beringstraße wandern, gibt es noch die stattlichen Segelflieger der großen Albatrosse, ferner die Sturmschwalben. Ein Beispiel: Die Buntfüßige Sturmschwalbe (*Oceanites oceanicus*, Abb. 54) verläßt ihre fernsüdlichen Brutinseln im März und April, um im November oder Dezember wiederzukehren. Sie zieht bis in den hohen Norden des Atlantik und legt so zweimal jährlich bis etwa 12000 km zurück. Sie fehlt im Juni südlich des Äquators gänzlich.

Die Sturmschwalben entnehmen dem Wasser die Nahrung (vor allem kleine Krebse) im Fluge und lassen sich fast nie nieder. Ein Bearbeiter, Brian Roberts, stellt daher die Annahme auf, daß sie während ihrer sehr langen

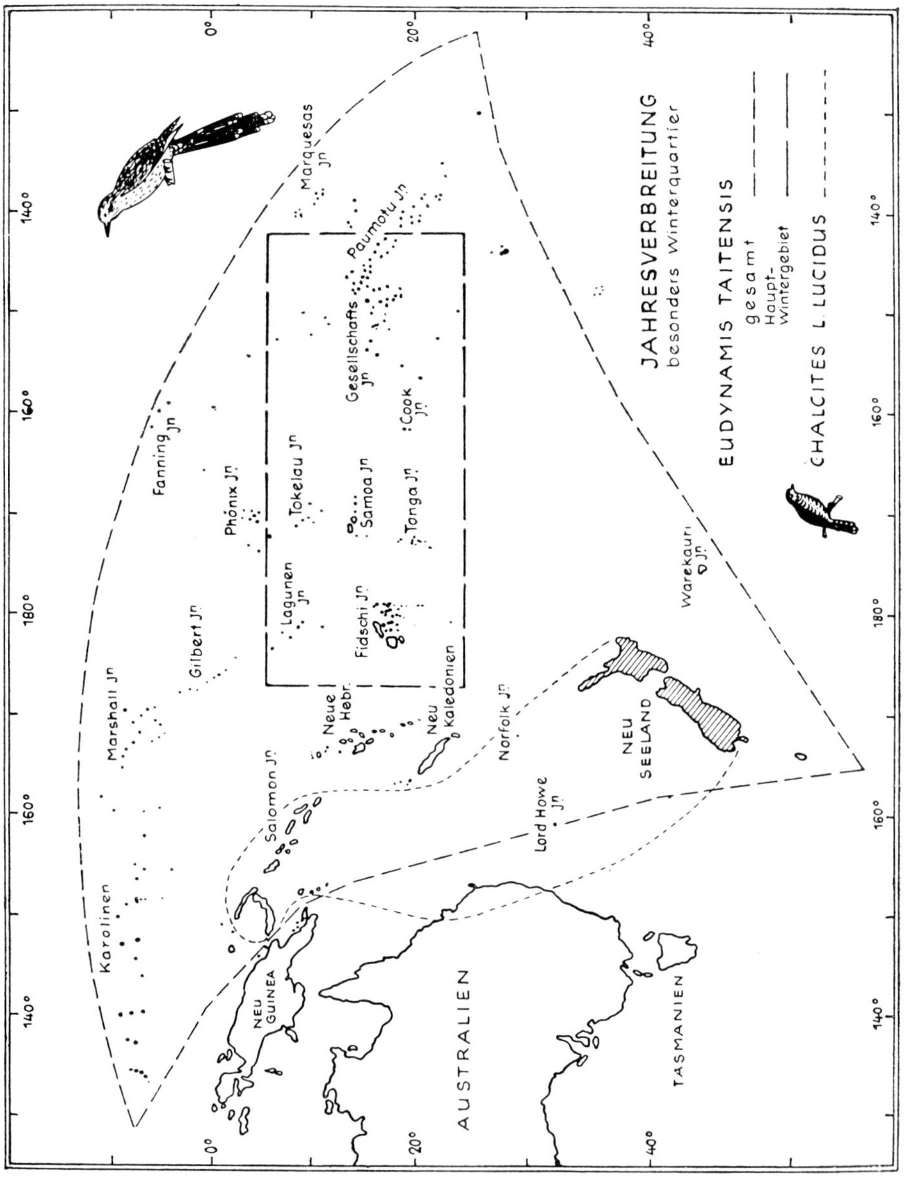

Abb. 53. Die Wanderungen zweier neuseeländischer Kuckucke (Langschwanz- und Bronzekuckuck), die weit in den Pazifischen Ozean vorstoßen. Gezeichnet nach Bogert 1937 und nach brieflichen Ergänzungen von E. Mayr 1950.

Wanderzeit nur selten, wenn überhaupt einmal, schlafen. Zum Merkwürdigsten gehört aber die Sicherheit, mit der diese Vögel — die acht Monate hindurch kaum jemals Land gesehen haben — ihren Brutplatz wiederfinden. Von 27 Brutvögeln, die ROBERTS im Dezember 1935 auf der antarktischen Argentine-Insel (bei Graham-Land) beringte, waren 22 im Februar 1937 wiederum in der einstigen Bruthöhle, 20 davon sogar mit dem gleichen Partner! Die einjährigen Vögel brüten offenbar noch nicht, und es wird vermutet, daß sie nicht so weit ziehen wie die Altvögel. — Der Eissturmvogel der Britischen Inseln kreuzt regelmäßig nach Nordamerika, vor allem Neufundland, und Grönland, wo 25 Ringvögel nachgewiesen wurden, das Vielfache von dem, was sich etwa an der norwegischen Küste einfand (Abb. 55). Ein vor Nordlabrador am 4. April beringter *Fulmarus glacialis* wurde am 5. April 25 km W

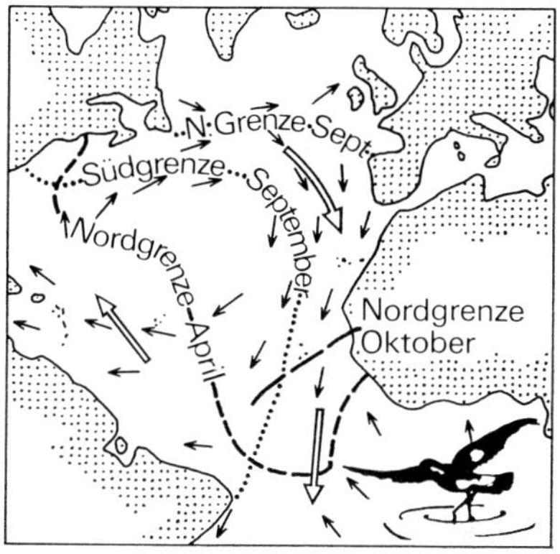

Abb. 54. Zug des Buntfüßigen Schwalbensturmvogels (*Oceanites oceanicus*), Brutvogel auf den Kerguelen und anderen fernsüdlichen Inseln. Der Zug fügt sich weitgehend in die vorherrschenden Windströmungen des Atlantiks. Die dünnen Pfeile geben die gewöhnlichen Windrichtungen, die starken Pfeile den Zug der Art an. Nach ROBERTS 1940 und BOURLIÈRE 1946.

als Schiffsfolger wiedergefangen und am 21. Januar tot an die Küste von Wangerooge gespült. Offenbar werden bei ausgeprägten Zyklonlagen im NW-Atlantik viele Eissturmvögel durch die Stürme ost- und dann südwärts in die Nordsee getrieben; im Februar/April 1962 gab es 849 Totfunde an den britischen Küsten, darunter (so wie auch in Schweden und Schleswig-Holstein) die Rasse *F. g. minor* von Baffin Island (PASHBY & CUDWORTH).

g) Den Röhrennasen mit Schwergewicht im Süden stehen die weltweit verbreiteten Möwen mit den Seeschwalben gegenüber, zu denen Arten mit riesenhaften Wanderungen gehören (D 10). Eine Möwe, die sich ebenfalls weit vom Land zu lösen bereit ist und sogar regelmäßig den Nordatlantik quert, ist die Dreizehenmöwe der nordischen Vogelberge. Man fand gegen 30 norwegische, 60 britische Möwen dieser Art und 63 von Murmansk und Nowaja Semlja an den Küsten Grönlands und Nordamerikas, und zwar die Russen vorwiegend in Grönland, die Briten mehr in Neufundland (Abb. 55).

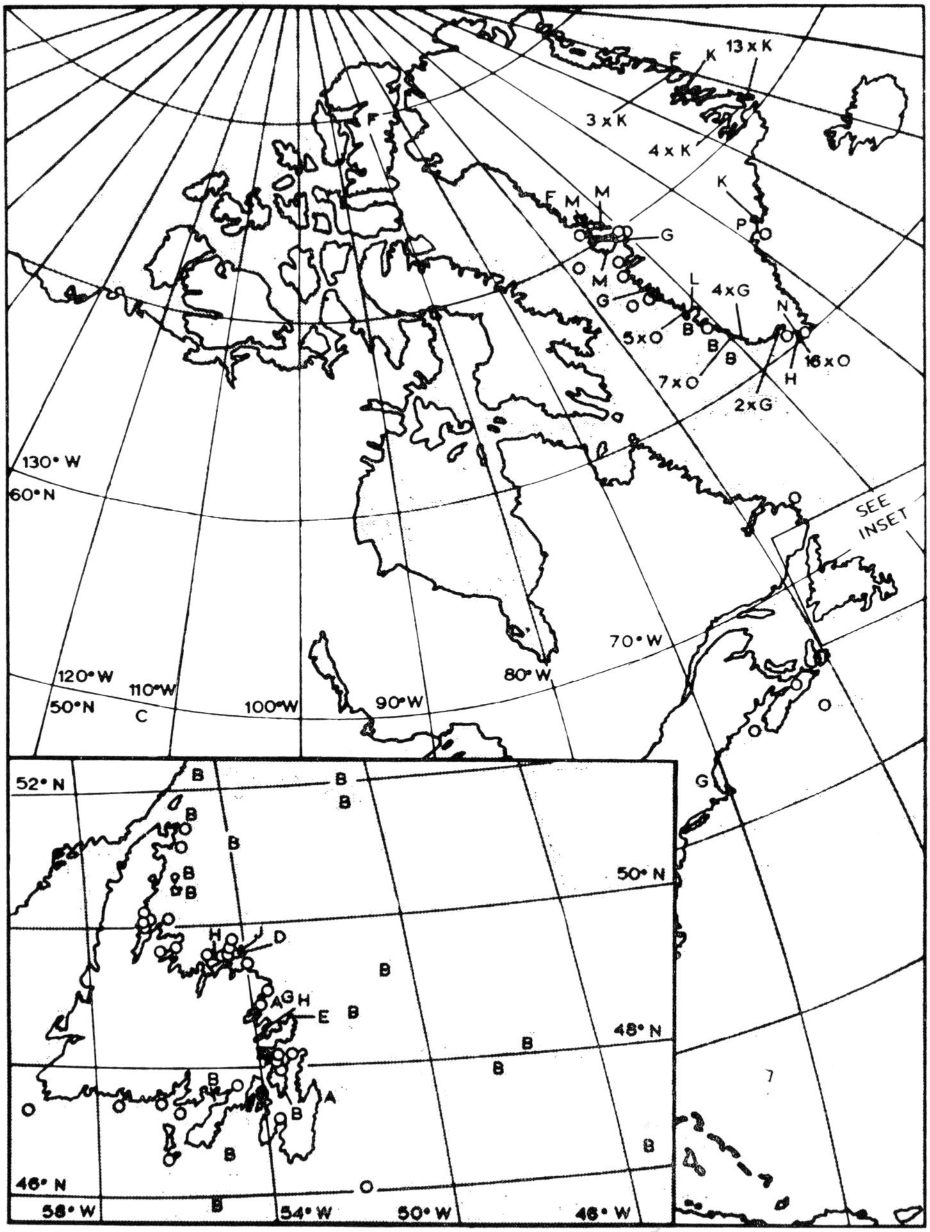

Abb. 55. Wiederfunde von 125 britischen Ringvögeln in Nordamerika und Grönland 1909 bis 1965 (gezeichnet von R. C. FAULKNER, aus SPENCER 1966). Erklärung der Buchstaben siehe rechts (S. 129). In Klammern die Zahl der Funde. Eine zweite Zahl bezieht sich auf Ergänzungen in SPENCER 1967 und 1968; diese fehlen auf der Karte.

(Fortsetzung S. 129 unten)

Diese Fernwanderer sind vor allem Einjährige; die Dreizehenmöwe wird frühestens zweijährig brutreif. Aber auch im 3. Herbst werden noch große, ja angeblich die größten Entfernungen zurückgelegt, während dann die Wanderlust beträchtlich nachläßt. Eine Möwe des Süßwassers, die Zwergmöwe, zieht aus dem Baltikum nicht sehr selten ebenfalls über den Ozean, zum Beispiel bis Grönland, vielleicht in Gesellschaft der Dreizehenmöwe. Die Große Raubmöwe (*Stercorarius skua*) der Shetlands (E 15c) überquert den Ringfunden zufolge oft den Atlantik. — Vertreter der Alke: Papageitaucher der Brutkolonie St. Kilda wenden sich nicht selten nach Neufundland.

h) *Flüge von Landvögeln über die hohe See* gibt es als alljährliche Regelerscheinung, so über das Mittelmeer, ferner über den Golf von Mexiko und das Karibische Meer. Den Transgolfzug führen 62 Arten aus, darunter die kleinsten, die Kolibris, soweit sie im Osten Nordamerikas beheimatet sind (F 5). Über die Frage der physiologischen Bewältigung siehe J IV 1 e. Im Gegensatz zu diesem Zug über die genannten Zwischenmeere oder über Ozeanteile handelt es sich bei Transatlantikflügen von Landvögeln in der Regel um Verirrungen, so daß es Irrgäste sind, die auf dem anderen Kontinent erscheinen. Bei Kleinvögeln wird es sich oft um ein unbeabsichtigtes Verschleppen zumal auf großen Schiffen handeln, wie man es z. B. bei drei Grünfinken festgestellt hat, die außerhalb der Britischen Inseln an Bord kamen und erst bei Neufundland das Schiff verließen, und bei sieben Staren, die in Falmouth (Cornwall) an Bord flogen und (nun noch 5) in Maracaibo in Venezuela an Land gingen. Bei manchen anderen Vögeln, vor allem bei großen Arten, scheidet diese Hilfe aus, so bei der Amerikanischen Rohrdommel (*Tigrisoma lineatum*), die bis 1955 allein auf den Britischen Inseln schon 45mal nachgewiesen worden ist; und es sind ebenda etwa 50 nordamerikanische Landvogelarten (allein der Gelbschnabel-Kuckuck, *Coccyzus*

(Fortsetzung von Abb. 55)

A Schwarzschnabel-Sturmtaucher, *P. puffinus* (2 + 2)
B Eissturmvogel, *Fulmarus glacialis* (21 + 4)
C Stockente, *Anas platyrhynchos* (1)
D Krickente, *Anas crecca* (1)
E Kiebitz, *V. vanellus* (1) (siehe E h 5)
F Steinwälzer, *Arenaria interpres* (3 + 2)
G Skua, *Stercorarius skua* (10)
H Papageitaucher, *Fratercula arctica* (3)
J Schneeammer, *Plectrophenax nivalis* (1)
K Kurzschnabelgans, *Anser brachyrhynchus* (1 + 2)
L Schmarotzer-Raubmöwe, *Stercorarius parasiticus* (1)
M Knutt, *Calidris canutus* (3 + 3)
N Klippenstrandläufer, *Calidris maritima* (1)
O Dreizehenmöwe, *Rissa tridactyla* (75 + 16)
P Sandregenpfeifer, *Charadrius hiaticula* (1)

americanus, 17mal) als Irrgäste festgestellt, ganz vorherrschend als Herbstbesucher. An Limikolen sind es vor allem östliche, westöstlich ziehende Inlandarten, die von Amerika nach Großbritannien verschleppt werden. Es hängt gewiß mit dem Vorwiegen westlicher Windströmungen zusammen, daß der umgekehrte Fall, *das Auftreten europäischer Vögel in Nordamerika, ungleich seltener* ist. Ein klassisches Beispiel, das gleichzeitig die Bedeutung des Windes beweist, liegt in dem Masseneinfall britischer Kiebitze im Dezember 1927 an der Neufundland—Labrador-Küste vor (D 3, H 2 g). Dieses Geschehen fand seine volle Aufklärung dadurch, daß ein Ringvogel aus Cumberland mitverdriftet worden war. Der nur der alten Welt angehörende Kampfläufer wurde in 97 Jahren 139mal als Gast in Nordamerika, fast durchweg an der Ostküste von August bis Mai, gemeldet; darunter nur wenige ♀♀, wohl weil sie als die Schwächeren dem weiteren Flug nicht so gewachsen sind.

i) *Ringfunde von Transatlantikfliegern Richtung Osten nach Westen*: Graureiher siehe D 13. Ein Seidenreiher aus Spanien erschien im Januar auf Trinidad. Ein junger Löffler von Holland war am 12. September auf den Azoren. Mindestens 7 in Island erbrütete Pfeifenten und eine isländische Spießente (D 6) wanderten an die Ostküste Nordamerikas, eine isländische Eisente zur Diskobucht Grönlands, je eine Krickente und ein Mittelsäger aus Island nach Grönland; die meisten Isländer auch dieser Arten halten aber südwärts nach Westeuropa. Eine dänische Lachseeschwalbe erschien auf Barbados (Kleine Antillen), ebenda eine Lachmöwe aus Deutschland; eine zweite in Mexiko ist nicht sicher genug. Eine dritte Lachmöwe flog von Nordbrabant nach Labrador, eine vierte von Island nach Neufundland. Ein zur Brutzeit alt auf Island beringter Klippenstrandläufer zeigte sich Ende April auf Baffinland. Über Kiebitz siehe E 5 h. Als einziger Sperlingsvogel ist eine am 20. Januar bei New York beringte Schneeammer zu erwähnen, die mit anderen am 18. April in einem großen Flug 32 km von Island an Bord kam. Auch hier handelt es sich vielleicht um einen Vogel der Alten Welt, der sich nach Amerika gewandt hatte. — Weitere Fälle siehe D 13 (Graureiher, S. 104), D 15 (Schwarzschnabel-Sturmtaucher, S. 109) und hier Abb. 55.

k) *Ringfunde von Transatlantikfliegern Richtung Westen nach Osten*: Zwei Spießenten aus Labrador waren nach Jahresfrist (15., 25. September) in Devon und Hantshire (D 6), eine Riesenseeschwalbe vom Michigansee im August nach 12 Jahren an der Küste von Yorkshire (England). Eine jung an der Küste Neubraunschweigs beringte Silbermöwe erschien nach Jahresfrist (November 1937) an Bord auf hoher See unter 46.30 N 14 W, also nur 480 km von Kap Finisterre (Spanien) entfernt. Steinschmätzer (*Oe. oenanthe*) der Westküste Grönlands sind nicht in Amerika, aber mindestens fünfmal in Südengland und an den europäischen Atlantikküsten nachgewiesen; es ist bekannt, daß diese Rasse regelmäßig den Atlantik überfliegt und in Afrika überwintert. — Ebenfalls als West-Ost-Fälle haben zu gelten, da diese Vögel an den britisch-irischen Küsten Wintergäste waren und sich dann zur Brutzeit an der Westküste Grönlands fanden: 6 Steinwälzer und 5 Knutt-Strandläufer; ein sechster hielt sich am 26. Juli sogar bei Thule (76.30 N) auf. Ein Steinwälzer von Ellesmere Island war am 11. Sept. bei Oporto.

l) Zugvögel ozeanischer Inseln müssen natürlich stets das Weltmeer überfliegen, wie schon einige vorausgehende Beispiele zeigen. Von Island geht regelmäßig ein starker Zug vor allem zu den Britischen Inseln. Dasselbe kann man von Inselbewohnern des pazifischen Raums (Japan, Neuseeland, siehe E 5 e, F 3) und des Indischen Ozeans (Madagaskar, F 7) sagen.

Bourne 1967 (D 15) — Cooke 1945 (D 6) — Hickey 1943 (A, S. 143 Liste der Ringfunde von Atlantik-Überquerungen) — Matthews 1968 (A) — Moreau 1961 (A, D 8).

Alexander, W. B., & R. S. R. Fitter (1955): American Land Birds in Western Europe. Brit. Birds 48: 1—14.

Barriéty, L. (1967): Une Grive mauvis parcourt 2500 km en 4 jours. Oiseau 37: 152 (s. a. Vogelwarte 25: 87).

Bogert, C. (1937): The Distribution and the Migration of *Urodynamis taitensis*. Birds Whitney Expedition 34. Am. Mus. Novitates 933.

Bruun, B. (1968): Migration of *Larus minutus* in the North Atlantic Region. Dansk Orn. For. Tidsskr. 62: 126—136. — (Ders. 1969): Nordamerikanske fugle i Skandinavien. Dansk Orn. For. Tidsskr. 63: 185—196.

Casement. M. B. (1966): Migration across the Mediterranean observed by Radar. Ibis 108: 461—491. Dazu P. L. Britton (1967) Ibis 109: 445.

Cooch, G. (1955): Observations on the Autumn Migration of Blue Geese. Wilson Bull. 67: 171—174.

Coulson, J. C. (1966): The movements of the Kittiwake. Bird Study 13: 107—115.

DeLong, R. L., & M. Thompson (1968): Bar-tailed Godwit from Alaska recovered in New Zealand. Wilson Bull. 80: 490—491.

Dzubin, A. (1962): Saskatchewan Banded Mallard Recovered in East Siberia. Bird-Banding 33: 152—153.

Edelstam, C., & S. Österlöf (1969): Ringmärkningsmetoden, den ornitologiska forskningen lyckokast. Fauna och Flora 64: 207—219.

Gibson, J. D. (1963): Third Report of the New South Wales Albatross Study Group (1962) Summarising Activities to Date. Emu 63: 215—223.

Griffin, D. R. (1949): Die Navigation der Vögel. Naturwiss. Rdsch. 11: 491—496.

Griffin, D. R., & R. J. Hock (1948): Experiments on Bird Navigation. Science 107, 2779: 347—349.

Hagen, Y. (1951): Birds of Tristan da Cunha. Proc. Xth Int. Orn. Congr. Uppsala 1950: 617—624.

Haverschmidt, F. (1969): The migration of the Golden Plover through Surinam. Wilson Bull. 81: 210—211.

Holgersen, H. (1961): Über die Wanderungen der norwegischen Dreizehenmöwen. Vogelwarte 21: 118—121.

Johnston, D. W., & R. W. Mc Farlane (1967): Migration and Bioenergetics of Flight in the Pacific Golden Plover. Condor 69: 156—167.

Manson-Bahr, P. (1953): On the Migration of *Pluvialis dominica fulva*, *Limosa lapponica baueri* and other Limicolae. Bull. Brit. Orn. Club 73: 50—73.

Mayr, E. (1932): Notes on *Chalcites lucidus* and its subspecies. Birds Whitney Expedition IX. Amer. Mus. Novit. 520.

Nettleship, D. N. (1967): Banded Turnstone recovered at Lake Hazen, Ellesmere Island, N. W. T. Bird-Banding 38: 236.

Nisbet, I. C. T. (1963): American passerines in western Europe. Brit. Birds 56: 204—217.

Ogilvie, M. A. (1965): Wader Ringing by the Wildfowl Trust 1959/64. 16. Ann. Rep. Wildfowl Trust: 48—54.

Pashby, S., & J. Cudworth (1969): The Fulmar 'wreck' of 1962. Brit. Birds 62: 97—109.

Ringleben, H. (1951): Vögel überqueren den Ozean. Orion 6: 152—155.

Roberts, B. (1940): The lifecycle of *Oceanites oceanicus*. Brit. Graham Land Expedition 1934—37. Sc. Reports I Nr. 2: 141—194.

Rydzewski, R. (1965): Aves anilladas recuperadas en las Islas del Atlantico Oriental. Informe II. Ardeola 11: 69—72.

Sauer, E. G. F. (1963 a): Migration Habits of Golden Plover. Proc. XIII Intern. Orn. Congr. Ithaca: 454—467. — (Ders. 1963 b): Geographische Prägung, Tag- und Nachtorientierung trans-ozeanisch wandernder Pazifischer Goldregenpfeifer (*Pluvialis dominica fulva*). Erg. d. Biol. 26: 281—285.

Stickney, E. H. (1943): Birds collected during the Whitney South Sea Expedition. 53. Northern Shore birds in the Pacific. Amer. Mus. Novit. 1248.

Tait, G. M., R. Spencer (1957): American-Ringed Turnstone Recovered in Portugal. Ibis 99: 122—123.

Thomson, A. L. (1966): An analysis of recoveries of Great Skuas ringed in Shetland. Brit. Birds 59: 1—15.

6. Breitfrontzug (mit Massenzugwegen) und Schmalfrontzug

a. Breitfrontzug

Viel mehr Arten, als man früher annahm, strömen in „breiter Front" beim Zug weithin über das Land. Die Singdrossel (D 1, Abb. 18) ist ein Beispiel für solche Vögel, die sich durch besondere Bedingungen der Landschaft im allgemeinen nur insofern steuern lassen, als sie ihren Einfall zum Zwecke von Deckung und Ernährung entsprechend wählen. Für den oberflächlichen Beobachter entsteht so der Eindruck, als ob an solchen bevorzugten Einfallplätzen eine „Zugstraße" wirksam sei. Das ist oft eine große Täuschung. Wenn wir vielerorts bei nächtlicher Wanderung oder selbst über dem Lärm der nächtlichen Großstädte die Drosseln zur Zugzeit rufen hören, so überzeugt uns dies, daß diese Arten überall auf dem Festland reichlich ziehen. Daß auch in höherem Maße spezialisierte Vögel, mehr als zunächst vermutet, in breiter Front landein ziehen, zeigt uns die schnelle Anreicherung von Enten und von Schnepfenvögeln dort, wo durch Überschwemmungen an sonst trockenen Stellen Tümpel und Seen entstanden sind: Ein Beweis, daß sie zahlreich ungesehen allenthalben überhinziehen. Die künstliche Anlage der Ismaninger Teiche unweit München brachte den Ornithologen die größte Überraschung, denn in einem sonst wenig vogelreichen Gebiet entstand nun geradezu ein Paradies für eine Fülle vorher dort unbekannter Arten, ja selbst von Seltenheiten, die dann nicht nur regelmäßige Durchzügler, sondern z. T. auch Brutvögel wurden.

b. Leitlinien mit Massenzugwegen

Breitfrontzug bedeutet aber keinesfalls, daß die Ausprägungen der Erdoberfläche ohne Wirkung bleiben müssen. Es gibt Leitlinien (lines of diversion, diversion-lines), die die Breitfront einzelner oder vieler Arten vorübergehend in einem Massenzugweg zusammenziehen. Es handelt sich dabei um ein *Anlocken*, aber auch um ein *Kanalisieren*, ich möchte sogar sagen *Stauen*, wenn man darunter nicht das Herbeiführen eines ruhenden Zustandes allein versteht. Gegen die stauende Wirkung von Leitlinien hat sich GEYR V. SCHWEPPENBURG (so 1955) mit großem Nachdruck gewandt. „Das *Meer* übt ... eine *stauende* Wirkung aus und würde es auch sonst tun, wenn es in seinen Küsten keine Leitlinien hätte. *Das Meer ist ein Hindernis, nicht die Leitlinie!*". Nun kann man die Küste vom Meer nicht trennen; beide wirken zusammen, und es scheint mir keine echte Frage zu sein, welche der Strukturen nur das Sammelnde oder Stauende sei. Es ist in diesem Zusammenhang bemerkenswert, daß ziehende Vögel, die das Hindernis weichen sehen, sich nicht sogleich wieder in breiter Front ergießen, sondern den Massenzugweg ein Stück weit fortsetzen, sofern er in nicht zu großen Widerspruch zur angeborenen Zugrichtung kommt. Vor allem Küsten dienen als Massenzugwege. In Europa dürfte diese Erscheinung die großartigste Form in der fast 100 km langen und nur 0,4 bis 4 km breiten Kurischen Nehrung gefunden haben (siehe C 1, Abb. 15). Hier ist eine Begrenzung durch Wasserflächen zu beiden Seiten gegeben, und so wirkt die Nehrung für die Landvogelscharen wie eine Brücke; ich spreche gern von einem Flaschenhals. Es gibt noch mehr vergleichbare Strecken. Für die Ostsee sind noch zu erwähnen die Halbinsel Hela, die Insel Öland und Falsterbo an der Südspitze Schonens (C 2). In Nordamerika sind solche Verdichtungen an mehreren Stellen der Großen Seen bekannt (N-Spitze und Whitefish Point im SE des Oberen Sees, Nordufer des Michigansees, Point Pelee und Long Point am Nordufer des Eriesees, Toronto Island im Ontariosee usw.), ferner an der Atlantikküste, besonders da, wo nehrungsartige Landzungen, nach Süden gerichtet, den Herbstzug auffangen: Kap May in New Jersey und Kap Charles in Virginia. Am Cape May Point wurden allein am 21. Oktober 1932 4562 durchziehende Greifvögel gezählt (PETERSON). Man kann diese Leitlinieneinflüsse für die einzelnen Gebiete in „Zuglinienkarten" niederlegen (Abb. 56).

Wie verschieden die Bedingungen an Massenzugwegen sein können, zeigt der Spätsommerwegzug des Wespenbussards im Vergleich von Ottenby und Falsterbo in Schweden (C 2), die nur 300 km auseinanderliegen. *Pernis* hält sich offenbar mit Vorliebe an das Land und vermeidet möglichst den Überflug nach Öland. Es kommt hinzu, daß in Falsterbo ein etwas größeres Hinterland einen entsprechend größeren Bestand hergibt. So wurden an der Südspitze Ölands in 8 Jahren 347 Wespenbussarde erfaßt (Durchschnitt 43), während in Falsterbo in 10 Jahren 80106 Durchzügler gezählt wurden. Dabei gab es große Unterschiede nach Jahren (1943: 1292 – 1955: 20864), offenbar Folgen verschiedener Windbedingungen (ULFSTRAND 1958).

Nicht nur die Grenze zwischen Land und Wasser kann als Leitlinie dienen: Es gibt auch andere Gegensätze zwischen Landschaftsstrukturen, die anziehend und leitend auf den Vogel wirken. So etwa der gegen Halbwüste oder Wüste abschneidende Rand einer Savanne, der Galeriewald einem Fluß entlang, ein Fluß selbst, und dann auch der sich aus der Ebene erhebende Gebirgsrand oder Talungen innerhalb des Gebirges. Ähnlich können Wälder und Gehölze wirken, die in Streifen oder aufgelockerten Ketten in ausgedehnte Feldmarken hineinstoßen (OELKE 1967). Es gibt freilich viele Vögel, die zeitweise große Gebirge in der Höhe überqueren, und manche

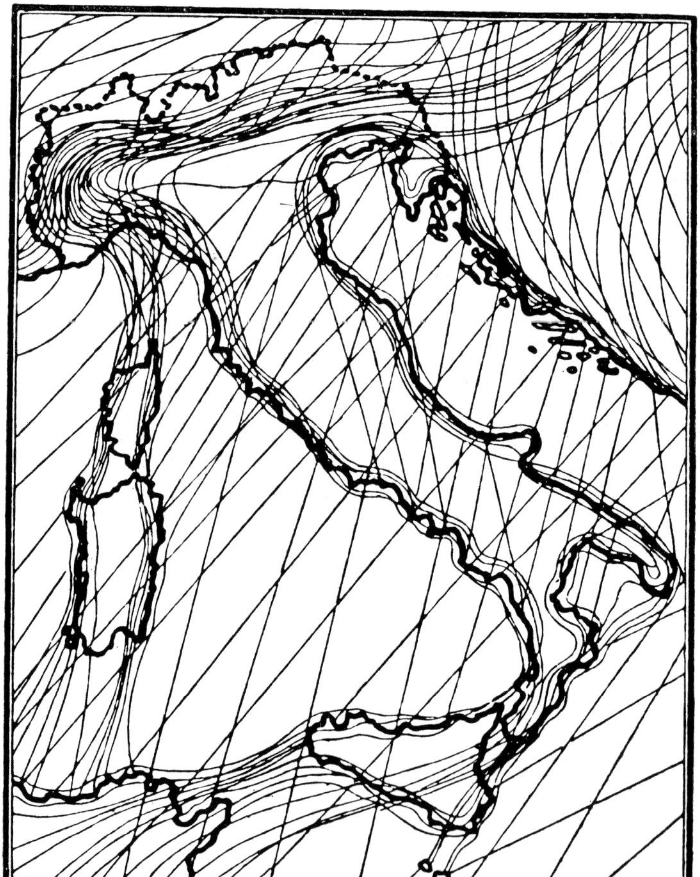

Abb. 56. „Zuglinienkarte" des italienischen Raumes (Wegzug) nach TOSCHI 1939. Streng genommen erfordert jede Art und jede Wetterlage ihre eigene Karte; es geht hier um einen Durchschnitt. Man beachte die Leitlinienwirkung der Küsten und des Hochgebirgsfußes.

Gletscherfunde in den Alpen beweisen, daß je nach Zugtrieb und wohl auch Wetterlage sich Vögel als erstaunlich unabhängig von Gebirgshöhen erweisen können. Das ändert aber nichts daran, daß niedriger Zug sich gern an Bergränder und Täler hält, so daß ein Abbiegen der Primärrichtung durch diese Bildungen als Leitlinien erfolgt. An manchen Pässen gibt es dann eine bemerkenswerte Konzentration. Die schweizerischen Ornithologen haben unter Führung der Vogelwarte Sempach darüber sehr schöne Untersuchungen im Wallis an den Pässen Cou und Bretolet durchgeführt (viel Literatur im Ornithologischen Beobachter usw., siehe SUTTER, DORKA u.a.; C 6, Abb. 17).

Hier war vor allem von Kleinvögeln u.a. Ruderfliegern die Rede. *Segelflieger* stehen unter einem anderen Gesetz, und bei ihnen kann einerseits die Thermik bestimmend sein, andrerseits das Aufwindsystem an Höhenzügen. Diese Geländeaufwinde können schon an den niedrigen Vordünen der Küsten eine Rolle spielen; sie tun es aber natürlich auch an der Luvseite größerer Erhebungen. Es sind vor allem die breitflügeligen Greifvögel vom Adler- und Bussardtypus, die entsprechend den Hangaufwinden die Berglinien „ausfliegen". Dafür gibt es viele eindrucksvolle Beispiele etwa in der Levante; besonders bekannt wurden aber gewisse Gebirgszüge Nord- und Mittelamerikas, die mit ihrem vorwiegend längenparallelen Verlauf sich so gut als Leitlinien eignen. Klassische Bedeutung hat das Greifvogel-Gebirge — Hawk Mountain — in Pennsylvanien, wo früher „Sportsleute" jährlich Tausende von Bussarden, Adlern und anderen Durchzüglern zusammenschossen, nunmehr aber ein Hawk Mountain Sanctuary (in Drehersville) regelmäßig den Besuch zahlreicher Beobachter und Naturfreunde empfängt. Die Hauptmasse der Durchzügler wird vom Rotschwanz- und vom Breitflügel-Bussard (*Buteo jamaicensis*, *B. platypterus*) gestellt. Man kann hier von geeigneten Plätzen auf den Bergrücken die Greifvögel in großer Nähe an sich vorbeifliegen sehen, im besten Fall allein an einem Septembertag über 4000 Breitflügelbussarde (die bis Mittelamerika und sogar bis Peru weiterziehen). 1950 wurden 142 Weißkopf-Seeadler und 323 Fischadler gezählt. Die jährliche Gesamtzahl aller Durchzugs-Greifvögel spielt nach den dortigen Zählungen (1934 bis 1941) zwischen 10776 und 22704 (HICKEY, BROUN). In Mexiko zogen am 8. Okt. 1960 in der Gebirgsaufwindzone in 20 Min.: 2500 Präriebussarde (*Buteo swainsoni*), 800 Truthahngeier (*Cathartes aura*) und 300 Breitflügelbussarde (ANDRLE). — Wie stark diese Aufwindbindung von Segelfliegern ist, zeigt — neben dem erwähnten Umwegausfliegen — das regelmäßige Auftreten von Wespenbussarden u.a. segelnden Greifvögeln über Malta im September/Oktober zusammen mit Gewitterfronten. Wenn diese gelegentlich einmal nordwärts halten, so wandern auch die doch auf dem Wegzug befindlichen Wespenbussarede mit (GIBBS 1937).

Leitlinien kommen in verschiedenem Ausmaß als Massenzugwege zur Wirkung: Gerade, ununterbrochene Formen binden mehr als unregelmäßige. Je länger die Leitlinie ist, desto mehr Vögel sammelt sie. Sie wirkt am besten, wenn sie mit der Primärrichtung der Vögel zusammenfällt oder ihr nahekommt; je größer ihr Winkel dazu ist oder wird, desto mehr verliert sie ihre Funktion. Steilküsten sind günstiger als flacher Strand, wenigstens für gewisse Arten. Je stärker der Zugtrieb, desto mehr setzen sich die Vögel über eine Leitlinienbindung hinweg. Bei Nacht dürfte der Zusammenhang gering sein.

c. Geleitete Breitfront

Es gibt noch mehr Breitfrontzügler, die — wie die Aufwindzieher — in recht zwangsläufiger Weise durch entsprechende Landschaftsbildungen (Leitlinien) abgefangen werden, sich aber nach Aufhören dieses Einflusses (oder bei zu starker Abwinkelung dieser Leitlinie von der innerlich vorgeschriebenen Zugrichtung) freimachen und unabhängig landein weiterziehen. Es handelt sich hier einmal um hindernde Gebirgszüge und zum andern um Flußniederungen, die gewisse Vogelarten anziehen. Da die Flußsysteme in Nordamerika im großen ganzen ziemlich längenparallel verlaufen und also mit der gegebenen Zugrichtung oft übereinstimmen, fällt das Ziehen der Schwimmvögel entlang dieser Art von Leitlinien dort auf; man spricht hier von *Flyways* (Abb. 57) und von einem netzartigen System von *Zugkorridoren* (BELLROSE 1968, F 5). In Europa fügen sich die Flüsse im allgemeinen nicht so gut in die Zugrichtung, und da ist das Überspringen von Wasserscheiden häufig eine Notwendigkeit. Gutes Beispiel eines Vogels, bei dem Leitlinienbindung und abweichende Zugrichtung zum Ausgleich kommen müssen, ist die Lachmöwe. Sie zieht gern den Flüssen entlang, verläßt solche Leitlinien aber bei zu großer Abweichung von der angeborenen Zugrichtung (Beispiel: Oderknie) und überfliegt nun Wasserscheiden und ungeeignete Lebensstätten (D 4, Abb. 22). Man spricht bei diesem Verhalten der Lachmöwe und der auf Segeln eingestellten Greifvögel von einer *Geleiteten Breitfront*.

d. Zugschatten

Obwohl sich also ziehende Vögel je nachdem erstaunlich über Hindernisse hinwegsetzen, kann man doch von Zugschattengebieten als Gegensatz zu Massenzugwegen sprechen. Unter Umständen steht eine Gegend zur einen Jahreszeit in diesem, zur anderen Jahreszeit in jenem Zeichen. Dies hängt jeweils mit der Lage der Leitlinie zur angeborenen Zugrichtung zusammen. Die Ostseite des Kurischen Haffs empfängt im Herbst einen gewaltigen Strom, der sich im „Sackbahnhof“ der Windenburger Ecke zu großartiger Massierung (Abb. 15) steigert. Im Frühjahr schirmt das Haff die Ostseite von dem Hauptdurchzug ab. Es gibt noch mehr solche Beispiele, so die SW-Spitze Schwedens, wo auf Falsterbo (S. 36) am 23. Sept. 1950 allein an Mäusebussarden 9300 Durchzügler gezählt wurden, während im Frühjahr von einer größeren Verdichtung nicht gesprochen werden kann (RUDEBECK 1950, WINGSTRAND 1950). Auch die Vogelstation Ottenby an der Südspitze Ölands läßt einen entsprechenden Unterschied im Herbst- und Frühjahrszug erkennen (SVÄRDSON). — Ein Gebiet frühjahrlichen Zugschattens in großem Maßstab liegt an der Nordküste des Golfs von Mexiko (Louisiana usw.). Eine durch die mexikanische Küste geleitete Verdichtung des Zuges fächert von Texas nach N bis NE auf, ein entsprechender Fächer N bis NW kommt von Florida, und in einem etwa dreieckigen „coastal hiatus" (mit Spitze etwa dort, wo der Mississippi Tennessee verläßt) herrscht ausgesprochene Armut an Frühjahrsdurchzüglern. Dies gilt für gutes Zugwetter mit warmen Winden aus Süden, während zur Zeit kalter Nordwinde (Kaltfront im NW)

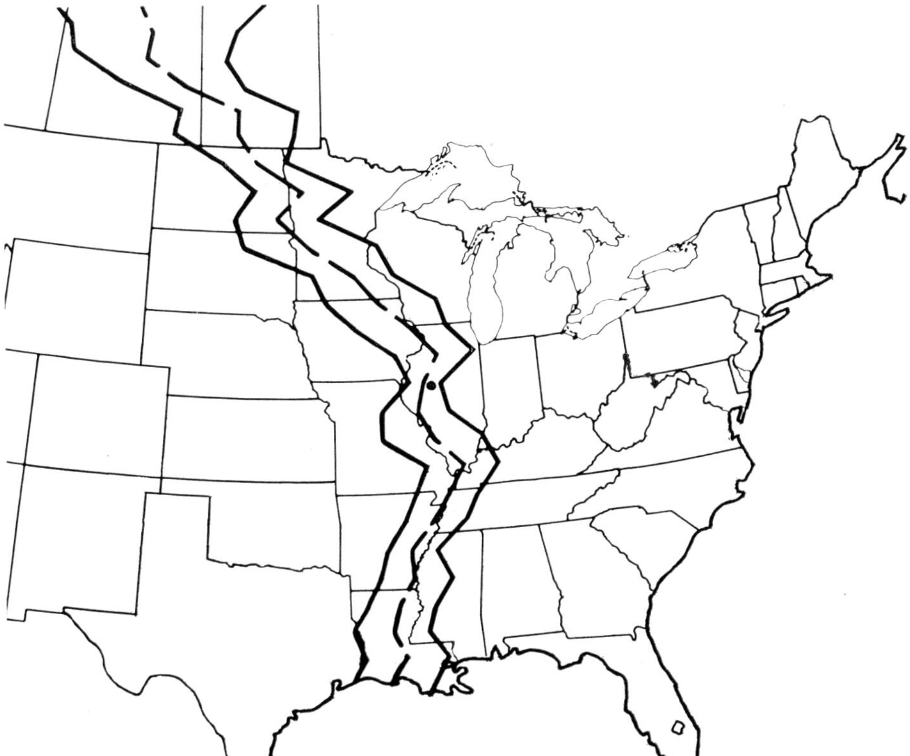

Abb. 57. Der Missouri-Mississippi-„Flyway" nach den Funden beringter Stockenten (*Anas platyrhynchos*). Sie waren 1939 bis 1951 am Lake Chautauqua, Illinois, beringt worden (Punkt etwa in der Mitte der eingezeichneten Bahn). Die gebrochene mittlere Linie zeigt das Mittel von vielen tausend Ringfunden; die seitliche Begrenzung gibt die Standardabweichung. Der „Flyway" ist also keine ganz schmale Strecke, aber die Bindung an ihn ist so stark, daß man ein strenges „homing" an die einzelnen Marschen, Seen und Sümpfe auf Grund des Kennenlernens in vorausgehenden Zugzeiten annehmen darf; die Stockenten sind demnach wohl nicht nur hinsichtlich von Brutgebiet und Winterquartier, sondern auch des Zugverlaufs durch Ortstreue gebunden. Man kann als Verbindung zwischen Heimat und Ruheziel „Schrittsteine" (stepping-stones) annehmen. Dies die Auffassung von BELLROSE 1966, dem die Karte entnommen ist.

auch im Zugschattengebiet der Vogelzug auflebt. Es handelt sich dabei aber um Rückzug aus nördlichen Richtungen, und die Rückzieher lassen sich oft sogar über die Küsten von Louisiana noch weit in den Golf drücken. So deutet Williams (1950) die dortigen Schiffsbeobachtungen bei kalten Nordwinden im Frühjahr. Man müßte hieraus eigentlich folgern, daß der Zug der Landvögel den mexikanischen Golf im allgemeinen meide. Tatsächlich kann die angeführte Feststellung doch nur für den Heimzug Gültigkeit haben, und auch hierfür vielleicht nicht immer; Lowery (1946) legt an vielen Ermittlungen über 62 Arten dar, daß es Trans-Golf-Zug „of tremendous magnitude" gibt (E 5 h, E 6 e).

e. Bewältigung und Nichtbewältigung von Hindernissen

Massenzugwege unterbrechen die Breitfront also dann, wenn anlockende Leitlinien (als zusagende Lebensstätten oder wegen aerodynamischer Vorteile) die Vögel an sich ziehen oder wenn abweisende Räume eine Stauung herbeiführen; beide Wirkungen können zusammenfallen. Große Wasserflächen (für Landvögel), Länder (für Seevögel), Wüsten (für die meisten Vögel) und Gebirge (für viele Arten) können als stauende Hindernisse erwartet werden. Aber seien wir vorsichtig mit Verallgemeinerungen! Auch Landvögel ziehen unter gewissen Umständen große Strecken über See. Die wegziehenden Bewohner von Inseln (etwa Island) haben keine andere Wahl. Das Mittelmeer wird von einer großen Zahl von Landvögeln regelmäßig sogar an den breitesten Stellen überflogen (Moreau 1961, Casement 1966; Abb. 58). Den Golf von Mexiko kreuzt u. a. der Rubinkehl-Kolibri auf einem Flug über 800 km, und sogar über dem Indischen Ozean wandern Landvögel (E 5). Beweise für nicht so seltene Streuung von Landvögeln auf die hohe See sind beim Graureiher angeführt (D 13) und ergeben sich etwa auch aus

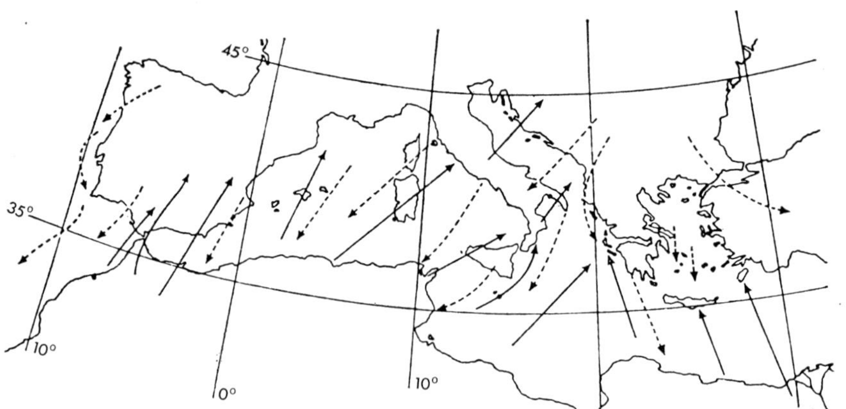

Abb. 58. Zug über das Mittelmeer nach Radarfeststellungen. Gebrochene Pfeile Wegzug, ausgezogene Pfeile Heimzug. Nach Casement 1966 in der vereinfachten Wiedergabe von Eastwood 1967.

der Artenliste der 1000 km vom amerikanischen Festland entfernten Bermuda-Inseln. Landvögel, die erschöpft aufs Wasser fallen, sind übrigens, wenigstens bei einigermaßen ruhiger See, nicht unbedingt verloren. — Wüstenränder sind nur in recht schwachem Maße Leitlinien! Die Sahara wirkt erstaunlich wenig abschreckend, was z.T. geschichtliche Gründe haben dürfte (MOREAU 1961). — Hochgebirge können in beschränkter Weise den Zug abhalten. Man wundert sich aber, wie gering für einen stark ausgeprägten Zugtrieb die Schrankenwirkung z. B. der Alpen ist. Die zahlreichen Untersuchungen der Schweizer Ornithologen, besonders am Col de Bretolet (S. 40), lassen lebhafte Bewegung erkennen. Stare überqueren bei gutem Zugwetter die Alpen oberhalb der Gipfelhöhen in Massen. Über den Himalaya sind unter E 4 a Angaben gemacht. Die zahlreichen Vögel Sibiriens, die ihr Winterquartier in Indien finden, vor allem mehrere nordische Entenarten, der Kampfläufer, ferner eine Bachstelze und zwei Drosseln des Nordens querten die eisigen 5000er der größten Hochgebirge. Sicher ist die Rolle von Gebirgen als Hindernissen und umgekehrt von Gebirgstälern und Pässen als Leitlinien stark von den Wetterbedingungen abhängig und also keine stationäre Größe (C 6).

f. Oasenwirkung

Günstige Lebensstätten in unwirtlicher Umgebung wirken auf Zugvögel anlockend. Die Anlockung ist um so stärker, je gegensatzreicher sich der Biotop zu seiner Umgebung verhält, aber auch je erschöpfter der überhinziehende Vogel ist. Es gibt vor allem drei verschiedene Typen von solchen gewissermaßen magnetisch wirkenden Punkten. Inseln ziehen in den Meeren die Vögel an. Dafür gibt es unzählige Beispiele (DROST, C 4). Die Skizzen Abb. 59 betreffen den Frühjahrszug über Helgoland. Parallelzug ist in hellen Nächten, bei Mondschein oder Sternklarheit üblich; die Insel wirkt nicht oder nur schwach. Konzentration des Zuges ergibt sich bei aufkommender Bewölkung; die Vögel fliegen auf die Insel zu, lassen sich jedoch nicht aufhalten. Nimmt die Bewölkung zu bis zur Bedeckung, so umkreisen die Vögel das Leuchtfeuer im Kreiszug; es kann zu großen Ansammlungen kommen, die aber wieder weiterziehen, wenn Sterne zum Durchbruch kommen. Beim Eintreten anhaltender völliger Dunkelheit erfolgt Stauung; die

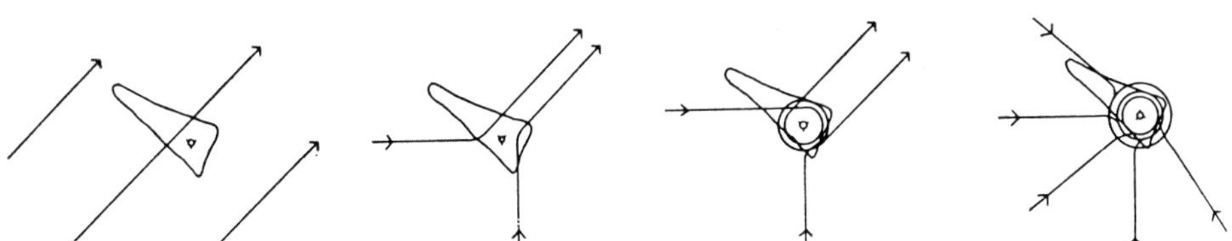

Abb. 59. Wirkung einer Insel auf den nächtlichen Zug, in diesem Fall verstärkt durch einen Leuchtturm: Frühjahrszug auf Helgoland, nach DROST 1960. Er nennt diese 4 Typen Parallelzug — Konzentrierter Zug — Kreiszug — Stauung.

Vogelscharen kreisen nicht nur um das Leuchtfeuer, sondern lassen sich schließlich nieder (DROST 1960). Inseln wirken auf den *Tag*zug in abgemilderter Form ebenso, wobei die Rolle des Leuchtfeuers entfällt. Im Hinblick auf Gotland hat OTTERLIND beschrieben, wie eine Insel mit geeigneten Lebensstätten auch für die Ansiedlung von im weiteren Raum sonst fehlenden Vogelarten eine Rolle spielen kann, und er hat diese Erscheinung als *Inseleffekt* bezeichnet. Da diese Formulierung also schon für den Siedlungsfall angewendet ist, können wir die oben beschriebene Besonderheit von Inseln auf den Zugablauf leider nicht Inselwirkung nennen; wir übertragen hier den Begriff der Oase in einem weiteren Sinn auf Inseln. Aber Oasen selbst etwa in der Sahara und ebenso in anderen Wüsten (C 7) sind natürlicherweise echte Brennpunkte des Vogelzugs, worüber es viele anschauliche Schilderungen gibt. In ähnlicher Weise wirken Seen und Sümpfe in einer sonst trockenen Umgebung auf Sumpf- und Schwimmvögel. Solche Fälle sind vielfach beschrieben, und sie wirken besonders überzeugend dann, wenn, meist auf künstlichem Weg, eine solche Lebensstätte neu entsteht oder sich vergrößert (siehe E 6a).

g. Schmalfrontzug

Es gibt Vogelarten, die auch ohne ausgesprochenen Zwang der Landschaft, ohne eine als notwendig erkennbare Führung seitens einer Leitlinie keine breite Streuung zeigen. Sie ziehen sich aus einem breiteren Herkunftsgebiet zusammen und streben im *Trichterzug* einer Verengung der Zugstrecke zu (bzw. lösen sich im *Fächerzug* von ihr), wie etwa die Weißstörche, die aus weiten Gebieten Europas einen begrenzten Raum (ungefähr bei Burgas an der Westküste des Schwarzen Meeres) angehen, um dann auf enger Bahn über Bosporus, Kleinasien, Palästina und Ägypten weiterzuziehen (D 11, Abb. 41). Auch der Rotrückenwürger eines weiten Brutgebiets findet sich in einem engen „Schlauch" zusammen (D 8, Abb. 33). Man spricht in solchen Fällen von einer „Schmalfront", die grundsätzlich nicht mit den Massenzugwegen der Breitfrontzügler verwechselt werden darf. Schmalfront ist nur wenigen Arten eigen und erstreckt sich auf größere Weiten. Massenzugwege hängen demgegenüber durchaus von den Leitlinien der Landschaft ab; sie können wie diese auf kurze Entfernung hin aufhören oder neu einsetzen und pflegen eine große Zahl von Arten, ja die Mehrzahl (wenigstens der Tages-) Durchzügler zu erfassen. Sowohl Schmalfront als auch Massenzugweg liefen früher unter dem Sammelausdruck „Zugstraße". Die vor allem von Baron GEYR vertretene Trennung wird allerdings durch das Verhalten gewisser Küstenzieher (besonders einiger Seeschwalben und Regenpfeifervögel) erschwert. Sind diese Vögel „zufällige" Dauerbenützer einer Leitlinie, von der sie sich nicht freizumachen wissen, also gewissermaßen verhinderte Breitfrontzügler, oder soll man sie in die Gruppe der Schmalfrontzügler hineinnehmen? Wenn man die Frage im letzteren Sinn beantwortet, mit Bezugnahme auf über Land ziehende Verwandte, so wären nicht nur unsere beiden

Storcharten (D 11), der Graukranich (D 12), Rotrücken- (D 8) und Schwarzstirnwürger, sondern auch Küsten-, Fluß-, Brand- und Zwergseeschwalbe (D 10), ferner der Steinwälzer und einige andere verwandte Limikolen als Schmalfrontzügler zu erklären. Auch die Rothalsgans wäre hierher zu rechnen; zusätzlich scheint hier Traditionsbildung noch eine Rolle zu spielen (STERBETZ & SZIJJ 1968; Abb. 60, K IV). Bei anderen Arten sind diese Merkmale nur mäßig ausgeprägt, so daß von einem Übergangsverhalten zwischen Schmalfrontzug und Breitfrontzug gesprochen werden muß.

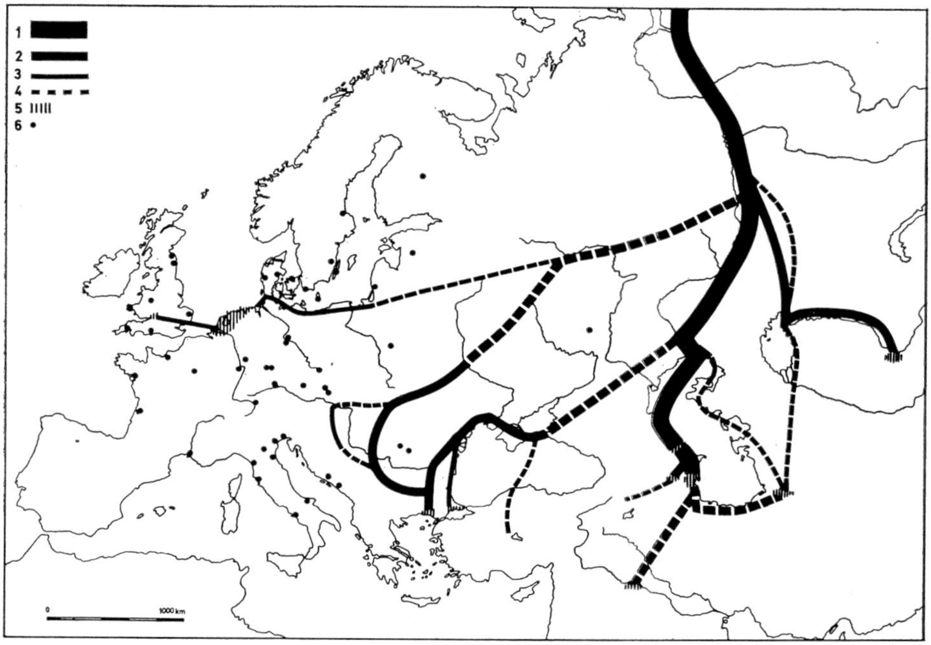

Abb. 60. Zug der Rothalsgans (*Branta ruficollis*). Die im hohen Norden etwa unter 70 bis 110° E brütende Art quert die Taiga zur Westküste des Kaspischen Meeres in einer Form, daß man von einer Schmalfront sprechen möchte. Zu diesem Hauptzugweg (1) kommen Nebenzugwege mit kleineren bis mittelgroßen Trupps (2), ferner Zugstrecken mit nur ganz schwachem Besuch (3) und hypothetische Zugwege (4). Die Winterquartiere (5) sind gestrichelt, Beobachtungen außerhalb der Zugwege (6) mit Punkten eingetragen. STERBETZ & SZIJJ (1968), auf die diese Karte zurückgeht, machen glaubhaft, daß Bläßgänse oder andere Arten gelegentlich Rothalsgänse mitreißen, bei denen sich dann eine neue Tradition entwickelt; bei späteren Wanderungen können durch intraspezifischen Sozialkontakt weitere Artgenossen mitgenommen werden und weitere Traditionsträger entstehen. Darüber hinaus dürften aber auch Momente der Geleiteten Breitfront im Spiel sein.

h. Das Streckennetz des Vogelzugs in seiner Beziehung zur Erdoberfläche

Die Art und Weise, wie und wieweit der Untergrund den überhinziehenden Vogel bindet, ist sichtlich sehr verschieden. Im einen Extrem kann eine

Vogelart in breitem Strom ohne Bezugnahme auf die Erdoberfläche dahinwandern, und im anderen Extrem ist der Zug einer Vogelart offenkundig in ein bestimmtes Landschaftsgefüge gewissermaßen hineingewachsen. Den letzteren Fall nennen wir *Stenometachore Zugweise* (nach griechisch στενός = eng, μεταχωρεῖν = ziehen). Dieses Einbinden kann in zweierlei Weise erfolgen. Einmal *simultan*, indem die wegziehenden Populationen verschiedene Zugrichtungen einhalten (Weißstorch D 11, Star D 2). Sodann kommt es vor, daß ein und derselbe Vogel (ein und dieselbe Population) während des Zugablaufs an bestimmten Stellen die Richtung ändert (*Sukzessive* Stenometachorie). Es läßt sich nicht mit unmittelbar wirksamen ökologischen Faktoren erklären, warum ostpreußische Stare beim Aufbruch nach W, sächsische nach SW gelenkt werden. Stenometachorie ist allen Schmalfrontzüglern eigen, darüber hinaus aber auch einer Anzahl von Breitfrontzüglern wie dem Star, der ebenfalls in ein bestimmtes Landschaftsmosaik eingefügt erscheint. — Der Gegensatz ist die *Eurymetachore Zugweise* (εὐρύς = breit), das nichtspezifizierte Ablaufen des Zuges ohne Einpassung in eine bestimmte Landschaft. Das bedeutet nicht, daß Vertreter dieser Arten durchweg in gleicher Richtung fliegen müssen. Es kann vielmehr einen individuellen Richtungsspielraum geben, ferner eine zeitweilige Beeinflussung durch Leitlinien. Aber diese Ablenkung dauert nur solange, als dieses störende oder begünstigende Element gegenwärtig ist. Ein Zusammenhang dürfte in diesen Fällen stets aufzufinden sein; es geht um Ernährung, Deckung oder Flugtechnik oder einfach das Ansprechen auf den arteigenen Lebensraum. Es wird sich dabei vielfach um Nachtzügler handeln, die losgelöst von der Erdoberfläche mehr oder weniger hoch überhinziehen, zum Teil über ganz unwirtliche Gebiete.

Es erhebt sich die Frage, ob die eurymetachor ziehenden Vögel wirklich keine Art angeborener Bindung an die durchwanderte Landschaft haben. Ein Blick auf die Karte des Zugs der Singdrossel in Europa (D 1) nach den Ringfunden (Abb. 18) macht uns zu einer Verneinung geneigt. Indes ziehen schottische Singdrosseln westwärts nach Irland, englische südwärts zum Festland (E 16, Abb. 72); es bestehen hier also Spuren simultaner Stenometachorie. Es gibt eben wahrscheinlich, wie so oft, keine „reinen" Extreme.

Das große Problem besteht in den Ursachen so verschiedenen Verhaltens, und wir müssen hier mit einigen Sätzen einem späteren Thema vorgreifen (K IV). Sicherlich ist den Eurymetachoren und ebenso, hier nach Populationen gesondert, den simultan Stenometachoren das Ansprechen auf bestimmte Richtungen angeboren. Wir kommen nicht ohne die Annahme aus, daß in Fällen sukzessiver Stenometachorie ein *vorgebildetes Zeitprogramm* vorliegt, das das Ändern der Richtung bestimmt. Da es jedoch lebenswichtig ist, daß dieser Wechsel genau am richtigen Ort erfolgt, muß noch ein weiterer Faktor im Spiel sein. Es ist zu bezweifeln, daß Tradition allein die nötige Hilfe an der kritischen Stelle gibt. Ein angeborener Mechanismus, der auf bestimmte Signale oder Signalkombinationen der Landschaft anspricht, kann nicht ausgeschlossen werden.

Casement 1966 (E 5) — de Crousaz 1960 (C 6) — Dorka 1966 (B III 7) — Drost 1960 (B III 1) — Hickey 1943 (E 5) — Moreau 1961 (D 5) — Oelke 1967 (B III 1) — Otterlind 1954 (A) — Palmén 1876, 1882 (A) — Peterson 1948 (C 3) — Rudebeck 1950 (A) — Schifferli 1959 (C 6) — Szijj 1967 (A) — Ulfstrand 1958 (C 2) — Vuilleumier 1963 (C 6).

Andrle, R. F. (1968): Raptors and other North-American Migrants in Mexico. Condor 70: 393—395.

Bellrose, F. C. (1966): Orientation in Waterfowl Migration. In: Animal Orientation and Navigation. Proc. 27th Ann. Biol. Colloqu. 1966, ed. by R. M. Storm. Oregon State Univ. Press: 73—99. — (Ders. 1968): Waterfowl Migration Corridors East of the Rocky Mountains in the United States. Illinois Natur. Hist. Survey, Urbana, Biol. Notes 61: 1—24.

Bellrose, F. C., & J. G. Sieh (1960): Massed Waterfowl Flights in the Mississippi Flyway, 1956 and 1957. Wilson Bull. 72: 29—59.

Broun, M. (1949): Hawks Aloft. The Story of Hawk Mountain. New York.

Drost, R. (1955): Vogelwanderungen, von Inseln aus beobachtet. Acta XI Congr. Int. Orn. Basel: 167—171.

Geyr von Schweppenburg, H. Frh. v. (1931): Zur Terminologie des Vogelzuges. Proc. VIIth Int. Orn. Congr. Amsterdam: 333—339. — (Ders. 1933): Zur Theorie der Leitlinie. Ardea 22: 83—92.

Lack, D., & K. Williamson (1959): Bird Migration Terms. Ibis 101: 255—256.

Lowery, G. H. (1946): Evidence of Trans-Gulf Migration. Auk 63: 175—211.

Moreau, R. E. (1938): Bird-Migration over the North-Western Part of the Indian Ocean, the Red Sea, and the Mediterranean. Proc. Zool. Soc. London A 108, Part 1, 26 S.

Mueller, H. C., & D. D. Berger (1967): Wind Drift, Leading Lines, and Diurnal Migration. Wilson Bull. 79: 50—63.

Schüz, E. (1950): Zur Frage der angeborenen Zugwege. Vogelwarte 15: 219—226.

Sterbetz, I., & J. Szijj (1968): Das Zugverhalten von Branta ruficollis in Europa. Vogelwarte 24: 266—277.

Sutter, E. (1955): Vogelzug in den Schweizer Alpen. XI Congr. Int. Orn. Basel: 172—175.

Williams, G. G. (1950): Weather and Spring Migration. Auk 67: 52—65.

7. *Heimzug und Wegzug*

a) Über den normalen zeitlichen Ablauf des Vogelzugs sind bei Rauchschwalbe (D 7), Rotrückenwürger (D 8) und Weißstorch (D 11) Beispiele mitgeteilt worden. Es ist offenkundig, daß bei diesem Ablauf — wir wenden uns zunächst dem Heimzug zu — letzten Endes Ernährungsbedingungen den Ausschlag geben. Diese hängen aber vielfach von Witterungsfaktoren ab, besonders von der Temperatur. Man versteht also, daß in klimatisch benachteiligten Gebieten die Heimkehrer später eintreffen als an begünstigten Plätzen. Es geht dabei nicht nur um die Lage nach Breitengraden und nach dem Einwirken maritimer oder kontinentaler Klimabedingungen, sondern auch um die Höhenlage. So entstehen durchaus keine ganz gleichmäßigen Bilder, wenn man, wie es erstmals A. v. Middendorf 1855 tat, die Linien gleicher Ankunft auf Karten einträgt. Man nennt diese Art von Isochronen mit dem auf den Vogel bezüglichen Terminus Isepiptesen (von ἴσος gleich und ἐπιπέτεσθαι Herbeifliegen; das leider im Englischen eingebürgerte Wort Isopiptesen ist *falsch*). Diese Isepiptesen verlaufen also keineswegs parallel den Breitegraden, sondern nehmen Bezug etwa auf die ausgleichende Wirkung des Golfstromes und überdies auf die Höhenlagen. So ähneln sie vielmehr den Linien gleicher Temperatur, und es besteht offensichtlich ein Zusammenhang zwischen Isothermen und Isepiptesen, aber in einer nach Arten verschiedenen Weise. Dabei spricht mit, ob die Art ein Früh- oder Spätankommer ist, weil bei ersteren natürlich die winterliche Temperaturenlage stärker wirkt als bei letzteren. Der Star (D 2, Abb. 20) ist Beispiel eines von den Wintertemperaturen beeinflußten Vogels. Der Prachttaucher (D 14, Abb. 49) muß sich bei der Heimkehr nach dem Aufgehen der Eisdecke richten, während die später heimziehende Rauchschwalbe (D 7, Abb. 30) von solchen Einflüssen nicht mehr ernstlich betroffen wird. Im übrigen kann die Reihenfolge des Eintreffens einer gleichen Art in verschiedenen geographischen Breiten recht verschieden sein, wie ein Vergleich von Mitteleuropa und Mittelmeergebiet zeigt (STRESEMANN 1944). Es ist verständlich, wenn der Mauersegler im Mittelmeerbereich früh eintrifft, sich weiter nördlich aber hinter eine ganze Anzahl schneller vordringende Arten ordnet; die Abhängigkeit vom „Luftplankton" erlaubt kein so schnelles Besiedeln der erst langsam sich erwärmenden Räume des Nordens. Ähnlich ist es zu deuten, wenn der Fitislaubsänger in Gibraltar 14 Tage nach der Rauchschwalbe eintrifft (Abb. 61, 30), später dann aber aufholt. Der Zilp-

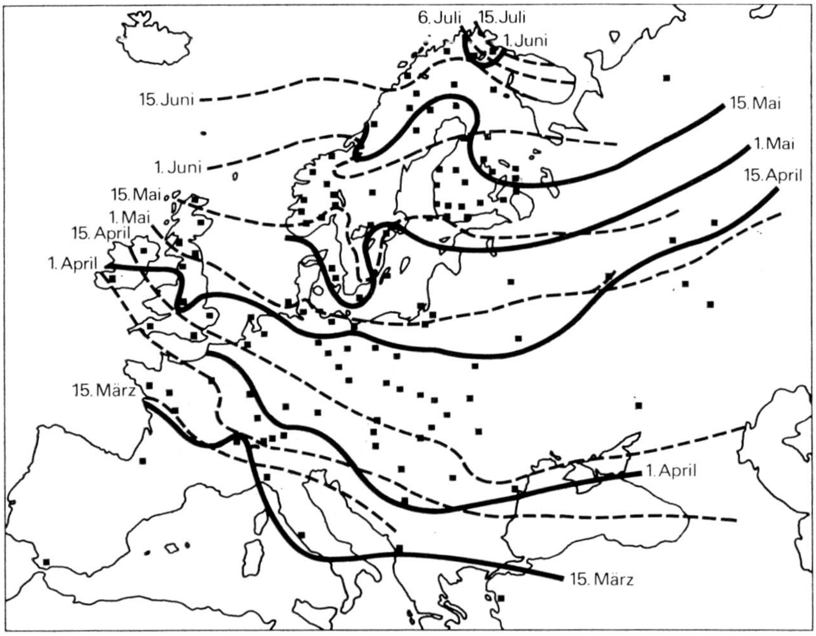

Abb. 61. Zugverlauf des Fitislaubsängers in Europa im Frühjahr. Ausgezogene Linien = Isepiptesen in zweiwöchigem Abstand. Dünne unterbrochene Linien = Isothermen von 8,9 °C (48 °F). Jedes Quadrat ein Kontrollort. Nach SOUTHERN 1938.

zalp schreitet mit den Isothermen fort, während die Rauchschwalbe diesen gegenüber zurückbleibt.

b) Die Ankunft in den Brutgebieten liegt unter diesen Umständen bei verschiedenen Populationen sehr verschieden; vgl. Rauchschwalbe: Zwischen Mitte Februar: Gibraltar, und Anfang Juni: Nordskandinavien (D 7, Abb. 30). Auch in weniger ausgeprägten Fällen handelt es sich beim Zug keineswegs um ein gleichmäßiges Verschieben der Winterbestände nordwärts. Die südlich brütenden Gruppen werden, am Brutplatz angelangt, in vielen Fällen von den nördlich brütenden überflogen. Diese können im Herbst umgekehrt die südlichen Vertreter noch in deren Heimatgebiet überholen; Überwanderung, *Überspringzug* (E 15c). Der Beobachter an einem festen Punkt wird also in der Regel erfahren, daß im Frühjahr zunächst die eigenen Brutvögel und dann erst die nördlich davon wohnenden Durchzügler der Art eintreffen. Im Herbst werden die letzten noch sichtbaren Vertreter mancher Art die vom Orte sein. Diese Zeitregel ist jedoch keineswegs fest. Beim Wegzug übt der Witterungswandel i.a. nicht einen so großen Zwang aus wie im Frühjahr, zum anderen kann der Fortpflanzungsstand der nördlichen Vögel eine Verzögerung bringen: Dem Zusammendrängen von Brut und Aufzucht sind gewisse Grenzen gesetzt. Wegziehende Mauersegler z.B. erscheinen gerade aus nördlichen Breiten oft genug als Spätdurchzügler; für die Singdrossel siehe D 1.

c) Folge nach Geschlecht und Alter. Im Frühjahr sind es bei den meisten Arten die ♂♂, die den Vortrupp bilden. Dies steht besonders bei den Singvögeln in deutlichem Einklang mit den Aufgaben des ♂ bei der Erwerbung und Besetzung des Brutreviers. Die heimkehrenden ♀♀ finden die Besitzverhältnisse schon weitgehend bereinigt und haben dann ohne viel Zeitverlust die Wahl von Brutpartner und Brutrevier — die beide schon zusammengeordnet sind — zu vollziehen. Indes überschneiden sich die beiden Zugwellen; sie sind keineswegs gegeneinander abgesetzt. Dies umso weniger, als i.a. die einjährigen Vögel — auch oder gerade die einjährigen ♂♂ — zeitlich gegenüber den alten nachhinken. In der Regel sind nur diese vollreif und streng in den normalen Jahresablauf eingegliedert. Da die Heimkehr eine Funktion des Reifegrades zu sein pflegt und die Reife sich bei vielen Arten hinzögert, halten die einjährigen Vögel vielfach noch nicht Schritt. Dies gilt besonders für die Arten, die mehr als ein Jahr zur Reife brauchen: Die meisten Möwen (D 4), ferner Störche (D 11), Groß-Greifvögel, Stare gewisser Gebiete (D 2). Die einjährigen Stücke zögern die Heimkehr oft bis in die Brutzeit der älteren Artgenossen hinaus oder bringen es in manchen Fällen gar nicht zu einer Heimkehr; sie hat dann auch fortpflanzungsbiologisch noch keine Bedeutung.

d) Beim Wegzug im Spätsommer und Herbst besteht ebenfalls eine gewisse Staffelung. Die Jungvögel ziehen vielfach als erste ab, und die Altvögel beschließen den Zug. Bisweilen trennen sich dabei die Jungen weitgehend ab. Der Zwischenzug der Stare (D 2, E 10) wird ganz vorherrschend von den Jungen gestellt. Beim Weißstorch, wo keine scharfe Trennung besteht, sind es immerhin 70% der Fälle, wo die Jungen vor den Alten den Wegzug beginnen. Nur bei wenigen Arten zieht die Hauptmenge der Alten vor den Jungen (Kuckuck, Rotrückenwürger, eine Anzahl Limikolen). Soweit sich die Geschlechter in den Zeiten überschneiden, machen in der Hauptsache die ♂♂ den Beschluß (Bergfink, *Junco*-Arten); sie sind ja vielfach auch die weniger weit ziehenden Artvertreter.

e) Beachtenswert die seltenen Fälle, wo nicht nur der zeitliche Ablauf, sondern auch die Lage der Zugstrecke nach dem Alter wechselt. Vom östlichen Braunachsel-Goldregenpfeifer (*Pluvialis d. dominica*), der beim Wegzug aus dem Landesinnern ostwärts zur Atlantikküste hält (E 5), sieht man in Alberta im Herbst nur Jungvögel, die mehr nach SE streben, während die alten Regenpfeifer nördlich davon ziehen (ROWAN 1926). Der Fischadler Nordamerikas hält sich als Altvogel vorwiegend an der Atlantikküste, während die Jungvögel weiter landein ziehen (BROOKE-WORTH 1936), und die europäischen Artgenossen unterscheiden sich altersmäßig offenbar darin, daß die Alten ungehemmt das Mittelmeer überfliegen, während die Jungen sich mehr ans Land halten (viele Italienfunde!, ÖSTERLÖF).

Libbert 1954 (D 11) — Rendahl 1965 (D 9) — Bretscher 1920, 1929 (H 1)

Middendorf, A. v. (1855): Die Isepiptesen Rußlands. Mém. Acad. Sc. St. Petersburg VI, Sc, natur. VIII.

Österlöf, S. (1951): Fiskgjusens, Pandion haliaetus, flyttning. Vår Fågelvärld 10: 1—15.

Schüz, E. (1949): Reifung, Ansiedlung und Bestandswechsel beim Weißen Storch. Ornithologie als biologische Wissenschaft, Festschrift E. Stresemann: 217—228.

Sliwinsky, U. (1938): Isopiptesen einiger Vogelarten in Europa. Zoologica Poloniae 2: 249—287. Lwow.

Stresemann, E. (1944): Der Frühjahrsdurchzug einiger Vogelarten durch die Mittelmeerländer. Orn. Mber. 52: 29—44.

8. Zugwegverlängerung und Zugwegverkürzung der Heimkehrer

Es gibt Fälle von „Prolongation“ und „Abbreviation“ des Heimzuges. Soweit *Zugwegverlängerung* das Verbreitungsareal erweitert, kann man bei Singvögeln solche Abweichungen gut nachweisen, wenigstens bei singenden ♂♂. Sie kommen im Durchschnitt früher als die ♀♀ am Brutplatz an und stellen wohl auch die Mehrzahl der über das Brutgebiet hinauswandernden Pioniere. Es hat sich nachweisen lassen, daß sich solche Vorstöße vor allem dann ereignen, wenn zur Zeit der Ankunft im Brutgebiet warme Luft einbricht; sie stimuliert den Heimzug, und wenn der Zugtrieb des Vogels noch nicht aufgebraucht ist, vermag sie den Vogel zum Weiterziehen zu bestimmen. Bei gesellig ziehenden Arten kommt auch ein Mitschleppen in Mischverbänden in Frage (*Induktion*, OTTERLIND).

Oft mag Bevölkerungsdruck im Spiel sein, indem Heimkehrer ihre Lebensstätten besetzt finden und sich veranlaßt sehen, andernorts nach Möglichkeiten zu suchen. Häufig sind es die jungen ♂♂, die weiterschweifen; sie sind als Einjährige weder zeitlich noch örtlich so gebunden wie Ältere. Es kommt vor, daß die Vögel weit über den für sie möglichen Raum hinausziehen und dann zugrundegehen (Beispiel: Wiedehopf im nördlichsten Schweden und sogar bei Spitzbergen). Sie können aber auch Glück haben und einen für sie geeigneten entfernten Raum erreichen, den sie als Pioniere besetzen (Beispiel: Wacholderdrossel auf Grönland), oder sie können in einer gefahrlosen Form ein begrenztes Stück über die bisherige Artgrenze hinausfliegen, dort brüten und die Verbreitung der Art ein Stück weit ausdehnen, soweit es eben die klimatischen Bedingungen erlauben. Da diese im Schwanken sind, wird die Arealgrenze also auch von außen her gesteuert. Allerdings kommt es wohl deshalb oft zu einem Mißlingen des Pioniervorstoßes, weil zwar die ♂♂, nicht aber die ♀♀ bereitstehen. Biotop und Landschaft überhaupt regeln auch in der Form, daß Schranken hindern können (Beispiel: Ostsee), und es gibt auch einen „Inseleffekt" (OTTERLIND), der besagt, daß geeignete Inseln einen Vorstoß auffangen und konzentrieren können (E 6 f). Dafür ist Gotland ein Beispiel, ferner der Grün-Laubsänger, der über seine alte Grenze in Ostpreußen 1933 bis Rügen und in späteren günstigen Jahren noch weiter westwärts und auch nordwärts (1954 bis Öland, Gotland und Gotska Sandön) vorstieß. Auch in Nordamerika kennt man klimabedingte Verschiebungen, so beim Kardinal und bei der Spottdrossel (siehe H 8).

Umgekehrt gibt es auch *Zugwegverkürzungen* (Abbreviationen). Auch sie können eine Ausweitung des Brutareals bedeuten, nämlich in Richtung auf das Winterquartier. In Nordamerika soll der Fichtenzeisig (*Spinus pinus*) bei kaltem Frühjahr seine Nordgrenze zurücknehmen, dafür aber südlicher als sonst brüten. In der Alten Welt nistete im kalten Frühjahr 1931 der Bergfink in Närke, 200 km südlich der üblichen Südgrenze, und das Brüten des Rauhfußbussards 1912 in Småland und 1944 auf Gotland erfolgte unter entsprechenden Bedingungen. Vielleicht gilt das auch für die Kolonisation der Dreizehenmöwe 1941 unweit Kopenhagen und 1947 im Norden Frankreichs (OTTERLIND 1954), möglicherweise im Zusammenhang mit einer Bestandszunahme der Art. Handelt es sich um Invasionsvögel, wie besonders im Fall des Seidenschwanzes, so pflegen diese Veränderungen bei diesen recht bedingt ortstreuen Arten keinen Neuerwerb auf die Dauer darzustellen.

Diesen Vorgängen kommt im Rahmen der Geschichte des Vogelzugs eine erhebliche Bedeutung zu, da sie klarmachen, wie im Lauf langer Zeit eine Arealausbreitung im Zusammenhang mit den Wanderungen erfolgt; siehe Abschnitt L 2.

Dunker 1905 (A) — Otterlind 1954 (A) — Palmén (1876).

Beddall, B. G. (1963): Range Expansion of the Cardinal and other Birds in the Northeastern States. Wilson Bull. 75: 141—158.

Gudmundsson, F. (1951): The effect of the recent climatic changes on the bird life of Iceland. Proc. Xth Int. Orn. Congr. Uppsala: 502—514.

Haartman, L. v. (1952): Über ungepaarte Männchen in Grenzpopulationen der Kleinvögel. Acta Soc. Fauna Flora Fenn. 69: 1—28.

Kalela, O. (1949): Changes in geographic ranges in the Avifauna in Northern und Central Europe in relation to recent changes in climate. Bird-Banding 20: 77—103.
Kespaik, J. (1965): The interpretation of the prolongation of the spring migration. Commun. Baltic Commiss. Study Birds, Tartu.
Lundberg, S., J. Höjer & J. Norbeck (1954): Invasion av *Phylloscopus trochiloides* på Gotska Sandön 1954. Vår Fågelvärld 13: 240—244.
Niethammer, G. (1951): Arealänderungen und Bestandsschwankungen mitteleuropäischer Vögel. Bonner Zool. Beitr. 2: 17—54.
Salomonsen, F. (1951): The immigration and breeding of *Turdus pilaris* in Greenland. Proc. Xth Int. Orn. Congr. Uppsala: 515—526.
Välikangas, I. (1951): Die Expansion von *Phylloscopus trochiloides viridanus* im nordwesteuropäischen Raum. Orn. Fenn. 28: 25—39.
Westernhagen, W. v. (1958): Über Verbreitung und Wanderung des Stelzenläufers in Europa. Orn. Beob. 55: 138—155.

9. Ortstreue, Dismigration und Expansion

a) Wir sprechen von Ortstreue, wenn ein Vogel an den alten Ort zurückkehrt; das Gegenteil ist Dismigration, wenn wir hier und im wesentlichen auch in den weiteren Begriffen Berndt & Sternberg folgen. Es gibt *Geburtsortstreue* (bezogen auf den Ort des Schlüpfens), ferner *Winterortstreue*, weiter gefaßt *Ruheortstreue*, und es gibt auch *Zugwegstreue*. Standortstreue hebt die Gebundenheit des Standvogels hervor. Platztreue heißt das Wiedererscheinen auf engem Raum (Nestplatztreue, Futterplatztreue). Erstmals heimkehrende, also in der Regel vorjährige Vögel können sich als geburtsortstreu oder sogar geburtsplatztreu erweisen, oder sie nehmen eine Neuansiedlung vor. Hier gilt jetzt die Bezeichnung Fremdansiedlung, im Gegensatz zur Heimatansiedlung. Wenn sich Altvögel nicht brutortstreu verhalten, sondern einen neuen Brutort wählen, sprechen wir wie bisher von Umsiedlung. Diese Vorgänge sind wesentlich für die Verbreitung (Distribution) einer Art. Eine Art kann sich stationär verhalten oder Ausbreitung (Expansion, siehe E 9 h) zeigen oder auch ihre Verbreitung einschränken. Der jeweilige Zustand der Verteilung der Individuen im Raum heißt Dispersion.

Man hat versucht, Fremdansiedlung und Umsiedlung nach den Ursachen zu ordnen (was freilich aus Unkenntnis der Bedingungen in der Regel nicht möglich ist): Man nimmt einmal an einen Zerstreuungstrieb mit dem Ergebnis eines „*Dispersal*" auf Grund unbekannter endogener Veranlassung, sodann im anderen Fall ein Verdrängtwerden durch äußere Faktoren, also ein *Ausweichen* oder Spacing. Die genannten Verfasser konnten experimentell weibliche Trauerschnäpper zu einem Spacing bis 20 km veranlassen. Dispersal wie Spacing scheinen im allgemeinen ungerichtet zu sein, bis auf das Spacing vorher nicht beständig ortstreuer Älterer, die bestrebt sind, einen schon früher innegehabten Platz zu erreichen (*Rücksiedlung*).

b) Die Fragen dieses Kapitels fallen großenteils mehr in das Gebiet der Populationsdynamik und sollen hier daher nur kurz berührt werden. Offensichtlich bedeutet *das Streben nach Ortstreue ein ordnendes Prinzip, das art-*

erhaltend wirkt. So sind es vor allem die schon eingesessenen Altvögel, die an den alten Platz zurückzukehren suchen, und viele Beobachtungen etwa am Weißstorch beweisen, daß sie auf das Wiederbeziehen sogar des alten Brutplatzes Wert legen; es kann zu erheblichen Kämpfen kommen, wenn etwa ein verspätet heimkehrender Vogel seinen alten Platz schon besetzt vorfindet. Kleinvögel sind hinsichtlich des Nestplatzes in der Regel nicht in solchem Maß abhängig und als meist nur kurzlebend nicht so traditionsgebunden; aber auch Rauchschwalbe und Trauerschnäpper sind bemüht, an den alten Brutort zurückzukehren. Jungvögel zeigen dieses Streben nach der Heimat, in diesem Fall dem Geburtsort, ebenfalls, aber in einem weniger starken Maß, so daß Fremdansiedlungen nicht selten sind. Wir wissen dabei nicht, ob bei den Jungen verglichen mit den Alten der Trieb zur Heimkehr an den bestimmten Ort oder ob die Erfahrung im Orientieren geringer ist; natürlich kann beides im Spiel sein. Das Ziel der Rückkehr ist für die Jungvögel nicht eigentlich der Stammort, sondern der Aufzuchtort (was normal dasselbe ist). Das zeigten Verfrachtungen von Eiern bei Stockenten (Välikangas, Putzig) und Sturmmöwen (Schüz), ferner von kleinen Jungen (Brautente bis 320 km weit, McCabe). Aufschlußreich waren Versuche von Löhrl am Halsbandschnäpper (siehe K I 2). Weißstörche, die als Nestjunge von Ostpreußen nach Westdeutschland, also über die Zugscheide hinüber, verschickt und hier großgezogen wurden, ergaben nur 1 Wiederfund im Bereich der Ostpopulation (Durchzügler in Bulgarien), aber 7 offenkundige Ansiedlungen (davon jedoch nur 1 Brutnachweis) im Westen (Schüz 1951). Im übrigen ist der hohe (oder beherrschende) Anteil gewisser Arten mit Zwischenzug an dieser Streubewegung bezeichnend; es ist Sache vor allem des jungen Volkes zu kolonisieren (E 10). Über die Bedeutung dieser Siedlungsfragen für die Formenbildung siehe Kapitel L.

c) Heimkehrer sind offenbar zu Korrekturen des Zugweges imstande, indem sie während des Zuges die Richtung ändern, ja sogar eine Kehrtwendung vollziehen. Dafür sprechen Ringfunde von nordamerikanischen Greifvögeln (Mueller & Berger 1969), und ein am Schlüpfort beringter Sandregenpfeifer war auf dem Heimzug am 8. April 335 km NE übers Ziel hinausgeschossen, fand sich aber am 14. Juni wieder auf der Geburtsinsel, und zwar als Brutvogel (Grosskopf 1958).

d) Die Auswanderung (Abmigration) von Enten ist ein Sonderfall. Während sich bei den meisten Vogelarten die Paare erst bei oder nach der Heimkehr bilden, treten Enten schon viel früher zu Paaren zusammen. Dabei kommt es bei manchen Arten zunächst noch zu keiner weiteren Annäherung, während andere schon im Herbst und Winter gemeinsam balzen und sich mindestens um diese Zeit „verloben". Dementsprechend weisen die Enten auch im Gegensatz zu anderen Vögeln die schönste Entfaltung ihres Gefieders nicht erst im Frühjahr, sondern schon im Herbst auf. Es kann nicht ausbleiben, daß sich auf dem Wegzug oder im Winterquartier Paare verschiedener Herkunft zusammentun. Die Bindung geht soweit, daß (wie oft?)

die Paare beim Heimzuge im Spätwinter nicht auseinanderfallen, sondern daß ein Partner dem anderen in dessen für ihn fremdes Heimatgebiet folgen kann. Man hat dies besonders bei den in England überwinternden Enten nachweisen können, doch kennt man dieses Verhalten auch in der Schweiz; nach SCHIFFERLI (1961) können bei der Stockente ♀♀ wie ♂♂, alt und jung an dieser Auswanderung teilnehmen. Von 2 Eisenten (*Clangula hyemalis*), die 1947 als Küken im N von W-Grönland beringt worden waren, fand sich die eine als Brutvogel im Juni 1950 am Mackenzie-Delta in NW-Kanada, die andere im Januar 1951 als Wintergast in der Ostsee. Offensichtlich hatten beide in verschiedenen Richtungen auf große Entfernungen fremdgesiedelt (FREUCHEN & SALOMONSEN 1958). Verdacht auf Paarbildung im Winterquartier und Auswanderung ist auch für *Sterna hirundo* geäußert worden (AUSTIN 1949, 1953).

e) Wie ist es mit der Heimattreue zu den Zeiten, da die Brut noch nicht bevorsteht? Über den Aufenthalt der *spätreifen Arten* im Sommer (oder in den Sommern) vor der Brutreife gibt es manche Belege, aber keineswegs allgemeine Klarheit. Beim Weißstorch (D 11), der erst drei-, meist sogar vierjährig zur Brut kommt, ist offenkundig, daß Einjährige nur zu einem kleineren Teil in die Nähe des Geburtsplatzes zurückkehren. Manche Mitteleuropäer übersommern südlich, z. B. in Bulgarien oder gar im Raum Kleinasien bis Afrika. Im folgenden Sommer ist die Heimkehr wesentlich deutlicher ausgeprägt, entsprechend dem Erwachen des Fortpflanzungstriebs, der aber seine entscheidende Schwelle noch nicht erreicht hat. Das ist fast stets erst beim dreijährigen Vogel der Fall, und auch da kommt der noch jugendliche Zustand in einer zeitlichen Verspätung gegenüber den fertigen, älteren Artgenossen zum Ausdruck. *Die Heimkehr ist eine Funktion der Fortpflanzungsreife.* Von noch nicht brutfähigen Vögeln darf man nicht ohne weiteres erwarten, daß sie sich am künftigen Nestplatz (also meist im Herkunftsraum) einstellen und die richtige Zeit einhalten. Das Hineinwachsen in diese Ordnung ist natürlich nicht als ein Lernen, sondern als ein Ausreifen zu betrachten.

f) Wählen die Zugvögel bei der Wanderung jeweils den gleichen Weg? Dafür gibt es mehrfache Hinweise, die als Bejahung gelten dürfen. An Hand von Beobachtungen und Ringfunden glaubt MESTER (1966), dem Uferläufer eine ausgesprochene Zugwegstreue zusprechen zu können. Dagegen finden in anderen Fällen — bei Breitfrontzüglern anscheinend in der Mehrzahl — Abweichungen statt, die etwa die Kontrollen Helgoländer Durchzügler in späteren Jahren zeigen. Das ist begreiflich, denn die Vögel unterliegen in gewissem Umfang äußeren Bedingungen, vor allem der Witterung (in diesem Fall besonders wohl: Windrichtung) und den Leitlinien, so daß also ein ganz schematisches Verhalten nicht zu erwarten ist.

g) Dasselbe wird man für das Beibehalten des Winterquartiers in verschiedenen Ruhezeiten sagen dürfen. Da es am Ende der Wanderung liegt, könnte man geneigt sein, ihm in noch höherem Maß Unsicherheit zu-

zuerkennen als den Zugwegen. Daher ist es erstaunlich, daß in vielen Fällen Winterortstreue selbst für weitziehende Arten erwiesen ist. Beringte Weißkehl-Ammernfinken sind am gleichen Platz in Georgia (USA) 1600 km vom Südrand des Brutgebiets bis zu 4 Winter, in Britisch Honduras als nearktische Wintergäste bis zu 4 Jahre hintereinander festgestellt (NICKELL 1968). Dieselben Individuen einer Reihe paläarktischer Limikolen- und Singvogelarten bezogen in Nigerien, Ostafrika und Zambia in verschiedenen Wintern denselben Platz. In N-Nigerien kehrten von etwa 10000 Schafstelzen nachweislich 248 nach Jahresfrist ins gleiche Winterquartier zurück, 97 im nachfolgenden Winter usw., eine sogar im 7. Winter nachher; das sind nahezu 4% Winterortstreue-Belege. Von 120 Teichrohrsängern kamen 16 (über 13%) wieder. Sogar Vögel von, wie man glaubt, unregelmäßigem Verhalten, wie der Bergfink aus hochnordischen Brutgebieten, sind mehrfach, so in Baden und der Schweiz, in verschiedenen Wintern am gleichen Futterbrett angetroffen worden. Lachmöwen sind schon lange als zähe Winterbesucher bekannt, die oft Jahre hindurch dasselbe Winterquartier einnehmen. Andrerseits gibt es bei Lachmöwen innerhalb eines Winters oft recht starke Ortsveränderungen (D 4), und das Schweifen innerhalb eines weiteren Winterquartiers ist bei gewissen Arten je nach dem Zwang der Nahrung sogar die Regel (D 11, E 13 h). — Wo Außenbedingungen, vor allem das Wetter, eine große Rolle spielen, wie etwa bei den Winterflüchtern (H 1 f), darf strenge Winterortstreue nicht erwartet werden. Das gilt auch für Arten, die mit starken Verdriftungen rechnen müssen, wie sie etwa für die Rotdrossel (*Turdus iliacus*) nachgewiesen sind (Abb. 93). Es ist wohl kein Zufall, daß in England als Wintergäste beringte Rotdrosseln in späteren Wintern weit östlich, in Georgien, Griechenland, Türkei und zweimal in Libanon angetroffen wurden. Über die räumlichen Unregelmäßigkeiten der Invasionsvögel siehe Abschnitt G.

h) Endlich sei noch erwähnt die Expansion, die Ausbreitung einer Art, das Hinausschieben der Arealgrenzen. Dafür gibt es eine Reihe von Beispielen. MAYR (1926) machte uns mit der Ausbreitung des Girlitzes in Europa bekannt; dieser Vorgang vollzog sich etwa in einem Jahrhundert und gipfelt jetzt mit einzelnen Bruten sogar in Skandinavien und Finnland (OLSSON 1969, Abb. 138). Die Türkentaube hat innerhalb weniger Jahrzehnte von SE-Europa her das ganze Mitteleuropa zahlreich besiedelt und brütet nun schon in Großbritannien und Skandinavien (FISHER 1953, STRESEMANN & NOWAK). Während der Girlitz wenigstens in seinen nördlichen Bereichen ein echter Zugvogel ist, ist die Türkentaube weitgehend ein Standvogel, der sich in eine gewisse Abhängigkeit vom Menschen mit seiner Landwirtschaft und Geflügelhaltung usw. begeben hat.

Austin 1953 (D 10) — Freuchen & Salomonsen 1958 (E 1) — v. Haartman 1952 (E 8) — Spencer 1967, 1968 (D 7).
Berndt, R., & H. Sternberg (1966): Der Brutort einjähriger weiblicher Ficedula hypoleuca in seiner Lage zum Geburtsort. J. Orn. 107: 292—309. — (Dies. 1968): Terms,

Studies and Experiments on the Problems of Bird Dispersion. Ibis 110: 256—269. — (Dies. 1969): Über die Begriffe, Ursachen und Auswirkungen der Dispersion bei Vögeln. Vogelwelt 90: 41—53.

Drost, R. (1941): Zieht der einzelne Vogel stets auf demselben Weg? Ardea 30: 215—223.

Fisher, J. (1952): The Fulmar. London. — (Ders. 1953): The Collared Turtle Dove in Europe. Brit. Birds 46: 153—181.

Großkopf, G. (1958): Geburtsortstreue eines Sandregenpfeifers (Charadrius hiaticula) trotz zeitweiligen Ziel-Überfliegens auf dem Frühjahrszug. Vogelwarte 19: 265—266.

Hilprecht, A. (1965): Ringfunde des Bergfinken. Auspicium 2: 91—118.

Johnston, R. F. (1961): Population Movements of Birds. Condor 63: 386—389.

Kalela, O. (1958): Über außerbrutzeitliches Territorialverhalten bei Vögeln. Ann. A ad. Sci. Fennicae Ser. A. IV Biol. 42.

Mayr, E. (1926): Die Ausbreitung des Girlitz. J. Orn. 74: 571—671.

Mester, H. (1966): Zuggewohnheiten sowie Größen- und Gewichts-Variationen des Flußuferläufers (Tringa hypoleucos). Vogelwarte 23: 291—300.

Moreau, R. E. (1969): The recurrence in winter quarters (Ortstreue) of trans-Saharan migrants. Bird Study 16: 108—110.

Mueller, H. C., & D. D. Berger (1969): Navigation by Hawks Migrating in Spring. Auk 86: 35—40.

Nickell, W. P. (1968): Return of Northern Migrants to Tropical Winter Quarters and Banded Birds recovered in the United States. Bird-Banding 39: 107—116.

Nowak, E. (1965): Die Türkentaube. Neue Brehm-Bücherei, 353.

Olsson, V. (1969): Die Expansion des Girlitzes (*S. serinus*) in Nordeuropa in den letzten Jahrzehnten. Vogelwarte 25: 147—156.

Schifferli, A. (1961): Zugverhalten und „Auswanderung" (abmigration) der Stockente in der Schweiz. Vogelwarte 21: 104—112.

Schüz, E. (1951): Überblick über die Orientierungsversuche der Vogelwarte Rossitten (jetzt: Vogelwarte Radolfzell). Proc. Xth Int. Orn. Congr. Uppsala 1950: 249 — 268.

Stresemann, E., & E. Nowak (1958): Die Ausbreitung der Türkentaube in Asien und Europa. J. Orn. 99: 243—296.

Tree, A. J. (1965, 1966): Return of Palaearctic Birds to Place of Banding in Zambia. Ostrich 36: 44. Further records of Palaearctic Birds returning to Place of Banding. Ostrich 37: 196.

Zink, G. (1959): Ringfunde der Türkentaube. Auspicium 1: 97—100.

10. Zwischenzug

Der sogenannte Zwischenzug schiebt sich zwischen das Fertigwerden der Brut und den eigentlichen Wegzug ein und ist von diesem in typischen Fällen ganz deutlich getrennt; ja er trägt manchmal ein andersartiges Wesen zur Schau.

Die auch als „Frühsommerzug" bekannte Form des gerichteten Zwischenzugs beim Star ist in D 2, Abb. 19, gezeigt. Die Stare des Ostbaltikums besetzen im Juli—August den Raum Mecklenburg—Unterelbe als „Zwischenziel", das sie erst nach mehrwöchigem Aufenthalt verlassen, um durch den eigentlichen Wegzug die Winterquartiere am Ärmelkanal und auf den Britischen Inseln zu erreichen. In anderen Populationen des Stars nimmt der Zwischenzug andere Formen an (Abb. 21) oder fehlt er. Der Kiebitz beginnt schon früh mit ungerichteten Streubewegungen in kleinerer Anzahl. Deutlich und auffallend ist der schon im Juni seinen Höhepunkt erreichende Zwischenzug, der durchaus gerichtet west- oder südwestwärts geht, in der Regel aber nicht bis zum Winterquartier führt, sondern in einem Zwischenziel etwa um die Nordsee endet. Von da aus pflegt dann noch, oft ziemlich spät und nach der Art einer Winterflucht, die letzte Bewegung bis zum Winterquartier zu erfolgen, das für die Europäer vor allem Irland und iberische Halbinsel darstellen (D 3). Recht eigentümlich ist ein nordwärts gerichteter Zwischenzug von Wachteln, die schon in Afrika gebrütet haben, über das Mittelmeer hinweg (D 5).

Streuender Zwischenzug findet sich bei den Reihern (*nomadic period*, RYDZEWSKI) und bei *Plegadis falcinellus*. Graureiher (D 13) und Nachtreiher pflegen schon ganz früh nach dem Flüggewerden große Strecken zurückzulegen, so daß z. B. ostpreußische Graureiher schon Ende August zu 34% die Zone über 200 km einnehmen, zu 6% sie überschritten haben. Am 27. Juli ist schon Oberitalien, am 15. September Nordafrika erreicht. Ein Jungreiher von der Mainmündung kann schon am 26. Juni in Nordböhmen sein. Dieser Zwischenzug geht nach allen Richtungen, soweit nicht die See oder andere Hindernisse den Weg versperren. Die Betonung nördlichen Zwischenzugs ist noch deutlicher beim Nachtreiher (*N. nycticorax*), der in der Alten wie Neuen Welt vorkommt. Bei Nachtreihern aus Massachusetts wurden im August und September sogar 79% der Fälle nordwärts nachgewiesen (bis 800 km!). Noch auffallender ist das ungerichtete Streuen beim Sichler (*Plegadis falcinellus*), dessen Jungvögel wenige Wochen nach dem Flüggewerden in Ungarn an der unteren Wolga, in Norwegen und in den Niederlanden nachgewiesen sind; das Winterquartier liegt in den Tropen. Die Ungerichtetheit des Zwischenzuges und seine Beschränkung auf die Jungvögel ist bei Reihern und Sichlern besonders ausgeprägt.

Der Zwischenzug ist wahrscheinlich von großer arterhaltender Bedeutung: Es gilt die Sicherung des nötigen Lebensraumes, besonders hinsichtlich der Nahrung. Zunächst handelt es sich darum, daß die nach der Brutzeit stark angeschwollenen Bestände aufgelockert und — so scheint es — „planmäßig“ in ergiebigere Räume verlegt werden. Die Familie der Stare ist darin offenbar besonders geschickt. Der Invasionsvogel Rosenstar (G 30) ist ein Beispiel für die vorzügliche Ausnützung optimaler Ernährungsmöglichkeiten in sonst kargen Gebieten, nämlich des Wanderheuschreckenbefalls in Steppen. Unser Star (D 2) lebt nicht unter so spezialisierten Verhältnissen, „muß“ aber ebenfalls seine oft großen Nachwuchsscharen sogleich nach dem Flüggewerden in geeigneter Weise „verlagern“. Die Art erweist sich insofern als anpassungsfähig, als sie auf Nahrungsfülle in dem durchwanderten oder erreichten Gebiet zweckmäßig anspricht.

Der Mauserzug stellt eine besondere Art von Zwischenzug dar, über die zuletzt SALOMONSEN (1968) eine Übersicht gab; siehe auch SZIJJ (1965) und andere. Anatiden werfen ihre Schwungfedern auf einmal ab und sind dann flugunfähig. Das dauert im Durchschnitt 3 bis 4 Wochen, bei Schwänen bis

7 Wochen. Einige Arten (so meistens die Spießente) mausern am Heimatort, während andere in Flügen von wohl 3000 km bevorzugte Mauserplätze aufsuchen. Es handelt sich vor allem um Erpel oder eben Nichtbrüter; die mit der Brut beschäftigten ♀♀ bleiben zurück oder folgen später nach, so daß bei manchen Arten es zu einer Sonderung der Geschlechter kommt. Für den Mauserzug ist außer dieser Eigentümlichkeit das Zusammenströmen aus oft sehr verschiedenen Richtungen und die außerordentliche Verdichtung an der Mauserstation kennzeichnend; in der Regel (Ausnahme siehe unten) kommt es später zu einem eigentlichen Wegzug, also Weiterzug. Maßgeblich für die Wahl der Plätze ist die Sicherung vor Feinden und das Nahrungsangebot, was für Gründelenten Deckung (im Schilfrohr) und was bestimmte Wasserstände voraussetzt. Die Ismaninger Teiche bei München haben gezeigt, wie ein Heben des Wasserspiegels auf Tauchenten eine anziehende Wirkung ausüben kann. Der wohl berühmteste, von Hunderttausenden aufgesuchte Mauserplatz ist die Wolgamündung, doch gibt es noch eine ganze Anzahl weitere im eurasischen Raum (so der Bodensee, wo am Untersee sich im Spätsommer die so seltene Kolbenente zu Tausenden einfindet, C 5) und in Nordamerika. In der Nacht zum 5. August fielen im Mude Lake, Idaho, 52000 Gründelenten in 6 Arten ein. Diese Bewegungen zu den Mauserplätzen haben wahrscheinlich den Vorteil, daß die zurückbleibenden Jungvögel und ihre Mütter von der Konkurrenz der Erpel befreit sind. Das gilt möglicherweise besonders für Gänse, die als Bodenäser tätig sind. Während in der Regel die Mauserstätten klimatisch günstiger liegen als die Heimat eines Großteils der Mauserer, bewegen sich gerade Gänse nicht selten mehr polwärts, so die Saatgans nach Nowaja Semlja, und die Kurzschnabelgans aus Island begibt sich ein- und zweijährig zur Mauser nach NE-Grönland. Eigentümlich ist der Mauserzug zweier hocharktischer Enten: Die Scheckente zieht aus Ostsibirien (wo sie westlich bis zur Lenamündung vorkommt) im Frühherbst zur Mauser bis 3200 km weit zur Alaskahalbinsel. Die Prachteiderente sammelt sich zu Hunderttausenden zur Mauser im Juli/August an der Küste Westgrönlands; die alten ♂♂ kommen von den Brutplätzen in Kanada und N-Grönland, die immaturen aus dem Winterquartier an der SW-Küste Grönlands (Abb. 62), wohin sich dann alle im September/Oktober weiterbewegen.

Die Brandgans stellt einen Sonderfall dar. Zwar muß man auch bei ihr eindeutig von einer Mauserwanderung sprechen, denn das Ziel des Zuges ist die Mauserstätte; aber von diesem Zwischenziel aus findet kein Weiterwandern zu einem Winterquartier statt, ausgenommen Skandinavier, die später nach Frankreich—England weiterziehen. Die Brandgänse der Britischen Inseln und der Niederlande sammeln sich Anfang Juli zum Aufbruch. Nichtbrüter machen den Anfang, doch zieht auch die Mehrzahl der Brutvögel schon so früh, daß sie die Kleinen unflügge, ja bisweilen in Daunen zurücklassen. Es bilden sich Kindergemeinschaften unter der Obhut von einem oder zwei ♀♀. Die Brandgänse scheuen sich beim Wegwandern nicht vor einem

Binnenlandflug, also etwa über das südliche England hinweg; ihr Ziel ist die Elbmündung, besonders das Wattengebiet Großer Knechtsand, wo die Mauserer in manchen Jahren einen Bestand von insgesamt 100000 erreichen. Die Brandgänse verlassen den Mauserplatz nach etwa drei Wochen und ziehen nun gemächlich, wohl auf die Dauer von 6 Monaten, heimwärts; die Überwinterung findet zumeist nahe am oder im Heimatgebiet statt (COOMBES, GOETHE, OELKE u.a.).

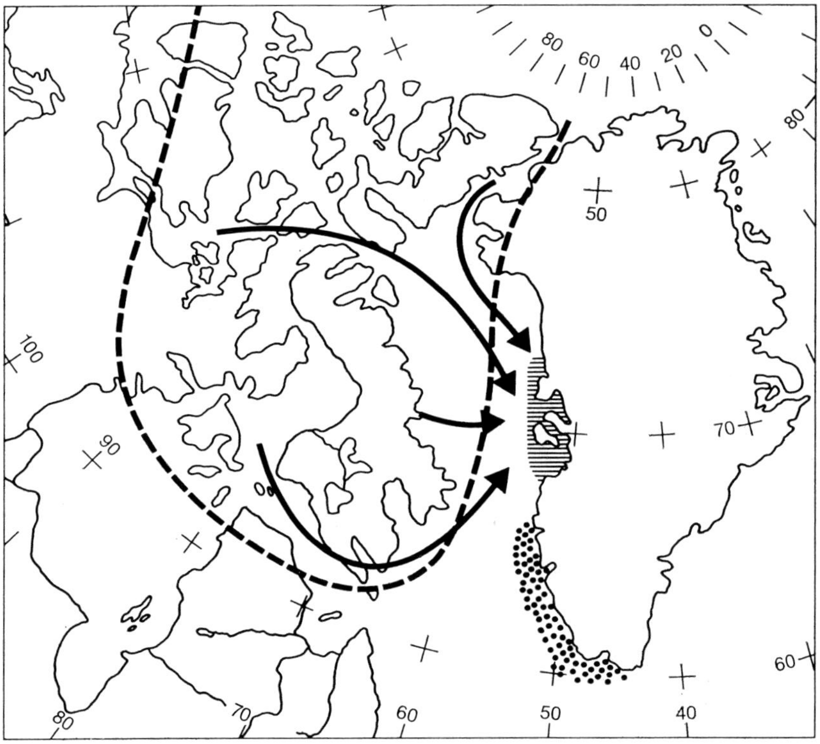

Abb. 62. Mauserzug der Prachteiderente (*Somateria spectabilis*). Verbreitung zirkumpolar. Aus dem umgrenzten Raum (der durch Ringfunde als Herkunftsgebiet der Mauserer belegt ist) ziehen die alten ♂♂ zusammen mit den einjährigen Enten im Sommer zum schraffierten Teil der grönländischen Westküste, um hier zu mausern. Die Pfeile geben die ungefähren Zwischenzugstrecken an. Nach der Mauser setzen die Enten ihren Zug südwärts in das (gepunktete) Winterquartier fort. Aus SALOMONSEN 1968.

Geyr 1942 (D 3) — Kraak et al. 1940 (D 3) — Meise 1954 (D 5) — Moreau 1961 (D 5) — Rydzewski 1955, 1956 (D 13) — Rydzewski und Geyr 1957 (D 13) — Schifferli 1961 (E 9) — Toschi 1956 (D 5).

Christensen, N. H. (1967): Moult Migration of *Anser fabalis brachyrhynchus* from Iceland to Greenland. Dansk Orn. For. Tidsskr. 61: 56—64.

Coombes, R. A. H. (1950): The Moult-Migration of the Sheld-Duck. Ibis 92: 405—418.

Goethe, F. (1957): Über den Mauserzug der Brandenten (T. tadorna) zum Großen Knechtsand. Festschr. Ver. Jordsand, Hamburg: 96—106.

Jones, Jr., R. D. (1965): Return from Steller's Eider banded in Izembek Bay, Alaska. 16. Ann. Rep. Wildfowl Trust: 83—85.
Kraak, W. K., G. L. Rinkel & J. Hoogerheide (1942): Zwischenzug. Ardea 31: 300—302.
Oelke, H. (1969): Die Bedeutung des Großen Knechtsandes als Mausergebiet der Brandgans (*T. tadorna*) im Gebiet der Deutschen Bucht. Landschaft und Stadt 1: 104—115.
Salomonsen, F. (1968): The Moult Migration. Wildfowl (Slimbridge) 19: 5—24.
Szijj, J. (1965): Ökologische Untersuchungen an Entenvögeln (Anatidae) des Ermatinger Beckens (Bodensee). Vogelwarte 23: 24—71.
Wynne-Edwards, V. C. (1952): Zoology of the Baird Expedition (1950) I. Auk 69: 353—391.

11. Zugrichtungen

Die vorausgehenden Abschnitte schlossen schon eine Anzahl Richtungsangaben ein. Hier seien die Begriffe zusammenfassend geordnet.

a) Die durch landschaftliche (ökologische) und witterungsmäßige Einflüsse nicht gestörte, offenbar angeborene Zugrichtung nennen wir mit Geyr von Schweppenburg (1949) Primärrichtung (seine frühere „Normalrichtung"). Er hatte dabei den Zug einer Vogelart auf weite Strecke im Auge. Gehring (1963) wandelte diese Definition im Hinblick auf das Radarbild, das oft eine Vielzahl von Individuen wie Arten, und zwar im allgemeinen unbestimmbare Arten, zeigt: Primärrichtung ist ihm zufolge (beim Tagzug) die ungestörte mittlere Zugrichtung zu der Tageszeit mit maximaler Zugfrequenz. Steidinger (1968) übernimmt den Begriff auch für den Nachtzug. Obwohl sich die Zugwinkel in beiden Fällen decken können, halte ich die Anwendung des gleichen Fachausdrucks auf so verschiedene Objekte nicht für glücklich. Wir folgen weiterhin Geyr: Wenn landschaftlich bedingte Faktoren von der Primärrichtung weglocken oder abdrängen, fliegt der Zugvogel in Sekundärrichtung. Passive Versetzung durch Wind (Abdrift), die Baron Geyr gesondert behandelte, wird am besten auch in die Sekundärrichtung einbezogen. Schon vorher (1937) hatte Rüppell als Gegensatz zur ererbten, nicht abgelenkten Normal- oder Primärrichtung die Mittelrichtung „im Sinne wirklicher Zugrichtung" aufgestellt. Der Begriff hat zwar die Priorität (und deckt sich vielleicht auch nicht vollkommen), wird aber am besten ebenfalls als synonym mit Sekundärrichtung betrachtet. Im übrigen ist der Faktor: Ererbt oder sekundär dazugekommen gar nicht leicht zu definieren (siehe K IV), so daß die Anwendung der Begriffe manchmal umstritten bleibt. — Es gibt noch die Idealzugrichtung, sozusagen eine gedankliche Vorstellung auf dem Papier, nämlich die Gerade zwischen zwei verschiedenen Punkten der Jahresverbreitung, also etwa zwischen dem Heimatort und einem Ringfund auf der Strecke oder am Ruheziel. Diese notgedrungen so auf den Ringfundkarten angegebene Linie bedarf natürlich fast stets einer mehr oder weniger starken Berichtigung, zu der man jedoch erst nach Kenntnis sehr vieler Ringfunde imstande ist.

b) Zugwinkel. Man kann die Richtungen im allgemeinen wie besonders im Einzelfall mit Winkelzahlen angeben. Das übliche Verfahren beginnt im N mit 0° und endet nach Umlauf im Uhrzeigersinn im N mit 360°. GEYR VON SCHWEPPENBURG hat vorgeschlagen, beim Wegzug die N—S-Richtung, beim Heimzug die S—N-Richtung mit Null zu werten und einfach die Abweichung von dieser Achse anzugeben. Ein nach SW wegziehender Vogel flöge also nicht 225°, sondern 45° W, einer nach SE nicht 135°, sondern 45° E. In gewissen Bereichen ist das Verfahren praktisch, nicht aber unter weltweiten Bedingungen mit so vielerlei Richtungen.

c) Zugrichtungen können sehr verschieden sein, nach Arten, Gebieten und Jahreszeiten. Ziemlich genau südliche Richtungen sind in Nordamerika (F 5) nicht selten, in Europa aber eine Ausnahme. Der Rauhfußbussard Skandinaviens hält im Herbst eine nicht durchweg, aber weitgehend südliche Richtung ein (Abb. 63). Die Zugvögel Europas gleichen sich größtenteils der Temperaturverteilung in der kalten Jahreszeit an (Einfluß des Golfstroms, Kontinentalität des Innern der Landmassen) und ziehen vorherrschend nach *Südwesten* (Abb. 64), zum Teil mehr nach Westen (Abb. 19, 20).

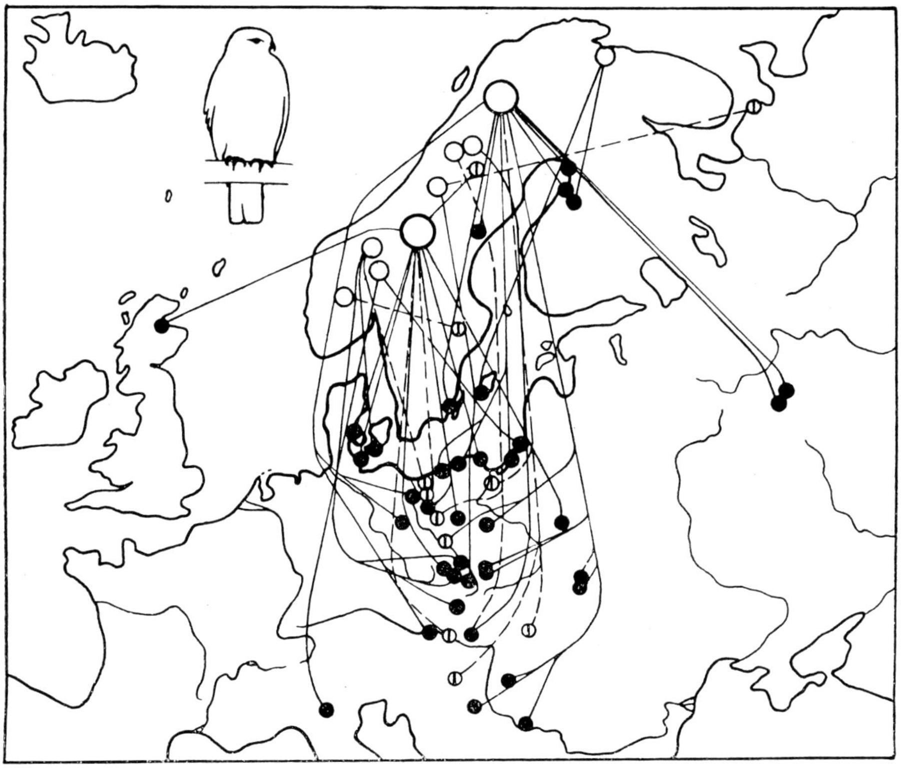

Abb. 63. Wiederfunde skandinavischer Rauhfußbussarde. Die offenen Fundzeichen beziehen sich auf spätere Zugzeiten. Die Hauptrichtung zeigt südwärts.

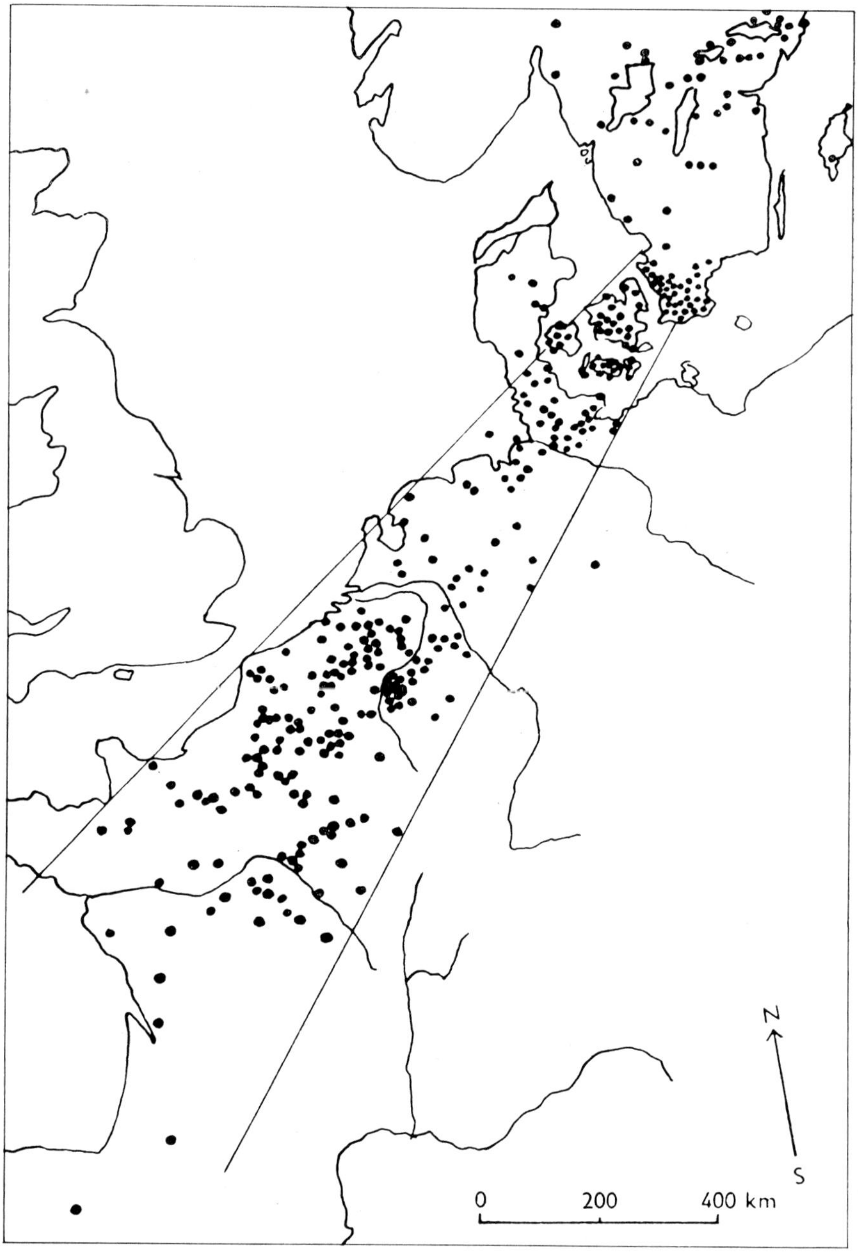

Abb. 64. Wiederfunde von Mäusebussarden (*Buteo b. buteo*) aus Süd- und Mittelschweden (und 4 von den Ålandinseln). Nachdem die Bussarde in Schonen durch Leitlinienwirkung der Küste zusammengedrängt wurden, ziehen sie in einem recht streng begrenzten Sektor nach SW; nur ganz wenige Ringfunde fallen außerhalb der angegebenen Sektorengrenze. Aus Olsson 1958.

Zug nach *Südosten* kommt bei den wenigen Europäern vor, die in mehr östlichen Gebieten Afrikas oder in Südasien Winterquartier nehmen (E 5 a, b). Dies gilt vor allem für gewisse früh wegziehende Tropenzügler, die auf diese Weise auch den Gefahren von Mittelmeer und Sahara ausweichen. Das Verhältnis der beiden Artengruppen in Europa SW zu SE ist etwa 8:1.

d) Ungewöhnliche Zugrichtungen. Nicht nur beim Zwischenzug mit seinen absonderlichen Streuungen (E 10), sondern auch beim eigentlichen Wegzug (und entsprechend umgekehrt beim Heimzug) gibt es überraschende Abweichungen, jeweils mit ungewöhnlicher Lagebeziehung von Brutgebiet und Winterquartier. Die Lachmöwe Nordböhmens hält sich mit Vorliebe an die Elbe. Viele gelangen so in die Nordsee, die wesentlich mehr *nördlich* liegt als die Heimat (D 4, Abb. 23). Die Trottellumme Helgolands wendet sich nach Verlassen des Brutfelsens größtenteils unmittelbar nordwärts, wo der Fischreichtum der norwegischen Küste lockt (Abb. 65). Das Auerhuhn der Laubwälder des Südural sucht als Winterquartier nördlich

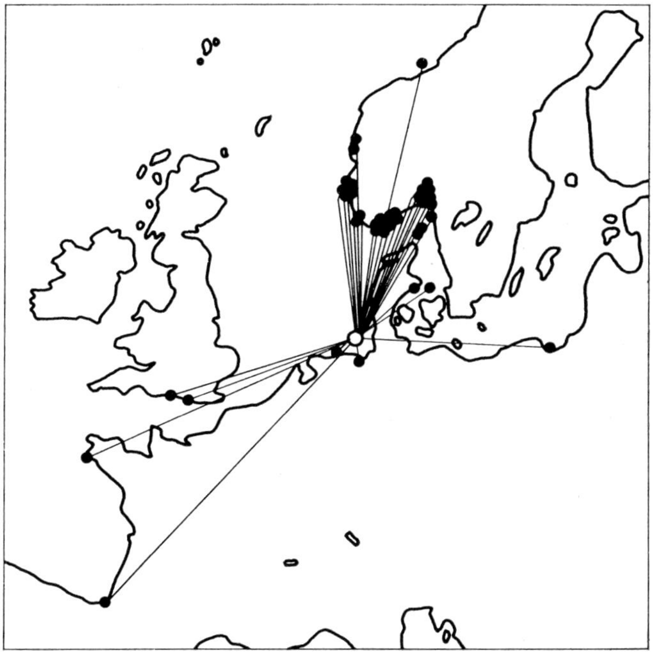

Abb. 65. Ringfunde der Trottellumme (*Uria aalge*) vom Lummenfelsen Helgoland. Die Richtung nach Norden wird durch den Fischreichtum vor der norwegischen Küste bestimmt. Es sind gut 100 Funde, die vom September bis November nordwärts weisen. Die Funde an den Küsten von der Deutschen bis zur Biskaya-Bucht und an der englischen Küste, hier bis beinahe 55° N, sind viel weniger zahlreich (und nicht alle eingetragen); sie fallen großenteils in die Wintermonate. Zusammengestellt nach DROST 1930; weitere Funde siehe STECHOW 1938. Die Lummen der norwegischen Küste verhalten sich ähnlich (HOLGERSEN 1961).

gelegene Kiefernwälder auf, weil es hier reichlich Kiefernnadeln, die übliche Winternahrung, gibt. Das Moorschneehuhn soll bisweilen die Taiga verlassen, die Tundra nordwärts queren und sogar auf das Eismeer hinausfliegen. Der Weißkopf-Seeadler Nordamerikas unternimmt einen nach N gerichteten Wegzug. 664 Nestberingungen an der Westküste Floridas ergaben 47 Wiederfunde, und zwar keinen südlich von Florida, wohl aber die meisten auf einer gewaltigen Strecke, vor allem im Küstengebiet, nordwärts bis Neubraunschweig-Neuschottland (hier allein 7 Funde) und als nördlichsten einen Nachweis am 1. Juni auf der Prinz-Edward-Insel. Die Adler sind im Sommer von der Heimat abwesend; die Alten kehren im September zurück und legen im November/Dezember. Wie schnell die kraftvollen Flieger ziehen, zeigt ein Jungvogel, der am 25. Februar beringt, noch am 21. April am Platz gefunden und dann schon 32 Tage später 2500 km nördlich in Neubraunschweig erlegt wurde. — Auch manche Albatrosse ziehen nach der Brutzeit polwärts. Eine auf den Galapagosinseln unter 1.25 S brütende Art (*Diomedea irrorata*) wandert zur peruanischen Küste bis über 14° S hinaus. *Diomedea albatros* brütet in den Wintermonaten (!) auf einer der Bonininseln (rd. 28 N 142 E) und auf einer der Sieben Inseln (rd. 34 N 139 E) im Stillen Ozean. Diese Albatrosse wandern nach Beendigung der Brut etwa im April nordwärts in den Bereich der Kurilen, also gut 10 bis 15 Breitengrade weit. Auch dieses Verhalten läßt sich mit dem Nahrungsreichtum der nördlicheren Zone erklären. Aus der für die Nordhalbkugel ungewöhnlichen Brutzeit spricht vielleicht die Herkunft vom Süden, wo die meisten Albatrosarten beheimatet sind.

e) Änderung der Richtungen innerhalb der Zeit ist eine merkwürdige Erscheinung. In der Schweiz drehte der herbstliche Tagzug bis um die Mittagzeit regelmäßig um 12° nach rechts, und für den Nachtzug gilt ähnliches (Sutter 1957, Gehring 1963, Steidinger 1968). Das zeigen Beobachtungen am Ort (hier Schweizer Mittelland) und an einer Mehrzahl von Arten. Williams (1950) vertritt in einer Studie über den Frühjahrszug die Auffassung, daß die wenigsten Wanderungen in direkter Linie ablaufen, vielmehr unter dem Einfluß von Wetterfronten sehr oft Ausweichbewegungen und damit Umwege von selbst Hunderten von Meilen eingeschlagen werden. Radarstudien haben in Großbritannien einen merkwürdigen Bruch in der Zugrichtung wegziehender skandinavischer Vögel zur Zeit der Morgendämmerung ergeben. Eine beträchtliche Änderung des Zugwinkels führt zu einer Rück-Orientierung an die Westküste des Festlandes oder (je nach Lage des Wendepunktes) Großbritanniens und Irlands (Myres 1964, Abb. 66). Sodann gibt es Fälle, wo offenbar die Änderung in der Zeit mit einer Festlegung räumlicher Art verbunden ist; gewisse Arten und Populationen zeigen eine Biegung oder gar einen Knick der Zugstrecke in einem bestimmten Gebiet, wobei offenbleibt, inwieweit das Moment der Zeit oder das der Landschaft eine Rolle spielt. Bei Breitfrontzüglern, die eine Leitlinie verfolgen und mit deren Richtungswechsel die Richtung ihrer Massenzugwege ändern, dürfte die letztere Bezugnahme vorherrschen. Unsicher steht es bei den vielen auf den britischen Inseln brütenden nächtlich ziehenden Singvögeln, die beim Wegzug sich zuerst nach SSE, dann über Frankreich nach SW und nach Erholungs- und Rastzeit in Iberien zur Überquerung der Sahara wieder

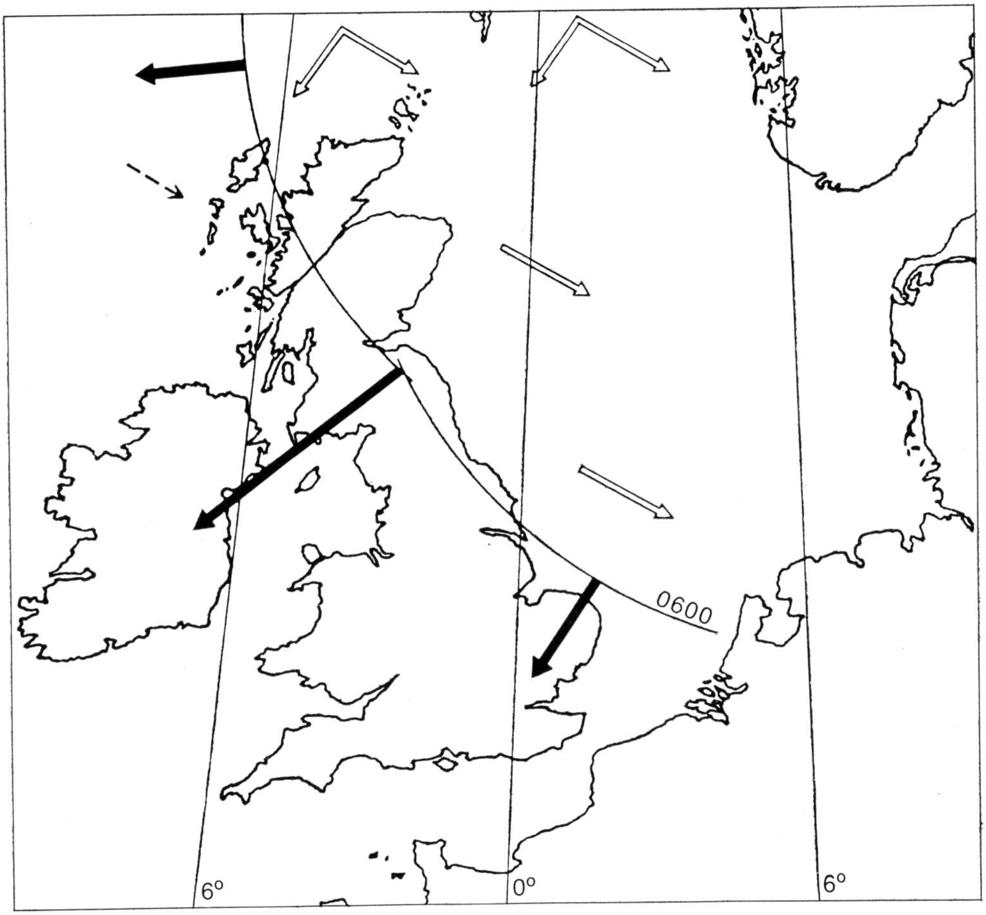

Abb. 66. Ändern der Zugrichtung beim Wechsel von Nacht- zu Tagzug, nach Radarbefunden bei skandinavischen Drosseln an der englisch-schottischen Ostküste. Die angegebene Frontlinie zeigt, wo um 6 Uhr die nächtlich über die Nordsee heranziehenden Drosseln die Morgendämmerung erleben. Die schwarzen Pfeile geben die von den Drosseln eingehaltenen Zugrichtungen an: SSW nach Ostanglien, SW nach Schottland und Irland, WSW über Shetland. Die leeren „Tagpfeile" bezeichnen die vom Radar erfaßte Rückorientierung nach der Morgendämmerung: SE nördlich von Norfolk und außerhalb Ostschottlands, SE und SW außerhalb der Hebriden und rund um Shetland, wo es aber auch Bewegungen nach N gibt. Der gebrochene Pfeil westlich Nordschottlands läßt die Bedeutung einer SE-Umkehr zur Westküste erkennen. Nach Myres 1964 in der Umzeichnung von Eastwood 1967.

mehr nach SSE wenden (Lack 1963, 1968). Dagegen sind Schmalfrontzügler (D 8, D 11) auf das Mitspielen des Zeitmoments verdächtig, ebenso wie wohl auch Schleifenzügler (E 12).

f) Änderung der Richtungen nach Populationen. Es kommt vor, daß aneinandergrenzende Populationen verschiedene Wegzugrichtungen einschlagen und im Frühjahr entsprechend aus verschiedener Richtung zurückkehren; die Ruheziele liegen entsprechend verschieden. Die Folge dieser Unterschiede ist eine Zugscheide (Abb.41). Die Nordamerikanische Pfuhlschnepfe (*Limosa fedoa*) begibt sich beim Wegzug von Saskatchewan und Norddakota teils zur atlantischen, teils zur pazifischen Küste, um die Winterquartiere an den Küsten des Golfs von Mexiko und Mittelamerikas zu erreichen. In ähnlicher Weise verläßt eine ebenfalls in Kanada westlich der Hudsonbucht brütende Verwandte unserer Samtente (*Melanitta deglandi*) ihre Brutheimat sowohl ostwärts wie auch westwärts, so daß die Überwinterer ebenso an der atlantischen wie an der pazifischen Küste gefunden werden. In Europa sondern sich manche Arten so, daß deutlich oder undeutlich der Hauptstrom das Mittelmeer umgeht. Das ist am besten beim Weißstorch studiert (D 11). Die Zugscheide hat einen Zugscheidengrat, wo sich die Wegzugrichtung SW:SE wie 50:50 verhält; in dem anschließenden Zugscheidenmischgebiet wird das Verhältnis ungleich, und am Westrand hören die SE-Zügler, am Ostrand die SW-Zügler auf. Unsere Rossittener Storchversuche haben bewiesen, daß die Jungstörche „ihre" Zugrichtung mitbringen, offenbar auf angeborener Basis, jedoch diese Richtung verleugnen, wenn sie unter den Einfluß entschieden handelnder Artgenossen, also wohl erfahrene Adulter, in eine ihnen nicht gemäße Richtung geraten (K IV). Auch Singvögel weisen im mittleren Europa Zugscheiden auf: Nicht sehr deutlich (da sie ja auch zahlreich das Mittelmeer überquert) die Rauchschwalbe (*Hirundo rustica*, etwa bei 15° E), recht ausgeprägt dagegen die Mönchsgrasmücke (*Sylvia atricapilla*, bei 11° E) und die Bachstelze (*Motacilla alba*, etwa bei 20° E).

g) Eine besondere Merkwürdigkeit ist die Umkehr der Zugrichtung. Es kann sich dabei um eine recht unvollständige Umkehr (etwa von 90°) handeln; meist beträgt die Änderung aber 180°, besonders dann, wenn eine Leitlinie einen gewissen Zwang ausübt. Es empfiehlt sich, allgemein von *Umkehrzug* (Reversed migration, reverse migration, inverse migration) zu sprechen. Vielfach wird auch *Rückzug* eindeutig sein, doch kommt es hier auf den Bezugspunkt an, der nicht immer von vornherein klar ist (vgl. die Bemerkung S. 230). Eine ganze Reihe von Bearbeitern hat verschiedene Begriffe geprägt und verwendet (Retromigratio, Cursus retroversus) je nach den zugrundeliegenden Ursachen, die jedoch nicht immer klar zu erkennen sind. Klar scheint das Verhalten heimkehrender und unter dem Einfluß eines Kälteeinbruchs kehrt machender Frühzügler; hier wird man an der auslösenden Ursache nicht zweifeln (H 1 f, Abb. 87). Indes soll auch in solchen Fällen entscheidend die Windrichtung beteiligt sein können, indem der Zugvogel

Rückenwind meidet und Gegenwind aufsucht (was aber nicht als allgemeine Regel aufzufassen ist) (H 2 c). Hier interessieren besonders die meist weniger auffälligen Umkehrfälle beim *Wegzug*. Darüber hat der Radarschirm Neues erbracht; die Erscheinung ist offenbar häufiger, als man geglaubt hatte. Im Bereich des Ärmelkanals und in England ließ sich im letzten Augustdrittel bis Ende September 1959 bis 1963 ein solcher Umkehrzug von Kleinvögeln bei Nacht 17mal feststellen, und zwar in 57 Tagen zweimal bei Windstille, einmal bei Wind WSW über N bis ENE, dagegen 11mal bei SE bis WSW (Durchschnitt SW), so daß möglicherweise südliche Winde als Auslöser anzusehen sind. Auch andere Angaben schreiben dem Rückenwind im Herbst die Veranlassung zur Umkehr der Richtung zu (Vleugel 1956). Wir kommen auf diese Umkehrzüge im Wetterkapitel (H) zurück. Doch sei schon hier bemerkt, daß die Ursachen offenbar sehr komplex liegen. Die von Seilkopf (1962) untersuchten Fälle zeigen, daß beim herbstlichen Umkehrzug markante Abweichungen vom Jahresgang meteorologischer Elemente nachgewiesen werden können; Reize des atmosphärischen Milieus wie die Advektion maritimer Warmluft (in Europa) sind offenbar im Spiel.

h) Umkehrzug als Verirrung. Im Nordseegebiet erscheinen im Spätsommer nicht selten überraschend östliche bis südöstliche Arten, so Sperbergrasmücke (*Sylvia nisoria*) und Zwergschnäpper (*Ficedula parva*). Offenbar sind Jungvögel dieser Arten bei warmem Wetter geneigt, ihren aus Mitteleuropa von NW nach SE führenden Wegzug umzukehren und bei dieser Umkehr, wohl begünstigt durch entsprechende Winde, die Zugstrecke nach NW zu verlängern, die Heimat „überschießend“. Ähnliches scheint für gewisse östliche Laubsänger-Arten zuzutreffen, die beim Wegzug eine zunächst östliche Primärrichtung umkehren und so zum Beispiel zu den Britischen Inseln gelangen (Rabøl 1969).

Eastwood 1967 (A) — Gehring 1963 (B III 4) — Lack 1968 (A) — Myres (E 4) — Williams 1950 (E 6).

Brickenstein-Stockhammer, C., & R. Drost (1956): Über den Zug der europäischen Grasmücken *Sylvia atricapilla*, *S. communis* und *S. curruca* nach den Beringungsergebnissen. Vogelwarte 18: 197—210.

Broley, C. L. (1947): Migration and Nesting of Florida Bald Eagle. Wilson Bull. 59: 1—20.

Drost, R. (1930): Über die Wanderungen der Helgoländer Lummen (*Uria aalge helgolandica*). Vogelzug 1: 21—29.

Drost, R., & E. Schüz (1940): Über den Zug der europäischen Bachstelzen. Vogelzug 11: 144—161.

Geyr von Schweppenburg, H. Frh. v. (1932): Der Zugwinkel. Vogelzug 3: 153—155. — (Ders. 1949): Zur Theorie der Zugrichtung. Ardea 36: 219—257. Dazu Kritik Schüz (1949): Vogelwarte 15: 114—115.

Grote, H. (1941): Über Zugerscheinungen bei sogenannten Standvögeln. Schr. Physikal.-ökon. Ges. Königsberg (Pr) 72: 119—129.

Holgersen, H. (1961): Norske Lomviers vandringer. Sterna 4: 12.

Lack, D. (1963): Migration across the Southern North Sea studied by radar. Part 4 and 5. Ibis 105: 1—54, 461—492.

Parslow, J. L. F. (1968): The Migration of Passerine Night Migrants across the English Channel studied by Radar. Ibis 111: 48—79.
Rabøl, J. (1969): Reversed migration as the cause of westward vagrancy by four *Phylloscopus* warblers. Brit. Birds 62: 89—97.
Rüppell, W. (1937): Die Mittelrichtung. Vogelzug 8: 1—10.
Seilkopf, H. (1962): Herbstliche Umkehrzüge. Vogelwarte 21: 206—210.
Stechow, J. (1938): Über die jahreszeitliche Verbreitung der europäischen Lummen (*Uria aalge*). Vogelzug 9: 125—138.
Steidinger, P. (1968): Radarbeobachtungen über die Richtung und deren Streuung beim nächtlichen Vogelzug im Schweizerischen Mittelland. Orn. Beob. 65: 197—226.
Sutter, E. (1957): Radar-Beobachtungen über den Verlauf des nächtlichen Vogelzugs. Rev. Suisse Zool. 64: 294—303.
Vleugel, D. A. (1956): Waarnemingen aan verkeerde trek in het voorjaar. Ardea 44: 206—213.
Williamson, K., & P. Whitehead (1963): An Examination of the Blackcap Movements of Autumn 1960. Bird Migration 2: 265—271.

12. Schleifenzug

Es gibt Fälle, wo Wegzug und Heimzug sich räumlich nicht entsprechen, also nicht einfach eine Umkehrung der Zugrichtungen stattfindet. So entsteht das Bild einer Schleife, die einzelne Populationen oder Populationsgruppen ausführen. Sie kann recht ausgeprägt sein, so daß in der einen Jahreszeit die eine Strecke gar nicht beflogen wird und zwischen beiden sogar eine Lücke klafft, wie man es wohl für den Östlichen Braunachsel-Goldregenpfeifer, *Pluvialis d. dominica* (E 5 d, Abb. 52) und die Prachttaucher Westsibiriens (D 14, Abb. 49) sagen kann. Es handelt sich bisweilen aber auch nur um eine jahreszeitliche Verschiebung der Ränder oder des Schwerpunktes des Zuggebiets, wie es in schwacher Form für den Graukranich in Mitteleuropa beschrieben ist (D 12). Sichelstrandläufer und Pfuhlschnepfe sind in der Westpaläarktis beim Wegzug ganz ungleich zahlreicher als beim Heimzug, ja sie fehlen im Frühjahr in weiten Gebieten ganz. Im Mittelmeergebiet sind 10 weitere Arten mit Schleifenzug bekannt, die Stresemann näher untersucht hat:

Schleifenzug gegen den Uhrzeiger weisen auf: Rotrücken- und Schwarzstirnwürger (*Lanius collurio*, *L. minor*, D 8) und die nördliche Fitis-Rasse *Phylloscopus trochilus acredula*, da diese Formen als Wegzügler massenhaft auf Kreta erscheinen, als Heimzügler aber östlich daran vorbeiziehen. Diese Arten überwintern in Afrika vom Äquator südwärts. Der Trauerfliegenschnäpper gelangt zu seinem westafrikanischen Winterquartier über SW-Europa, hält sich dagegen auf dem Heimzug mehr östlich, indem die östlichen Populationen Italien und z.B. auch Kreta zahlreich berühren. Auch der Halsbandfliegenschnäpper und die südosteuropäisch-kleinasiatische Rasse der Rostkehl-Grasmücke (*Sylvia cantillans albistriata*) wandern zu ihrem westafrikanischen Ruheziel westlich an Kreta vorbei, um diese Insel dann beim Heimzug aufzusuchen. Auch die Wachtel (*C. coturnix*) ist hier zu nennen (D 5, Abb. 26), ferner die Rauchschwalbe (*Hirundo rustica*, Abb. 67), wenn auch beide Fälle noch einer besseren Sicherung bedürfen.

Schleifenzug mit dem Uhrzeiger. Die östliche Form des Berglaubsängers (*Phylloscopus bonelli orientalis*) und die im Raum Kreta—Ägäis—Kleinasien ihre Nordgrenze erreichende Masken-Grasmücke (*Sylvia rüppelli*) nehmen den Wegzug stets über Kleinasien und Syrien, den Heimzug weiter westlich, vor allem über Kreta. Blauracke und Pirol, wie die vorgenannten Arten Überwinterer im Osten Afrikas, halten sich beim Weg-

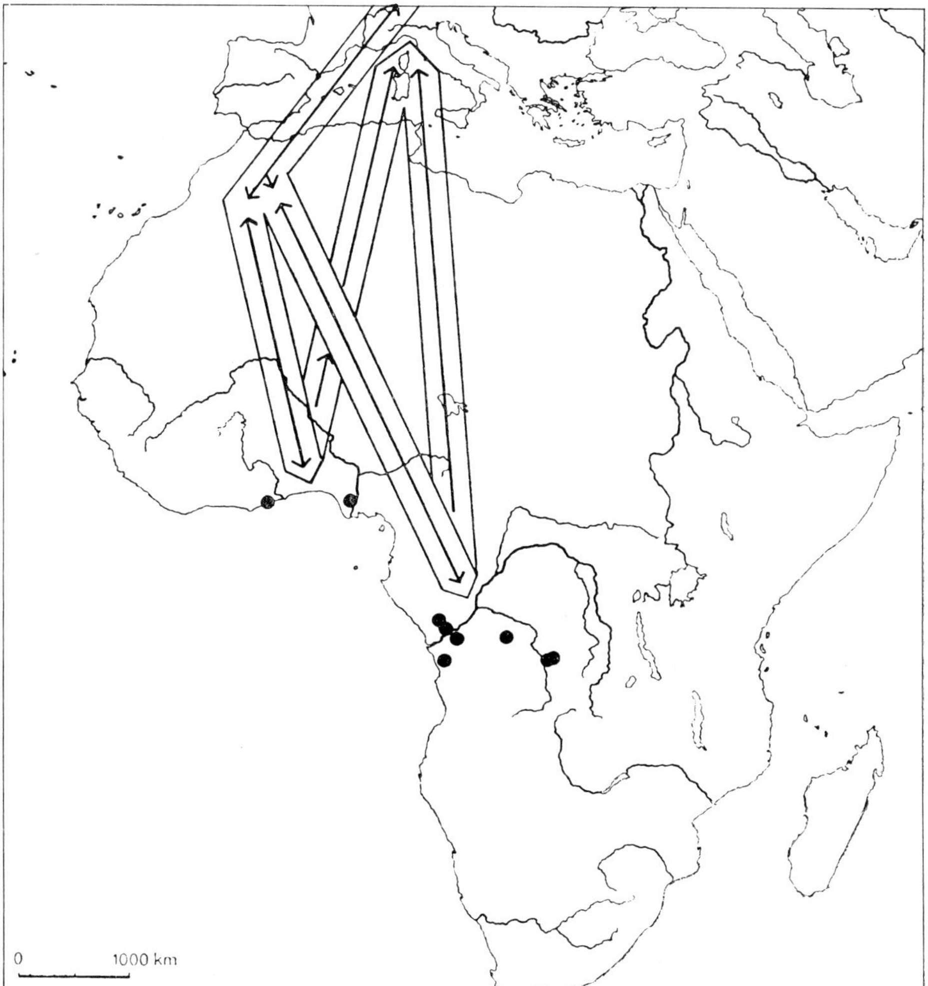

Abb. 67. Die am Untersee (Bodensee) in großer Zahl beim Durchzug nächtigenden Rauchschwalben kommen aus dem NNE (Nachweise nördlich bis Schonen) und ziehen Richtung Rhonemündung weiter. Diese Karte zeigt schematisch den Weiterzug über das westliche Maghreb zur Goldküste, zum unteren Niger und Kongo und zum Kassai, wo Funde im Ruheziel eingetragen sind. Der Heimzug liegt mindestens zum Teil weiter östlich (Schleifenzug). Aus Jacoby, Schuster & Zink 1968.

zug mehr im östlichen, beim Heimzug — soweit es sich um mittel- und westeuropäische Populationen handelt — im westlichen Mittelmeerraum. Die Wanderer nähern sich schon südlich der Sahara so weit ihren mehr westlichen Brutgebieten, daß sie diese über Wüste und Meer auf kürzestem Weg, also nordwärts, ansteuern können. Auch die eingangs erwähnten Beispielfälle zeigen Schleifenzug im Uhrzeigersinn. Über die Deutung der Vorgänge siehe unter H und L. Auch in Nordamerika gibt es eine Anzahl Arten, so den Palm-Waldsänger (*Dendroica palmarum*), die Schleifenzüge ausführen (F 5).

Graber, 1968 (B III 3) — Schifferli 1960 (D 5) — Stresemann 1943 (D 8).
Stresemann, E. (1948): Die Wanderungen des Pirols. Orn. Ber. 1: 126—142.

13. Ruheziele

a) Das Winterquartier ist das Gegenstück zum Brutgebiet. Da bei den zwischen Regen- und Trockengebiet pendelnden Zugvögeln mehr äquatorialer Breiten diese Bezeichnung zu eng ist, spricht man in einem weiteren Sinn von Ruhegebiet oder Ruheziel (Baron Geyr). Beim Standvogel fallen Brut- und Ruhegebiet zusammen, und es gibt unter ihnen erstaunliche Fälle des Überwinterns in polaren Zonen, so dann, wenn Vögel ihre Nahrung unter dem Schnee finden können (Beispiel: Gewisse Rauhfußhühner und Populationen des Birkenzeisigs). Zwischen Brut- und Ruhegebiet kann unter Umständen ein Zwischenziel eingeschaltet sein (E 10).

b) Die *europäischen Zugvögel* haben ihre Winterherberge zu einem großen Teil noch in Europa. Dabei steht Südeuropa nicht unbedingt im Vordergrund, denn die Temperaturbedingungen des atlantiknahen Raums erlauben vielen Arten den Verbleib in Großbritannien und besonders Irland (Abb. 19, 20, 72), ferner in Küstengebieten der Niederlande, Belgiens und Frankreichs. Die Arten mit Schwergewicht der Überwinterung in Südeuropa sind gleichzeitig regelmäßige Überwinterer auch in den nordafrikanischen Küstenländern. Von unseren etwa 153 europäischen Brutzugvögeln sind Wintergäste:

4 im tropischen Südasien (*Carpodacus erythrinus*, *Ficedula parva*, *Phylloscopus trochiloides viridanus*, *Ph. borealis*, E 5a),
52 im Mittelmeergebiet bis Nordafrika, 13 davon bis über die Sahara und 6 sogar bis Tansania,
11 überwintern vorwiegend am Südrand der Sahara und in entsprechenden östlichen und westlichen Lagen, während im Maghreb nur wenige zurückbleiben,
24 wintern auf der Breite von Tansania—Kenia und
24 noch weiter im Süden bis Natal, während
31 bis zum äußersten Süden Afrikas gelangen.
Bei 7 Arten ist das Winterquartier (in Afrika) noch kaum bekannt.

c) Die Brutvögel *Nordasiens* wenden sich trotz der gewaltigen Gebirgsriegel großenteils in den indischen Raum und nach Inselindien, in einigen Vertretern aber noch viel weiter südwärts bis Australien und Neuseeland. Beachtlich ist aber auch für diese Vögel die Rolle Afrikas als Ruheziel, wofür Beispiele unter E 5 b angeführt sind. Aus MOREAU 1952 entnehmen wir folgende Aufstellung für die zentralpaläarktischen Sperlingsvögel, wobei 140 im Himalayabereich seßhafte Arten ausgelassen sind. Für 207 Arten ergibt sich:

124 Paläarkten verlassen ihr Faunengebiet nicht,
37 wintern in Indien, aber nicht in Afrika,
33 wintern in Afrika, aber nicht in Indien,
12 wintern sowohl in Afrika wie in Indien,
1 Art wintert in SE-Asien,

so daß also Afrika für 22% der zentralpaläaktischen Passeres als Winterquartier dient, das viel näher gelegene Indien dagegen für kaum mehr, nämlich 24% Arten. — Die Verteilung aller paläarktischen Gäste, nicht nur der Europäer und nicht nur der Passeres, lautet nach MOREAU 1966 so: 113 Westafrika — 145 Sudan — 120 Kenia — 56 Rhodesien — 54 Kapprovinz.

d) Die Zugvögel *Nordamerikas* (F 5) verbringen den Winter in den Südstaaten, in Mittelamerika und (vorwiegend im nördlichen) Südamerika. Die Küstenseeschwalbe (D 10, Abb. 37) zieht aus dem östlichen Nordamerika und der Grau-Steinschmätzer aus Grönland (E 5 k) auffallenderweise zur Alten Welt, die erstere sogar bis in den antarktischen Bereich.

e) *Anforderungen an das Ruheziel.* Die Vögel pflegen meist auch im Ruhegebiet die ihnen gemäßen Lebensräume einzunehmen; vielfach besteht eine ökologische Ähnlichkeit zwischen Brutheimat und Winterquartier. Daher kommt es, daß für manche unserer Zugvögel der innerafrikanische Urwaldgürtel eine ausgesprochene Schranke darstellt und den Zug aufhält (Nachtigall, Wendehals) oder an seinem östlichen Ende umgangen wird (Braunkehlchen, Nachtschwalbe). Es fehlt aber auch nicht an Abweichungen. Viele Limikolen, die bei Zug und Überwinterung ausgesprochene Strandbewohner sind, leben zur Brutzeit an oft kleinen Süßwässern oder gar fast im Trockenen. Auch das Odinshühnchen brütet an oft recht kleinen Wasserstellen der Holarktis, verbringt den Winter aber vielfach auf Ozeanen. Im Atlantik vertraut es sich dem kalten, aber nahrungsreichen Labradorstrom an und verweilt den Winter über großenteils Tausende von Kilometern westlich von Westafrika; ähnlich ist es im Indischen und Pazifischen Ozean.

f) *Ökologische Bedingungen in den Tropen* als Ruheziel. Es wäre ein Irrtum anzunehmen, daß hier die Regenzeit stets nahrungsspendend wirkt. Sie ist keineswegs immer für die dortigen Vögel die Zeit für Brut- und Jungenaufzucht, die Trockenzeit aber eine Periode des Schweifens. Im tropischen Regenwald kann gerade die Trockenzeit für die Fortpflanzung ausersehen sein. Es spricht für die Empfindlichkeit der Zusammenhänge, daß es sogar Unterschiede innerhalb des Artverhaltens gibt: Die Rauhflügelschwalbe *Stelgidopteryx ruficollis* brütet in Mexiko zu Beginn der Regenzeit (Mai, Juni), im feuchteren Guyana dagegen zur Trockenzeit (September) (WAGNER 1951). Manche auf Reptilien und Mäuse eingestellte Greifvögel und Eulen wählen sich in Mexiko die regenarme Zeit, wenn viele Pflanzen ihr

Laub abgeworfen haben (WAGNER & STRESEMANN). Offensichtlich besitzt die Fortpflanzung in der Kette des physiologischen Jahreslaufs den Vorrang; *Zugzeit und Ruhezeit müssen als an die Fortpflanzungsperiode angepaßt gelten* und nicht umgekehrt. Man wird daher bei der Mannigfaltigkeit der Wanderungen von Vögeln verschiedener Himmelsstriche manche Frage des Zuges und des Ruheziels erst nach Prüfung der Brutbedingungen ins richtige Licht rücken können (THOMSON 1951).

g) *Das Größenverhältnis des Winterquartiers zum Brutgebiet ist wechselnd.* Bisweilen entsprechen sich beide Flächen. Viel mehr Arten zerstreuen sich im Winter über wesentlich weitere Gebiete, als zur Brutzeit bewohnt werden (GROEBBELS: *Streuungszug*). Der Weißstorch ist hier anzuführen (D 11). Andere Arten ziehen sich im Winterquartier auf einen gegenüber dem Brutgebiet engen Raum zusammen: Der Rosenstar (G 31) und der Zwergschnäpper in Indien (GROEBBELS: *Konzentrationszug*). Der von Nordnorwegen bis Alaska heimische Nordische Laubsänger (*Phylloscopus borealis*) sammelt sich im Winter im Raum Formosa—Molukken bis Andamanen (E 5 a). Auffallende Verdichtungen gibt es auch beim Graukranich (D 12) und bei gewissen Gänsevögeln: Die Rothalsgans (E 6) aus NW-Sibirien am SW-Ufer des Kaspischen Meeres; die Blau-Schneegans aus dem Norden der Hudsonbucht zu 70% an einem 150 km langen Küstenstreifen von Louisiana. — Man kann nach AMADON (1953) Festlandsvögeln von sehr beschränkter Verbreitung Reliktcharakter zubilligen. Sie haben oft auch ausgesprochen begrenzte Ruheziele, und es ist denkbar, daß die Verminderung der Art mehr auf Schwierigkeiten im Winterquartier (etwa intra- oder interspezifischer Konkurrenz) als im Brutgebiet zurückgeht. Man kann auch an die Verkleinerung einer als Winterquartier dienenden Inselwelt durch das nacheiszeitliche Steigen des Ozeanspiegels denken.

h) *Fester Platz oder Schweifen im Ruhegebiet?* Man weiß von vielen Arten und kann auch durch Ringbefunde belegen, daß sie bei der Überwinterung einen festen Platz einnehmen, ja in einigen Fällen sogar Reviere gegeneinander abgrenzen, ähnlich wie in der Heimat. Ein bestimmtes Winterziel kann

(Fortsetzung von Seite 169)

Abb. 68. Winterliche Bewegungen der Wasservögel und der Großtrappe (*Otis tarda*) im kaspischen Raum. Am rechten Rand ist die meridionale Ausdehnung des Meeres (km 0 bis 1175) angezeichnet. — Dünne gebrochene Linien: Die Januar-Isothermen. (Die 4°-Isotherme ist südlich der Südküste zu denken.) — Am Westufer Nordgrenzen der Hauptüberwinterung gewisser Anatinen und von *Otis tarda* in verschieden strengen Wintern (*Pendelzug*). Im Bereich der West- und Ostküste mit Monatseinteilungen (Abszisse) und Mengen (Ordinate) das Auftreten von Anatiden und Bläßhühnern (*Fulica atra*) als Durchzugs- und Wintergästen an besuchten Wasservogelstätten, auf die die Pfeile verweisen. Man erkennt die Verschiebung der Mengen zur Wintermitte südwärts (mit nachfolgender Umkehr) oder vom Binnenland seewärts. Die schraffierten Graphiken beruhen großenteils auf Schätzungen. Nach Unterlagen von ISAKOV 1940, ferner von ISAKOV und SASONOVA 1947. Aus SCHÜZ 1959.

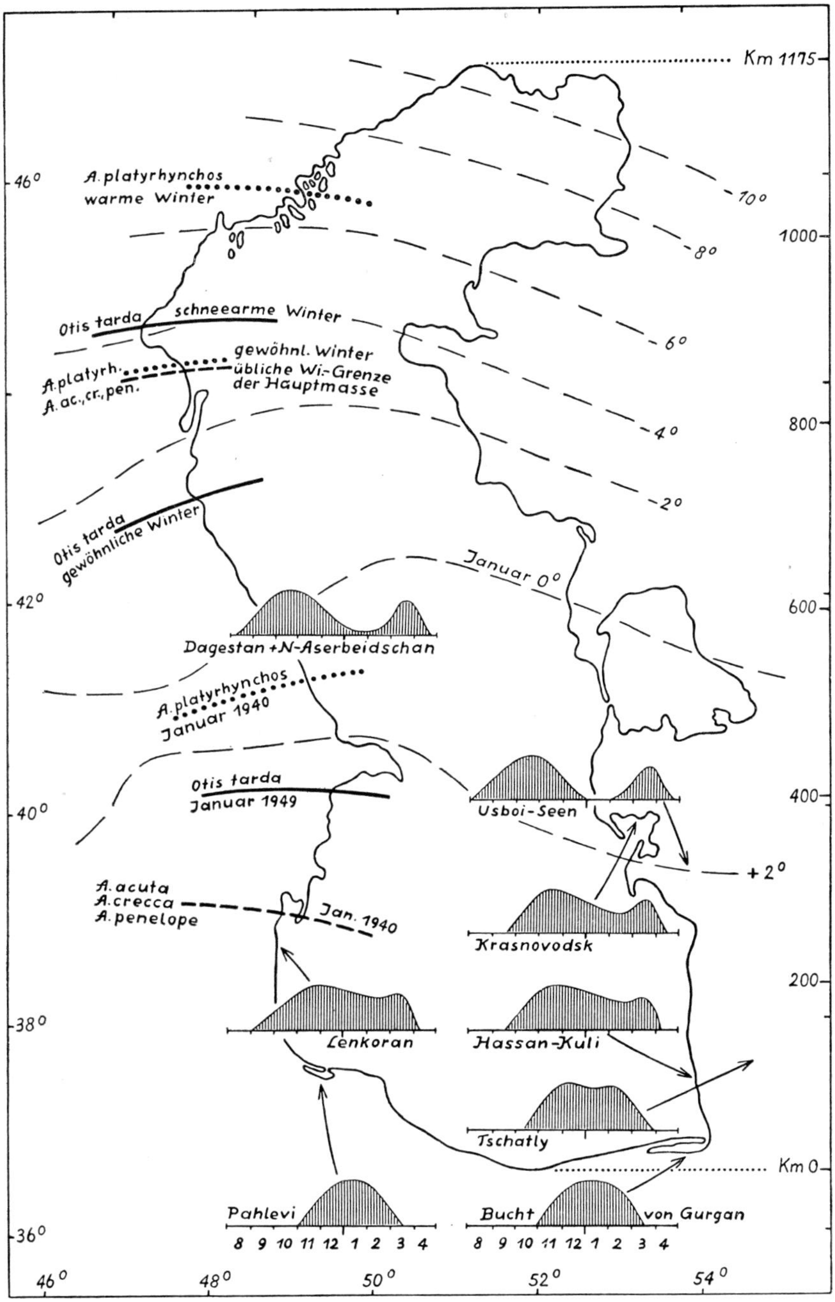

Abb. 68

(Bildunterschrift siehe Seite 168 unten)

sogar Jahr für Jahr wiederbezogen werden (Winterortstreue, E 9 g). — In anderen Fällen haben die Ruhegäste keinen festen Stand; sie ziehen in einem weiteren Gebiet umher, und gerade auch diese Vögel werden wohl nicht winterortstreu sein. Ein wohlbekanntes Beispiel ist der Weißstorch (D 11), der innerhalb eines recht weiten Winterquartiers recht beweglich bleibt. Das hat seine Bedeutung durch die Abhängigkeit von Wanderheuschrecken oder anderen unregelmäßig auftretenden oder selbst wandernden Insekten. Arten, die ihr Winterquartier in einem klimatisch kritischen Randgebiet, also dann oft nicht allzuweit vom Heimatgebiet entfernt, beziehen, können in der Ruhezeit ein Pendeln im Sinn von Winterflucht und Wärmezug zeigen (Abb. 68, 87). Dabei können die Bewegungen zwischen Wegzug und Heimzug stark ineinander übergehen, so daß eine klare Sonderung von Zug- und Ruhegebiet, von Zug- und Ruhezeit bisweilen nicht recht möglich ist.

Moreau 1951, 1956, 1961, 1966 (D 5, E 5).
Amadon, D. (1953): Migratory Birds of Relict Distribution: Some Inferences. Auk 70: 461—469.
Benson, C. W., & M. P. S. Irwin (1963): Some comments on the „Atlas of European Birds" from the Ethiopian aspect. Ardea 51: 212—229.
Blondel, J. (1962): Migration prénuptiale dans les monts de Ksours (Sahara septentrional). Ardea 30: 1—29.
Geyr v. Schweppenburg, H. Frh. v. (1931): Zur Terminologie des Vogelzuges. Proc. VIIth Int. Orn. Congr. Amsterdam 1930: 333—339.
Grote, H. (1930, 1931, 1937): Wanderungen und Winterquartiere der paläarktischen Zugvögel in Afrika. Mitt. Zool. Museum Berlin 16: 1—116, 17: 406—414, 22: 45—85.
Kale, H. W. (1967): Aggressive behavior by a migrating Cape May Warbler. Auk 84: 120.
Moreau, R. (1952): The place of Africa in the Palaearctic migration system. J. Anim. Ecol. 21: 250—271.
Wagner, O. H. (1951): Zugbeobachtungen an der Schwalbe *Stelgidopteryx ruficollis* in Mexiko. Vogelwarte 16: 59—62.
Wagner, H. O., & E. Stresemann (1950): Über die Beziehungen zwischen Brutzeit und Ökologie mexikanischer Vögel. Zool. Jb. 79: 273—308.

14. Aufwärts- und Abwärtsbewegungen in Gebirgen

Der Vogelzug gilt vor allem als Vorgang weiträumiger Veränderungen in der Waagerechten. Es darf uns aber nicht wundern, daß viele Gebirgs-, besonders Hochgebirgsbewohner, regelmäßig die tiefen Lagen aufsuchen, um den Wintergefahren zu entgehen. Es gibt schon bei den täglichen Nahrungs- bzw. Schlafplatzflügen erhebliche Veränderungen in der Senkrechten. Die Guineataube (*Columba guinea*) fliegt z. B. am Kilimandscharo zur Nahrungsaufnahme tief herunter. In Bolivien wechselt der Hochkordilleren-Fink *Diuca speculifera* zum Schlafen in Gletscherspalten in die Höhe, von 4700 m auf 5300 m. Jahreszeitliche Bewegungen waren hier nicht erkennbar. In anderen Gebirgen begeben sich die Jungvögel mancher Arten sogleich, also schon vor dem Nahen des Winters, nach unten. Diese bisher übertrieben als

Vertikalwanderungen bezeichneten Züge führen vielfach nicht weit, so daß sie mehr unter den Begriff des Strichs als den des Zugs fallen; immerhin eines Strichs von großer Regelmäßigkeit. Nach PHILLIPS 1951 sind auf der Nordhalbkugel die Abwärtswanderungen gleichzeitig kurze Südwärtsbewegungen. Gegenteiliges Beispiel: Der Wasserpieper, der viel besser Bergpieper heißen sollte, da er Matten der Alpen (und einiger hoher Mittelgebirge) bewohnt, steigt im Herbst zahlreich, z. B. an den Bodensee hinunter und breitet sich auch noch viel weiter, bis ins mittlere Deutschland, in die tieferen Lagen aus, hält in diesem Fall also nordwärts. — Über Chile siehe F 6.

Niethammer, G. (1953): Zur Vogelwelt Boliviens. Bonner Zool. Beitr. 4: 195—293.
Phillips, A. R. (1951): Complexities of migration, a review. Wilson Bull. 63: 129—136.

15. Zugunterschiede nach Geschlecht, Alter und Herkunft

Der den Zugtrieb darstellende „Motor" wird in wechselnder Weise von Hormonen gesteuert (siehe J). Bei dieser physiologischen Bindung der Vorgänge ist nicht verwunderlich, daß das Maß der Wanderung und damit die Entfernung des Ruhegebiets auch innerhalb der Art nicht gleich zu sein braucht. Es leuchtet ein, daß nicht ganz gesunde Stücke es mit dem Zug nicht schaffen — nicht etwa nur aus Kräftemangel, sondern weil in dem Gefüge eines höchst verwickelten Stoffwechselgeschehens nur zu leicht Mängel quantitativer Art auch qualitative Folgen nach sich ziehen.

Indes gibt es auch als Normalverhalten eine ganze Anzahl Unterschiede nach Geschlecht, Alter und Populationen. Für den Heimzug ist dies schon unter E 6 dargestellt. Hier seien weitere Unterschiede angeführt, vor allem was das Winterquartier anlangt:

a) Nach Geschlecht. Schulbeispiel ist der Buchfink, *Fringilla „coelebs"*. LINNÉ nannte ihn ehelos, weil in Skandinavien fast nur ♂♂ überwintern; auch in England, an der südlichen Nordseeküste und weithin in Deutschland überwiegen die ♂♂. In Irland sind ♀♀ in der Überzahl. Diese Erscheinung entspricht dem stärkeren Zugtrieb der ♀♀. Auf Helgoland erscheinen (nach den Fängen zu schließen) im Herbst 1,5- (im Frühjahr sogar 2)mal soviel ♀♀ als ♂♂. Offenbar bleiben die ♂♂ zu viel höheren Anteilen im Norden zurück als die ♀♀, und es wird vermutet, daß die ♂♂ infolge schwächeren Zugtriebs sich eher an die Küsten der Deutschen Bucht (als Leitlinien) halten. In Mitteleuropa überwintern wohl fast nur Feldlerchen-♂♂ (NIETHAMMER). In Nordamerika ist der Specht *Sphyrapicus varius* dafür bekannt, daß die ♀♀ der nördlichen Rasse (*S. v. varius*) weiter südwärts ziehen als die ♂♂. Der Girlitz *Carduelis syriacus* aus dem Libanon und Hermon steigt im Winter in die Tiefe nach dem Gebiet von Jaffa, doch sieht man dort ausschließlich die ♂♂, die also in diesem Fall die größere Wanderung ausführen dürften. Eine andere Gruppe, bei der auffallende Geschlechtsunterschiede die Nachprüfung dieser Frage erlauben, sind die Enten. Es hat sich gezeigt, daß die

Krick-, Spieß-, Pfeif- und Löffelenten in den Niederlanden ab November vorherrschend ♂♂ sind, da die ♀♀ offenkundig weiter südwärts (oder zum Teil weiter in Richtung Irland) wandern und nun in diesen Gebieten einen höheren Anteil ausmachen. Die Sonderung der Geschlechter wird bei den Enten dadurch begünstigt, daß die ♂♂ sich nicht an der Brut beteiligen und daher mehrere Wochen vor den ♀♀ mausern (E 17). Es gibt auch Limikolen, bei denen infolge ungleicher Verteilung der Brutpflege die Geschlechter zeitweise eigene Verbände bilden. Auffallend ist dies beim Kampfläufer. Bei ihm ist noch merkwürdig, daß die von Europa nach Nordamerika verirrten Stücke fast ausschließlich ♂♂ sind, wahrscheinlich deswegen, weil sie, größer und kräftiger als die ♀♀, die bessere Aussicht beim Überqueren des Ozeans haben. — Bei vielen Arten kann unterschiedliches Verhalten der Geschlechter erst nach Einzelkennzeichnung oder auf andere umständliche Weise aufgezeigt werden, wie es mit Erfolg bei der Singammer (NICE) geschehen ist. Man kennt diese Schichtung auch von der Singdrossel, und sie gilt wahrscheinlich für viele Arten. Natürlich greifen die Hauptwintergebiete der beiden Geschlechter weitgehend übereinander; so deutlich wie beim Buchfink dürfte die Sonderung nicht oft sein.

b) Nach Alter. Jungvögel erweisen sich bei ihrer ersten Wanderung oft als besonders unternehmend. Bei Arten mit Zwischenzug (E 10) sind es bevorzugt die Jungvögel, die große Streubewegungen ausführen. Bei einer Anzahl von Arten ziehen die Jungen von ihrer nordischen Heimat weiter südwärts als die Alten. Ein bezeichnendes Beispiel sind die Tölpel der Britischen Inseln (Abb. 69). Die Jungvögel überwintern großenteils im Bereich der afrikanischen Küste, während die Alten gewöhnlich nicht über Gibraltar hinausziehen. Das Fundverhältnis Europa:Afrika war 1939 bei den Erstjährigen 9:17, bei den Mehrjährigen 25:3. Wahrscheinlich dringen auch beim Weißstorch die Jungen weiter südwärts als die Älteren (D 11). Deutlich zeigt sich dies ferner bei Kiebitz, Lachmöwe, Mäusebussard, Sperber, Spechten, Amsel, Singdrossel. Eine grobe Schichtung der Winterquartiere nach alten ♂♂, alten ♀♀ und Jungen (diese am fernsten) gibt es offenbar bei manchen Kleinvögeln. Indes kommt auch entgegengesetztes Verhalten vor (Kornweihe; Brandseeschwalbe D 10, Buntfuß-Sturmschwalbe, Abb. 54). Dabei spielt das Reifealter eine Rolle. Bei nicht wenigen Vogelarten kehren immature Stücke zunächst nicht in die Heimat zurück, sondern sommern irgendwo näher dem Ruheziel, also für Amerika etwa in Panama, beim Weißstorch (D 11) in Südeuropa oder in der Levante. Was nun den Zeitpunkt des Wegzugs anlangt, so ziehen Junge teils früher (Weißstorch D 11), teils später als Alte. Das letztere zeigt der Tyrann *Empidonax minimus* beim Durchzug am Eriesee: Alle 31 Fänge vom 25. Juli bis 2. August waren adult; vom 3. bis 12. August erschienen 15 alte und 15 junge, und abgesehen von 2 alten am 22. August betrafen alle Fänge vom 13. August bis 15. Oktober Jungvögel. Der Anteil von 100% Adulten im Juli sank also von Ende August ab auf 0%. Es gibt aber Untersuchungen über durchziehende Kleinvögel der

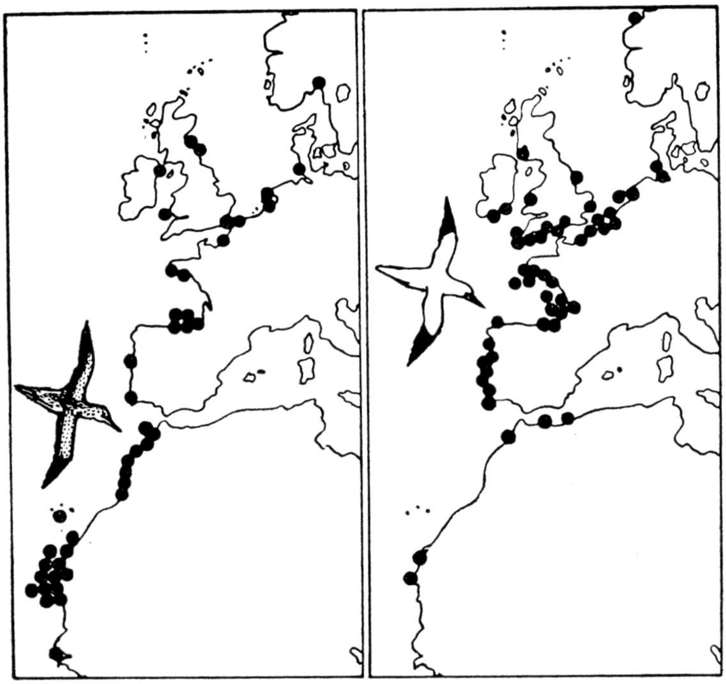

Abb. 69. Winterringfunde (November bis Februar) von Tölpeln (*Sula bassana*) der Britischen Inseln. Karte links: Funde von Jungvögeln, Karte rechts: Funde von älteren Vögeln. Es ist deutlich, daß die Hauptmasse der Jungen beträchtlich weiter im Süden überwintert als die Mehrzahl der Alten. Nach Thomson 1939 (teilweise ergänzt).

nordamerikanischen Atlantikküste, die für andere Arten keinerlei Schichtung nach Alter erkennen ließen.

Ein besonderer Fall von Altersunterschied kann bei Arten mit mehreren Jahresbruten auftreten: Bei der Kohlmeise wandern die Spätgeborenen zahlreicher weg als die Frühgeborenen (Kluyver).

c) Nach Geographischen Rassen und nach Populationen. Geographische Rassen oder Unterarten sind Populationsgruppen, die räumlich gesondert sind oder in einem Grenzgebiet ineinander übergehen. Bei weit getrennten Rassen ohne Übergang ist ein entsprechender Unterschied im Zugverhalten zu erwarten. Ein Extremfall ist die Skua-Raubmöwe (*Stercorarius skua*). Einer nordatlantisch-arktischen Rasse (*S. s. skua*) stehen 4 Rassen der Südhalbkugel gegenüber, die von der Antarktis nördlich bis 37° S (in Chile) brüten. Die Nordrasse (E 5 g) zieht nur spärlich über Spanien hinaus, wenige bis zum Nördlichen Wendekreis; eine Skua der Shetlandinseln wurde in Guyana (6.30 N) angetroffen. Von den 4 Süd-Skuas ließen sich beringte Einzelstücke der Rasse *S. s. lönnbergi* von den Süd-Shetlands in Guadeloupe (15.50 N) und von Neuseeland in Hokkaido nachweisen (Hudson; Yoshii & Hasuo). Es gibt also zwei sehr fern voneinander beheimatete Rassen bzw. Rassengruppen, die in entgegengesetzter Richtung ziehen und mit den Vorreitern sich in den Tropen begegnen oder gar überschneiden.

Aber auch dann, wenn sich Geographische Rassen in einem Mischgebiet aneinanderschließen, können unter Umständen getrennte Ruhegebiete bezogen werden. Ein treffliches Beispiel dafür, daß die Winterquartiere von Geographischen Rassen nach Entfernungen geordnet sind, und zwar spiegelbildlich zur Lage der Brutgebiete, liegt bei den Fuchsammerfinken der pazifischen Küste des nördlichsten Amerika vor (Abb. 70). Die nördlichere Rasse überfliegt dabei die südlichere: Überwanderung oder Überspring-Zug (leapfrog-migration); man übersetze nicht Übersprung [HEBERER in MAYR 1968], da dieses Wort im Glossar der Ethologie in ganz andrem Sinn vergeben ist. Dieser Vorgang findet auch im zeitlichen Ablauf seinen Ausdruck (E 7 b, Abb.71). Sehr oft sind Geographische Rassen aber nicht in der Zugrichtung gruppiert, sondern irgendwie gestaffelt oder quer zur Zugrichtung geordnet. Dies kann sich dann in der Lage der Winterquartiere abbilden, wobei es freilich zu großen Verwicklungen kommen kann (vgl. Rotschwanzwür-

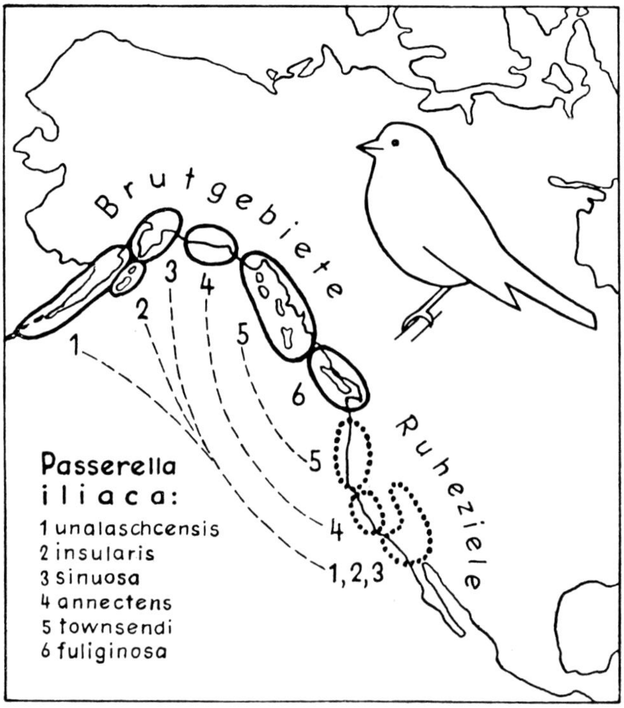

Abb. 70. Der Fuchsammerfink (*Passerella iliaca*) Nordamerikas zeigt deutlich, daß vielfach die nördlichsten Populationen einer Art am südlichsten überwintern und umgekehrt (Überspringwanderung). In diesem Fall ist es so, daß die südlichste Brutpopulation (Nr. 6) am Platz bleibt. Umgezeichnet nach SWARTH 1920 aus WETMORE 1927.

ger D 8, Abb. 35). — Da sich erbliche Populationsunterschiede nicht äußerlich kundzutun brauchen — nur solche gelten als Geographische Rassen, was leicht über die Tatsache möglicher erblicher Verhaltensunterschiede wegtäuscht —, kommen Verschiedenheiten der Winterquartiere (*Allohiemie*) in gewissen Grenzen auch bei äußerlich gleichen Populationen vor; Beispiel Star (D 2) und Rauchschwalbe (D 7). Während es sich bei ♂ und ♀ und bei Alt und Jung um quantitative Zugabweichungen handelt, also die einen weiter ziehen als die anderen, können die Zugunterschiede bei den Geographischen Rassen und Populationen von anderer Form sein; nicht nur die Entfernungen, sondern auch die Richtungen und die Faktoren des Einpassens in ein individuelles Landschaftsgefüge können sich abweichend verhalten.

In wieder anderen Fällen findet im Wintergebiet eine recht starke Mischung verschiedener Herkünfte statt (*Allopatrie*). Soweit es sich um Geographische Rassen mit auffälligen Merkmalen handelt (vgl. Schafstelze), wird dies augenfällig. Bei morphologisch nicht unterscheidbaren Populationen ist die Beurteilung nur schwer möglich. Die Winterstare der Britischen Inseln setzen sich sowohl aus Standvögeln als auch aus festländischen Gästen zu-

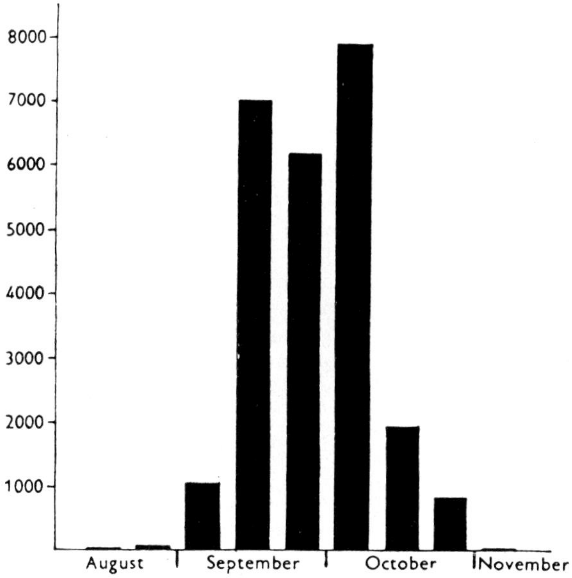

Abb. 71. Herbstzug des Mäusebussards auf Falsterbo (siehe C 2). Zehntagesperioden in Durchschnitten nach Zählungen 1942/43/44 (siehe RUDEBECK 1950). Der erste Gipfel betrifft recht wahrscheinlich *Buteo b. vulpinus*, eine mehr östliche und im Durchschnitt kleinere Form, die nördlich von *B. b. buteo* brütet und weit nach Afrika hinein, ja nach Südafrika zieht; sie ist dementsprechend beim Wegzug früher. Der Gipfel Anfang Oktober und, was bis Anfang November nachfolgt, ist offensichtlich im wesentlichen der Durchzug von *B. b. buteo*, der zum größten Teil in Europa verbleibt (siehe Karte Abb. 64). Der Durchzug Mitte September setzt sich wahrscheinlich aus beiden Rassen zusammen. Aus OLSSON 1958.

sammen. BULLOUGH hat nun die Möglichkeit zur Unterscheidung dieser Vögel aufgezeigt: Entsprechend dem herbstlichen Anschwellen der Keimdrüsen, das nur den Britenstaren zukommt, setzt die Gelbfärbung des Schnabels bei ihnen schon Ende September, bei den Wintergästen nicht vor Januar ein. Da mit der Keimdrüsenschwellung auch der Trieb zum Einfliegen in Nisthöhlen erwacht, die Festlandstare im Inselbereich davon noch nichts wissen wollen, nützen sich die weißen Federspitzen des herbstlichen „Perlkleides" bei den Briten bis zum Frühjahr viel stärker ab als bei fremden Wintergästen.

Arten mit Teilmauser im Winterquartier können sich in diesem Punkt nach Herkunftsgebieten verschieden verhalten. Wie es bei gründlicher Kenntnis vor allem der physiologischen Zusammenhänge gelingen kann, die Zusammensetzung von Beständen im Winter- und Durchzugsgebiet aufzugliedern, ist besonders durch Untersuchungen an nordamerikanischen Ammerfinken (Dachsammerfink, Singammer u. a.) bekannt geworden.

Nice 1937, 1943, 1964 (A).

Eisenmann, E. (1951): Northern Birds Summering in Panama. Wilson Bull. 63: 181—185.

Greenhalgh, M. E. (1968): The sex ratio of migrant Ruff. Bird Study 15: 210—212.

Howell, T. R. (1953): Racial and Sexual Differences in Migration in Sphyrapicus varius. Auk 70: 118—126.

Hudson, R. (1968): The Great Skua in the Carribean. Bird Study 15: 33—34.

Hussell, D. J. T., T. Davis & R. D. Montgomerie (1967): Differential Fall Migration of Adult and Immature Least Flycatchers. Bird-Banding 38: 61—66.

Kluyver, H. N. (1951): The population ecology of the Great Tit, *Parus major*. Ardea 39: 1—135.

Lebret, T. (1950): The sex-ratios and the proportion of the adult drakes of Teal, Pintail, Shoveler and Wigeon in the Netherlands. Ardea 38: 1—18.

Murray Jr., B. G. (1966): Migration of Age and Sex Classes of Passerines on the Atlantic Coast in Autumn. Auk 83: 352—360.

Niethammer, G. (1970): Überwintern nur männliche Feldlerchen in Westdeutschland? Vogelwarte 25: 356—357.

Yoshii, M., & Y. Hasuo (1969): Seventh annual report on the bird ringing ... Misc. Rep. Yamashina Inst. 5: 511—533.

16. Teilzieher

Die Auslese hat dazu geführt, daß in einer arktischen Umwelt fast alle Vogelarten recht ausgeprägt ziehen, während sich in klimatisch günstigen Gebieten auch geringe und weniger gerichtete Bewegungen (Strichvögel) durchsetzten oder Seßhaftigkeit das ganze Jahr hindurch besteht (Standvögel). Es ist bezeichnend, daß dieser Unterschied auch innerhalb der Art selbst verwirklicht sein kann: Es gibt Arten, die nicht entweder Zugvogel oder Strichvogel oder Standvogel sind, sondern von denen die einen Individuen ziehen, die anderen nicht ziehen, natürlich mit Übergängen. Es kann dann darauf hinauskommen, daß Zug in dem klimatisch benachteiligten Gebiet mehr oder weniger allgemein ist, die Vertreter derselben Art in dem klimatisch begünstigten Areal dagegen am Ort bleiben. Die benachteiligte, also bei uns in der Regel die nördlichere, polnähere Population kann über das Areal der Standvögel hinausziehen, oder die nördlichen Artgenossen ziehen nicht über die südlichen hinaus, oder ein Teil der nördlichen tut es, ein andrer Teil nicht (wobei man bei Vögeln der Südhalbkugel die Richtungen entsprechend umzukehren hat).

Für diese Variationen Zug bis Nichtzug hat man die Begriffe geprägt: *Partial migrant, Individual migrant* (THOMSON 1926), *Zug-Stand-Vogel gemischten Verhaltens* (SCHÜZ 1952), doch hat sich seither entsprechend der englischen Formulierung der Ausdruck Teilzieher durchgesetzt: Ein Teil der Vögel einer Art zieht, ein anderer Teil nicht. Indes muß man sich beim Gebrauch dieses Worter stets klar darüber sein, ob man die ganze Art meint (Fall A), oder ob man eine kleinere Einheit (Fall B) im Auge hat. Eine solche (Unterart, Populationsgruppe, Population bis zur Kleinpopulation, der „Deme") braucht nicht Teilzieher zu sein, auch wenn es die Art im ganzen ist. Im Sinn von B kann man die Bewohner etwa der Britischen Inseln (Abb. 72) darauf prüfen, ob sie voll, teilweise oder gar nicht ziehen; Beispiel die Amsel, die im NE durchweg zieht, in südlichen Ländern das ganze Jahr ortstreu sein dürfte, in England aber Teilzieher ist, ebenso etwa in Hessen, wo von zwei Nestgeschwistern das eine am Ort überwinterte, das andere nach Südfrankreich zog.

Hier sei eingefügt, daß je nach Verbreitung nah verwandte Arten sich in den Zuggraden recht verschieden entwickelt haben: Das Braunkehlchen (*Saxicola rubetra*) ist rein paläarktisch und überwintert „extra-areal" (wenn man unter Areal, gekürzt, die Brutverbreitung versteht) im tropischen Afrika, während das Schwarzkehlchen (*S. torquata*) in zahlreichen Rassen von Schottland (und Ostasien) bis Südafrika brütet. Soweit westliche Rassen ziehen, verhalten sie sich im Hinblick auf die Gesamt-Art natürlich „intra-areal". Die britischen Schwarzkehlchen sind Teilzieher (die Rasse heißt „*hibernans*"), die Asiaten ziehen südlich über die Brutverbreitung hinaus. Hier hat es eigentlich wenig Sinn, die Art als Teilzieher zu bezeichnen; man muß nach den Unter-Einheiten fragen.

Trotzdem kann man die einzelnen Arten (Fall A) nach einem Schema aufzugliedern suchen (SCHÜZ & MEISE 1968); es würde etwa so aussehen:

Voller Zug: Alle Individuen der Art ziehen. Beispiel: Fitislaubsänger.

Teilzug: Nicht alle Individuen ziehen. (1) *Allgemein-Teilzieher*: Alle Populationen teilen sich in Zieher und Nichtzieher (Schnee-Eule, Merlin). — *Misch-Teilzieher*: (2a) Nur die polnäheren Populationen teilen sich, während die äquatornäheren am Ort bleiben (Wintergoldhähnchen); (2b) die polnäheren ziehen, die äquatornäheren ziehen zum Teil (Pirol, Mönchsgrasmücke, Zilpzalp). — (3) *Populations-Teilzieher*: Es findet eine Unterscheidung nach Populationen statt, die polnäheren ziehen, die äquatornäheren verbleiben (Bachstelze, Rotkehlchen, Wacholderdrossel).

Die Eingliederung in diese Gruppen ist oft nicht leicht, weil es viele Übergangsverhalten gibt — die zuzunehmen scheinen, je weiter wir in die Kenntnis der Arten eindringen. Sodann ist zu beachten, daß die Klimabedingungen keineswegs allgemein äquatorparallel zoniert sind. Das gilt besonders für Westeuropa mit seiner starken Beeinflussung durch den Golfstrom. Es kann daher soweit kommen, daß äquatornähere Rassen einer Art ziehen, polnähere dagegen nicht (Star in England; Wasserpieper, Kormoran) (SALOMONSEN 1955, 1967). In Südafrika ist die Zonierung deutlicher. Immerhin übt in jedem Fall die Höhenlage einen gewissen Einfluß auf das Zugverhalten wenigstens kleinerer Gruppen.

Wir führen uns an Hand von Abb. 72 die Verhältnisse einiger Teilzieher aus Großbritannien vor Augen. LACK 1943 hat für diesen Zweck das britische Ringfundmaterial aufgegliedert. Nach SNOW 1966 wären die Verhältniszahlen für die Amsel geringfügig abzuändern. Die Zugvogelnatur der Teilzieher kommt, wie wir schon erfuhren (E 15 b), am ehesten bei jungen Vögeln

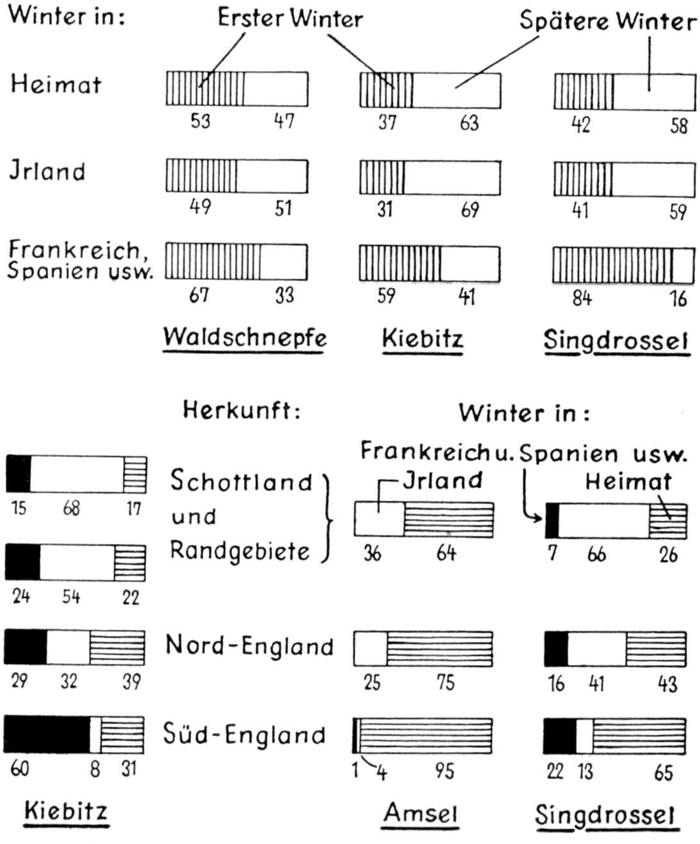

Abb. 72. Überwinterung britischer Teilzieher. — Oben: Unterschiede nach Jung (Schraffuren) und Alt (weiße Rechtecke). — Unten: Unterschiede nach Herkunft (Liste links, Umfang dieser Gebiete siehe Text) mit Verbleib im Herkunftgebiet (waagerechte Schraffur), in Irland (weiße Rechtecke) und (schwarz) in Frankreich—Spanien usw. Nach LACK 1943.

zum Ausdruck (Abb.72 oben). Allerdings rechnet offenbar die Wanderung nach Irland nicht als Zug in diesem Sinn, da der Jungenanteil hier etwa gleich dem der Standvögel ist. Die Ausbildung oder jedenfalls Wirksamkeit des Zugtriebs entspricht innerhalb Großbritanniens den klimatischen Bedingungen. Teilzieher der schottischen Küsten oder gar Gebirge, ferner der Randgebiete Schottlands (gemeint sind in der Graphik damit Cumberland, Westmoreland, Northumberland und Durham) neigen nach Abb. 72 unten deutlich mehr zur Zugbereitschaft als die Artgenossen im englischen Tiefland. (Bei Nordengland sind Nordwales und Derbyshire eingeschlossen; südlich der The Wash schneidenden Linie folgt in diesem Sinn Südengland.) Diese regionalen Unterschiede gehen zum Beispiel beim Rotkehlchen fließend ineinander über. Das muß aber nicht so sein, verständlicherweise, wenn wir die Frage der Zugrichtungen berücksichtigen, die in einem reich gegliederten Küstengebiet nach Alternativlösungen verlangen. Denken wir an das Verhalten der englisch-schottischen Singdrosseln (siehe auch D 1) und der dortigen Kiebitze (D 3). Inwieweit bleiben sie (a) in der Heimat, (b) ziehen sie westwärts nach Irland oder (c) südwärts nach Frankreich—Iberien? Die verschiedenen Arten verwirklichen diese Möglichkeiten zu verschiedenen Anteilen, wie Abb. 72 unten zeigt. Die Amsel (siehe ebenda) und der Große Brachvogel halten sich bei der Wanderung zum Festland sehr zurück; Rotkehlchen und Trauerbachstelze dagegen ziehen verhältnismäßig selten nach Irland. Es gibt also Unterschiede sowohl nach Arten wie nach Beheimatung.

Schließlich sei darauf hingewiesen, daß gerade in den Teilziehern latent viel mehr Möglichkeit zum Ziehen steckt, als für gewöhnlich ausgelöst wird. Temperaturstürze vermögen die hindernde Schwelle zu senken. Gerade britische Vögel, so die britischen Kiebitze (D 3), lassen erkennen, daß dem Anschein nach „starre“ Gruppen von Standvögeln in einem Ernstfall zu reagieren und damit vielleicht tödlichen Gefahren auszuweichen wissen.

Lack 1968 (A) — Salomonsen 1967 (A).
Alle Lit. siehe E. Schüz & W. Meise (1968): Zum Begriff des Teilziehers. Vogelwarte 24: 213—217.
Zu der Graphik: Lack, D. (1943/44): The Problem of partial Migration. Brit. Birds 37: 122—130.
Snow, D. W. (1966): The migration and dispersal of British Blackbirds. Bird Study 13: 237—255.

17. Mauser und Zug

Der Vogelzug hat auf den Verlauf der Mauser erheblichen Einfluß genommen. Die Zuchtwahl mußte darauf hinauslaufen, daß im besonderen Vögel mit großen Wanderungen zur Zugzeit flugtüchtig bleiben. Es bestehen daher Zusammenhänge zwischen den Terminen von Mauser und Zug (Abb.73). Man kann mit E. & V. Stresemann unterscheiden:

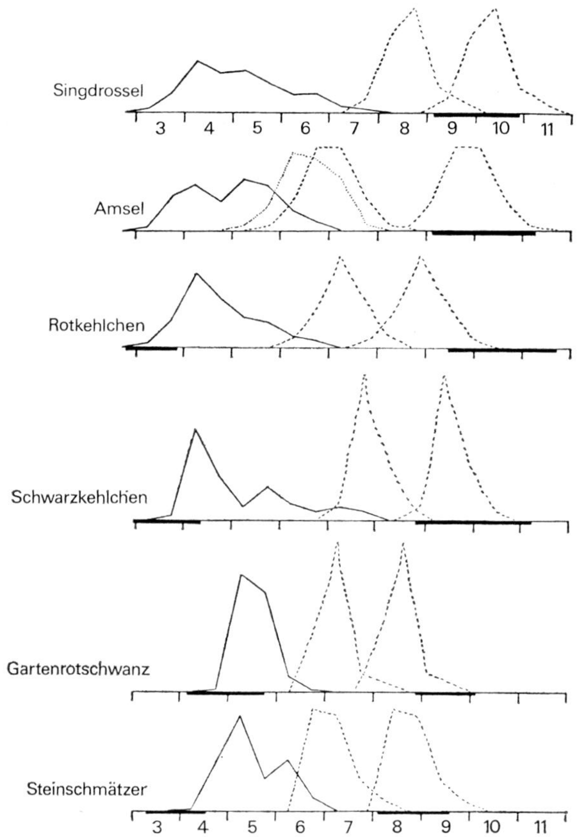

Abb. 73. Jahreszyklus britischer Vogelarten (*Turdus philomelos*, *T. merula*, *Erithacus rubecula*, *Saxicola torquata*, *Ph. phoenicurus* und *Oe. oenanthe*). Brut- und Mauserzeiten sind in Prozenten nach Halbmonatswerten angegeben. Ausgezogene Kurven: Beginn der Eiablage — Gestrichelte Kurven links: Beginn der Schwingenmauser — Gestrichelte Kurven rechts: Ende der Schwingenmauser — Im zweiten Diagramm getüpfelte Linien: Beendung der letzten Nistversuche — Schwarze Balken: Zug. — Man sieht, daß der Wegzug bald nach dem Ende der Fortpflanzungszeit und zum Teil noch vor Abschluß der Schwingenmauser einsetzt. Beim Rotkehlchen endet die Mauser vor Zugbeginn; ihr folgt eine Periode des Spätsommergesangs. Fernwanderer mausern früher und rascher als Nahwanderer oder Standvögel; sie müssen sich strenger an Termine halten. Man vergleiche Singdrossel und Amsel, die in verschiedenem Ausmaß ziehen. Brut- und Mauserzeit sind bei Fernzüglern besonders eng begrenzt, wie der Gartenrotschwanz zeigt. Soweit es sich um Teilzieher handelt, also vor allem bei Amsel und Rotkehlchen, bleibt die Frage offen, wie sich die Mauserzeit bei ziehenden und nichtziehenden Individuen verhält. Es ist möglich, daß es innerhalb der Art und sogar am selben Ort Gruppen verschiedener Mauserdauer gibt. Aus Snow 1969.

a. Adulte Fernwanderer

aa) Mit *Mauserpause.* Die Großgefiedermauser wird zu Beginn der Zugzeit unterbrochen. Der Vogel tritt mit lückenlosem Flügel die Reise an und setzt die Mauser erst wieder im Winterquartier fort (Turteltaube u.a.).

bb) Flügelmauser *nach* dem Wegzug im Winterquartier: Heringsmöwe u.a. Larolimikolen, Baumfalk, Kuckuck, Rauchschwalbe, Gartengrasmücke u.a.

cc) Flügelmauser *vor* dem Wegzug: Alpenstrandläufer, Wendehals, Trauerschnäpper, Klappergrasmücke.

dd) Flügelmauser zur Brutzeit: Goldregenpfeifer in Island, Präriemöwe (*Larus pipixcan*).

ee) Flügelmauser vor *und* nach dem Wegzug. Einige sehr weit wandernde Arten treten sowohl Weg- wie Heimzug jeweils mit neuen Schwungfedern an: Fitis, Reisstärling, Präriemöwe.

ff) Die holarktischen *Seeschwalben* (außer der Küstenseeschwalbe) nehmen eine *Sonderstellung* ein. Ihre Handschwingen beginnen vor dem Wegzug zu mausern; die Mauser endet vor dem Heimzug bzw. vor der nächsten Brutperiode. In diesen 6 bis 8 Monaten werden die äußeren Handschwingen einmal, die inneren zweimal (oder gar jene zweimal, diese dreimal) gewechselt: Periodische Staffelmauser.

b. Junge Fernwanderer

Bei jungen Spechten und den meisten jungen Lerchen entspricht Länge und Form des Handflügels nur dem Bedürfnis des heranwachsenden Vogels: Fernwandernde Vertreter wie der Wendehals ziehen erst dann, wenn der Jugend- durch den Altflügel ersetzt ist. Die Jungen der anderen Zugvögel ziehen mit dem ersten Flügel. Solche, die im 2. Kalenderjahr heimkehren, erneuern ihn (aa) im Winterquartier (Zwergstrandläufer, Rauchschwalbe, Rotrückenwürger u.a.) oder (bb) erst als Einjährige im Sommer vor der zweiten Wegreise (Alpenstrandläufer, ferner viele nicht den Äquator überschreitende paläarktische Singvögel). Fernwandernde Greifvögel können (cc) vor der 2. Wegreise auch nur einen Teil der Schwingen, den Rest bei der 2. Überwinterung erneuern (Baumfalk). (dd) Der erste Flügel kann sogar zu drei Reisen (Herbst—Frühjahr—Herbst) dienen, selbst (ee) zu 4 Reisen: Graukranich (D 12). — Es gibt auch Arten, die als Einjährige sich in der Ferne aufhalten und erst im 3. Kalenderjahr heimkehren. Sie mausern den Flügel in diesen 18 bis 19 Monaten ein- oder gar zweimal.

c. Anpassung an Fernwanderungen

Die Rücksichtnahme der Mauser auf Fernwanderungen wird beim Vergleich nah verwandter Arten deutlich. Fast alle Grasmücken beenden die Vollmauser vor dem Wegzug. Die beiden, zahlreich den Äquator querenden Grasmücken *Sylvia borin* und *S. communis icterops* mausern erst im Winterquartier. Ähnlich bei Laubsängern: Der mehr nördlich verbleibende Zilpzalp zeigt Vollmauser zuhause, die fernziehenden Waldlaubsänger und Nordischer Laubsänger (*Phylloscopus borealis*) machen dagegen Vollmauser im Winterquartier durch. Der Fitis erneuert seine Schwingen sowohl in der Heimat wie im fernen Ruheziel.

Diese Unterschiede können sogar innerhalb der Art auftreten: Die Dorngrasmücke Europas (*Sylvia c. communis*), Wintergast nördlich des Äquators, mausert vor dem Wegzug vollständig; die asiatische *S. c. icterops*, Wintergast jenseits des Äquators, mausert das Großgefieder im Winterquartier. Die arktischen Sandregenpfeifer, *Charadrius hiaticula tundrae*, mit einer Wanderstrecke bis in den Süden Afrikas (etwa 12700 km) einerseits und die englischen Artgenossen (*Ch. h. hiaticula*) mit Ruheziel Portugal (bis 1600 km) oder nördlich davon verhalten sich ähnlich; der Drosselrohrsänger ist ein weiteres Beispiel. Brachpieper und Spornpieper (*Anthus novaehollandiae richardi*) zeigen nach Populationen ein gewisses Übergangsverhalten. Die Rauchschwalbe, ein typischer Fall des Mauserns im fernen Ruhegebiet (siehe a/bb), schließt in ihren wenig oder nicht wandernden Südpopulationen die Vollmauser unmittelbar an den Brutzyklus an (STRESEMANN 1968).

Es ist die Frage, ob über die Notwendigkeit des Fertigseins für den Zug, besonders Fernzug hinaus noch weitere Anpassungen herausgezüchtet sein können. Es ist sehr zweifelhaft, ob der Zug für das Gefieder eine größere Beanspruchung bedeutet als die Abnützung etwa während der Brutzeit. Nach KRAMER (1950) läßt das ♂ des Rotrückenwürgers dann den größten Verschleiß erkennen, wenn es ♀ und Brut zu versorgen hat; afrikanische November-Vögel und Mai-Ankömmlinge der Art erscheinen unverbraucht. Da die Abnützung nur dort auffällt, wo die Schwungfedern bei eingefaltetem Flügel nicht überdeckt werden, ist es offenkundig, daß die Hauptabnützung nicht durch den Flug erfolgt.

d. Mauser auf Mauserstationen

Gewisse Anatiden suchen im „Mauserzug“ sichere Plätze auf, wo sie ihre Schwungfedern erneuern. Es handelt sich hier um eine besondere Form von Zwischenzug; siehe E 10. Auch für den Graukranich wurde ein Mausersammelplatz bekannt (D 12).

Kramer, G. (1950): Über die Mauser, insbesondere die sommerliche Kleingefiedermauser beim Neuntöter (*Lanius collurio*). Orn. Ber. 3: 15—22.
Snow, D. W. (1969): The moult of British Thrushes and Chats. Bird Study 16: 115—129.
Stresemann, E. & V. (1966): Die Mauser der Vögel. Sonderheft zu J. Orn. 107. — (Dies 1968a): Winterquartier und Mauser der Dorngrasmücke, *Sylvia communis*. J. Orn. 109: 303—314. — (Dies. 1968b): Im Sommer mausernde Populationen der Rauchschwalbe. J. Orn. 109: 475—484.

F. Vom Zug außereuropäischer Vögel

1. Nordasien

Auch und gerade in Nordasien zwingen die winterlichen Verhältnisse viele Arten zum herbstlichen Wegzug. Die Formen dieser Wanderungen sind recht mannigfaltig, der reichen Gliederung des Gebiets entsprechend. Es ist erstaunlich, daß nicht wenige Vogelarten, z. B. Enten, den Nord-Süd-Zug (und umgekehrt) über die Hochgebirge nicht scheuen; sie überwintern großenteils in Indien (E 4 a, E 6 e, Turkestanstorch D 11). Im übrigen nehmen die hohen Gebirgszüge doch Einfluß auf den Zug. Auf- und Abwärts-Wanderungen (E 14) je nach Jahreszeit sind in diesem Raum nicht selten. Wo Gebirge und Küste zusammenstoßen, kann es zu großartiger Ausbildung eines Massenzugwegs kommen, wie am Südufer des Kaspischen Meeres und hier besonders auf der Nehrung westlich von Pahlevi (C 3). Eigentümlich ist die Anpassung des Zuges der sibirischen Prachttaucher (D 14). Das Sonderverhalten des Steppenhuhns bei den manchmal kargen Lebensverhältnissen der Hochsteppe ist ebenfalls von den Notwendigkeiten diktiert (G 19); verwandte Arten in Indien, Kutch, nämlich *Pterocles orientalis* und *P. senegallus*, neigen ebenfalls zu unregelmäßigen, invasionsartigen Wanderungen. Außerdem dürften ausbreitungsgeschichtliche Vorgänge an der Wahl von Richtungen und Winterquartieren beteiligt sein; anders kann man sich die Überkreuzungen der Zugwege sogar verwandter Formen kaum erklären (*Lanius cristatus*, D 8, E 6 g, L 4). Schon BLANFORD (1876) fiel es auf, daß der NW—SE-Zug der Kappenammer (*Emberiza melanocephala*), ähnlich wie der von *Oenanthe xanthoprymna chrysopygia*, *Oe. picata* und *Emberiza buchanani* sich in Belutschistan rechtwinklig mit dem Zug gewisser Arten schneidet, die nördlich von Indien brüten, hier aber nicht überwintern: Die Bienenfresser *Merops apiaster* und *M. superciliosus*, ferner die Blauracke. Das Zusammenströmen der Nordischen Laubsänger aus dem Raum Fennoskandien bis Alaska in Südasien ist schon erwähnt (E 5 a), ebenso der Zug des Amur-Rotfußfalken und des Ost-Mauerseglers (E 5 b) nach Ostafrika (auch Südafrika). Gewisse Limikolen finden den Weg von Sibirien bis ins ferne Australien und Neuseeland (E 5 d).

Am Westrand Eurasiens werden die Zugrichtungen in eigentümlicher Weise abgebogen. Es fehlt an der Ostküste Asiens nicht an vergleichbaren maritimen Einflüssen (denen im Norden freilich ein warmer Meeresstrom versagt ist). Zwar hat der Norden der Japanischen Inseln im Winter ein noch kontinental getöntes Klima, häufig mit erheblicher Kälte, der Süden dann aber etwa mediterranes und im Sommer subtropisches Klima. Infolgedessen sind dort viele Wintergäste anzutreffen, und unter der Einwirkung warmer Meeresströmungen im Süden der Hauptinseln ist in Japan südlich von Tokio die Artenliste der Ruhezeit mannigfaltiger als die der Brutzeit. Der Schwarzschnabelstorch (*Ciconia boyciana*) (D 11) ist in Japan sogar

Standvogel, und die dortigen Rauchschwalben überwintern schon in SW-Japan regelmäßig (JAHN). Dazu stellt die japanische Inselkette eine natürliche, durch Kamtschatka, Kurilen, Sachalin und Korea mit dem Festland verbundene, vielbenützte Leitlinie dar. Freilich sind Überquerungen der Japansee und der Chinasee (auf rund 700 bis 800 km) ein regelmäßiger Vorgang selbst für Landvögel, und auch Verdriftungen auf den Ozean hinaus sind nicht selten.

Bourne, W. R. P. (1959): Notes on autumn migration in the Middle East. Ibis 101: 170—175.

Christensen, S. (1967): Observationer af fugle og noter om fugletraek på Cypern 1964—1965. Dansk Orn. For. Tidsskr. 61: 40—55.

Jahn, H. (1942): Zur Ökologie und Biologie der Vögel Japans. J. Orn. 90: 1—302.

Johansen, H. (1955): Die Jenissei-Faunenscheide. Zool. Jb. Syst. 83: 185—322. — (Ders. 1961): Die Entstehung der westsibirischen Vogelfauna. J. Orn. 102: 375—400.

Kuroda, N. (1961): The over-sea crossings of land birds in the western Pacific. Misc. Rep. Yamashina Inst. Orn. Zool. 3: 47—53. — (Ders. 1963): A winter sea-bird census between Tokyo and Kushiro. Ebenda: 227—238.

Madansinhji of Kutch, H. H. (1957): Some riddles of Game-bird Migration in Kutch. J. Bombay Natur. Hist. Soc. 54: 466—468.

Piechocki, R. (1959): Beiträge zur Avifauna Nord- und Nordost-Chinas (Mandschurei). Abh. Ber. Staatl. Mus. Tierkde. Dresden 24: 105—203.

2. Tropisches Asien

Hier finden ebenfalls Bewegungen statt, und zwar nicht nur von paläarktischen Gästen. Ein Beispiel ist der lebhafte herbstliche Strom von *Pitta brachyura* (in weiterem Sinn) zum Beispiel von der Südspitze Indiens fast 50 km weit über See bis zur Nordspitze Ceylons, ferner östlicher Vertreter über die Malakkastraße und sogar die Malaiensee bis Borneo und vereinzelt offenbar bis N-Australien. Im Indischen Ozean stehen auf den Maldiven den 13 Arten Brutvögel 60 Arten Durchzügler und Wintergäste gegenüber. Er wird vor allem aber von vielen Zugvögeln des östlichen Asiens mit dem Ziel Afrika überquert (E 5 b).

Ali, Salim (1963): Point Calimere as a refuge for wintering shore birds. J. Bombay Natur. Hist. Soc. 60: 458—460.

Phillips, W. W. A. (1963): The Birds of the Maledive Islands. J. Bombay Natur. Hist. Soc. 60: 547—584.

Serventy, D. L. (1968): Wanderings of the Blue-winged Pitta to Australia. Bull. Brit. Orn. Club 88: 160—162.

3. Australien und Neuseeland

Sehen wir von ozeanischen Vögeln ab, so ist der Nordwärtszug australischer Arten zur anschließenden Inselwelt nicht stark entwickelt; unter den 69 Gastvogelarten von Celebes sind nur 4 von australischer Herkunft. In Australien selbst sind die Wanderungen streng von Trockenheit und Feuchtigkeit bestimmt, die auch Brutverhältnisse und Bestandsdynamik regulieren. Etwa 30% der australischen Vögel (KEAST 1960 meint wohl: Arten) sind ausgeprägt nomadisch; weniger als 10% sind wahre S—N-Zugvögel. Die Zugerscheinungen können aber beträchtlich sein, besonders bei der artenreichsten australischen Vogelfamilie, den Meliphagiden oder Honigfressern (69 Arten). Sie hängen vom Regenfall ab, der auf die Blüte Einfluß nimmt. Der winterblütige Bäume benötigende Gelbgesichts-Honigfresser (*Meliphaga chrysops*) und verwandte Arten bewegen sich an der Grenze zwischen Queensland (N) und Neusüdwales (S) einem Gebirgsriegel entlang zur Ostküste und teilen sich süd- und nordwärts, so daß im Mai/Juli 1965 etwa 1 Million süd- und 300000 nordwärts zogen. Die Zahlen und Anteile sind nach Jahren verschieden, wobei trockenheitsbedingte Hemmung der Blüte im Hochland, dem sonst üblichen Winterquartier, im Spiel sein dürfte. Der innere Triebanteil ist jedoch so stark, daß die Honigfresser 1965 auch in blütenreichem Gebiet ohne Halt durchzogen.

Im äußersten Süden Australiens findet Zug von Tasmanien her statt; es ist 200 km entfernt, doch erleichtern Inseln die Überbrückung. Der Schwalbensittich (*Lathamus discolor*) quert diese Bass Strait hoch in Scharen und streut zur Überwinterung bis in das mittlere Küstengebiet von Queensland und bis SE-Südaustralien. Die Art fehlt in manchen Jahren gebietsweise; das Vorkommen bestimmter Raupen bzw. Larven und auch Pflanzenteile dürfte Einfluß nehmen.

Neuseeland ist Ruheziel von mehr als 20 hochnordischen Limikolen (z.B. Abb. 51); von den auf Neuseeland brütenden Limikolen sind 4 Arten ausgesprochene Zugvögel, darunter der Strandläufer *Calidris bicinctus*, der 1400 km weit die Tasmanische See quert. Gegen den Winter wandern manche Arten von der Süd- zur Nordinsel, unter den Sperlingsvögeln anscheinend nur der Brillenvogel *Zosterops lateralis*, und manche Arten hoher Lagen führen Vertikalwanderungen aus. Berühmt ist der Fernzug zweier neuseeländischer Kuckucke (E 5 e).

Ozeanische Vögel: Sowohl in Australien wie in Neuseeland kommen Tölpel vor, die mit dem Nordatlantik-Tölpel zur gleichen Art (*Sula bassana*) gehören. Besonders gut sind die Neuseeländischen Tölpel untersucht, deren Ringfunde zum größten Teil in die australischen Gewässer fallen. So wie die beiden andern Rassen legen sie Entfernungen bis ungefähr 6000 km zurück. Bezeichnend für Australien und Neuseeland sind aber vor allem Sturmvögel und verwandte Arten, die zirkum-antarktisch vorkommen und daher gesondert (Abschnitt 4) behandelt seien.

Hitchcock & Carrick 1958a (D 15) — Wodzicki & Stein 1958 (E 1).

Hindwood, K. A., & M. Sharland (1964): The Swift Parrot. Emu 63: 310—326.

Hitchcock, W. B., & R. Carrick (1958b): Fourth annual Report of the Australian Bird-Banding Scheme. Emu 63: 115—141.

Immelmann, K. (1960): Im unbekannten Australien, dem Land der Papageien und Prachtfinken. Pfungstadt.

Keast, A. (1958): Seasonal movements and geographic variations in the Australian Wood-Swallow (Artamidae). Emu 58: 207—218. — (Ders. 1960): Bird Adaptations to Aridity on the Australian Continent. XII Intern. Orn. Congr. Helsinki 1958:

373—375. — (Ders. 1967): Seasonal Movements in the Australian Honeyeaters (Meliphagidae) and their Ecological Significances. Emu 67: 159—210.
Liddy, J. (1966): Autumnal migration of the Yellow-faced Honeyeater. Emu 66: 87—103.
Mayr, E. (1957): On the origin of bird migration in the Pacific. Proc. 7th Pac. Sci. Congr. 4: 387—394.
Sibson, R. B. (1951): Some Aspects of Bird Migration in New Zealand. Proc. Xth Intern. Orn. Congr. Uppsala 1950: 320—325.
Stresemann, E. (1940): Die Vögel von Celebes. J. Orn. 88: 1—135, 389—487.

4. *Antarktisches Gebiet*

Sturmvögel, Albatrosse und Sturmschwalben sind besonders spezialisierte Bewohner der Küsten rund um die Antarktis, also z. B. auch der Falklandinseln. Es liegen eingehende Untersuchungen verschiedener *Puffinus*-Arten vor (D 15), ferner von Eissturmvogel (*Fulmarus glacialis*, E 5 f), Albatrossen (D 15), Sturmschwalben (E 5 f) und Riesensturmvogel (*Macronectes giganteus*).

Unter den Möwen ist die südliche Rassengruppe der Skua (*Stercorarius skua*) bis zur Antarktis verbreitet (E 15 c). Außerdem gibt es, mit Vorliebe bei Pinguin-Kolonien, brütend die Südpolar-Skua (*St. maccormicki*), die zirkumpolare Wanderungen (Ringnachweise bis 4000 km) ausführt, bis sie mit 5 Jahren brutreif wird; außerdem geht der Zug vereinzelt nordwärts bis Japan.

Als antarktisch in engstem Sinn sind schließlich die Pinguine zu nennen (wenn auch einzelne Arten weit nördlich vorkommen: Galapagos-Pinguin, *Spheniscus mendiculus*).

Sie führen schwimmend zum Teil große Wanderungen aus. Bei den auf Antarktika (oder auf dem Eis) brütenden Arten liegen die Brutplätze zum Teil weit entfernt vom offenen Wasser, manchmal 100 km weit. Sie laufen oder robben diese Strecken auf dem Schnee, so daß „Pinguinstraßen" entstehen, und die Ablösung am Nest erfolgt entsprechend selten, also etwa 14tägig (MÜLLER-SCHWARZE).

Müller-Schwarze 1967 (E 1).
Eklund, C. R. (1961): Distributional and Life History Studies of the South Polar Skua. Bird-Banding 32: 187—223.
Tickell, W. L. N., D. C. D. Scotland (1961): Recoveries of ringed *Macronectes giganteus*. Ibis 103a: 260—266.

5. *Nordamerika*

Die „nearktische" Vogelwelt hat mannigfache Beziehung zur „paläarktischen"; beide werden auch als „holarktisch" zusammengefaßt. Dies gilt für 153 von 326 Arten in USA-Kanada; bei 173 Arten ist die Herkunft in Südamerika zu suchen. Es ist anschaulich, das Zugverhalten beider Gruppen — Nördliche Arten/Tropische Arten — zu vergleichen: Von ihnen gelangen 87/8 beim Zug höchstens bis zu den Süd-Staaten, erreichen 44/30 Mittel-,

7/16 Südmexiko, und 13/56 kommen nicht über Mittelamerika hinaus; 2/63 finden sich in Südamerika ein. Historische Verknüpfungen bestimmen also den Zug wesentlich mit (WILLIAMS).

In den letzten Jahrzehnten ist der nächtliche Vogelzug in Nordamerika recht gut erfaßt worden. Einmal diente dazu die Beobachtung vor dem Mond (B III 3); LOWERY & NEWMAN (1966) haben zu diesem Zweck ein Netz von 200 Beobachtern organisiert und in 4 Nächten Anfang Oktober

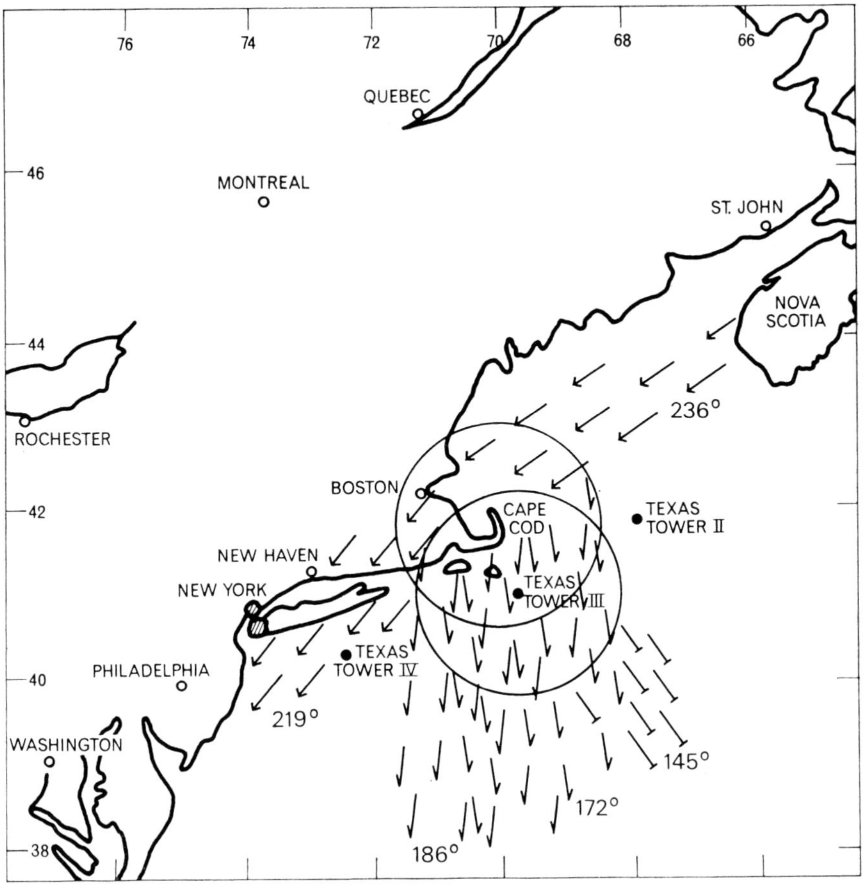

Abb. 74. Während an der Küste Neuenglands der Heimzug ganz vorherrschend küstenlängs verläuft, ziehen im Spätsommer und Herbst etwa bis Mitte November, wo die Atlantikküste schon winterliche Bedingungen aufweist, sehr viele Vögel, besonders Waldsänger (Parulidae), Drosseln und Ammerfinken, aber auch Limikolen, südwärts in den Westatlantik hinaus, um erst wieder in den Südstaaten, auf den Antillen oder gar in Südamerika anzulanden. Die Karte zeigt die Radarbefunde nach den Ergebnissen von Kap Code (South Truro Tower) und des Texas Tower III, mit Angabe der 80-Meilen-Zone, die „first class"-Daten liefert. Gleiche Haken fassen gleiche Richtungswinkel zusammen. Nach RICHARDSON, STACEY, KOHLER & NAKA (Proc. 7th Weather Radar Conf. Miami 1958) in der Wiedergabe von EASTWOOD 1967.

eine „kontinentweite“ Untersuchung des Zuges durchgeführt. Offenbar ist der Zug im Westen Nordamerikas deutlich geringer als in der Osthälfte, wobei die ungleiche Verteilung der Beobachter berücksichtigt ist. Sodann hat die Radarbeobachtung (B III 4) manches Neue über die Zugweisen nächtlich ziehender Kleinvögel und Limikolen im Bereich der Ostküste enthüllt. Der Heimzug nordwärts verläuft der Küste Neu-Englands entlang, wenn auch teilweise innerhalb und sogar außerhalb, aber doch ihr parallel. Anders der Wegzug (Abb. 74). Außer einem ungefähr küstenparallel folgenden Strom von Neuschottland aus gibt es einen lebhaften Zug südwärts in den Atlantik hinaus; diese Vögel können erst spät wieder auf Land stoßen, wenn sie nicht bald wieder rechts halten. DRURY & KEITH (1962) konnten drei hauptsächliche Übersee-Bewegungen im Herbst feststellen:

Hauptbewegung	Richtung	Zeit	Vermutete Formen	Vermutliches Ziel
SE (tags und nachts)	145–165°	Juli/Oktober	Limikolen	Südamerika
S (nachts)	175–195°	Anfang Sept./ Mitte Okt.	Passeres (Waldsänger)	Ohnehaltflug zu den Antillen und Südamerika
SW (nachts)	235–245°	Anfang Aug./ Mitte Nov.	Passeres (Drosseln, Waldsänger, Ammerfinken)	Teilweise direkt über den W-Atlantik nach N.- und S.-Carolina

Es scheinen Millionen von Vögeln zu sein, die mit Kaltfronten an der Küste und über den offenen Ozean auf diese Weise zu den Südstaaten, den Antillen und Südamerika wandern.

Auch der Zug über den Golf von Mexiko kann beträchtliche Formen annehmen. Im Frühjahr ziehen viele Vögel von den westindischen Inseln nach NW, ein weiterer großer Strom etwa parallel dazu von Yucatan nach Texas, wo im übrigen sowohl die Zugvögel der mittelamerikanischen Landbrücke als auch die des Transgolfzugs zusammenkommen. Wenn von N her eine Kaltfront die Golfküste erreicht und im Golfbereich eine warme Luftmasse unterläuft, mit den üblichen Folgen (Wind aus N, Temperatursturz, Gewitter usw.), fallen die von S her über See kommenden Vögel in Massen ein. Dann ist die Golfküste mit Tausenden und Abertausenden von Land-Zugvögeln überschwemmt; es kommt zu ungeheuren Verdichtungen, so daß jeder Busch, jeder Baum „übervölkert“ ist. Schönes Wetter dagegen läßt die zentrale Küstenebene leer erscheinen; die Vögel eilen ungesehen überhin (LOWERY 1946). Beim Transgolfzug scheint es auch manchmal Verdriftungen zu geben; ein lebhafter Zug entlang der Küste Florida–Texas könnte teilweise der

Korrektur einer gestörten Direktverbindung Winterquartier—Brutgebiet dienen (STEVENSON 1957).

Unter den Wintergästen Mittelamerikas befindet sich auch ein Teil der 13 in Nordamerika brütenden Kolibris; besonders die im Westen heimischen Arten (darunter der bis Alaska vorkommende Fuchskolibri, *Selasphorus rufus*), während der im Osten bis Kanada brütende Rubinkehlkolobri (*Archilochus colubris*) wenigstens zum Teil den Golf von Mexiko quert. Noch mehr als die Kolibris entsenden die Waldsänger (Parulidae) ein individuenreiches Heer nach NW-Südamerika, teils über die Landbrücke, teils über das offene Meer, so daß sie erschöpft und abgemagert die Nordküste Venezuelas erreichen. Viele ziehen weiter, wenn auch nur wenige über Amazonien hinaus. Auf dem Heimzug häufen sie sich im Januar/Februar ein zweites Mal, bevor sie in die Staaten einfliegen. Von den Stärlingen des Nordens ist der Bobolink (*Dolichonyx oryzivorus*) zu erwähnen; er zieht bis zur argentinischen Pampa und bis Peru und wird sogar auf den Galapagosinseln regelmäßig angetroffen. Auch gewisse Tyrannen (so der Königssatrap, *T. tyrannus*) erreichen Argentinien und Peru. Die Rauchschwalbe Nordamerikas (*Hirundo rustica erythrogaster*) dringt sogar bis Feuerland vor. Limikolen des Nordens wie der in der Arktis beheimatete Grasläufer (*Tryngites subruficollis*) und der ebenfalls hochnordische Weißbürzel-Wassertreter (*Phalaropus tricolor*) ziehen über Zentralbrasilien an die Atlantikküste. Der eigentümliche Zug des Braunachsel-Goldregenpfeifers wurde schon behandelt (E 5 d). Der Wanderfalk des hohen Nordens (*Falco peregrinus anatum*) gelangt bis Rio de Janeiro und Buenos Aires. Der Prärie-Bussard (*Buteo swainsoni*) zieht aus Nordamerika bis Argentinien und zeigt in den Aufwindzonen der mittelamerikanischen Kordilleren großen Massenzug (E 6 b). Gewisse nordamerikanische Segler wie der Schornsteinsegler (*Chaetura pelagica*) können durch Ringfunde weit nach Südamerika hinein verfolgt werden.

Die Richtungen des Zuges in Nordamerika sind nicht so verwickelt wie in Europa. Das Oberflächenprofil neigt zu meridionalen Anordnungen. Die Zugstrecken liegen entsprechend dem Verlauf von Flüssen und Gebirgen recht ausgeprägt N—S und S—N. Man spricht von einem Atlantik-, Mississippi-, Zentral- und Pazifik-*flyway*. Die vielen Ringfunde (wohl nur) bei Anatiden bestätigen im groben eine solche Ausrichtung, aber die Schranken zwischen diesen Zugstrecken sind zu schwach, um ein Wechseln Westost oder Ostwest ganz zu verhindern. Das zeigt gut eine Karte des Zugs der Kanevas-Ente (*Aythya valisineria*), die von der Mündung des Mackenzie River bis Nord-Iowa brütet, den Kontinent diagonal kreuzt und als Wintergast in der ganzen Breite des Kontinents, südlich bis Mexiko, erscheint. Um diese netzartig zwischen den flyways vermittelnden Strecken zu bezeichnen, hat BELLROSE den Begriff der *Zugkorridore* aufgestellt; die Arten machen davon in unterschiedlicher Weise Gebrauch (E 6 c). Sind es hier die Flüsse, so können auch Bergzüge eine leitende Rolle spielen: Im Zug des Alleganygebirges bietet das „Hawk Mountain" eine ideale Aufwindzone mit einer entsprechenden Konzentration von ziehenden Bussarden und, soweit noch vorhanden, Adlern (E 6 b). Auch Kleinvögel können dem Gebirge entlang halten, z. B. der Fuchskolibri aus Alaska an der pazifischen Seite der Rocky Mountains. Auch der Verlauf der Atlantischen wie der Pazifischen Küste ist im großen ganzen für den Zug recht günstig. Es gibt zudem Nehrungen, auf denen sich der Zug brückenartig verdichtet und dabei in die Richtung zum Ruheziel lenkt (C 1, C 3).

Trotz dieser durch die Landschaft gegebenen Standardisierung fehlt es nicht an artbedingten Besonderheiten des Zugs. Über die Fälle von Zugscheide und über die eigenartige Wanderung des Braunachsel-Goldregenpfeifers mit weiten Transozeanstrecken siehe E 5 d. Nach dem erwähnten

Abb. 75. Zug des Schwarzkappen-Waldsängers, *Dendroica striata*. Schwarz im N das Brutgebiet, im S das Winterquartier; getüpfelt das Gebiet des Wegzugs. Die gebrochene Linie deutet den ungefähren Westrand des Heimzuges an. Aus MURRAY 1966.

Einhalten der Longitudinalen müßten Ostvögel nach Florida, von da allenfalls über die Inselbrücke nach Südamerika, die Westvögel direkt nach Mittelamerika gelangen. Den letzteren Weg nehmen viele Arten, z.B. die West-Tangare, *Piranga ludoviciana*. Aber es gibt auch östliche Arten, die wegziehend Florida links liegen lassen, etwa über die Mississippimündung hinweg den Golf von Mexiko kreuzen, Yucatan und Honduras ansteuern und in NW-Südamerika (bis Bolivien) überwintern. So macht es die Scharlach-Tangare (*Piranga olivacea*), mit der besonderen Note, daß das Brutgebiet in den Oststaaten 3200 km breit ist und die Zugbahn sich dann auf 1000 km, über dem Golf sogar auf 160 km verschmälert; es findet also eine Art Schmalfrontbildung statt. Umgekehrt gibt es Arten, die, von Neufundland bis Alaska verbreitet, beim Wegzug auch von ihren westlichen Vorposten her stark ostwärts halten und über Florida und die Inselbrücke bzw. über See ihr Winterquartier etwa in Venezuela aufsuchen (Beispiel: *Dendroica striata*, Abb. 75). Hier dürften besondere Bedingungen der Ausbreitungsgeschichte im Spiel sein.

Bellrose 1968 (E 6) — Cooke 1915 (A) — Duvall 1966 (B II) — Eastwood 1967 (A) — Graber 1968 (B III 3) — Lincoln 1950 (A) — Lowery 1946 (E 6) — Lowery & Newman 1955, 1963 (B III 3) — Peterson 1948 (C 3) — Tordoff & Mengel 1956 (E 2) — van Velzen 1966 (B II).

Bagg, A. M. (1955): Airborne from Gulf to Gulf. Bull. Massachusetts Aubon Soc. 16 S.

Drury, W. H., & J. A. Keith (1962): Radar studies of songbird migration in coastal New England. Ibis 104: 449—489.

Lincoln, F. C. (1935): The Migration of North American Birds. US. Dept. Agr. Circular No 363 Washington.

Lowery Jr., G. H., & R. J. Newman (1966): A Continentwide View of Bird Migration on four nights in October. Auk 83: 547—586.

Murray, Jr., B. G. (1966): Blackpoll Warbler Migration in Michigan. Jack Pine Warbler 44: 23—29.

Phillips, A. R. (1951): Complexities of Migration, a Review, with Original Data from Arizona. Wilson Bull. 63: 129—136.

Ryder, R. A. (1963): Migration and Population Dynamics of American Coots in Western North America. Proc. XIII Intern. Orn. Congr. Ithaca: 441—453.

Schüz, E. (1969): Referatbemerkungen zu Bellrose 1968. Vogelwarte 25: 109—111.

Stevenson, H. M. (1957): The Relative Magnitude of the Trans-Gulf and Circum-Gulf Spring Migrations. Wilson Bull. 69: 39—77.

Williams, G. G. (ohne Jahr [1960?]): Evolutionary Aspects of Migration. Lida Brown Lectures in Ornithology. Univ. Calif. S. 53—85.

6. Südamerika

Die riesige Landmasse Südamerika mit großen Unterschieden nach Lebensstätten, Klima und Höhenlagen und mit einem beträchtlichen Reichtum an Vögeln hat eine Fülle von Wanderungsformen entstehen lassen, die uns durch eine Übersicht von Sick (1968) vergleichend bekanntgemacht wurden. Wir können nur Stichproben herausgreifen. Der Zug kann in einem „Pulsieren“ zwischen einem kleineren Brutgebiet und einem jahreszeitlich begünstigten, viel größeren Nahrungsraum bestehen (Abb. 76). Oft sind diese inner-südamerikanischen Bewegungen aus Mangel an Beringungsdaten nicht leicht zu verstehen. Gewisse Drosseln wie *Turdus amaurochalinus* fallen in ihren Ruhezielen SE-Brasilien und N-Argentinien sehr auf; sie kommen

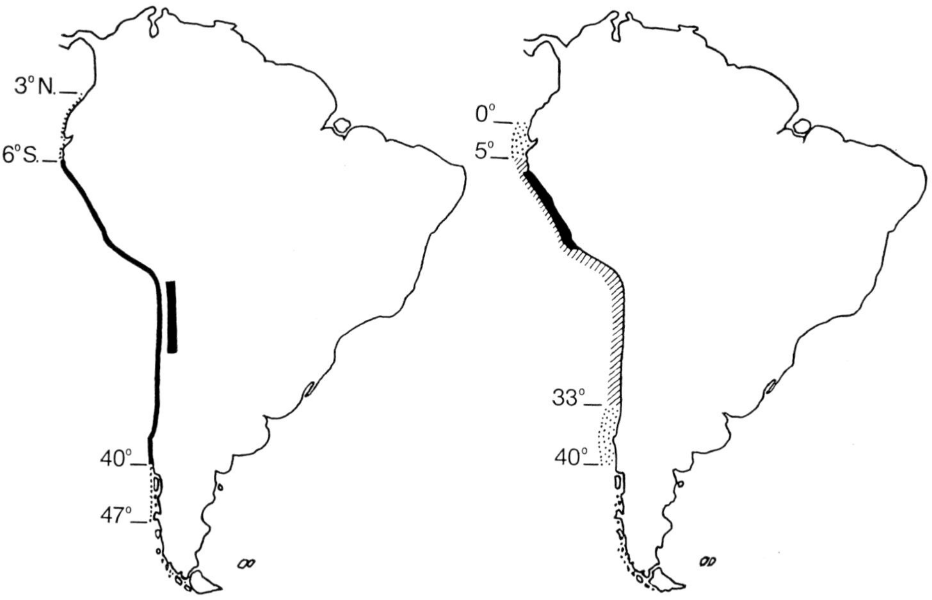

Abb. 76. *Links*: Graumöwe (*Larus modestus*). Dicker Strich = Brutgebiet in der nordchilenischen Wüste, oft 100 km von der Küste, die die Möwen täglich aufsuchen. Außerhalb der Brutzeit an der Küste von 6° bis 40° S (seltener bis 3° N und 47° S) als Nahrungsspezialist auf den Brandungskrebs *Eremita analoga*. — *Rechts*: Brutgebiet des Guano-Kormorans (*Phalacrocorax bougainvillii*). Schraffiert: regelmäßiges Massenvorkommen (punktiert: spärliches Vorkommen) außerhalb der Brutzeit im Bereich des kalten Humboldtstromes, wo die Sardelle *Engraulis ringens* die beherrschende Nahrung bildet. Wenn (in ungefähr siebenjährigem Abstand) der von der Nordhalbkugel kommende Warmstrom El Nino weiter als sonst südwärts dringt und den Humboldtstrom mit seinem Nahrungsreichtum überlagert, sterben Millionen der Guanovögel. Der Bestandszusammenbruch gleicht sich nach einiger Zeit wieder aus. Nach Koepcke 1963.

wahrscheinlich nicht von fernher, sondern wohl nur von benachbarten Gebirgen. Wo die Artareale sehr weit greifen wie bei Tyrannen oder bei dem waldsängerverwandten Rotaugen-Vireo (*Vireo olivaceus*), Brutvogel von British Columbia bis N-Argentinien, können die Veränderungen oft nicht ausreichend beurteilt werden. Wo Populationen südlich wie nördlich des Äquators brüten, wie etwa bei der Schwalbengattung *Progne*, kann der Mauserstand Auskunft geben, weil sie zu entgegengesetzten Zeiten mausern und brüten. — Eine Anzahl Arten strömt aus dem Süden mehr oder weniger weit nordwärts. So gelangt der Vertreter einer für Südamerika eigentümlichen Familie, der Zwerg-Höhenläufer, *Thinocorus rumicivorus*, von Patagonien nach Mittelargentinien. Der von Feuerland bis Mittelargentinien beheimatete Wanderfalk *Falco peregrinus cassini* erreicht im Südwinter Kolumbien und schneidet sich also mit dem bis Brasilien und Argentinien wandernden *F. p. anatum* des Nordens. Die Schwalbe *Notiochelidon cyanoleuca patagonica* findet ihr Ruheziel in Kolumbien und Panama. Im allgemeinen bildet die 25 °C-Isotherme die Nordgrenze für die Landvögel aus Südamerika; sie ziehen also kaum über Mexiko hinaus, während gewisse Hochseebewohner sich viel weiter nordwärts vorwagen. Auch Südamerikaner können auf dem Zug sich in auffallender Weise zu Massen scharen, so die Schwalbe *Phaeoprogne tapera fusca* aus Argentinien im Juli/August auf dem Durchzug in N-Venezuela. Selbst Greifvögel können unter günstigen Bedingungen Trupps bilden. Vor allem tun dies aber die an geeigneten Lebensstätten ziehenden Möwen, Kormorane und andere Nutznießer des Humboldtstroms mit seinem großen Nahrungsreichtum (Abb. 76). Auf der Atlantikseite ist es vor allem der Magellan-Pinguin (*Spheniscus magellanicus*), der bis Rio de Janeiro und sogar Bahia wandert, freilich nach Verlassen des Falklandstroms in Menge zugrunde geht.

Eigentümlich sind gewisse *innertropische* Wanderungen, ausgelöst durch Hochwasser im Amazonas- und Orinokogebiet, im Pantanal (Matto Grosso) und am Rio Juramento (NW-Argentinien). Sie betreffen Enten, Störche, Seeschwalben, Limikolen und Taucher, ebenso die Sand-Nachtschwalbe (*Chordeiles rupestris*), also Arten, denen bei Überschwemmungen der Sandbänke und Verlust der Seichtwasserstrecken die Brut- und Ernährungsmöglichkeiten genommen sind. Diese durch Regen bewirkten Hochwasserstauungen sind periodisch, verringern sich aber auch — am Amazonas — fortlaufend von Westen nach Osten, so daß oben am Fluß die Wasserstandsschwankungen viel größer sind als unten (bis 20 m zu 6 m!). Die Regenzeiten schreiten allmählich von S und W nach N und zum Zentrum Amazoniens fort, so daß keineswegs alle Gebiete gleichzeitig betroffen sind und z. B. Seeschwalben, Scherenschnäbel usw. vom unteren zum oberen Tapajos ziehen und wechselweise die gewohnten Sandstrände benützen können. Es handelt sich dabei nicht um eine explosive Zerstreuung durch plötzlichen Hochwassereinbruch, sondern um eine regelmäßig ablaufende Periodizität, von der wir nicht sagen können, in welchem Umfang nur äußere Auslösung oder auch ein innerer zyklischer Vorgang im Spiel ist.

Ähnlich wie in Afrika gibt es auch in Südamerika *Trockenheitsflucht* und entsprechende Wanderungen, die aber noch sehr wenig untersucht sind. Auch *Blüh- und Fruchtzeiten* können Bewegungen veranlassen. Kolibris sind oft auf bestimmte Blüten spezialisiert, die nicht selten zeitlich recht begrenzt sind; die Kolibris müssen diese Gelegenheiten auf größeren Wanderungen aufsuchen. Auch Samen und Früchte können nach Vorkommen und Reifungszeit eingeschränkt sein und Papageien, Tukane und samenfressende Kleinvögel zu auffallenden Wanderungen veranlassen. Es gibt ferner Wanderungen an *Gebirgszügen* entlang oder aufwärts und abwärts. In den Anden nehmen einige Kolibriarten zu verschiedenen Jahreszeiten verschiedene Lagen ein. Der Töpfervogel *Cinclodes oustaleti* nistet in den Anden Chiles 3500 m hoch und höher und erscheint im Südwinter an der Küste (siehe auch E 14).

Vögel können sodann als *Brandfolger* weitere Wanderungen ausführen. Savannenbrände, meist von Menschen angelegt, überziehen am Ende der Trockenzeit Südamerika weithin. Viele Greifvögel, ferner der Seriema (*Cariama cristata*), ein Segler (*Streptoprocne zonaris*) und der Rotscheitel-Satrap (*Tyrannus melancholicus*) machen sich die Flucht der vom Feuer aufgestörten Kleintiere zunutze. Ein Gegenstück sind die „Ameisenfolger", die sich den Zügen der Wanderameisen anschließen und die von ihnen aufgescheuchten Kleintiere jagen. Indes handelt es sich in diesen Fällen um ein ungeregeltes Wandern, eine Art Nomadismus, nicht Vogelzug.

Ebenfalls unregelmäßig, jedenfalls noch recht wenig geklärt sind die *Massenwanderungen* der Chile-Turteltaube (*Zenaidura auriculata*), ein Gegenstück NE-Brasiliens zu der einst millionenweise auftretenden Wandertaube Nordamerikas (*Ectopistes migratorius*), die vor zwei Menschenaltern ausstarb. Auch die erwähnte südamerikanische Art wird in großem Maßstab verfolgt. — Schließlich gibt es hier so gut wie in der Alten Welt *Mauserzüge* von Anatiden zu und von Mauserstationen (E 10).

Koepcke, H.-W. (1963): Probleme des Vogelzugs in Peru. Proc. XIII Int. Orn. Congr. Ithaca: 396—411.

Murphy, R. C. (1959): Peru profits from Sea Fowl. Nat. Geogr. Magazine 115: 395—413.

Sick, H. (1968): Vogelwanderungen im kontinentalen Südamerika. Vogelwarte 24: 217—243. Mit ausführlicher Literatur.

7. *Afrika*

Afrika ist so groß, so reich an klimaverschiedenen Biotopen, daß der Fülle der Formen eine entsprechende Mannigfaltigkeit der Bewegungen entspricht.

a) Afrika ist das *Winterquartier zahlreicher Paläarkten* (E 13 b, c); es mag sich bei den eurasiatischen Wintergästen um einen Betrag von 1,6 Milliarden handeln. Die Verteilung dieser Gäste ist sehr ungleichmäßig. Neue und ältere Schriftsteller und Kenner (erwähnt sei ALFRED EDMUND BREHM) und vor allem die Gräber der Pharaonenzeit haben eindrucksvolle Zeugnisse über den Reichtum des Nils an Winter- und Zuggästen niedergelegt (Abb. 46, 77). Wenig besucht ist die Hylaea, am ehesten noch ihr Rand. Damit verglichen sind die feuchten Niederungswälder von Costa Rica und die Bergwälder von Kolumbien viel reicher an nordischen Wintergästen, die freilich in der Neuen Welt längst nicht so zahlreich den Äquator überschreiten wie in Afrika. Der Sudan weist mit 145 (88 Land-, 57 Wasservogel-)Arten eine besonders reiche Paläarktenfauna auf; dabei sind nur durchziehende Arten wie *L. luscinia* und *Coracias garrulus* ausgelassen. Die Zahlen sind für Kenia 120 (70 + 50), Rhodesien 46 (39 + 7, keine Küste!) und Kapprovinz 54 (25 + 29). Der

Abfall betrifft besonders die *Passeres* (Sudan 59, Kapland 10). Westafrika mit 112 (61 + 51) tritt gegenüber dem Sudan sehr zurück, was auch den Eindrücken der dort arbeitenden Ornithologen entspricht und mit der west-

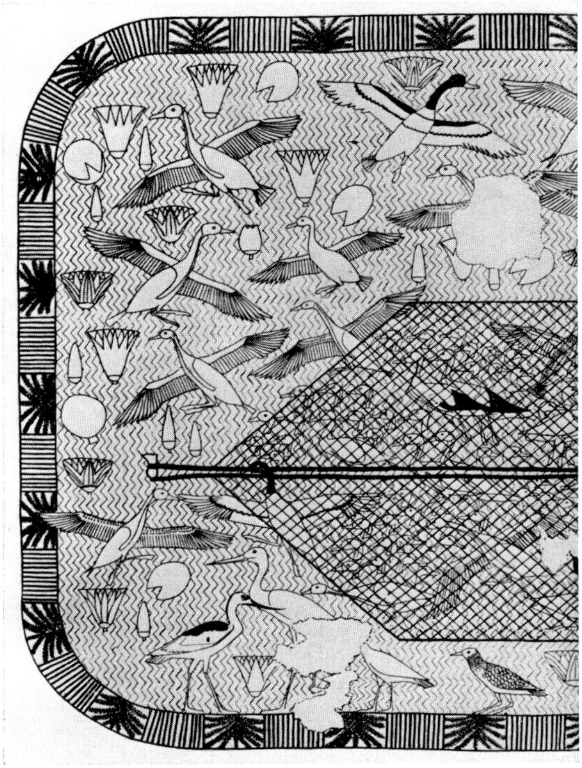

Abb. 77. Bedeutung paläarktischer Wintergäste im Alten Ägypten: Netzfang am Nil (Teilbild). Außer Stock- und Spießenten erkennt man (unten) einen Säbelschnäbler (*Recurvirostra avosetta*) und vermutlich einen Kampfläufer; außerdem ein nicht sicherer Watvogel (*Limosa*?). El Bershe, 12. Dynastie, etwa 1250 v. Chr., NEWBERRY 1895, phot. WALLERT, aus SCHÜZ 1966.

lich vorgeschobenen Lage begründet werden kann. Nicht wenige Arten ziehen bis zum Kap, ohne auf ein enges Gebiet beschränkt zu sein. Fitis, Uferschwalbe, Rotrückenwürger (Abb. 33), Rauchschwalbe (Abb. 31), Grau-Steinschmätzer reichen von der Sahara bis ins Kapland; das Ruhegebiet des Weißstorchs setzt noch weiter nördlich an (D 11). Es gibt Gebiete, wo die nördlichen Gäste gegenüber den einheimischen Arten zur gegebenen Zeit stark vorherrschen. Das gilt an geeigneten Stellen für Limikolen. Die Rauchschwalbe des Nordens ist dann in Südafrika ungemein zahlreich, die dort heimischen Arten weit übertreffend (D 7). Die Schafstelze (*Motacilla flava*) kann in Massen erscheinen. Der östliche Mäusebussard (*Buteo b. vulpinus*) ist in Südafrika um die Jahreswende häufiger als der dort heimische *Buteo rufofuscus*. *Falco amurensis* von jenseits des Baikalsees kann bei Heuschreckengradationen in Malawi häufiger sein als afrikanische Greifvögel, ja Schlafplätze von 4000 bis 5000 bilden. Die Paläarkten suchen möglichst einen den heimischen Verhältnissen entsprechenden Biotop auf. Sie verhalten sich im Ruhegebiet teils nomadisch, teils auf Monate stationär. Die Nahrung spielt dabei eine wesentliche Rolle. Sie hängt weitgehend vom Regen ab, der zu solcher Üppigkeit an Pflanzen wie auch Insekten führen kann, daß sowohl die einheimischen Arten brüten und die Jungen ernähren können als auch die Ruhegäste aus dem Norden versorgt sind. Nördlich des Äquators beginnen die Regen im April/Juni, sie enden im Sept./Nov. und nehmen nach N hin ab; in Südafrika liegt die Regenzeit hauptsächlich im Okt./März.

Ein besonderes Thema ist die *Querung der Sahara*. Offenbar wird das Mittelmeer in allen Teilen überflogen, wenn auch in verschiedenen Graden, und es fliegen daher auf der ganzen Nordküste Vögel ein. Die Niederschläge fallen am Nordrand der Sahara von Oktober bis März, am Südrand von Mai bis September. Der Wegzug ist also im S, der Heimzug im N begünstigt. Infolge der Dürre von Oktober bis Mai im S ist im Frühjahr die Wüste breiter als im Herbst. Gebirge und Oasen begünstigen die Zugvögel; freilich werden viele die Oasen nicht finden: diese verschwinden „wie ein Dutzend Teetassen auf einem Fußballfeld". Schatten spielt am Tag eine große Rolle. Ein Beobachter fand am 27. September nördlich Kufra unter einem Autowrack mindestens 20 Vögel verschiedener Art sitzen. Weite Strecken sind höchst lebensfeindlich. Zwischen 2° und 12° W ist die Wüste besonders streng; auf 52000 km² fand man weniger als 10 Pflanzenarten. Im Osten, südlich von der Oase Kufra, ist eine Fläche von 130000 km² ohne jeden Baum. Trotzdem findet ein lebhafter Zug über die Sahara statt; hier klingt möglicherweise ein paläoklimatischer Wandel nach. Winde spielen beim Wüstenzug eine wesentliche Rolle. Sie können zusätzliche Gefahr bringen, so der heiße Chamsin aus dem Osten, der vielen Vögeln das Leben kostet. Im Frühjahr müssen die Vögel stets mit Gegenwind rechnen, wenn sie nicht über 2000 m hinaus steigen. Sie dürften in der Höhe den Zug SW—NE in 32 + 12* Stunden schaffen. Ein Direktflug S—N im Frühjahr würde am besten unter 500 m erfolgen und 47 + 12* Stunden erfordern. Im Herbst werden die meisten den Diagonalkurs in 30 bis 40, den Direktkurs in 30 Stunden bewältigen. Die physiologischen Reserven dürften eine Flugleistung bis 50 und 60 Stunden gestatten. — Wasservögel, auch Stelzvögel und Limikolen nehmen zwar, etwa zwischen Tunesien und Nildelta, auch die Sahara an, dürften aber doch nicht in gleichem Ausmaß wie die Landvögel die Wüste queren, sondern Niltal und Atlantikküste bevorzugen. Wichtig sind der große Nigerbogen, ferner

* Die zweite Zahl setzt den Fall, daß infolge der schlechten Bedingungen am Südrand der Sahara im Frühjahr zu der eigentlichen Saharastrecke (direkt 1350 km, diagonal 1950 km) der Abflug 450 km weiter südlich erfolgt (MOREAU 1961).

Nordnigerien zwischen 11° und 14° N (mit vielen Teichen zum Tschadsee hinzu) und Darfur zwischen 12° und 15° N, 23° und 26° E. Hier gibt es ausgeprägte Jahreszeiten mit wirksamer Regenzeit und (Ende Oktober) nachfolgender Austrocknung, und dementsprechend ist der Vogelreichtum. Die Knäkente (*Anas querquedula*) erreicht Nordnigerien zu Hunderttausenden. Die Heuschreckenschwärme, die die Sahara auf weite Strecken queren, können nicht nur für den Weißstorch, sondern auch für andere Zugvögel von Bedeutung sein.

b) *Zug afrikanischer Vögel innerhalb Afrikas.* Hier ist weithin der Wechsel nicht zwischen Wärme und Kälte, sondern zwischen Feuchte und Trockenheit mit den Folgen auf das Nahrungsangebot der entscheidende Faktor für Wanderungen. Insektengradationen können zum Wechsel der Brutplätze führen (Lappenstar, *Creatophora cinerea*). Es gibt sogar Parallelen zu den Wettersturzbewegungen des N, wobei statt Kälte die Trockenheit Zug auslöst, so in Betschuanaland. Trockenheit kann aber auch erwünscht sein: Die Millionenscharen des Blutschnabelwebers (*Qu. quelea*) brauchen die dann ausgefallenen Körner; bei Regen keimen sie, und sie sind nicht mehr genießbar. Die Weber wandern dann, zum Teil gegen 500 km weit, dorthin, wo der

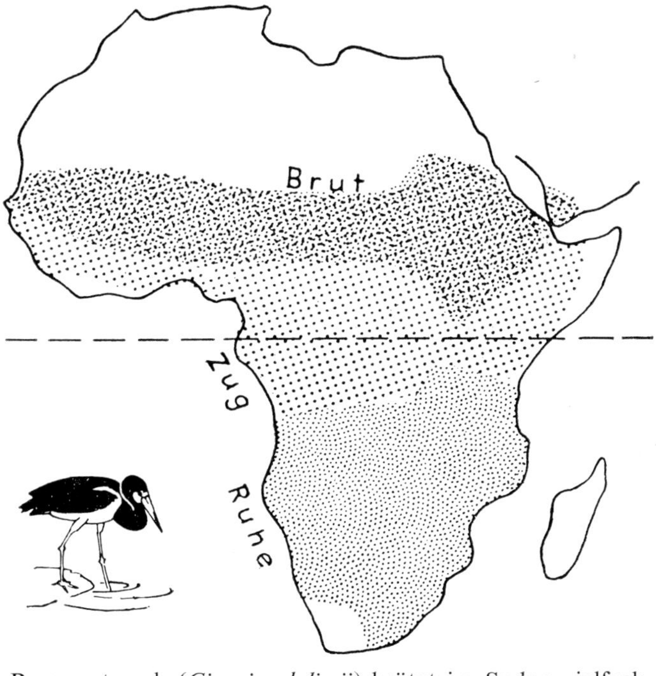

Abb. 78. Der Regenstorch (*Ciconia abdimii*) brütet im Sudan vielfach nahe oder in menschlichen Siedlungen, überquert den Äquator und verbringt die Ruhezeit vielfach zusammen mit dem aus Europa kommenden Weißstorch im südlichen Teil Afrikas. Umgezeichnet nach CHAPIN 1932.

Regen genügend lang zurückliegt, so daß es schon wieder neue Körner gibt. In den Nordtropen sind regelmäßige Wanderungen von einer Vegetationszone zur anderen bei vielen Arten üblich. Es gibt ferner Vertikalwanderungen zwischen kalter Höhe und warmer Tiefe, so in Ostrhodesien und Natal bei dem Sänger *Pogonocichla stellata*, auch gewissen Gebirgs-Nektarinien u.a. Arten. — Tropenvögel können auch ausgesprochene Nachtwanderer sein, die an erleuchtete Fenster anfliegen, so die Afrika-Pitta (*P. angolensis*); wahrscheinlich wandert die Art in Ostafrika 1200 bis 1800 km weit. Etwa im gleichen Gebiet sind auch Harlekinwachtel (*Coturnix delegorguei*) und Afrika-Zwergwachtel (*Excalfactoria adansonii*) Nachtzieher.

Einige Beispiele äquatornaher Vögel mit Zugrichtungen N—S und S—N. Der Regenstorch (*Ciconia abdimii*) ist ein auffallender Brutvogel, oft in Kolonien auf Dorfbäumen oder gar auf Hütten, im Sudan von der Westküste

Abb. 79. Wo Wanderheuschrecken auftreten, sammeln sich Regenstörche als Ruhezeitgäste oft in gewaltigen Scharen. Hier im Tsavopark östlich des Kilimandscharo. Phot. E. LINDNER am 26. Februar 1959.

ostwärts bis Eritrea. Diese Vögel ziehen nach der Brutzeit mit den Regen südwärts und bevölkern die Fluren des südlichen Afrika, Heuschreckenfolger oft zusammen mit dem Weißstorch (Abb. 78, 79). — Der Schlicht-Ziegenmelker (*Caprimulgus inornatus*) brütet vom Sudan ostwärts bis Südarabien und überwintert in Afrika nahe dem Äquator oder etwas südlicher. — Von S nach N wandert die Flaggenflügel-Nachtschwalbe (*Macrodipteryx longipennis*): Sie brütet von Senegal bis Kenia am Rand des Äquatorialwaldes, und zwar von Februar bis April während der Trockenperiode; dann flieht sie die nasse Zeit nordwärts ins Subsaharagebiet und nach Äthiopien. Eine ebenfalls im männlichen Geschlecht höchst auffällige Form, die Ruderflügel-Nachtschwalbe (*M. vexillarius*), brütet im südlichen Afrika (nicht mehr im äußersten Süden) zu Beginn der Regenzeit, September/Dezember, vor allem die Flugzeit der Termiten nützend; nach Aufzucht der Brut wandert die Art mit dem Regen und mit dem Erscheinen fliegender Termiten nordwärts, so daß sie den Kongo im Februar/März erreicht und bis August die Savannen von Nigerien bis Uganda (wo die Mauser stattfindet) bewohnt. — Sieben Arten Madagaskar-Vögel ziehen zu einem nicht geringen Teil NE-wärts bis zum mittleren Afrika (Abb. 80). Bemerkenswert ist das spiegelbildliche Verhalten zweier sehr ähnlicher Bienenfresser (Abb. 81): Der Scharlachspint (*Merops nubicus*) wandert von seinem quer über den Sudan ausgebreiteten Brutgebiet südwärts, der Karminspint (*M. nubicoides*) von seinem Brutgebiet in einem Teil des südlichen Afrika nordwärts; beide Formen bleiben jedoch durch einen äquatorialen Bezirk getrennt.

c) *Das südliche Afrika*, besonders der äußerste Süden, sei gesondert betrachtet, weil hier in einem gemäßigten Klima eher Temperaturfaktoren eine Bedeutung haben können, anders als in den Tropen. 11 Arten, und zwar 5 Schwalben, 1 Segler und 5 Kuckucke, Brutvögel des südlichen Kaplandes, wandern im Südherbst nordwärts. 1 Schwalbe, 4 Segler und 3 Fliegen-

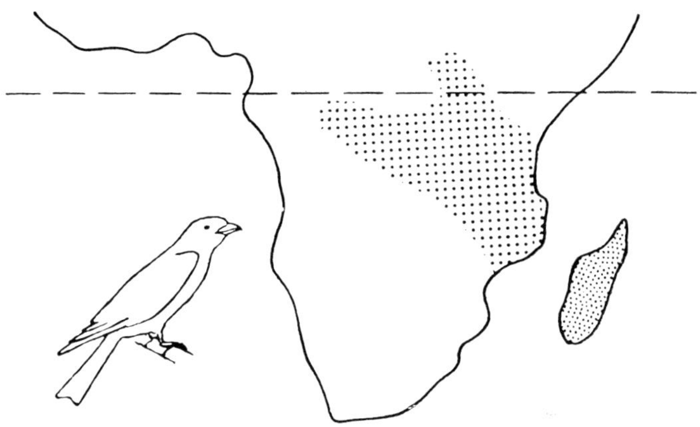

Abb. 80. Die Racke *Eurystomus glaucurus* (der Zimtroller) wandert aus dem Brutgebiet Madagaskar über das Meer zu dem Ruheziel in das östliche und äquatornahe Afrika. Umgezeichnet nach CHAPIN 1932.

schnäpper sind Teilzieher, die nur im südlichsten Arealteil der Art wandern. Es ist für die Kenntnis der Evolution zu beachten, daß eine kleine Zahl Arten, die als Paläarkten zu betrachten sind, sich im südlichen Afrika angesiedelt hat, so Bienenfresser, Schwarzstorch und wohl erst neuerdings und in kleiner Zahl Weißstorch. Einige Arten haben im Süden eigene Rassen entwickelt; ihre Einwanderung dürfte weiter zurückliegen.

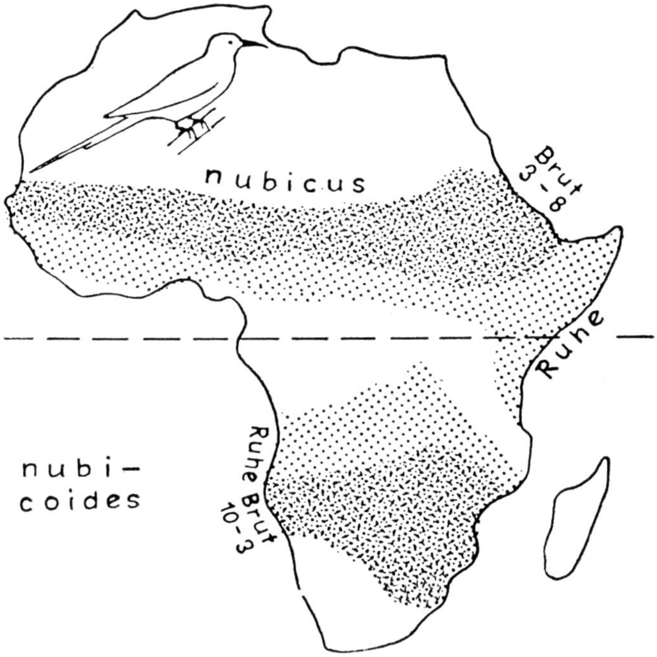

Abb. 81. Die beiden auffallenden roten Bienenfresser; der Scharlachspint (*Merops nubicus*) und der Karminspint (*M. nubicoides*) rücken aus ihren Brutgebieten im nördlichen (*nubicus*) und südlichen (*nubicoides*) Afrika zur Ruhezeit äquatorwärts. Umgezeichnet nach CHAPIN 1932.

Als wichtigste Quelle sei Moreau 1966 (A) erwähnt; dazu kommen Broekhuysen 1967 (B III 1) — Benson & Irwin 1963 (E 13), 1966 (D 5) — Grote 1930/31/37 (E 13) — Moreau 1951, 1956, 1961 (D 5), 1967 (D 11) — Morel & Roux 1966 (B II) — Rudebeck 1954 (D 7).

Chapin, J. P. (1932/54): The Birds of the Belgian Congo, besonders Part I. Bull. Amer. Mus. Natur. Hist. 63.

Heim de Balsac, H., & N. Mayaud (1962): Les Oiseaux du Nord-Ouest de l'Afrique. Paris.

Kullenberg, B. (1956): On the migration of palaearctic birds across the Central and Western Sahara. Arkiv f. Zoologi 2 Bd. 9 Nr. 9: 305—330.

Mathiasson, S. (1963): Visible Diurnal Migration in the Sudan. Proc. XIII Intern. Orn. Congr. Ithaca: 430—435.

Moreau, R. E. (1952): The Place of Africa in the Palaearctic Migration System. J. Anim. Ecol. 21: 250—271.

Rudebeck, G. (1957): Aves II. South African Animal Life IV: 406—508.
Schüz, E. (1954): Schädigt der Ausfall des Chamsins den Heimzug des Weißstorchs? Vogelwarte 17: 166—168. — (Ders. 1955): Vom Zug des Weißstorchs im Raum Syrien bis Ägypten. Vogelwarte 18: 5—13.
Smith, K. D. (1954): Early migration in Eritrea. Ibis 96: 487. — (Ders. 1960): The Passage of Palaearctic Migrants through Eritrea. Ibis 102: 536—544.
Valverde, J. A. (1957): Aves del Sahara Español. Madrid.
Winterbottom, J. M. (1964): The migrations and local movements of some South African birds. In: D. H. S. Davis et al., Ecological studies in Southern Africa. Monographiae Biol. 14: 233—243.

G. Invasionsvögel

1. Vorbemerkungen

Invasionen stellen eine ganz besondere Anpassung des Zugverhaltens dar. Sie sind bei einer gewissen Anzahl von Arten in auffälliger Weise ausgeprägt, bei anderen nur gelegentlich oder nur angedeutet und durch den üblichen Zug verschleiert. Bevor wir die Folgerungen ziehen (G III), lassen wir die wichtigsten Vertreter dieser eigentümlichen Wanderer vor uns vorüberziehen und senden wir eine allgemeine Literaturliste voraus.

Grote 1941 (E 11) — Lack 1968 (A) — Wagner 1962 (A).
Cornwallis, R. K. (1964): Irruptions. In: A. Landsborough Thomson 1964 (siehe A).
Curry-Lindahl, K. (1961): Fjällämmeln (L. lemmus) i Sverige under 1960. Fakta och teorier. Fauna och Flora: 1—25.
Elton, C. (1942): Voles, Mice and Lemmings. Oxford.
Formosov, A. N. (1960): La production des graines dans les forêts de conifères de la taiga de l'U. R. S. S. et l'envahissement de l'Europe occidentale par certaines espèces d'oiseaux. Proc. XIIth Intern. Orn. Congr. Helsinki: 216—229.
Frank, F. (1953): Untersuchungen über den Zusammenbruch von Feldmausplagen (Microtus arvalis). Zool. Jb. Syst. 82: 130—135.
Kalela, O. (1949): Über Fjeldlemming-Invasionen und andere irreguläre Tierwanderungen. Ann. Zool. Vanamo 13 (5): 1—90. — (Ders. 1954): Populationsökologische Gesichtspunkte zur Entstehung des Vogelzugs. Ann. Zool. Vanamo 16 (4): 1—30.
Lack, D. (1954): The natural regulation of animal numbers. Oxford.
Pitelka, F. A. (1959): Populations Studies of Lemming and Lemming Predators in Northern Alaska. Proc. XVth Intern. Congr. Zoology London: 757—759.
Värdson, G. (1957): The „invasion" type of bird migration. Brit. Birds 50: 314—343.
Ulfstrand, S. (1963): Ecological aspects of Irruptive Bird Migration in Northwestern Europe. Proc. XIIIth Intern. Orn. Congr. Ithaca: 780—794.
Williamson, K. (1963): Movements as an Indicator of Population Changes. Bird Migration 2: 207—223.

I. Großenteils von pflanzlicher Nahrung abhängig

2. Seidenschwanz (Bombycilla garrulus)

Der Seidenschwanz ist ein Beerenfresser, bei dem Siivonen (1942) dreierlei Wanderungen unterscheidet: a) In rund zehnjährigem Abstand Großinvasionen, in Massen südwärts sogar bis Algerien, mit frühem Wegzug und langem Fortbleiben ins Frühjahr hinein. b) Häufiger: Zwischeninvasionen, nicht so auffallend, mehr unregelmäßig. c) Alljährlich der gewöhnliche Zug, der z. B. bis Ungarn reicht, aber viel weniger individuenreich ist. Die Zusammenhänge sind offenbar so: Warmes Wetter begünstigt sowohl Blüte und Ernte der Vogelbeere (*Sorbus aucuparia*) als auch den Seidenschwanznachwuchs, der Insekten braucht. Einer guten Beerenernte folgt im nächsten Jahr eine gewisse Erschöpfung. Die Mißernte nötigt die Seidenschwänze dann zu mehr oder weniger stürmischem Wegzug. Die Invasion wäre also eine Antwort auf Nahrungsmangel im näheren Bereich des Brutareals. Ist jedoch der Vogelbestand sehr hoch und dicht, so kommt möglicherweise eine die Unruhe stimulierende Wirkung des „Gedrängefaktors" hinzu (LACK 1954), und so zeigen die Wanderungen starke graduelle Unterschiede. Wo die Seidenschwänze auf ihrem Invasionszug genug Beeren finden, verweilen sie längere Zeit. Allerdings scheinen bisweilen doch auch bei Großinvasionen beerenreiche Gebiete in schnellem Strom überflogen zu werden (SCHÜZ 1933). Es ist unsicher, ob dies Ausdruck des besonders stark angefachten Zugtriebs ist, oder ob hier ungewöhnliche Witterungsfaktoren den Schub begünstigen. Bei dem eine Evasion fördernden Nahrungsausfall im brutnahen Gebiet kann auch die Konkurrenz mit anderen Beerenfressern wie der Wacholderdrossel eine Rolle spielen (CORNWALLIS 1961). Ein weiteres Zeichen der Abhängigkeit von der Nahrung ist das Schwanken der Brutgebietsgrenze. Die Südgrenze liegt in der Regel wenig südlich vom Polarkreis, reichte aber zum Beispiel 1956 bis Oslo und 1957 sogar bis Schonen. Großer Beerenreichtum 1956 hielt die Seidenschwänze in Skandinavien lange zurück; sie zogen erst im Februar 1957 bis England, im wesentlichen zur Ostküste. Bei der Beerenmißernte im Herbst 1957 fluteten sie bis Irland. Der Einfall im Spätjahr 1965 war ganz besonders stark; allein in Dänemark wurden im letzten Oktoberdrittel gut 80000 Seidenschwänze erfaßt. Die Invasionen zeigen eine deutliche Vorzugsrichtung, in N-Europa nach SW, doch klingt später das Binden an eine Richtung ab und findet mehr ein Tasten nach günstiger Nahrung statt, bis der Heimzug ausgelöst wird (CORNWALLIS & TOWNSEND). Die Gäste in Europa, südlich bis Italien, kommen nicht nur aus Fennoskandien, sondern auch aus Rußland, östlich etwa bis zum Ural. Vögel von Sibirien werden im ganzen mehr östlich bleiben, doch ist ein im Januar 1937 in Rowno (Ukraine) beringter Wintergast im Dezember in Tschita, weit östlich vom Baikalsee, gefunden worden. Im großen ganzen ist die Zugrichtung in Europa NE—SW und umgekehrt (SCHEWAREWA 1961).

Lack 1954 (G 1) — Svärdson 1957 (G 1).

Cornwallis, R. K. (1961): Four invasions of Waxwings during 1956—1960. Brit. Birds 54: 1—30.

Cornwallis, R. K., & A. D. Townsend (1968): Waxwing in Britain and Europe during 1965/66. Brit. Birds 61: 97—118.

Schewarewa, T. P. (1961): Weitere Zugbewegungen der Seidenschwänze nach ihrer Invasion 1958. Vortr. IV. balt. Orn.-Konf. Riga 1960: 273—275 (russisch).

Schüz, E. (1933): Der Massenzug des Seidenschwanzes in Mitteleuropa 1931/32. Vogelzug 4: 1–21. – Ders. (1934): Der Masseneinfall des Seidenschwanzes in Mitteleuropa 1932/33. Vogelzug 5: 9–18.
Siivonen, L. (1942): Über die Kausalzusammenhänge der Wanderungen beim Seidenschwanz. Ann. Soc. Zool.-Bot. Fenn. 8 Nr. 6; 1–40.

3. Hakengimpel (Pinicola enucleator)

Der Hakengimpel brütet zirkumpolar und fällt in unregelmäßigen, größeren Abständen aus seinem hochnordischen Brutgebiet zum Beispiel im nördlichen Deutschland ein, hier seit einigen Jahrzehnten wohl seltener als früher. Dieser Rückgang dürfte mit einer klimabedingten Nordwärtsverschiebung der Südgrenze des Brutgebiets zu tun haben (Blume). In USA-Kanada (Gebiet der großen Seen) kann man von einem Vierjahresrhythmus sprechen, und man ist bei genauerer Analyse auf ein Intervall von 4,2 Jahren gekommen, das man auch in Tonsedimentation, Baumjahresringen und Temperaturgang zu erkennen glaubt. Über die Invasionsauslösung weiß man wenig. Auch hier spielt die Vogelbeere eine Rolle (Markgren 1955, Markgren & Lundberg 1959). Bei Temperaturfall und Druckanstieg im Winter wurden die Hakengimpel in Kemi von starker Unruhe ergriffen; bei umgekehrten Bedingungen verschwanden sie nordwärts (Grenquist 1947). In Alaska hielten sich zahlreiche Hakengimpel an Haferhocken auf, die im Februar–März 1950 auf dem Feld geblieben waren; in anderen Jahren, als kein Hafer verfügbar war, fehlten sie.

Blume, C. A. (1963): Krognaebbens (*Pinicola enucleator*) invasion i 1954–1955 og nogle bemaerkinger om dens forkomst i relation til nyere invasioner i Sverige. Dansk Orn. For. Tidsskr. 57: 19–21.
Cade, T. J. (1952): The Influence of Food Abundance on the Over-Wintering of Pine-Grosbeaks at College, Alaska. Condor 54: 363.
Grenquist, P. (1947): Über die Biologie des Hakengimpels. Orn. Fenn. 24: 1–10.
Malmberg, T. (1949): Reflexioner kring tallbitens, *Pinicola enucleator*, uppträdande i Skåne. Vår Fågelvärld 4: 121–131.
Markgren, G. (1955): En invasion av tallbit (Pinicola enucleator) vintern 1954/55. Vår Fågelvärld 14: 168–177.
Markgren, G., & S. Lundberg (1959): Om tallbit (*Pinicola enucleator*) och bändelkorsnäb (*Loxia leucoptera*) i Sverige under invasionsperioden 1956–57. Vår Fågelvärld 18: 185–205.
Wing, L. W. (1954): Global pattern of 4,222-year cycles in temperature. J. of Cycle Research 3, No. 3: 55–83.

4. Kreuzschnäbel (Loxia)

Der Fichtenkreuzschnabel (*Loxia curvirostra*) wird das ganze Jahr über, vor allem aber von Januar bis April, brütend gefunden und richtet sein Auftreten räumlich und auch zeitlich ganz und gar nach der Zapfenernte. Es handelt sich vor allem um die Fichte, zeitlich und räumlich auch um die Kiefer, ferner um *Picea schrenkiana*, *Abies sibirica* und *Larix sibirica* (Formosov). Dementsprechend ein „Zigeunervogel“ von sehr unregelmäßigem Erscheinen, wenn auch eine gewisse Periodizität nicht zu übersehen ist. Die Invasionen dieser Art sind deutliche Mangelfluchten: Wenn nach einer reichen Zapfenernte mit entsprechend gutem Nachwuchs über große Räume ein Jahr starken Ausfalls folgt, ergeben sich große Fluchtwanderungen und verschieben

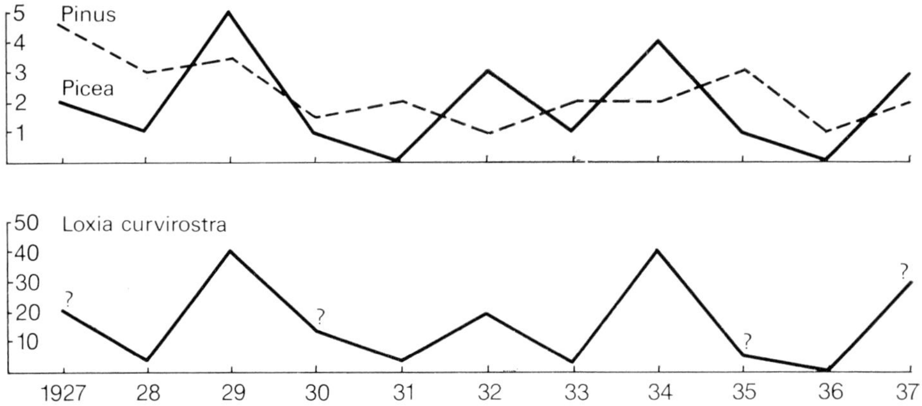

Abb. 82. Abhängigkeit des Fichtenkreuzschnabels von der Zapfenernte der Fichte (*Picea abies*). Oben die Ernte von Fichte und Kiefer (1 sehr spärlich — 2 ziemlich spärlich — 3 mittelmäßig — 4 mäßig reich — 5 reich). Unten die Zahl der Paare im März auf einer Taxierungslinie von 120 km (bei Kuopio, Mittelfinnnland). Die Fragezeichen betreffen Zählungen, die nicht vollständig durchgeführt wurden. Aus Edelstam & Ramel 1956, verändert nach Reinikainen 1937.

sich die Brutvogelbestände in Richtung auf die Gebiete guter Zapfenernte (Reinikainen, Abb. 82). Da diese Wachstumswellen nach weiteren Räumen der eurasiatischen Taiga (und nach Nadelholzart) wechseln, können die Einfälle zeitlich und auch nach Herkunftsrichtung abändern, z. B. in England 1953 von NE, 1957 von E kommen (Smith 1959). Die Massen geraten dann in Bewegung, wenn sich ein Polarhoch über weite Teile des Brutgebiets zwischen Ende der Brutzeit und Beginn der Mauser erstreckt (Williamson 1955). — Beim Kiefernkreuzschnabel (*L. pytyopsittacus*) und bei dem seltenen Weißbindenkreuzschnabel (*L. leucoptera*) herrschen dieselben Regeln. Der letztere kann auch mit Hakengimpeln vergesellschaftet sein (Markgren & Lundberg 1959).

Edelstam & Ramel 1956 (A) — Formosov 1960 (G 1) — Markgren & Lundberg 1959 (G 3).

Barraud, E. M. (1956): The Crossbill invasion of Great Britain in 1953. Brit. Birds 49: 289—297.

Reinikainen, A. (1937): The irregular migrations of the Crossbill and their relation to the cone crop of the conifers. Ornis Fenn. 14: 55—63.

Smith, F. R. (1959): The Crossbill invasion of 1956 and the subsequent breeding in 1957. Brit. Birds 52: 1—9.

Williamson, K. (1955): A synoptic study of the 1953 Crossbill irruption. Scot. Naturalist 66: 155—169.

5. *Tannenmeise (Parus ater)*

Wenn wir auf der Kurischen Nehrung auffallende Kreuzschnabelwanderungen hatten, waren stets auch starke Züge von Buntspecht und Tannenmeise — diese in ungeheuren Zahlen — beteiligt; in manchen anderen Jahren waren ihre Zahlen ganz unerheblich. Man muß wegen des Gleichlaufens der drei Arten (4, 5, 6) auf eine gemeinsame Abhängigkeit von der Fichtensamenernte schließen. FORMOSOV (1965) hält die Tannenmeise bei der Nahrungssuche für mehr spezialisiert als andere Meisen; sie beschränkt sich auf kleine Zweige und versteckt die Samen nur im Wipfelwerk, wo Wind, Regen und Schnee viele Verluste herbeiführen; die Art leidet daher möglicherweise mehr unter Samenmangel als andere Meisen. Allerdings spielt vielleicht nicht nur die Körnernahrung eine Rolle: Nach L. TINBERGEN (1949) besteht in Holland die Hauptnahrung der Tannenmeise von der zweiten Augusthälfte bis Ende Oktober aus der Raupe des Kiefernspanners (*Bupalus piniarius*); der Massenaufbruch der Meisen im holländischen Raum ist wahrscheinlich mit sehr hoher Meisendichte bei sehr niedriger *Bupalus*-Dichte verbunden. Es ist zu prüfen, inwieweit dieser Befund im Westen ein Gegenstück hat dort, woher die Hauptschar der Invasionisten kommt.

Formosow, A. N. (1965): Irregularities on the mass autumn migration of the Coal Titmouse. Commun. Baltic commiss. study of birds. Tartu.

Tinbergen, L. (1949): De trek van de Zwarte Mees (*Parus ater*). Jaarversl. Vogeltrekst. Texel: 16—21.

6. *Buntspecht (Dendrocopos major)*

Diese Art führt etwa an der Ostseeküste und im Hinterland sehr auffallende Massenwanderungen aus, die offenbar auf Mißernte der Samen von Kiefer (*Pinus silvestris*) und Fichte (*Picea abies*) folgen (Abb. 83). Am 26. 8. 1962 zogen über die Åland-Insel Signilskär 130000 Buntspechte! An diesen Evasionen sind bevorzugt junge Vögel beteiligt; der Heimzug ist wenig ausge-

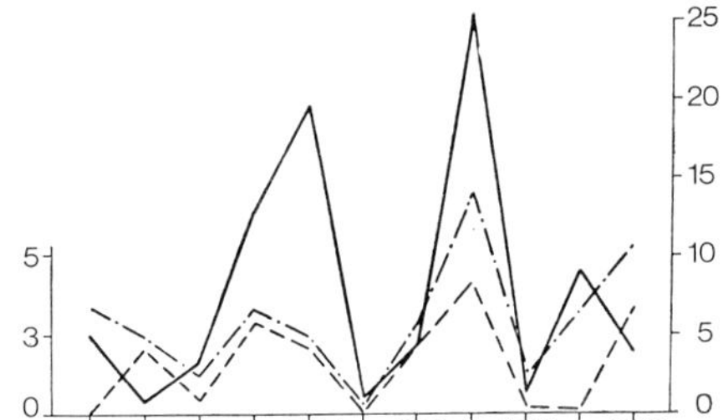

Abb. 83. Tägliche Begegnungen mit Buntspechten (*Dendrocopos major*): Ausgezogene Linie = Tagesdurchschnitt von 15 bis 25 Exkursionen, nämlich von 0,3 bis 25,4 Individuen (siehe Zahlen rechts), in den Herbsten 1930 bis 1940 in Kostroma (58.20 N 46.22 E), ferner die Samenernte von Fichte (Strich-Linie) und Fichte und Kiefer zusammen (Strich-Punkt-Linie), beides nach einer Fünf-Punkte-Bewertung). Nach FORMOSOW 1960.

prägt. In dem auf eine Massenwanderung folgenden Frühjahr ist z.B. in Finnland der Bestand sehr verdünnt. Der Buntspecht bevorzugt Kiefernsamen, die den Kreuzschnäbeln viel weniger zugänglich sind. Es kommt bei ihm nicht so oft zu Invasionen wie bei den Kreuzschnäbeln. Immerhin können sie so ausgeprägt sein, daß sie auch in die russische Tundra und sogar bis ins Eismeer hinaus führen. Ringfunde finnischer Durchzügler weisen im nächsten Frühjahr bis fast 55° E (Karte HILDÉN 1969).

Formosov 1960 (G 1) — Grote 1941 (E 11) — Hildén 1969 (B II).
Pulliainen, E. (1963): Observations on the Autumnal Territorial Behaviour of the Great Spotted Woodpecker. Orn. fenn. 40: 132—139.
Pynnönen, A. (1939): Beiträge zur Kenntnis der Biologie finnischer Spechte I. Ann. Zool. Soc. Zool.-Bot. Fenn. Vanamo 7 (2): 1—166.

7. Andere Spechte

Auch andere Spechtarten können in Buntspecht-Jahren einer Invasion verfallen: Kleinspecht und Weißrückenspecht (*Dendrocopos minor*, *D. leucotos*) und Schwarzspecht (*Dryocopus martius*) etwa in Schweden, der Schwarzspecht auch auf Rügen. — Der Schwarzrücken-Dreizehenspecht (*Picoides arcticus*) des hohen amerikanischen Nordens erscheint zeitweise invasionsartig. Als Ursache nimmt man starke Zunahme (1923/24 in Ostkanada und Maine) an, im Zusammenhang mit besonders starker Entwicklung des Borkenkäfers *Archips fumiferana*. Vielleicht haben große Waldbrände 1955 ebenfalls das Absterben von Nadelhölzern mit entsprechender Zunahme von Borkenkäfern zu Wanderungen von *P. arcticus* und *P. tridactylus* in Kanada usw. geführt.

Roos, G. (1965): Notiser från Falsterbo fågelstation sommaren och hösten 1962. Vår Fågelv. 24: 257—271.
Schildmacher, H. (1963): Beobachtungen zu den Invasionen des Jahres 1962 von *Dendrocopos major* und *Loxia curvirostra*. Ornis fenn. 40: 66—68.
West, J. D., & J. M. Speirs (1959): The 1956—1957 Invasion of Three-toed Woodpeckers. Wilson Bull. 71: 348—363.

8. Meisen (Parus, außer P. ater, siehe 5)

Die Kohlmeise (*Parus major*), ein Teilzieher, kann in verschiedenen Jahren in recht verschiedenem Umfang in Bewegung sein; auch sie weist Kennzeichen eines Invasionsvogels auf. Populationsmaxima, also Gradationen, und Invasionen fallen zusammen (Abb. 84, 86); die Abstände sind nach Ermittlung in 4 Jahrzehnten durchschnittlich 3,5 Jahre. Für die Blaumeise (*P. caeruleus*) gilt ähnliches. Es kann auf diese Weise zu Ansiedlungen in der Ferne kommen (Nachweise beider bis 420 bzw. 470 km). Es handelt sich um dichtebedingte Emigrationsbewegungen von zugartigem Verlauf, wobei wahrscheinlich dem „Gedrängefaktor“ eine stimulierende Bedeutung zukommt. Ein milder Winter mit ungewöhnlich niedriger Verlustrate (1951), ein schöner trockener Sommer in England mit reichlichem Nachwuchs (1959) kann diese Folgen nach sich ziehen. Maxima von Bestand und Zugverhalten der Kohlmeise fallen regelmäßig in das Minimum der Bucheckernernte; die

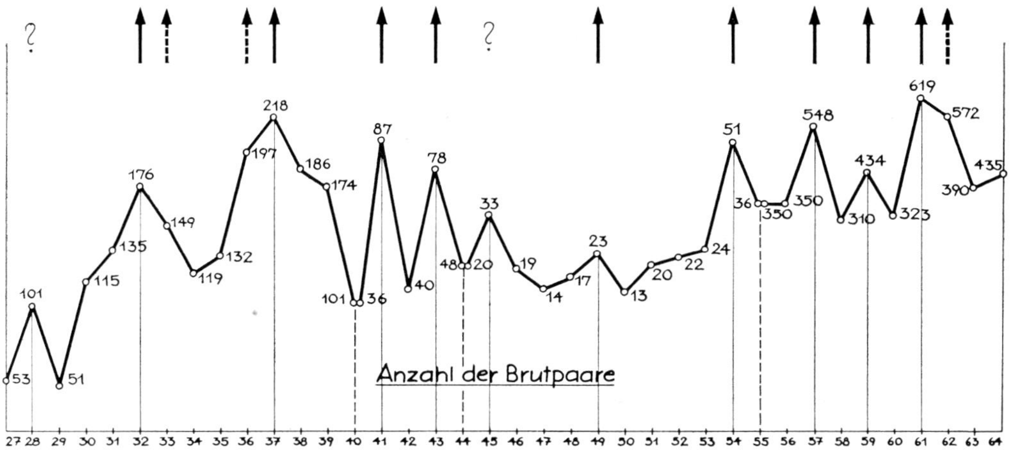

Abb. 84. Kohlmeise: Populationskurve für das mittlere Norddeutschland 1927 bis 1964 mit Angabe der Brutpaarzahlen und der Invasionen (Pfeile oben). Aus BERNDT & HENSS 1967.

Buche (*Fagus sylvatica*) weist also eine ähnliche Periodizität wie die Kohlmeise auf, jedoch jeweils versetzt. Da es regionale Unterschiede gibt, ist der Zusammenhang nicht jedes Jahr gleich deutlich. Siehe auch G III h, i. Auch die Schwanzmeise (*Aegithalus caudatus*) kann aus NE-Europa heraus beträchtliche Invasionen z. B. in die baltischen Gebiete hinein ausführen, doch ist zu beachten, daß bei ihr tierische Nahrung vorherrscht und also die Bedingungen anders liegen als bei anderen Meisen. — In Finnland sind weniger auffällig, aber doch deutlich auch für die Weidenmeise (*Parus montanus*) Invasionen nachgewiesen (HELLE & MIKKOLA), ferner für die Lapplandmeise (*Parus cinctus*) (HILDÉN), in beiden Fällen im Zusammenhang mit der Populationsdichte.

Cornwallis & Townsend 1968 (G 2) — Hildén 1969 (B II) — Kluyver 1951 (E 15) — Lack 1954 (G 1).

Berndt, R., & M. Henß (1967): Die Kohlmeise als Invasionsvogel. Vogelwarte 24: 17—39. Dort alle weitere Literatur.

Bianchi, V. N. (1967): The 1959 autumn migration of the Long-Tailed Titmouse in the NW part of the Soviet Union. Commun. Baltic Commiss. Study of Bird Migration 4. Tartu.

Helle, T., & H. Mikkola (1969): On invasions of the Willow Tit (*Passer montanus*) in 1965—1968 in central Finland. Orn. fenn. 46: 136—139.

Hildén, O. (1968): Die Invasion der Lapplandmeise, *Parus cinctus*, in Finnland 1963/64. Vogelwarte 24: 189—198.

Perrins, Ch. (1966): The effect of beech crops on Great Tit populations and movements. Brit. Birds 59: 419—432.

9. *Kleiber (Sitta europaea)*

Der Kleiber (*Sitta europaea*), wenigstens in Mitteleuropa sehr ortstreu, als Altvogel sogar platztreu, kann trotzdem ebenfalls Invasionsbewegungen ausführen. Das gilt vor allem für die nordöstlichen Rassen. Sibirier erscheinen bisweilen (1900/1901, 1951/1952) in Fennoskandien weit nördlich des Brutgebiets der Mitteleuropäer, ja in einem Fall als Brutvogel unter 67.30 N. Im Osten dringen Kleiber aus der Taiga bisweilen bis in die Steppengebiete vor. Aber auch im Raum Braunschweig können bei besonderer Dichte (1955, 1957) Jungvögel des Jahres nach WSW bis NW emigrieren; ein Nachweis lag in Holland. Übervölkerung dürfte die auslösende Ursache sein. — Der Kappenkleiber (*Sitta canadensis*) führt quer über den St. Lorenz-Strom mit Überwasserstrecken zum Beispiel von 70 km Wanderungen aus, die periodisch (wahrscheinlich vierjährig) anschwellen. Die Invasionen werden offenbar aus den Wäldern von Quebec gespeist und sind Zeichen besonders guter Nachwuchsraten. Da die Jungen ausschließlich mit Insekten gefüttert werden, ist ein Einfluß der Nadelholzsamenernte nicht anzunehmen.

Ball, St. (1947): Migration of Red-Breasted Nuthatches in Gaspé. Ecol. Monogr. 17: 501—533.
Berndt, O., & P. Dancker (1960): Der Kleiber als Invasionsvogel. Vogelwarte 20: 193—198.
Svärdson, G. (1955): Nötväckan som svensk invasionsfågel. Vår Fågelvärld 14: 235—240.

10. *Erlenzeisig (Carduelis spinus)*
und
11. *Birkenzeisig (C. flammea)*

Auch diese beiden Arten treten in Invasionen auf. Sie decken sich zeitlich mit Buntspecht und Tannenmeise und untereinander nicht. Erlen- und Birkensamen haben gewiß ausschlaggebende Bedeutung, doch sind auch Samen der Fichte (und Kiefer) im Spiel. *Erlenzeisige* breiten sich von E her (s. aber hier S. 371) nach Skandinavien aus; finden sie hier, wie im Herbst 1948 geschehen, besonders reichliche Nahrung, so bleiben sie da konzentriert; Ergebnis: Verdichtung von Bruten 1949, die dann im gleichen Jahr in Westeuropa bis Spanien als Invasion erscheinen. Es ist eigentümlich und paßt in den Rahmen des Invasionsvogels, der sich in karger Umgebung sein Optimum suchen muß, daß offenbar der *Birkenzeisig* in Fennoskandien eine erste Brut mehr südlich und eine zweite etwas später weiter nördlich machen kann, so 1955, 1965, 1968 in Jahren mit besonders großen Fichtensamen-Ernten in Süd- und Birkensamen-Ernten in Nord-Skandinavien. Andere Populationen überwintern nach einer guten Birkensamen-Ernte (1967 in Schwedisch-Lappland) selbst im arktischen Brutgebiet. Unter entsprechenden guten Bedingungen drängte der Brutbestand 1965 weit nach Südfinnland; die Jungen wuchsen im Frühjahr auf, als die Fichtensamen ausfielen. Die Art verschwand dann weithin, bis, wohl von Skandinavien her,

Mitte September eine Durchzugswelle erschien; die Winterfunde wiesen nach S bis ESE, südlich bis zur Wolgamündung, östlich bis zum Altaigebirge. In Northumberland wurden ebenfalls zwei Bruten festgestellt. Britische Vögel ziehen vor allem nach Belgien und Frankreich.

Enemar, A. (1969): Gråsiskan *Carduelis flammea* i Ammarnäs-området, Lycksele lappmark, år 1968. Vår Fågelvärld 28: 230—235.
Erard, C. (1966): Note sur les *Carduelis flammea* migrateurs en France. Alauda 34: 102—119.
Evans, P. R. (1966): Autumn movements, Moult and Measurements of *C. f. cabaret*. Ibis 108: 183—216.
Hildén, O. (1969): Über Vorkommen und Biologie des Birkenzeisigs in Finnisch-Lappland im Sommer 1968. Orn. Fenn. 46: 93—112.
Peiponen, V. (1957): Wechselt der Birkenzeisig sein Brutgebiet während des Sommers? Ornis fenn. 37: 41—64. — (Ders. 1967): Südliche Fortpflanzung und Zug von *Carduelis flammea* (L.) im Jahr 1965. Ann. Zool. Fenn. 4: 547—559.

12. Gimpel (P. pyrrhula)

Auch der Gimpel (*P. pyrrhula*) erweist sich auf der Kurischen Nehrung durch große Unterschiede im Auftreten als Invasionsvogel; man kann im Ostseegebiet jeden 3. bis 4. Herbst mit einem Zuflug rechnen (Svärdson 1957).

13. Bergfink (Fringilla montifringilla)

Der Bergfink (*Fringilla montifringilla*), Brutvogel hochnordischer Wälder der Alten Welt, kommt regelmäßig als Wintergast zu uns. Da die Art sehr auf Bucheckern erpicht ist und außerhalb der Brutzeit zur Geselligkeit neigt, rotten sich bisweilen in Jahren und an Orten starker Buchelmast gewaltige Flüge zusammen. An zwei Schlafplätzen bei Thun haben 1950/51 viele Millionen von Bergfinken genächtigt (Mühlethaler, Schifferli); die dafür und für die ganze Schweiz damals geschätzten Zahlen übertreffen die finnischen Brutvorkommen weit, so daß auch Brutvögel aus der Sowjetunion beteiligt sein müssen. Tatsächlich wurde einer der damaligen schweizerischen Gäste in einem späteren Winter im Kaukasus wiedergefunden. Die in Belgien untersuchten Einflugmassen (Verheyen) dürften etwa aus Fennoskandien kommen. Die Massierung hängt weitgehend von der Nahrung ab; je nachdem können die Mengen schon weiter nördlich abgefangen werden. Der Zug erfolgt in einer sehr breiten Front im wesentlichen nach SW; die Windrichtung kann eine Rolle spielen (positiver Anemotropismus). Winterplatztreue ist erwiesen, doch können Bergfinken in verschiedenen Jahren auch an verschiedene Winterorte geraten.

Formosov 1960 (G 1).
Hilprecht, A. (1965): Ringfunde des Bergfinken. Auspicium 2: 91—118.
Mühlethaler, E. (1952): Beobachtungen am Bergfinken-Schlafplatz 1950/51. Orn. Beob. 49: 173—182.
Schifferli, A. (1953): Der Bergfinken-Masseneinfall 1950/51 in der Schweiz. Orn. Beob. 50: 65—88.
Verheyen, R. (1954): Les pinsons du nord en Belgique. Gerfaut 44: 324—342.

14. Tannenhäher

Der von Nordost-Rußland an ostwärts brütende Dünnschnabel-Tannenhäher (*Nucifraga caryocatactes macrorhynchus*) ist auf die Nüßchen der Arve (Zirbelkiefer) und der Legarve (*Pinus cembra sibirica, P. humilis*) eingestellt. Er ist daher stark von der Zirbelkiefernernte abhängig. Guten Samenjahren pflegen drei bis neun schlechte Jahre zu folgen. In schlechten Jahren vollzieht sich eine Abwanderung. Dann ist noch immer ein Ausweichen in Fichtenreviere möglich, aber wenn auch diese versagen, so finden ganz große Wanderungen, westwärts bis zum Atlantik statt. Da die Mißernten nicht ganz regelmäßig sind, folgen diese Wanderjahre auch nicht genauen Perioden, doch kann man in Abständen von etwa sieben Jahren mit solchen Fluchtwanderungen rechnen (FORMOSOW; HEIDEMANN & SCHÜZ). Die dickschnäbelige Form des Tannenhähers (*N. c. caryocatactes*), an die stärkeren Früchte der alpinen Arven und an Haselnüsse angepaßt, bewohnt Europa vom Baltikum (und östlich davon) westwärts. Als 1929 und 1940 ein böser Nachwinter im Baltikum alle Haselblüten erfrieren ließ, führten auch diese Vögel Invasionen aus (SCHÜZ & TISCHLER). Auch Tannenhäher aus Schweden können in Bewegung kommen; ihr Zugtrieb ist aber geringer, die Leitlinienbindung stärker als bei der Ostform (ANDERSEN-HARILD et al.). Es ist sehr beachtlich, daß die Fernwanderer aus dem Osten nur in kleiner Zahl heimkehren; viele mögen zugrunde gegangen sein. Immerhin erbrachten Beringungen von Invasionisten in Finnland 1968 in späterer Zugzeit (meist September/Oktober) mindestens 12 Rückmeldungen aus der Sowjetunion, bis Nowosibirsk 3300 km (HILDÉN 1969). Vereinzelte Dünnschnäbel blieben als Brutvögel zum Beispiel in Pommern und Bayern zurück.

Formosow 1960 (G 1) — Hildén 1969 (B II).

Formosow, A. N. (1933): The crop of cedar nuts, invasions into Europe of the Siberian Nutcracker (Nucifraga caryocatactes macrorhynchus) and fluctuations in numbers of the Squirrel (Sciurus vulgaris). J. Anim. Ecol. 2: 70—81.

Heidemann, J., & E. Schüz (1937): Der Massenzug des sibirischen Tannenhähers im Jahre 1933. Mitt. Vogelwelt 35: 37—44.

Lundberg, S. (1955): Smalnäbbad nötkraka häckande på Gotska Sandön 1955. Vår Fågelvärld 14: 166—167.

Ringleben, H. (1955): Sibirische Tannenhäher in Deutschland brütend. Orion 10: XII/19—20.

Schüz, E., & F. Tischler (1941): Invasion von Dickschnabel-Tannenhähern in Nordostdeutschland. Vogelzug 12: 25—26.

Wüst, W. (1955): Sibirischer Tannenhäher bei München brütend. Orn. Mitt. 7: 194—195.

15. Amerika-Tannenhäher (Nucifraga columbiana)

Der Amerika-Tannenhäher (*Nucifraga columbiana*) trat 1898 bis 1955 in Kalifornien fünfmal invasionsartig auf. Nach Mißernten dreier *Pinus*-Arten und der *Abies concolor* finden die Vögel in ihrem Heimatgebiet (Sierra Nevada) keine ausreichende Nahrung, und die infolge vorausgehender guter Jahre angewachsenen Populationen streuen nun weithin. In manchen Punkten besteht ein deutlicher Unterschied zu unserem Tannenhäher, so darin, daß der gesamte Bestand emigriert, während beim paläarktischen Tannenhäher fast nur die Jungvögel in Bewegung kommen.

Davis, J., & L. Williams (1957): Irruptions of the Clark Nutcracker in California. Condor 59: 297—307. — (Dies. 1964): The 1961 Irruption of the Clark's Nutcracker in California. Wils. Bull. 76: 10—18.

16. Eichelhäher (Garrulus glandarius)

Die Wanderungen des Eichelhähers (*Garrulus glandarius*) sind wenig geklärt. Man kann durchschnittlich von einem 6jährigen Invasionsintervall sprechen. Offenbar handelt es sich durchweg um Einzel- oder Lokalinvasionen; fallen sie zusammen, so sieht es wie eine Großinvasion aus. Der Zug vollzieht sich in Wellen bei Tagesstrecken von etwa 60 bis 80 km, die in Mitteleuropa vom N aus nach SW, in einem mittleren Raum E nach W und am Südrand nach NW bis SW gerichtet sein können. Nach der starken Invasion 1955 folgte im Frühjahr 1956 von März bis dritte Junidekade eine Art Heimzug. Als Futter sind wohl Eicheln (*Quercus*-Früchte) maßgeblich; doch ist zu beachten, daß die Art nordwärts über die Eichenverbreitung hinausreicht. Merkwürdigerweise kann auch bei Eichelreichtum lebhafter Durchzug ohne Aufenthalt herrschen. Der Eichelhäher ist offenbar ein wirklicher Zugvogel. Inwieweit populationsdynamische Bedingungen („Gedrängel faktor") und endogene Momente eine Rolle spielen, wie gefolgert wurde, müßte erst noch nachgewiesen werden.

Berndt, R., & P. Dancker (1960): Analyse der Wanderungen von Garrulus glandarius in Europa von 1947 bis 1957. Proc. XII Intern. Orn. Congr. Helsinki 1958: 97—109.
Putzig, P. (1938): Die Wanderungen des Eichelhähers im Lichte neuerer Ergebnisse. Schr. phys.-ökon. Ges. Königsberg (Pr) 70: 189—216.

17. Bartmeise (Panurus biarmicus)

Auch dieser zu den Timalien gehörige Vogel scheint bei wachsender Bestandsdichte „Eruptionen" auszuführen und neue Biotope mit Brutvögeln zu beschicken. Nicht alle Punkte sprechen für das Eingliedern zu den Invasionsvögeln, aber nachdem der Bestand 1947 in Großbritannien als Opfer der Kälte fast ganz verschwunden und bis 1965 wieder auf 269 angewachsen war, setzten Neuansiedlungen ein; vor allem breitete sich der ebenfalls wieder angewachsene Bestand Hollands erneut aus (Nachweis in Wales).

Axell, H. E. (1966): Eruptions of Bearded Tits during 1959. Brit. Birds 59: 513—543.

18. Wacholderdrossel (Turdus pilaris)

Auch die Wacholderdrossel (*Turdus pilaris*) führt alle 3 oder 4 Jahre Wegzugsschübe von E nach W und SW aus, also etwa von NE-Europa nach

Skandinavien. Besonders stark war diese Bewegung im Januar 1937; eine Welle drang am 27./31. dieses Monats sogar bis Grönland vor, wo die Art nunmehr neu als Brutvogel auftrat. Diese Transatlantik-Neuansiedlung ist sehr bemerkenswert; sollte der Ausgangspunkt die Taimyr-Halbinsel gewesen sein, so ist die Strecke dorthin freilich nicht weiter als nach Stockholm, wo ebenfalls Tausende erschienen; starker Rückenwind mag den Überseezug begünstigt haben.

Salomonsen 1951 (E 8) — Svärdson 1967 (G 1).

19. Steppenhuhn (Syrrhaptes paradoxus)

Dieser Vertreter der Flughühner ist in Innerasien zuhause, westwärts in der Kirgisensteppe eben noch Europa erreichend, ostwärts bis zur W-Mandschurei. Zwischen schwächeren Vorstößen erfolgten 1863 und 1888 zwei Großinvasionen, westlich bis zu den Britischen Inseln und den Färöern, anschließend sogar Brutversuche in einigen der neu eroberten Gebiete, wo die Art jedoch nach ein bis zwei Jahren erlosch. Dann folgte nur noch eine sehr starke Bewegung, nämlich 1908. Außerdem fiel das Steppenhuhn zwischen 1859 und 1922 zwölfmal in kleinerem Ausmaß nach Europa ein, ebenso 1944. Auch 1960 und 1969 sind offenbar einzelne im W erschienen. Die Art lebt von Sämereien (in der Mongolei besonders des *Agriophyllum gobicum*, in Transbaikalien der *Salicaria*) und auch Schößlingen. Futterschwierigkeiten durch tiefen oder verkrusteten Schnee, vielleicht Überschwemmungen, oder umgekehrt durch Ausfall von Niederschlägen dürften Anlaß zu häufigen Wanderungen, und zwar in verschiedene Richtungen, sein. Was eigentlich die Gewaltwanderungen der so flugtüchtigen Art ausgelöst hat, ist unbekannt; es muß sich um Vorgänge in einem weiten Raum gehandelt haben. Es gibt allerdings auch starke Invasionen ostwärts, zum Beispiel nach Peking (vor allem 1860), und zwar nicht in den Jahren der Westinvasionen, so daß auch bei Großinvasionen Gebietsunterschiede anzunehmen sind.

Piechocki 1959 (F 1).

Briche, M. L., & M. S. Boutinot (1960): Nouvelle apparition du Syrrhapte en France Oiseau 30: 275—276.

Carruthers, D. (1949): Beyond the Caspian. Edinburgh, 290 S. (S. 57).

Homeyer, A. v. (1868): Über irreguläre Wanderungen und Haushalt einiger Vögel Europas. Zool. Garten 9: 271.

Lavsund, S., G. Rosqvist (1969): Stäpphöna i Lycksele lappmark 1969. Vår Fågelvärld 28: 257—258.

Piechocki, R. (1968): Beiträge zur Avifauna der Mongolei. Mitt. Zool. Mus. Berlin 44: 149—292.

Sudilovskaja, A. M. (1935): Contribution à la connaissance des migrations du *Syrrhaptes paradoxus*. Oiseau 5: 219—235. — (Dies. 1951) in Dementiew et al., Vögel der Sowjetunion Band 2 (russisch, engl. Übersetzung Jerusalem 1969).

20. Rauhfußhühner

Auch Rauhfußhühner (*Tetraoninae*) können unter sehr kontinentalen und nördlichen Verhältnissen wandern. Wenn eine Mißernte an Waldbeeren eintritt und dazu die Birken keine Knospen ansetzen, kann es zu einer Massenflucht des Birkhuhns (*Lyrurus tetrix*) kommen; so 1927 in der westsibirischen Taiga, wo bei Tomsk die Birkhühner die Wintersaaten aufsuchten und in die Dörfer und sogar Städte eindrangen. Im Frühjahr erfolgte teilweise Rückzug, doch war die Art 1928 auffallend spärlich. — Auch Auerhuhn (*Tetrao urogallus*), Haselhuhn (*Tetrastes bonasia*) — beide in Mitteleuropa strenge Standvögel — und Moorschneehuhn (*L. lagopus*) können im kontinentalen Eurasien wandern und örtlich/zeitlich stärker auftreten, so daß man einen Anklang an Invasionen findet (E 11 d). Unter den Feldhühnern gibt es bisweilen ähnliches beim Rebhuhn (*P. perdix*). Früher, bei größerem Bestand der Art, sollen einmal abends soviele Tausende Zug-Rebhühner über die südrussische Stadt Mariupol niedrig hingestrichen sein, daß sie mit Stöcken aus der Luft geschlagen wurden.

Dementjev, Gladkov et al. 4, 1967 (A) — Grote 1941 (E 11).
Grote, H. (1936): Wandern des Birkhuhns. Vogelzug 7: 142. — (Ders. 1939): Über Wanderungen der Rauhfußhühner in Rußland. Vogelzug 10: 59—63.

II. Fleischfressende Invasionsvögel

Die Mehrzahl bewohnt die nordische Tundra und beteiligt sich an den „Lebenswellen", denen die Lemminge (Gattungen *Lemmus* und *Dicrostonyx*) u.a. nordische Mäusearten (*Clethrionomys glareolus*, *Microtus agrestis*, *Myopus schisticolor*) und z.T. die nordischen Hasen (*Lepus americanus*, *L. timidus*) in einem Kreislauf von drei bis vier Jahren zu unterliegen pflegen. Einer besonders bei den Mäusen manchmal gewaltigen Massenentfaltung folgt dann der — teils biotisch, teils klimatisch gesteuerte — Zusammenbruch der Gradation. Diesem Verhalten laufen gleich die Vorkommen gewissen Haarraubwilds (Füchse, Hermeline), besonders aber diejenigen von Eulen und einigen anderen Vögeln.

21. Schnee-Eule (Nyctea scandiaca)

Zwar ist nicht jede Lemminggradation mit einer Eulenvermehrung verbunden, doch reichert sich die Schnee-Eule, eine Bewohnerin der Holarktis, in der Regel in solchen Fällen in der Tundra an; sie erzielt dann hohe Nachwuchszahlen. Bricht nun die Mäusegradation über ein weites Gebiet zusammen, so treten die jetzt vermehrten Eulen ihre Invasionswanderungen an, die z.B. in das mittlere Europa oder in die mittleren US-Staaten führen (Abb. 85). Eine besonders gewaltige Invasion gab es 1945/46 in Amerika: 13502 Meldungen (davon 4443 Erlegungen!) erstreckten sich quer über das Festland von den Staaten Washington und Britisch Kolumbien, vor allem im Raum

Alberta—Saskatschewan—Manitoba, bis zum Atlantik, südlich bis N- und S-Carolina. 24 Schnee-Eulen fanden sich auf Schiffen ein, so am 8. November 1945 510 km von Neufundland und 2080 km von New York, ferner am

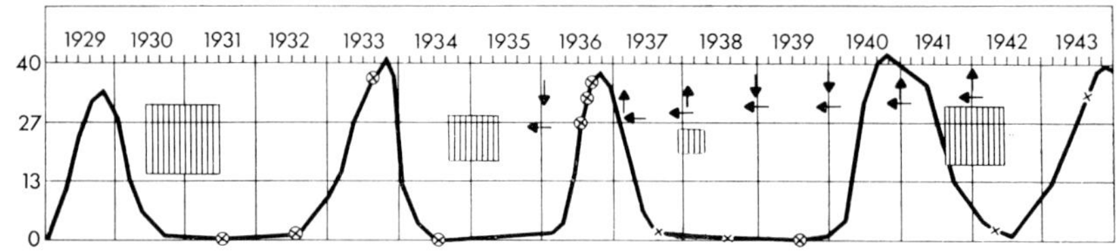

Abb. 85. Kurve des Bestandes an Halsband-Lemmingen (*Dicrostomyx torquatus*) auf 1 ha im Gebiet von Churchill (58.50 N 94 W, westlich der Hudsonbucht, Kanada), 1929 bis 1943. Die Größe der linierten Quadrate gibt die Häufigkeit der südwärts gerichteten Invasion der Schnee-Eule in Neuengland an. Die Pfeile bezeichnen Zunahme (Pfeil aufwärts) und Abnahme (Pfeil abwärts) oder Gleichbleiben (Pfeil waagerecht) der Schnee-Eulen-Population nach dem Canadian Arctic Wildlife Inquiry. Umgezeichnet nach SHELFORD 1945.

15. April 1946 zwischen Neuschottland und Island 800 km von Land. Die Eulen brüten nach einem Invasionsjahr nicht oder ganz anderswo, denn eine Familie benötigt in der Brutzeit etwa 1500 erwachsene Lemminge, die es nur in Gebieten mit Lemminggradation gibt. Der Eisfuchs zeigt eine gleiche Periodizität, doch ist er nicht so einseitig von Nagern abhängig wie die Eule.

Andersen-Harild, P., et al. (1966): Invasionen af Sneugle i Danmark i 1961—1962. Dansk Orn. For. Tidsskr. 60: 87—88.

Gross, A. O. (1947): Cyclic Invasions of the Snowy Owl and the Migration of 1945—1946. Auk 64: 584—601.

Hamerstrom, F. (1962): 58 snowy owles invading Wisconsion are banded. Audubon Mag. 64: 12—15.

Shelford, V. E. (1945): The Relation of Snowy Owl Migration to the Abundance of the Collared Lemming. Auk 62: 592—596.

Uspenski, S. M., & S. G. Priklonski (1961): Zur Biologie der Schnee-Eule in Nordostsibirien. Falke 8: 403—407.

Watson, A. (1967): The behaviour, breeding, and food-ecology of the Snowy-Owl. Ibis 99: 419—462.

22. Weitere nördliche Eulen

Nicht nur die Schnee-Eule, Bewohner der Tundra, sondern auch Eulen der Taiga machen Invasionswanderungen, so die Sperbereule (*Surnia ulula*) und — wie wir besonders vom Zug auf der Kurischen Nehrung wissen — der Rauhfußkauz (*Aegolius funereus*); davon 1958 einer auf Helgoland, 13 bei Rossitten gefangen; 1964 64 auf Falsterbo, 1967 ebenda 231, Gipfel 18. bis 27. Oktober. Auch der Sperlingskauz (*Glaucidium passerinum*) wandert bisweilen in Schüben, z.B. 1963 mit dem Ergebnis von Neuansiedlungen südlich bis Schonen. Der Bartkauz (*Strix nebulosa*) scheint nomadisch zu leben und sich in Spitzenjahren der Nager zu konzentrieren, doch kann man offenbar nicht von Invasionen sprechen.

Edberg, R. (1955): Invasionen av hökuggla (Surnia ulula) i Skandinavien 1950—1951. Vår Fågelvärld 14: 10—21.
Hagen, Y. (1956): The irruptions of Hawk-Owls in Fennoscandia 1950—1951 with some remarks on recent microrodent cycles. Sterna 24, 22 S.
Kristersson, M. (1968): Invasion av pärluggla vid Falsterbo hösten 1967. Medd. Skånes orn. För. 7: 25—30.
Lindberg, P. (1966): Invasionen av Sparvuggla (Glaucidium passerinum) i södra Skandinavien 1963—1964. Vår Fågelvärld 25: 106—142.
Mikkola, H., &. S. Sulkava (1969): On the occurrence of the Great Grey Owl (*Strix nebulosa*) in Finland 1955—1968. Ornis fenn. 46: 126—131.
Vauk, G., & W. Binding (1959): Rauhfußkauz auf Helgoland. Orn. Mitt. 11: 5.

23. Sumpfohreule (Asio flammeus)

Die Sumpfohreule (*Asio flammeus*) spricht sehr auf Mäuse-Gradationen an und trägt als keineswegs ausgesprochen arktischer Vogel die Merkmale der Invasions-Eulen bis in mittlere Breiten, selbst Italien. Die Art taucht bisweilen unerwartet fast kolonienweise an vorher nicht bewohnten Plätzen auf. 1932/33 fanden sich in der schlesischen Ackerebene als Folge zahlreichen Feldmaus-Auftretens viele Sumpfohreulen ein. Sie brüteten sogar, verschwanden dann aber mit dem Rückgang der Mäuse. Von Jungeulen wurden zwei nach dem Wegzug im N und W Frankreichs angetroffen, eine 1933 als Altvogel auf dem Nest beringte Eule aber am 28. Oktober 1934 in Lettland. Es ist recht wahrscheinlich, daß diese Eule nach der Brut 1933 in Schlesien sich im folgenden Jahr wesentlich weiter im NE angesiedelt hatte. — Auch der Waldohreule (*Asio otus*) können solche Unregelmäßigkeiten innewohnen: Ein im Mai 1961 in der Schweiz nestjung beringtes Stück war am 14. April 1962 in Tula, 2315 km ENE!

Gerber, R. (1960): Die Sumpfohreule. Die Neue Brehmbücherei 259. Wittenberg Lutherstadt.
Schmidt, E. (1960): Migration and breeding of the Short-Eared Owl in territory of the Carpathian Basin. Aquila 66: 89—98.

24. Schleiereule (Tyto alba)

Auch die weltweit verbreitete Schleiereule (*Tyto alba*) zeigt Wesenszüge, die sie in diese Reihe stellt. Die Art vermag nur wenig Reservefett zu speichern und fällt in Wintern mit starker, die Mäuse abschließender Schneedecke in Kürze dem Hungertod anheim; ungünstige Winter wie 1962/63 können ganze Bestände auslöschen. Dem verbliebenen Rest oder den Einwanderern ist es aber gegeben, in wenigen Jahren wieder eine Population aufzubauen: Die ♀♀ können schon einjährig brüten; nicht nur der Aufzuchterfolg, sondern schon die Zahl der Gelege (1, 2 oder 3) und die Zahl der Eier im Gelege wird durch den Beute-, also vor allem Mäuseanfall geregelt. Die Wanderungen sind unregelmäßig; die Art ist Teilzieher, und einzelne können recht große

Strecken zurücklegen. In Nordamerika ist die Sterblichkeits- und die Nachwuchsrate in den südlichen Staaten geringer als in den nördlichen, der Gefährdung durch die Winterstrenge entsprechend.

Bühler, P. (1964): Brutausfall bei der Schleiereule und die Frage nach dem Zeitgeber für das reproduktive System von *Tyto alba*. Vogelwarte 22: 153—158.

Güttinger, H. (1965). Zur Wintersterblichkeit schweizerischer Schleiereulen; mit besonderer Berücksichtigung des Winters 1962/1963. Orn. Beob. 62: 14—23.

Henny, C. J. (1969): Geographical Variation in Mortalitiy Rates and Production Requirements of the Barn Owl. Bird-Banding 40: 277—290.

Krampitz, H. E. (1954): Beobachtungen anläßlich eines Schleiereulensterbens. J. Orn. 95: 208—209.

Mueller, H. C.,& D. D. Berger (1959): Some Long Distance Barn Owl Recoveries. Bird-Banding 30: 182.

Piechocki, R. (1960): Über die Winterverluste der Schleiereule. Vogelwarte 20: 274—280.

Sauter, U. (1956): Beiträge zur Ökologie der Schleiereule nach den Ringfunden. Vogelwarte 18: 109—151.

Schifferli, A. (1957): Alter und Sterblichkeit von Waldkauz und Schleiereule. Orn. Beob. 54: 50—56.

25. Raubmöwen

Die beiden kleinen Raubmöwen, nämlich die Schmarotzer-Raubmöwe (*Stercorarius parasiticus*) und besonders die Falken-Raubmöwe (*St. longicaudus*), nähren sich nach ihrer Ankunft an den Brutplätzen der nordischen Tundra (z. B. Samojeden-Halbinsel) von vorjährigen Beeren und gehen dann zur Mäusejagd über. Fallen die Mäuse aus, so unterbleibt oft die Brut, während gute Lemmingjahre die Nachwuchsmenge begünstigen. Wenn wir an der Kurischen Nehrung im August—September guten Durchzug der Falken-Raubmöwe hatten, so konnten wir mit nachfolgendem Massenzug des Rauhfußbussards rechnen.

Duchrow, H. (1959): Gehäuftes Auftreten der Falkenraubmöwe in Nordwestdeutschland im Herbst 1957. J. Orn. 100: 107—108.

Maher, W. J. (1970): The Pomarin Jaeger as a Brown Lemming Predator in Northern Alaska. Wilson Bull. 82: 130—157.

Schüz, E. (1933): Über die Kennzeichen von *Stercorarius parasiticus* und *S. longicaudus* im Jugendkleid und ihr Vorkommen in Ostpreußen. Orn. Mber. 41: 77—81.

26. Rauhfußbussard (Buteo lagopus)

Beim Rauhfußbussard besteht ebenfalls eine Lemming-Abhängigkeit. Im Unterschied zur Schnee-Eule ist die drei- bis vierjährige Periodizität bei ihm nicht so deutlich. (Über Zugrichtungen siehe E 11, Abb. 63, über Wetterabhängigkeit H 3, Abb. 95, 96, und H 6, Abb. 97, 98.)

Mysterud, I. (1964): Breeding of the Rough-legged Buzzard in South-east Norway in 1962. Sterna 6: 7—26.

Rosenberg, E., & K. Curry-Lindahl (1959): Fjällvråken. In: K. Curry-Lindahl, Våra fåglar i Norden, 2. Aufl., Vol. 1, Stockholm: 413—422.

Schüz, E. (1949): Der europäische Rauhfußbussard als Invasionsvogel. Jh. Ver. vaterld. Natkde. Württ. 97—101: 125—150.
Scott, R. E. (1968): Rough-legged Buzzards in Britain in the Winter 1966/67. Brit. Birds 61: 449—455.

27. Habicht (Accipiter gentilis)

Der Habicht, der in Mitteleuropa ein ausgeprägter Standvogel ist, zieht im nördlichen Nordamerika recht auffällig, so an der Westküste des Michigansees. Wenn im Hinterland *Lepus americanus* und *Bonasa umbellus* abnahmen, vollzog sich der Zug in Invasionform.

Mueller, H. C., & D. D. Berger (1967): Some observations and Comments on the Periodic Invasions of Goshawks. Auk 84: 183—191.

28. Steppenweihe und Rotfußfalk

Zwei Greifvögel des Ostens, die nach ihrer Verbreitung keinesfalls mit den Lemmingen in Zusammenhang gebracht werden können, aber nach Jahren in sehr unterschiedlicher Zahl z.B. auf der Kurischen Nehrung erscheinen, sind die Steppenweihe (*Circus macrourus*) und besonders der Rotfußfalk (*Falco vespertinus*). Beide kommen vor allem als Jungvögel schon früh im Spätsommer. Der Rotfußfalk ist in erster Linie Insektenjäger und bemerkenswert durch die bei seiner Gattung sonst nicht übliche Geselligkeit. (Für das Winterquartier siehe aber *Falco amurensis* F 7.) Neuerdings wird für diese Arten, jedenfalls den Rotfußfalken, in Zweifel gezogen, ob man bei dem nach Jahren sehr unterschiedlichen Auftreten von Invasion sprechen darf, da die bestimmenden Faktoren noch unbekannt sind.

Lohmann, M. (1962): Zug und Verbreitung des Rotfußfalken in Mitteleuropa. Vogelwarte 21: 171—187.

29. Nordamerikanischer Raubwürger

In Nordamerika gehorcht auch ein Singvogel, *Lanius excubitor borealis* (im Osten) und *L. e. invictus* (Westkanada, Alaska), den Kleinnager-Lebenswellen. Die Art fällt durchschnittlich alle 4 Jahre (Variation 2 bis 5 Jahre) in den NE- und Großen-Seen-Staaten der USA ein und ist dann 5- bis 10mal stärker als in schwachen Jahren vertreten. Vielfach, aber nicht immer, kommen diese Invasionen mit denen der Schnee-Eule zusammen, und das Maß der Fangergebnisse (Pelzlieferungen) von Eisfüchsen in Labrador und Ungava steht in naher Übereinstimmung.

Elton 1942 (G 1).
Cade, T. J. (1967): Ecological and Behavioral Aspects of Predation by the Northern Shrike. Living Bird, Sixth Annual, Cornell Lab.: 43—86.

30. Rosenstar

Ein Invasionsvogel besonderer Art und von südlicher Verbreitung ist der Rosenstar (*Sturnus roseus*). Der schöne Vogel tritt stets, auch zur Brutzeit, in (meist größeren) Gesellschaften auf. Er verbringt die längste Zeit (August bis April) in seinem indischen Winterquartier, südlich bis Nordceylon, östlich bis Ostpakistan; sogar die Andamanen werden, wohl über den Bengalen-Golf hinweg, gelegentlich angeflogen. Eintritt und „Heimzug" (den man kaum so nennen möchte) erfolgt in einer begrenzten Front im NW Indiens mit den zwei Hauptstrecken Pandschab, also am Himalayafuß, und Belutschistan. Das Brutgebiet umfaßt den Raum Turkestan—Persien—Türkei, zeitweise Ungarn. Der Rosenstar sucht hier die Plätze auf, wo sich Wanderheuschrecken stark vermehren und wo sich in Erdhängen oder im Gestein (auch in Kunstbauten) die nötigen Nisthöhlen finden. Der Rosenstar wickelt nun seine Brut mit erstaunlicher Geschwindigkeit ab; die Vögel sind 5 bis 6 Wochen nach dem Eintreffen mitsamt ihrer Brut wieder abgezogen! Diese Eile entspricht der durch die Heuschrecken gesetzten Frist, die in drei Monaten ihren Kreislauf beendet haben. Wenn die Heuschrecken schon vor Beendigung der Brut sehr abnehmen, treten große Verluste unter dem Rosenstar-Nachwuchs ein. Ebenso wie unser Gemeiner Star nimmt auch der Rosenstar nach der Beerenreife Weinbeeren, Maulbeeren und Kirschen, jedoch ohne dabei lang zu verweilen: alles ist auf schnelle Abwicklung der „Gastrolle" im Brutgebiet eingestellt.

Abdulali, H. (1947): The movements of the Rosy Pastor in India. J. Bombay Natur. Hist. Soc. 46: 704—708 (Karte).

III. Folgerungen

Invasionen sind also sehr vielgestaltige Erscheinungen, entsprechend den großen Unterschieden in der Ökologie und verwandtschaftlichen Zugehörigkeit dieser Sondergruppe von Zugvögeln. Was ist an ihnen gemeinsam?

a) Begriffliches: Wir nennen solche mehr oder weniger auffallenden Wanderungen unregelmäßiger Art Invasionen. Im Englischen hat sich mehr und mehr der Terminus *Irruptions* eingebürgert; Invasions wären dagegen Arealausbreitungen einer Art ohne oder nicht unbedingt im Zusammenhang mit Zug (vgl. Expansion, E 9, Türkentaube, die als Standvogel gilt). Ebenso berechtigt wie die Bezeichnung Invasion oder Irruption wären natürlich die Begriffe Evasion oder Eruption, je nach dem Standort des Beurteilers. Die letzteren Ausdrücke haben sich nicht recht eingebürgert. Berndt & Henss (1967) möchten Eruptionsvögel als Untergruppe der Invasionsvögel für diejenigen Arten vorbehalten, die infolge Übervölkerung eine Populations-Eruption aufweisen (Beispiel Kohlmeise). Cornwallis möchte anstatt Invasion lieber sagen: Irreguläre Wanderungen (irregulärer Zug), im Gegensatz zur regulären Wanderung (regulärer Zug). Man darf dem entgegenhalten, daß es auch Irregularitäten gibt (etwa Abirrungen und Verdriftungen), die nichts mit Invasion zu tun haben.

b) Kennzeichnend für Invasionsvögel ist ein nach Jahren sehr verschiedenes Auftreten im Zuggebiet. Die Menge ändert nach Jahren ab;

im typischen Fall erscheint die Art jahrelang überhaupt nicht, bricht dann aber zur Zugzeit plötzlich in Scharen ein. Die Invasionsvögel sind Nahrungsspezialisten in Taiga, Tundra oder Steppe, lauter Gebieten mit nach Jahren sehr wechselnden Erträgnissen.

c) Es gibt Invasionsvögel, die fast nur als Wegzügler auftreten. Das gilt vor allem für den östlichen Tannenhäher und für das Steppenhuhn, nicht ganz so einseitig für den Hakengimpel. Überfließende Bestände „wandern sich tot"; die Vögel gehen zugrunde oder brüten da und dort im Invasionsgebiet. Der Buntspecht tritt als Heimzügler sehr zurück; die Art hat sicher jeweils große Verluste. Der Seidenschwanz mag bei Weg- und Heimzug bisweilen verschiedene Wege wählen.

d) Bei manchen Arten sind Alt und Jung gleichermaßen beteiligt (Seidenschwanz), bei anderen vorherrschend Jungvögel, so beim Tannenhäher, besonders beim Buntspecht. Da die alten Buntspechte nach der Brut teilweise Insekten in Baumstämmen aufnehmen, während die Jungen ganz auf Nadelholzsamen angewiesen sind, ist hier der Unterschied verständlich.

e) Ortstreue bzw. Fremdansiedlung und Umsiedlung (E 9) unterliegen offenbar bei Invasionsvögeln anderen Regeln als beim üblichen Zugvogel. Nach einem vermehrungsreichen Jahr erscheint die Südgrenze mancher Arten erheblich südwärts verschoben (Seidenschwanz, Hakengimpel, Rauhfußbussard, Sperlingskauz). Es handelt sich dabei aber nicht nur um Fälle einfacher Zugweg-Verkürzung. Möglicherweise wenden sich solche Heimkehrer zunächst an den Herkunftsort, um sich dann erst weiterzutasten, bis ein günstiges Nahrungsgebiet erreicht ist. Endlich gibt es Invasionsvögel, die einfach „nomadisieren", „zigeunern", indem sie ihren Brutplatz dorthin verlegen, wo sie beim nahrungssuchenden, invasionsmäßigen Ziehen gute Reviere finden. Das trifft offenbar für Kreuzschnäbel zu. Ob es aber zu einer Art Pendeln Osteuropa—Westeuropa und zurück kommen kann (SVÄRDSON), ist in Zweifel gezogen worden, weil ein auffallendes Zurückfluten nicht sicher festgestellt werden konnte.

f) Es gilt als Regel, daß Invasionisten futterreiche Gebiete nicht überfliegen, sondern in ihnen hängenbleiben. Das trifft aber nicht immer zu: Seidenschwänze können auch beerenreiche Räume überfliegen, und zwar dann, wenn soeben eine Kaltluftmasse einen kräftigen Zugtrieb ausgelöst hat.

g) Auch das Ruheziel der Invasionisten ist nicht stationär. Vögel bestimmter Herkunft halten zwar i.a. eine gleichartige Richtung ein, aber der winterliche Verbleib ist nach Jahren recht verschieden.

h) Der wesentliche Punkt ist der Nahrungsstand im Ausgangsgebiet. Invasionen bedeuten wohl stets Nahrungsmangel und eine Art Hungerflucht. Bei Samenfressern kann also eine schlechte Samenernte (Tabelle S. 220), bei Mäuseverfolgern der Zusammenbruch eines Bestandes von Lemmingen oder anderen Mäusearten zugrundeliegen. Es gibt auch Jahr für

Hauptbewegung von Invasionsvögeln (×) und Fruktifikationsindex von Fichte und Birke (in Schweden), Eiche (südliches Drittel von Schweden) und Buche (südlichstes Schweden) 1942 bis 1944 und 1949 bis 1961

Skala der Fruktifikation: Ernte (4) außergewöhnlich reich, (3) reich, (2) ziemlich gering, (1) sehr gering, (0) praktisch null. Nach Ulfstrand 1963.

Form	1942	1943	1944	1949	1950	1951	1952	1953	1954	1955	1956	1957	1958	1959	1960	1961
Buntspecht	—	—	—	×	—	—	—	×	—	—	×	—	—	—	—	—
Tannenhäher subsp.	—	—	—	—	—	—	—	—	—	—	—	—	—	—	—	×
-Dickschnabel	—	×	—	×	—	—	—	—	—	×	—	×	—	—	—	—
-Dünnschnabel	—	—	—	—	×	—	—	—	×	—	—	—	—	—	—	—
Eichelhäher	—	×	—	×	—	—	—	—	—	×	—	—	—	—	—	×
Kohlmeise	—	×	—	×	—	—	—	—	—	×	×	×	—	×	—	×
Blaumeise	—	—	—	×	—	—	—	—	—	—	×	—	—	×	—	×
Tannenmeise	—	—	—	—	—	—	—	×	—	—	×	×	—	—	—	×
Schwanzmeise	—	—	—	—	—	—	—	—	—	—	×	×	—	—	—	—
Erlenzeisig	—	×	—	×	×	—	—	×	—	×	—	—	—	—	—	?
Fichtenkreuzschnabel	—	—	—	—	—	—	—	×	—	—	×	—	×	—	—	—
Gimpel	—	×	—	—	—	—	—	—	—	—	—	—	—	?	—	×
Fichte, *Picea*	3,1	**0,5**	1,6	**0,8**	1,3	1,6	1,3	1,5	3,7	**0,4**	2,1	**0,8**	2,0	1,4	1,8	1,2
Birke, *Betula*	3,1	**1,4**	2,5	**1,4**	2,5	2,4	2,0	2,1	2,9	**1,2**	2,8	**1,6**	2,7	2,1	2,9	2,3
Eiche, *Quercus*	1,5	**0,9**	2,1	1,3	1,9	1,5	1,7	1,2	2,6	**1,0**	1,3	**0,9**	1,2	1,6	2,0	1,4
Buche, *Fagus*	2,5	**0,5**	3,0	**0,1**	1,6	1,3	1,6	1,0	3,4	**0,2**	3,7	**0,0**	1,2f	**0,3**	3,3	**0,7**

Anmerkung: (f) bei Buche 1958 bedeutet, daß der angegebene Wert in den ausgesprochenen Buchen-Distrikten besser war als vermerkt; der Index wurde durch geringe Erträge in einigen Randgebieten herabgesetzt.

Jahr wegziehende Arten, die erst während des Zuges je nach Nahrungsfülle sich anreichern. Da oft nicht nur eine einzelne Beute- oder Pflanzenart als bestimmende Nahrung zugrundeliegt, ist der Zusammenhang nicht in allen Fällen deutlich. So kommen Invasionen von Kohlmeisen auch aus Gebieten, wo *Fagus sylvatica* fehlt (Abb. 86).

i) Die Populationsdichte kann dabei in doppelter Weise von Bedeutung sein: Ein gutes Samen- oder ein gutes Mäusejahr begünstigt das Anwachsen der von dieser Nahrung lebenden Population. Bei der Erschöpfung der Zapfenernte bzw. dem Zusammenbruch der Beutepopulation wirkt der Ausfall um so härter, als der zu ernährende Vogelbestand nun so groß geworden ist. Der andere Punkt ist nach LACK (1954) darin zu sehen, daß die Anreicherung an Individuen als „Gedrängefaktor" den eruptiven Wegzug des Bestandes auslöst. Ein solcher Zusammenhang, der freilich noch näherer Untersuchung bedarf, wäre offensichtlich für die Arterhaltung günstig. CORNWALLIS & TOWNSEND (1968) haben die Kohlmeisen-Invasionen nach

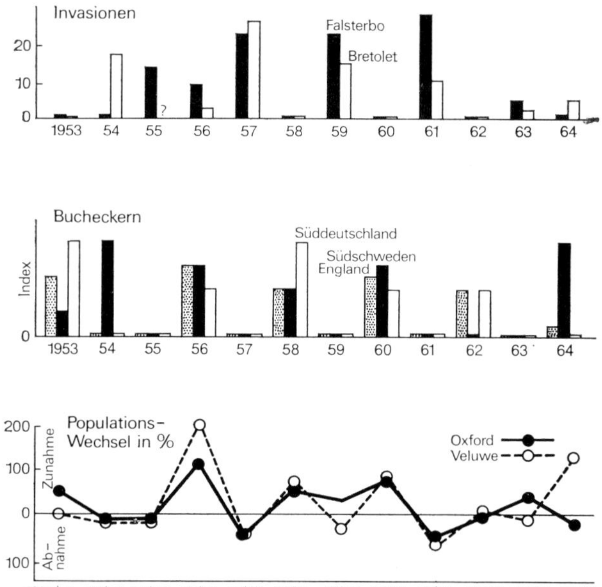

Abb. 86. Kohlmeise: Invasionen (*oben*) und Fluktuationen der Brutenzahl (*unten*) im Verhältnis zum Ertrag an Bucheckern (*Mitte*). — *Oben*: Die Invasionen sind für Falsterbo (Schweden siehe C 2) mehr geschätzt als gezählt. Berechnung für Col de Bretolet (Wallis, C 6): Verhältnis der Kohlmeisen-Netzfänge mal hundert zu den Fängen der Nichtmeisen, also etwa $2000 \times 100 : 10000 = 20$. — *Unten*: Populationswechsel: Die Brutenzahl eines Jahres ist jeweils als Prozentwert derjenigen des vorausgehenden Jahres angegeben (etwa für Oxford 1961 Zunahme 69% aus Brutenzahl 86 zur Brutenzahl 51 in 1960). — Die Brutenzahl kann (soweit nicht ungewöhnliche Winterverhältnisse u.a. eingegriffen haben) als Indikator für den allgemeinen Nahrungsstand, nicht nur für den Bucheckernertrag, gelten. (Nach PERRINS 1966).

Bestandsgröße und Nahrungsmenge analysiert, den letzteren Faktor entsprechend Perrins (1966) nach der Bucheckernernte, die freilich nicht die einzige Nahrung bildet. Ein Vergleich von Invasionen am Col de Bretolet (Abb. 86 oben), Bucheckernernte in Südddeutschland (Abb. 86 Mitte) und Populationsgröße in Braunschweig zeigt ein regelmäßiges Zusammenstimmen von Invasionsgipfel — guter Bucheckernentwicklung — hohem Populationsstand. Zwei Jahre waren abnorm: 1962 hohe Population, reichliche Nahrung, 1963 gerade umgekehrt; beide Jahre ohne Invasion. So folgern die Untersucher, daß es nicht auf die absoluten Werte ankommt, sondern auf ihr Verhältnis; erst ein *Ungleichgewicht zwischen Nahrungsfülle und Populationsgröße* führt eine Invasion herbei (J V 7 c). „*Svärdsons Theorie (1957), daß Invasionszug alljährlich und als Reaktion auf genau dieselben Auslöser wie der normale Zug einsetzt, aber bei reichlichem Futterangebot gehemmt wird, ist nun allgemein angenommen*" (C. & T. 1968).

k) Meteorologische Faktoren formen am Ablauf einer Invasion ebensogut wie am üblichen Vogelzug mit. Sie können etwa den Zeitpunkt des Aufbruchs und das Ausmaß der Wanderungen mitbestimmen, wahrscheinlich in manchen Fällen auch die Richtung: Bei uns vermag Hochdruckwetterlage westlichen Zug zu begünstigen.

l) Sowohl das Fruktifizieren des Nadelholzes als auch das Anschwellen der Lemmingbestände folgt einer gewissen Periodizität, nämlich von 3 bis 4 Jahren. Jedes 3. oder 4. Samenjahr ist sehr gut (in der Nord-Taiga spielt allerdings das Wetter modifizierend mit), dann folgt ein armes Jahr, das die Nutznießer zur Flucht treibt. Bucheckernernte und Kohlmeisen-Invasionen halten eine Periode von durchschnittlich 3,5 Jahren ein. Auch in der Beerenproduktion gibt es ein Auf und Ab, doch nicht mit dieser Zuverlässigkeit, so daß die Invasionen von Seidenschwanz und Hakengimpel nicht so gut voraussagbar erscheinen. Noch weniger zuverlässig ist die Rhythmik der Birken- und Erlensamen, so daß Birkenzeisig und Erlenzeisig ebenfalls unsichere Gäste sind, zumal sie auch auf Nadelholzsamen ansprechen. Animalisch lebende Tundra- und Taigabewohner zehren vor allem von den Lemmingen mit ihrem Vierjahreszyklus, den ein Zusammenbruch auf Grundlage eines physiologischen Stress abzuschließen pflegt; Massenauszug von Rauhfußbussard, Schnee-Eule u.a. ist die Folge. Der nordische Schneehase, der ebenfalls ein Beuteobjekt sein kann, hat eine Zehnjahres-Periodizität. — Hinter diesen Rhythmen steht zweierlei: Die Temperatur bestimmt in einem sensitiven Zeitabschnitt Blüten- und damit Fruchtansatz der Pflanze; Wärme kann also begünstigen. Sodann gibt es gewisse innere Regulierungen derart, daß einem guten Ertragsjahr notwendig ein Abfallen im Sinne einer „Ermüdung" folgt. Tierische Beute wie Mäuse (Lemminge), Schneehase und Rauhfußhühner sprechen ebenfalls auf wechselndes pflanzliches Futter (vor allem Beeren und Knospen) an. Diese Rhythmen betreffen nicht gleichzeitig ganz weite Gebiete, geschweige denn die Holarktis überhaupt. Daher ist trotz vieler Übereinstimmungen selten eine Invasion der anderen gleich, nicht nur der variablen Stärke wegen, sondern auch weil die Herkunftsgebiete wechseln und der Zugfächer von Fall zu Fall verschieden liegen kann.

m) Obwohl Invasion ein Sonderverhalten darstellt, handelt es sich hier um Vogelzug, der gewissermaßen quantitativ abgeändert ist (ob auch qualitativ? Fehlt manchen Arten die endogene Periodizität?). Die Auslösung, Regelfall beim üblichen Vogelzug, ist gehemmt, wenn es nicht an Futter fehlt. Im allgemeinen schlagen die Invasionisten bestimmte Richtungen ein, wenn auch zugegeben sei, daß in besonderen Fällen — Steppenhuhn — ein Streuen nach verschiedener Richtung möglich ist. Sodann kann man keine ganz scharfe Grenzlinie zwischen Invasionisten und üblichen Zugvögeln ziehen. Es gibt eine Reihe von Zwischenverhalten etwa bei Sumpfohreule, Schleiereule, ferner Schwanzmeise; auch der Kleiber steht im Übergangsfeld. RUDEBECK sah im Herbst 1943 nicht nur Kleiber, sondern auch Elstern (*P. pica*, diese auch 1945 und 1947), also einen Standvogel, Anläufe nehmen, die SW-Spitze Schwedens (Falsterbo) zu überfliegen. Rebhühner (*P. perdix*) können bei harten Bedingungen — vereister Boden, so im Dezember 1931 — in Ostpreußen in einer großen Zugwelle SW-wärts fliegen. Auch wenn man hier nicht von einer echten Invasion sprechen möchte, so handelt es sich doch um eine vielleicht in Jahrzehnten nicht verwirklichte Entfaltung eines sonst gesperrten Zugtriebs.

n) Die typischen Invasionisten sind „Gradationsvögel“, Arten mit einem besonderen Fortpflanzungspotential (nach Eizahl, Brutenzahl und Aufzuchterfolg), das nur unter günstigen Umständen zur vollen Entfaltung kommt. Sie nützen auf diese Weise den nur zeitweiligen Nahrungsreichtum einer einseitigen, zum Teil kargen Umwelt — Tundra, Taiga, Steppe — durch nach Umständen explosive Vermehrung, müssen nun aber bei eintretender Ungunst durch Massenflucht dem Mangel entgehen. Der abfließende Bestand geht wohl zu einem großen Teil verloren, doch bleibt genug für einen Neuaufbau übrig. Würde dieser Exodus — veranlaßt von Mangel, vom hypothetischen Gedrängefaktor oder von beidem, vielleicht begünstigt durch bestimmte auslösende Wetterfaktoren — nicht vollzogen, so würde wahrscheinlich eine ernstliche Gefährdung des Bestandes eintreten. Umgekehrt sparen sich die Vögel dann, wenn die Umstände eine Ernährung im heimatnahen Gebiet erlauben, den Aufwand und die Gefahr großer Wanderungen.

Die Invasionen mit ihrer Abhängigkeit von spezieller Nahrung und gleichzeitig Populationsdichte dürften eine besondere Art der Anpassung an ökologische Erfordernisse darstellen. SVÄRDSON drückt das so aus: Vogelzug ist Anpassung an die jahreszeitlichen, Invasionismus an die jährlichen Unterschiede im Nahrungshaushalt. Beides wirkt arterhaltend.

Literatur siehe G 1.

H. Regelnde Witterungsfaktoren

Einleitung

Es ist zu erwarten, daß der Vogelzug zu einem Teil von den Zuständen und Vorgängen in der Atmosphäre abhängt. Es genügt nicht, sich bei der Nachprüfung auf das Klima zu beschränken. Klima umfaßt die Gesamtheit der Wettererscheinungen in einem Gebiet über eine größere Frist; die anerkannten Klimanormalwerte beziehen sich auf 30 Jahre eines bestimmten Zeitraums. Biogeographische und phänologische Beobachtungsreihen dürften nur mit den Klimawerten eines gleichen Zeitabschnitts verglichen werden, eine Bedingung, die nur sehr selten erreicht ist.— Die „Witterung" umfaßt meist mehrtägige Zeitabschnitte von gleichartigem Wettercharakter. Sie entspricht der *Wetterlage*, vor allem der *Großwetterlage*, wie sie aus den Wetterkarten zu entnehmen ist. Wetterlage und Großwetterlage sind die Folgen atmosphärischer Zirkulationen. Während sich die Witterung mehrere Male im Monat ändert, kann das Wetter als Kennzeichnung eines *augenblicklichen Zustandes* sogar an einem Tag mehrfach wechseln.

Wetter und Witterung, auf einem größeren Raum gesehen Wetterlage und Großwetterlage, gehen letzten Endes auf Temperaturunterschiede zwischen Tropen und Subtropen einerseits und den polaren Gebieten andrerseits zurück, ferner auf Unterschiede im Wasserdampfgehalt der Luft. Es kommt zu großräumigen Austauschströmen mit Kaltlufteinbrüchen und Warmluftvorstößen. Diese verschieden temperierten und wasserdampfhaltigen Luftmassen sind durch Gleitflächen voneinander getrennt. An diesen entstehen Tiefdruckgebiete (Zyklonen, Depressionen) mit ihren Fronten, in denen die Luft unter Abkühlung bis in die Nähe der Tropopause nach oben steigt. Die dort oben abströmenden Luftmassen tragen zum Aufbau der Hochdruckgebiete (Antizyklonen) bei, in denen die Luftmassen unter Erwärmung und Wolkenauflösung absinken. Da die Erdrotation mitwirkt, verläuft die Luftbewegung vom höheren zum tieferen Druck nicht wie das Druckgefälle, sondern spiralig, aus dem Hochdruckgebiet heraus im Uhrzeigersinn, um das Tiefdruckgebiet herum im Gegenuhrzeigersinn (jeweils mit Rechtsablenkung, auf der Südhalbkugel umgekehrt).

Aus diesen kurzen Andeutungen erhellt, daß es sich hier um äußerst komplizierte Vorgänge handelt. Wenn das Wettergeschehen Einfluß auf den Vogelzug nimmt, so wird man zwar nach der Wirksamkeit einzelner Wetterfaktoren (siehe unten) fragen. Da sie aber nicht für sich allein ablaufen, sondern nur ein Glied in einem verwickelten und sich ständig ändernden Gefüge darstellen, besteht die Gefahr, daß wir die Zusammenhänge zu einfach oder sogar falsch verstehen. Bei seinen Analysen des Herbstzuges im Jura kam BRUDERER (1967) zu dem Schluß, daß der Zug tagziehender Kleinvögel (Finken, Stelzen, Pieper, Meisen) zwar auffallend den Durchgang von Kaltfronten anspricht, aber nicht einzelne Wetterelemente für das Auftreten von Massenzugtagen als verantwortlich erkennen läßt. Wenn die Reizschwelle erniedrigt ist, also es längere Zeit an einem Freigeben der vorhandenen Zugbereitschaft gefehlt hat, können schon vor Auftreten der Kaltfront atmosphärische Änderungen und dabei einzelne Wetterfaktoren als Auslöser wirken.

Auf die Grundfragen der Meteorologie kann hier nicht näher eingegangen werden. Siehe die Abschnitte von H. Seilkopf in: Fischer-Lexikon Geophysik, herausgegeben von J. Bartels (1960).

Bruderer, B. (1967): Zur Witterungsabhängigkeit des Herbstzuges im Jura. Orn. Beob. 64: 57—90.

Lack, D. (1960): The Influence of Weather on Passerine Migration. A Review. Auk 77: 171—209.

1. Temperatur

a) Die ersten größeren Untersuchungen über die Wetterabhängigkeit, und zwar besonders durch einige ungarische Ornithologen, galten der Frage der *Temperaturbedingtheit der Zugvogelankünfte*. Es wurden Jahre hindurch Ankünfte notiert, möglichst mit Hilfe eines Beobachternetzes über einen größeren Raum. Naturgemäß berücksichtigen die Notizen vor allem die Erstankünfte; die Erfassung der ersten größeren Welle wäre wohl wichtiger, ist aber schwieriger. Die Ausdeutung der oft verschiedenwertigen Daten muß vorsichtig und statistisch einwandfrei erfolgen. Es entstehen nun Karten mit Linien von Erstankünften, den *Isepiptesen* (E 7 Abb. 61). Solche Karten geben nicht die Befunde eines einzelnen Jahres wieder, sondern die Mittelwerte aus einem größeren Zeitraum, und zwar sowohl hinsichtlich der Isepiptesen als auch hinsichtlich der klimatischen Isothermen (Linien gleicher Mitteltemperaturen). Streng genommen dürfen nur die Isepiptesen und die Isothermen der gleichen Folge von Jahren verglichen werden. Die Karten zeigen, daß das Fortschreiten der Erstankünfte in einem bestimmten Verhältnis zur Erwärmung des Ankunftsgebiets stehen kann. Während es sich in Abb. 61 nicht um ein dauerndes Gleichlaufen handelt, bewegt sich die Graugans in Rußland von SW nach NE bei einer Durchschnittstagesleistung von 32 km recht übereinstimmend mit den Märzisothermen vorwärts. Dieses oder ein ähnliches Verhalten wird sich für viele Vogelarten nachweisen lassen (D 9, Abb. 36). Wir können von vornherein annehmen, daß eine Vogelart jeweils auf einen bestimmten Spielraum der Temperatur eingepaßt ist: Unterhalb eines gewissen unteren und oberhalb eines gewissen oberen Grenzwertes ist der Artbestand gefährdet. Nach den langjährigen Beobachtungen von Bretscher sind diese Grenzwerte der mittleren Tagestemperatur der Ankunft z. B. beim Kuckuck 5° und 15°. Der einzelne Kuckuck vermag ohne weiteres auch andere Temperaturen auszuhalten; aber wenn 5° noch nicht erreicht sind, dürfte im Durchschnitt das Insektenleben noch nicht für eine ausreichende Ernährung genügen, und wenn der Kuckuck über den Zeitpunkt hinaus wartet, da die ansteigende Frühjahrslinie der mittleren Tagestemperatur den Betrag von 15° erreicht, so könnte die für die Fortpflanzung günstigste Zeitdauer nachteilig gekürzt werden. Wenn wir dieses Verhalten innerhalb eines kleineren Gebiets mit starker Höhengliederung nachprüfen, so erweisen sich vielfach Gebirgslagen später besiedelt als Tieflagen. Wir haben allerdings keine rechte Vorstellung davon, ob im Falle fern überwinternder Arten die fraglichen Höhenbewohner später (oder verzögert) den Heimzug ausführen, oder ob sie zusammen mit ihren Tieflandsartgenossen ankommen und nur den letzten Schritt, die Wanderung hinauf in die Hochlagen, verspätet durchführen.

b) Die Beispiele sprechen also dafür, daß die einzelne Vogelart beim Heimzug in einer bestimmten Weise vom Temperaturgang abhängt. *Innerhalb der Art* können sich aber einzelne Rassen oder Populationen verschieden verhalten. Ein Beispiel ist der nordamerikanische Goldwaldsänger (*Dendroica petechia*). Die Ankömmlinge in Arizona vom März und Anfang April gehören der hellen südwestlichen Rasse (*D. p. sonorana*) an; die Vögel richten sich lange vor der Brutzeit ihr Revier ein. Erst Ende April erscheinen in Arizona die Vertreter nördlicherer Rassen. Die dunkle, weit im Norden beheimatete Form *D. p. rubiginosa* erreicht die Staaten überhaupt nicht vor Mai. Diese nördlichen Goldwaldsänger rücken also keineswegs mit den Isothermen vor; sie setzen sich erst spät in Bewegung und schließen dafür die Wanderung in verhältnismäßig kurzer Zeit ab (PHILLIPS 1951).

c) Das Gleichsetzen der Einzugsweise mit dem Temperaturgang klärt noch nicht darüber auf, *ob und wie die Temperatur das Verhalten des Einzelvogels steuert.* Eine gewisse Abhängigkeit läßt sich nicht bezweifeln. Beim Heimzug vermag Einbruch warmen Wetters zu einem auffallenden Massenwandern oder zu einer Massenankunft der gerade fälligen Vogelarten zu führen. Das Experiment beim Käfigvogel (z. B. Rotkehlchen), den man ohne Schwierigkeit abweichenden Temperaturen aussetzen kann (J V 1), bestätigt die zugtriebbeeinflussende Wirkung erhöhter Temperaturen beim Heimzug. Bezeichnend ist der Umstand, daß die Vögel in zweckmäßiger Weise auf Abweichungen vom normalen Witterungsverhalten ansprechen. Ein langanhaltender Nachwinter läßt die Heimkehr sonst früher Arten (etwa Star, Feldlerche, Zilpzalp) hinauszögern, und umgekehrt: eine Verfrühung höherer Temperaturen lockt zu besonders früher Heimkehr (E 7). Diese Abweichungen sind allerdings durch einen bestimmten Rahmen abgegrenzt, der bei den früh eintreffenden Vogelarten weiter gespannt ist als bei den Spätankömmlingen. Letztere müssen nicht mehr mit so außerordentlichen Abweichungen des Wetters rechnen wie erstere, und sie können sich in Anbetracht der ohnehin gekürzten Fortpflanzungszeit einen großen zeitlichen Spielraum nicht gestatten. Nach BRETSCHER betragen bei uns die Schwankungen der mittleren Ankunft bei einer Reihe von untersuchten Arten 29 Tage (Singdrossel, 27. Februar bis 28. März) bis 10 Tage (Mauersegler, 24. April bis 4. Mai). Eine Schwierigkeit bei der Deutung besteht darin, daß jeweils die Wetterbedingungen des Winterquartiers und besonders des Zuggebiets mitberücksichtigt werden sollten.

d) *Der unmittelbare Einfluß der Abkühlung auf den Zugvogel vor dem Wegzug* oder während desselben ist in vielen Fällen offensichtlich. Auch hier wurde bei gewissen Arten, z. B. der Singdrossel, der Beweis im Registrierkäfig geführt; er verzeichnet ein Steigen der nächtlichen Zugunruhe bei Abkühlung. Das Losschießen der wegziehenden Zugvögel bei Temperaturstürzen ist auch im Gelände auffallend. Eine Winterflucht beim Wegzug kann eindrucksvolle Bilder ergeben: In einer plötzlichen Gewaltwanderung — Gefahr ist im Verzug! — wird eine mehr oder weniger weitreichende Bewegung auf das Winterquartier hin ausgeführt, oder gar bis zu diesem (z. B. beim Kiebitz aus seinen Zwischenzielen bis Irland, Iberien oder Italien; D 3, E 7). Was die *Auslösung* anlangt, so ist nicht sicher, ob sich schon Nahrungsmangel auswirkt, oder ob sich ein verwickelteres physiologisches Geschehen auf hormonalem Wege mit vorbeugendem Erfolg abspielt. Wenn z. B. im Baltikum bei Schneefall die Bussarde wegströmen oder ebenda die Enten bei Eisbildung in Massenflügen südwestwärts ziehen, so könnte man sich vorstellen, daß es die unmittelbare Not ist, die zur Winterflucht, im besonderen Fall zur „Frostflucht", zwingt. Wir haben aber Anhaltspunkte dafür, daß die Massenbewegung schon dann in Gang kommt, bevor das Eis die Wasservögel einengt, ja vielleicht bevor es angesetzt hat, und wohl auch bevor die Bussarde durch die Schneedecke von den Mäusen abgehalten werden. Wir müssen also vorläufig annehmen, daß auch die Winterflucht ein physiologisch, nicht eigentlich ökologisch herbeigeführter Vorgang ist, ausgelöst durch den Temperaturfall. Eine unmittelbare Steuerung besteht allerdings trotzdem; sie allein käme aber oft zu spät.

e) Mehrere Faktoren bestimmen die Erstreckung des Vogelzugs. In manchen Fällen ist einer die Temperatur. Die Kohlmeise kann in warmen Herbsten in Finnland besonders häufig sein: Es findet ein Anstau statt, weil der Auslöser zur Fortsetzung (oder gar zum Beginn?) des Zuges in der Form eines Temperatursturzes (noch) fehlt. Umgekehrt kann Winterhärte die Bewegung zusätzlich steigern. Man erlebt das bei Wasservögeln in kalten Wintern in der Nord- und besonders Ostsee. Als 1937/38 eine Vereisung der östlichen Ostsee Massen von Mittelsägern, Gänsesägern und Tordalken an die Pillauer Küste führte, wirkte hier allerdings ein besonders starkes Vorkommen des Strömlings (*Clupea harengus membras*) als weiterer anlockender Faktor.

f) Nun wirkt Temperatursturz nicht nur schiebend auf die wegzugbereiten Vögel: Wettervögel, darüber hinaus viele in gemäßigten oder gar arktischen Breiten überwinternde Zug- und auch Strichvögel, können sich im *weiteren Raum des einmal bezogenen* Winterquartiers als „Wetterpendler" erweisen, wie ich sie nennen möchte. Kälte und Wärme nehmen *auch im Ruheziel* Einfluß und führen zu einem *Hin- und Zurückfluten*, zu einem Pendeln des Bestandes (Abb. 87). Man nennt die wetterbedingte Bewegungswelle von der Heimat weg: Kälteflucht, Winterflucht, Frostflucht, rush migration. Es gilt auch der Begriff *Rückzug* (retromigratio, Koch 1934), wenn Heim-

Kälteflucht 9. 1. 1959

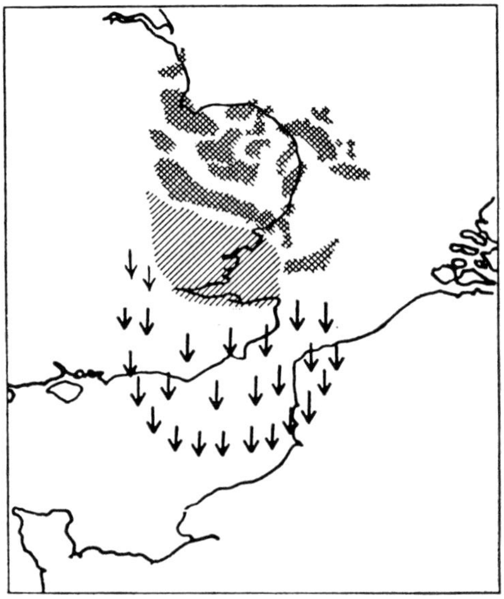

Abb. 87. Der Kiebitz als Wetterpendler. Oben das Radarbild, unten das deutende RIDER 1965 aus

Wärmezug 6. 1. 1962

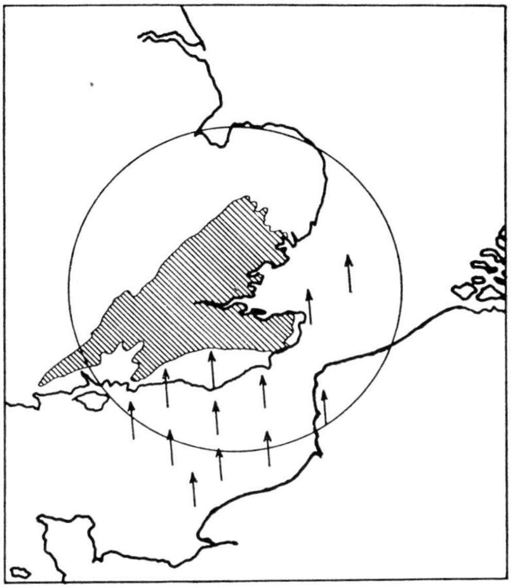

Schema. Wolkenfelder der Fronten schraffiert. Zusammengestellt nach EASTWOOD & EASTWOOD 1967.

(Fortsetzung der Erklärung von Abb. 87 siehe S. 230 unten)

zieher unter dem Einfluß des Kälteeinbruchs kehrtmachen, doch sagt das Wort zu wenig darüber aus, welche Richtung unter „zurück" zu verstehen ist, so daß man mit der Anwendung vorsichtig sein sollte. Die umgekehrte Bewegung, zur Heimat hin, im Gefolge der (Wieder-)Erwärmung heißt *Randzug* (womit VLEUGEL das Verhalten im polzugewandten Rand des Winterquartiers kennzeichnen möchte) oder — mein Vorschlag — Wärmezug oder Wärmependeln, da damit das Bedingende besser ausgesprochen ist. Solche Reaktionen während des Ruheaufenthalts, bei uns also im Lauf des Winters, erleben vorgeschobene Stationen und Küstenplätze westwärts bis Nordfrankreich hin in eindrucksvoller Form, so an Enten und an Limikolen (Kiebitz E 5 h). — Pendler-Beispiel eines Landvogels: In Rossitten durchziehende Dohlen (*Corvus monedula*) wandern im Herbst in flottem Zuge bis NW-Deutschland und darüber hinaus. Daneben überwintern zahlreiche Dohlen in Ostpreußen, und Rossittener Oktober-Durchzügler sind im anschließenden und in späteren Wintern (1 und 4 Fälle) nordöstlich, vor allem in den baltischen Staaten, angetroffen worden, und zwar jeweils nach einem ausgeprägten Vorstoß warmer ozeanischer Luftmassen, die zu verfrühtem Heimzug oder zum Wärmezug nach NE geführt haben dürften.

g) Diese Kältefluchten sind nicht immer von Erfolg. Sie können zunächst aus der Gefahrenzone herausführen, aber wenn der Winter bis zum ersten Rastplatz nachfolgt, kann ein Teil der Vögel physiologisch versagen; es gibt dann große Verluste. DROST beschreibt einen solchen Fall für Mitte Januar 1937 auf Helgoland: „Durch Frost und Schnee kamen sehr viele Vögel ums Leben. Stare, Feldlerchen und Drosseln starben zu Hunderten, bei der großen Zahl der auf Helgoland bleibenden Vögel konnten die vielen eifrig unterhaltenen Futterplätze nur einem Bruchteil von ihnen das Leben retten. Am Strand fand man steifgefrorene Stockenten, verhungerte Bläßhühner usw. Auch die Tauchenten waren, soweit feststellbar, abgekommen und mager." „Wird ein gewisser Schwellenwert unterschritten — äußerlich kenntlich an zu großer Magerkeit —, erlischt der Zugtrieb und damit die

---

(Erklärung der Abb. 87 von S. 228/229)

Kälteflucht am 9. Januar 1959 von England südwärts zum Festland erfolgte bei einem Tief über der Nordsee mit starkem NNW. Im Zeitrafferfilm gewinnt man den Eindruck, daß die Scharen die südwärts vorrückenden Schneeschauer (Kreuzschraffur im Diagramm) fliehen. Die unzusammenhängenden Echos sind für den Kiebitz bezeichnend. Das Abschneiden der Kiebitzscharen im Bild entspricht der Radarreichweite, die in diesem Fall auf 166,5 km beschränkt ist (90 Seemeilen; der Kreis auf den Bildern rechts hat einen Radius von 80 Seemeilen = 148 km).
Dem Wärmezug am 6. Januar 1962 ging eine winterliche Periode zu Jahresanfang voraus. Während bei der Kälteflucht (links) die Kiebitze der Kaltfront voraneilen, folgen sie (rechts) der nördlich ziehenden Warmfront nach. Daraus könnte man schließen, daß an diesen Bewegungen wesentlich die Windrichtung beteiligt ist und der Temperatursturz nur sekundär wirkt. Winterliche Kälteeinbrüche über der Nordsee sind eng mit der Windrichtung verbunden (LACK & EASTWOOD 1962).

Möglichkeit für den Vogel, durch Abwandern in ein günstigeres Gebiet dem drohenden Untergang zu entgehen." Auch am Kaspischen Meer gibt es in harten Wintern außer Frostfluchten (E 13, Abb. 68) auch Massenverluste. So starben im Winter 1963/64 im kaspischen Kysil-Agatsch-Schutzgebiet von 600 Blauhühnern (*P. porphyrio*) etwa 90%, und auch die Verringerung der Flamingos auf $^1/_{10}$ und der Rückgang anderer Arten waren großenteils Verluste. — Sicher handelt es sich dabei vielfach nicht direkt um ein Erfrieren, sondern eine Schneedecke oder die Vereisung kann den Vogel von der Futterquelle abschneiden, so daß die Temperatur mehr indirekt als direkt wirkt. Trotzdem ist sie an der Abmagerung und an dem Tod vieler Vögel schuld, soweit diese nicht rechtzeitig die Flucht antreten. Dieser Ausfall dürfte einerseits darauf zurückzuführen sein, daß solche Vögel schon am Brutplatz angekommen sind und deshalb ihre innere Zugbereitschaft verloren haben; andererseits könnten sie trotz der Flucht schon zu sehr notgelitten und mit ihrer Vollwertigkeit auch ihre Reaktionsfähigkeit eingebüßt haben (wie im Winterbeispiel Helgoland, siehe oben). Kalte Winter (in Europa Anfang 1929, 1939/40, 1941/42, 1946/47, 1961/62 1962/63), zumal langanhaltende Winter, greifen schwer in die zurückgebliebenen oder früh zurückgekehrten Vogelbestände ein und führen örtlich sogar zum vorübergehenden Verschwinden von Vogelarten. Manche, wie Zaunkönig (*T. troglodytes*) und Eisvogel (*Alcedo atthis*), pflegen ihren Bestand rasch wieder aufzubauen, während andere, wie Grünspecht (*Picus viridis*) und Steinkauz (*Athene noctua*), auf Jahre hinaus zurückgedrängt erscheinen. Es ist keine Frage, daß Kältespitzen und Kältedauer die Nordgrenze solcher Arten stark südwärts drücken können. Wahrscheinlich gehören winterliche Massenverluste mehr oder weniger zum Regelfall. Der starke Rückgang des Wintergoldhähnchens (*R. regulus*) in den finnischen Wäldern im Lauf des Winters auf etwa $^1/_4$ des Bestandes wird von PALMGREN auf Massensterben, nicht auf Wegzug zurückgeführt. Auch in diesem Punkt bestünde also eine Begrenzung des Ausweichvermögens.

h) Die in den besprochenen Fällen wirksamen Temperaturen sind nicht etwa rasch wechselnde örtliche Erscheinungen, sondern sie sind an bestimmte Luftmassen gebunden, die man verfolgen kann (H 2 d). Wenn über den Britischen Inseln ein Tief und etwa über dem Karpatenraum ein Hoch liegt, brechen in Ungarn warme Luftmassen aus dem SW ein. Nach SCHENK ist dies die Wetterlage, bei der man im Frühjahr mit großer Sicherheit starken Zug der Waldschnepfe aus dem Mittelmeergebiet erwarten darf. Für Deutschland gelten ähnliche Bedingungen. Ganz entsprechend bringen in Nordamerika Warmluftmassen auf der Vorderseite von Tiefdruckgebieten über den großen Seen bei möglichst beständigem Hoch an der Küste der Südstaaten einen starken Heimkehrereinfall in New York und Neu-England. (Für die Nordküste des Golfs von Mexiko siehe F 5.) Allgemein kann man sagen, daß die *Warmluft der Tiefvorderseiten* für viele — wahrscheinlich besonders für die mehr außenweltbedingten — Arten *im Frühjahr einen entscheidenden Zugantrieb* bedeutet. Die im Normalfall später nachfolgende Kaltfront führt dagegen zur Hemmung oder zum Stillstand. Umgekehrt bringen *beim Wegzug im Herbst polare Kaltlufteinbrüche neuen Antrieb zum Weiterziehen* in Richtung Winterquartier.

Lack 1968 (A) — Phillips 1951 (F 5) — Salomonsen 1969 (A) — Schüz 1959 (C 3).

Ash, J. S. (1964): Observations in Hampshire and Dorset during the 1963 cold spell. Brit. Birds 57: 221—241.

Bennett, H. R. (1952): Fall migration of birds at Chicago. Wilson Bull. 64: 197—220.

Bergman, G. (1955): Milt väder efter köld utlöser sång hos talgoxen (*Parus major*) mitvintertid. Orn. fenn. 32: 8—16.

Bretscher, K. (1920): Der Vogelzug in Mitteleuropa. Innsbruck. — (Ders. 1929): Neue Mitteilungen über den Vogelzug in Mitteleuropa. Vierteljschr. Naturf. Ges. Zürich 74: 1—49.

Butjow, W. T., & N. D. Drosdow (1965): Der strenge Winter 1963/64 und die Vogelwelt im „S. M. Kirow"-Naturschutzgebiet von Kysyl-Agatsch. Falke 2: 30—303.

Drost, R. (1929): Über Vogelwanderungen in den Wintermonaten. Verh. VI. Int. Orn. Congr. Kopenhagen 1926: 62—79.

Drost, R., & E. Schüz (1940): Von den Folgen des harten Winters 1939/40 für die Vogelwelt. Vogelzug 11: 161—191.

Hildén, O., & J. Koskimies (1969): Effects of the Severe Winter of 1965/66 upon Winter Bird Fauna in Finland. Ornis fenn. 46: 22—31.

Kramer, P. (1966): Der Eisvogel auf dem Zug in und durch die Camargue. Vogelwarte 23: 164—172.

Lack, D. (1963): Weather Factors Initiating Migration. Proc. XIII Intern. Orn. Congr. Ithaca: 412—414.

Markgren, M. (1962): Omvänd vårflyttning, ovädersflykt, motvindsattityd. Fauna och Flora: 105—155.

Schenk, J. (1924): Der Zug der Waldschnepfe in Europa. Aquila 30/31: 26—120.

Seilkopf, H. (1952): Meteorologische Bemerkungen zu den Winterfunden baltischer Dohlen. Vogelwarte 16: 102—104.

2. *Wind*

a. Grundlegendes

Für die Bewegung des Vogels in der Luft muß man folgende grundlegende Tatsache berücksichtigen: Der am Boden oder im Gezweig sitzende Vogel ist dem Wind, d.h. der Bewegung der Luftmassen gegen die Erde, genau so ausgesetzt wie der Beobachter oder das ortsfeste meteorologische Meßgerät. Anders in der Luft. Einmal bewegt sich der Vogel vermöge seiner Muskelkraft durch die Luftmasse, zum andern bewegt ihn die Luftmasse relativ zur Erde. Der Weg des Vogels bezogen auf die Erde, der eigentliche Zugweg (englisch: track), setzt sich aus beiden Bewegungen zusammen. Fliegt z.B. eine Krähe mit der Eigengeschwindigkeit von 50 km/h nach SW, also mit nach SW weisender Körperachse (= Steuerkurs, englisch: heading), durch eine Luftmasse, die mit 50 km/h von NW nach SE wandert und mithin an der Erdoberfläche als NW-Wind von 50 km/h in Erscheinung tritt, so fliegt der Vogel über die Erde hinweg nach S mit einer Reisegeschwindigkeit von 71 km/h. Würde sich die Luft mit 50 km/h nach NE bewegen, so würde der

Vogel über demselben Punkt der Erde nicht vorwärtskommen, bei NE-Strömung unter gleichen Verhältnissen mit 100 km/h nach SW ziehen. Hat der Vogel keine Erdsicht, wie beim Flug in dunkler Nacht oder bei dem (wohl seltenen) Flug über einer Wolken- oder Nebeldecke, so kann er von der Versetzung nichts merken (gleichmäßige Luftströmung und das Fehlen anderer als optischer Signale vorausgesetzt). Es gibt nur eine kurze Spanne, in der der fliegende Vogel den Wind empfindet, nämlich beim Abflug: Er startet meist gegen den Wind und verhält sich dabei kurze Zeit wie ein Drachen — der aber schnell „seine Schnur verliert". — Die Windrichtung beeinflußt auch die Zughöhe (E 4).

Seitliche Versetzung, Abweichung von der Längsachse des fliegenden Vogels, muß nicht zwangsläufig *Drift* als Ursache haben. Es kann sich auch um ein *Seitwärtsgleiten* handeln. Bei diesem sog. Seitengleitflug (slip, sideslip) bildet die Anblasrichtung mit der Längsachse einen endlichen Winkel. Das Flugzeug führt eine solche Bewegung am Ende eines Landeanflugs aus, wenn bezüglich der Landebahnrichtung Seitenwind herrscht und die Flugzeuglängsachse trotzdem in Landebahnrichtung ausgerichtet sein muß. Dann kompensiert die Seitengleitgeschwindigkeit gerade die seitliche Komponente der Windgeschwindigkeit. RAINEY 1960 kommt an Hand der hier wiedergegebenen Abb. 4 zu dem Ergebnis, daß mindestens im Fall der beiden dort gezeigten Störche ein echter Driftvorgang vorliegt. Der Seitengleitflug dürfte auch beim Vogel nur *kurzdauernd* vorkommen, weil diese Flugbewegung einen erhöhten Widerstand mit sich bringt; zu dessen Überwindung ist mehr Arbeit erforderlich, so daß auch der Vogel das „Vorhalteverfahren" (Driften) bevorzugen dürfte.

b. Wind und Brieftaubenflug

G. KRAMER und Mitarbeiter prüften bei Reisetauben die Heimkehrschnelligkeit (= Quotient aus Luftlinie und Heimkehrzeit, nicht zu verwechseln mit Fluggeschwindigkeit = Eigengeschwindigkeit). Ausgedehnte Vergleiche ergaben, daß die Streuung der Einzelwerte bei deutschen Brieftauben erheblich größer ist als die bei italienischen, und zwar wahrscheinlich wegen der größeren Ausgeglichenheit — besonders der größeren Windarmut — des Mittelmeersommers. Als mittlere Heimkehrgeschwindigkeit wurde bis zu 300 km Entfernung 1 050 m/min = 63 km/h bestimmt. Vermutlich sind es die Flugpausen und eine Abnahme der Leistung, die mit wachsender Entfernung die Heimkehrgeschwindigkeit sinken lassen. Als Eigengeschwindigkeit wurden etwa 1 100 m/min = 66 km/h angenommen. Eine Untersuchung besonders schneller und besonders langsamer Flüge führte zu der gutbegründeten Annahme, daß die Tauben sich die geeignete Luftschicht aussuchen, also bei günstigem Höhenwind z. B. 600 bis 1 500 m hoch fliegen. Schlechtes Wetter und besonders widriger Wind behindern die Heimkehr (siehe auch H 6). Diese Befunde sind wichtig auch für die Frage:

c. Vogelzug: Windstärke und Windrichtung

Es gibt wenig Sachgebiete, wo so viel Widerspruch zum Ausdruck kommt, wie bei der Frage: Zug und *Windstärke*, Zug und Windrichtung. Das erstere ist verhältnismäßig klar, denn in der Regel begünstigt schwacher Wind oder Windstille den Zug. Die Windstärke ist allerdings bei Rückenwind ohne Bedeutung, doch gibt es bei Gegenwind eher Zug bei leichtem als bei starkem Wind, vor allem im Herbst, weniger ausgeprägt im Frühjahr (LACK 1963 für England). Kennzeichnende Formulierungen sind: Der Zugvogel „reitet" nach Möglichkeit auf dem Wind (McMillan 1938), die meisten Nachtzügler fliegen „downwind" (Lowery 1951), oder gar: Wind ist tatsächlich der größte Feind des Vogels (Williamson 1955). Aber es gibt Ausnahmen, und die Zusammenhänge sind offenbar verwickelt: Nach Arten, nach Aufladung des Zugtriebs und nach Einflüssen der Umwelt, also etwa der Landschaft, sind die Reaktionsweisen verschieden. Untersuchungen am Buchfinken in Holland und anderswo geben ein gewisses Bild über die Abhängigkeit des Zuges (hier: Wegzuges) von *Windstärke und Windrichtung* (Abb. 88). An der SE-Küste der Zuidersee, ähnlich aber auch im Bereich der Seeküste, ist die Primärzugrichtung WSW; Küsten können ablenken. Bei mäßigen bis stärkeren Gegenwinden herrscht ein lebhafter Leitlinienzug in unteren Luftschichten. Bei schwachem Mit- und offenbar auch Gegenwind findet in größeren Höhen (500 bis 800 m) ein oft übersehener Zug statt. Die meisten Finken sprechen dann, zumal bei E- und NE-Winden, gar nicht auf die Küste an, sondern wandern in Richtung England über Land und Meer weiter. Schönes Wetter, das ja meist mit E-Wind verbunden ist, kann den Anschein erwecken, als ob der Zug ausgefallen sei, während in Wirklichkeit ein

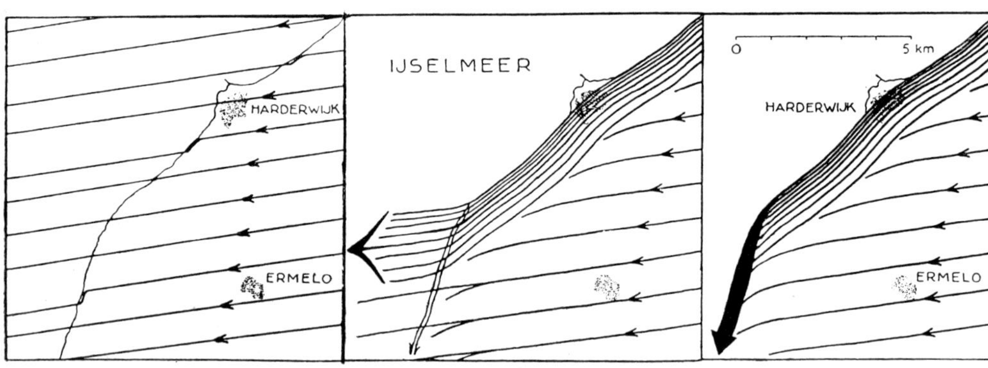

Abb. 88. Zugrichtungen des Buchfinken (*Fringilla coelebs*) im Herbst am Ijselmeer bei verschiedenen Windrichtungen. Gleichzeitig Beispiel für die Veränderlichkeit von Leitlinien und damit Massenzugwegen, weil mit der Trockenlegung der Zuidersee hier vor der SE-Küste Land (Ostflevoland und Südflevoland) entsteht und die Küstenlinie also ihre Bedeutung verliert. Die Bilder zeigen die Zugvorgänge vor der Trockenlegung. Nach L. Tinbergen 1949, 1950.

(a) Zug bei schwachem E- und NE-Wind. Der Zug findet in großer Höhe statt, losgelöst von Leitlinien, einfache Weiterführung der Breitfront über die Küste (später sogar über die Nordsee) hinaus.

(b) Bei schwachem S-Wind sammelt die Küste als Leitlinie den nach WSW gerichteten Breitfrontzug zu einem Massenzugweg. Wo die Küste nach SSW abbiegt, bricht ein Teil des Zuges sich in die Höhe erhebend in alter Richtung aus, während ein anderer Teil niedrig bleibend an der Leitlinie haften bleibt.

(c) Bei stärkerem SW-Wind reiner Leitlinienzug. „Die niedrig fliegenden Finken scheuen ohne Ausnahme vor der Überquerung der Wasserfläche zurück und halten sich ganz an den Verlauf der Küste, wo durch den Zufluß immer neuer Scharen ein zunehmend mächtiger werdender Zugstrom südwärts drängt." (L. Tinbergen 1950).

(verhältnismäßig) hoher Zug die zahlreich wandernden Vögel dem Beobachter entzieht und die übliche Scharung entlang den Leitlinien weitgehend entfällt. Es gibt eine ganze Anzahl Beobachter, die dem Buchfinken eine Vorliebe für Gegenwind zuschreiben (DROST 1931: 82%; KOCH 1934, VLEUGEL 1954); ja, wenn gemessen an der Primärzugrichtung der Wind genau oder spitz von hinten kommt, kann der Herbstzug zu einem sinnwidrigen Umkehrzug (Cursus retroversus, E 11 g) umschlagen, der nichts mit einem temperaturbedingten Rückzug (H 2) zu tun hat, oder der Zug wird ganz eingestellt. GEYR (1931) erlebte sogar Zug von Finken usw. bei „Gegensturm". Auch Schwalben und Segler zeigen auffallend oft eine „positive Anemotaxis". Man hat daran gedacht, daß gerade ihnen Gegenwind den Gleitflug erleichtert und dazu gewissermaßen die Nahrung zutreibt. Wie die Richtungen des nächtlichen Zuges in einem Inselbereich liegen, geht aus einer statistischen Analyse nach 241 Zugnächten auf Helgoland hervor: Die 13 auf plötzliche Zahlensprünge untersuchten Arten ließen keine durchgehende Bevorzugung einer bestimmten Windrichtung erkennen; die Zugstärke hängt nicht merklich von der Windrichtung ab (DINNENDAHL 1954).

Wir sahen, daß wegziehende Buchfinken mindestens unter gewissen Bedingungen *östliche Winde* lieben, und das gilt bei uns für viele Arten. Die Deutung wird jedoch dadurch schwierig, daß auch beim Heimzug Ostwinde günstig sind, so daß es sich bald um Mit-, bald um Gegenwinde handelt. Auch die merkwürdige Erscheinung *herbstlichen Umkehrzugs* ist nicht unbedingt von Mitwind abhängig; selbst südliche Winde können in England den wegziehenden Vogel zur Umkehr bewegen (E 11 g). Wenn wir LACK (1963) folgen, so ist der Windeinfluß in England besonders stark im Mittwinter, erheblich auch im Herbst, dagegen nur mäßig im Frühjahr. Der meiste Zug erfolgt bei einem Wind von hinten-seitlich (45° zum Steuerkurs). Derselbe Autor (1960) faßt zusammen: Möglicherweise mit Ausnahme des herbstlichen Buchfinkenzugs in Holland beeinflußt die Windrichtung den Umfang des Zuges nicht, und wenn der Zug lebhafter erscheint bei Mit- als bei Gegenwind, so dürften noch andere Faktoren als der Wind im Spiel sein. Man muß andererseits berücksichtigen, daß der Zug bei Gegenwind mehr in Bodennähe vor sich geht als Zug bei Rückenwind, und so fällt der Gegenwindzug mehr ins Auge als der oft beträchtlich hohe Zug mit nachfolgendem Wind.

In England lebt der Herbstzug nach S und W bei Kälte auf. Das ist nicht verwunderlich; bemerkenswert ist aber die Feststellung, daß Südwärtsbewegung nur bei Winden aus dem Sektor NW/NE, nicht bei ebenfalls kalten Winden aus SE erfolgt, ferner Westwärtsbewegung bei Winden aus NE/SE, nicht bei kalten Winden aus NW. LACK (1963) folgert daraus, daß hier nicht eine Reaktion auf den Temperaturfall, sondern auf die damit verbundenen Winde aus N und E vorliegt; dies soll sogar für Winterfluchten gelten.

Die Art des Windes dürfte auch bei der Orientierung eine Rolle spielen, und die ziehenden Vögel vermögen offenbar den für sie geeigneten Wind auszusuchen (siehe K II 4 c).

d. Wind als Faktor der Wetterlage

Es erhebt sich die Frage, ob außer dem Wind nicht noch andere Faktoren der atmosphärischen Zirkulation Einfluß auf den Zug nehmen. So muß man auch die Luftdruckverteilung heranziehen. Darüber sind wichtige Arbeiten im besonderen für den Raum zwischen Nordsee und Grönland erschienen (WILLIAMSON). Eine Reihe von Beobachtungsstationen im britischen Küstenbereich, besonders aber die zwischen den Orkneys und Shetlands liegende Fair Isle (Abb. 1), haben aufschlußreiche Daten zum Thema der Zugdrift geliefert. Herrscht ein Hoch (eine Antizyklone), so sind die Winde schwach, oder sie fehlen; dies und der klare Himmel, kurz: das schöne Wetter ist ein wesentlicher Antrieb für den Zugvogel. So begünstigt ein weit nach NE ausgreifendes Azorenhoch den Zug von Island zur Fair Isle (Abb. 89), bis zyklonales Wetter mit starken Winden, Bedeckung und Niederschlägen hereinbricht. Aber auch ein Sattel zwischen zwei Hochs, dazu zwischen zwei Tiefs (Abb. 90) oder ein flacher Rücken höheren Drucks zwischen zwei sich berührenden Tiefs, wo sich die einander entgegengesetzten Windströme aufheben, kann ein windarmes Zentralgebiet schaffen, das den Zug wesentlich fördert. Dem ziemlich beständigen flachen Hoch über der grönländischen Eiskappe stehen mitunter Störungen im maritimen Europa gegenüber, die E- oder NE-Winde in Richtung zur nördlichen Nordsee ermöglichen und zahlreiche Küstenzieher von ihren Leitlinien weg über die Nordsee zu den Britischen Inseln und nördlich davon verdriften lassen (Abb. 91). Bei Hoch-

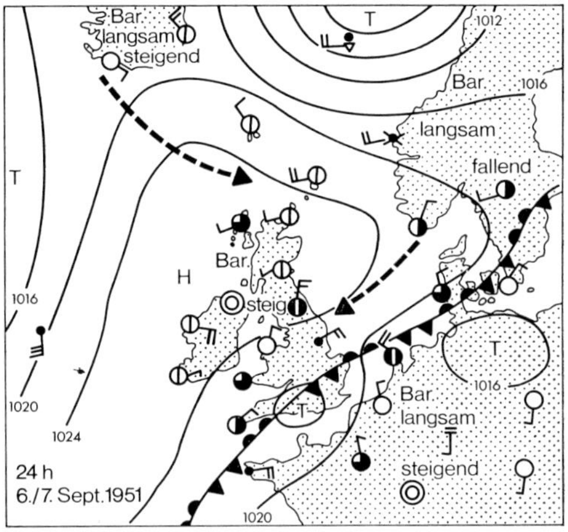

Abb. 89. Ein bis zu den Britischen Inseln ausgedehntes Azorenhoch führt der Fairinsel mit WNW-Wind Vögel aus NW zu: *Calcarius lapponicus*, *Oenanthe oe. leucorrhoa*, *Pluvialis apricaria* u.a. finden sich am Morgen des 7. Sept. 1951 vor. Gleichzeitig weisen Isle of May (Forth) und Suffolkküste ihren Herbstgipfel an *Ficedula hypoleuca* und anderen Festlandsvögeln auf, die der NE-Luftstrom von S-Norwegen und Skagerrak her zubringt. Nach WILLIAMSON 1955, dessen Karten (hier Abb. 89 bis 93) mit den jetzt gültigen Signaturen umgezeichnet sind.

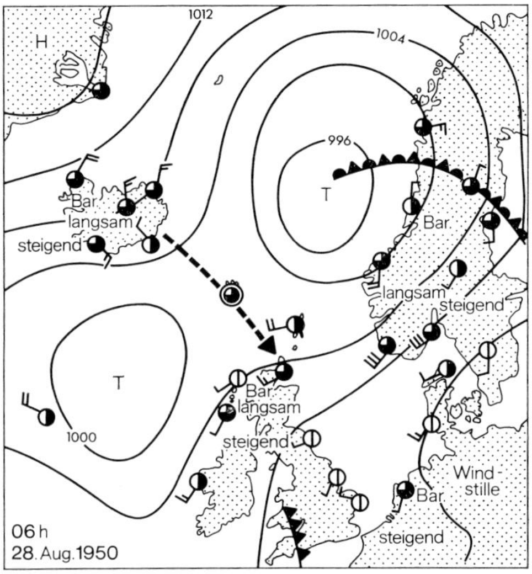

Abb. 90. Ein Sattel zwischen zwei Hochs und zwei Tiefs und eine veränderliche zyklonale Lage mit windarmer Zone im Färöerbereich lassen es zu einem *Zugstrom Island—Färöer—Shetland* und zur Rückorientierung von Kontinentalvögeln kommen, die durch SE-Winde verdriftet waren (*Driftkompensation*) (28. 8. 1950). Nach WILLIAMSON 1955.

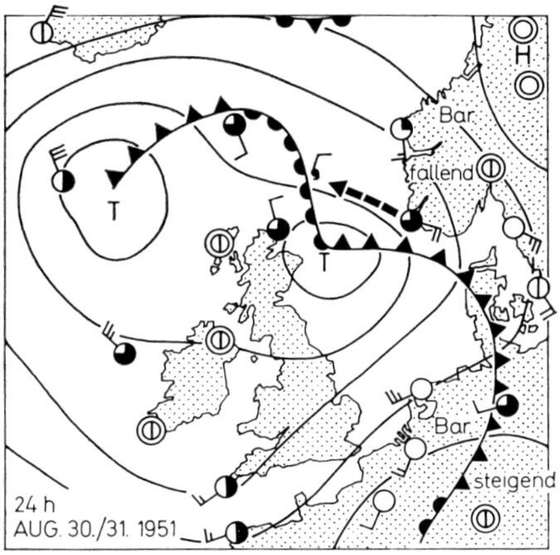

Abb. 91. Zyklonale Drift vom Skagerrak zur Fair Isle am 30./31. August 1951 innerhalb des Warmsektors (sekundär zum westlichen Tief südlich Island) eines neugebildeten Nordseetiefs. Erster Zuggipfel von *Motacilla alba* aus Norwegen (späterer siehe Abb. 89) und viele andere Arten aus E, auch ein *Carpodacus erythrinus* und ungewöhnliche Zahlen von *Tringa totanus*, *T. hypoleucos* und *Philomachus pugnax*. Die Kaltfront rückte nach N und NE weiter; zyklonaler Einflug von gut 500 *Larus canus* aus W-Zentralnorwegen folgte. Nach WILLIAMSON 1955.

druck im N kann ferner südlich davon Ostwind eine breite Front östlicher Vögel westwärts führen, so daß es, wie Anfang Oktober 1951, zu einer wahren Lawine von Rotkehlchen im östlichen Großbritannien kommen kann (Abb. 92). Die besten Masseneinfälle auf Fair Isle und auf Isle of May (Firth of Forth) gibt es dann, wenn sich über Skandinavien ein Hoch entwickelt und östliche kalte Winde zu den Britischen Inseln strömen. Ein Jahr mit sehr ausgeprägten antizyklonalen Lagen im Herbst wie 1958 kann England aus dem Osten her mit ungewöhnlichen Gästen überschwemmen. Eine solche Drift brachte in der Nacht des 7./8. Oktober 1954 mindestens 5000 Rotdrosseln aus Skandinavien nach Fair Isle. Es handelte sich hier um die Festlandsrasse (*Turdus i. iliacus*), während eine zyklonale Drift am 11. Oktober 1956 500 Rotdrosseln aus Island (*T. i. coburni*) herführte (Abb. 93). — So können je nach Druckverteilung sehr verschiedene Bedingungen den Raum um Großbritannien beherrschen. Da die Zyklonen und Antizyklonen gewisse Bahnen bevorzugen, lassen sich auch die möglichen Zugströme in ungefähren Driften angeben (Abb. 94). Sie bedeuten aber nur eine grobe Annäherung an die Wirklichkeit, und WILLIAMSON lehnt es ausdrücklich ab, hier von

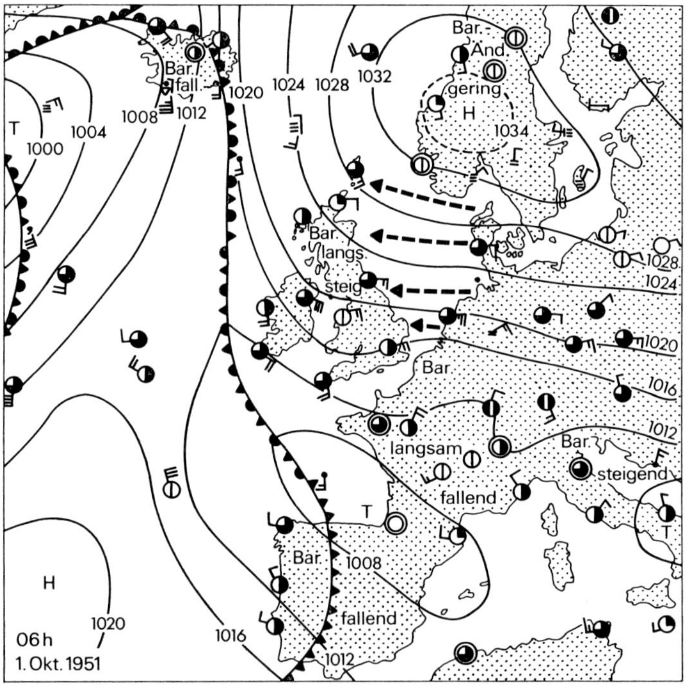

Abb. 92. Südlich eines ausgedehnten skandinavischen Hochs, das sich in den vorausgehenden Tagen westwärts bewegt hatte, führt ein leichter bis mäßiger Ostwind zu einer wirkungsvollen Nordseedrift von *Erithacus rubecula* und anderen Arten; *Phylloscopus inornatus* erscheint auf Fair Isle. (1. Okt. 1951, nach WILLIAMSON 1955, siehe auch JENKINS 1953).

„Zugstraßen“ oder Zuglinien zu sprechen. Diese Vielfalt macht es verständlich, warum die Britischen Inseln so viele Besucher — regelmäßige bis seltene Durchzügler und eine Vielzahl von Irrgästen — aus weiten Teilen der Nordhalbkugel empfangen.

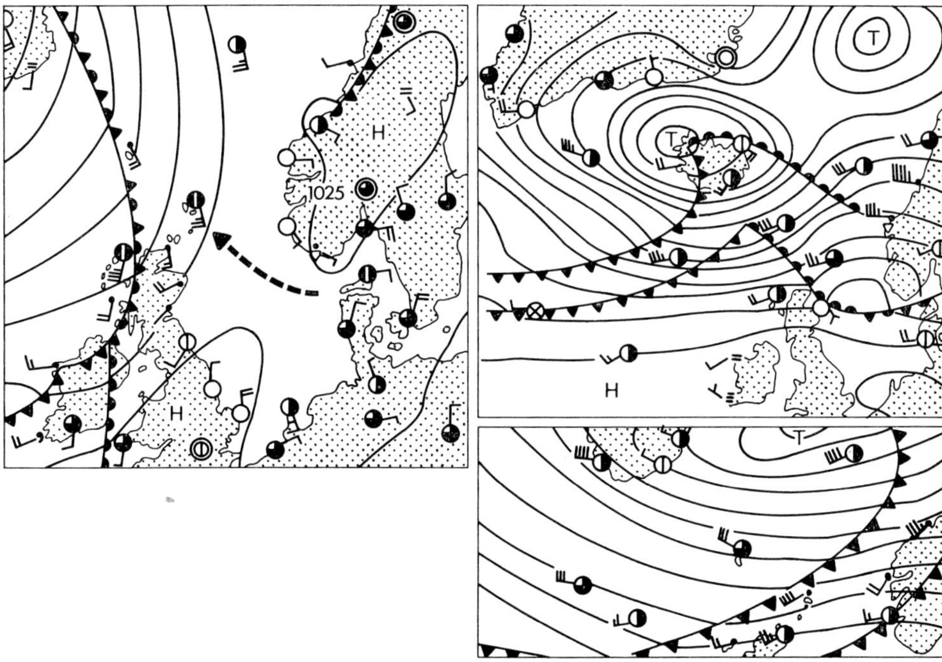

Abb. 93 (*Links*). Antizyklonale Drift zu den Inseln nördlich von Schottland am 7./8. Oktober 1954 (Mitternacht). Auf Fair Isle fanden sich am Morgen 5000 Rotdrosseln der *kontinentalen* Rasse. Nach Williamson 1958. — (*Rechts*, Karten vom 11. Oktober 1956, 12 h und 24 h). Zyklonale Drift, wahrscheinlich von S-Grönland her, bringt zum 12. Oktober 1956 500 *Island*-Rotdrosseln nach Fair Isle, auf Grund westlicher Winde im Zusammenhang mit einem am 11. Oktober Island langsam ostwärts querenden Tief. Nach Williamson 1958.

Auch in Nordamerika sind die Zusammenhänge zwischen Druckverteilung und Vogelzug eingehend studiert worden. Die Zugweise etwa von Arten der Waldsänger (*Parulidae*, F 5) ist zum Teil verwickelt, im Zusammenhang mit historischen Ausbreitungsvorgängen, aber deutlich auch als Einfügung in das Schema der atmosphärischen Zirkulation mit entsprechenden Winden. Diese verlaufen über dem Golf von Mexiko überwiegend östlich oder südöstlich (ausgenommen nach Kaltfrontdurchzug, wobei die Heimwanderung ohnehin gebremst ist). Es drängt sich der Schluß auf, daß die Entwicklung hier in vielen Fällen aus gleichmäßigen „schiebenden“ Luftströmungen Nutzen gezogen hat. Darüber hinaus begünstigt „stable air“ den Zug (Raynor).

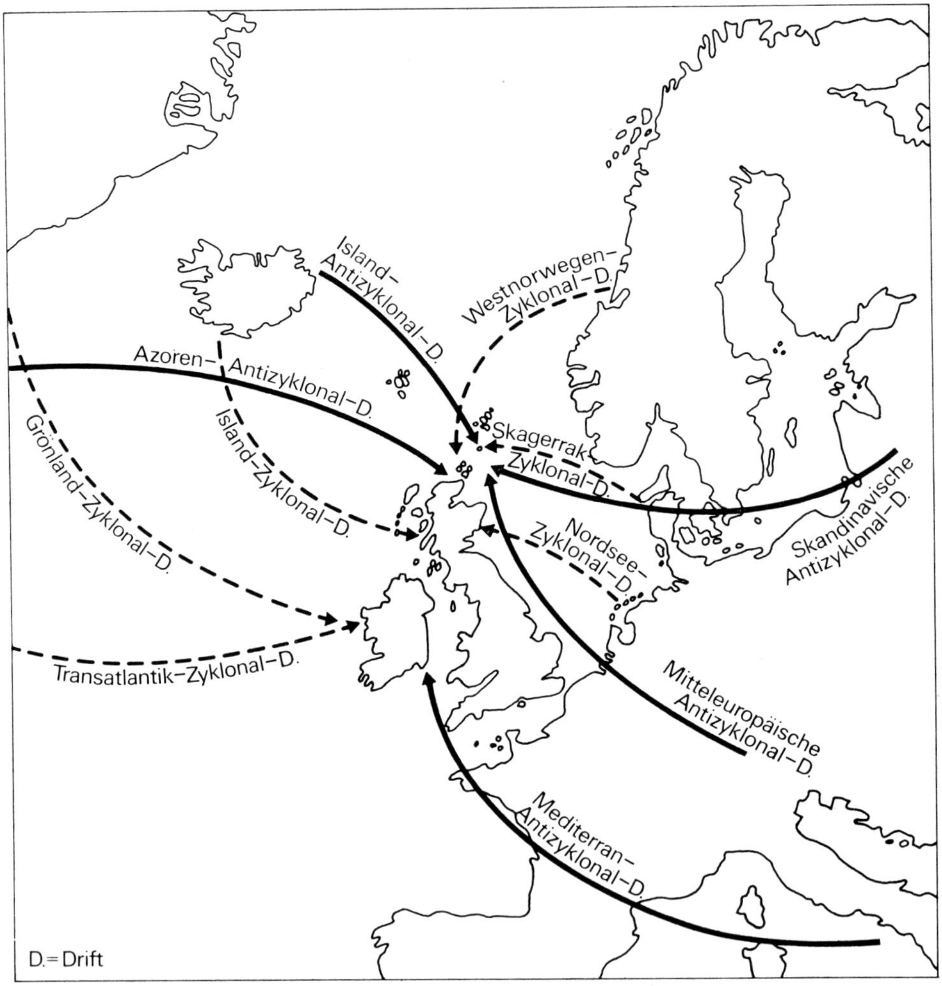

Abb. 94. Skizze zyklonaler und antizyklonaler Zugdriften mit Benennung nach dem Schema der Druckverteilung im weiteren Bereich der Britischen Inseln. Diese Linien sind nicht als feste Straßen, sondern nur als Annäherungen zu verstehen. Der zyklonale Zustrom entspricht dem NE-Vordringen des Atlantiktiefs nach Island und zum Nordmeer (Abb. 93 rechts); er bringt zunächst Limikolen und gelegentlich Sperlingsvögel aus Amerika, dann Ammern und Gänse aus Grönland und schließlich Islandvögel. Nordseedepressionen mit zum Teil östlichen und südöstlichen Winden vor ihren Fronten ziehen gelegentlich nordwärts (Abb. 91). Das Azorenhoch bringt bei NE-Erstreckung mit westlichen und nördlichen Luftströmen an seiner N- und E-Seite Grönland- und Islandvögel (Abb. 89). Die östlichen Strömungen unter einem kontinentalen Hoch, besonders über Skandinavien, liefern die überhaupt stärksten Driftbewegungen (Abb. 92, 93 links). Nach WILLIAMSON 1955.

e. Hochseevögel und Rückenwind

Daraus und aus der Darstellung der zyklonalen und antizyklonalen Driften in NW-Europa läßt sich der Schluß ziehen, daß dem *Rückenwind* in irgendeiner Form beim Zug eine ganz große Bedeutung zukommt. Tatsächlich lassen sich genug Beispiele anführen dafür, daß Rückenwind eine wesentliche Hilfe beim Zug darstellt. Das kann man jedenfalls von *weitwandernden Ozeanbewohnern* sagen (D 15). Wir führen hier die auf antarktischen Inseln brütende Buntfüßige Sturmschwalbe (*Oceanites oceanicus*) an (Abb. 54, auch E 5). Sie wandert alljährlich rund 12000 km nordwärts, gefördert vom SE-Passat, von äquatorialen Ostwinden und von südöstlichen Winden vor der Westküste des Nordatlantik. Der Überwinterung im Nordsommer nördlich von 40° N folgt der Heimzug südwärts in der Osthälfte des Atlantik, begünstigt durch die dort herrschenden NW- bis N-Winde. Südlich des Äquators werden ab Kap Sao Roque an der südamerikanischen Küste Winde aus NE genützt. Wie gezeigt (D 15), macht auch der Große Sturmvogel (*Puffinus gravis*), Brutvogel auf einer Insel der Tristan-da-Cunha-Gruppe im Südatlantik, bei seinem 90 Breitengrade umfassenden Zug von dem herrschenden Windsystem Gebrauch.

f. Inlandverdriftung von Seevögeln

Nun werden die Vögel keineswegs immer vom Wind in einer erwünschten Weise getragen. Sie können ein hilfloser Spielball von Luftströmungen werden und erscheinen dann als Irrgäste in ihnen völlig fremden Räumen, also etwa Hochseevögel tief im Binnenland. Das gilt besonders für den Osten Nordamerikas, da dort alljährlich zwischen Juli und November einige Hurrikane N- bis NE-wärts ziehen. Bei Bahnen in Küstennähe kommt es nicht selten vor, daß südliche Vögel weit im N gefunden werden, etwa Tropikvögel (*Phaëthon*) wohl von Westindien her nördlich bis nach Neu-England, ferner Seevögel weit von der Küste im Binnenland. Man hat beobachtet, daß solche Vögel (wie auch entsprechende Insekten, z. B. Schmetterlinge) sich nur in dem durch windschwaches, heiteres Wetter ausgezeichneten Mittelpunkt, dem „Auge des Orkans“, halten, dagegen nicht in dem Unwettergebiet ringsum gefunden werden. Es gibt ein eindrucksvolles Beispiel auch für Sturmversetzungen nördlicher Hochseevögel ins Binnenland und nach Süden. Der Krabbentaucher (*Alle alle*) überwintert im NW-Atlantik hauptsächlich vom S her bis zum NE von Neufundland, scharf gegen den Golfstrom abschneidend, da er das Plankton der kalten Gewässer braucht. Solche Vögel werden unter bestimmten Bedingungen vom Sturm bis zu 100 km und noch weiter landein getrieben. Die größten Masseneinfälle dieser Art fanden 1871, 1932 und 1950 statt. Im November 1932 vollzog sich die Katastrophe von Kanada bis Florida, selbst auf Kuba, hauptsächlich in Neu-England, New York und New Yersey. Die ersten Ankömmlinge waren noch gut genährt, doch schon nach 24 Stunden kamen erschöpfte und ausgehungerte Stücke, da die Reservestoffe sehr schnell aufgebraucht werden. Möglicherweise hatte ein Tiefergehen des Planktons bei starkem Seegang die Notlage verschärft. Winterstürme aus Osten gibt es an der nordamerikanischen Küste alljährlich, und es ist noch nicht recht geklärt, was gerade zu dieser Massenversetzung geführt hat. Vielleicht müssen die Bestände durch langanhaltende Wasser- und Windbewegungen entsprechender Art ungewöhnlich küstennah gebracht sein, wenn es zu solchen vernichtenden Verdriftungen kommen soll. — Auch in Japan kennt man Massen-Inlandverdriftungen von Seevögeln wie Sturmtauchern (*Procellaria leucomelas*) im November 1965. In Europa sind sturmbedingte Versetzungen anscheinend seltener. Immerhin erlebte Mittel-, Nord- und Westeuropa im Herbst 1963 als Ergebnis von Sturmverdriftung einen ungewöhnlichen Masseneinfall von insgesamt 14 an die See, auch Hochsee, angepaßten Arten. Der Krabbentaucher (siehe oben) erschien in England usw. nach schweren Stürmen mehrfach, so im Februar 1950, in Massen, auch bis 400 km landein.

g. Übersee-Verdriftung von Landvögeln

Dafür gibt es anschauliche Beispiele. Ein Kälteeinbruch in NW-Europa am 19. Dezember 1927 führte zu einem Massenstrom britischer Kiebitze nach Irland. Die am Abend des ersten Frosttages losziehenden Kiebitze gerieten (in 300 m Höhe) in einen Ostwind von 90 km/h, wozu die Eigengeschwindigkeit von etwa 70 km/h hinzuzurechnen ist. Die Vögel wurden offenbar teilweise an Irland vorbeigerissen, um erst nach einer Strecke von 3500 km in 24 Stunden Flug wieder anzulanden, nämlich in Neufundland. Darunter befand sich auch ein im Frühjahr in Cumberland jung beringtes Stück. Die an den Küsten Neufundlands und Labradors anlangenden wohl 500 bis 1000 Kiebitze waren so mager, daß die Eskimos sie als Speise verschmähten. Auch zwei europäische Bläßhühner hatten sich eingestellt, und Bekassine und Zwergschnepfe (*Lymnocryptes minimus*) wurden bei dieser Gelegenheit zum ersten Mal auf dem amerikanischen Festland nachgewiesen. Transatlantik-Verdriftungen von W nach E sind noch häufiger (siehe E 5 h). — Hier wären noch zahlreiche Beispiele anzufügen. Die britische Ostküste erhält bei entsprechenden Wetterbedingungen bisweilen einen Masseneinfall skandinavischer Vögel weit über den normalen Zustrom hinaus. Die Vogelwelt Islands und Grönlands ist offenkundig durch Verdriftungen vom europäischen Festland her wiederholt bereichert worden. — Bei der Verdriftung kann außer Schwierigkeiten im Nahrungserwerb auch die übermäßige körperliche Inanspruchnahme verhängnisvoll sein. Für die erwähnten Kiebitze war es noch gut abgegangen.

h. Abdriftkompensation

Nun muß Verdriftung nicht, wie beschrieben, ein völliges Ablösen von der Primärrichtung bedeuten („disoriented drift“ der Engländer), sondern es handelt sich wohl in der Regel nur um eine nicht allzuweite Versetzung (lateral displacement). Sie erfordert eine *Abdrift-Kompensation*. Ein solcher Ausgleich ist möglich, ja sogar ein regelmäßiger Vorgang, den man als *Rück-Orientierung* (Redetermined Migration) bezeichnet. BERGMAN (1964) hat sie für die von S in Finnland einfliegenden Kraniche beschrieben (S. 101). EVANS hat dem Thema für den Zug Skandinavien—Nordsee—Großbritannien mehrere Arbeiten gewidmet; siehe auch LACK 1969. Bei Tag ziehende Vögel dürften diese Korrektur gut bewältigen; schwieriger ist die Orientierung wohl für die Nachtzieher, um die es sich bei den britischen Gästen großenteils handelt (Orientierung siehe K I 2 und K II 4 c).

i. Das Beständigkeits-Moment

Man ist oft versucht, die Windrichtung für einen ausschlaggebenden Zugfaktor zu halten. Das gilt nicht oder nur sehr bedingt, wie wir sahen. Dagegen ist offenbar eine gewisse Konstanz der Luftmassen und damit der Luftströmungen wichtig. GRABER (1968) folgerte dies im Hinblick auf den Zug nordamerikanischer Weichfresser, die nicht durchweg aus der Windrichtung Nutzen ziehen können, aber mit Luftströmen von einer gewissen Verläßlichkeit rechnen können. Da sich in Nordamerika die atmosphärische Zirkulation seit Beginn des Pleistozäns bis auf Westwärtsausdehnung und Intensivierung der gemäßigten Zone während der Glazial-Maxima nicht beträchtlich geändert haben dürfte (WILLET 1953), dürften die Arten bzw. Populationen auf bestimmte Reaktionen gegenüber den Wetterbedingungen gezüchtet worden sein. In der Alten Welt denke man an die Beständigkeit der Nordwinde im Bereich der Levante von Mai bis Oktober, und auch in Ägypten herrschen nördliche Winde vor, hier übrigens auch im Frühjahr. So dürfte in gewissen Gebieten und für gewisse Arten die Luftmassenverteilung ein beim Zug wesentlicher Faktor sein.

k. Aufwind-Bedarf der Segelflieger

Für Segelflieger ist Aufwind auch beim Zug von besonderer Wichtigkeit. Störche und breitflügelige Greifvögel lassen sich in thermischen Aufwinden ohne Flügelschlag kreisend emportragen, um im Ruder- oder Gleitflug Anschluß an das nächste Aufwindfeld zu nehmen. Der Weg solcher Zugvögel besteht also in einem Streben von Aufwind-Kamin zu Aufwind-Kamin, und es ist eine Frage der Konstitution, in wie hohem Maße eine solche Gelegenheit ausgenützt wird. RUDEBECK dürfte es richtig treffen, wenn er — unter geeigneten Bedingungen — beim Mäusebussard 90%, beim Wespenbussard 60 bis 80% und beim Sperber 15 bis 30% des Durchzugs dieser thermisch gerichteten Zugweise zuschreibt. Segelflieger besonders ausgeprägter Art sind Weiß- und Schwarzstorch. Sie sind dementsprechend eng an Landmassen gebunden, über denen am Tage ganz anders als über See aufsteigende Luftströmung herrscht. — Auch Aufwind am Luvhang von Dünen (Kurische Nehrung) oder Gebirgszügen (Hawk Mountain in Pennsylvanien, ferner am Bosporus) übt auf alle Segelflieger eine große Anziehungskraft aus; an solchen Stellen bilden sich berühmte Massenzugwege für Segelflieger (vgl. E 6 b).

1. Aufwind als Nahrungsspender

Frontenartig in S- und SE-England eindringende kühle Seebrisen bilden mit der herrschenden Luftströmung in Küstennähe Konvergenzzonen, in denen aufsteigende Luft Insekten in die Höhe bringt und hier konzentriert. In diesen Schichten halten sich Mauersegler mit Vorliebe auf. Die Erscheinung ist im Juni am häufigsten; sie hat mit Zug wohl nichts zu tun (Simpson).

Bellrose 1967 (B III 4) — Bergman 1964 (D 12) — Freuchen & Salomonsen 1958 (E 1) — Graber 1968 (B III 3) — Lack 1960 (H vor H 1), 1963 (E 11, H 1) — Lack & Williamson 1959 (E 6) — Lowery & Newman 1966 (F 5) — Mueller & Berger 1967 (E 6) — Oelke 1967 (B III 1) — Parslow 1969 (E 11) — Roberts 1940 (E 5) — Seilkopf 1962 (E 11) — Tinbergen 1949 (A).

Allen, F. H. (1939): Effect of Wind of Flight Speed. Auk 56: 291—303.

Bagg, A. M. (1967): Factors affecting the occurrence of the Eurasian Lapwing in Eastern North America. Living Bird, Sixth Annual, Cornell Lab.: 87—121.

Bergman, G. (1941): Zur Frage der Abdriftskompensation des Vogelzuges. Ornis Fenn. 41: 106—110.

Bourlière, F. (1946): Notes biologiques sur les oiseaux de l'Atlantique Nord. Oiseau 16 N. S.: 42—60.

Dien, J., & H. Ringleben (1966): Der Einflug pelagischer Vogelarten nach Deutschland im Herbst 1963. Vogelwarte 23: 181—190.

Dinnendahl, L. (1954): Nächtlicher Zug und Windrichtung auf Helgoland. Vogelwarte 17: 188—194.

Evans, P. R. (1966): Migration and orientation of passerine night migrants in northeast England. J. Zool., London, 150: 318—369.

Geyr v. Schweppenburg, H. (1931): Zug bei starkem Gegenwind. Vogelzug 2: 110—113. — (Ders. 1933): Gegenwindzug? J. Orn. 81: 399—407. — (Ders. 1962): Verkehrter Schwalbenzug gegen den Wind. Vogelwarte 21: 169—171.

Gruys-Casimir, E. M. (1965): On the influence of environmental factors on the autumn migration of Chaffinch and Starling: a field study. Arch. Néerl. Zool. 16: 175—279.

Holst, E. v. (1931): Nochmals: Vogelzug und Gegenwind. Vogelzug 2: 163—166.

Jenkins, D. (1953): Migration in Late September and Early October 1951. Brit. Birds 46: 77—98, 121—123.

Koch, J. C. (1934): Vogelzug unter dem Einfluß von Leitlinie und Windrichtung. Vogelzug 5: 45—52.

Kuroda, N. (1966): A mass inland drift of Streaked Sherwaters over Kanto plain in November 1965. Misc. Rep. Yamashina Inst. Ornith. 4 No. 25: 388—396.

Lack, D. (1969): Drift Migration, a correction. Ibis 111: 253—255.

Lewis, H. F. (1939): Reverse Migration. Auk 56: 13—27.

Lorenz, K. (1933a): Beobachtetes über das Fliegen der Vögel ... J. Orn. 81: 107—236. — (Ders. 1933b): Fliegen mit dem Wind und gegen den Wind. J. Orn. 81: 596—607.

Murphy, R. C., & W. Vogt (1933): The Dovekie Influx of 1932. Auk 50: 325—349.

Phillips, A. R. (1951): Complexities of migration: A review. Wilson Bull. 63: 129—136.

Putzig, P. (1938): Beobachtungen über Zugunruhe beim Rotkehlchen. Vogelzug 9: 10—14.

Reynor, G. S. (1956): Meteorological variables and the northward movement of nocturnal land birds. Auk 73: 153—175.

Simpson, J. E. (1967): Swifts in sea-breeze fronts. Brit. Birds 60: 225—239.

Snyder, D. E. (1953): A Great Flight of Dovekies (*Plautus alle*). Auk 70: 87—88.

Tinbergen, N., en J. J. Zijlstra (1952): Vogeltrek over de Zuidersee. Vogeltrek-station Texel, Jaarverslag: 10–16.
Tinbergen, L. (1941): Over de Trekwegen van Vinken. Ardea 30: 42–73. – (Ders. 1950): Der geheime Finkenzug. Orn. Beob. 47: 162–170.
Ulfstrand, S. (1960): Some Aspects on the Directing an Releasing Influence of Wind Conditions on Visible Bird Migration. XII Int. Orn. Congr. Helsinki 1958: 730–736.
Williamson, K. (1955): Migrational Drift. Acta XI Congr. Int. Basel 1954: 179–186. – (Ders. 1958): Autumn Migration of Redwings into Fair Isle. Ibis 100: 582–604. – (Ders. 1959): The September Drift-Movements of 1956 and 1958. Brit. Birds 52: 334–377.

3. Wolken und Niederschläge

Wolken und Niederschläge können den Zugvogel behindern. Er geht im allgemeinen schon in dünnes Gewölk ungern und meidet dichtes Regengewölk weitgehend. Wenn nächtliche Zugvögel in Regengebiete, also etwa in die Niederschläge entlang einer Kaltfront, geraten, kann es zu einem Masseneinfall der Wanderer kommen. Außer der Erschwerung der Sicht kann die Durchnässung des Gefieders stören. Auch Nebel kann behindern, mit der Einschränkung, daß flacher Bodennebel und niedrige Nebelbänke, selbst Hochnebel, überflogen werden können; man vernimmt dann die Stimmen der Überhinziehenden.

Zugvögel sind bemüht, entsprechenden Wetterlagen auszuweichen; siehe etwa den Einzelfall 21 in Abb. 7 (B III 5 a). Hier noch ein weiteres Beispiel. 1935 war ein hervorragendes Invasionsjahr des Rauhfußbussards auf der Kurischen Nehrung; wir konnten 320 Stück fangen und 71 Wiederfunde von Ringvögeln erzielen. Zwei am 18. November in Rossitten aufgelassene Stücke wandten sich weder küstenlängs noch landeinwärts, sondern wurden am 20. November 9 Uhr früh auf Öland und am 21. November bei Stockholm gefunden (Abb. 95). Seilkopf konnte ihre Wanderung aus der Wetterlage erklären (Abb. 96): Warmluftmassen auf der Vorderseite eines englischen Tiefs glitten zwischen Südnorwegen und Weichsel bis Ostpolen auf bodennahe Kaltluftmassen eines nordrussischen Hochs auf und schufen ein ausgedehntes Schlechtwettergebiet (niedrige Wolken, Nieselregen, schlechte Sicht). Das Luftdruckgefälle war erheblich, und es herrschte am 19. November über der östlichen Ostsee in 10 bis 20 m Höhe ein SE-Wind von 55 km/h. Das überraschende Abbiegen der beiden Rauhfüße aus der südwestlichen Zugbahn bedeutete offenkundig ein Ausweichen vor der Schlechtwetterzone: der starke SE-Wind im Raum Ostpreußen–Schweden dürfte diese Bewegung begünstigt haben. Die andere Ausweichmöglichkeit hätte nach SE gewiesen, wo in Polen heiteres Wetter bei nur leichten Frösten herrschte. Gegen den Weg nach SE sprachen der starke Gegenwind und der leichte Frost im Osten.

Die im ersten Absatz aufgestellte Regel muß indes eingeschränkt werden: Es gibt durchaus Fälle, wo ziehende Vögel durch aufkommendes Gewölk und sogar Sturm sich nicht abhalten lassen. Indes wird sich dieses Verhalten auf Umstände beschränken, wo die Vögel unter einem gewissen Zwang stehen, wie etwa die Drossel 7 in Abb. 7 (B III 5 a), die sich beim Einbrechen des schlechten Wetters über dem Michigansee befand und also nicht ohne weiteres herunterkommen konnte.

Eine Schneedecke entzieht vielen Vogelarten die Nahrung, sowohl pflanzliche wie unter Umständen auch tierische (siehe H 2 und G 24). Offenbar stellt aber vielfach nicht erst diese Behinderung, sondern der allgemeine Temperaturrückgang den Auslöser für die Frostflucht (Winterflucht).

Hagel kann Vögel schädigen und sogar töten, unter Umständen zahlreich; nicht nur in der Heimat, sondern auch auf dem Zug und selbst im Winterquartier, besonders wenn dort in Hochlagen Hagelstürme schwere Formen annehmen können. Das weiß man vor allem vom Drakensberg, wo zum Beispiel einmal gegen 500 vom Hagel erschlagene Weißstörche gefunden wurden. Am 15. Oktober 1960 tötete in Neumexiko ein halbstündiges Hagelwetter über 1000 Kanada-Kraniche (*Grus canadensis*). Am 19. Juli 1967 wurden in der Eifel mindestens 300 Kiebitze Opfer von Hagelschlag.

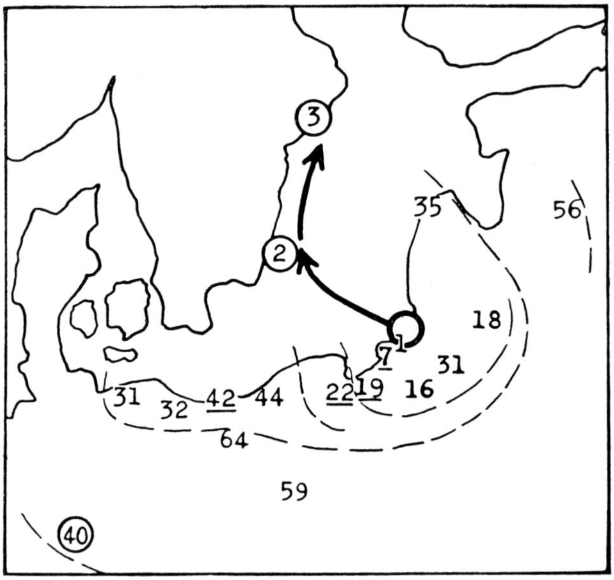

Abb. 95. Rauhfußbussard: Verbreitung der Funde Rossittener Durchzügler, Invasion November 1935. Jede Zahl entspricht einem Fund; sie nennt die Zahl der Tage, die zwischen der Freilassung auf der Kurischen Nehrung und dem Nachweis verstrichen sind. Die Strichellinien bedeuten Grenzen von 20, 30, 35 und 40 Tagen. Hier wesentlich ist der eigentümliche Vorstoß zweier Vögel vom 18. November 1935 nach N über See; sie erscheinen nach zwei Tagen auf Öland und nach drei Tagen bei Stockholm! Die unterstrichenen Zahlen beziehen sich auf Freilassungen am 17., die eingekreisten auf Freilassungen am 18. November 1935 (Schüz 1949).

Cochran et al. 1967 (B III 5a) — Kuhk 1956 (D 11) — Niethammer 1967 (D 3) — Schüz 1949 (G 26), 1960 (D 11).
Merrill, G. W. (1961): Loss of 1,000 Lesser Sandhill Cranes. Auk 78: 641—642.

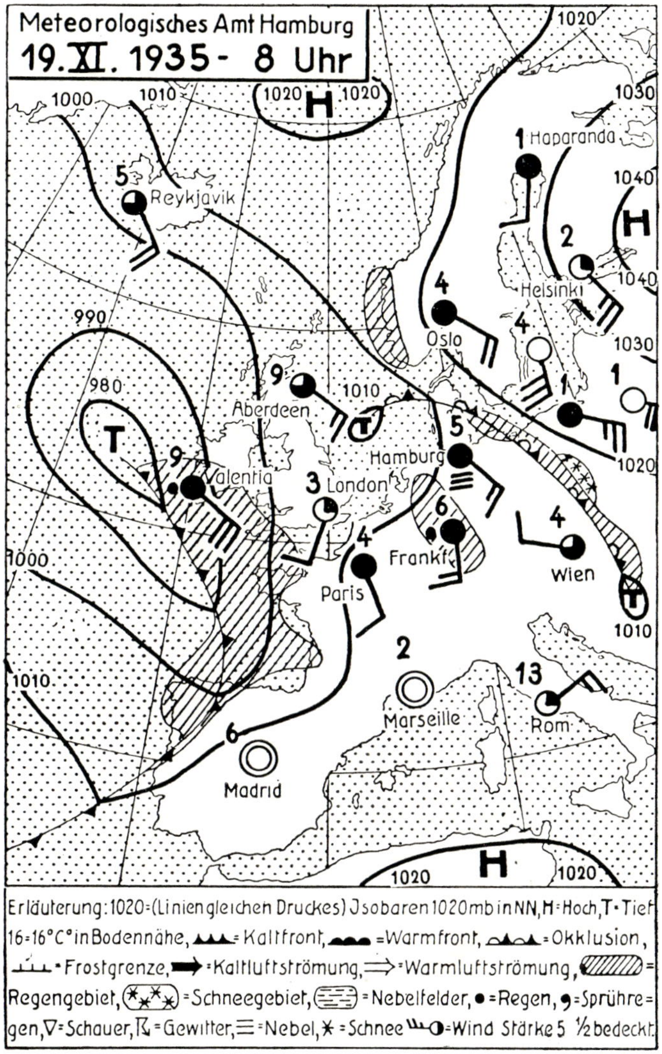

Abb. 96. Wetterlage zur Zeit des ganz regelwidrigen Zugs von zwei Rauhfußbussarden – Durchzüglern der Kurischen Nehrung – nordwärts über die Ostsee nach Schweden (siehe Abb. 95 und Text; H. Seilkopf).

4. Einfrieren und Vereisung

Bei Frost rastende Wasservögel, vor allem die schwer auffliegenden See- und Lappen-Taucher, können gelegentlich an der Wasseroberfläche regelrecht einfrieren und so den Tod finden. Außerdem können unterkühlte Wassertröpfchen in Nebel und Wolken und vor allem unterkühlter Regen fliegenden Vögeln zum Verhängnis werden, denn sie vereisen unter diesen Umständen ebenso wie ein Flugzeug. Wenn im Frühjahr z. B. an der Kurischen Nehrung bisweilen Abertausende von toten Vögeln angeschwemmt werden, so sind sie wahrscheinlich von diesem Geschick ereilt. Fischer sahen, wie Vögel sich auf dem Bootsrand niederließen und sich die Eisklümpchen vom Gefieder zu picken suchten. Und einmal wird berichtet, wie 160 km von der Connecticut-Küste aus einer Hochnebeldecke in 70 m Höhe etwa 50 große Vögel — wohl Seetaucher — herabgingen. Einer fiel auf ein Schiffsdeck und erwies sich als völlig mit blankem Eis überzogen, so daß er seine Flügel nicht mehr anziehen konnte und auch der Hals ganz steif war (MEINERTZHAGEN)

5. *Luftdruck*

Der Barometerstand ist zwar ein wichtiger Indikator im Wettergeschehen, doch übt der Luftdruck selbst (falls nicht die Höhenlage wesentlich geändert wird) offenkundig keinen direkten Einfluß auf den Vogel aus. Bei seiner Lebensweise könnte eine gewisse Unempfindlichkeit herausgezüchtet worden sein. Bemerkenswert und nicht erklärbar ist allerdings eine Parallelität von Heimkehrleistungen im Experiment und dem Luftdruck in hohen Luftschichten (K III 5 d).

6. *Luftelektrische Erscheinungen*

Katastrophenflüge von Brieftauben (8. 8. 1948, 27. 5. 1951) fielen schon mit starker Sonnenfleckenaktivität zusammen, doch könnte das Zusammentreffen des damaligen schlechten Wetters mit dem Ionosphärensturm ein Zufall und der Mißerfolg nicht der Strahlung, sondern Sturm und Regen zuzuschreiben gewesen sein (SEILKOPF 1951).

Merkwürdig ist die Empfindlichkeit von Zugvogelscharen gegen Ultrakurzwellen von Radiosendern. 100 bis 300 m hoch fliegende Krähen, Möwen, Gänse, aber auch Feldlerchen, können, aus 1 bis 2 km Entfernung von dieser Strahlung getroffen, ihren gleichmäßigen Flug unterbrechen und auseinanderstieben (DROST 1949). Der Versuch, Rotrückenwürger auf Wellen von 57,7 cm Länge und 3—6 W zu dressieren, mißlang. Allerdings waren diese Wellen kontinuierlich gesandt, während Radar Impulse von wenigen μ sec Dauer sendet (KRAMER 1951, SCHWARTZKOPFF 1950). Es ist möglich, daß die Tastfrequenz (Unterbrecherfrequenz) des Radar von 1000 Hz auf die Gleichgewichts- und Bewegungsorgane als Rezeptoren größter Empfindlichkeit wirkt (Elektrophoneffekt).

Dagegen nimmt man an, daß Menschen auf elektromagnetische Impulsstrahlung im Längstwellengebiet ansprechen können: „Wetterfühligkeit“, Empfindlichkeit von Operationsnarben, Anfälligkeit von Patienten bei bestimmten Wettertypen. Man hat hier sogar eine Reaktion bei Mikroorganismen festgestellt. Diese Impulse, „Atmospherics“, „Spherics“, sind Entladungen innerhalb des von Erdoberfläche und Ionosphäre gebildeten Hohlraumresonators. Sie lassen sich auf sehr große Entfernungen (etwa bis

3000 km) registrieren („Fernblitze") und können je Sekunde ein- bis zehnmal auftreten, aber auch noch häufiger (bei Sturmtiefs) oder in größeren Abständen (LUDWIG et al. 1968). Man kann Atmospherics künstlich erzeugen und Goldhamster damit in eine Art Winterschlaf, umgekehrt bei starker Erhöhung des statischen Anteils der Folgefrequenz in einen Bewegungssturm versetzen. Gesunde Menschen reagieren nicht, wohl aber vegetativ labile, die je nachdem eine Art Benommenheit zeigen. Sollten Vögel gerade beim Zug auch einem solchen Einfluß unterliegen können? Wirkliche Beweise fehlen, doch gibt es Anhaltspunkte, die noch weiter zu prüfen sind.

Die besonders rege Zugtätigkeit des Großen Brachvogels an Gewittertagen ist auffallend. PALMGREN und Mitarbeiter in Helsingfors haben erstmals einen Ablauf aufgedeckt, der in diesen Zusammenhang gehören könnte. Im Fall von zwei sehr eindrucksvollen Zugstößen im April 1936 und 1938 war gleichzeitig ein Tief durchgewandert. Nach dem Bearbeiter schieden Luftdruck- und Temperatur-Wechsel als antreibend aus, und so folgerte er, daß die Änderung des luftelektrischen Feldes und der Ionisierung der Atmosphäre eine Rolle spielten. Bemerkenswert auch ein Fall am 14. April 1939, wo die Vögel, besonders Buchfinken, schlagartig etwa 50 Minuten nach dem Erwachen abzogen, und zwar nur ein kleiner Teil in Heimzugrichtung, die Hauptmenge dagegen etwa nach SE bis SW (im Lauf des Vormittags um 90 bis 120° schwenkend). Dieser Rückzug setzte sofort nach dem Durchgang einer Warmfront mit schnell nachfolgender Kaltfront südlich des Tiefs ein. Die Temperatur war nicht gesunken, in der vergangenen Nacht sogar etwas gestiegen, und auch der Wind kam nicht als maßgeblich in Frage. In der Morgenfrühe war Schnee gefallen, der bald Regen Platz machte. Ein physiologischer Hungerzustand konnte bei den in der Morgenfrühe aufbrechenden Vögeln noch kaum eingetreten sein. Auch hier lag es nahe, luftelektrische Erscheinungen verantwortlich zu machen, bei denen eine Änderung des Gefälles die gleichsinnige Richtungsänderung im Lauf der Beobachtung an den verschiedenen Stationen erklären könnte.

Entsprechende Beobachtungen auf der Kurischen Nehrung mit ihren besonders günstigen Möglichkeiten fielen leider vor der Auswertung den Kriegsfolgen zum Opfer. Dagegen konnte in einem kennzeichnenden Fall eine ganz ähnliche Beziehung angenommen werden. Wir haben in drei Jahren im April auffällige Massenstöße heimziehender Rauhfußbussarde im Haffgebiet verfolgen können, und es ergab sich, daß jedes Mal der Kern eines Tiefdruckgebiets mit seinen Fronten vorübergezogen war; in zwei Fällen war es sogar ein von S nach N wanderndes Tief der sog. Zugstraße 5 b (Adria-Ostsee), die im östlichen Mitteleuropa besonders wetterwirksam ist. Die mit der Annäherung oder dem Durchzug der Kaltfront (bzw. Okklusion) verbundene Abkühlung für den Antrieb verantwortlich zu machen, würde für den Frühjahrszug allen Erfahrungen widersprechen, denn unter diesen Umständen pflegt ein Kaltlufteinbruch eher zu bremsen. Es ist auch hier denkbar, daß luftelektrische Vorgänge im Zusammenhang mit dem Luftmassenwechsel im Spiel sind (Abb. 97, 98).

In diesem Zusammenhang sei auf „verkrachte“ Brieftaubenflüge hingewiesen. SEILKOPF (1951) untersuchte eine Reisetaubenkatastrophe vom 27. Mai 1951 in Mittel- und Nordwestdeutschland. Es herrschte eine 5 b-ähnliche Wetterlage mit einem (wenn auch lückenhaften) Wall schlechten Wetters von Baden bis Mecklenburg. Es war nun die Frage, ob die bekannten

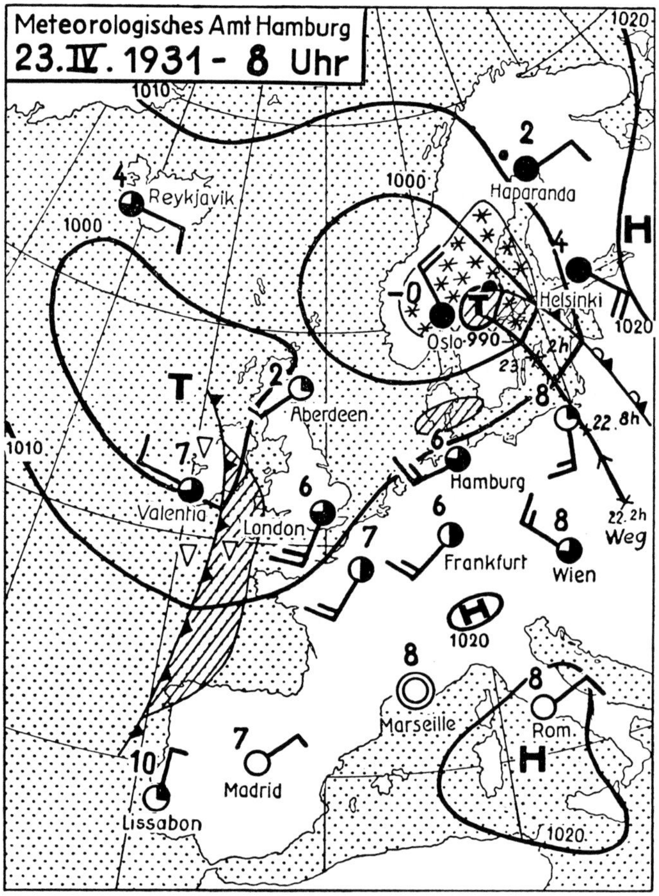

Abb. 97.

Abb. 97, 98. Die Wetterkarten an zwei Apriltagen, wo am Kurischen Haff Massenstöße des Rauhfußbussards (*Buteo lagopus*) auftraten: Am 23. April 1931 in 3 Stunden, ungewöhnlicherweise schon ab 6.15 Uhr, am Ostufer des Haffs (Agilla) 160 Durchzügler, am 18. April 1937 von 10.30 bis 11.30 Uhr auf der Kurischen Nehrung rd. 300 Bussarde, darunter 90% Rauhfußbussarde. In beiden Fällen waren soeben sehr wetterwirksame Kaltfronten durchgezogen. (Originalkarten H. SEILKOPF. Erklärung der Zeichen siehe Abb. 96.)

Schlechtwettererscheinungen — tiefhängende Wolken, Niederschläge, Winde — für sich die Zerschlagung der Flüge erklären, oder ob auch hier luftelektrische Erscheinungen im Spiel waren. Dafür könnte sprechen, daß schon eine Woche vorher Flüge mißlangen. Die Messung der langwelligen Hochfrequenzstrahlung in Hamburg zeigte schon ab 20. Mai deutlichen Anstieg und vom 23. bis 28. Mai größte Stärke. SEILKOPF konnte damit erstmals Messungen der langwelligen Strahlung verwerten. Sie beruht auf Vorgängen in Wolkensystemen, besonders Gewitterwolken, die wie ein „Funksender" wirken und die oben erwähnten Atmospherics erzeugen.

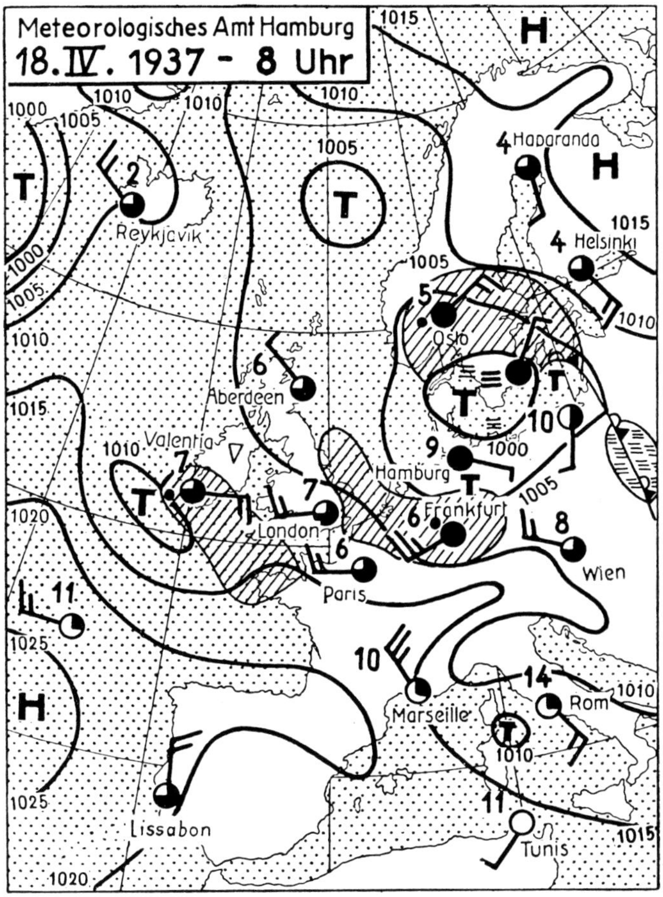

Abb. 98.

Ludwig, W., & R. Mecke (1968): Wirkung künstlicher Atmospherics auf Säugetiere. Arch. Met. Geoph. Biokl. Ser. B., 16: 251—261.

Ludwig, W., R. Mecke & H. Seelenwind (1968): Elektroklimatologie. Ebenda: 237—250.

Palmgren, P., et al. (1939): Beobachtungen über die Zugverhältnisse bei einem Wetterfrontdurchgang in Südfinnland. Vogelzug 10: 154–169.

Seilkopf, H. (1951): Die meteorologische Umwelt der Reisetauben auf den Katastrophenflügen am 27. Mai 1951. Die Reisetaube (Essen): 234–235.

Tromp, S. W. (1969): Der Einfluß von Wetter und Klima auf den Menschen. Umschau 69: 753–759.

7. Klima im tropischen Bereich

Wir begnügen uns hier mit einem Blick in das subtropisch-tropische Afrika (F 7). Der Zug der Paläarkten dort ist nicht nur auf die Landschaft, sondern auch auf die Klimafaktoren abgestellt. Die Querung der Sahara wird für den

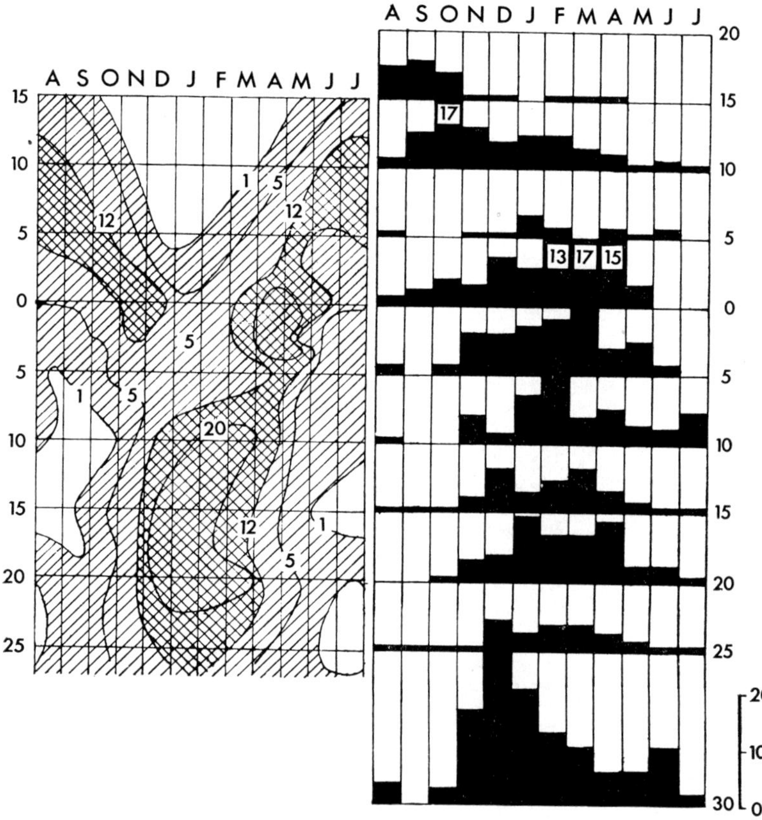

Abb. 99. (*Links*): Monatliche Regenmenge in Zentimetern im Raum der Längengrade 29 bis 33° E in Afrika. — (*Rechts*): Verteilung der Weißstorch-Ringfunde nach Monaten (August bis Juli) in derselben Längenzone. Die Säulen geben die Fundzahlen an (1 Fund = 0,75 mm). Die hohe Dezemberzahl nötigte zum Verdoppeln des Raumes 25 bis 30° N; nördlich des Äquators wurden die absoluten Zahlen dort aufgeführt, wo die Säulen nicht ausreichten. Aus Schüz und Böhringer 1950 (mit Regenmengendarstellung nach Köppen 1931).

wegziehenden Vogel durch das Vorherrschen nördlicher Winde erleichtert. Er muß aber auch beim Heimzug mit solchen rechnen; er kann ihnen in Höhen über 2000 m ausweichen und sich den Flug durch Kurs diagonal über die Wüste (SW—NE) erleichtern. Die Zugvögel treffen aus dem Norden im Raum zwischen Sahara und Äquator nach der Regenzeit ein und erleben, sofern sie hier bleiben, nun die zunehmende Austrocknung. Der Regenstorch verläßt seine dortigen Brutplätze in Scharen, so daß Weißstorch und Regenstorch sich gemeinsam in der Südhälfte Afrikas als Ruheziel ausbreiten. Südlich des Äquators erscheinen die Gäste rechtzeitig zu der Vegetationsentfaltung des Jahres, in der die einheimischen Arten brüten; beide Gruppen können in der besten Futterzeit des Jahres ihr Auskommen finden. Soweit die Paläarkten noch weiter südwärts stoßen und sich ungefähr zwischen den Längengraden 29 bis 33 E bewegen, finden sie im Dezember/Januar ebenfalls eine verhältnismäßig feuchte Zeit. Wandern sie im Februar—April nordwärts, so sind sie in Ostafrika in einem Gebiet, wo zwei deutlich ausgeprägte Regenzeiten herrschen; die „großen Regen" sind im Mai/Juni, laufen aber schon vorher an, die „kleinen" im Oktober. Der Regenstorch langt im Frühjahr, den Regen bringend, im Sudan an, der Weißstorch zieht weiter (Abb. 99).

Hier müßten auch die Bedingungen der Trockenzeitflüchter in Afrika untersucht werden, und entsprechende Probleme gibt es in anderen Tropenländern; man beachte etwa die Mitteilungen von Sick und von Koepcke über Südamerika (F 6): Auf der Santa-Elena-Halbinsel in SW-Ekuador herrscht von Mitte Mai bis Anfang Dezember rigorose Trockenheit, die durch 5 bis 6 regenreiche Monate abgelöst wird. Manche Arten verschwinden in der Trockenzeit vollständig. In den Lomas der peruanischen Küste erscheinen und brüten in der Nebelzeit eine Reihe von Vögeln, die nachher wegziehen. Schließlich ist noch Australien (F 3) ein Erdteil mit ausgeprägten Trockenzeitfluchten.

Immelmann 1960 (F 3) — Koepcke 1963 (F 6) — Moreau 1961, 1966 (D 5) — Schüz & Böhringer 1950 (D 11) — Sick 1968 (F 6).

8. Klimaänderungen und Vogelzug

Dieses Thema wurde und wird noch lebhaft erörtert. Gibt es überhaupt eine deutliche Änderungstendenz? Väisänen 1969 zitiert Lamb & Johnson 1961 (S. 398): „Die Analyse unterstützt den Schluß, daß es eine Epoche von im allgemeinen warmem Klima etwa von 1000 bis 1200 gab; ihr folgte etwa zwischen 1430 und 1850 die 1600 kulminierende „Kleine Eiszeit". Besonders drastische Stadien in klimatischem Rückgang und Wiederherstellung waren in den 1430er, 1560er, 1700- bis 1730er und 1830er Jahren". Seit 1700 verbesserten sich in Europa im ganzen vor allem die Winter; westliche Winde traten mehr in den Vordergrund besonders in den Dekaden 1700 bis 1730, 1750 bis 1770, 1790, etwa 1817 bis 1825, 1850 bis 1870, 1900 bis 1930; kalte östliche Winde setzten sich durch etwa in den 1740er,1780er 1830er Jahren, 1880 bis 1895, in den 1940ern. Über ein Ansteigen der Mai/Juli-Temperaturen in Finnland siehe Abb. 100. Die für die Nordwärtsausbreitung günstigen

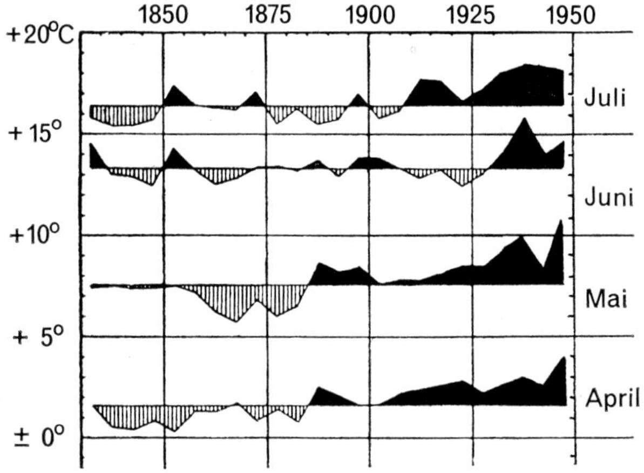

Abb. 100. Temperaturentwicklung von Frühjahr und Sommer 1831 bis 1948 in Helsinki. Aus Merikallio 1951.

Jahre waren vielfach Anlaß zu Zugprolongation (E 8). Väisänen knüpft daran Hinweise auf Populationsverschiebungen des Sandregenpfeifers (siehe L). Entsprechendes berichtete Gudmundsson über Einwanderungen in Island (Star), Kalela 1955 usw. in Finnland (Kiebitz, Abb. 137), Salomonsen in Grönland (Wacholderdrossel), um nur einige Beispiele zu nennen. Auch Berthold 1968 läßt die Möglichkeit für den Populationsaufschwung des Stars als Ergebnis oder Mitergebnis von Klimaverbesserung (auf dem Weg über Zugrückgang) offen; zahlreiche weitere Beispiele müssen übergangen werden. Für die Neue Welt gibt es ebenfalls Hinweise auf klimabedingte Expansion nach Norden (Roter Kardinal, *Richmondena cardinalis*, Beddall 1963). Moreau hat in mehreren Arbeiten (zuletzt 1969) die teilweise klimabedingten Änderungen von Vogelverbreitung und Vogelzug in Europa und besonders Afrika behandelt. Siehe weiteres in L 2.

Über dieses Thema schrieb auch Seilkopf 1951. Wir haben darüber gerade in den letzten Jahren viel diskutiert; indes ist er als kritischer Beobachter nach den Erfahrungen der letzten Zeit (brieflich) stark von der positiven Beurteilung dieser Klimaänderungen abgerückt. In diesem Sinn bestärkt mich auch der Meteorologe R. Nestle (mündlich): Es ist keine länger andauernde Tendenz zu erkennen. Als neuester Bearbeiter nennt Schindler unser Klima alles in allem, trotz zeitweiliger „Kapriolen", im Hinblick auf die letzten 200 Jahre konstant; es herrsche eine „ideale meteorologische Unordnung".

Auch wenn, wie diese Kritik zeigt, Vorsicht im Deuten kurzfristiger Zusammenhänge geboten ist, so ist an einer entscheidenden Mitwirkung des

Klimas an der Gestaltung und Verteilung nicht nur der Brutareale, sondern auch des Zuges und der Winterquartiere nicht zu zweifeln; die oben erwähnten Unterlagen (siehe auch Abb. 100) und Zusammenhänge sind offenkundig, und es wird wesentlich darauf ankommen, welche Gebiete und welche Zeiträume man im Auge hat.

Beddall 1963 (E 8) — Gudmundsson 1950 (D 2) — Kalela 1949, 1955 (E 8, D 3) — Moreau 1966 (A) — Otterlind 1954 (A) — Salomonsen 1951 (E 8).

Berthold, P. (1968): Die Massenvermehrung des Stars in fortpflanzungsphysiologischer Sicht. J. Orn. 109: 11—16.

Lamb, H. H., & A. I. Johnson (1961): Climatic variation and observed changes in the general circulation. Geogr. Annlr. 43: 363—400.

Merikallio, E. (1951): Der Einfluß der letzten Wärmeperiode (1930—1949) auf die Vogelfauna Nordfinnlands. Proc. Xth Internat. Orn. Congr. Uppsala 1950: 484—493.

Moreau, R. E. (1969): Climatic changes and the distribution of forest vertebrates in West Africa. J. Zool. (London) 158: 39—61.

Rudloff, H. v. (1967): Die Schwankungen und Pendelungen des Klimas in Europa seit Beginn der regelmäßigen Instrumenten-Beobachtungen (1670). Braunschweig.

Schindler, G. (1970): Ist unser Klima konstant? Naturwiss. Rdsch. 23: 108—109.

Schüz, E. (1964): Der Geierstein in der Schwäbischen Alb als einstige Lebensstätte von *Gyps fulvus*. Jh. Ver. vaterländ. Naturkde. 118/119: 399—426.

Seilkopf, H. (1951): Änderungen des Klimas und der Avifauna in Mitteleuropa. Beitr. Naturkde. Niedersachsens 4: 97—110.

Väisänen, R. A. (1969): Evolution of *Charadrius hiaticula* during the last hundred years in Europa. Ann. Acad. Sci. Fenn. Ser. A. IV Biol. 149.

9. Zyklonale Wetterflüge der Mauersegler

Die zyklonalen Wetterflüge des Mauerseglers (*A. apus*) sind ein besonders eigenartiges Beispiel von Schlechtwetterflucht. Es gibt Fälle großer Wanderungen, die vom Vogelzug (üblicher Begriffsfassung) zu trennen sind! Es war schon lang aufgefallen, daß der Mauersegler außerhalb der Zugzeit, besonders im Juni und Juli, in mehr oder weniger dichten, manchmal tagelang anhaltenden Flügen wandert. Die stärksten Massenwanderungen erlebt man an der Küste (Öland, Kurische Nehrung u.a.). Man weiß nun durch Koskimies, daß diese Segler auf der Vorderseite eines Tiefs nach S oder SW oder auf der Rückseite und nördlich des Tiefs nach N, jedenfalls stets gegen den Wind, fliegen und dadurch aus der nahenden Zyklone herausgelangen. Svärdson beobachtete in Stockholm unmittelbar, wie sich bei einem plötzlichen Regen 80 oder mehr Segler scharten und insgesamt gegen Regen und Wind gerichtet für den Beobachter entschwanden. Man rechnet mit 1000 km als möglicher Größenordnung des Tagesflugs, zumal das gelegentliche Massenauftreten für ein Zusammenströmen von Beständen aus einem weiten Raum spricht. Als 1947 in Ottenby (Öland) 400 durchwandernde Segler beringt wurden, ergaben sich in den zwei folgenden Sommern sechs Funde aus einem vermutlichen Brutgebiet in Skandinavien von Stockholm bis Kongsvinger, so daß sich also offenbar solche Wetterflüge (weit?) über 1000 km erstrecken können und dabei trotzdem wieder nach Hause führen.

Wahrscheinlich handelt es sich um nichtbrütende Einjährige. Die Teilnahme alter Vögel ist aber ebenfalls recht wahrscheinlich; eine Woche Abwesenheit wäre tragbar, da die jungen Segler bis zu 9 Tagen hungern können. Diese Ausweichbewegung gegenüber Schlechtwetter stellt eine großartige Anpassung eines Nahrungsspezialisten und Schnellfliegers an bedrohliche Wetterlagen dar. Dies gilt noch heute, obwohl nach LACK nur in 11 von 18 Fällen klare Flucht vor dem Tief vorlag; es genügte schon Bedeckung bei geringer Wolkenhöhe und mäßig steifem Wind, um eine solche Bewegung auszulösen. Möglich also, daß die Segler ein wohl angeborenes Reaktionsvermögen auf einfache Wetterzeichen haben. Auch HARBER erkennt für solche Flüge einen Zusammenhang zwischen ungünstigem Futterstand und Depressionsdurchgang an, auch wenn es sich oft nicht um ein Ziehen gegen den Wind nach SE rund um das Tief herum zu handeln braucht. (Über eine andere Wind-Anpassung des Mauerseglers siehe H 3 l.)

Harber, D. (1952): Mid-Season Movements of Swifts in Sussex. Brit. Birds 45: 216—218.
Koskimies, J. (1950): The Life of the Swift in Relation to the Weather. Ann. Acad. Sc. Fenn. IV, Biol. 15.
Lack, D. (1955): The summer movements of Swifts in England. Bird Study 2: 32—40.
Svärdson, G. (1951): Swift Movements in Summer. Proc. Xth Int. Orn. Congr. Uppsala 1950: 335—338.

10. Rückblick

Wir sehen, daß meteorologische Faktoren den Zugablauf fördern oder hemmen können. Dieser Einfluß hat gewisse Grenzen. Eine allzu enge Abhängigkeit von einem so veränderlichen Geschehen wie der Witterung wäre bestandsgefährdend. Indes hat das tiefere Eindringen in die Zusammenhänge die Bindung an die Wetterlage, besonders Wind und Temperatur, eher stärker erscheinen lassen, als man früher annahm. Dieses Geschehen äußert sich im wesentlichen in Steigerung, Bremsung und Blockierung von innenweltbedingten Vorgängen; auch bei der Auslösung des Zuges spricht das Wetter mit. Zu diesen mehr quantitativen Folgen kann allerdings auch Änderung oder sogar Umkehr der Zugrichtung kommen. Der Vogel muß sich ferner als passives Objekt des Windes Änderungen des Zugwegs gefallen lassen, doch ist er der Winddrift nicht ganz ausgeliefert; er ist zu Korrekturen imstande. Es gibt Hinweise, daß längstwellige elektromagnetische Impulsstrahlung zu auffälligen Zugerscheinungen führen kann.

J. Physiologie des Vogelzugs[1]

Von PETER BERTHOLD

I. Einführung

Das vorliegende Kapitel soll in die Problematik und Methodik der Physiologie des Vogelzugs einführen und einen kurzen allgemeinen Überblick über die bisherigen Ergebnisse dieses Forschungsgebiets geben. Im Rahmen dieses Buches ist eine Beschränkung in den Quellenangaben unbedingt erforderlich, da bis heute weit über 1000 zugphysiologische Publikationen vorliegen. Ältere Untersuchungen spezieller Probleme werden — unter Nennung der wichtigsten Autoren — weitgehend summarisch behandelt. Sie können nach der hier folgenden Liste zusammenfassender Darstellungen der Physiologie des Vogelzugs aufgeschlüsselt werden. Nur neuere Untersuchungen (im wesentlichen nach 1960), die noch nicht oder wenig in zugphysiologischen Übersichtsarbeiten behandelt sind, werden jeweils am Ende der einzelnen Abschnitte vollständig zitiert. Übersichtsarbeiten der nachfolgenden Aufstellung werden am Schluß der Einzelabschnitte nicht mehr aufgeführt.

Das Arbeitsgebiet der Zugphysiologie umfaßt

1. die physiologischen (vor allem stoffwechselphysiologischen) Erscheinungen, die den ziehenden Vogel befähigen, den Belastungen des Zugs standzuhalten und den Zug zu überstehen,
2. die physiologischen Vorgänge im Vogel, die — allein oder im Zusammenwirken mit Umweltfaktoren — die Auslösung, Durchführung und Beendigung des Zugs bewirken,
3. die physiologischen (vor allem sinnes-, aber auch neurophysiologischen) Erscheinungen, die die erforderliche Orientierung beim Zug gewährleisten (Kapitel K).

Zusammenfassende Literatur: Siehe A (S. 3): Bernis 1966 — Brewster 1886 — Cahn 1925 — Cathelin 1920 — Clarke 1912 — Cooke 1915 — Dorst 1962 — Duncker 1905 — Edelstam & Ramel 1956 — Graeser 1912 — Griffin 1965 — Harnisch 1929 — Heape 1931 — v. Homeyer 1881 — Lack 1968 — Lincoln 1952 — v. Lucanus 1929 — v. Oordt 1960 — Palmén 1876 — Poll 1958 — Putzig 1936 — Rowan 1931 — Salomonsen 1967, 1969 — Schüz 1929, 1952 — Spencer 1963 — J. Steinbacher 1951 — Stresemann 1927/34 — Thomson 1926, 1964 — Timmermann 1967 — Toschi 1939 — Verheyen 1947 — Verwey 1949 — Wachs 1926 — Wetmore 1926. — Ferner: Lack 1960 (vor H 1).

Aschoff, J. (1955): Jahresperiodik der Fortpflanzung bei Warmblütern. Studium Generale 8: 742—776.

Bourlière, F. (1950): Physiologie des migrations. In: Traité de zoologie (herausgegeben von P. P. Grassé). Paris.

Delvingt, W. (1962): Régulation des migrations aviennes. Gerfaut 52: 644—652.

[1] Abgeschlossen 28. Februar 1969.

Dolnik, V. R., & T. I. Blyumental (1964): The bioenergetics of bird migration. Successes of modern biology 58: 280—301.
Farner, D. S. (1950): The annual stimulus for migration. Condor 52: 104—122. — (Ders. 1955): The annual stimulus for migration: Experimental and physiologic aspects. Rec. Stud. Avian Biology. Urbana. 198—237.
Groebbels, F. (1928): Zur Physiologie des Vogelzuges. Verh. Orn. Ges. Bayern 18: 44—74. — (Ders. 1932): Der Vogel. Band 1: Atmungswelt und Nahrungswelt. Berlin.
Heape, W. (1931): Emigration, migration and nomadism. Cambridge.
Kendeigh, S. C., G. C. West & G. W. Cox (1960): Annual stimulus for spring migration in birds. Animal Behaviour 8: 180—185.
King, J. R., & D. S. Farner (1965): Studies of fat deposition in migratory birds. Ann. New York Acad. Sci. 131: 422—440.
Merkel, F. W. (1937): Zur Physiologie des Vogelzugtriebes. Zool. Anz. 117: 297—308. (Ders. 1938): Zur Physiologie der Zugunruhe bei Vögeln. Ber. Ver. Schles. Orn. 25: 1—72. — (Ders. 1960): Stoffwechselvorgänge regeln den Wandertrieb der Zugvögel. Umschau 60: 243—246. — (Ders. 1966): The sequence of events leading to migratory restlessness. Ostrich Suppl. 6: 239—248.
Promptov, A. N. (1949): Sezonnye migratsii ptits kak biofiziologicheskaia problema. Izv. Akad. Nauk SSSR ser. Biol. 30—39.
Putzig, P. (1938): Die Triebkräfte des Vogelzugs. Umschau 42: 866—869.
Ridder, M. de (1965): Les migrations des oiseaux. IV. La physiologie de la migration. Naturalistes belg. 46: 409—420.
Schildmacher, H. (1963): Neuere Gesichtspunkte zur Physiologie des Vogelzuges. Beitr. Vogelkunde 9: 87—97.
Schultze, E. (1940): Vogelzug und Menschenwanderungen. Neudamm.
Wagner, H. O. (1958): Vogelzug, Umweltreize und Hormone. Zool. Anzeiger. 21 Suppl. 289—298.
Wolfson, A. (1960): Role of light and darkness in the regulation of the annual stimulus for spring migration and reproductive cycles. Proc. XII. Int. Orn. Congr. (Helsinki): 758—789. — (Ders. 1966): Environmental and neuroendocrine regulation of annual gonadal cycles and migratory behaviour in birds. Rec. Progr. Hormone Research 22: 177—244.

II. Terminologie

Der charakteristische physiologische Gesamtzustand, in dem sich der Zugvogel vor dem Zug und während des Zugs befindet (J IV), wird im allgemeinen als Zugdisposition (Groebbels) bezeichnet, auch als *Zugbereitschaft in weiterem Sinne* (Schüz), im anglo-amerikanischen Sprachgebrauch als migratory disposition, disposition to migrate, physiologic (characteristic metabolic) state necessary for migration, distinct metabolic condition prior to migration. Die — im Sinne Tinbergens — spezifische Handelnsbereitschaft des Zugvogels zum Aufbruch (Wagner 1961) wird im allgemeinen Zugstimmung (Groebbels) genannt, auch *Zugbereitschaft in engerem Sinne* (Schüz). Die *Zugaktivität* gefangen gehaltener Vögel, die sich infolge weitgehend verhinderter Flugaktivität überwiegend in Form von Hüpfen, Flattern und Schwirren äußert, heißt Zugunruhe, Nachtunruhe (migratory restlessness, siehe unten). Die Bezeichnungen Instinktvögel (Weigold), innenweltbedingte Zugvögel (Putzig), ausgeprägte, typische oder echte Zugvögel, Zugvögel par excellence (instinct, typical migrants) werden im allgemeinen auf solche Zugvögel angewandt, von denen man annimmt, daß Zugaktivität (und Zugdisposition) im wesentlichen endogen gesteuert werden. Diejenigen Zugvögel, deren Zugaktivität (und Zugdisposition) vermutlich vor allem von Umweltfaktoren gesteuert werden, nennt man Wettervögel (WEIGOLD), außenweltbedingte Zugvögel (PUTZIG), weniger ausgeprägte Zugvögel (weather migrants). Der Begriff des Strichvogels kann sich damit überschneiden, doch gelten Strichvögel im allgemeinen als nicht richtungsgebunden (B I). — Weitere, seltener gebrauchte Termini werden später erläutert.

Wagner, H. O. (1961): Beziehungen zwischen dem Keimdrüsenhormon Testosteron und dem Verhalten von Vögeln in Zugstimmung. Z. Tierpsychol. 18: 302—319.

III. Methodik

Die Physiologie des Vogelzugs wurde erst im 19. Jahrhundert Gegenstand vielfältiger und intensiver Untersuchungen. Nach FARNER währte bis 1925 die Zeit der reinen Beobachtung, in der man versuchte, die zugphysiologischen Fragen fast ausschließlich mit Hilfe von Freilandbeobachtungen zu klären. Dabei kam es zu vielerlei Spekulationen und Hypothesen, die meist nur einen oder wenige Faktoren berücksichtigten. Immerhin sind fast alle unsere heutigen Vorstellungen schon in dieser Zeit diskutiert worden; sie blieben jedoch weitgehend unbewiesen. 1925 begann — mit den Pionierarbeiten des Kanadiers ROWAN (J V 4) — die Zeit der experimentellen Untersuchung, deren Charakteristikum die sinnvolle Verknüpfung von Beobachtung im Freiland und Versuch ist.

Heute geht man bei der Untersuchung zugphysiologischer Fragen vor allem mit folgender Methodik vor: Zugvögel (Arten, Rassen, Populationen) werden in bezug auf physiologische Erscheinungen mit Standvögeln verglichen, ausgeprägte Zugvögel mit weniger ausgeprägten, Zugvögel in der Zugzeit mit solchen vor und nach der Zugzeit beziehungsweise in der Brut- und Mauserzeit. Dabei lassen sich bezeichnende physiologische Erscheinungen der Zugvögel und Korrelationen zwischen zugphysiologischen und anderen physiologischen Prozessen erkennen. Betrachtet man zugphysiologische Erscheinungen freilebender Zugvögel zusammen mit Umwelt-Erscheinungen, so können Beziehungen zwischen zugphysiologischen Vorgängen und Umweltfaktoren erkannt werden. Derartige Beziehungen vermag man an gefangen gehaltenen Versuchsvögeln zu prüfen, indem man im Versuch die Umweltbedingungen variiert oder bestimmte Eingriffe und Behandlungen an den Vögeln selbst vornimmt. Umgekehrt lassen sich im Versuch aufgedeckte Zusammenhänge durch gezielte Untersuchungen im Freiland kontrollieren.

Die bei der Bearbeitung zugphysiologischer Fragen angewandte Untersuchungstechnik umfaßt das Beobachten freilebender Vögel (Sichtbeobachtung, Beobachtung mit Radargeräten), den Fang freilebender Vögel (mit Netzen, Reusen u.a.) und die Haltung von Vögeln in Gefangenschaft (Versuchsvögel in Käfigen, Volieren). Die *Beobachtung* liefert u.a. Daten über verhaltensphysiologische Anpassungen (z.B. über nächtliches Ziehen, Nahrungspräferenzen). *Beobachtung und Fang* geben Aufschluß über den Zugablauf. *Fang und Haltung* ermöglichen Zugexperimente: Gefangene Vögel (auch gesammelte Eier) können versetzt werden. Frisch gefangene oder gehaltene Vögel werden bestimmten Eingriffen (z.B. Kastrationen, Implantationen) oder Behandlungen (z.B. Injektionen) oder (und) eine Zeitlang künstlichen Versuchsbedingungen (z.B. bestimmter Tageslichtdauer, Temperatur) unterzogen, gekennzeichnet und wieder freigelassen. Der Vergleich ihres Verhaltens mit dem unbehandelter Artgenossen läßt darauf schließen, welche Rolle z.B. einzelne Organe und Hormone beim Zug spielen. Diese Zugexperimente (mit Wiederfreilassen der Versuchsvögel) haben große Nachteile: Die Ergebnisse hängen von den in der Regel spärlichen Zufallsfunden der Versuchsvögel ab; das Schicksal der übrigen ist ungewiß, und bei den Gefundenen weiß man nicht, wie und mit wieviel Umwegen sie geflogen sind.

Um über die wirklichen Flugleistungen etwas zu erfahren, hat WILKINSON (1950) einen kleinen Apparat (8×5 mm) gebaut, in dem eine strahlenempfindliche Emulsion durch ein Stahlkügelchen von einer α-Partikelchen-Quelle getrennt wird. Beim Flug gleitet das Kügelchen aus seiner Ruhelage, gibt dabei den Weg für die Strahlung frei, und später können deren Spuren unter dem Mikroskop quantitativ erfaßt werden, womit sich ein Zeitmaßstab ergibt. Das vor allem bei Brieftauben mögliche Verfahren ist jedoch kaum angewandt worden. Mehr Möglichkeiten bietet die Verwendung von Kleinstsendern, die Versuchsvögeln angehängt werden, in Verbindung mit Funkpeilung. Das Verfahren leidet jedoch unter dem für kleine Vögel relativ großen Gewicht der Sender sowie unter ihrer räumlich und zeitlich beschränkten Anwendungsmöglichkeit (B III 5a).

Fang und Haltung erlauben ferner, Körpergewicht, Fettablagerung und Fettmenge sowie Hormonspiegel zu bestimmen, innere Organe, besonders endokrine Drüsen, zu untersuchen und Beobachtungen über den Stoffwechsel vorzunehmen. Die *Haltung* gibt weiterhin die Möglichkeit zu langfristiger Untersuchung von Individuen, zum Messen z.B. der Nahrungs- beziehungsweise Kalorienaufnahme, sowie der Nahrungsausnützung, des Energieverbrauchs und des Stoffwechsels (in Umsatzgeräten, durch Messen der O_2-Aufnahme und CO_2-Abgabe), der Flugaktivität und Flugenergie (im Windkanal) und vor allem zur Beobachtung und Messung der Zugunruhe (siehe unten). Wenn man im Versuch einzelne Faktoren (z.B. Tageslichtdauer, Temperatur, Luftfeuchtigkeit, Nahrungsmenge, Hormondosen) variiert und dabei andere Faktoren konstant hält, kann man ihre Wirksamkeit auf zugphysiologische Prozesse untersuchen. Im einzelnen kommen bei der Untersuchung zugphysiologischer Probleme viele in Physiologie, Histologie und Mikroskopie übliche Techniken zur Anwendung, auf die hier nicht näher eingegangen werden kann.

Die besten Ergebnisse werden dann erzielt, wenn die verschiedenen Methoden möglichst vielseitig angewandt und miteinander kombiniert werden. In dieser Weise praktizieren heute vor allem amerikanische Forschergruppen, indem sie gleichzeitig freilebende Vögel, Versuchsvögel in Volieren unter natürlichen Außenbedingungen und Versuchsvögel unter verschiedenen künstlichen Umweltbedingungen auf möglichst viele zugphysiologische Erscheinungen vergleichend untersuchen.

Die Einführung des Registrierkäfigs durch WAGNER (1930) zur Messung der Aktivität gekäfigter Vögel brachte einen wesentlichen Fortschritt für die Untersuchungen zugphysiologischer Fragen. Mit Hilfe dieses Käfigs ist es möglich, über bewegliche Sitzstangen, elektrische Kontakte und Schreiber oder Zählwerke die *lokomotorische Aktivität* einschließlich der *Zugunruhe* gekäfigter Vögel quantitativ zu erfassen (Abb. 101, 107 bis 109). Heute werden bisweilen auch Registrierkäfige mit Lichtschranken (Photozellen) sowie Farbkissen verwendet (EMLEN 1966). Im letzteren Fall gibt die Menge der farbigen Fußabdrücke am Boden Aufschluß über die geleistete Aktivität. Mit der Registrierkäfig-Technik ist besonders gut die nächtliche Zugunruhe nachtziehender Arten erfaßbar (vor allem von Kleinvögeln, soweit sie sich in Versuchskäfigen halten lassen). Die Zugunruhe tagziehender Arten ist ungleich schwerer zu bestimmen, da sie sich nur schwer von der normalen Tagaktivität unterscheiden läßt. Eine Reihe eingehender Vergleiche des jahres- und tageszeitlichen Musters der Zugunruhe bei gekäfigten Vögeln verschiedener Arten mit dem Zugablauf im Freiland erbrachte recht gute Übereinstimmungen (WAGNER, SIIVONEN, MERKEL, EYSTER, HELMS 1963 u.a.). Bei vielen Arten hält jedoch die nächtliche Unruhe gekäfigter Vögel häufig über die normale Heimzug-Zeitdauer hinaus bis weit in die Brutzeit hinein und noch länger, sogar während der Mauser an (Abb. 108) und die nächtliche Unruhe über die normale Wegzug-Zeitdauer hinaus bis weit in

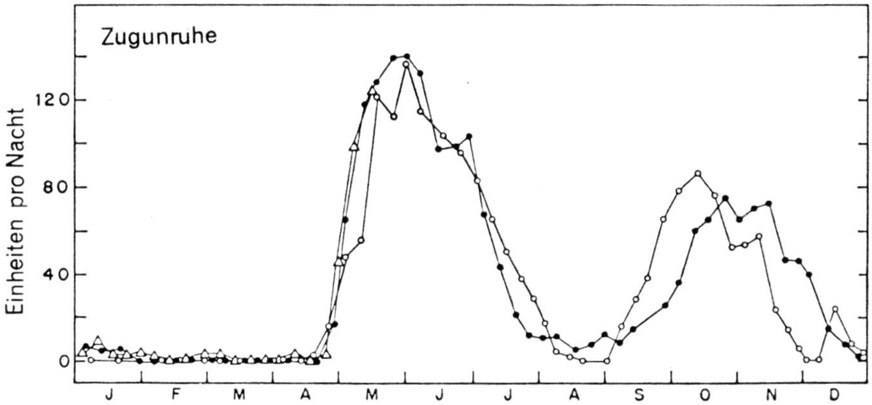

Abb. 101. Zyklen der Zugunruhe von *Zonotrichia albicollis* unter natürlichen Lichtbedingungen. (Nach WEISE 1963.)

den Winter hinein. Die Nachtunruhe gekäfigter Vögel kann sich im Extremfall so stark verlängern, daß zwischen den einzelnen jahreszeitlichen Phasen nächtlicher Unruhe kaum unruhefreie Zeitabschnitte liegen. MERKEL bezeichnet die im Sommer außerhalb der normalen Zugzeit liegende Unruhe *Sommer-Zugunruhe*, DELVINGT (1962) spricht von *Pseudo-Zugunruhe*. HELMS (1963) schlägt vor, die nächtliche Aktivität gekäfigter Vögel generell besser *Nachtunruhe* als Zugunruhe zu nennen. Er unterscheidet dann zwischen mehr intensiver *motivational restlessness* (*Zugunruhe sensu stricto*) und mehr variabler *adaptional restlessness* (*Zugunruhe sensu lato*). Während erstere als Ausdruck der normalen Zugaktivität anzusehen ist, mag letztere eine Zugbereitschaft für ungünstige Bedingungen (z.B. für Rückzug bei Kälteeinbrüchen) sein und bei der unnatürlichen Käfighaltung häufig abreagiert werden.

Inwieweit die Zugunruhe gekäfigter Vögel ein *verläßliches Bild der Zugaktivität* im Freileben vermittelt, läßt sich generell nicht beurteilen (EYSTER; FARNER 1955, HELMS 1963 u.a.). Vor allem ist auch unbekannt, wie die Zugleistung auf den ziehenden Vogel rückwirkt, und ob möglicherweise dadurch grundsätzliche Unterschiede zwischen freilebenden und gekäfigten Vögeln entstehen. So bleibt nur die Möglichkeit, den Grad der Übereinstimmung von Zugunruhe und Zugaktivität und damit den Wert von Unruhemessungen von Fall zu Fall zu ermitteln.

Abschließend sei erwähnt, daß *Standvögel* erwartungsgemäß im allgemeinen im Registrierkäfig *keine Nachtunruhe* aufweisen. Nächtliche Unruhe des nichtziehenden Nuttall-Ammerfinken (*Zonotrichia nuttalli*), die sich von der Nachtunruhe nachtziehender Arten nicht unterscheiden läßt, wird als Atavismus eines ehemaligen Zugverhaltens gedeutet (MEWALDT et al. 1968).

Emlen, S. T., & J. T. (1966): A technique for recording migratory orientation of captive birds. Auk 83: 361—367.

Helms, C. W. (1963): The annual cycle and Zugunruhe in birds. Proc. XIII. Int. Orn. Congr. (Ithaca): 925—939.

Mewaldt, L. R., S. S. Kibby & M. L. Morton (1968): Comparative biology of Pacific coastal White-crowned Sparrows. Condor 70: 14—30.

Weise, C. M. (1963): Annual physiological cycles in captive birds of differing migratory habits. Proc. XIII. Int. Orn. Congr. (Ithaca): 983—993.

IV. Zugdisposition

Zug, Fortpflanzung und Mauser charakterisieren in ihrer Aufeinanderfolge den Jahresablauf eines Zugvogels. Die drei Prozesse stellen hohe Anforderungen an den Vogel und machen jeweils spezifische Einstellungen oder Umstellungen in Physiologie und Verhalten notwendig. Die Vorbereitungen für den Zug vollziehen sich in der sogenannten Zugdisposition. Da der Zug, der vom Vogel Nonstopflüge von 50 und mehr Stunden fordern kann (DOLNIK & BLYUMENTAL 1964, MOREAU 1966), stark Energie verbraucht, spielen in der Zugdisposition besonders gründliche Vorbereitungen im Stoffwechsel, vor allem im *Fettstoffwechsel*, eine wichtige Rolle.

1. Zugfett

a. Fettdepots

Ein Hauptmerkmal der Zugdisposition, das vor allem Vogelhaltern schon lange bekannt ist (NAUMANN 1822), ist die Bildung von *Fettdepots als Energiespeicher*. Sie hat im allgemeinen drastischen *Gewichtsanstieg* in der Zugzeit zur Folge (Abb. 102); im Extremfall Verdoppelung des Jahrestiefstgewichts, siehe unten. Eine Gewichtszunahme bzw. Fettablagerung unmittelbar vor dem Zug und während des Zugs ist bei sehr vielen Arten (hauptsächlich Passeres, aber auch Kolibris, Rallen, Limikolen, Enten- und Greifvögeln, Tauben u.a.) nachgewiesen (Übersicht DOLNIK & BLYUMENTAL

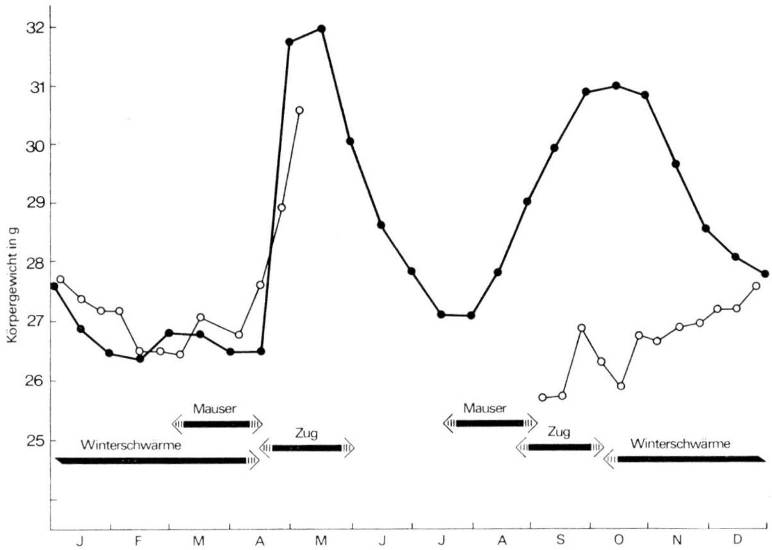

Abb. 102. Zyklus des Körpergewichts freilebender (leere Kreise) und in Gefangenschaft unter natürlichen Licht- und Witterungsbedingungen gehaltener (ausgefüllte Kreise) *Zonotrichia leucophrys gambelii*. (Nach KING 1963.)

1964, KING & FARNER 1965) und möglicherweise bei Zugvögeln generell verbreitet. Sie fehlt Zugvögeln höherer geographischer Breiten auch dann nicht, wenn der Zug im Sommer stattfindet (*Carduelis*-Arten; DOLNIK & BLYUMENTAL 1964), und tritt auch bei intratropischen Ziehern auf (z.B. bei der Flaggen-Nachtschwalbe, *Macrodipteryx longipennis*, dem Blutschnabelweber, *Quelea quelea*, und dem Weißkehl-Bienenfresser, *Merops albicollis*, MOREAU 1966, FRY 1967). Das periodische Fettwerden unserer Hausgänse und die Möglichkeit zu erfolgreicher Mast im Herbst gehen offenbar noch auf die Zugdisposition der ziehenden Graugansvorfahren zurück (WACHS, STRESEMANN). Fettablagerung und Gewichtsanstieg zur Zugzeit fehlen bei nichtziehenden Arten, Rassen und Populationen (WOLFSON u.a.; Übersicht DOLNIK & BLYUMENTAL 1964).

Es sei nebenbei erwähnt, daß Fettablagerungen (bei ziehenden und nichtziehenden Vogelarten) *auch außerhalb der Zugzeiten* auftreten können: So (besonders bei ♀♀) im Frühjahr, zur Brutzeit; bei in höheren geographischen Breiten und in kalten Gebieten überwinternden Arten regelmäßig im Winter. Die Fettreserven können dabei denen zur Zugzeit gleichkommen oder diese sogar übertreffen (Übersicht DOLNIK & BLYUMENTAL 1964, KING & FARNER 1966).

Die Fettreserven für den Zug werden — unter Schwerpunktbildung — *nahezu im gesamten Körper des Vogels gespeichert*, mit Ausnahme des Herzens, das einen im Jahresverlauf weitgehend konstanten Fettgehalt aufweist. Beim Gambel-Ammerfinken (*Zonotrichia leucophrys gambelii*) zum Beispiel werden 35—50% der Fettreserven im Fettgewebe der Haut und des Bindegewebes gespeichert, und zwar in 15 morphologisch verschiedenen Fettkörpern. Die wichtigsten liegen im Gebiet des Schlüssel- und Rabenschnabelbeins, an den Körperseiten und in der Bauch-, Becken- und Bürzelregion. Diese Fettspeicher können sich so stark ausdehnen, daß im wesentlichen nur der Bereich des mittleren Teils des großen Brustmuskels fettfrei bleibt. Zu weiterer starker Fettspeicherung kommt es in der Bauchhöhle, in der Leber und im großen Brustmuskel. Beim Gambel-Ammerfinken verdoppelt sich der Fettgehalt der Leber zur Zugzeit nahezu, der des großen Brustmuskels steigt um etwa 48% (Übersicht KING & FARNER 1965).

Das Depotfett einer Reihe von Zugvogelarten besteht etwa zu $^1/_2$ bis $^2/_3$ aus *ungesättigten Fettsäuren* (zu 20—29% aus Ölsäure). Unterschiede in der Zusammensetzung des Depotfetts und in der Jodzahl dürften eher artspezifisch sein oder von der Nahrung abhängen, als mit dem Zugablauf in Zusammenhang stehen (ODUM et al. 1964, HICKS 1967 u.a.). Das von Zugvögeln im großen Brustmuskel gespeicherte Fett wird dort direkt verbrannt; anderswo im Vogelkörper gespeichertes Fett wird in Form von Fettsäuren zum großen Brustmuskel herantransportiert (FARNER, GEORGE & BERGER 1966).

b. Fettgehalt, Zugstrecke und Zugablauf

Der Fettgehalt außerhalb der Zugzeiten beträgt bei Kleinvögeln im allgemeinen nur etwa 3—10% des Gesamtkörpergewichts, beim Gambel-Ammerfinken im Brutgebiet zum Beispiel 3—4% (KING & FARNER 1965, GEORGE & BERGER 1966). In bezug auf die Menge der zur Zugzeit angelegten Fettreserven unterscheidet man nach ODUM et al. (1961) u.a. zwei Kategorien von Zugvögeln:

1. Kurz- und Mittelstreckenzieher (im wesentlichen Intrakontinentalzieher), die wenig bis mittelmäßig fett werden; viele Körnerfresser, so die Neuweltammern *Passerculus sandwichensis*, *Zonotrichia leucophrys gambelii*, *Z. albicollis*, bei denen der durchschnittliche Fettgehalt 13,8 (6,3 bis 27,6), 14,6 (5,5—26,4) und 16,7 (9,7—24,8)% des Gesamtkörpergewichts beträgt.

2. Weitstreckenzieher (Transkontinentalzieher), die Wüsten, Meere als ökologische Barrieren (in Nonstop-Flügen) zu überwinden haben und die extrem fett werden. Das gilt besonders für die (nachtziehenden, insektenfressenden) Kleinvögel unter ihnen, etwa die Scharlachtangare (*Piranga olivacea*), den Kaminsegler (*Chaetura pelagica*) und den Rubinkehlkolibri (*Archilochus colubris*). Der durchschnittliche Fettgehalt beträgt bei ihnen 42,6 (35—51,8), 34,6 (29,5—40,6) und 43,8 (41,2—45,9)%, macht also im Extremfall etwas mehr als die Hälfte des Gesamtkörpergewichts aus; das Körpergewicht kann sich im Vergleich zur Brut- und Mauserzeit mehr als verdoppeln (Übersicht KING & FARNER 1965). Bei größeren sehr weit ziehenden Vogelarten sind die Fettreserven wohl geringer: So beträgt der Fettgehalt beim Braunachsel-Goldregenpfeifer (*Pluvialis dominica fulva*) nur etwa 14—17% des Gesamtkörpergewichts (JOHNSTON & MCFARLANE 1967), obwohl die Art in über 30stündigem Ohnehaltflug mehr als 3000 km freien Ozean zu überqueren hat (E 5 d). Auch zwischen Kurz- und Weitstreckenziehern innerhalb derselben Gattung treten charakteristische Unterschiede im Körpergewicht beziehungsweise Fettgehalt auf: Bei handaufgezogenen Laubsängern nimmt das Gewicht um so eher zu, und das mittlere maximale Gewicht erreicht um so höhere Werte, je früher und weiter die Arten ziehen (Abb. 103). Außerdem ist die interindividuelle Streuung im Beginn des

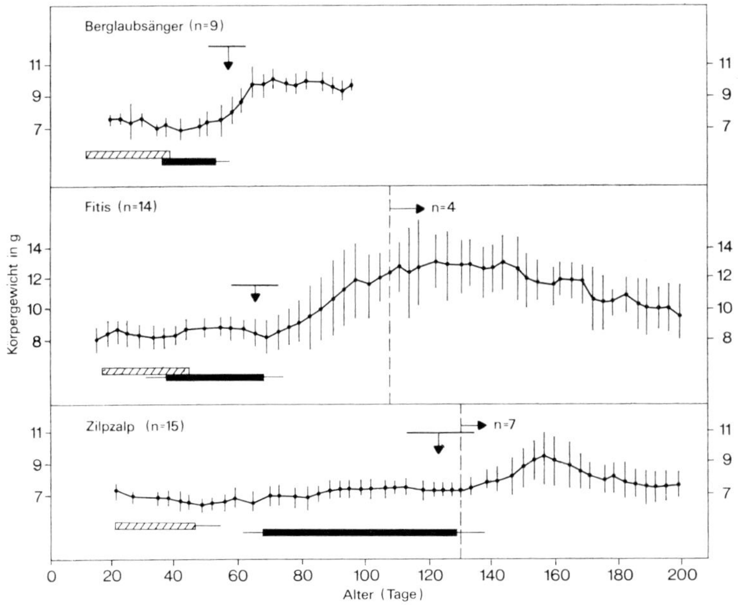

Abb. 103. Entwicklung des Körpergewichts (ausgezogene Linien), Beginn der Zugunruhe (Pfeile), zweite Federwachstumsphase (schraffierte Balken) und Jugendmauser (schwarze Balken) von 3 Laubsängerarten unter natürlichen Lichtbedingungen und konstanter Temperatur (21 °C). (Nach GWINNER 1969.)

Gewichtsanstiegs und im Maximalgewicht um so geringer, je früher und weiter die Formen ziehen (GWINNER 1969). Zum Teil sind derartige interspezifische Unterschiede auch von der Gattung *Zonotrichia* bekannt (WEISE 1963, MEWALDT et al. 1968).

Es besteht somit ganz offensichtlich *ein Zusammenhang zwischen der Länge der zurückzulegenden Zugstrecke und der Menge der abgelagerten Fettreserven, aber auch zwischen dem Zugablauf sowie der Art des Zugs (Wegzug, Heimzug) und dem Umfang der Fettreserven*: Weitstreckenzieher legen offenbar maximale Fettreserven erst dann an, wenn sie ökologische Schranken (Wüsten, wie die Sahara, Meere, wie das Mittelmeer, den Golf von Mexiko, die Karibische See) zu überqueren haben, während sie vor und nach der Überquerung derartiger Barrieren wahrscheinlich weitgehend mit mittelmäßigen Fettreserven, entsprechend denen von Kurzstreckenziehern, wandern (ODUM et al. 1961, KING & FARNER 1965 u.a.). Manche Kurzstreckenzieher höherer geographischer Breiten (vor allem wohl spät ziehende Arten) beginnen erst dann heimzuziehen, nachdem sie maximale Fettreserven angelegt haben; andere (offenbar vor allem früh ziehende Arten) bilden erst auf dem Zug maximale Fettreserven aus, die gleichzeitig als Reserve für ungünstige Bedingungen im Brutgebiet dienen (ODUM et al. 1961, JOHNSTON 1966 u.a., siehe unten). Beim Eintreffen in Überwinterungsgebieten sind im allgemeinen nur geringe Fettreserven festzustellen. Von einer Reihe von Kurzstreckenziehern höherer geographischer Breiten (den Ammerfinken *Zonotrichia leucophrys gambelii*, *Z. querula*, *Z. atricapilla*, dem Rotkehlchen, dem Bergfink u.a.) ist bekannt, daß die Fettreserven des Heimzugs regelmäßig die des Wegzugs an Menge übertreffen. So beträgt z.B. beim Gambel-Ammerfinken die Fettreserve des Wegzugs nur etwa 8—16%, die des Heimzugs hingegen bis zu 30% des Gesamtkörpergewichts, und sie weist beim Heimzug eine viel geringere interindividuelle Streuung auf als beim Wegzug. Die größeren Fettreserven beim Heimzug werden als Anpassung an den, verglichen mit dem Wegzug, im allgemeinen rascheren Zugablauf (mehr Zugaktivität pro Zeiteinheit) und als Anpassung an die relativ ungünstigeren Witterungs- und Ernährungsbedingungen des Frühjahrs im Durchzugs- und Brutgebiet gedeutet (KING & WALES 1965, Übersicht KING et al. 1963, KING et al. 1965). Im Gegensatz dazu wird bei einer Reihe von Arten (Kurz- wie Weitstreckenziehern) für die Wegzugzeit höherer Gewichtsanstieg beziehungsweise stärkere Fettablagerung angegeben (Übersicht KING et al. 1963, MERKEL 1966). Die Angaben beziehen sich jedoch im wesentlichen auf relativ wenige Individuen oder auf gekäfigte Vögel, so daß diese Frage weiterer Untersuchungen bedarf. In diesem Zusammenhang sei darauf hingewiesen, daß *gekäfigte* Vögel nicht selten weit über die normale Zugzeit hinaus fett (wie nachtunruhig, J III) bleiben, also *Anomalien im Gewichtszyklus* zeigen können (KING et al. 1963 u.a.). Weitstreckenzieher haben im allgemeinen auf dem Weg- und Heimzug die gleichen ökologischen Barrieren zu überwinden und legen wohl gerade im Zusammenhang mit diesen Schranken maximale Fettreserven an (siehe oben). Wesentliche Unterschiede sind daher in ihren maximalen Fettreserven von Weg- und Heimzug nicht zu erwarten (FARNER), und eine Reihe von Befunden deutet auch tatsächlich auf etwa gleich große maximale Fettreserven für Weg -und Heimzug bei Weitstreckenziehern hin: Verschiedene paläarktische Transsaharazieher wie Steinschmätzer, Gartengrasmücke, Grauschnäpper, Trauerschnäpper und Schafstelze weisen im Frühjahr vor dem Heimzug in Afrika durchschnittliche Fettreserven von 30—40% (WARD 1963) oder durchschnittliche Gewichtsanstiege von 21—47% auf (SMITH 1966). Diese Werte entsprechen recht genau denen der amerikanischen Transgolfzieher zur Wegzugzeit (siehe oben, ODUM et al. 1961, KING & FARNER 1965 u.a.). Nach DE CROUSAZ (1961/1962) wiegen auf dem Wegzug nachts die Alpen überquerende Baumpieper 29,7 (26,9—32,7) g; vor dem Heimzug in Nigeria gefangene haben im Mittel ein Gewicht von etwa 29 (maximal 37,0) g. In SW-Deutschland gefangene Gartengrasmücken wiegen gegen Ende der Zugzeit etwa 22 (maximal 30,7) g mit Tendenz zu Gewichtsanstieg (Max-Planck-Institut für Verhaltensphysiologie, unveröffentlicht). Im April vor dem Heimzug in Nigeria untersuchte Gartengrasmücken wiegen etwa 25 (maximal 37) g (LUDLOW 1966), solche von Februar bis Mai 20,8 bis 21,99 (maximal 32,5) g (SMITH 1966). Es ließe sich noch eine Reihe weiterer Beispiele anführen. Für die genauere Kenntnis der Beziehungen zwischen Zugablauf, Jahreszeit, Richtung des Zugs und Menge der gespeicherten Fettreserven reicht das bisher vorliegende Datenmaterial jedoch noch nicht aus.

c. Fettbildung

Mehrfach wurde als Hauptursache der Depotfettbildung die *Herabsetzung des Grundumsatzes* in der Zeit der Zugdisposition angenommen. Neuere Untersuchungen an mehreren Arten ergaben jedoch keine Hinweise für eine Reduktion des Grundumsatzes zur Zeit der Zugfettspeicherung (Übersicht KING & FARNER 1965), so daß offenbar keine Kalorieneinsparung durch einen *Spar-Betriebsstoffwechsel* erfolgt. Auch die wiederholt geäußerte Vorstellung einer *besseren Ausnützung der Nahrung* während der Zeit der Zugdisposition trifft anscheinend nicht zu. KING (1961 a) konnte für den Gambel-Ammerfinken nachweisen, daß der Nutzeffekt von Verdauung, Absorption und Assimilation im Jahresverlauf weitgehend stabil ist oder während der Zeit der Depotfettbildung des Heimzugs nur leicht ansteigt (Abb. 104—106). Wie bei einer Reihe von Arten erwiesen ist, tritt auch eine *Senkung der lokomotorischen Gesamtaktivität* in der Zeit der Fettspeicherung nicht ein; lediglich die in der Hellzeit geleistete Aktivität kann reduziert werden (MERKEL, FARNER u.a., siehe unten und Abb. 111 A—C). Damit scheidet eine Kaloriensparnis infolge verminderter Aktivität als Hauptursache für die Depotfettbildung ebenfalls aus. Auch das *zeitliche Muster der Nahrungsaufnahme* wird — zumindest beim Gambel-Ammerfinken — während der Zeit der Fettspeicherung nicht verändert, und eine *längere Freßzeitdauer* (längere Tageslichtdauer) ist für die Depotfettbildung bei dieser Art ebenfalls nicht erforderlich. Letzteres ließ sich in einem Versuch zeigen, in dem Gambel-Ammerfinken eine Tageslichtdauer von 18 Stunden pro Tag in Schüben geboten wurde (Abb. 105): Die Versuchsvögel hatten nur 9 Stunden kontinuierliche Lichtzeit/Tag (somit nicht länger als in der Zeit vor dem Zug, in

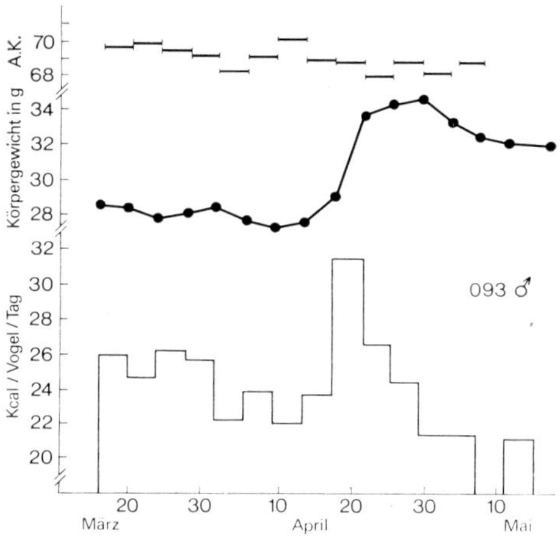

Abb. 104. Energieaufnahme und Körpergewicht einer unter natürlichen Licht- und Witterungsbedingungen gehaltenen *Zonotrichia leucophrys gambelii*. A. K. = Nutzeffekt der aufgenommenen Energie in %. (Nach KING 1961 a.)

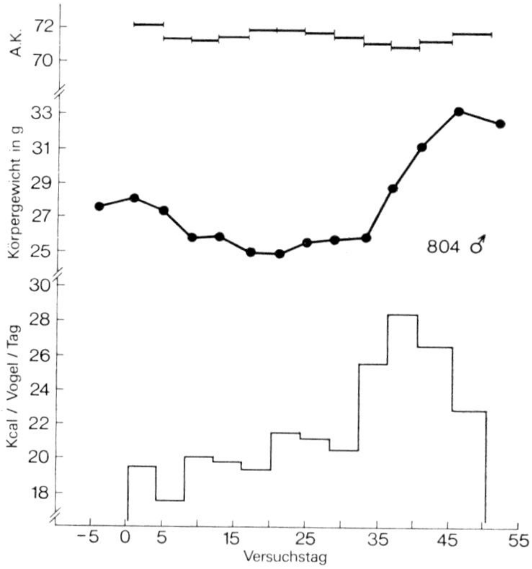

Abb. 105. Energieaufnahme und Körpergewicht einer *Zonotrichia leucophrys gambelii* im Frühjahr unter konstanter Temperatur (12 °C) und unter schubweiser Tageslichtdauer (9 Std. kontinuierliches Licht und in weiteren 9 Std. 1 Min. Licht in jeden 20 Min.). Freßzeitdauer: 9 Std./Tag. A. K. = Nutzeffekt der aufgenommenen Energie in %. (Nach KING 1961 b.)

der noch keine Fettspeicherung erfolgt) zur Nahrungsaufnahme zur Verfügung; in weiteren 9 Stunden wurden sie in jeweils 20 Minuten lediglich einer Minute Licht ausgesetzt (KING 1961 b). Dennoch kam es dabei zu der für die Art typischen Depotfettbildung. Die hauptsächliche — bei einer Reihe von Arten möglicherweise einzige — Ursache für die Depotfettbildung zur Zugzeit ist die Hyperphagie (verstärkte Nahrungsaufnahme). Beim Gambel-Ammerfinken steigert sich die Energieaufnahme zur Zeit der Fettspeicherung gegenüber vorher um 12—33% (Abb. 104—106); bei einer Reihe anderer Arten beträgt der Prozentsatz 25—30%, beim Reisstärling (*Dolichonyx oryzivorus*; GIFFORD & ODUM 1965) im Durchschnitt 38% (Übersicht DOLNIK & BLYUMENTAL 1964, KING & FARNER 1965). Die Wirkung der Hyperphagie bei der Depotfettbildung könnte unter Umständen bisweilen zur Zeit der Zugdisposition durch eine Senkung der Körpertemperatur (während der Hellzeit, MERKEL u.a.), durch das Verzögern beziehungsweise Zurückstellen anderer physiologischer Prozesse wie Mauser, Gonadenwachstum (DOLNIK & BLYUMENTAL 1964, NAIK & GEORGE 1964, BERTHOLD 1970 u.a.) und durch Umstellungen in der Nahrungswahl (siehe unten) verstärkt werden. VALLYATHAN & GEORGE (1964), GEORGE & BERGER (1966) halten es für möglich, daß zumindest beim Rosenstar die Fettspeicherung in der Zugdisposition durch *Hebung des Glykogenverbrauchs und Senkung des Fettverbrauchs* für Muskelarbeit und Thermoregulation begünstigt wird.

Fettreserven werden mit erstaunlicher Geschwindigkeit angelegt: So beträgt z.B. die Gewichtszunahme beim Gambel-Ammerfinken am ersten Tag der Depotfettbildung des Heimzugs 6,5% des Ausgangskörpergewichts, vom 2. bis 6. Tag jeweils etwa 3,5%; danach verlangsamt sie sich, und etwa am 8. Tag ist die Bildung einer maximalen Fettreserve im wesentlichen bereits abgeschlossen. In der Zugdisposition des Wegzugs, in der die maximal gespeicherten Fettreserven viel niedriger sind als beim Heimzug (siehe oben), beträgt die tägliche Gewichtszunahme des Gambel-Ammerfinken in den 8 Tagen, in denen maximale Fettreserven angelegt werden, täglich nur etwa 1,9% des Ausgangskörpergewichts (KING & FARNER 1965, KING et al. 1965). DOLNIK & BLYUMENTAL (1964) u.a. nennen für die mittlere Fettspeicherung einer Reihe von Arten 0,1—0,5 g (maximal bis reichlich 1 g) in 24 Stunden und für die zur Speicherung einer Fettreserve von 50% des Gesamtkörpergewichts erforderliche Zeit 4—10 Tage.

Die Fähigkeit, im Zusammenhang mit dem Zug Fettdepots anzulegen, wurde als ein Hauptcharakteristikum der Zugdisposition genannt. Nicht weniger kennzeichnend ist die Fähigkeit des Zugvogels, verbrauchte Fettreserven in erstaunlich kurzer Zeit *wieder aufzufüllen*. Sie beruht auf dem adaptiven Charakter der Hyperphagie: Nach der ersten Depotfettbildung sinkt die Menge aufgenommener Nahrung zunächst wieder auf Normalwerte ab, wie sie vor der Zeit der ersten Fettbildung vorkamen. Sind die Fettreserven jedoch verbraucht, setzt die Hyperphagie sogleich wieder ein, was zur raschen Erneuerung der Fettdepots führt. Wenn man im Versuch zugfette Gambel-Ammerfinken von 30—32 g Gewicht durch Verknappung der Nahrung auf 23—25 g abmagern ließ und ihnen anschließend wieder ausreichend Nahrung bot, so erlangten sie in 3—4 Tagen ihr Ausgangsgewicht wieder (KING 1963). Gegen Ende der Zugzeit geht die Fähigkeit zur raschen Erneuerung der Fettreserven offenbar mehr und mehr verloren (MERKEL u.a.).

Mit Beginn der Hyperphagie ist für die Zugdisposition eine *Verstärkung des Fettstoffwechsels und eine Reduktion des Kohlehydrat- und möglicherweise auch des Proteinstoffwechsels* bezeichnend, die als bioenergetische Anpassung gedeutet werden kann (DOLNIK & BLYUMENTAL 1967 u.a.). Nach Einsetzen der Hyperphagie steigt vor allem in der Leber und im großen Brustmuskel der Fett- und zunächst auch der Glykogengehalt stark an. Während KING et al. (1963) in der Leber und im großen Brustmuskel von (freilebenden und gekäfigten) Gambel-Ammerfinken beim Wegzug einen viel höheren Glykogenspiegel als beim Heimzug feststellten, fanden GEORGE & BERGER (1966) bei zugdisponierten Rosenstaren stets zunächst einen Anstieg sowohl des Glykogen- als auch des Fettgehalts. Beim Rosenstar sinkt der Glykogengehalt des großen Brustmuskels jeweils nachts stark ab, wahrscheinlich infolge der dann stattfindenden Fettsynthese (GEORGE & CHANDRA-BOSE 1967). Nach MERKEL u.a. wird Fett hauptsächlich auch in den relativ aktivitätsarmen Mittags- und frühen Nachmittagsstunden aufgebaut. Im Zusammenhang mit der beginnenden Fettspeicherung ist bei einigen Arten eine *Reduktion des fettfreien Gesamtkörpergewichts* nachgewiesen. Sie beträgt beim Gambel-Ammerfinken bis zu etwa 2 g und kann zur Folge haben, daß beim Wegzug trotz Fettspeicherung das Gesamtkörpergewicht nicht oder nur geringfügig zunimmt (KING et al. 1965). Die Reduktion des fettfreien Körpergewichts geht auf *Erniedrigung der Kohlehydratreserven und des Wasser- und Proteingehalts* zurück. So reduziert der Rosenstar während der Depotfettbildung den Wasser- und Proteingehalt der Leber stark (NAIK 1963), und beim Gambel-Ammerfinken kann der Wassergehalt der subkutanen Fettkörper von 30 auf 12% absinken (MCGREAL & FARNER). Der Glykogenvorrat nimmt beim Gambel-Ammerfinken und bei anderen Arten in der Zugzeit so stark ab, daß er im Höchstfall als Brennstoff für nur wenige Lebensstunden reichen würde (FARNER; KING et al. 1963, DOLNIK & BLYUMENTAL 1964, GEORGE & BERGER 1966). Die Reduktion des fettfreien Gesamtkörpergewichts zur Zugzeit stellt möglicherweise eine *Anpassung* dar: Einmal könnte die Versorgung unnötiger Ballast-Körpermasse während des Zugs erspart, zum anderen die Speicherung relativ größerer Fettreserven ermöglicht werden (DOLNIK & BLYUMENTAL 1964, KING et al. 1965).

d. Vorteile des Fettes

Fett stellt — im Gegensatz zu Kohlehydraten und Proteinen — für den Zugvogel einen *besseren Energiespeicher und -lieferanten* dar: Bei der Verbrennung von 1 g Fett werden reichlich 9 kcal frei, bei der Verbrennung von 1 g Kohlehydrat beziehungsweise Protein hingegen nur reichlich 4 kcal. Somit ist die Energie-Speicherkapazität des Zugvogels bei fast ausschließlicher Fettspeicherung relativ hoch. Die Menge der mobilisierbaren Gesamtenergie im großen Brustmuskel (dem Haupt-Flug-„Motor“) ist bei Fettspeicherung ungleich höher als etwa bei Glykogenspeicherung. Fett hat weiterhin den Vorteil, daß es im Gegensatz zu Kohlehydraten und Proteinen „trocken“ gespeichert werden kann. Analog dem Tankprinzip des Flugzeugs (Speicherung und Abgabe hochwertigen Brennstoffs — Benzins — mit Hilfe von vorhandenen Hohlräumen — den Tanks) erfolgt beim Zugvogel die Speicherung und der Verbrauch von trockenem Fett, abgesehen von der Hypertrophie der Fettzellen, ohne nennenswerte Veränderungen der Speichergewebe. Der fettfreie Körper bleibt bei der Speicherung und Abgabe von Fett im wesentlichen homeostatisch (ODUM et al. 1964, HICKS 1967). Schließlich hat Fett auch im Hinblick auf das bei seiner Verbrennung entstehende Wasser keine nachteilige Wirkung für den Vogel: es gibt bei der Verbrennung nicht weniger Wasser ab als Kohlehydrate und Proteine. Das so gewonnene Wasser hat sehr wahrscheinlich für den Zugvogel bei großen Nonstopflügen über ökologische Barrieren hinweg lebenserhaltende Bedeutung im Hinblick auf die Gefahren einer Dehydrierung beziehungsweise Hyperthermie (ODUM et al. 1964 u.a., siehe unten).

e. Energetische Berechnungen

Man hat auf Grund der bekannten gespeicherten Fettmengen bei Zugvögeln, aus der sich die zur Verfügung stehende Kalorienmenge bestimmen läßt, sowie auf Grund von Messungen und Schätzungen des Energieverbrauchs fliegender Vögel eine Reihe von Berechnungen darüber angestellt, wie weit Zugvögel mit maximalen Fettreserven *im Ohnehaltflug beziehungsweise ohne Nahrungsaufnahme* zu ziehen vermögen (Übersicht RAVELING & LE FEBVRE 1967). Bei verschiedenen Kleinvogelarten ergab sich ein Energieverbrauch im Flug (bei Windstille) von 0,06 bis 0,16 — im Mittel etwa 0,1 — kcal/g Körpergewicht in der Stunde. Ein Kleinvogel von 25 g Gewicht verbraucht demnach etwa 0,25 g Fett/Flugstunde oder bei einer angenommenen Fluggeschwindigkeit von 50 km/Stunde etwa 0,005 g/km Flugweg. 10 g Fettreserven reichen ihm somit als Energielieferant für etwa 2000 km Flugstrecke. Demnach könnte ein derartig mit Reserven ausgerüsteter Zugvogel 2—3 Nächte hindurch ziehen beziehungsweise einen Nonstop-Flug von etwa 40 Stunden durchführen, bevor eine „Auftank“-Pause erforderlich wird (KING & FARNER 1965). Andere Autoren kamen zu folgenden Werten: Für den Schwarzkappen-Waldsänger (*Dendroica striata*) wurde die Ohnehaltflug-Leistungsfähigkeit mit 105—115 Stunden berechnet (NISBET et al. 1963), für andere Kleinvogel-Arten mit etwa 2500 km (ODUM u.a.), für den Rubinkehlkolibri bei 2,5—2,76 g Gewicht zuzüglich 2 g Fett mit 24,3 bis 26 Stunden und 976—1040 km (LASIEWSKI 1962) und für den Braunachsel-

Goldregenpfeifer mit etwa 4000 km (JOHNSTON & MCFARLANE 1967). Wie genau die berechneten Werte stimmen, läßt sich nicht sicher beurteilen. Die bei verschiedenen gekäfigten Kleinvögeln gemessenen Gewichtsverluste in einer einzigen Nacht starker Zugunruhe werden mit 1—2 g oder 5—17% des Gesamtkörpergewichts angegeben (MERKEL, WAGNER, HELMS u.a.). Intensiv ziehende Buchfinken, Bergfinken und Zeisige verloren auf dem Weg von einer Fangstation zu einer 50 km entfernten Kontrollstation (auf der Kurischen Nehrung) 0,72, 0,69 und 0,40 g Fett, was einem Energieverbrauch von 4,58, 4,35 und 2,52 kcal/Flugstunde entspricht (DOLNIK & BLYUMENTAL 1967). Den Berechnungen wie Beobachtungen nach vermögen mit maximalen Fettreserven ausgerüstete Zugvögel sehr wohl ökologische Schranken wie die Sahara, das Mittelmeer, den Golf von Mexiko und die Karibische See im Nonstop-Flug zu überqueren. Sie können es sich sicherlich sogar leisten, bereits eine beträchtliche Strecke vor dem unmittelbaren Beginn der Barrieren zum Ohnehaltflug anzusetzen oder nach Überqueren ungünstiger Gebiete noch eine beträchtliche Strecke weiterzufliegen, ehe sie eine „Auftank"-Pause einschalten müssen. Nach ODUM et al. (1964) ziehen amerikanische Transgolfzieher nach der Überquerung des Golfs von Mexiko wahrscheinlich noch bis 300 km landeinwärts, ehe sie landen.

2. *Weitere Charakteristika der Zugdisposition*

Zugdisponierte Vögel entwickeln vielfach die bereits erwähnte Tendenz, die in der täglichen Hellzeit geleistete lokomotorische Aktivität im Vergleich zu Nichtzugzeiten zu reduzieren. Das geschieht besonders in den letzten Stunden der täglichen Lichtdauer, in denen auch vielfach keine Nahrung mehr aufgenommen wird (KING & FARNER 1965, MEIER et al. 1965 u.a., Abb. 111 A—C). Dieses Verhalten — ebenso wie die Neigung, leichter zu schlafen (FARNER) — dient sehr wahrscheinlich der Einsparung von Energie zugunsten der Bildung von Reserven für den Zug (MERKEL u.a.).

Für viele Arten ist für die Zeit der Vorbereitung für den Zug ein Umstellen in der Nahrungspräferenz von animalischer Kost auf vegetabilische (Früchte, Sämereien) bekannt. Offenbar wird dadurch die Aufnahme von Kohlehydraten für die Fettsynthese gesteigert (DOLNIK & BLYUMENTAL 1964, 1967, VALLYATHAN & GEORGE 1964). Sehr bemerkenswert ist eine Beobachtung von FRY (1967): Der Weißkehl-Bienenfresser verzehrt im Winterquartier und möglicherweise besonders im Zusammenhang mit der Depotfettbildung des Heimzugs Ölpalmenfrüchte.

Bei vielen Arten entwickelt beziehungsweise verstärkt sich zur Zugzeit die Tendenz zur Schwarmbildung. Dieses Verhalten mag bei der Orientierung eine Rolle spielen (siehe K), könnte jedoch auch dem leichteren Auffinden günstiger Nahrungsquellen beim Zug dienen. Gesellig wandernde Schwalben vermögen sich bei Zugstau infolge von Kaltlufteinbrüchen durch Zusammenkriechen in Höhlungen und Ritzen gegenseitig zu wärmen, wodurch Energie gespart wird (LORENZ u.a.).

Ein ganz augenfälliges Charakteristikum der Zugdisposition ist die Tendenz, nächtliche Aktivität zu entwickeln. Diese ist zwar kein reines Spezifikum der Zugzeit und tritt bisweilen auch zur Brutzeit auf (DORKA 1966 u.a.), aber sie verstärkt sich zur Zugzeit sehr und drückt sich bei einer Vielzahl von Arten *in nächtlichem Ziehen* (siehe E 2) aus. Nachtzieher sind besonders Weitstreckenzieher, die ökologische Barrieren zu überwinden haben (viele Sperlingsvögel, aber auch Wachtel, Kuckuck, Wendehals, zum Teil Turteltaube u.a.). Innerhalb von Gruppen eng verwandter Arten nimmt die Tendenz zum Nachtziehen um so mehr zu, je weiter die Arten ziehen, und sie kann sich beim Überfliegen ökologischer Schranken verstärken. Bei Weitstreckenziehern, die derartige Schranken ohne Rastmöglichkeiten in Ohnehaltflügen überqueren müssen, welche die Dauer der täglichen Hellzeit überschreiten, ist die Fähigkeit zum nächtlichen Ziehen unbedingt erforderlich. Daneben wird angenommen, der Nachtzug habe sich speziell entwickelt, damit der ziehende Vogel vor dem Zugriff seiner Hauptfeinde (vor allem vor Greifvögeln) geschützt ist. Bei dieser Deutung ist jedoch zu bedenken, daß nachts jagende Eulen gefährlich werden können (DORKA 1966). Ein wesentlicher Vorteil des nächtlichen Ziehens dürfte — zumindest bei langen Zugstrecken — in einer *Zeitersparnis* bestehen: Nachtzieher haben die tägliche Hellzeitdauer, soweit sie nicht schlafen (WAGNER 1963), zur Nahrungssuche, Nahrungsaufnahme und zur Energiereservebildung zur Verfügung, während Tagziehern die für den Zug aufgewendete Hellzeit dafür verloren geht. Nächtliches Ziehen mag somit dazu beitragen, für Weitstreckenzieher den Zug ökonomischer zu gestalten. Nach neueren Deutungen bringt der Nachtzug *Vorteile vor allem in wasserökonomischer und thermoregulatorischer Hinsicht* (YAPP, ODUM et al. 1964, DORKA 1966 u.a.). Der Ruderflug entwickelt vor allem bei Kleinvögeln im Dauerbetrieb beträchtliche Wärmemengen, die der Vogel (da ihm ja Schweißdrüsen fehlen) hauptsächlich über die wenig befiederte Unterflügelhaut und über das Atem- und Luftsacksystem abgeben muß. Die dabei möglicherweise auftretende Gefahr einer *Hyperthermie* (TUCKER 1968a u.a.) ist bei Nacht gegenüber dem Tag wesentlich verringert (DORKA 1966). Zudem wird die beim Nachtzug günstigere thermoregulatorische Situation eine *Wasserersparnis* mit sich bringen, die für den Zugvogel bedeutsam sein dürfte. Wie weit der ziehende Vogel jedoch ohne Wasseraufnahme durch Trinken mit dem bei der Fettverbrennung entstehenden Wasser auskommt, läßt sich nicht sicher beurteilen. YAPP nimmt an, *Dehydration* sei der begrenzende Faktor des Nonstop-Flugs; ODUM et al. (1964) sehen ihn in der *Energiereserve*. Schließlich könnten Nachtzieher allgemein *günstigeren Windbedingungen* ausgesetzt sein, da die größten Windgeschwindigkeiten generell tagsüber auftreten. In diesem Zusammenhang sei noch erwähnt, daß möglicherweise nicht nur Nachtzug, sondern auch *Ziehen in großen Höhen* eine günstige thermoregulatorische Situation mit sich bringen könnte: Haussperlinge, die TUCKER (1968b) bei einer Umgebungstemperatur von 5 °C und bei Luftdruckverhältnissen untersuchte, die denen von 6100 m über NN entsprachen, senkten ihre Körpertemperatur um 2 °C.

Nach DORKA (1966) sollen Kurzstreckenzieher (so Amsel, Goldammer) innerhalb von 24 Stunden meist nur etwa 6 Stunden ziehen und ihre Zugaktivität vorwiegend in die frühen Dämmerungsstunden verlegen. Diese Vögel wandern offenbar vorwiegend in einer Zeit, in der die Nahrungssuche infolge von Bodenfrost, Reif und Schnee am wenigsten verspricht. Das könnte für Kurzstreckenzieher vorteilhaft sein, zumal sie auf Grund relativ geringer Fettreserven auf mehr kontinuierliche Nahrungssuche angewiesen sein dürften. Manche Teilzieher und Winterflüchter wie Feldlerche und Star, die als Tag- und Nachtzieher auftreten, können unter Umständen ihr Aufenthaltsgebiet bei ungünstigen Bedingungen zu jeder Tageszeit verlassen.

Dorka 1966 (B III 7) — Johnston & McFarlane 1967 (E 5) — Mewaldt et al. 1968 (J III) — Moreau 1966 (A).

Berthold, P. (1970): Über Populationsunterschiede im Gonadenzyklus europäischer *Sturnus vulgaris*, *Fringilla coelebs*, *Erithacus rubecula* und *Phylloscopus collybita* und deren Ursachen. Zool. Jb. Syst. 96: 491—557.

Crousaz, G. De (1961/1962): La migration d'automne des Motacillidés aux Cols de Cou-Bretolet. Nos Oiseaux 26: 78—104.

Dolnik, V. R., & T. I. Blyumental (1967): Autumnal premigratory and migratory periods in the chaffinch (*Fringilla c. coelebs*) and some other temperate-zone passerine birds. Condor 69: 435—468.

Fry, C. H. (1967): Lipid levels in an intratropical migrant. Ibis 109: 118—120.

George, J. C., & A. J. Berger (1966): Avian myology. London/New York.

George, J. C., & D. A. Chandra-Bose (1967): Diurnal changes in glycogen and fat levels in the pectoralis of the migratory starling *Sturnus roseus*. Pavo 5: 1—8.

Gifford, C. E., & E. P. Odum (1965): Bioenergetics of lipid deposition in the bobolink, a trans-equatorial migrant. Condor 67: 383—403.

Gwinner, E. (1969): Untersuchungen zur Jahresperiodik von Laubsängern. I. Die Entwicklung des Gefieders, des Gewichts und der Zugunruhe bei Jungvögeln der Arten *Phylloscopus bonelli*, *P. sibilatrix*, *P. trochilus* und *P. collybita*. J. Orn. 110: 1—21.

Hicks, D. L. (1967): Adipose tissue composition and cell size in fall migratory thrushes (Turdidae). Condor 69: 387—399.

Johnston, D. W. (1966): A review of the vernal fat deposition picture in overland migrant birds. Bird-Banding 37: 172—183.

King, J. R. (1961 a): The bioenergetics of vernal premigratory fat deposition in the White-crowned Sparrow. Condor 63: 128—142. — (Ders. 1961 b): On the regulation of vernal premigratory fattening in the White-crowned Sparrow. Physiol. Zoöl. 34: 145—157. — (Ders. 1963): Autumnal migratory-fat deposition in the White-crowned Sparrow. Proc. XIII. Int. Orn. Congr. (Ithaca): 940—949.

King, J. R., S. Barker & D. S. Farner (1963): A comparison of energy reserves during the autumnal and vernal migratory periods in the White-crowned Sparrow, *Zonotrichia leucophrys gambelii*. Ecology 44: 513—521.

King, J. R., & D. S. Farner (1966): The adaptive role of winter fattening in the White-crowned Sparrow with comments on its regulation. Amer. Nat. 100: 403—418.

King, J. R., D. S. Farner & M. L. Morton (1965): The lipid reserves of White-crowned Sparrows on the breeding ground in central Alaska. Auk 82: 236—252.

King, J. R., & E. E. Wales (1965): Photoperiodic regulation of testicular metamorphosis and fat deposition in three taxa of rosy finches. Physiol. Zoöl. 38: 49—68.

Lasiewski, R. C. (1962): The energetics of migrating hummingbirds. Condor 64: 324.
Ludlow, A. R. (1966): Body-weight changes and moult of some palaearctic migrants in southern Nigeria. Ibis 108: 129—132.
Meier, A. H., D. S. Farner & J. R. King (1965): A possible endocrine basis for migratory behaviour in *Zonotrichia leucophrys gambelii*. Animal Behaviour 13: 453—465.
Naik, D. V. (1963): Seasonal variation in the metabolites of the liver of *Sturnus roseus*. Pavo 1: 44—47.
Naik, D. V., & J. C. George (1964): Certain cyclic histological changes in the testis of *Sturnus roseus*. Pavo 2: 48—54.
Nisbet, I. C. T., W. H. Drury & J. Baird (1963): Weight loss during migration. Bird-Banding 34: 107—159.
Odum, E. P., C. E. Connell & H. L. Stoddard (1961): Flight energy and estimated flight ranges of some migratory birds. Auk 78: 515—527.
Odum, E. P., D. T. Rogers & D. L. Hicks (1964): Homeostasis of the nonfat components of migrating birds. Science 143: 1037—1039.
Raveling, D. G., & E. A. Le Febvre (1967): Energy metabolism and theoretical flight range of birds. Bird-Banding 37: 97—113.
Smith, V. W. (1966): Autumn and spring weights of some palaearctic migrants in central Nigeria. Ibis 108: 492—512.
Tucker, V. A. (1968a): Respiratory exchange and evaporative water loss in the flying budgerigar. J. Exp. Biol. 48: 67—87. — (Ders. 1968b): Respiratory physiology of House Sparrows in relation to high-altitude flight. J. Exp. Biol. 48: 55—66.
Vallyathan, N. V., & J. C. George (1964): Glycogen content and phosphorylase activity in the breast muscle of *Sturnus roseus*. Pavo 2: 55—60.
Wagner, H. O. (1963): Beziehungen zwischen Körpergewicht und Zugintensität der Vögel. Z. Morphol. Ökol. Tiere 53: 152—165.
Ward, P. (1963): Lipid levels in birds preparing to cross the Sahara. Ibis 105: 109—111.

V. Steuernde Faktoren der Zugdisposition und der Zugaktivität

Für die Steuerung des Zuggeschehens sind Faktoren erforderlich, die die rechtzeitige Entwicklung der Zugdisposition herbeiführen, den Zug auslösen, ihn eine Zeitlang aufrechterhalten und ihn schließlich beenden. Die Steuerung kann theoretisch durch Umweltfaktoren oder endogene Faktoren oder durch beides erfolgen, indem Zeitgeber auf endogene Vorgänge synchronisierend einwirken. Daneben können hemmende und fördernde Begleitumstände eine Rolle spielen. In den folgenden Abschnitten werden zunächst die als Auslöser jahresperiodischer Prozesse bekannten Umweltfaktoren im Hinblick auf die Steuerung des Zugs besprochen. Danach werden endogene Faktoren, einige bisher kaum untersuchte Faktoren sowie Wirkungen der Zugdisposition auf die Zugaktivität behandelt.

1. Klima-, Witterungs- und Nahrungsfaktoren

Wechselnde Klima-, Witterungs- und Nahrungsbedingungen haben die Hauptrolle in der Evolution des Vogelzugs gespielt (L). Hier soll gezeigt werden, inwieweit sie unmittelbar an der Steuerung der Zugdisposition und der Zugaktivität beteiligt sind.

Durch *Freilandbeobachtungen* ist eine Vielzahl von Beziehungen zwischen Klima-, Witterungs- und Nahrungsbedingungen und dem Zug bekannt geworden (siehe H): Im einzelnen zwischen Zugablauf und Temperatur, Niederschlag, Regen- und Trockenzeiten, Luftdruck, Luftfeuchtigkeit (besonders Nebel), Bewölkung, Windstärke, Windrichtung, Schneebedeckung, Vereisung, Hoch- und Niedrigwasserständen von Flüssen, der Blüte-, Frucht- und Samenzeit bestimmter Pflanzen (bei Tukanen, Drosseln, Kolibris), Wanderungen von Ameisen, Savannenbränden (F 6) u. a. (LACK 1960, 1963, BELLROSE 1967, EASTWOOD 1967, GRABER 1968, NISBET & DRURY 1968, SICK 1968 u. a.). Besonders augenfällig sind während des Heimzugs *Massenwanderungen* bei Warmlufteinbrüchen und während des Wegzugs beim Durchgang von Kaltfronten; *Umkehrzüge*, *Nachwinterfluchten* bei überraschenden Nachwintereinbrüchen; ferner das Übereinstimmen der *Isepiptesen* (Linien gleicher Ankunft, E 7) mancher Arten mit bestimmten Isothermen; weiterhin das starke Schwanken der jährlichen Ankunft und des jährlichen Wegzugs vieler Arten im Zusammenhang mit den jährlich wechselnden Witterungs- und Nahrungsbedingungen im Brutgebiet oder auf dem Zugweg. Ein Beispiel für letzteres sind vor allem die sogenannten *Winter-*, *Frost- und Schneeflüchter* (durchweg Teil-, Kurzstreckenzieher, so einige Greifvögel, viele Entenvögel und körnerfressende Singvögel), die erst in Verbindung mit (starken) Wintereinbrüchen ziehen (E 16, H 2 f). Invasionsvögel wandern nur in Jahren geringen Nahrungsangebots beziehungsweise hoher Populationsdichte in starkem Maße (CORNWALLIS & TOWNSEND 1968, u. a.; G III i). In Finnland und Ostpreußen aus englischen Eiern erbrütete Stockenten zogen im Winter ab (vielleicht nur infolge sozialen Anschlusses; VÄLIKANGAS, PUTZIG), während englische Stockenten in ihrem relativ milderen Brutgebiet überwintern. Die in ihrer Heimat weit ziehende Kanadagans ist nach ihrer Einbürgerung im wintermilden England Standvogel geworden; die in Schweden angesiedelten Artgenossen hingegen ziehen im Winter bis nach Holland (RINGLEBEN). Bei einer Reihe von Arten höherer geographischer Breiten in Europa, und zwar bei ehemals ausschließlich ziehenden sowie teilziehenden Formen (wie Ringeltaube, Drosseln, Star) hat sich seit der ersten Hälfte des 19. Jahrhunderts die Ankunftszeit zunehmend verfrüht, die Wegzugzeit mehr und mehr verspätet. Ferner entwickelte sich eine Tendenz, im Brutgebiet oder mehr in dessen Nähe zu überwintern. Diese Erscheinungen stehen offenbar mit regionalen und zeitweiligen Klimaverbesserungen und mit dem lokalen Auftreten andauernd günstiger Nahrungsangebote im Zusammenhang (KALELA 1949, NIETHAMMER 1951, NIETHAMMER & KRAMER 1966, BERTHOLD 1968 u. a., E 8). Derartige Beziehungen zwischen Klima-, Witterungs- und Nahrungsfaktoren einerseits und dem Zug andererseits (weiteres in Kapitel H) sind besonders bei weniger ausgeprägten Zugvögeln (durchweg früh im Brutgebiet eintreffenden und spät wegziehenden Kurzstreckenziehern, Teilziehern, Wettervögeln, so bei allen Winterflüchtern, siehe oben) zu beobachten, nicht oder weit weniger hingegen bei ausgeprägteren Zugvögeln, nämlich relativ spät im Brutgebiet eintreffenden und früh wegziehenden Weitstreckenziehern (etwa bei Mauersegler, Sumpfrohrsänger, Neuntöter). Letztere verlassen ihre Brutgebiete bereits wieder, ehe sich die dort herrschenden Witterungs- und — soweit sich das beurteilen läßt — auch die Nahrungsbedingungen verschlechtern (beziehungsweise solange diese Bedingungen noch optimal sind). Ankunft und Abzug bewegen sich bei diesen Vögeln im wesentlichen innerhalb eng begrenzter Kalenderzeiten (*Kalendervögel*), ohne ersichtliche Beziehungen zu den jeweiligen Schwankungen der Klima-, Witterungs- und Nahrungsbedingungen. In Äquatornähe überwinternde Arten brechen rechtzeitig zum Heimzug auf, obwohl dort zumindest das Klima jahreszeitlich weitgehend konstant ist.

Bei im Freiland beobachteten Beziehungen zwischen Klima-, Witterungs- und Nahrungsbedingungen und dem Zug läßt sich kaum sicher entscheiden, welche Faktoren aus dem Gesamtkomplex im einzelnen eine Rolle spielen, und wenn doch, so läßt sich nicht sicher beurteilen, ob sie den Zug primär steuern oder ob sie nur modifizierend eingreifen. Gesicherte Schlüsse zu diesen Problemen lassen sich im wesentlichen nur aus Experimenten ziehen. Versuche mit einer Reihe von Arten (wie Kuckuck, Drosseln, Grasmücken, Gambel-Ammerfink; PALMGREN, PUTZIG, MERKEL 1966, WAGNER 1958, 1961, FARNER & MEWALDT, EYSTER u.a.) haben gezeigt, daß Erniedrigen der Umgebungstemperatur sowie Verknappen der Nahrung zur Wegzugzeit zumindest bei zugdisponierten Vögeln Nachtunruhe stimulieren oder schon vorhandene Zugunruhe verstärken können; Steigen der Umgebungstemperatur sowie reichliches Nahrungsangebot hingegen können die Zugunruhe herabsetzen oder zum Verschwinden bringen. Zur Zeit des Heimzugs kann durch Erhöhen der Umgebungstemperatur Nachtunruhe ausgelöst oder schon vorhandene Zugunruhe verstärkt werden. FARNER & MEWALDT (1953) beobachteten beim Gambel-Ammerfinken sogar mitten im Winter Nachtunruhe und Fettablagerung, wenn sie die Umgebungstemperatur auf 22 °C erhöhten. PERDECK (1964) versetzte auf dem Zug in Holland gefangene Stare sowohl in ein relativ günstiges Überwinterungsgebiet (nach Spanien) als auch in ein relativ ungünstiges (in die Schweiz). Während die nach Spanien verfrachteten Vögel im Vergleich zu in Holland aufgelassenen Kontrollen ihren Zugweg verkürzten beziehungsweise in der Nähe des Auflaßortes verblieben, verlängerten die in der Schweiz ausgesetzten ihren Zugweg und wanderten (zum Teil bis nach SW-Spanien) ab.

Die Versuche belegen zunächst den modifizierenden Einfluß der Umgebungstemperatur, des Nahrungsangebots und der Beschaffenheit des Winterquartiers auf die Zugaktivität. Da sich nicht mit Sicherheit sagen läßt, ob die durch Veränderung von Klima-, Witterungs- und Nahrungsfaktoren experimentell hervorgerufene Nachtunruhe beziehungsweise Fettablagerung bei gekäfigten Vögeln echter Zugaktivität beziehungsweise Reservefettbildung der Zugdisposition entspricht oder ob die Unruhe möglicherweise nur eine

Ausdrucksform überschüssiger Energie (productive energy, KENDEIGH), d.h. eine *Pseudo-Zugunruhe* ist, machen die betreffenden Versuchsergebnisse einen primär steuernden Einfluß von Klima-, Witterungs- und Nahrungsfaktoren auf Zugdisposition und Zugaktivität nur wahrscheinlich. Für einen derartigen Einfluß sprechen am stärksten die Fälle, in denen experimentelle Veränderung von Witterungs- und Nahrungsfaktoren bereits vorhandene Zugunruhe völlig zum Verschwinden brachte. Den größten Einfluß von Klima-, Witterungs- und Nahrungsfaktoren auf die Zugaktivität konnte man im Versuch bei weniger ausgeprägten Zugvögeln feststellen, bei denen auch im Freiland die engsten Beziehungen zwischen diesen Faktoren und dem Zug beobachtet werden (so bei Amsel, Singdrossel, Rotkehlchen; WAGNER 1958, 1961 u.a.). Ausgeprägtere Zugvögel (Rotdrossel, Grasmücken; WAGNER 1958, 1961) lassen sich hingegen durch Witterungs- und Nahrungsbedingungen im Versuch weit weniger beeinflussen. So „toben" bekanntlich zum Beispiel viele Sylviiden zur Zugzeit auch bei bestem Futter und hohen Temperaturen in ihren Käfigen; die Zugunruhe läßt sich innerhalb der artspezifischen Zugzeit unter Umständen etwas verringern, aber nicht zum Verschwinden bringen.

Aus der nahezu unübersehbaren Fülle von Feldbeobachtungen und der im Gegensatz dazu sehr beschränkten Zahl gesicherter Versuchsergebnisse läßt sich schließen: Witterungs- und Nahrungsfaktoren üben einen modifizierenden (hemmenden, verstärkenden) Einfluß auf die Zugaktivität aus, und zwar bei weniger ausgeprägten Zugvögeln mehr, bei mehr ausgeprägten Zugvögeln weniger. Darüber hinaus ist ein primär steuernder Einfluß dieser Faktoren — zumindest auf die Zugaktivität — bei solchen Kurzstreckenziehern offensichtlich, die im Extremfall erst bei äußerst ungünstigen Witterungs- und Nahrungsbedingungen ziehen beziehungsweise in Jahren ohne ungünstige Bedingungen gar nicht wandern (Winterflüchter). Das gilt besonders für die Fälle, in denen *dieselben Individuen* in günstigen Jahren im Brutgebiet überwintern und in folgenden ungünstigeren Jahren wegziehen, also *fakultativ ziehen* können (Spottdrossel, Star, Singammer; BRACKBILL; KESSEL; NICE). In allen anderen Fällen läßt sich erst dann ein sicheres Urteil fällen, wenn geprüft ist, ob Zugdisposition und Zugaktivität unter konstanten Bedingungen nicht auch spontan auftreten, so daß Witterungs-, Nahrungs- und anderen Umweltfaktoren nur eine *synchronisierende Wirkung* zukommt (J V 6). Es gibt offenbar *alle Übergänge* von extremen Wettervögeln (Arten, Populationen), bei denen Witterungs- und Nahrungsfaktoren primär steuernd auf den Zug wirken, über Formen, bei denen diese Faktoren mehr oder weniger stark modifizierenden Einfluß nehmen, bis zu Formen, deren Zug durch Witterungs- und Nahrungsfaktoren kaum oder nicht unmittelbar beeinflußt wird.

Bellrose 1967 (B III 4) — Cornwallis & Townsend 1968 (G 2) — Eastwood 1967 (A) — Graber 1968 (B III 3) — Kalela 1949 (E 8) — Lack 1963 (H 1) — Niethammer & Kramer 1966 (A) — Sick 1968 (F 6) — Wagner 1961 (J II).

Berthold, P. (1968): Die Massenvermehrung des Stars *Sturnus vulgaris* in fortpflanzungsphysiologischer Sicht. J. Orn. 109: 11–16.
Lack, D. (1960): The influence of weather on Passerine migration. A review. Auk 77: 171–209.
Nisbet, I. C. T., & W. H. Drury (1968): Short-term effects of weather on bird migration: A field study using multivariate statistics. Animal Behaviour 16: 496–526.
Perdeck, A. C. (1964): An experiment on the ending of autumn migration in Starlings. Ardea 52: 133–139.

2. *Tageslichtdauer, Lichtintensität*

Schon seit langem hat man der Tageslichtdauer eine wesentliche Rolle bei der Steuerung des Vogelzugs zugeschrieben. Im Herbst und Winter wird infolge der Verschlechterung der Klimabedingungen der Energieaufwand für die Thermoregulation relativ größer. Die Energieaufnahme ist durch das sich verschlechternde Nahrungsangebot, aber auch infolge der abnehmenden Tageslichtdauer, die die zur Nahrungsaufnahme zur Verfügung stehende Zeit beschränkt, erschwert. Vielfach wird angenommen, eine dadurch entstehende *ungünstige Stoffwechselsituation* löse den Wegzug in höheren geographischen Breiten aus oder beschleunige ihn. Weiter wird vermutet, die zunehmende Tageslichtdauer im Frühjahr, zusammen mit der Verbesserung der Witterungs- und Nahrungsbedingungen, führe zu einer günstigen Stoffwechselsituation, die Voraussetzung für den Heimzug ist (Kendeigh, Seibert, Wallgren, Schildmacher, Merkel, Farner u.a.). Diese Beziehungen dürften vor allem für weniger ausgeprägte Zugvögel gelten (Wettervögel, Winterflüchter u.a., J V 1). In diesem Zusammenhang sei daran erinnert, daß für den Gambel-Ammerfinken nachweislich eine (gegenüber den Wintertagen) erhöhte Tageslichtdauer als längere Freßzeit für die Entwicklung der Fettreserven des Heimzugs nicht erforderlich ist (King 1961, J IV). Eine Steuerung des Vogelzugs durch die Tageslichtdauer wurde vor allem auch deshalb immer wieder angenommen, weil sich die Tageslichtdauer von Jahr zu Jahr mit gleicher Regelmäßigkeit jahreszeitlich ändert und die Photoperiode somit ein *besonders zuverlässiges Umweltkriterium* darstellt.

Rowan hat in seinen *Pionierexperimenten der Zugphysiologie* (ab 1925) als erster die Wirkung der Tageslichtdauer auf das Zugverhalten von Vögeln im Versuch geprüft und, wie später auch Wolfson, gezeigt: Winter-Juncos (*Junco hyemalis*) und Nordamerika-Aaskrähen (*Corvus brachyrhynchos*), die durch zusätzliche künstliche Beleuchtung schon im Herbst und Winter vorzeitig einer langen Tageslichtdauer ausgesetzt waren, zogen vor der artspezifischen Zugzeit weg (Einzelheiten J V 4). Im Anschluß an Rowan haben zahlreiche Autoren (Übersicht Dolnik & Blyumental 1964, Farner 1955, King & Farner 1965 u.a.) den Einfluß der Tageslichtdauer auf den Zug an vielen Arten (vor allem an Drosselvögeln, Grasmücken, Finkenvögeln) eingehend untersucht. Wenn Versuchsvögel schon im Herbst und Winter beziehungsweise vor der artspezifischen Zugzeit langer Tageslichtdauer ausgesetzt wurden, stellten sich bereits zu diesen Zeiten („*photoperiodisch provoziert*") Hyperphagie, Gewichtsanstieg und Fettablagerung sowie Nachtunruhe ein (Abb. 106). Diese Erscheinungen ent-

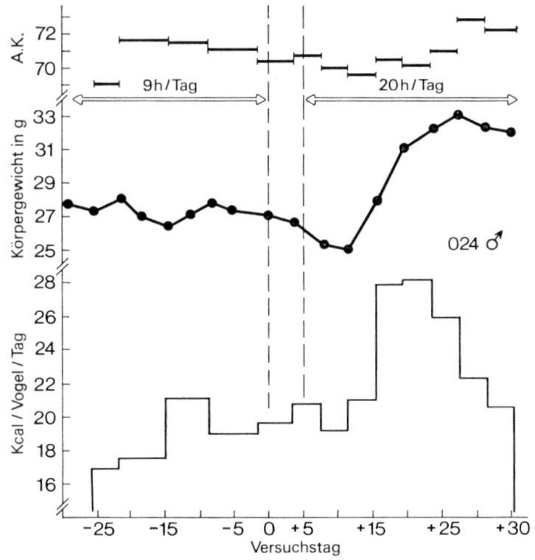

Abb. 106. Energieaufnahme und Körpergewicht einer *Zonotrichia leucophrys gambelii* im Frühjahr unter konstanter Temperatur (12 °C) und unter zunächst 9, anschließend 20 Std. täglicher Lichtdauer. A. K. = Nutzeffekt der aufgenommenen Energie in %. (Nach KING 1961 b.)

sprachen denen der normalen Zugzeit — soweit untersucht — bis in Einzelheiten. Nach diesen Versuchsergebnissen spielt die Tageslichtdauer eine wesentliche Rolle bei der Steuerung von Zugdisposition und Zugaktivität. Ihre Einwirkung erfolgt über das hypothalamo-hypophysäre System, wobei eine zyklische Photosensibilität beteiligt ist, die durch eine endogene circadiane Periodik bedingt wird (KING & FARNER 1965, FARNER 1966, WOLFSON 1966, DOLNIK & BLYUMENTAL 1967, HAMNER 1968 u.a.).

Bei der im Hinblick auf die photoperiodische Steuerung des Zugs sehr eingehend untersuchten Art, dem Gambel-Ammerfinken, aber auch bei anderen Arten, sind nach KING (1963) und FARNER (1964, 1966) Fettablagerung und Zugaktivität des Heimzugs *direkte Langtageffekte* (d.h., sie sollen direkt durch die langen Frühlingstage hervorgerufen werden). Da Fettdeponierung und Zugaktivität des Wegzugs beim Gambel-Ammerfinken in der Photo-Refraktär-Periode der Art auftreten, werden diese Erscheinungen als wahrscheinlich *indirekte Langtageffekte* gedeutet. (Sie sollen von selbst folgen, wenn die direkten Langtageffekte zunächst einmal hervorgerufen worden sind.) Nach FARNER (1966) werden somit beim Gambel-Ammerfinken Fettablagerung und Zugaktivität des Heimzugs und wahrscheinlich auch des Wegzugs *vollkommen photoperiodisch gesteuert*. 1968 konnte KING jedoch zeigen, daß der Zyklus der Fettdeponierung dieses Ammerfinken auch dann für wenigstens ein Jahr mit im wesentlichen normaler Frequenz und Intensität bestehen blieb, wenn die Versuchsvögel einer Tageslichtdauer von nur 8 Stunden ausgesetzt waren. Bis dahin hatte man angenommen, eine Tageslichtdauer von wenigstens etwa 10 Stunden wäre erforderlich, um Zugfettablagerung zu „stimulieren". Der Zyklus der Fettdeponierung blieb auch bei einer Tageslichtdauer von 20 Stunden erhalten, von der man bisher annahm, in ihr würden die Vögel dauernd photorefraktär bleiben. Vorläufig läßt sich nicht entscheiden, ob der von KING beim Gambel-Ammerfinken unter konstanten Bedingungen beobachtete Zyklus der Fettablagerung (ganz oder teilweise)

1. auf eine autonome Folge von Vorgängen zurückgeht, die alljählich — nach dem *Sanduhrprinzip* — neu photoperiodisch angestoßen wird, oder ob er

2. in einer fortgesetzten *photoperiodischen Modulation* der Phasenbeziehungen verschiedener circadianperiodischer Vorgänge begründet ist oder ob er

3. auf einer *endogenen Jahresperiodik* beruht, wie sie für den Fitis nachgewiesen wurde (J V 6).

Solange diese Frage nicht beantwortet werden kann oder nicht nachgeprüft ist, ob beim Gambel-Ammerfinken der Zyklus der Fettdeposition unter konstanten Bedingungen auch länger als ein Jahr bestehen bleibt (J V 6), läßt sich nicht entscheiden, ob die Tageslichtdauer die Fettdeponierung bei dieser Art primär steuert oder ob sie nur synchronisierend auf eine endogene Jahresperiodik einwirkt.

Anschließend sei kurz auf den Einfluß der Lichtintensität auf die Zugaktivität eingegangen. Freilandbeobachtungen an verschiedenen Arten sprechen einerseits für verstärkten Zug bei Vollmond, andererseits dagegen (DÖRR; DROST 1960 u.a.). In Versuchsräumen ist nach WAGNER (1961), HELMS (1963) u.a. eine *bestimmte Beleuchtungsstärke* Voraussetzung für die optimale Entwicklung von Zugunruhe. GWINNER (1967) registrierte die Zugunruhe bei Rotkehlchen und Gartenrotschwanz unter natürlichen Lichtbedingungen und beobachtete bei Vollmond im Mittel stärkere Zugunruhe als bei Neumond. Ferner war die Nachtaktivität mit zunehmender Verspätung des Monduntergangs zum Morgen hin verlängert. Damit ist ein *modifizierender Einfluß des Mondlichts* auf die Zugaktivität experimentell nachgewiesen, und freilebende Vögel dürften in Vollmondnächten (möglicherweise trotz erschwerter Stern-Orientierung [siehe K II 2]) größere Zugstrecken zurücklegen als in dunklen Nächten.

Dolnik & Blyumental 1967 (J IV) — Drost 1960 (B III 1) — Helms 1963 (J III) — King 1961 b, 1963 (J IV) — Wagner 1961 (J II).

Farner, D. S. (1964): The photoperiodic control of reproductive cycles in birds. Amer. Sci. 52: 137—156. — (Ders. 1966): Über die photoperiodische Steuerung der Jahreszyklen bei Zugvögeln. Biol. Rundschau 4: 228—241.

Gwinner, E. (1967): Wirkung des Mondlichts auf die Nachtaktivität von Zugvögeln. — Lotsenversuch an Rotkehlchen (*Erithacus rubecula*) und Gartenrotschwänzen (*Ph. phoenicurus*). Experientia 23: 227—238.

Hamner, W. M. (1968): The photorefractory period of the house finch. Ecology 49: 211—227.

King, J. R. (1968): Cycles of fat deposition and moult in White-crowned Sparrows in constant environmental conditions. Comp. Biochem. Physiol. 24: 827—837.

3. *Hypophyse*

In der Hypophyse mit ihrer übergeordneten Stellung im endokrinen System wurde vielfach ein *Steuerorgan* des Zuggeschehens gesehen. Wolfson injizierte Oregon-Juncos (*Junco oreganus*) Antuitrin G (ein Gemisch hauptsächlich aus Somatotropin und geringen Mengen von thyreotropem und gonadotropem Hormon). Die Versuchsvögel reagierten mit Gonadenentwicklung und Fettablagerung, während Injektion von gonadotropem Hormon allein nur zu Gonadenentwicklung führte. Da die Zahl der Versuchsvögel zu gering war und ferner zu Versuchsbeginn die Gonadenentwicklung der Vögel schon begonnen hatte, und weil zudem unsicher ist, ob die beobachtete Fettablagerung der der Zugdisposition entsprach, sind die Versuchsergebnisse nicht schlüssig (Farner 1955). Außerdem wurden Säuger-Hormone verwendet, deren genaue Wirkung bei Vögeln unbekannt ist. Im Hypophysenvorderlappen des Gambel-Ammerfinken ließen sich drei jahreszeitliche Maxima des *Prolaktingehalts* (und wahrscheinlich auch in der Ausschüttung des Prolaktins) feststellen, und zwar zur Heim- und Wegzugzeit und zur Brutzeit (in letzterem Falle nur bei ♀♀). Prolaktinapplikation (in physiologischen Dosen) ergab eine der Zugfettspeicherung ähnliche Fettdeponierung und eine von echter Zugunruhe nicht unterscheidbare nächtliche Unruhe. Die Versuchsvögel reduzierten ferner ihre lokomotorische Aktivität während der letzten Stunden der täglichen Lichtdauer, was für Vögel bezeichnend ist, die Zugunruhe entwickeln (J IV 2 und Abb. 111 A bis C). Zusätzlich injiziertes Corticosteron steigerte die Nachtunruhe, zusätzlich injiziertes Gonadotropin erhöhte die Fettablagerung. Möglicherweise geht das Verlangsamen und Vermindern der Fettablagerung beim Gambel-Ammerfinken zur Wegzugzeit auf das Fehlen einer *synergistischen Wirkung des Gonadotropins* zurück (Meier & Farner 1964, Meier et al. 1966, Farner 1966). Ob Prolaktin einen Hauptfaktor der Zugphsyiologie darstellt, und welche Rolle es im einzelnen bei anderen Arten spielt, ist noch offen. „Es ist ... wahrscheinlich, daß Prolaktin kein spezifisches Hormon des Vogelzugs ist" (Farner 1966). Einige weitere Versuche mit gonadotropem und thyreotropem Hormon werden in den beiden folgenden Abschnitten besprochen.

Auf Grund der Ergebnisse läßt sich sagen, daß die Hypophyse an der Steuerung von Zugdisposition und Zugaktivität *wesentlich beteiligt* ist (etwa als Glied in der Photosteuerung, J V 2). Ob sie bei Vögeln mit endogener Jahresperiodik (J V 6) *primär steuernd* zu wirken vermag, kann man noch nicht beurteilen, da das Steuerzentrum dieser Periodik unbekannt ist.

Farner 1964, 1966 (J V 2) — Meier, Farner & King 1965 (J IV).
Meier, A. H., & D. S. Farner (1964): A possible endocrine basis for premigratory fattening in *Zonotrichia leucophrys gambelii*. Gen. Comp. Endocrinol. 4: 584—595.

4. Gonaden

ROWAN beobachtete bei in Freilandvolieren in Alberta (Kanada) gehaltenen Winter-Juncos mitten im Winter vollen Gesang und wie zur Brutzeit stark entwickelte Hoden, wenn er die Volieren ab November zusätzlich beleuchtete (wobei die Vögel Mitte Dezember einer täglichen Lichtdauer von 15 Stunden anstatt einer für die Jahreszeit normalen Lichtdauer von nur etwa 9 Stunden ausgesetzt waren). Damit war gezeigt, daß die Tageslichtdauer eine wichtige Rolle bei der Steuerung der Gonadenentwicklung von Vögeln spielen kann. ROWAN ließ nun derartig zusätzlich beleuchtete Vögel im Winter frei, ebenso Kontrollvögel, die nicht zusätzlich belichtet worden waren und die jahreszeitgemäß wenig entwickelte Gonaden aufwiesen. Während viele der künstlich belichteten Juncos verschwanden, blieben die unbehandelten Kontrollvögel in der näheren Umgebung des Auflaßortes. Da über den Verbleib der verschwundenen Juncos nichts zu erfahren war, arbeitete ROWAN anschließend mit Nordamerika-Aaskrähen, die mehr Aussichten auf Wiederfunde versprachen. Er ließ wie im Fall der Juncos zusätzlich beleuchtete Vögel und Kontrollvögel, ferner auch Kastraten sowie mit Sexualhormonen behandelte Vögel im Winter auf. Von den künstlich belichteten Krähen wurden einige im N und NW des Auflaßortes (maximal 160 km entfernt) wiedergefunden, einige im SE, und einige blieben in der Nähe. Die Kontrollvögel und Kastraten verweilten zum Teil in der Umgebung oder wanderten nach SE (maximal 320 km weit) ab. Aus diesen Ergebnissen schloß ROWAN auf eine Steuerung des Zugs durch die Gonaden. Er nahm an, die im Frühjahr während der Gonadenentwicklung gebildeten *Sexualhormone* lösen den Heimzug aus, und die Gonadenrückbildung im Sommer und Herbst rufe den Wegzug hervor. Es spricht für diese Hypothese, daß nur Krähen mit entwickelten Gonaden in Heimzugrichtung (nach N und NW) gezogen waren, Kontrollvögel mit wenig entwickelten Gonaden und Kastraten hingegen gar nicht beziehungsweise nur in Wegzugrichtung nach SE.

Da bei vielen Zugvögeln das Gonadenwachstum etwa in die Zeit des Heimzugs fällt und die Zeit der Gonadenrückbildung ungefähr der des Wegzugs entspricht, hatten schon verschiedene Autoren vor ROWAN *ursächliche Beziehungen zwischen Gonadenzyklus und Zug* angenommen. Bekanntlich ziehen die ♀♀ und Jungvögel vieler Arten oder Populationen (etwa bei Amsel und Buchfink) als einzige, oder sie ziehen weiter weg und später heim als die ♂♂ beziehungsweise alten Vögel. BULLOUGH, LACK, MARSHALL u.a.

führten das darauf zurück, daß sich die Gonaden der ♀♀ im Herbst stärker rückbilden als die der ♂♂ und die der ♀♀ und Jungvögel im Frühjahr später entwickeln als die der ♂♂. Man nimmt an, das männliche Sexualhormon, das besonders ♂♂, aber auch (alte) ♀♀ mancher Arten im Herbst produzieren, übe möglicherweise einen *modifizierenden Einfluß* auf den (Weg-)Zugimpuls aus. Die verspätete Heimkehr und das Verbleiben im Winterquartier und in Durchzugsgebieten von Vögeln, die erst nach mehreren Lebensjahren brutreif werden (Großvögel wie Weißstorch, Fischadler, verschiedene Limikolen) wird dahingehend gedeutet, daß den Vögeln zunächst infolge fehlender oder zu schwacher Gonadenentwicklung der Impuls für den Heimzug fehlt.

Im Anschluß an ROWAN ließ auch WOLFSON zusätzlich beleuchtete Oregon-Juncos zwei Monate vor der Heimzugzeit der Art auf; einer dieser Versuchsvögel zog 320 km nach N. Eine Reihe von Autoren (SCHILDMACHER 1963; GIERSBERG; STADIE; WAGNER 1961, THOMAS u.a.) führte bei verschiedenen Vogelarten (vor allem Drosselvögeln, Grasmücken, Staren, Finkenvögeln) Injektionen oder Implantationen von Sexualhormonen und gonadotropem Hormon der Hypophyse durch (mit Testosteron, Folliculin, Progynon u.a.). Die Untersucher kamen dabei ähnlich oder entsprechend wie ROWAN zu dem Schluß, *daß Sexualhormone den Heimzug stimulieren* beziehungsweise *beeinflussen* und daß das mit der Gonadenrückbildung zusammenhängende Abklingen der Sexualhormonproduktion den Wegzug *verursacht* beziehungsweise *mitbedingt*. Nach WAGNER (1961) wirkt der *Testosteronspiegel* oberhalb einer kritischen Höhe nicht mehr zugstimulierend, sondern *blockiert* die Zugstimmung. Möglicherweise veranlaßt der Anblick passender Reviere im heimkehrenden Zugvogel bei der Ankunft im Brutgebiet eine verstärkte Ausschüttung von Geschlechtshormonen, was zum Abbruch des Heimzugs führen könnte. Stark singende, balzende und eierlegende Käfigvögel verschiedener Arten zeigen wenig oder keine Sommerunruhe (MERKEL 1956, 1960, HELMS 1963 u.a.), und unverpaarte ♂♂ mehrerer Arten erscheinen im Sommer in großer Zahl an der Nordgrenze ihres finnischen Verbreitungsgebiets (VON HAARTMAN 1952). Daraus folgert MERKEL, daß Erlebnisse des Vogels beim Erreichen des Brutplatzes (Ankunft, Antreffen von Partnern, Paarbildung u.a.) die Zugunruhe ausschalten und Sommerunruhe verhindern könnten.

Die Befunde, die als Beleg für eine primäre Steuerung des Zugs durch die Gonaden herangezogen wurden, beruhen zum großen Teil auf Experimenten mit nur wenigen Versuchsvögeln, oder sie stellen lediglich beobachtete Korrelationen zwischen Zug und Gonadenzyklus dar und sind kein Nachweis für ursächliche Beziehungen zwischen beiden Erscheinungen (FARNER 1955 u.a.). Viele Beobachtungen und Versuchsergebnisse sprechen *gegen eine primäre Steuerung* des Zugs durch die Gonaden: Nichtziehende Arten, Rassen, Populationen, Individuen, selbst Nestgeschwister weisen gleiche oder ähnliche Gonadenzyklen wie ziehende auf. In Volieren gehaltene Stare entwickelten ihre Gonaden verfrüht, schon vor der normalen Heimzugzeit, zeigten aber weder verfrüht noch überhaupt Zugunruhe zur Zeit des Heimzugs (BERTHOLD 1970). Wieder freigelassene Kastraten verschiedener Arten (Möwen, Krähen, kleinere Singvögel; ROWAN, PUTZIG, HANN, DROST, WOLFSON u. a.) zogen nicht nur zur Weg-, sondern auch zur Heimzugzeit (auch bei nachweislich vollständiger Kastration, wie nachträgliche Nachprüfung von Versuchsvögeln auf Gonadenregenerate ergab). Es ist jedoch möglich, daß die Kastraten weniger aus eigenem Antrieb gezogen sind, vielmehr auf Grund sozialen Anschlusses an ziehende Artgenossen. PUTZIG und FARNER & MEWALDT beobachteten beim Rotkehlchen und beim Gambel-Ammerfinken Nachtunruhe, noch bevor Gonadenentwicklung ersichtlich war. WOLFSON erzielte durch die Injektion gonadotroper Hormone bei Oregon-Juncos zwar Gonadenwachstum, doch bewirkte dieses keine Reservefettablagerung, also offenbar keine Zugdisposition und auch keine Zugunruhe.

Die aufschlußreichsten Ergebnisse brachten Untersuchungen an kastrierten männlichen Kleinvögeln (Bergfink, Weißkehl-, Goldscheitelammerfink, *Zonotrichia albicollis*, *Z. atricapilla*) in Registrierkäfigen (MILLAR 1960, LOFTS & MARSHALL 1961, MORTON & MEWALDT 1962, KING & FARNER 1963 u.a.; Übersicht WEISE 1967). Kastration unmittelbar vor oder während der normalen Heimzugzeit beziehungsweise nach starker Erhöhung der Tageslichtdauer hat wenig Einfluß auf die Entwicklung von Zugdisposition (Gewichtsanstieg, Fettablagerung) und Zugunruhe; sie verzögert oder schwächt diese Prozesse nur geringfügig ab. Kastration lange

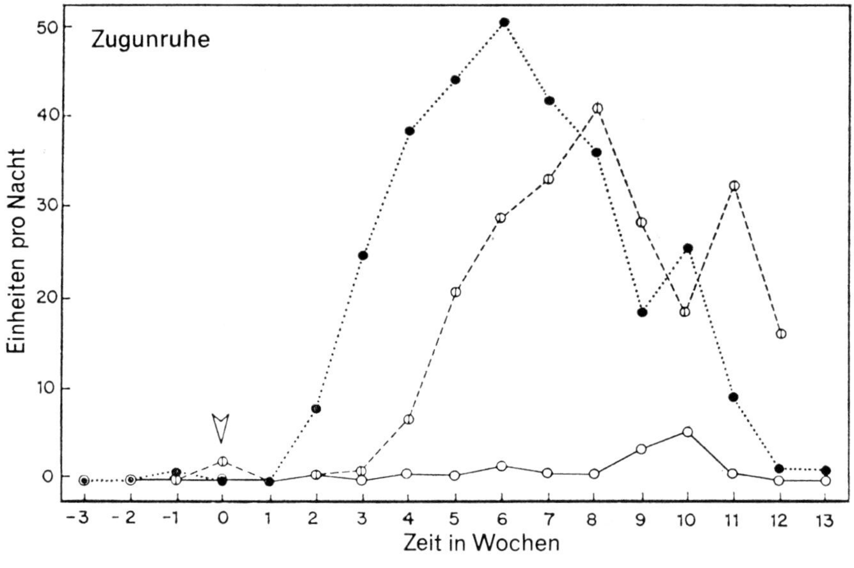

Abb. 107. Zugunruhe von *Zonotrichia albicollis* im Frühjahr. Die Vögel befanden sich zunächst im LD 9: 15, später (ab Pfeil) im LD 15: 9. Leere Kreise: Im LD 9: 15 kastrierte Vögel, ausgefüllte Kreise: Kontrollvögel, Kreise mit Strich: Kastrierte Vögel mit regenerierenden Gonaden. (Nach WEISE 1967.)

(Monate) vor der artspezifischen Zugzeit beziehungsweise vor Erhöhung der Tageslichtdauer unterdrückt dagegen beim Weißkehlammerfinken Zugdisposition und Zugunruhe: Gewichtsanstieg, Fettablagerung und nächtliche Unruhe blieben signifikant niedriger als bei Kontrollvögeln (Abb. 107). Bei der frühen und der späten Kastration ließ sich eine Intensivierung der Zugaktivität in der zweiten Nachthälfte beobachten, wie sie für die Zeit der Gonadenrückbildung typisch ist. WEISE folgert, *daß Gonadenentwicklung und Sexualhormone nur eine modifizierende, aber keine primär steuernde Rolle* für den Zug spielen. Sexualhormone sollen die Zugaktivität direkt beeinflussen, die Zugdisposition hingegen über einen Rückkoppelungsmechanismus mit der Hypophyse. Bei Kastraten ist die Ausschüttung gonadotroper Hormone verstärkt, da die Gonaden nicht bremsend auf die Hypophyse rückwirken können. Dadurch wird möglicherweise die Ausschüttung von Prolaktin vermindert, das offenbar bei der Entwicklung der Zugdisposition und Zugunruhe eine wesentliche Rolle spielt (JV 3). In diesem Zusammenhang sei die Annahme von LOFTS et al. (1966) u.a. erwähnt, nach der die Gonadenrückbildung möglicherweise Voraussetzung für die Depotfettbildung ist.

Die Ansicht von WEISE, daß die Gonaden bei der Steuerung des Zugs nur eine modifizierende Rolle spielen, darf als die am besten begründete Aussage gelten. Nach FARNER (1955) ist jedoch für einzelne Arten die Möglichkeit einer primären Steuerung des Zugs durch die Gonaden nicht auszuschließen.

Berthold 1970 (J IV) — Helms 1963 (J III) — Wagner 1961 (J II).
King, J. R., & D. S. Farner (1963): The relationship of fat deposition to Zugunruhe and migration. Condor 65: 220—223.
Lofts, B., & A. J. Marshall (1961): Zugunruhe activity in castrated Bramblings Fringilla montifringilla. Ibis 103: 189—194.
Lofts, B., R. K. Murton & N. J. Westwood (1966): Gonadal cycles and the evolution of breeding seasons in British Columbidae. J. Zool. London 150: 249—272.
Millar, J. B. (1960): Migratory behaviour of the white-throated sparrow, Zonotrichia albicollis, at Madison, Wisconsin. Diss. Univ. of Wisconsin.
Morton, M. L., & L. R. Mewaldt (1962): Some effects of castration on a migratory sparrow (Zonotrichia atricapilla). Physiol. Zoöl. 35: 237—247.
Weise, Ch. M. (1967): Castration and spring migration in the White-throated Sparrow. Condor 69: 49—68.

5. *Schilddrüse*

Die Aktivität der Schilddrüse zeigt bei vielen Vogelarten jahreszyklische Änderungen, ferner Steigerungen in Kälteperioden (HÖHN 1950, FARNER 1955 u.a.). Früher schrieb man der Schilddrüse mehrfach eine *primär steuernde Rolle* bei der Entwicklung der Zugdisposition und der Zugunruhe zu. Freilanduntersuchungen bei verschiedenen Arten zeigten einerseits gewisse Korrelationen zwischen Zug und erhöhter Schilddrüsenaktivität (so beim Kiebitz im Zusammenhang mit seinem Frühwegzug; PUTZIG). Andererseits ist jedoch die inter- und intraspezifische Variabilität des Schilddrüsenzustandes bei vielen Arten (etwa Möwen, Greifvögeln) so groß, daß *zwischen Drüsentätigkeit und Zugverhalten keine eindeutigen Beziehungen* erkennbar werden (PUTZIG). Das Verabreichen von Schilddrüsenextrakten, von Thyroxin und thyreotropem Hormon der Hypophyse führte bei verschiedenen Arten (z.B. Drosselvögeln, Grasmücken, Finkenvögeln; MERKEL, PUTZIG, WAGNER, SCHILDMACHER & RAUTENBERG u.a.) zu Gewichtsanstieg und -abnahme und zur „Stimulation", zur Unterbrechung und zum Abklingen nächtlicher Unruhe. Da die Versuche mit sehr wenigen Individuen durchgeführt wurden, da verschieden und selbst gleich große Dosen der verabreichten Hormone zum Teil gegensätzliche Ergebnisse brachten (MERKEL 1960 u.a.), und weil sich nicht sagen läßt, ob die provozierte Unruhe echte Zugunruhe war (THOMSON), kann vorerst die Funktion der Schilddrüse beim Zug nicht sicher beschrieben werden (FARNER 1955). Die vorliegenden Ergebnisse sprechen zweifellos nicht für eine primär steuernde Rolle der Schilddrüse beim Zug (FARNER 1955, MERKEL 1960). Inwieweit die Schilddrüse möglicherweise an der *Auslösung der Zugaktivität* beteiligt ist (SCHILDMACHER 1963), müssen weitere Untersuchungen zeigen.

6. Endogene Jahresperiodik

In Äquatornähe überwinternde Arten, Rassen und Populationen, die in höheren geographischen Breiten brüten, sowie in Äquatornähe lebende Intratropikalzieher brechen Jahr für Jahr zu gleichen Zeiten zum (Heim-)Zug auf, obwohl die als Auslöser jahresperiodischer Prozesse in Frage kommenden Umweltfaktoren wie Tageslichtdauer, Temperatur u.a. in äquatornahen Gebieten nur sehr wenig oder unregelmäßig schwanken. Viele ausgeprägte Zugvögel verlassen ihre Brutheimat in höheren geographischen Breiten bereits, bevor sich die Umweltbedingungen merklich — wenn überhaupt — zu verschlechtern beginnen (JV 1). Man vermutete daher bei in den geschilderten Situationen mit dem Zug beginnenden Vögeln einen endogenen Zeitmeß-Mechanismus, eine *endogene Jahresperiodik*, die ihre Zeitrechnung von Umweltfaktoren weitgehend unabhängig macht.

Eine endogene Jahresperiodik kann anhand von Freilandbeobachtungen nur wahrscheinlich gemacht, aber nicht nachgewiesen werden. Im Freiland läßt sich die Möglichkeit nicht ausschließen, daß unbekannte oder nicht untersuchte Umweltfaktoren eine steuernde Rolle spielen. Der Nachweis einer endogenen Periodik ist daher dem Versuch vorbehalten. Experimente von MERKEL (1963) mit Rotkehlchen und Dorngrasmücken, von ZIMMERMAN (1966) mit Dickzisselammern (*Spiza americana*) und von KING (1968) mit Gambel-Ammerfinken haben *Hinweise* auf das Bestehen einer endogenen Jahresperiodik des Zyklus der Zugunruhe beziehungsweise des Körpergewichts und der Fettablagerung geliefert. GWINNER (1968a) hat den bisher *einzigen sicheren Nachweis einer endogenen Jahresperiodik bei Vögeln* erbracht, und zwar für Fitis und Waldlaubsänger. Wurden Vögel der genannten Arten von Mitte September des ersten Lebensjahres an bis mindestens zum Juni des darauffolgenden Jahres konstanter Temperatur und einer künstlichen Tageslichtdauer von 12 Stunden ausgesetzt, entwickelten sie im Frühjahr etwa zur selben Zeit Zugunruhe wie solche, die unter natürlichen Lichtbedingungen im europäischen Brutgebiet und im afrikanischen Überwinterungsgebiet gehalten wurden. Auch die Gewichtsentwicklung der Vögel unter konstanten Bedingungen verlief ähnlich wie die der Kontrollen. Bei zwei 28 und 29 Monate in den genannten konstanten Bedingungen gehaltenen Fitissen trat Zugunruhe nicht nur im ersten Winterhalbjahr ungefähr *zeitgerecht spontan* auf, sondern auch später periodisch, wie erwartet *alternierend mit der Mauser*. Bei einem der beiden Fitisse wich die Periodenlänge deutlich von 12 Monaten ab (Abb. 108). GWINNER hat somit bei seinen Experimenten die Forderungen für den Nachweis einer endogenen Jahresperiodik erfüllt, die PITTENDRIGH (1958) und ASCHOFF (1963) an den Nachweis einer endogenen Tagesperiodik gestellt haben: Messen unter konstanten Bedingungen über mehr als eine Periode (12 Monate) und Ermitteln eines Abweichens der Periodenlänge (von 12 Monaten), das die Wirkung unkontrollierter Umweltfaktoren ausschließt. Da die Versuchsvögel GWINNERS vor Versuchsbeginn nicht länger als 8 Monate unter natürlichen Lichtbedingungen gelebt hatten, ist ferner erwiesen, *daß die endogene Jahresperiodik von*

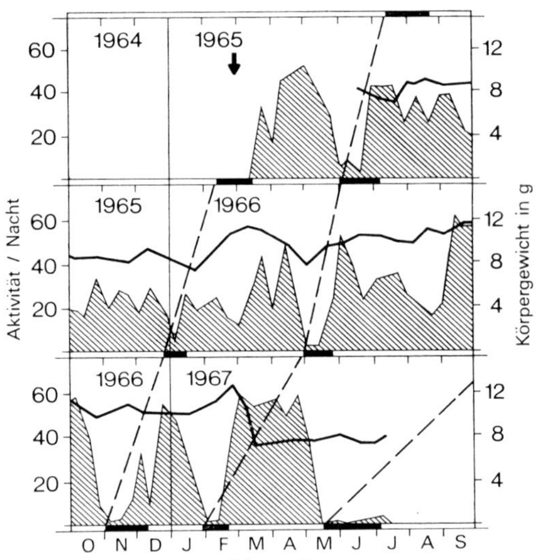

Abb. 108. Zugunruhe (schraffiert), Körpergewicht (ausgezogene Linie) und Mauser (schwarze Balken) eines Fitis unter konstanten Bedingungen (ab Pfeil — im Geburtsjahr — im LD 12: 12 bei 21 °C). Aufeinanderfolgende Jahre sind untereinander gezeichnet, die Anfänge sich entsprechender Mausern durch gestrichelte Linien verbunden. (Nach GWINNER 1968 a.)

Fitis und Waldlaubsänger angeboren ist. Weiterhin ergab sich bei dem daraufhin untersuchten Fitis eine *Abhängigkeit der Phasenlage* der endogenen Jahresperiodik vom Geburtstermin: Später im Jahr geschlüpfte Vögel wurden im Herbst später zugunruhig als früher geschlüpfte Vögel. Die Beobachtungen von PROMPTOV deuten auf entsprechende Verhältnisse beim Karmingimpel hin. Bei einem Fitis haben sich die Phasen der Zugunruheperiodik und die der Gewichtsperiodik offenbar gegeneinander verschoben. Möglicherweise handelt es sich um ein *Dissoziieren* der beiden Funktionen infolge Fehlens synchronisierender Zeitgeber.

Ein Vergleich der Zugunruhe von unter konstanten Bedingungen gehaltenen Fitissen zur Wegzugzeit mit der Wanderleistung von 7 freilebenden Artgenossen, die in derselben Herbstzugperiode in N- und Mitteleuropa beringt und wiedergefangen worden waren, führte zu folgender Hypothese: Die zeitliche Dauer und der zeitliche Ablauf der Zugaktivität sind endogen so programmiert, daß die Vögel bei vorgegebenem Wanderweg und bei vorgegebener mittlerer Wandergeschwindigkeit das Winterquartier gerade dann erreicht haben, wenn das endogene Zug-Zeitprogramm abgelaufen ist. Der Mittelwert der theoretischen Endpunkte des Zugwegs, die GWINNER nach der unter konstanten Bedingungen produzierten Zugunruhe für 13 Fitisse berechnete, fällt recht genau in das Zentrum des afrikanischen Winterquartiers der Art. Dies bekräftigt die Annahme STRESEMANNS, nach der ein Zeitfaktor beim Auffinden des Zugziels eine wesentliche Rolle spielt. Für die genannte Hypothese sprechen weitere Beobachtungen: Das weniger weit ziehende Rotkehlchen entwickelt unter konstanten Bedingungen schwächere Zugunruhe als die weiter ziehende Dorngrasmücke (MERKEL 1960), und der weniger weit ziehende Zilpzalp ist unter konstanten Bedingungen weniger lang zugunruhig und produziert insgesamt weniger Zugunruhe als der weiter ziehende Fitis (GWINNER 1968b, 1969, Abb. 109). Der Fitis steigert seine Zugunruhe nach Beginn der Unruhe der Wegzugzeit rascher als der Zilpzalp und entwickelt höhere Maximalwerte. Demnach dürfte der Fitis im Freileben wohl seine Zugleistungen rascher steigern und größere Etappenleistungen vollbringen als der Zilpzalp (GWINNER 1968b).

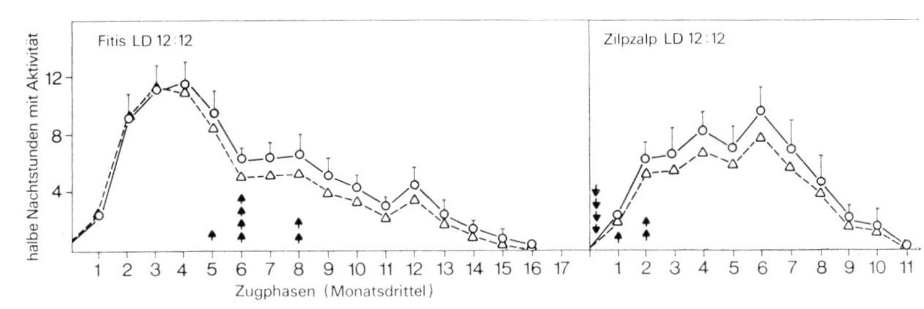

Abb. 109. Zugunruhe des ersten Wegzugs von Fitis und Zilpzalp unter — von den Pfeilen ab — konstanten Bedingungen. (Nach GWINNER 1968 b.)

Nach GWINNER (1968 b) ist die interindividuelle Variabilität von Dauer, Menge und maximaler Amplitude der Zugunruhe unter konstanten Bedingungen beim Fitis wesentlich kleiner als beim Zilpzalp. Dieser Befund spricht dafür, daß die *Zugunruhe* beim ausgeprägteren Zugvogel, *beim Weitstreckenzieher, strenger endogen festgelegt ist als beim weniger ausgeprägten Zugvogel,* beim Kurzstreckenzieher, dessen Zugunruhe mehr von Außeneinflüssen abhängig sein könnte (JV 1). Entsprechend lassen sich folgende Beobachtungen deuten: Bei der Haltung im Registrierkäfig kann die Zugunruhe beim weniger ausgeprägt und weniger weit ziehenden Rotkehlchen schon in der zweiten Zugphase merklich abklingen, während sie bei Drosselarten erst nach zwei bis drei Jahren abnimmt und bei ausgeprägt und weit ziehenden Grasmückenarten auch bei sehr langer Haltung nur relativ wenig reduziert wird (PUTZIG; WAGNER 1961 u.a.).

Vergleicht man die im Freiland erfaßbaren Unterschiede im jahres- und tageszeitlichen Zugmuster von ausgeprägten und weniger ausgeprägten Zugvögeln, so wird auch hier wahrscheinlich, daß die Zugaktivität bei

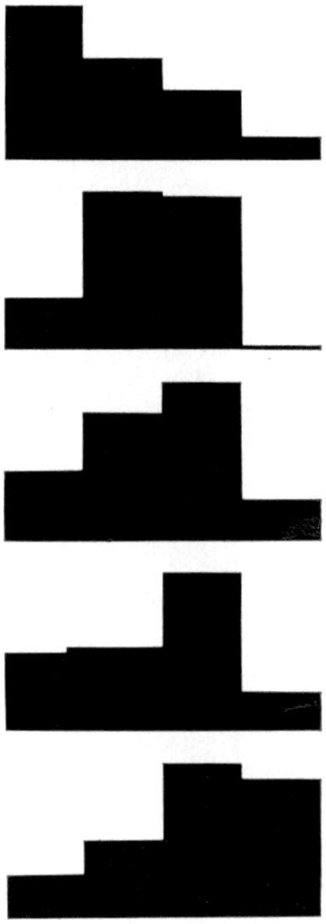

Abb. 110. Verteilung der Fänglinge ausgeprägter (oben) und weniger ausgeprägter (unten) Zugvögel. Fängling-Summen (10-Jahre-Mittelwerte) für Quartale der Wegzugszeitspannen aus SW-Deutschland. Die verschieden langen Wegzugszeitspannen sowie die verschieden großen Anzahlen der Fänglinge der untersuchten Arten sind auf gleiche Länge bzw. Höhe normiert. (Nach BERTHOLD & DORKA 1969.)

ausgeprägten Zugvögeln mehr endogen gesteuert wird als bei weniger aus-ausgeprägten: Ausgeprägte Zugvögel zeigen mehr oder weniger *linkssteile oder symmetrische* jahreszeitliche Häufigkeitsverteilungen der Durchzügler, weniger ausgeprägte Zugvögel mehr sprunghafte *rechtssteile* Verteilungen (Abb. 110). Zugbeginn, Zughöhepunkt und Zugende sowie Durchzugsdichte einer Zugsaison streuen bei ausgeprägten Zugvögeln in aufeinanderfolgenden Jahren weit weniger als bei weniger ausgeprägten. Die Zeitspanne des Durchzugs ist bei ausgeprägten Zugvögeln im allgemeinen geringer, die Durchzugsdichte größer als bei weniger ausgeprägten Zugvögeln, und je ausgeprägter das Zugverhalten ist, desto größer ist die Tendenz zur Gipfelbildung in der tageszeitlichen Häufigkeitsverteilung der Durchzügler, und um so konstanter ist die Lage dieses tageszeitlichen Durchzugsgipfels (DORKA 1966, BERTHOLD & DORKA 1969).

Die Untersuchungen von GWINNER haben gezeigt, daß bei Laubsängern Zugdisposition und Zugaktivität primär durch eine endogene Jahresperiodik gesteuert werden. Zahlreiche Beobachtungen machen eine derartige Steuerung auch für andere Arten wahrscheinlich.

Dorka 1966 (B III 7) — Gwinner 1969 (J IV) — King 1968 (J V 2) — Wagner 1961 (J II).

Aschoff, J. (1963): Comparative physiology: Diurnal rhythms. Ann. Rev. Physiol. 25: 581—600.

Berthold, P., & V. Dorka (1969): Vergleich und Deutung von jahreszeitlichen Wegzugs-Zugmustern ausgeprägter und weniger ausgeprägter Zugvögel. Vogelwarte 25: 121—129.

Gwinner, E. (1968a): Circannuale Periodik als Grundlage des jahreszeitlichen Funktionswandels bei Zugvögeln. Untersuchungen am Fitis (*Phylloscopus trochilus*) und am Waldlaubsänger (*P. sibilatrix*). J. Orn. 109: 70—95. — (Ders. 1968b): Artspezifische Muster der Zugunruhe bei Laubsängern und ihre mögliche Bedeutung für die Beendigung des Zuges im Winterquartier. Z. Tierpsychol. 25: 843—853.

Merkel, F. W. (1963): Long-term effects of constant photoperiods on European Robins and Whitethroats. Proc. XIII. Int. Orn. Congr. (Ithaca): 950—959.

Zimmerman, J. L. (1966): Effects of extended tropical photoperiod and temperature on the Dickcissel. Condor 68: 377—387.

7. Weitere Faktoren

Im folgenden werden einige weitere Faktoren besprochen, die offenbar ebenfalls bei der Steuerung des Zugs beteiligt sind, bisher jedoch relativ wenig untersucht wurden.

a. Bauchspeicheldrüse, Nebennierenrinde

DOLNIK & BLYUMENTAL (1967) beobachteten beim Buchfink nach Injektionen von wenig Insulin und Hydrocortison eine Ab- beziehungsweise Zunahme der lokomotorischen Aktivität. Der Aktivitätsrhythmus der Versuchsvögel wurde dabei dem zugunruhiger Vögel ähnlich; Freßverhalten und Fettdeponierung wurden durch die Injektionen nicht beeinflußt. GEORGE & NAIK (1964) stellten beim Rosenstar während der Depotfettbildung der Zugzeit verstärkte Aktivität der *Inselzellen* der Bauchspeicheldrüse fest.

b. Zugrufe

Oft wird vermutet, daß die typischen Zugrufe (E 3) der gesellig wandernden Nachtzieher zugauslösend wirksam sein könnten. Freilandbeobachtungen zu dem in Rede stehenden Problem sind jedoch spärlich (DROST 1963 u.a.). HAMILTON (1962) konnte gekäfigte Reisstärlinge durch das Vorspielen arteigener Zugrufe zu verstärkter Zugunruhe und zum Auffliegen bewegen, sofern sie in Zugstimmung waren. Nach diesen Untersuchungen dürften wohl Zugrufe ein gemeinsames Aufbrechen von Vögeln in Zugstimmung bewirken und Zugrufe überhinfliegender Vögel Artgenossen in Zugstimmung zum Auffliegen und Mitziehen veranlassen.

c. Populationsdichte, Überbevölkerung

LACK, BERNDT & HENß (1967) u.a. sind — entgegen der Meinung von PERRINS (1966) u.a. — der Ansicht, daß Emigrationen von Invasions- (Eruptions-)Vögeln (Meisenarten u.a.) nicht unmittelbar durch Nahrungsmangel ausgelöst werden, da Emigrationen oftmals schon dann beginnen, wenn Nahrung offenbar noch reichlich vorhanden ist. Vielmehr soll eine Überdichte der Populationen unmittelbar wirksam werden, indem ein „*Gedrängefaktor*" eine „*neuroendokrine Umschaltung*" vom Stand- und Strichvogelverhalten zum Zugverhalten bewirkt und damit Emigrationen und Invasionen herbeiführt. Nach CORNWALLIS & TOWNSEND (1968) werden Invasionen weder durch die absolute Höhe der Populationsdichte noch durch die des Nahrungsangebots unmittelbar ausgelöst, sondern durch eine „*Unausgewogenheit*" (imbalance) zwischen beiden. Für die Ausbreitung in neue Lebensräume (siehe Türkentaube E 9) wird als unmittelbar steuernder Faktor ebenfalls Überbevölkerung angenommen (BERNDT & DANCKER 1966; siehe G 8, G III i).

Berndt & Henß 1967 (G 9) — Cornwallis & Townsend 1968 (G 2) — Dolnik & Blyumental 1967 (J IV) — Drost 1963 (E 3) — Perrins 1966 (G 8).

Berndt, R., & P. Dancker (1966): Die Expansion der Türkentaube (*Streptopelia decaocto*), eine notwendige Folge ihrer Populationsdynamik. Vogelwelt 87: 48—52.

George, J. C., & D. V. Naik (1964): Cyclic histological-histochemical changes in the pancreas in relation to blood glucose levels in *Sturnus roseus*. Pavo 2: 88—95.

Hamilton, W. J. (1962): Evidence concerning the function of nocturnal call notes of migratory birds. Condor 64: 390—401.

8. Zugdisposition als steuernder Faktor der Zugaktivität

Die vorangehenden Abschnitte haben gezeigt, daß sowohl exogene wie endogene Faktoren zugauslösend wirken können. Hier soll abschließend betrachtet werden, ob die sich entwickelnde Zugdisposition allein (oder zusammen mit zusätzlichen Faktoren) direkt zur Auslösung der Zugaktivität führen kann, oder ob sie allgemein nur die Voraussetzung für die zugauslösende Wirksamkeit bestimmter Faktoren schafft.

King & Farner (1963) beobachteten bei einzelnen gekäfigten Gambel-Ammerfinken das Einsetzen von Zugunruhe vor Beginn der Ablagerung von Fettreserven, während bei dieser Art sonst der Entwicklung der Zugunruhe Fettspeicherung vorauszugehen pflegt. Entsprechende Beobachtungen machte auch Wagner (1963), und früher schon hatte Putzig bisweilen bei mageren Rotkehlchen Entwicklung von Zugunruhe festgestellt. Lofts et al. (1963) verhinderten durch entsprechende Ernährungsbedingungen bei Bergfink, Weißkehlammerfink und Winter-Junco die Depotfettbildung; dennoch entwickelten diese Arten eine der Zugunruhe entsprechende Nachtaktivität. Diese Befunde werden folgendermaßen gedeutet: Die Bildung von Fettreserven ist bei den genannten Arten nicht die direkte Ursache für die Entwicklung der Zugaktivität, und die die Fettspeicherung und die Zugaktivität bewirkenden Mechanismen sind im wesentlichen voneinander unabhängig. Ebenso läßt sich die Beobachtung von Gwinner (1968) interpretieren, der bei unter konstanten Bedingungen gehaltenen Fitissen eine Phasenverschiebung der Gewichts- und Zugunruheperiodik gegeneinander feststellte. In diesem Zusammenhang sei darauf hingewiesen, daß auch bei Versetzungsversuchen (Kapitel K) Vögel ohne große Fettreserven beträchtliche Strecken zu ziehen vermögen.

Eine Reihe von Beobachtungen belegt einen modifizierenden Einfluß der Menge der Fettreserve auf die Zugaktivität: Bei gekäfigten Vögeln (verschiedener Arten) ist die Zugunruhe im allgemeinen um so größer, je höher relatives Körpergewicht und Fettreserve sind. Starke Zugunruhe tritt besonders bei maximalen Fettablagerungen auf (Abb. 111), und starke Gewichtsabnahme (beziehungsweise Rückgang der Fettreserven) ist vielfach mit Verminderung der Zugunruhe verbunden (Merkel 1960, Weise 1963, Gifford & Odum 1965 u.a.). West et al. (1968) beobachteten, daß aus Schwärmen ziehender Spornammern wahrscheinlich nur die Vögel gemeinsam weiter wandern, die bestimmte, übereinstimmende Fettreserven gebildet haben. Nach Dolnik & Blyumental (1967) führt die subkutane Injektion von Körperfett von Vögeln, von Pflanzenfetten und tierischen Ölen bei mageren Zugvögeln in der Zugzeit zu erhöhter (Zug-)Aktivität, außerhalb der Zugzeit und bei nicht ziehenden Arten bleibt diese Wirkung aus. Die Beeinflussung der Zugaktivität durch die Fettablagerung haben Dolnik & Blyumental (1964, 1967) am Buchfink (im Freiland und an gekäfigten Vögeln) besonders eingehend untersucht: Zugfette Vögel ziehen frühmorgens und vormittags, fressen nachmittags und ziehen abends bisweilen nochmals 2—4 Stunden vor Sonnenuntergang. Beim Ziehen magern die Vögel ab. Magere Vögel ziehen vormittags nicht, sondern fressen zu dieser Zeit sowie den restlichen Tag über. Dabei werden sie wieder fett, und mit dem zunehmenden Fettwerden tritt zunächst abends, schließlich wieder morgens Zugaktivität ein, wie sie für den ausgeprägt zugfetten Vogel typisch ist. Auf diese Weise kommt ein *wellenförmiges Alternieren von Zug- und Freßaktivität* zustande, wobei im Mittel auf 2—3 Tage hoher Zug- und geringer

Freßaktivität eine Zugpause von 3 Tagen mit hoher Freß- und niedriger Zugaktivität folgt. Ein derartiger Wechsel von Zug- und „Auftank“phasen

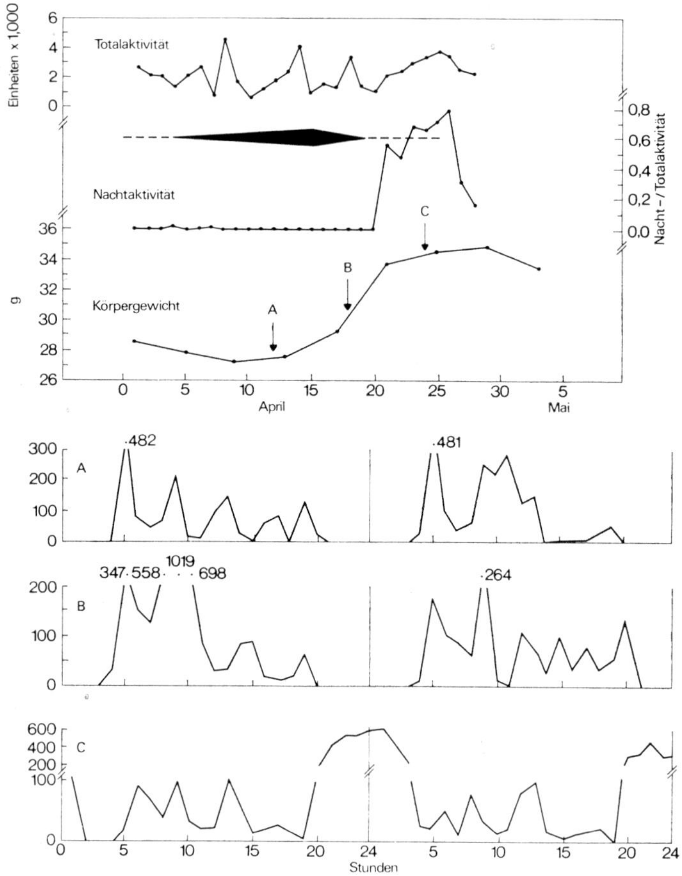

Abb. 111. Aktivität und Körpergewicht einer *Zonotrichia leucophrys gambelii* unter natürlichen Lichtbedingungen im Frühjahr. In den 3 unteren Diagrammen ist das tageszeitliche Aktivitätsmuster (jeweils für 48 Std.) für die Zeitpunkte A, B und C im oberen Diagramm dargestellt. (Nach King & Farner 1963.)

ist von Kleinvögeln allgemein bekannt (Stresemann, Dolnik & Blyumental 1964, 1967 u.a.), und selbst unter konstanten Bedingungen gehaltene Gartengrasmücken und Fitisse können ihre Zugunruhe schubweise entwickeln (Max-Planck-Institut für Verhaltensphysiologie, unveröffentlicht).

Sogenannte Winter-, Frost- und Schneeflüchter (H 2), die erst (oder nur) bei Wintereinbrüchen (erneut) ziehen, kommen wahrscheinlich bereits im Herbst in Zugdisposition und bleiben möglicherweise den ganzen Winter über zugdisponiert und damit reaktionsbereit (Vleugel, Schüz, Farner

u. a.). Trifft dies zu, dann kann bei diesen Arten die Zugdisposition nicht unmittelbar zugauslösend wirken, da die Vögel sonst bereits im Herbst zu ziehen beginnen müßten. Fitisse, die GWINNER (1968) 28 und 29 Monate unter konstanten Bedingungen hielt, entwickelten periodisch in der erwarteten Folge mit der Mauser Zugunruhe (J V 6). Hier führte also *ausschließlich ein bestimmter, periodisch wiederkehrender physiologischer Zustand* des Vogels selbst — definitionsgemäß eine spezifische Zugdisposition — zum spontanen Auftreten der Zugaktivität, ohne daß Umweltfaktoren von periodisch unterschiedlicher Wirksamkeit hätten steuernd eingreifen müssen.

Demnach gibt es offenbar bei verschiedenen Arten zwei Möglichkeiten: Einerseits kann die Zugdisposition direkt und allein Zugaktivität bewirken, andererseits sind zusätzliche Faktoren zu ihrer Auslösung erforderlich.

Dolnik & Blyumental 1967 (J IV) — Gifford & Odum 1965 (J IV) — Gwinner 1968 (J V 6) — King & Farner 1963 (J V 4) — Wagner 1963 (J IV) — Weise 1963 (J III).

Lofts, B., A. J. Marshall & A. Wolfson (1963): The experimental demonstration of pre-migration activity in the absence of fat deposition in birds. Ibis 105: 99—105.

West, G. C., L. J. Peyton & L. Irving (1968): Analysis of spring migration of Lapland Longspurs to Alaska. Auk 85: 639—653.

VI. Zusammenspiel des Zugs mit anderen jahresperiodischen Prozessen

Der Jahresablauf eines Zugvogels ist durch die Aufeinanderfolge dreier jahresperiodischer Prozesse charakterisiert: Durch den (in der Regel zweimaligen) Zug, durch die Fortpflanzung und durch die (ein- oder mehrmalige) Mauser (E 17). Da alle drei Vorgänge hohe Anforderungen an den Vogel stellen und spezifische physiologische Dispositionen verlangen, sind die genannten Prozesse in der Evolution in mannigfacher Weise ökonomisch aufeinander abgestimmt worden. Die — soweit bekannt — wichtigsten Anpassungen der Mauser und der Fortpflanzungsvorgänge an den Zug seien hier kurz besprochen.

Für den Zug ist ein voll funktionsfähiger Flugapparat eine wichtige Voraussetzung, vor allem bei weit und schnell wandernden Arten. Daher ist besonders die Großgefiedermauser der Zugvögel so in ihren Jahreszyklus eingeordnet, daß sie nicht mit dem Zug zusammenfällt. „Nur ganz selten zieht ein Vogel mit einem lückigen Flügel in die Ferne" (E. & V. STRESEMANN 1966). Kleingefiedermauser und Zug schließen sich weit weniger aus. Der Schwerpunkt der Kleingefiedermauser fällt allerdings, mindestens in der Regel, nicht in die Zeit der Hauptzugaktivität. Ganz allgemein läßt sich sagen: Der Zug hat einen Einfluß auf die Mauser; das Umgekehrte trifft hingegen nur in sehr beschränktem Maße zu (a.a.O.). Über Einzelheiten siehe E 17.

Inwieweit die bei verschiedenen Arten unterschiedliche Häufigkeit der Großgefiedermauser als Anpassung an den Zug gewertet werden kann, läßt sich nicht beurteilen. In diesem Zusammenhang sei darauf hingewiesen, daß

Kramer bei Rotrückenwürger-♂♂ die stärkste Gefiederabnutzung zur Brutzeit und nicht während des Zugs feststellte (E 17c).

Dolnik & Blyumental (1967) beobachteten bei *Buchfinken aus Karelien* — in Anpassung an die relativ frühere Wegzugzeit — eine *kürzere Mauserdauer* und eine *intensivere Mauser* als bei Buchfinken der Kurischen Nehrung. Bei den karelischen Vögeln werden die Federn der verschiedenen Gefiederpartien und innerhalb derselben Gefiederpartien mehr gleichzeitig gemausert. Die karelischen Vögel kommen schon während der Mauser in Zugdisposition, die Vögel der Kurischen Nehrung erst im Anschluß an die Mauser.

Die Hauptgonadenentwicklung (Hauptwachstum der Hoden und Ovarien, Spermienbildung) erfolgt zumindest bei einer Reihe von Vogelarten erst nach Beendigung des Heimzugs, d. h. nach der Ankunft im Brutgebiet. Für einige Arten (Rotkehlchen, Star, Buchfink) ließ sich eine *direkte Abhängigkeit der Gonadenentwicklung von der Zeit des Heimzugs* nachweisen: Bei verspätetem Heimzug verzögert sich die Gonadenentwicklung, bei wegfallendem oder vorzeitigem Zug verfrüht sie sich (Berthold 1970). Beim Rosenstar wird möglicherweise die bereits im Ruheziel anlaufende Spermatogenese in Anpassung an die Erfordernisse des Heimzugs bis zur Ankunft im Brutgebiet durch verstärkte Ausschüttung von thyreotropem Hormon unmittelbar vor dem Zug ins Brutgebiet unterdrückt (Naik & George 1964).

Im Falle verspäteter Brut kann der Wegzug aus dem Brutgebiet hinausgezögert werden (z. B. der Wegzug beim Mauersegler, der Mauserzug von Entenvögeln [siehe E 10]; Stresemann, Salomonsen 1968 u. a.). Andererseits gibt es möglicherweise auch Fälle, in denen Jungvögel sehr stark verspäteter Bruten von den wegziehenden Altvögeln im Stich gelassen werden (Stresemann u. a.).

Literatur über Mauser siehe E 17. Weiteres: Berthold 1970 (J IV) — Dolnik & Blyumental 1967 (J IV) — Naik & George 1964 (J IV) — Salomonsen 1968 (E 10).

VII. Torpidität

Aristoteles glaubte, ein Teil unserer Zugvögel verbringe den Winter schlafend in Verstecken; noch Linné 1766 nahm an, die Schwalben versänken im Herbst im Sumpf und kämen erst im Frühjahr wieder hervor. Mit der zunehmenden Erforschung des Vogelzugs wurde die Möglichkeit eines Winterschlafs bei Vögeln lange Zeit völlig abgelehnt. Die Überraschung war daher groß, als Culbertson (1946) und Jaeger (1948, 1949) eine Nachtschwalbe, den Weißkehl-Poorwill (*Phalaenoptilus nuttalli*), im Winter lethargisch, ohne vernehmbaren Herzschlag und Atem, in Höhlen Nordamerikas vorfanden. Heute ist durch eingehende Untersuchungen (im Freiland und im Labor; Pearson 1959, Bartholomew et al. 1962 u. a.) bekannt, daß diese Nachtschwalbe, die die Hopi-Indianer von altersher „den Schläfer" nennen, einen Winterschlaf zu halten vermag. Ihre Körpertemperatur, die sich beim nicht starren Vogel zwischen 35 und 43,5 °C bewegt, wird bei ungünstigen Witterungs- und Nahrungsbedingungen stark, zum Teil auf unter 10 °C, abgesenkt und schwankt in oftmals nur 0,1 °C Abweichung mit der Umgebungstemperatur. Der Grundumsatz fällt auf $^1/_{10}$ bis $^1/_{20}$, und entsprechend sinken Herzschlag und Atemfrequenz. Berechnungen ergaben, daß die ohne Fett etwa 40 g schwere Nachtschwalbe mit einer Fettreserve von 10 g wenigstens 3 Monate Winterschlaf halten kann. Auch Beobachtungen im Freiland (JAEGER) deuten auf eine entsprechende Schlafdauer mit derartig geringem Fettverbrauch hin. Außer dem Weißkehl-Poorwill zeigen auch die Texas-Nachtschwalbe (*Chordeiles acutipennis*; MARSHALL 1955) und der Ziegenmelker (*Caprimulgus europaeus*; NOVRUP 1956) Torpidität. PEIPONEN (1966) stellte bei dieser Art als Minimum der Körpertemperatur 7 °C fest und beobachtete Torpidität vor Mitte Oktober nur am Tag, nachher sowohl tags wie nachts.

Die Befähigung zur Torpidität (von lat. *torpidus* = erstarrt, betäubt) ist nicht auf die Nachtschwalben beschränkt. Junge *Mauersegler* können in Schlechtwetterperioden, in denen die Altvögel nicht ausreichend Nahrung zu beschaffen vermögen, 10 Tage und vereinzelt noch länger ohne Nahrungs- und Wasseraufnahme überdauern (KOSKIMIES 1948, 1950, 1961 u.a.). Sie zehren dabei zunächst von Fettreserven, später vom Körpergewebe. In derartigen Hungerperioden fällt die Körpertemperatur, die beim bereits befiederten Vogel zwischen 37 und 39 °C schwankt, nach einigen Tagen nachts nahe auf die Umgebungstemperatur (zum Teil bis auf etwa 20 °C) ab, so daß die Vögel in einen *energiesparenden Starrezustand* verfallen; tags steigt die Körpertemperatur jedoch wieder auf mindestens 37 °C an. Eine tageszeitliche Torpidität ist neben den Seglern vor allem von *Kolibris*, ferner von *Mausvögeln* (*Colius*) bekannt. Für die kleinen Kolibris mit ihrem hohen Stoffwechsel wird vielfach bereits die lange Nacht ohne Nahrungsaufnahme kritisch. Sie können daher die Nacht außer in normalem Schlaf auch in einem Starrezustand mit reduziertem Stoffwechsel, erniedrigter Körpertemperatur und verminderter Herz- und Atemtätigkeit verbringen (PEARSON, LASIEWSKI 1963 u.a.). Die Energieersparnis innerhalb von 24 Stunden im Falle nächtlicher Torpidität beträgt beim Anna-Kolibri (*Calypte anna*) reichlich 25%.

Schließlich ist von *Schwalben* wohlbekannt, daß sie in nahrungsarmen Schlechtwetterperioden in den Nestern oder an anderen geschützten Stellen zusammenkriechen können. Sie vermögen so mehrere Tage lang — im wesentlichen bewegungslos — sich gegenseitig wärmend ohne Nahrung zu verharren. Messungen von KESKPAIK & LYULEYEVA (1968) an Rauch-, Mehl- und Uferschwalben zeigten, daß die genannten Arten dabei torpide werden können, wenn sie ihre Körpertemperatur auch nur relativ geringfügig auf etwa 35–30 °C absenken.

Zusammenfassend: Im allgemeinen können Vögel — abgesehen von einigen Großvögeln (z.B. manchen Adlern, Geiern) — nur sehr kurze Zeit ohne

Nahrungsaufnahme überdauern. Viele Kleinvögel sterben bei völligem Nahrungsmangel bereits nach weniger als einem Tag, zum Teil schon nach wenigen Stunden. Einige kleinere Vögel — manche Nachtschwalben, Segler, Kolibris und Mausvögel — vermögen jedoch auf Grund ihrer Fähigkeit, torpide zu werden, relativ lange ohne Nahrungsaufnahme auszukommen. Der eingangs erwähnte Weißkehl-Poorwill ist — soweit bekannt als einziger Vogel — sogar in der Lage, einen Winterschlaf zu halten.

Bartholomew, G. A., J. W. Hudson & T. R. Howell (1962): Body temperature, oxygen consumption, evaporative water loss, and heart rate in the Poor-will. Condor 64: 117—125.

Keskpaik, J., & D. Lyuleyeva (1968): Temporary hypothermia in swallows. Comm. Baltic Comm. Study Bird Migration 5: 122—145.

Koskimies, J. (1961): Fakultative Kältelethargie beim Mauersegler im Spätherbst. Vogelwarte 21: 161—166.

Lasiewski, R. C. (1963): Energetic cost of small size in hummingbirds. Proc. XIII. Int. Orn. Congr. (Ithaca): 1095—1103.

Lasiewski, R. C., & H. J. Thompson (1966): Field observation of torpidity in the Violet-green Swallow. Condor 68: 102—103.

Pearson, O. P. (1960): Torpidity in birds. Mammalian Hibernation. Proc. First Int. Symp. Nat. Mamm. Hib. 1959. Bull. Mus. Comp. Zool. Harvard Coll. 124: 93—103.

Peiponen, V. A. (1966): The Diurnal Heterothermy of the Nightjar (*Caprimulgus europaeus*). Ann. Acad. Sci. Fennicae, A, Biol. 101: 1—35.

VIII. Schlußfolgerungen

Weder die einzelnen physiologischen Vorgänge, die zur Entwicklung von Zugdisposition und Zugaktivität führen, noch die Steuerung und Aufeinanderfolge dieser einzelnen physiologischen Prozesse sind bei irgendeiner Vogelart genau oder gar vollständig bekannt. Soweit gesicherte, experimentell erhärtete Teilbefunde vorliegen, beziehen sie sich im wesentlichen auf Arten weniger Kleinvogelfamilien (vor allem auf Drosselvögel, Grasmückenartige, Stare und Finkenvögel). Schon die bisherigen Ergebnisse lassen starke Unterschiede zwischen verschiedenen Arten und Populationen in den Steuerungsmechanismen des Zugs erkennen (V 1, 8). Derartige Unterschiede sind auch zu erwarten, da sich das Zugverhalten eher poly- als monophyletisch entwickelt hat und weiterentwickelt (Thomson 1949, Farner 1955, Merkel 1966 u. a.). Es ist deshalb unmöglich, an Hand der bei verschiedenen Arten gewonnenen fragmentarischen Befunde ein generelles Schema der zugphysiologischen Vorgänge zu konstruieren. Vorerst läßt sich noch nicht einmal sicher beurteilen, ob bestimmte zugphysiologische Grundvorgänge bei Zugvögeln allgemein verbreitet sind.

Zusammenfassend läßt sich sagen: Bei Zugvögeln ist Depotfettbildung, als ein Hauptcharakteristikum der Zugdisposition, zumindest weit — wahrscheinlich generell — verbreitet. Die primäre Steuerung der Zugaktivität beziehungsweise der Zugdisposition einzelner Arten kann durch eine endogene Jahresperiodik (Laubsänger, V 6) sowie durch Nahrungs- und/oder Klima- und Witterungsfaktoren (Wettervögel, V 1) erfolgen. Vorläufig bleibt offen, ob die Tageslichtdauer bei einer Reihe von Arten primär oder nur synchronisierend wirksam wird (V 2). Für die Hypophyse (V 3), die Gonaden (V 4) und Zugrufe (V 7 b) ist eine Beteiligung an der Steuerung des Zuges nachgewiesen; eine primär steuernde Rolle der Hypophyse und (nur bei einzelnen Arten) der Gonaden ist nicht ausgeschlossen. Weiterhin sind möglicherweise Schilddrüse, Bauchspeicheldrüse und Nebennierenrinde (V 5, 7 a) an der Steuerung des Zugs beteiligt. Hohe Populationsdichte könnte eine primär steuernde Rolle spielen (V 7 c). — Gewisse Vogelarten können einem Temperatursturz durch Torpidität, einen energiesparenden Starrezustand, oder sogar durch einen Winterschlaf begegnen (VII).

Für eine umfassende Kenntnis zugphysiologischer Vorgänge sind weitere Untersuchungen erforderlich, die die möglichst vollständige Erfassung der zugphysiologischen Prozesse einzelner Arten aus möglichst vielen verschiedenen Formengruppen zum Ziele haben sollten.

K. Orientierung

Von Eberhard Gwinner

I. Richtungs- und Zielfinden als Grundlagen der Vogelorientierung

1. Das Prinzip

Alle bisher bekannten Orientierungsleistungen ziehender Vögel lassen sich zwei grundsätzlich verschiedenen Kategorien zuordnen: Der Richtungsorientierung und der Zielorientierung. Viele Vögel beherrschen beide Orientierungsweisen, und der Vogel kann sich bei seinen Wanderungen beide zunutze machen. Die Verschiedenartigkeit dieser Orientierungsleistungen läßt sich am besten durch die Versuche von Perdeck (1958) mit ziehenden Staren demonstrieren. Er hatte eine Reihe von Jahren hindurch in Holland mehr als 11000 Stare gefangen und dann sofort mit dem Flugzeug nach Basel, Zürich und Genf verfrachtet (Abb. 112). Die Stare hatten sich auf dem Herbstzug in Richtung auf ihre Überwinterungsgebiete in Südengland und an der Kanalküste befunden (Abb. 113). Aus den Ringnachweisen der versetzten Vögel ließen sich die neuen Zugstrecken rekonstruieren. Die Karten zeigen deutlich, daß die Jungstare nach SW weiterwanderten, also in derselben Richtung, in der sie weitergezogen wären, wenn sie ungestört den holländischen Fangplatz passiert hätten. Die meisten *Jungstare* wandten

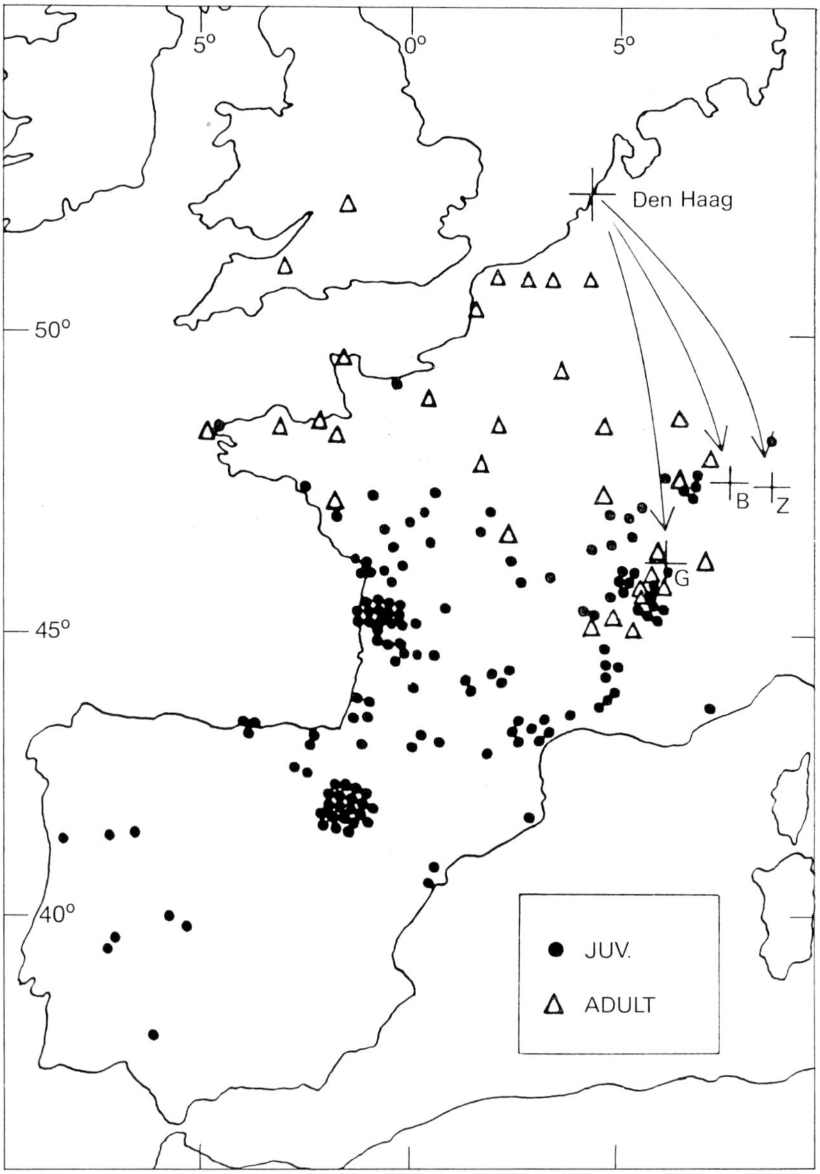

Abb. 112. Wiederfunde von Staren, die auf ihrem Herbstzug im Oktober/November in Den Haag gefangen und in der Schweiz aufgelassen worden waren. Während die Altstare (Dreiecke) von den Versetzungsorten ihrem eigentlichen Winterquartier zustrebten, bewegten sich die Jungstare (Punkte) ungefähr parallel zu der ihnen gemäßen Zugrichtung (siehe Abb. 113) nach WSW—SW. (Nach Perdeck 1958 aus Schmidt-Koenig 1965.)

sich nach Südfrankreich, manche bis nach SW-Spanien. Die *Altvögel* hingegen schlugen eine neue Richtung ein: Die Wiederfunde streuen um eine von SE nach NW verlaufende Linie, die den Auflassungsort mit dem normalen Winterquartier verbindet. Einige der wiedergefundenen Altstare hatten

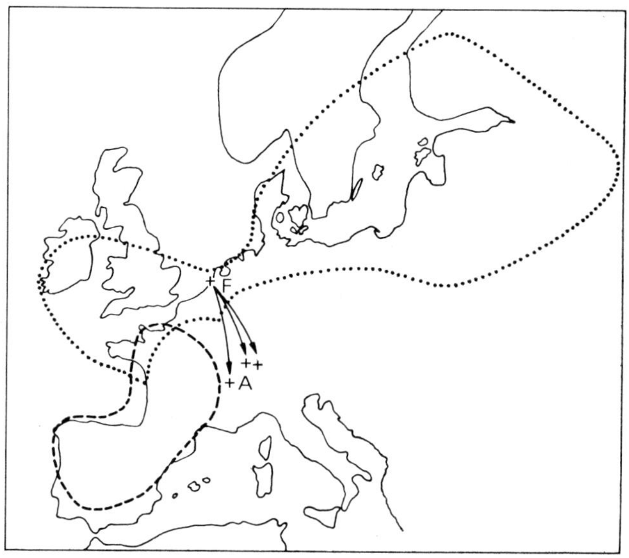

Abb. 113. Brut- und Überwinterungsgebiet der in Holland durchziehenden Stare in grober Abgrenzung, siehe die Punktlinien; Herkunft im Osten, Winterquartier im Westen (siehe auch Abb. 19 und 20 in D 2). Die Karte zeigt, wie die versetzten Jungstare (A Auflaßorte, Einzelheiten siehe Abb. 112) in Parallelverschiebung zu der ihnen gemäßen Zugrichtung nach WSW–SW (Frankreich, Spanien; Umgrenzung durch gebrochene Linie) wanderten, im Unterschied zum Verhalten der Altstare (Abb. 112). (Nach PERDECK 1958 aus SCHMIDT-KOENIG 1964.)

ihr normales Winterquartier sogar erreicht. Sie waren demnach offensichtlich in der Lage, am Verfrachtungsort ihre Position relativ zu ihrem Winterquartier zu bestimmen. Sie verhielten sich, wie sich ein Mensch verhalten hätte, der vor Reisebeginn mit Hilfe einer Landkarte die Richtung bestimmt, die er einzuschlagen hat, um an sein Ziel zu gelangen, und der zusätzlich über einen Kompaß verfügt, der anschließend die zuvor festgelegte Richtung einzuhalten erlaubt. Diese Art der Orientierung nennt man Zielorientierung; die ihr zugrundeliegende Leistung entspricht einer echten Navigation. Den Jungstaren hingegen fehlt offensichtlich die Landkarte. Sie scheinen nur über einen Kompaß zu verfügen, der ihnen erlaubt, eine vorgegebene Richtung einzuhalten. Das von ihnen gezeigte Verhalten charakterisiert den Typ der Richtungs- oder Kompaß-Orientierung.

2. Anteile von Richtungs- und Zielorientierung beim Zug

Der angeführte Versuch bezieht sich auf den Wegzug. Weitere entsprechende Versuche (DROST 1938: Sperber — ROWAN 1946: Nordamerika-Krähe — SCHÜZ 1949 und früher; 1950, 1951: Weißstorch, Star — PERDECK 1958: Buchfink) stimmen ebenfalls darin überein: Jungvögel zeigen Richtungs-, Altvögel Zielorientierung[1]. Daraus ergibt sich der Verdacht, daß Altstare im Gegensatz zu den erstmals ziehenden Jungvögeln ihr Winterquartier deshalb gezielt anzufliegen vermögen, weil sie es von früher her kennen. Ein solches „Zielen" geht auch aus vielen Ringfunden hervor: Im Winterquartier beringte Vögel sind vielfach nach Jahresfrist und/oder in späteren Ruhezeiten am gleichen Ort wiedergefunden worden (E 9). Vor allem haben wieder PERDECKS Versuche (1958) an Staren die Vermutung bestätigt, daß Altvögel bei ihrem zweiten (und späteren) Wegzug sich auf ein früheres Erlernen der Position des Zielgebiets stützen können. Die Mehrzahl der beim ersten Herbstzug verfrachteten Jungstare zog zwar im Frühjahr nach der Verschickung in ihr normales Brutareal zurück, aber die meisten wanderten im darauffolgenden Herbst wieder in das „falsche" Winterquartier, in das sie in ihrem ersten Herbst als Folge der Südverfrachtung zwangsweise gelangt waren. Sie hatten sich demnach in ihrem ersten Lebenswinter offensichtlich ihr Winterquartier eingeprägt, und um es zu erreichen, zogen sie fortan in ein für diese Starpopulation atypisches Gebiet.

Heimzug. Stimmt es, daß ziehende Vögel nur dann ihr Zielgebiet durch Navigation anfliegen können, wenn sie zuvor schon einmal dessen geographische Lage erlernen konnten, so müßte man erwarten, daß *auch die erstmals heimkehrenden Jungvögel* ihren Heimatort im Zielflug erreichen. Denn auch sie hatten im Jahr zuvor zwischen Schlüpfen und Wegzug die Möglichkeit zum Kennenlernen ihres Geburtsorts gehabt. Einige Befunde bestätigen diese Erwartung. Von vielen Vogelarten ist bekannt, daß erstmals aus dem Überwinterungsgebiet heimkehrende Jungvögel zu einem sehr hohen Prozentsatz in die unmittelbare Umgebung ihres Geburtsortes zurückkehren können (E 9). Man vergleiche etwa die Befunde am Trauerschnäpper (BERNDT & STERNBERG 1966).

Daß *Jungvögel* in der Zeit zwischen Geburt und Wegzug tatsächlich *auf ihren Heimatort geprägt* werden, hat sich für den Halsbandschnäpper nachweisen lassen. LÖHRL (1959) nahm ungefähr 100 Jungvögel aus dem Nest und zog sie von Hand groß. Die eine Hälfte lebte nach dem Ausfliegen zunächst ungefähr 5 Tage lang in einer Freivoliere bei Schorndorf, dann in einer ähnlichen Voliere in Ludwigsburg (Abb. 114). Die andere Hälfte verblieb von Anfang an in Ludwigsburg. Im Alter von 10 bis 12 Tagen wurden dann alle 90 km weit in die Nähe von Sigmaringen verfrachtet und freigelassen. Hier kommt der Halsbandschnäpper nicht vor, wohl aber seine Zwillingsart, der Trauer-

[1] Nach neueren klaren Befunden von EVANS (1968) verfügen zumindest einige Singvogelarten über einen Mechanismus, der es auch erstmals ziehenden Jungvögeln erlaubt, sich nach Windverdriftungen wieder auf ihren populationsgemäßen Zugweg zurückzufinden. Ob solche Leistungen auf echte Zielorientierung zurückgehen, bleibt freilich offen.

schnäpper. Im nächsten Jahr wurden 9 ♂♂ (etwa 19% aller aufgelassenen ♂♂) und mindestens 1 ♀ am Auflassungsort in Sigmaringen wieder festgestellt. (Man beachte: Die ♀♀ sind, da sie nicht singen, sehr viel schwerer zu kontrollieren als die ♂♂.) Am Brutort

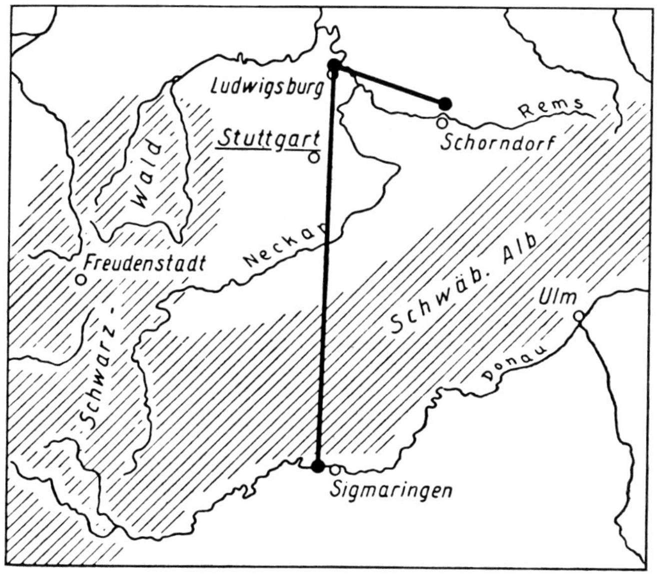

Abb. 114. Prägung auf die Heimatregion beim Halsbandschnäpper (*Ficedula albicollis*). Lagebeziehungen des Geburtsortes Schorndorf zum Aufzuchtort Ludwigsburg, ferner von Ludwigsburg zum Auflaßort Sigmaringen (90 km). Ergebnis siehe Text. (Aus LÖHRL 1959.)

Schorndorf und am Aufzuchtsort Ludwigsburg wurde trotz intensiven Suchens kein Vogel wiedergefunden. Die Versuchsvögel hatten also das Verfrachtungsgebiet als Heimat betrachtet; die Prägung mußte nach dem 10. bis 12. Lebenstag stattgefunden haben. — Ein weiterer Versuch im folgenden Jahr erbrachte noch Genaueres: 92 junge Halsbandschnäpper aus Schorndorf wurden wie zuvor vom Nestlingsalter an in Ludwigsburg aufgezogen und in Freivolieren gehalten. 44 lebten dort bis 4 bis 5 Wochen nach dem Ausfliegen; dann wurden sie bei Sigmaringen freigelassen. Die zweite Gruppe wurde ein bis zwei Wochen später nach Sigmaringen verfrachtet, als die Halsbandschnäpper schon mit dem Wegzug begannen. Im nächsten Jahr wurden wenigstens 4 (18 bis 19%) Jungvögel der ersten Gruppe im Auflaßgebiet wiedergefunden, hingegen kein Vogel am Geburts- und Aufzuchtsort. Die Zeit von rund zwei Wochen zwischen Auflassung und Wegzug hatte also ausgereicht, „um dem Vogel eine volle Kenntnis der geographischen Lage des Heimatortes zu vermitteln, die ihn befähigt, den engsten Bereich des vorjährigen Aufenthaltsorts wiederzufinden." Die zweite Gruppe lieferte keine Funde. Nach den übrigen Ergebnissen hätte man erwarten müssen, daß ein gewisser Prozentsatz zum Aufzuchtsort Ludwigsburg zurückgekehrt wäre. Möglicherweise reichten aber die von den Aufzuchtsvolieren aus über den Ort gewonnenen Erfahrungen nicht für eine feste Prägung aus. (Über andere Deutungsmöglichkeiten vgl. LÖHRL 1959.)

Auch die Ergebnisse einiger Verfrachtungsversuche an heimkehrenden Vögeln fielen im Sinne der Vermutung aus, daß schon Jungvögel auf ihren Heimatort geprägt werden und diesen beim Rückzug aus dem Überwinterungsgebiet unter Anwendung ihrer Navigationsfähigkeit wiederfinden. Als Beispiel mögen die Verfrachtungsexperimente von MEWALDT (1964) an drei Taxa von Neuwelt-Ammern (*Zonotrichia atricapilla*, *Z. leucophrys gambelii*, *Z. l. pugetensis*) dienen. Diese Vögel brüten im nördlichen Nordamerika und überwintern zum Teil in Kalifornien. Von den 660 hier bei San Jose gefangenen und anschließend in Maryland (Ostküste) aufgelassenen Ammern wurden im nächsten Winter 15 *Z. atricapilla* und *Z. l. gambelii* am vorjährigen Überwinterungsort in Kalifornien wiedergefunden. Unter den Rückkehrern befanden sich sowohl Alt- wie Jungvögel. Alle Wiederfänge in Kalifornien stammten aus dem Winter, der dem Verfrachtungswinter folgte; keiner kehrte im selben Winter zurück. Es liegt deshalb die Vermutung nahe, daß die Vögel im Frühjahr nach der Verfrachtung *zunächst in ihre Brutgebiete zurückgekehrt waren, um dann von dort aus im folgenden Herbst ihren vorjährigen Überwinterungsort in Kalifornien aufzusuchen.* Diese Vermutung wird gestützt durch den Wiederfund einer in Laurel, Maryland, aufgelassenen *Z. atricapilla* im folgenden Mai in Ontario, auf der direkten Linie zwischen Auflassungsort und Brutgebiet. — Noch sicherer erscheint die Rückkehr von Helgoländer Durchzugsstaren (Alter?), die im Frühjahr gefangen und nach Schlesien verfrachtet worden waren; die beiden Wiederfunde lagen in Richtung auf das Brutgebiet dieser Vögel (DROST 1938).

Das Verfrachtungsexperiment, das am eindeutigsten *echte Zielorientierung erstmals heimkehrender Jungvögel* zeigt, ist wiederum der Versuch von PERDECK. Obwohl die auf dem Herbstzug in Den Haag gefangenen und von dort aus in die Schweiz verfrachteten Jungvögel zum größten Teil weit südlich ihres normalen Winterquartiers überwinterten (siehe oben), wurden fast alle im nächsten Sommer kontrollierten Jungvögel innerhalb ihres normalen Brutareals wiedergefunden. Um dieses zu erreichen, mußten sie auf dem Frühjahrszug eine andere Richtung als normal einschlagen: Sie hatten offensichtlich ihre Brutplätze durch Zielorientierung wiedergefunden.

Die erwähnten Versuche bestätigen mehr oder weniger die Hypothese, daß Jung- und Altvögel auch dann ihre Brutgebiete wiederfinden, wenn sie vor oder auf dem Heimzug quer zu ihrer normalen Zugrichtung verfrachtet wurden. Nicht so eindeutig gilt dies allerdings für den klassischen Versuch von RÜPPELL (1944) mit ein- und mehrjährigen Nebelkrähen, die er vom Frühjahrszug in Rossitten weg nach Flensburg, Essen und Frankfurt verfrachtete (Abb. 115). Die Mehrzahl der nach Flensburg verbrachten Vögel hielt sich in der folgenden Brutzeit stark westlich (und nördlich) versetzt auf, ungefähr im Abstand Fangort/Auflassungsort (Rossitten — Flensburg rd. 750 km W). Nur ganz wenige Altvögel fanden sich in ihrem ursprünglichen Brutgebiet wieder. Die Krähen suchten das neue Sommerareal auch im folgenden Jahr wieder auf, und sie wählten anscheinend ein entsprechend versetztes Gebiet auch als Überwinterquartier. Die Jungvögel und die meisten Altvögel schienen hier also zu zeigen, daß sie ihre Brutheimat *nicht mit Zielorientierung allein* ansteuern; ihr Verhalten läßt sich voll nur durch die Annahme von *Richtungsorientierung* deuten. Auch die Wiederfunde der in Frankfurt und Essen aufgelassenen Vögel sprechen zumindest größtenteils nicht dafür, daß diese ihr Brutgebiet durch Navigation anstrebten (RÜPPELL 1944, RÜPPELL & SCHÜZ 1948, SCHÜZ 1951).

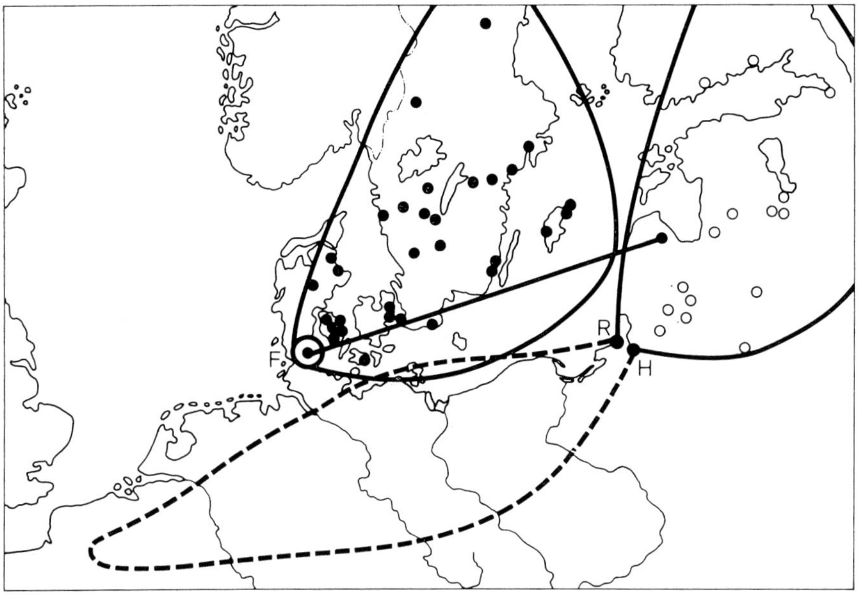

Abb. 115. Nebelkrähen-Versuch von RÜPPELL 1935/39. Die in Rossitten (R) und Haffwerder (H) durchziehenden Nebelkrähen (*Corvus corone cornix*) brüten im Baltikum (schwarze Umrandung im NE) und überwintern im SW (gebrochene Umrandung). Werden heimziehende Nebelkrähen vom Kurischen Haff 750 km westwärts nach Flensburg (F) versetzt, so verschiebt sich das Frühjahrs- und Sommergebiet dieser Vögel entsprechend (schwarze Umrandung in Dänemark—Schweden). Punkte: versetzte, Kreise: nicht versetzte Krähen im 1. Halbjahr. Nur einer von 44 Funden Versetzter im 1. Halbjahr lag in Lettland, während von 28 späteren Nachweisen immerhin 3 nach Ostpreußen und 2 im Frühjahr östlich vom Peipussee fielen. (Nach RÜPPELL 1944 bzw. DORST 1962.)

3. Richtungs- und Zielorientierung außerhalb der Zugzeit

Die Fähigkeit zur Richtungs- und Zielorientierung ist keineswegs auf die Zugperioden beschränkt. Die Vögel können auch in Zeiten ohne Zugstimmung unter bestimmten Bedingungen beide Orientierungsweisen anwenden.

Als Nachweis von Richtungsorientierung während des ganzen Jahres werden wir später (K II 1) die Dressurversuche KRAMERS am Star kennenlernen. Hier soll ein weiterer, besonders merkwürdiger Fall von Richtungsorientierung erwähnt werden, der zunächst bei der Flußseeschwalbe (GRIFFIN & GOLDSMITH 1955) und dann bei verschiedenen Entenarten (BELLROSE 1958, MATTHEWS 1961, 1963) entdeckt wurde. MATTHEWS hatte Stockenten in Slimbridge (England) gefangen und in verschiedenen Richtungen und Entfernungen vom Fangort wieder freigelassen. Alle flogen merkwürdigerweise nach NW ab, was weder der Zugrichtung noch der Lage des Fangortes entsprach (Abb. 125). Weder Jahres- noch Tageszeit hatten einen Einfluß auf die Richtungswahl; die einzige Voraussetzung für einen gut gerichteten Abflug war die Sicht der Sonne, der Sterne oder des Mondes (K II 1, 2, 3). Nordamerikanische Stock- und andere Enten wählen konstant bestimmte andere Richtungen (BELLROSE 1958). Da der biologische Sinn dieses Verhaltens unklar ist, hat man diese Orientierungsleistung „Nonsense"-Orientierung genannt. Sie hat bei der Analyse der die Richtungsorientierung ermöglichenden Faktoren eine wichtige Rolle gespielt (K II 2).

Zahlreiche Experimente haben inzwischen die Fähigkeit vieler Vogelarten bewiesen, auch außerhalb der Zugzeiten das Ursprungsgebiet aus unbekannten Gegenden durch Zielorientierung wiederzufinden. In seiner Zusammenfassung 1955 stellt MATTHEWS nicht weniger als 80 Experimente zusammen, bei denen 56 verschiedene Vogelarten aus Entfernungen zwischen 40 und 5000 km vom Fangplatz entfernt aufgelassen worden waren; viele weitere sind inzwischen hinzugekommen. In fast allen diesen Versuchen kehrte ein Teil der Vögel an den Fangplatz zurück. Angesichts dieser Fülle müssen wir uns hier auf die Besprechung ganz weniger Untersuchungen beschränken.

Verhältnismäßig schlecht waren im allgemeinen die Rückkehrraten von Vögeln, die im Überwinterungsgebiet gefangen wurden und nach Verfrachtung dorthin wieder zurückkehrten. So wurden insgesamt 78 Lachmöwen als Wintergäste in Berlin gefangen und ins 700 km entfernte Luzern verschickt. Nur 3 oder 4 Versuchsvögel ließen sich im selben Winter wieder in Berlin nachweisen. Von 83 aus Luzern und aus Zürich im Winter nach Berlin verfrachteten Bläßhühnern kehrten im gleichen Winter 7 Vögel an den Fangplatz zurück (RÜPPELL & SCHIFFERLI 1939).

Verfrachtungen alter Vögel vom Brutplatz weg ergeben in der Regel höhere Rückkehrzahlen. RÜPPELL (1935) fing zwischen Anfang März und Anfang Mai in verschiedenen Teilen Deutschlands 333 Stare aus den soeben bezogenen Bruthöhlen und verschickte sie nach dem 44 bis 465 km entfernten Berlin, wo sogleich die Freilassung erfolgte. 17 erfolgreiche Rückkehrer wurden im selben Jahr zum zweiten, 3 Vögel sogar zum dritten Mal nach Berlin geschickt. Von diesen insgesamt 353 Auflassungen konnte in nicht weniger als 120 (30%) Fällen die Heimkehr des Versuchsvogels gesichert werden. Die geographische Position des Heimatortes relativ zum Auflassungsort hatte keinen ersichtlichen Einfluß auf die Zahl der Rückkehrer (Abb. 116). — Besonders hoch sind im allgemeinen die Rückkehrraten gut fliegender Seevögel wie Möwen, Seeschwalben und Sturmtaucher. Von 696 Schwarzschnabel-Sturmtauchern (*P. puffinus*, siehe D 15), die MATTHEWS (1953, 1955) aus Entfernungen zwischen 100 und 4900 km aufließ, kehrten 463 an ihre Brutplätze zurück. Im letztgenannten Fall legte der Vogel die Strecke von Boston (USA) nach seiner Brutinsel Skokholm (Wales) in $12^1/_2$ Tagen zurück.

Die Fähigkeit der Brieftauben, aus unbekannten Gegenden in ihren Heimatschlag zurückzufinden, ist von alters her bekannt. Schon die Ägypter und nach ihnen die Griechen und Römer machten sich das Heimkehr-

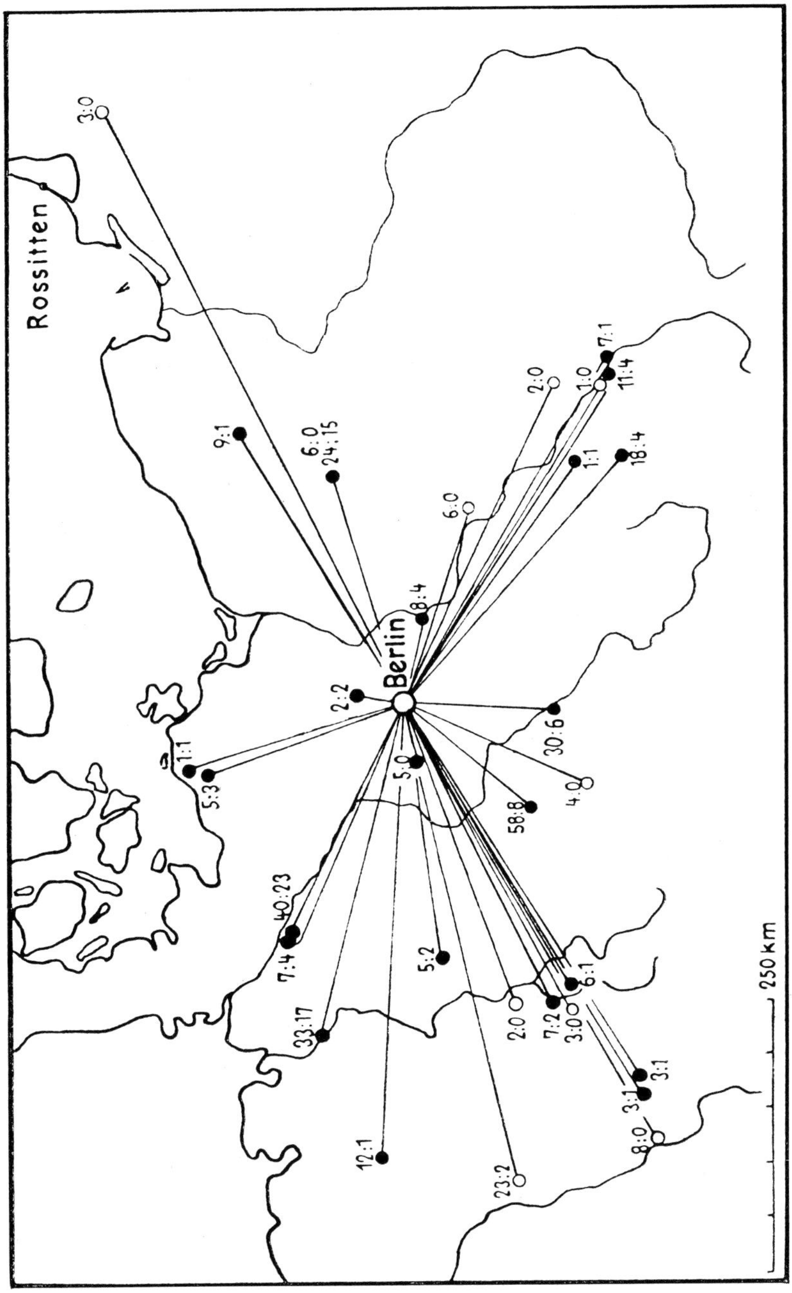

Abb. 116. Der Star-Versuch von RÜPPELL 1934. Die Punkte zeigen die Herkunftsplätze der in Berlin aufgelassenen Versuchsvögel. Die Zahlen lassen das Verhältnis der verfrachteten zu den heimgekehrten Vögeln erkennen. (Nach RÜPPELL 1935 aus SCHÜZ 1952.)

vermögen der Tauben für die Übermittlung von Botschaften zunutze. Brieftauben sind heute das Hauptversuchsobjekt für die Erforschung der Zielorientierung von Vögeln (siehe III).

II. Mechanismen der Richtungs-Orientierung

1. Richtungsorientierung nach der Sonne

Der entscheidende Durchbruch beim Suchen nach den Faktoren, die dem ziehenden Vogel den Weg weisen, gelang GUSTAV KRAMER 1950. Er zeigte in einer Serie wohldurchdachter Experimente, daß tags ziehende Vogelarten angeborene oder andressierte Kompaßrichtungen mit Hilfe der Sonne und einer endogenen tagesperiodischen Uhr bestimmen können. Seine Versuchsmethode ist für die Orientierungsforschung bahnbrechend gewesen, und die damit gewonnenen Ergebnisse haben die Denkweise der an Orientierungsproblemen arbeitenden Forscher entscheidend beeinflußt. (Zusammenfassungen bei KRAMER 1952, 1957, 1959, 1961.)

KRAMER machte sich bei seinen Versuchen die schon seit langem bekannte Tatsache zunutze, daß gefangen gehaltene Zugvögel während der Zugzeit auch im Käfig stark aktiv sind (J IV). Um zu prüfen, ob diese Aktivität gerichtet ist, setzte er Stare zur Zugzeit in Rundkäfige, die so aufgestellt

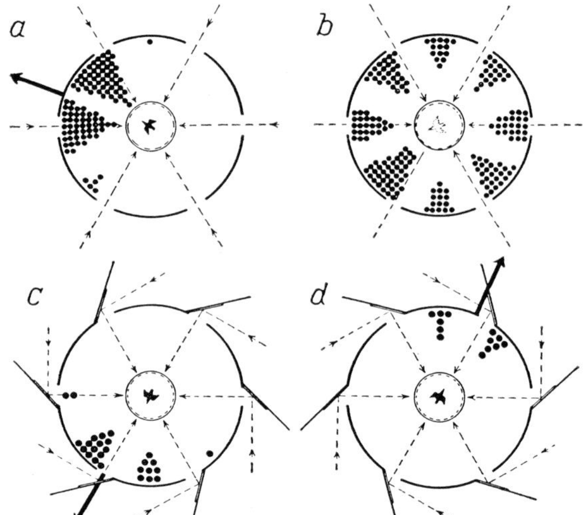

Abb. 117. Gerichtete Zugunruhe eines im Rundkäfig gehaltenen Stars unter klarem (a), unter bedecktem (b) Himmel und beim Spiegelversuch (c, d), bei dem das Licht gegenüber der normalen Einfallsrichtung um 90° verändert einfällt. Jeder Punkt repräsentiert 10 sec Aktivität in einem der 6 Sektoren. — Unterbrochene Pfeile: Lichtweg; dicke Pfeile: Mittelrichtung des Vogels. — Die spontane Vorzugsrichtung weicht bei diesem Star von der normalen Zugrichtung ab. (Nach KRAMER 1950 aus HOFFMANN 1960.)

wurden, daß die Vögel nur den Himmel sehen konnten. Die *kreisförmig angeordneten Sitzstangen* erlaubten es, etwaige Richtungstendenzen des Vogels genau zu bestimmen. Diese Versuche brachten folgende Ergebnisse: a) Während der Tagesstunden, in welchen die Stare normalerweise ziehen, zeigten die Versuchsvögel meist eine *klare Bevorzugung der der Jahreszeit entsprechenden normalen Zugrichtung.* — b) Diese Vorzugsrichtung behielten die Vögel auch bei, *wenn sie nur den Himmel sehen konnten* (Abb. 117a). — c) Unterschiedliche Standorte des Käfigs wirkten sich *nicht* auf die Richtungswahl der Vögel aus. — d) *Bei vollständig bedecktem Himmel hörten die Vögel auf,* eine bestimmte Richtung zu bevorzugen (Abb. 117b).

Diese Ergebnisse machten es wahrscheinlich, daß der richtende Faktor die Sonne ist. Dies bewies ein Spiegelversuch. Zunächst wurde um und über den Käfig eine Blende mit 6 gleichmäßig verteilten Fenstern gebaut. Nachdem gesichert worden war, daß der Versuchsvogel auch so seine Vorzugsrichtung beibehielt, lenkte man durch einen verstellbaren Spiegel das

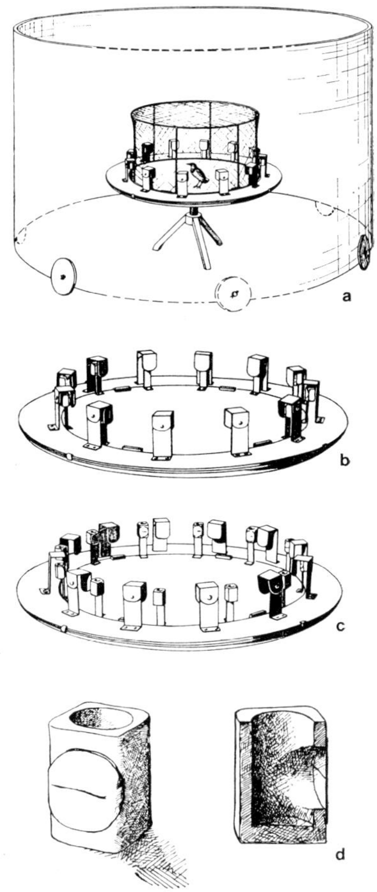

Abb. 118. Versuchskäfig, in dem Stare auf eine Himmelsrichtung dressiert wurden. — (a) Gesamtansicht. Der Versuchskäfig, in dem sich der Star befindet, ist von einem drehbaren Schirm umgeben, der dem Vogel die Sicht von Landmarken nimmt. — (b) Die 12 Futtergefäße sind in gleichmäßigen Abständen auf einem Ring angebracht. Sie sind normalerweise von Metallblechen verdeckt, werden aber beim Test freigegeben (c). Die Futtergefäße (d) sind durch eine Gummimembran verschlossen, die der Star durch Zirkeln öffnen kann. (Kombiniert nach KRAMER 1952 und v. ST. PAUL 1956.)

Licht in einem gegenüber der normalen Einfallsrichtung um 90° geänderten Winkel auf den Vogel. Das Ergebnis (Abb. 117c, d) war eindeutig: der Vogel änderte seine „Zug“-Richtung um 90° in der erwarteten Weise. Daraus mußte man schließen, daß der zugaktive Vogel die Information über seine Zugrichtung aus dem *Einfallwinkel der Sonnenstrahlen* bezieht.

Um von der Beschränkung auf die Zugzeit freizuwerden, ging KRAMER auf eine Dressurmethode über. Er *dressierte* Stare im Rundkäfig auf eine bestimmte Himmelsrichtung: Am Rand des Käfigs wurden in regelmäßigen Abständen völlig gleichartige Futtergefäße angebracht (Abb. 118). Das Futter ist für den Star unsichtbar; er kann es nur dann erreichen, wenn er einen Schlitz in einer Gummimembran durch Aufspreizen des geschlossen eingeführten Schnabels (also mit dem ihm angeborenen „Zirkeln“) öffnet. Die Futtergefäße sind vor Versuchsbeginn durch Metallbleche verdeckt, die auf einem drehbaren Ring angebracht sind. Dreht man diesen Ring, so werden die Futternäpfe freigegeben und der Star kann wählen. Auch hier sorgt eine Blende dafür, daß der Star nur den Himmel sehen kann. Blende, Käfig und Futtergefäßanordnung können unabhängig voneinander gedreht werden. So läßt sich verhindern, daß der Star zufällige Ungleichheiten der Versuchsanordnung als Orientierungshilfen benutzt. Mit dieser Methode gelang es verhältnismäßig leicht, Stare dazu zu bringen, nur in einer bestimmten Himmelsrichtung nach Futter zu suchen. Nachdem bestätigt worden war, daß auch unter diesen Bedingungen die Sonne der entscheidende Orientierungsreiz sein mußte, sollten weitere Versuche klären, auf welche Weise die Sonne als Orientierungsschlüssel wirkt.

Schon die Unabhängigkeit der Richtungswahlen von der Tageszeit hatte zu der Annahme gezwungen, *daß die Vögel in der Lage sein müssen, die Sonnenwanderung richtig einzuschätzen.* Für eine solche Leistung muß man eine tagesperiodische Uhr postulieren, mit Hilfe derer die Änderungen des Sonnenwinkels im Verlauf eines Tages kompensiert werden. Der Vogel muß auf diesem Weg „berechnen“ können, um welchen Winkelbetrag die Sonne in jeder Stunde ihre Position ändert. Er muß sich also wie ein Mensch verhalten, der nach Uhrzeiger und Sonnenstand die Himmelsrichtungen bestimmt. Um dies zu prüfen, wurden folgende Versuche angestellt.

a) Stare wurden mit dem Futternapfverfahren *nur zu einer bestimmten Tageszeit* auf eine Himmelsrichtung dressiert und dann zu irgendeiner anderen Tageszeit auf ihre Richtungswahl getestet. Es zeigte sich, daß die Stare auch dann in der korrekten Kompaßrichtung wählten, indem sie zur Sonne einen der jeweiligen Tageszeit entsprechenden unterschiedlichen Winkel einnahmen. Versuche, einen zu jeder Tageszeit gleichen, konstanten Winkel zur Sonne wählen und damit also in verschiedenen Kompaßrichtungen Futter suchen zu lassen, gelangen nur vorübergehend oder schlugen völlig fehl.

b) Stare wurden auf eine *künstliche Sonne* dressiert, nämlich auf einen Scheinwerfer, der im Laufe des Tages nur die Vertikalbewegung der Sonne imitierte, aber keine Horizontal-(Azimut-)Bewegung ausführte. Die Vögel wurden zunächst unter der natürlichen Sonne dressiert und dann im Versuchsraum unter der künstlichen Sonne getestet. Das Ergebnis bestätigte die Erwartung: Die Vögel wählten bei feststehender Sonne je nach Tageszeit einen anderen, aber jeweils den richtigen Winkel zur Lichtquelle, da diese feststand, also zu verschiedenen Tageszeiten verschiedene absolute Kompaßrichtungen. *Statt der Sonne wanderte hier die Richtungswahl des Vogels* in Abhängigkeit von der Tageszeit.

c) Ganz entsprechend müßte man *die Wahl der objektiven Kompaßrichtung experimentell in voraussagbarer Weise ändern* können, wenn man nicht die vom Vogel erwartete Position der Sonne, sondern die innere Uhr des Vogels verstellt. Solche Experimente hat HOFFMANN (Zusammenfassungen 1960, 1965) durchgeführt: Er dressierte zwei Stare auf S bzw. W. Nachdem sie die Dressur beherrschten, wurden sie in einer Kammer einem künstlichen Licht-Dunkel-Wechsel ausgesetzt, der gegenüber dem natürlichen Tag-Nacht-Wechsel um 6 Stunden verspätet war, das heißt, das Licht ging erst 6 Stunden nach SU aus und erst 6 Stunden nach SA an. Nachdem die Vögel 12 bis 18 Tage lang unter diesen Bedingungen gelebt hatten, prüfte man ihre Richtungswahl unter der natürlichen Sonne. Das Ergebnis sprach für eine *Verstellung der inneren Uhr* und damit der für die Orientierung notwendigen Zeitskala gemäß dem phasenverschobenen Licht-Dunkel-Zyklus (Abb. 119, Beispiel eines auf S dressierten Stars). Unter den Ausgangsbedingungen müßte der Vogel um 9 Uhr den Futterbehälter aufsuchen, der in einem Winkel von $\alpha = 45°$ rechts von der Sonne angebracht ist (a). Um 15 Uhr,

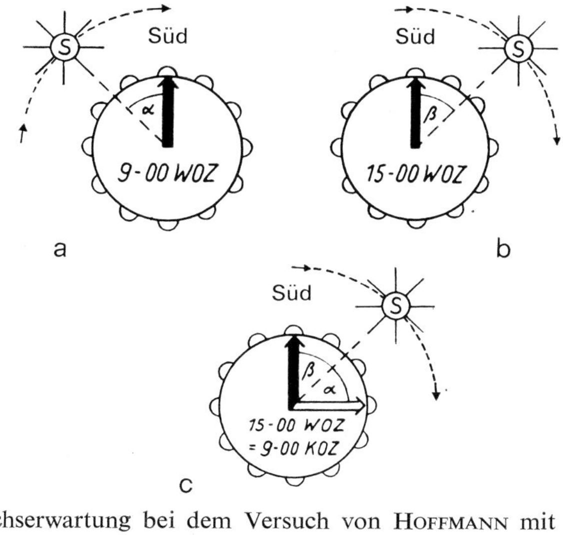

Abb. 119. Versuchserwartung bei dem Versuch von HOFFMANN mit Staren aus dem phasenverschobenen Tag. — S: Sonne — Schwarzer Pfeil: Dressurrichtung — Offener Pfeil: erwartete Wahlrichtung nach der Umstimmung. — Die kleinen Halbkreise symbolisieren die Futterbehälter — WOZ: Wahre Ortszeit — KOZ: Künstliche Ortszeit. (Nach HOFFMANN 1954.)

also 6 Stunden später, muß er entsprechend 45° links von der Sonne wählen (b). Ist hingegen die innere Uhr des Vogels um 6 Stunden verspätet, so sollte er um 15 Uhr (seine subjektive Uhr zeigt dann auf 9 Uhr) denselben Winkel zur Sonne wählen, den er ohne Uhrverstellung um 9 Uhr gewählt hätte, also 45° rechts von der Sonne und demnach in diesem Beispiel einen im W statt einen im S liegenden Futternapf aufsuchen. Das Ergebnis (Abb. 120) bestätigte diese Erwartung. Nach dem Aufenthalt im verschobenen Tag wählte der nach S dressierte Star die Richtung W, der nach W dressierte Vogel die Richtung N. Nachdem die Stare im Anschluß an diesen Versuch 8 bis 17 Tage lang im natürlichen Tag gelebt hatten, bevorzugten sie wieder ihre ursprüngliche „richtige" Kompaßrichtung (S bzw. W).

d) Die *innere Uhr* fast aller bisher untersuchten Tierarten läuft auch unter konstanten Bedingungen weiter. Sie geht dann allerdings nicht genau, d.h. *ihre Periodenlänge weicht von genau 24 Stunden etwas ab.* Diese „*Spontanperiodik*" schwankt im allgemeinen zwischen ungefähr 22 und 28 Stunden Periodenlänge. Die innere Uhr eines Vogels, der unter konstanten Licht- und Temperaturbedingungen eine spontane Periodenlänge von 23 Stunden entwickelt, wird also 6 Tage nach Versuchsbeginn gegenüber der objektiven Zeit um 6 Stunden vorgestellt sein. Auf diesen Annahmen fußt folgender Versuch von HOFFMANN (1960). Er dressierte unter normalen Bedingungen

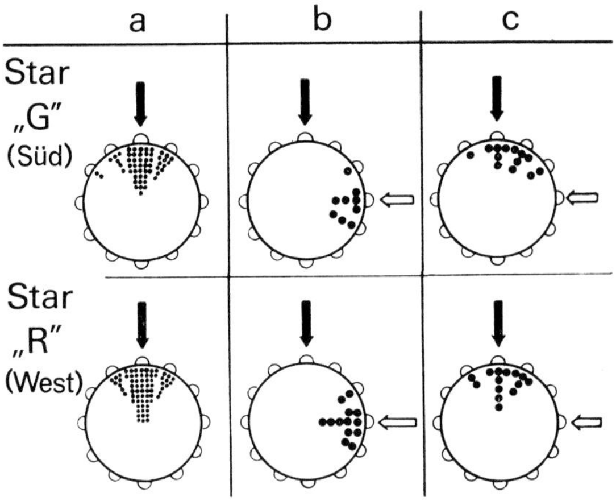

Abb. 120. Änderung der Richtungswahlen zweier Stare, deren innere Uhr um 6 Stunden verstellt worden war. Star G war darauf dressiert im Süden, Star R im Westen nach Futter zu suchen. — (a) Ergebnis von Versuchen während der Dressurzeit im natürlichen Tag — (b) Ergebnis von Versuchen, die stattfanden, nachdem die Vögel 12 bis 18 Tage lang in einem Kunsttag gelebt hatten, der 6 Stunden später begann und endete als der natürliche Tag. Beachte die Richtungsänderung. — (c) Ergebnis von Versuchen, die stattfanden, nachdem die Vögel seit 8 bis 17 Tagen wieder im Normaltag gelebt hatten. — Jeder Punkt repräsentiert eine Richtungswahl eines Stars. — Schwarze Pfeile: ursprüngliche Dressurrichtung. — Offene Pfeile: die nach Verstellung der Uhr um 6 Stunden erwartete Richtung. (Aus HOFFMANN 1965.)

einen Star auf N, einen anderen auf W. Diese Vögel wurden außerhalb der Dressurzeiten in Registrierkäfigen gehalten, die ihre Hüpfaktivität automatisch registrierten. Auf Abb. 121 oben erkennt man, daß diese Vögel, wie nicht anders erwartet, ungefähr zu der Zeit aktiv werden, in der das Licht angeht. Unter diesen Bedingungen wählen die Vögel ihre Dressurrichtung (Abb. 121 a). Anschließend wurden sie in einem Raum mit konstanten Licht- und Temperaturbedingungen gehalten. Die Aktivitäts-Registrierungen (Abb. 121 b) zeigten, daß die Stare dann täglich ungefähr $^{1}/_{2}$ Stunde früher aktiv werden als jeweils am Tag zuvor. Die Tagesperiodik ihrer Aktivität hat also eine Periodenlänge von etwa 23,5 Stunden. Nach 10 Tagen beginnen sie schon 5 Stunden früher aktiv zu werden als in der Dressurzeit. Wenn die Uhr, die sie zur Kompensation der Sonnenwanderung benützen, mit der die Aktivitätsperiodik kontrollierenden Uhr identisch ist oder sich in derselben Weise ändert, so müssen sich die Vögel jetzt so orientieren, als hätten sie zuletzt in einem künstlichen Tag gelebt, der gegenüber dem natürlichen Tag um 5 Stunden verfrüht ist. Die Vögel verhielten sich in der Tat so. Sie wählten im Versuch unter der natürlichen Sonne einen Winkel, der um den erwarteten Betrag zu weit links lag (Abb. 121 B, b). Nachdem die Stare anschließend unter einem künstlichen Licht-Dunkel-Wechsel gehalten worden

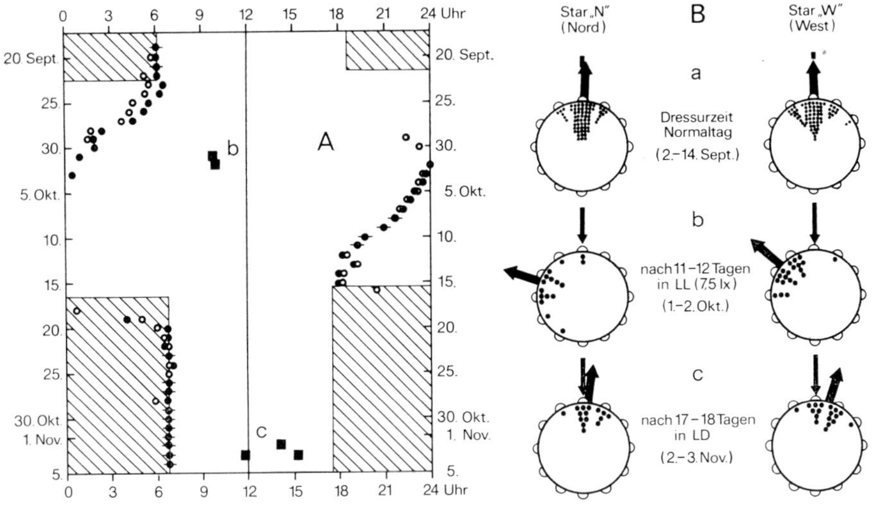

Abb. 121. Vergleich des Aktivitätsrhythmus mit den Richtungswahlen zweier Stare, die in konstanten Licht- und Temperaturbedingungen gelebt hatten. — (A): die Aktivitätsbeginne der Stare sind durch offene (Star N) bzw. geschlossene (Star W) Kreise symbolisiert. — Schraffur: Dunkelzeit. — Schwarze Quadrate: Testzeiten entsprechend b und c rechts. — (B) Orientierungsversuche, (a) während der Dressurzeit, (b) nachdem die Vögel 10 bis 11 Tage lang in konstanten Bedingungen gelebt hatten, (c) in einem künstlichen Tag, der dem natürlichen entsprach. — LL: konstantes Licht — LD: Licht-Dunkel-Zyklus — Dünne Pfeile: Dressurrichtung — Dicke Pfeile: mittlere Richtungswahl. Weitere Erklärungen s. Abb. 120. (Aus HOFFMANN 1960.)

waren, der dem natürlichen entsprach, resynchronisierte sich ihre Aktivitätsperiodik schnell. In einem 17 Tage nach diesem Wechsel der Lichtbedingungen durchgeführten Orientierungstest schlugen die Vögel wieder die richtige Kompaßrichtung zur Sonne ein (Abb. 121 B c).

Offene Fragen zur Sonnenorientierung. Die Versuche haben klar bewiesen, *daß Vögel mit Hilfe der Sonne und ihrer inneren Uhr Richtungen bestimmen können.* Obwohl der direkte Nachweis noch aussteht, ist es doch mehr als wahrscheinlich, daß sich freilebende Vögel auf dem Zug dieses Orientierungsmechanismus bedienen. Insbesondere die weit wandernden Arten müssen dabei allerdings einige Schwierigkeiten meistern:

aa) Die zuvor diskutierten Versuchsergebnisse lassen sich am einfachsten unter der Annahme erklären, daß der von den Vögeln für die Orientierung verwandte Sonnenwinkel der Sonnen-Azimutwinkel ist. (Man versteht darunter den Winkel, den die Sonne einnimmt, wenn man sie auf die Horizontalebene projiziert.) Die Azimutwinkel-Geschwindigkeit der Sonne beträgt nur an den Polen während der Zeit der Tag- und Nachtgleichen im Frühjahr und im Herbst zu jeder Zeit des Tages genau 15° pro Stunde. In polfernen Gebieten ist der von der Sonne pro Stunde durchwanderte Horizontalwinkel in den Morgen- und Abendstunden kleiner, in den Stunden um Mittag größer als 15°. Diese Unterschiede nehmen zu, je weiter man sich dem Äquator nähert. Zudem ist die Azimutwinkelgeschwindigkeit der Sonne

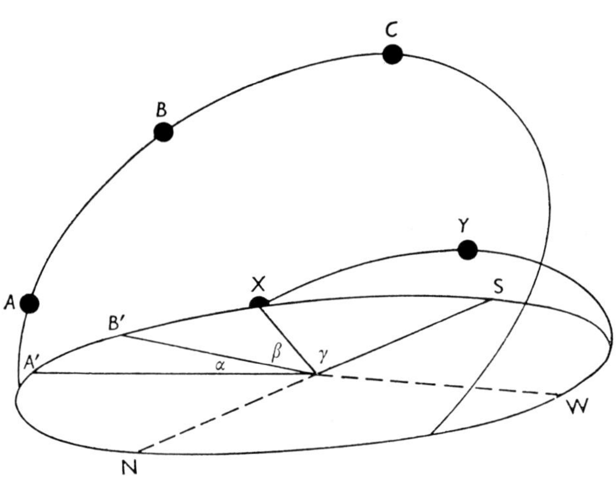

Abb. 122. Perspektivische Darstellung des Sonnenbogens zur Zeit der Sommersonnwende (oben) und Wintersonnwende (unten) für 51° N. Für den Weg A—B benötigt die Sonne dieselbe Zeit, wie um von B nach C zu wandern. Ihre Projektion auf die Horizontale bewegt sich aber mit sehr unterschiedlichen Geschwindigkeiten von A′ nach B′ und B′ nach S. — Entsprechend sind B—C und X—Y zwei gleichlange Bögen, die die Sonne in derselben Zeit durchwandert. Aber die korrespondierenden Sonnenbewegungen auf der Horizontalen (ihre Azimutänderung) ist von B′ nach S und von X nach S sehr verschieden. (Aus MATTHEWS 1968.)

zu einer bestimmten Tageszeit und an einem bestimmten Ort auch noch in Abhängigkeit von der Jahreszeit verschieden. Abb. 122 erklärt diese Unterschiede an einem Schema. Die sich daraus ergebenden Schwierigkeiten gehen aus einem von MATTHEWS (1968) angegebenen Beispiel hervor. Ein Vogel, der am 22. Juni unter 51° N um 10 Uhr eine bestimmte Kompaßrichtung bestimmen will, die er 4 Stunden zuvor schon einmal festgelegt hatte, muß einkalkulieren, daß sich der Sonnen-Azimutwinkel inzwischen um 53° geändert hat. Um dieselbe Richtung 4 Stunden später noch einmal zu bestimmen, muß er eine weitere Winkeländerung in Rechnung stellen, die diesmal aber 102° beträgt, also fast doppelt so groß ist, wie die Winkeländerung in den 4 Stunden zuvor.

Das Ausmaß der *tageszeitlichen Schwankungen der Azimutwinkel-Geschwindigkeit* der Sonne erreicht sein Maximum am Äquator. In den Zeiten der Tag- und Nachtgleiche ändert sich dort der Azimutwinkel zwischen SA und Mittag überhaupt nicht; dann schlägt er plötzlich um 180° um und bleibt dann erneut bis SU unverändert. Unter diesen Bedingungen muß die Orientierung eines Vogels, der sich nur nach der Horizontalkomponente der Sonne richtet, zusammenbrechen. — Die Frage, wie Vögel mit diesen Problemen fertig werden, ist ungelöst. BRAEMER (1960), MATTHEWS (1968) u. a. haben die theoretischen Möglichkeiten diskutiert, mit denen Tiere der variablen Azimutgeschwindigkeit der Sonne gerecht werden könnten. Die meisten Versuche wurden bisher in Breitengraden und zu Jahreszeiten ausgeführt, in denen die tageszeitlichen Abweichungen der Azimutwinkel-Geschwindigkeit von 15° pro Stunde verhältnismäßig klein sind und so die Orientierung auch dann nicht wesentlich beeinflussen würden, wenn die Vögel mit einem konstanten Betrag von 15° pro Stunde rechnen würden. Ob sie das tatsächlich tun oder ob sie wie manche Fische und Arthropoden den verschiedenen Azimutwinkel-Geschwindigkeiten der Sonne Rechnung tragen, läßt sich bisher nicht entscheiden.

bb) Transäquatorial wandernde Vogelarten begegnen einer weiteren Schwierigkeit. Die Sonne steht auf der südlichen Halbkugel mittags nicht nur im N, sondern sie bewegt sich auch entgegen dem Uhrzeigersinn. Ein Zugvogel, der sich mit Hilfe eines Sonnenkompasses orientiert, muß also auf der Südhalbkugel die Sonnenwanderung *mit entgegengesetztem Vorzeichen* einkalkulieren, wenn er weiterhin in der erwünschten Kompaßrichtung fliegen will. Die beiden einzigen, bisher an Vögeln zu dieser Frage angestellten Versuche haben jedoch gezeigt, daß sich auf der Nordhalbkugel richtungsdressierte Brieftauben und Stare nach Transäquatorialverfrachtung so verhielten, als seien sie noch auf der Nordhalbkugel: Sie irrten sich hinsichtlich des objektiven Orientierungswinkels in voraussagbarer Weise (SCHMIDT-KOENIG 1963, HOFFMANN 1968). Vielleicht würden entsprechende Versuche an anderen Vogelarten, die anders als Star und Brieftaube regelmäßig den Äquator überfliegen, andere Ergebnisse zeigen. Die Frage scheint noch weit von ihrer Lösung entfernt zu sein.

2. *Richtungsorientierung nach den Sternen*

Viele Freilandbeobachtungen deuten darauf hin, daß die Zugorientierung *nachts* wandernder Vogelarten bei bedecktem Himmel stark gestört ist (Zusammenfassung bei WALLRAFF 1965 a). Man hat deshalb immer wieder vermutet, daß den *Sternen* eine wichtige Rolle für die Vogelorientierung zukommt. — Als erster hatte KRAMER (1949) diese Frage experimentell geprüft. In ähnlichen Rundkäfigen, wie er sie später auch für die Erforschung des Sonnenkompasses verwandte, untersuchte er die Zugunruhe-Aktivität von Rotrückenwürgern und Mönchsgrasmücken in der Herbstzugzeit. Die Ergebnisse waren nicht zwingend. Immerhin zeigten beide Arten unter dem sternklaren Nachthimmel häufig klare Richtungsbevorzugungen, die oft mit der herbstlichen Zugrichtung übereinstimmten. Im geschlossenen Raum und bei bedecktem Himmel schienen sie schlechter orientiert zu sein. — Nach KRAMER haben SAUER (1957,1961), SAUER & SAUER (1955, 1959, 1960, 1962), MERKEL & FROMME (1958), MEWALDT & ROSE (1960), FROMME (1961), MEWALDT, MORTON & BROWN (1964) und EMLEN (1967) in ähnlichen Rundkäfigen Versuche an Nachtziehern unter dem natürlichen Nachthimmel ausgeführt. In allen Fällen haben die untersuchten Vogelarten unter dem *sternklaren Nachthimmel* mehr oder weniger genau eine Richtung bevorzugt, die der natürlichen Zugrichtung entspricht, und die Neigung gezeigt, diese Vorzugsrichtung in geschlossenen Räumen und bei stark bedecktem Himmel aufzugeben oder doch weniger genau einzuhalten. Als Beispiel zeigt Abb. 123 Versuchsergebnisse von SAUER (1957) an Garten- und Mönchsgrasmücken.

Zur weiteren Prüfung der Möglichkeit, daß Sterne die richtenden Umweltreize für nachts ziehende Vogelarten liefern, schien es geboten, zugunruhige Nachtzieher unter einem künstlichen Sternenhimmel im *Planetarium* zu untersuchen. Als erster tat dies SAUER (1957, 1960, 1961). Später hat EMLEN (1967) an einer anderen Art die Befunde SAUERS bestätigt: Vögel bevorzugen

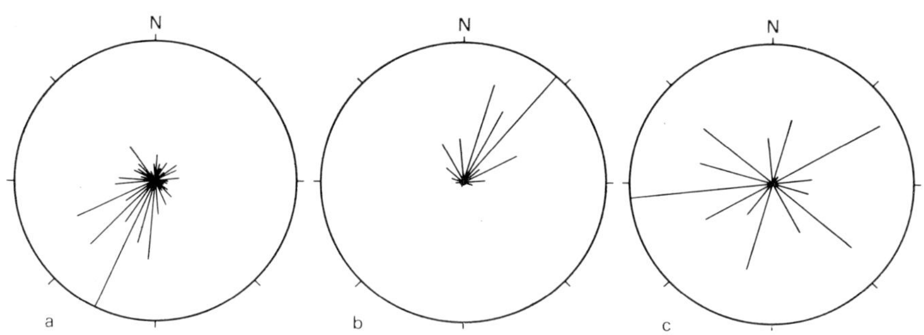

Abb. 123. Orientierung der Zugunruhe gekäfigter Grasmücken (*Sylvia*) unter dem natürlichen Nachthimmel. — (a) *Sylvia borin* im Herbst, sternklar; (b) *Sylvia atricapilla* im Frühjahr, sternklar; (c) *Sylvia borin* im Herbst, stark bewölkt. — Der volle Radius bezeichnet die während eines Versuches am längsten beflogene Himmelsrichtung. Die anderen Vektoren zeigen, in welchem Prozentsatz hiervon andere Richtungen gewählt wurden. (Nach SAUER 1957.)

auch unter dem künstlichen Sternenhimmel Richtungen, die mit den natürlichen Zugwinkeln übereinstimmen. Abb. 124 zeigt als Beispiel das Verhalten von 6 Indigofinken; sie wurden zunächst unter freiem Himmel registriert (Spalte 1) und dann in ein Planetarium gesetzt, dessen künstlicher Sternen-

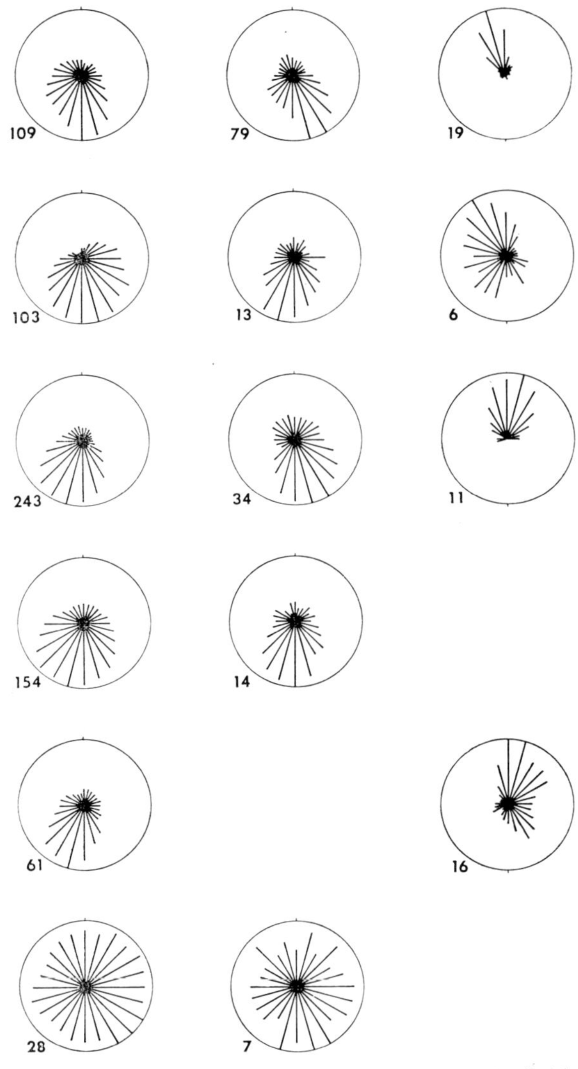

Abb. 124. Orientierung der herbstlichen Zugunruhe von 6 Individuen des Indigofinken (*Passerina cyanea*) unter dem natürlichen Nachthimmel (Spalte 1), unter dem künstlichen Planetariumshimmel, der den natürlichen Himmel imitiert (Spalte 2) und unter einem künstlichen Sternhimmel, dessen N–S-Achse gegenüber dem natürlichen um 180° verstellt war. Die Nummern geben in künstlichen Einheiten an, wie intensiv die am häufigsten gewählte Richtung (voller Radius) angeflogen wurde. (Nach EMLEN 1967.)

himmel den natürlichen imitiert. 4 von 5 Vögeln, die schon draußen nach S orientiert waren, behielten diese Vorzugsrichtung auch im Planetarium bei; ein fünfter Vogel wurde im Planetarium nicht untersucht. Ein sechster Vogel war sowohl unter dem natürlichen als auch unter dem künstlichen Sternenhimmel nicht gerichtet zugunruhig.

Während man bei der Sonnenorientierung von vornherein eine tagesperiodische Uhr fordern muß, die den Sonnenlauf während eines Tages kompensiert, ist *Sternorientierung theoretisch auch ohne eine solche Uhr möglich.* Zwar könnten sich die Vögel auch hier durch Zeitkompensation der Fixsternwanderung orientieren; nötig ist ein solcher Mechanismus indes nicht. So könnten die Vögel beispielsweise die Nord-Süd-Achse und damit auch jede andere Kompaßrichtung bestimmen, wenn sie nur eine ausreichende Kenntnis der Sternbilder hätten. Auch wir können uns ja bei Nacht schon ohne Uhr am Sternhimmel orientieren, beispielsweise indem wir mit Hilfe des Polarsterns Nord bestimmen. Tatsächlich sprechen Versuchsergebnisse dafür, daß Vögel bei der Sternorientierung ohne eine tagesperiodische Uhr auskommen. MATTHEWS (1963) versuchte, die Abflugrichtung von Stockenten, die die erwähnte „Nonsense"-Orientierung (K I 3) zeigten, experimentell zu beeinflussen, indem er die innere Uhr dieser Vögel verstellte

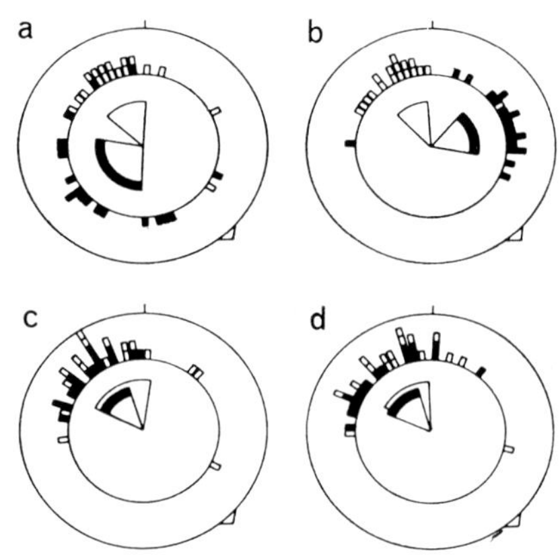

Abb. 125. Abflugrichtungen von Stockenten (*Anas platyrhynchos*) bei klarem Nachthimmel („nonsense"-Orientierung). Ein Teil jeder Versuchsgruppe war vor der Auflassung 4 bis 7 Tage lang in einem verstellten Tag gehalten worden. Jedes Kästchen zeigt die Abflugrichtung eines Vogels an. Weiß: unbehandelte Kontrollvögel — Schwarz: Versuchsvögel. Die Fächer in der Mitte zeigen jeweils die Standardabweichungen beider Gruppen vom Mittelwert an. Die Pfeilspitze rechts unten zeigt in die Heimatrichtung. — (a) und (c): Die Versuchsvögel lebten vor der Auflassung im um 6 Stunden vorgestellten Kunsttag — (b) und (d): Die Versuchsvögel lebten vor Versuchsbeginn im um 6 Stunden nachverstellten Kunsttag. — Bei (a) und (b) wurden die Vögel tags unter der Sonne aufgelassen, bei (c) und (d) nachts unter sternklarem Himmel. Beachte, daß die Abflugrichtungen der tags aufgelassenen Versuchsvögel von denen der Kontrollen verschieden sind, nicht aber die der nachts aufgelassenen Versuchsvögel. (Nach MATTHEWS 1963 aus HOFFMANN 1965.)

(Abb. 125). In einem Versuch (a, c) wurden die Enten nach dem Fang 4 bis 7 Tage lang in einem künstlichen Licht-Dunkel-Wechsel gehalten, dessen Lichtzeit gegenüber dem natürlichen Tag um 6 Stunden verfrüht war. Im zweiten Versuch (b, d) begann und endete die Lichtzeit 6 Stunden später als normal. Danach wurde die eine Hälfte der Enten am Tag, die andere Hälfte bei Nacht aufgelassen. Die am Tage Freigelassenen mit verstellter Uhr schlugen eine gegenüber den Kontrollen um den Betrag veränderte Richtung ein, der theoretisch für die Sonnenkompaß-Orientierung zu erwarten war: Die Vögel mit vorverstellter Uhr änderten ihre Abflugrichtung um ungefähr 90° entgegen dem Uhrzeigersinn, die Vögel mit nachverstellter Uhr änderten die Abflugrichtung im Mittel um ungefähr 90° im Uhrzeigersinn. — Die nachts aufgelassenen Vögel flogen hingegen alle in dieselbe, normale Nonsense-Richtung. Die Verstellung der tagesperiodischen Uhr bei der einen Hälfte der Vögel hatte also keinen Einfluß auf die Orientierungsrichtung bei Nacht. Demnach ist an der nächtlichen Orientierung der Stockente, die wahrscheinlich mit Hilfe der Sterne geschieht, kein Uhrmechanismus beteiligt.

So scheint es sich auch bei den Indigo-Finken zu verhalten, die EMLEN (1967) im Planetarium untersucht hat. Vor- und Nachverstellung des Planetariumhimmels um 3, 6 oder 12 Stunden änderte nichts an der Vorzugsrichtung der Vögel. Diese ließ sich aber um 180° verdrehen, wenn man ihnen einen Sternenhimmel bot, dessen N-S-Achse gegenüber dem natürlichen Sternhimmel um 180° verstellt war (Abb. 124). Der Polarstern steht dann im S. Dieser Befund, zusammen mit dem negativen Ergebnis der zuvor geschilderten Zeitverstellungsversuche, führte EMLEN zu einer ähnlichen Hypothese, wie sie MATTHEWS aufgestellt hatte. Er billigt den Vögeln die Fähigkeit zu, aus den *Gestaltreizen der Sternmuster*, in ähnlicher Weise wie wir es tun, Information über die Himmelsrichtung zu beziehen und danach ihre Zugrichtung zu bestimmen. Wurden nacheinander der Polarstern, der Polarstern und der Große Bär, die Cassiopeia, die Milchstraße ausgeschaltet, behielten die Vögel ihre Orientierungsrichtung bei. Hingegen waren die meisten Vögel desorientiert, wenn alle Sterne in einem Bereich von 35° um den Nordstern ausgeschaltet wurden. Demnach scheint dieser Himmelsbereich die für die Orientierung wichtigen Sternkonfigurationen zu enthalten.

Sprechen die Versuche von MATTHEWS (1963) und EMLEN (1967) dafür, daß bei der Sternorientierung kein Zeitkompensations-Mechanismus beteiligt ist, so warnen andererseits Planetariumsversuche von SAUER (1960) vor Verallgemeinerungen. Seine Grasmücken orientierten sich nur dann korrekt, wenn der künstliche Sternhimmel ungefähr mit dem natürlichen Sternhimmel zur Jahres- und Tageszeit des Versuchs übereinstimmte. War dies nicht der Fall, so kamen häufig Abweichungen von der ursprünglichen Richtung vor. Dies könnte für einen die Sternenwanderung kompensierenden Zeitmechanismus bei dieser Orientierung sprechen. Zur weiteren Klärung werden noch viele Versuche notwendig sein.

3. Richtungsorientierung nach dem Mond

Zumindest manche Krebstiere und Insekten können sich nachweislich nach dem Mond orientieren (Zusammenfassung bei LINDAUER 1963). Bisher lieferte nur ein einziger Versuch einen direkten Hinweis auf eine Orientierung von Vögeln nach dem Mond. Wie erwähnt, zeigen Stockenten nachts nur bei klarem Wetter eine eindeutige Nonsense-Vorzugsrichtung (K II 2); bei Bedeckung ziehen die Vögel nach allen Richtungen ab. Als bei einer Auflassung die Bewölkung gerade so stark war, daß für den menschlichen Beobachter zwar alle Sterne verdeckt waren, der Mond aber noch als Scheibe durchschien, flog die Mehrzahl der Enten gut orientiert in die typische Richtung ab (MATTHEWS 1963).

Im übrigen hat sich der *Mond* bei der Untersuchung im Registrierkäfig oft als Störquelle erwiesen. Ähnlich wie auf das Licht von Städten oder auf andere künstliche Lichtquellen reagierten die Vögel auf den Mond oft positiv phototaktisch (KRAMER 1950, SAUER 1957, MEWALDT, MORTON & BROWN 1956). Solche Reaktionen sind sicher durch die Käfighaltung bedingt. Denn freilebende Vögel ziehen auch in hellen Vollmondnächten normalgerichtet. Darüber hinaus gibt es Hinweise darauf, daß die Zugaktivität freilebender Vögel ebenso wie die Zugunruhe von Käfigvögeln in der Zeit um Vollmond intensiver ist als sonst (Zusammenstellung: GWINNER 1967). In Vollmondnächten dürfte aber die Orientierung nach den Sternen erschwert sein, da helles Mondlicht zumindest die kleineren Sterne überstrahlt.

4. Richtungsorientierung nach nicht visuell wahrnehmbaren Umweltfaktoren

a. Hinweise

Es gilt zwar als Regel, daß der nächtliche Vogelzug bei klarem Wetter intensiver und besser gerichtet ist als bei bedecktem Himmel; indes häufen sich die Berichte von Ausnahmen. Sie deuten darauf hin, daß außer den schon besprochenen, optisch wahrgenommenen Umweltmarken noch andere Faktoren bei der Orientierung der Vögel eine Rolle spielen. Während Radarbeobachtungen von SUTTER (1957), LACK (1958, 1962), BERGMAN & DONNER (1964) und anderen gezeigt haben, daß der Zug vorwiegend bei klarem Wetter gerichtet und von der Landschaftsstruktur weitgehend unabhängig ist, bei bedecktem Himmel aber eingestellt wird oder mehr oder weniger ungerichtet erscheint, erlebten BELLROSE & GRABER (1963), DRURY & NISBET (1964) und BELLROSE (1967) normal gerichteten Nachtzug unveränderter Intensität *auch bei bedecktem Himmel.* Als Beispiel zeigt Abb. 126 die mittleren Flugrichtungen nordamerikanischer Vögel auf dem Herbst- und Frühjahrszug bei unterschiedlichen Bewölkungsbedingungen. Die Mittelrichtungen des Zuges und deren Streuungen sind bei bedecktem und bei unbedecktem Himmel jeweils nur geringfügig voneinander verschieden. Der Bewölkungsgrad scheint sich hier demnach nicht wesentlich auf die Präzision der Orientierung auszuwirken.

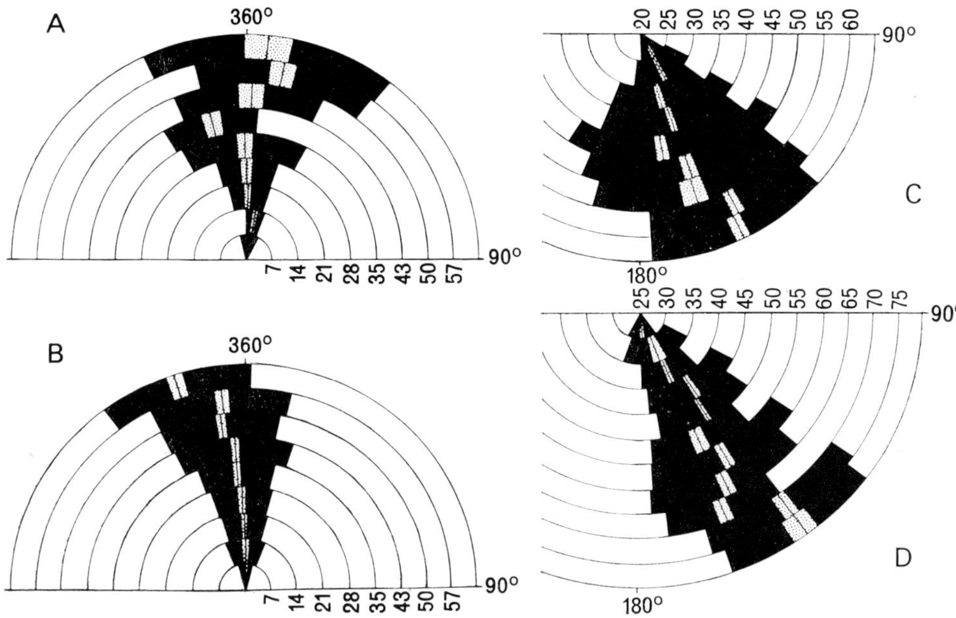

Abb. 126. Streuung der Richtungen ziehender Vögel nach dem Radarbild in Illinois bei klarem (A, D) und bei bedecktem (B, C) Himmel. Die Zahlen auf der Horizontalen geben die Höhen in hundert Fuß (rd. 30 m) an. Schwarz die Standardabweichung, getüpfelt der Standardfehler, die Mittellinien der Durchschnitt. A: Klarer Himmel am 25. April 1963 (n: 1478) — B: Bedeckter Himmel am 26. April 1963 (n: 2448) — C: Bedeckter Himmel am 25. September 1962 (n: 2192) — D: Klarer Himmel am 22. September 1962 (n: 1404). (Nach BELLROSE 1967.)

b. Das Magnetfeld

Neuerdings haben MERKEL & FROMME (1958), FROMME (1961), MERKEL & WILTSCHKO (1965) und WILTSCHKO (1968) festgestellt, daß Rotkehlchen im Orientierungskäfig auch dann ihre Zugrichtung bevorzugen, wenn ihnen jegliche Himmelssicht oder andere optische Hilfe entzogen ist. Diese Beobachtungen haben schließlich zur Demonstration des Magnetfeldes als Orientierungsfaktor geführt.

Daß das Erdmagnetfeld bei der Zugorientierung der Vögel eine Rolle spielen könnte, ist eine alte Vermutung (VIGUIER 1882). Frühere Versuche, durch weitgehende Abschirmung des natürlichen Magnetfeldes oder durch Aufbau eines künstlichen Feldes die Orientierungsrichtung von Vögeln zu beeinflussen, schlugen indes fast durchweg fehl. (Neuere Zusammenfassung bei MATTHEWS 1968.) Nach MERKEL & FROMME (1958) hielten Rotkehlchen bei der Frühjahrs- und Herbstzugunruhe in einem automatisch registrierenden Rundkäfig auch dann eine mit der jeweiligen Zugrichtung übereinstimmende Vorzugsrichtung ein, wenn die im Freien aufgestellten Registrierkäfige mit einer Plastikfolie bedeckt waren, die den Vögeln die Sicht der Sterne nahm.

Auch in einem Holzhaus ohne Himmelssicht gehalten, behielten die Vögel in gewissem Maße ihre Orientierungsfähigkeit bei (WILTSCHKO 1968, Abb. 127a, b). In weiteren Versuchen von FROMME (1961) zeigte sich, daß diese Vorzugsrichtung weit weniger genau eingehalten wurde, wenn man den Registrierkäfig in einen fensterlosen, von 15 cm starken Stahlbetonwänden umgebenen Kellerraum stellte. Es ergab sich der Verdacht, daß in diesem Raum ein richtender Umweltfaktor nur abgeschwächt wirkte. Es lag nahe, das *Magnetfeld* in Erwägung zu ziehen. Diese Vermutung wurde durch Versuche in einer Stahlkammer bekräftigt. Die Kammer, zwei identische Räume (Hauptkammer und Schleuse), war von dicken Stahlplatten umgeben. In beiden Kammern war die Magnetfeldstärke auf $^1/_3$ der am Versuchsort herrschenden Normalintensität abgeschwächt (0,14 Gauß gegenüber 0,41 Gauß). Brachte man die Rotkehlchen aus den normalen Laborräumen nur für eine Nacht in diese Kammer, so zeigten sie keinerlei Richtungsbevorzugungen (Abb. 127c, d); hielt man sie hingegen schon einige Zeit vor dem Versuch im Schleusenraum, so waren auch diese Vögel orientiert. Es sah demnach so aus,

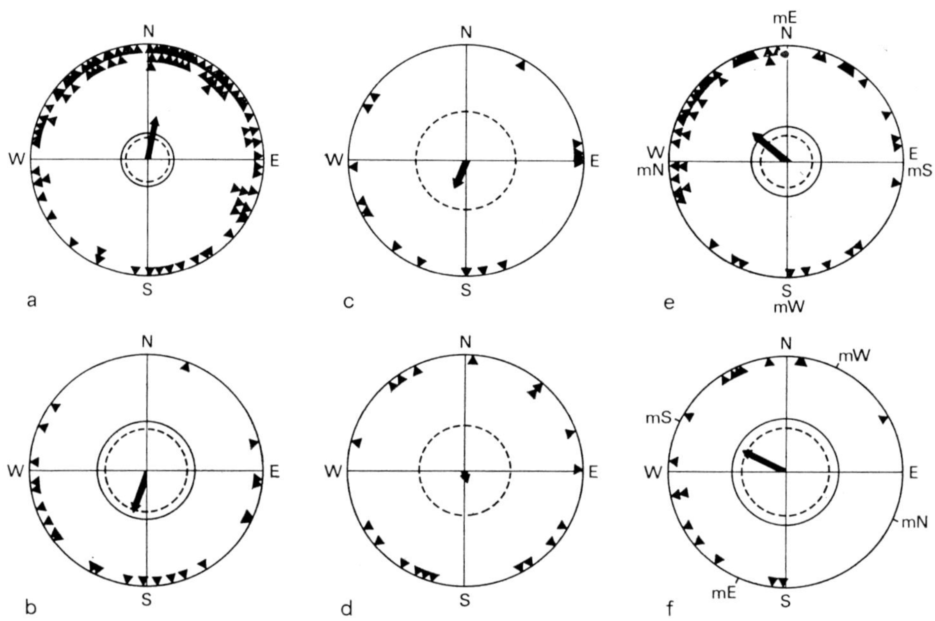

Abb. 127. Richtungswahlen von Rotkehlchen (*Erithacus rubecula*) in Registrierkäfigen unter verschiedenen Bedingungen. Jedes Dreieck repräsentiert die Vorzugsrichtung eines Vogels pro Versuchsnacht. Jeder Pfeil gibt die mittleren Zugvektoren aller Versuchsnächte an. Seine Länge ist auf den Kreisradius bezogen (r = 1). Die inneren Kreise stellen die 5%- (gestrichelt) und die 1%-Signifikanzgrenze dar. — Obere Reihe: Versuche im Frühjahr, untere Reihe: Versuche im Herbst. (a) und (b) Holzhaus, (c) und (d) Stahlkammer — (e) künstliches Magnetfeld (0,47 Gauß), magnetisch Nord steht im Westen — (f) künstliches Magnetfeld (0,38 Gauß), magnetisch Nord steht in ESE. (Nach WILTSCHKO 1968.)

als würden sich die Vögel im Verlaufe ihres Aufenthaltes an die veränderten Gegebenheiten, möglicherweise also an die abgeschwächte Magnetfeldstärke, gewöhnen. — Diese Befunde waren für sich natürlich noch nicht beweisend für eine Magnetfeldorientierung. Den Nachweis erbrachten neue Versuche. Die Rotkehlchen wurden während der Frühjahrs- und Herbstzugzeit unter folgenden Bedingungen untersucht: Der Registrierkäfig stand in einem Raum mit einer Totalintensität des Magnetfeldes von nur 0,30 Gauß. Es wurde durch ein Paar Helmholtzspulen mit Spulenachsen in Nord-Süd-Richtung bei entsprechender Polung auf 0,24 Gauß weiter abgeschwächt. Ein zweites senkrecht zum ersten stehendes Spulenpaar erzeugte ein künstliches Magnetfeld mit nahezu natürlicher Feldstärke (0,38 bzw. 0,47 Gauß). Dessen Nordpol lag je nach Polung entweder in geographisch West oder in geographisch ESE (Abb. 127e, f). Sowohl im Frühjahr als auch im Herbst zeigten die Vögel klare Richtungsbevorzugungen; die Vorzugsrichtungen entsprachen den jahreszeitgemäßen Zugrichtungen, bezogen auf das künstliche Magnetfeld.

Neben diesen Ergebnissen vermag WILTSCHKO Hinweise darauf zu bringen, warum frühere Versuche, die Orientierung von Vögeln durch künstliche Magnetfelder zu beeinflussen (KRAMER 1949, FROMME 1961), fehlgeschlagen sein könnten: Es scheint, als würden die Rotkehlchen nur dann optimal reagieren, wenn die gebotenen Magnetfeldstärken den natürlichen Feldstärken ähnlich sind. KRAMER und FROMME hatten auf die Magnetfeldstärken wenig geachtet.

Obwohl andere Autoren (z.B. PERDECK 1963, WALLRAFF 1965 a) bei Versuchen mit Rotkehlchen keine Hinweise für eine Orientierung in geschlossenen Räumen bzw. bei bedecktem Himmel erhalten hatten, scheint es nach den geschilderten Versuchen wahrscheinlich, daß Vögel in der Lage sind, *das Erdmagnetfeld zu perzipieren und für ihre Zugorientierung zu nutzen.* Wieweit diese Fähigkeit verbreitet ist, steht dahin. Es dürfte aber sicher sein, daß bei vielen Vögeln die Orientierung nach den Gestirnen über eine etwaige Magnetfeldorientierung dominiert. Dies zeigt sich beispielsweise in Planetariumsversuchen (K II 2), bei KRAMERS Versuchen mit der künstlichen Sonne (K II 1 b) oder bei Versuchen, in welchen Spiegelung den normalen Sonneneinfallswinkel verändert hat (K II 1): Die Vögel richteten sich auch dann nach den Himmelskörpern, wenn deren normale Beziehung zum Erdmagnetfeld verändert worden war. Der Orientierung nach dem Magnetfeld könnte indes bei bedecktem Himmel und damit fehlender Sicht der Gestirne eine wichtige Rolle zukommen.

c. Wind

VLEUGEL hat seit 1952 in mehreren Arbeiten unter Hinweis auf die Vorliebe des Buchfinken für Gegenwind (H 3) die Auffassung vertreten, daß der ziehende Vogel die Orientierung nach den Gestirnen wesentlich durch Windorientierung zu ergänzen versteht. Auch BELLROSE (1967) fand bei seinen

Radarbeobachtungen des Vogelzugs in Nordamerika, daß Vögel offensichtlich „phänomenal viel vom Wind verstehen". Ihm zufolge suchten sie Nächte und Zughöhen mit günstigen Windrichtungen und Windgeschwindigkeiten für ihre Wanderungen aus. Die Vögel vermochten zudem Windverdriftungen bis auf wenige Winkelgrade genau zu *kompensieren* (H 3h), und zwar auch bei bedecktem Himmel. Angesichts dieser Leistungen diskutiert BELLROSE die Möglichkeit, daß sich Vögel einfach auch *mit Hilfe des Windes* orientieren könnten. Dies wäre theoretisch möglich, wenn sie einen konstanten Zugwinkel zur (konstanten) Windrichtung einhalten würden und zudem der Windverdriftung entgegenwirken könnten. Letzteres dürfte gelingen mit Hilfe *fester Bezugspunkte* auf der Erdoberfläche (Lichter großer Städte, Küstenlinien usw.), die ihnen fast bei jeder Wetterlage in irgendeiner Form zur Verfügung stehen[1]. Für diese Annahme sprechen Beobachtungen, nach denen die Orientierung bei Bodennebel gestört sein kann. Genauere Informationen über die Windrichtung und über die Windgeschwindigkeiten könnten die Vögel theoretisch aus der Form der Turbulenzen erhalten. — Orientierung mit Hilfe des Windes könnte angeborenermaßen bei solchen Vogelarten vorliegen, die es beim Zug mit örtlich und zeitlich gleichgerichteten Winden zu tun haben (siehe H 3 i). Es ist aber auch denkbar, daß die Vögel vor Zugbeginn etwa mit Hilfe ihres Sonnenkompasses die Windrichtung relativ zu ihrer Zugrichtung täglich neu bestimmen. Experimentelle Stützen für diese Hypothese fehlen noch. — GRIFFIN hat neuerdings (1969) Möglichkeiten der Windorientierung ausführlich erörtert.

5. Beendigung des Zugs bei nur richtungsorientierten Vögeln

Vögel mit Zielorientierung zum Brut- oder Überwinterungsgebiet stellen den Zug ein, sobald sie das Ziel erreicht haben. Denn hier gehört ja zum Orientierungsmechanismus selbst eine Komponente, die dafür sorgt, daß der Zug im Zielgebiet beendet wird. Bei Vögeln hingegen, die nur zur Richtungsorientierung befähigt sind, ist zusätzlich zum Orientierungsmechanismus eine weitere Leistung zu fordern, die den Ort der Zugbeendigung festlegt. Dafür sind etwa folgende Mechanismen denkbar:

a) Der Vogel könnte sein Zielgebiet angeborener- oder erlerntermaßen kennen.

b) Er könnte die Entfernung „wissen", die er zurücklegen muß, um das Zielgebiet zu erreichen. Er müßte dann in der Lage sein, seine Wegstrecke direkt oder indirekt zu „messen".

c) Es könnte ein Zeitprogramm bestehen, das ihm gerade soviel Zugstunden vorschreibt, wie er im Mittel benötigt, um bei vorgegebener Wanderstrecke und Reisegeschwindigkeit gerade sein Ziel zu erreichen.

[1] VLEUGEL verwendet seit 1952 für dieses Weitervisieren von Punkt zu Punkt den Begriff Visier-Orientierung. Sie könnte ebenso wie die Parallaxe-Orientierung von L. TINBERGEN & ZIJLSTRA (1953) dem Vogel auch erlauben, an einer Geraden in der Landschaft festzuhalten.

Es gibt bisher keine klaren Hinweise dafür, daß richtungsorientierte Vögel von den Möglichkeiten a) oder b) Gebrauch machen. Es ist aber wahrscheinlich, daß für Vögel, die auf dem Heimzug vorwiegend richtungsorientiert sind (etwa die Nebelkrähe, K I 2), die Kenntnis vertrauter Landmarken im Heimatgebiet von Bedeutung ist. Ob beim ersten Wegzug der Jungvögel, der bei vielen Arten richtungsorientiert ist (K I 2), in ähnlicher Weise angeborenes „Wissen" von den Bedingungen im Winterquartier eine Rolle spielt, bleibt offen.

Neuerdings hat GWINNER (1968a und b) experimentelle Hinweise dafür erhalten, daß beim Herbstzug junger Laubsänger Fall c) von Bedeutung sein könnte. Die im Registrierkäfig gemessene herbstliche Zugunruhe junger Laubsänger scheint *nach einem im wesentlichen endogen festgelegten Zeitschema* abzulaufen, das artspezifische Zugunruhemuster produziert. Unter identischen Bedingungen gehalten entwickelten Zilpzalpe, die normalerweise im Mittelmeerraum überwintern, während der Herbstzugzeit wesentlich weniger Zugunruhe als Fitisse, die am Äquator oder jenseits von ihm den Winter verbringen. Der Unterschied in der Zugunruhe-Menge entsprach ungefähr dem Unterschied in den Zugstrecken beider (J V 6, Abb. 109). Ein weiterer Hinweis für die Richtigkeit dieser Hypothese ergab sich aus dem Vergleich von Wanderleistungen freilebender Fitisse mit den Zugunruhe-Leistungen von Artgenossen im Registrierkäfig: Wenn man die von freilebenden Fitissen in einem bestimmten jahreszeitlichen Intervall zurückgelegten Zugstrecken mit den zeitlich entsprechenden Zugunruhe-Mengen der Käfigvögel gleichsetzte, so endeten die nach den Gesamt-Zugunruhe-Mengen der Käfigvögel errechneten Zugstrecken ungefähr im Winterquartier der Art.

Diese Hypothese eines auf der Grundlage eines endogenen Zeitprogramms festgelegten Zugabschlusses ungefähr am Ort des Winterquartiers ist in Übereinstimmung mit den Ergebnissen einiger Verfrachtungsexperimente zu erklären, die mit richtungsorientierten Vögeln ausgeführt worden sind. Nebelkrähen (RÜPPELL 1944, RÜPPELL & SCHÜZ 1948), die entlang oder quer zu ihren Zugrichtungen verfrachtet worden waren, zogen in ihrer ursprünglichen Zugrichtung ungefähr über dieselbe Entfernung weiter, die sie am Fangort noch von ihrem Ziel getrennt hatte.

Über ein derartiges Zeitprogramm könnten auch *spontane Richtungsänderungen* während des Zuges gesteuert werden, wie wir sie von zahlreichen Vogelarten mit Haken- und Schleifenzug kennen. Oft erfolgt ein Wechsel der Zugrichtung allerdings so plötzlich, daß es naheliegt, lokale Faktoren als Auslösereize für die Wendung mitverantwortlich zu machen (SCHÜZ 1950). Der klassische Fall betrifft den Schmalfrontzug des Weißstorchs, vor allem dort, wo der Strom aus WNW kommend an den Golf von Iskenderun und an das Amanusgebirge stößt (D 11). Hier findet ein drastisches Rechtsum statt. Offenbar sind örtliche Bedingungen einem solchen Kurswechsel günstig: Die Trockenheit des Landes östlich des Sees von Antiochia (Amik Gölü), ferner der Gebirgsverlauf mit seinen Aufwindbedingungen und ein langfristig konstanter Nordwind im Levantebereich dürften an diesem Vorgang Anteil haben (HECKENROTH 1968). Wirklich beweisende Untersuchungen stehen noch aus.

III. Mechanismen der Zielorientierung

Als Zielorientierung hatten wir jene häufig beobachtete Leistung von Vögeln definiert, *aus einem ihnen unbekannten Gebiet ein bestimmtes Ziel anzufliegen* (K I1). Die Frage nach den Mechanismen dieses Zielfindens steht im Brennpunkt des Interesses der Vogelzugforschung. Aber das Problem der Zielorientierung ist trotz zahlreicher Bemühungen bis heute ungelöst. Keine der zu seiner Erklärung aufgestellten Hypothesen ist unwidersprochen geblieben, und um die meisten haben sich lange, noch andauernde Diskussionen entsponnen. Im folgenden können wir diese Versuche und Überlegungen nur in groben Zügen umreißen. Zusammenfassungen siehe GRIFFIN (1952), KRAMER (1957, 1959), HOFFMANN (1960), SCHMIDT-KOENIG (1960, 1965), WALLRAFF (1967) und MATTHEWS (1968).

Eine einfache, häufig angewandte Methode zur Erforschung der Zielorientierung ist das Heimkehr-Experiment: Vögel werden aus ihrem Brut- oder Überwinterungsgebiet oder, im Falle der Brieftauben, aus ihrem Heimatschlag in ein ihnen unbekanntes Gebiet verfrachtet und freigelassen. Richtung des Abflugs und der Lage des Wiederfundortes, Heimkehrrate und Heimkehr-Geschwindigkeit dienen in diesen Versuchen als wichtigste Meßgrößen für die Präzision der Orientierung.

1. Zufall, Ortskenntnis oder echte Navigation?

Früher hat man häufig versucht, die Heimkehrleistungen von Vögeln ausschließlich auf der Grundlage von *Zufall und Ortskenntnis* zu erklären. Eine Reihe von Erfahrungen schien diese Annahme zu stützen, so etwa die Versuche von GRIFFIN & HOCK (1949) mit Tölpeln. Sie verfrachteten 17 Vögel vom Brutplatz an der Lorenzstrommündung rund 350 km landeinwärts nach SW und verfolgten dann 9 dieser Tölpel individuell mit dem Flugzeug. Die Flüge der Vögel erschienen völlig ungerichtet. So ergab sich die Annahme, daß die Tiere nach dem Versuch- und Irrtumverfahren so lange ihre Umgebung abtasten, bis sie zufällig auf ihnen bekannte Landmarken treffen und von da aus den Zielort finden.

Auch zahlreiche andere Versuchsbefunde lassen sich mit dieser einfachen Hypothese erklären, die vom Vogel keine besonderen Navigationsfähigkeiten verlangt, und sicher spielt sowohl Orientierung nach Landmarken als auch ungerichtetes Suchen bei der Vogelorientierung eine wichtige Rolle. Auf der anderen Seite steht es heute außer Frage, daß vielen Heimkehrleistungen *echte Navigation* zugrundeliegen muß. Beispiele:

a) Zielfinden als Folge ungerichteten Suchens und Ortskenntnis ist immer dann auszuschließen, wenn die errechnete Geschwindigkeit verfrachteter und heimgekehrter Vögel der tatsächlichen Fluggeschwindigkeit dieser Vogelarten nahekommt. Dies war bei vielen Brieftaubenversuchen der Fall, aber beispielsweise auch in einem Versuch, den MATTHEWS (1953, 1955) mit Schwarzschnabel-Sturmtauchern (siehe D 15) durchgeführt hatte. Diese wurden auf Skokholm (Wales) in ihren Bruthöhlen gefangen und 200 bis 425 km weit landeinwärts in ein ihnen unbekanntes Gebiet verfrachtet. Diese Vögel suchen ihre unterirdischen Brutstätten im allgemeinen erst nach Einbruch der Dunkelheit auf. Schon früh am Tag zurückgekehrte Versuchsvögel müssen also unter Umständen viele Stunden lang warten, bevor sie ihre Bruthöhlen betreten. Die errechneten Rückkehrgeschwindigkeiten werden hier also sehr oft geringer sein als die tatsächlichen Fluggeschwindigkeiten. Die genauesten Werte wird man von jenen Vögeln erwarten können, die spät am Tage aufgelassen und schon in der nachfolgenden Nacht in den Bruthöhlen

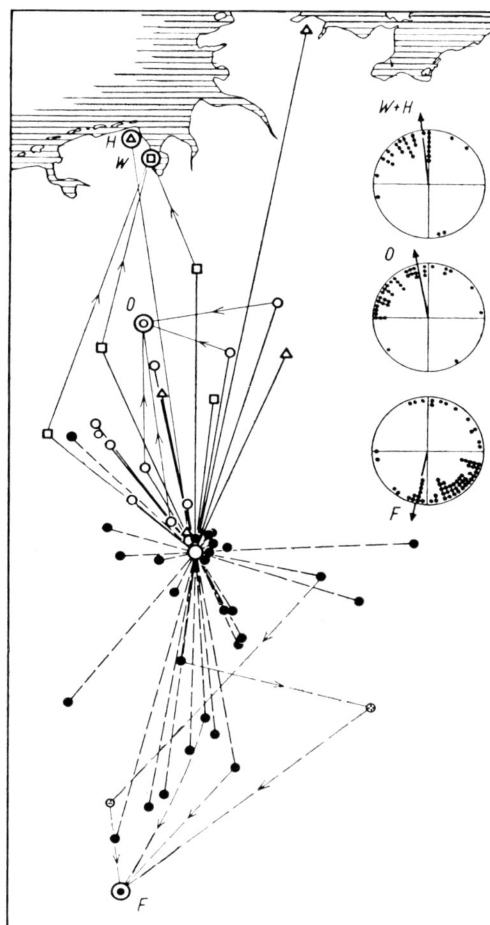

Abb. 128. Heimkehrversuch mit Brieftauben. Tauben aus Wilhelmshaven (W), Holzkirchen (H), Oldenburg (O) und Freiburg i. B. (F) wurden in Gießen aufgelassen. Die Symbole geben die Wiederfunde an. Gefüllte Symbole: Heimatschlag südlich. — Leere Symbole: Heimatschlag nördlich. — Die Abflugrichtungen der Vögel sind in den Summendiagrammen rechts oben wiedergegeben. (Nach PRATT und WALLRAFF 1958 aus KRAMER 1959.)

wiederentdeckt wurden. Ihre Rückkehrgeschwindigkeit entsprach ungefähr der mittleren Fluggeschwindigkeit. Demnach waren Vögel auf direktem Weg aus unbekanntem Gebiet zu ihren Brutstätten zurückgeflogen.

b) Zufälliges Zielfinden ist auch dann auszuschließen, wenn ein über die Zufallsrate hinausgehender Teil der Versuchsvögel nach der direkten Linie zwischen Auflassungs- und Zielort wiedergefunden wurde. So die von PERDECK verfrachteten Altstare, die sich bevorzugt zwischen dem Verfrachtungsort und dem Zielort wiederfanden (K I 1, Abb. 112). Ein weiterer Fall ist in Abb. 128 dargestellt. Brieftauben aus drei norddeutschen und einem süddeutschen Schlag wurden im zentral gelegenen Gießen aufgelassen. Ein großer Teil der nicht zum Heimatschlag zurückgekehrten Tauben wurde mehr oder weniger genau im Bereich der Heimatrichtung wiedergefunden. Dies beweist echtes Navigieren, denn ungerichtete Suchflüge müßten eine Zufallsverteilung der Wiederfunde ergeben.

c) Echtes Navigationsvermögen ist schließlich auch in jenen Fällen erwiesen, in denen Vögel schon beim Abflug am Verfrachtungsort die Richtung zum Zielgebiet bevorzugen (Abb. 128). Auch bei Wildvögeln hat sich eine unmittelbare Bevorzugung der Zielrichtung schon am Auflassungsort nachweisen lassen (Heringsmöwe: MATTHEWS 1952, Schwarzschnabel-Sturmtaucher: MATTHEWS 1953).

Die angeführten Versuche zeigen also, daß zumindest manche Vogelarten zu navigieren vermögen. Weitere Argumente, die zu diesem Schluß zwingen, ergeben sich aus später zu besprechenden Versuchen (K III 5). Im folgenden werden die wichtigsten Hypothesen behandelt, die zur Erklärung dieser Fähigkeit aufgestellt wurden.

2. *Trägheitsnavigation*

Nach einer schon von DARWIN (1873) geäußerten und auch heute noch diskutierten Hypothese (BARLOW 1964) zur Erklärung des Heimfindevermögens könnten die Vögel während der Verfrachtung jede Körperdrehung und jede Geradeausbeschleunigung registrieren und daraus, durch doppelte Integration über die Zeit, ihren jeweiligen Standort relativ zum Heimatort „berechnen“. Solche Beschleunigungen können nur unter *Ausnutzung von Massenträgheiten* gemessen werden; die nötige Meßgenauigkeit ist theoretisch nur vom Vestibularapparat zu erwarten. Da im Zusammenhang mit dieser Hypothese nur Horizontalbeschleunigungen interessant sind, müßte man als Ort der Registrierung die horizontalen Bogengänge im Mittelohr annehmen. Diese Hypothese unterscheidet sich von allen anderen Vorstellungen zur Erklärung des Heimfindevermögens von Vögeln (siehe unten) darin, daß die Orientierung vollkommen unabhängig von Umweltfaktoren wäre. Diese Annahme hat bisher keine experimentellen Stützen gefunden. Das naheliegende Experiment der operativen Ausschaltung der horizontalen Bogengänge ist an Brieftauben mehrfach durchgeführt worden (vgl. zuletzt WALLRAFF 1965 b). In allen Fällen erwies sich die Wirkung der Operation für die Orientierungsfähigkeit als verhältnismäßig unbedeutend. In anderen Versuchen wurden Vögel (Tauben, Stare, Schwalben, verschiedene Seevögel) während des Transportes vom Heimatort zum Auflassungsort mehr oder weniger schnell rotiert (Exner 1893, Rüppell 1936, Griffin 1940, 1943, Matthews 1951) oder während der Verfrachtung in Narkose gehalten (Exner 1893, Kluijver 1935, Griffin 1943). In keinem dieser Versuche war eine merkbare Beeinträchtigung der Navigationsleistungen nachweisbar.

3. *Navigation mit Hilfe eines geophysikalischen Netzes*

Was hier ganz allgemein unter einem geophysikalischen Netz verstanden werden soll, erläutert Abb. 129 an einem Schema. Wenn man annimmt, daß sich ein bestimmter physikalischer Wert X in einer, ein anderer Wert Y in einer anderen Richtung quantitativ über die Erdoberfläche ändert, so ist im optimalen Fall jeder beliebige Punkt auf der Erdoberfläche eindeutig durch die Werte von X und Y bestimmt. Könnte ein Vogel die Stärke beider Faktoren hinreichend genau messen, so müßte er theoretisch in der Lage sein, durch „Zweikoordinaten-Orientierung" seinen Heimatort von jedem beliebigen Verfrachtungsort aus wiederzufinden, vorausgesetzt, daß er sich der Werte seines Heimatortes erinnert. Die einfachste Methode würde darin bestehen, daß der Vogel versucht, in jene Richtung zu fliegen, in der die Werte von X und Y am meisten den erinnerten Werten des Heimatortes ähneln.

a) Ein solches, wenn auch freilich nicht so ideales Netz bildet das Erdmagnetfeld, und Viguier hat deshalb schon 1882 postuliert, daß Vögel mit Hilfe der 3 Komponenten des Feldes (seiner Intensität, Inklination und Deklination) navigieren, die mehr oder weniger unabhängig voneinander variieren. Später haben Thauzies (1898, 1910), Stresemann (1935) und Daanje (1936, 1941) diese Hypothese erneut diskutiert. Theoretisch ist sie

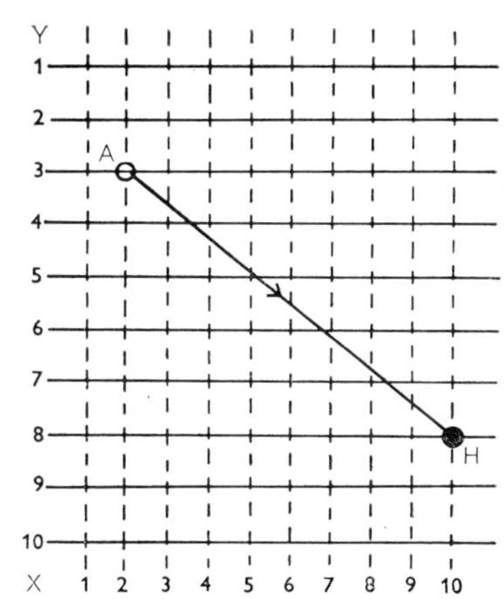

Abb. 129. Schema eines Netzes, das für die Navigation verwandt werden könnte. Zwei physikalische Faktoren X und Y ändern sich quantitativ in verschiedenen Richtungen über die Erdoberfläche. A Auflassungsort, H Heimatort. (Aus Matthews 1968.)

nicht anfechtbar, und seitdem MERKEL & WILTSCHKO (1965) und WILTSCHKO (1968) nachgewiesen haben, daß Rotkehlchen mit Hilfe des Magnetfeldes Richtungen bestimmen können (K II 4 b), dürfte sie wieder mehr an Interesse gewonnen haben. Experimentelle Stützen für ihre Richtigkeit stehen bisher aus. YEAGLEY (1947) deutete seine Versuchsergebnisse auf Verminderung der Heimkehrfähigkeit von Brieftauben, nachdem ihnen starke Störmagnete an die Flügel genäht worden waren; MATTHEWS (1968) u. a. haben diese Deutung kritisiert. Zahlreiche andere ähnliche Versuche sind meist negativ ausgefallen (Zusammenfassung bei MATTHEWS 1968).

b) Große experimentelle Bemühungen machte YEAGLEY (1947, 1951), um seine originelle Hypothese zu prüfen, nach der Brieftauben imstande seien, mit Hilfe des Erdmagnetfeldes und der Corioliskraft zu navigieren. Das Magnetfeld liefert in dieser Vorstellung nur die eine Koordinate des orientierenden Netzes. YEAGLEY nimmt an, daß der fliegende Vogel die *Magnetfeld*stärke, die von den magnetischen Polen zum magnetischen Äquator hin kontinuierlich abnimmt, indirekt mißt. Der Vogel soll sich dabei wie ein elektrischer Leiter verhalten, der sich durch die Kraftlinie des Feldes bewegt. Theoretisch sollte dies zu einer Potentialdifferenz zwischen Vorder- und Hinterende des Vogels führen. Die so induzierte Spannung würde bei einem Vogel, der mit 65 km/h fliegt, ungefähr 10^{-5} Volt/cm betragen. Wenn sie für die Navigation ausgenützt werden sollte, d. h. wenn der Vogel die unterschiedlichen Magnetfeldstärken auf verschiedenen geographischen Breiten bestimmen wollte, müßte er die Spannung auf ungefähr ein einmillionstel Volt genau messen und seine Fluggeschwindigkeit auf ungefähr 0,3 km/h genau abschätzen können. Die andere Koordinate des Netzes liefert die *Corioliskraft*. Was man darunter versteht, macht folgende Überlegung deutlich. Ein Partikel, das sich am Rande einer Scheibe befindet, die sich um eine vertikale Achse dreht, bewegt sich mit einer gegebenen Geschwindigkeit im Kreise. Nachdem man das Partikel entlang dem Radius halbwegs in Richtung auf die Achse geschoben hat, ist seine Geschwindigkeit nur noch halb so groß. Diese Geschwindigkeitsreduktion kann nur eine seitwärts gerichtete Kraft bewirkt haben, die entgegen der Drehrichtung der Scheibe gewirkt hat. Diese Kraft ist die Corioliskraft. Man kann sich nun die Erdoberfläche als zusammengesetzt aus einer Serie konzentrischer Scheiben vorstellen, deren Radien vom Äquator zu den Polen hin abnehmen. Ein Vogel, der sich auf der Erdoberfläche in Richtung auf einen Pol zu fortbewegt, verhält sich dann so, als ob er sich vom Rande einer Scheibe auf deren Zentrum zu verschiebt, und ist somit der Corioliskraft ausgesetzt. Ihre Größe hängt unter anderem von der Fluggeschwindigkeit des Vogels und von der geographischen Breite ab. Nach der Hypothese von YEAGLEY soll die Corioliskraft vom Vogel direkt als seitwärts gerichtete Kraft gemessen werden. Dies verlangt, daß eine Taube ihre Geschwindigkeit auf 0,3 km/h genau abschätzen kann, und daß sie ihre Masse auf 2 Gramm genau schätzen oder konstant halten kann.

Da das System der Corioliskräfte auf die geographischen, das der Magnetfeldstärken aber auf die magnetischen Pole bezogen ist, bilden beide Koordinaten ein Netz, das in der Tat den Vogel theoretisch zur Navigation befähigen könnte. Die YEAGLEYsche Hypothese ist indes schon auf theoretischer Basis heftig kritisiert worden (zuletzt MATTHEWS 1968). Unter anderem wurden folgende Bedenken angemeldet: 1. Es ist unwahrscheinlich, daß ein Vogel die magnetfeld-induzierten Spannungsunterschiede bzw. die außerordentlich schwachen Corioliskräfte messen kann. (Der Vogel müßte seitwärts gerichtete Kräfte von weniger als 1/6000 der Erdgravitation wahrnehmen können.) 2. Es ist unwahrscheinlich, daß der Vogel seine Fluggeschwindigkeit auf 0,3 km/h genau abschätzen kann. 3. Es ist unwahrscheinlich, daß ein Vogel von Taubengröße sein Körpergewicht auf 2 Gramm Genauigkeit konstant halten oder abschätzen kann.

Auch die Deutungen einiger Versuchsbefunde YEAGLEYS sind kritisiert worden. Daß seine Versuche, die Heimkehrleistung von Brieftauben durch künstliche Magnetfelder zu stören, nicht in seinem Sinne interpretiert werden können, und daß andere Versuche dieser Art meist negative Ergebnisse brachten, ist oben erwähnt worden. Auch die Ergebnisse eines anderen Versuchs, der seiner Originalität wegen hier geschildert werden soll, sind nicht im Sinne seiner Hypothese ausgefallen (wenn auch YEAGLEY anders interpretiert).

Als Folge der Tatsache, daß die Linien gleicher Corioliskräfte konzentrisch um die geographische, die Linien gleicher Magnetfeldstärken hingegen konzentrisch um die magnetische Nord-Süd-Achse verlaufen, überschneiden sich die Linien gleicher Magnetfeldstärken und die Linien gleicher Corioliskräfte mehr als einmal. Diese sogenannten Konjugationspunkte zeichnen sich also durch dieselben magnetischen und kinetischen Eigenschaften aus. Tauben, die einen bestimmten Ort als „Heimat" anerkennen, sollten diesen demnach mit einem anderen Konjugationspunkt verwechseln, wenn YEAGLEYS Hypothese stimmt. Er hat deshalb Tauben auf einen Schlag in Pennsylvanien trainiert und diesen dann samt den Tauben zu einem Konjugationspunkt in Nebraska verfrachtet. Die Tauben wurden dann im allgemeinen aus Entfernungen von 50 bis 80 Meilen vom Schlag aufgelassen. YEAGLEY erwartete, daß die meisten Tauben zum nächstliegenden Konjugationspunkt, also zum Schlag in Nebraska, fliegen würden. Die tatsächlichen Versuchsbefunde hat er auch in diesem Sinne interpretiert. Mehrere Kritiker (z.B. KRAMER 1948, ODUM 1948, MATTHEWS 1951, GRIFFIN 1952) sind indes übereinstimmend der Ansicht, daß die Versuchsbefunde YEAGLEYS nicht als Stützen seiner Theorie herangezogen werden können. So kehrten von insgesamt 459 aufgelassenen Tauben nur 8 zum Schlag in Nebraska zurück; das ist weniger als man erwarten würde, wenn die Tauben nur durch zufälliges Suchen zurückfänden. Auch nach den Wiederfunden von Tauben, die nicht zum Schlag zurückgekehrt sind, lassen sich keine eindeutigen Bevorzugungen des einen oder anderen Konjugationspunktes erkennen.

YEAGLEYS anspruchsvolle Hypothese ist also nach wie vor völlig unbewiesen.

4. Die Matthews-Pennycuicksche Sonnennavigations-Hypothese

Wenn Vögel — wie nachgewiesen — die Sonne als Kompaß benützen können (K II 1), liegt die Frage nahe, ob die Sonne auch für die Navigation tags fliegender Vögel die entscheidenden Orientierungsschlüssel liefern könnte. Eine Sonnennavigations-Hypothese bot sich auch deshalb an, weil sich bei vielen Heimkehrversuchen die Güte von Anfangsorientierung, Heimkehrleistung und Heimkehrgeschwindigkeit der Versuchsvögel bei Himmelsbedeckung entscheidend reduziert erwiesen (Brieftauben: zum Beispiel WALLRAFF 1960, 1966, 1967; Seevögel: MATTHEWS 1952, 1953).

Die erste abgerundete Hypothese, wie Vögel mit Hilfe der Sonne navigieren könnten, hat MATTHEWS (1951, 1953, neue Zusammenfassung 1968) entwickelt. Ihr Prinzip läßt sich am einfachsten an Hand eines Beispiels erläutern. Abb. 130 zeigt die *Sonnenbögen*, die ein Vogel an seinem Heimatort und nach Verfrachtung SW-wärts vorfindet. Als Folge der Südverfrachtung steht die Sonne mittags am Auflassungsort höher (B) als am Heimatort (C). Als Folge der Westverfrachtung steht sie zu jeder Tageszeit relativ weiter im Osten als sie zur selben Zeit am Heimatort steht. Der Vogel könnte nun ähnlich wie der menschliche Navigator diese Unterschiede nutzen, um seinen Heimatort wiederzufinden. Nach MATTHEWS könnte der verfrachtete Vogel — gleich zu welcher Tageszeit er aufgelassen wird — aus der Bewegung der Sonne auf deren mittäglichen Kulminationspunkt extrapolieren. Wenn der so errechnete Kulminationspunkt tiefer als am Heimatort liegt, so würde dies für einen Vogel auf der Nordhalbkugel bedeuten, daß er nach N ver-

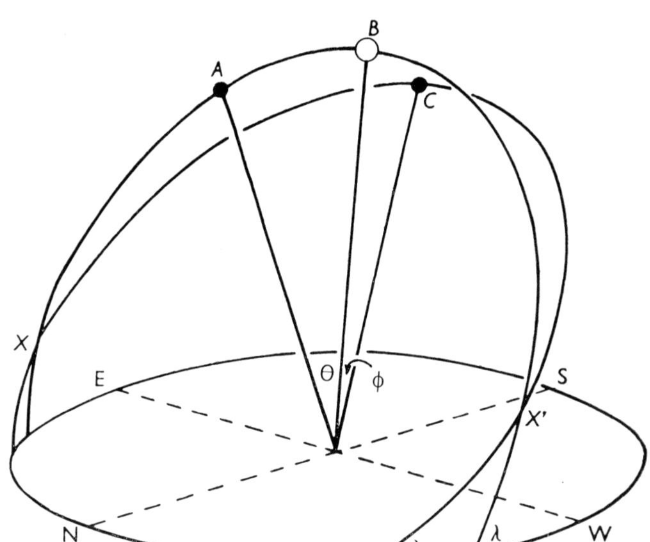

Abb. 130. Perspektivische Darstellung der Sonnenbögen, die ein Vogel mittags in seiner Heimat und nach einer Verfrachtung nach Südwesten sieht. Am Verfrachtungsort ist der höchste Punkt der Sonnenbahn (B) um den Winkel ϕ höher als am Heimatort (C). Ebenso ist die Inklination λ des Bogens größer. Die beobachtete Sonne (A) ist noch nicht so weit auf ihrem Bogen gewandert wie zuhause (um θ weniger weit). Die Erdoberfläche ist als horizontal angenommen. (Aus MATTHEWS 1958.)

frachtet worden ist, er müßte ihm also entgegenfliegen. Entsprechend müßte er von ihm wegfliegen, wenn der Kulminationspunkt zu hoch liegt. Wenn sich die Sonne zu einer bestimmten Tageszeit noch nicht so weit auf ihrem Bogen fortbewegt hat wie am Heimatort, so würde dies heißen, daß der Vogel nach W verfrachtet worden ist; um zu seinem Heimatort zu gelangen, müßte er also entgegen der Richtung fliegen, in der sich die Sonne bewegt. Umgekehrt müßte er in Richtung der Sonnenwanderung fliegen, wenn die Sonne, verglichen mit dem Heimatort, schon zu weit gewandert ist, denn dies würde bedeuten, daß der Vogel nach Osten verfrachtet worden ist.

KRAMER (1955, 1957) hat diese Hypothese von MATTHEWS schon auf theoretischer Grundlage kritisiert. Er stellte unter anderem die von MATTHEWS vertretene Möglichkeit in Frage, daß der Vogel die geographische Breite seines Verfrachtungsgebietes aus dem Vergleich des erinnerten mit dem extrapolierten Kulminationspunkt der Sonne bestimmen könnte. KRAMER machte darauf aufmerksam, daß ein fliegender Vogel, der aus der kurzfristig beobachteten Sonnenwanderung auf die Mittagshöhe der Sonne extrapolieren will, außerordentlich stabile Referenzpunkte benötigt. Die von MATTHEWS ins Auge gefaßte Möglichkeit von Horizontstrukturen als Referenzpunkten schloß KRAMER vollständig aus.

Theoretisch könnte ein Vogel die geographische Breite seines Verfrachtungsgebietes nach der Sonne aber auch bestimmen, ohne daß er zuvor deren Kulminationspunkt errechnet hat. Zur selben Jahres- und Tageszeit ist die *Sonnenhöhenzunahme pro Zeiteinheit auf verschiedenen geographischen Breiten verschieden.* Dies könnte sich ein verfrachteter Vogel zunutze machen, um die Breite seines Verfrachtungsgebietes zu bestimmen. KRAMER hat aber diese von ihm selbst erwogene Hypothese (1957) sogleich als unwahrscheinlich wieder verworfen. Später hat PENNYCUICK (1960) auf ihrer Grundlage eine umfassendes Konzept entwickelt. Dieses unterscheidet sich von der ursprünglichen Hypothese von MATTHEWS zum einen darin, daß die N-S-Bestimmung direkt mit Hilfe der momentan gemessenen Sonnenkoordinaten (und nicht über die Extrapolation auf den Sonnenkulminationspunkt) geschieht; die Sonnenhöhenänderung gibt darüber Auskunft. Zum andern beziehe der Vogel die Information über die geographische Länge nicht aus dem Vergleich der Azimutwinkel der Sonne am Heimat- und am Verfrachtungsort, sondern aus dem Vergleich der Sonnenhöhen. Ein Vogel, der mit Hilfe dieses Mechanismus navigieren wollte, würde also zunächst am Auflassungsort die Sonnenhöhe und die Sonnenhöhenänderung pro Zeiteinheit bestimmen. Dann würde er diese beiden Charakteristika mit den Daten vergleichen, die zur selben Tageszeit am Heimatort zu erwarten gewesen wären. Der Vogel würde so folgende Information erhalten: Steht die Sonne am Verfrachtungsort tiefer als am Heimatort, so muß er ihr entgegenfliegen (denn er ist offensichtlich nach Osten verfrachtet worden); steht sie höher, so muß er von ihr wegfliegen. Ist die Sonnenhöhenzunahme pro Zeiteinheit größer als am Heimatort, so muß er sich links von der Richtung zur Sonne halten (denn er ist nach S verfrachtet worden), ist sie kleiner, so muß er einen Punkt rechts von ihr anfliegen.

Sowohl die ursprünglich von MATTHEWS aufgestellte als auch die von PENNYCUICK modifizierte Hypothese ist auf theoretischer Grundlage stark kritisiert worden (zum Beispiel KRAMER 1955, 1957, SCHMIDT-KOENIG 1958, WALLRAFF 1960, HOFFMANN 1965). Hier sollen nur einige der wichtigsten Kritikpunkte zur Sprache kommen.

a) Sonnennavigation verlangt außerordentlich präzise Sinnesleistungen. Tauben können beispielsweise schon 20 Sek. nach der Auflassung heimorientiert sein. In dieser Zeit hat sich die Sonnenhöhe nur um wenige Bogensekunden geändert. Es erscheint höchst unwahrscheinlich, daß ein fliegender Vogel solche Unterschiede messen kann.

b) Beide Hypothesen setzen voraus, daß die tagesperiodische Uhr des Vogels vom Moment der Verfrachtung an bis zu seiner Rückkehr, oft viele Tage lang, mit der Zeit des Heimatortes synchronisiert bleibt, denn nur so ist der postulierte Vergleich der Sonnenkoordinaten möglich. In allen bisherigen Versuchen hat sich aber gezeigt, daß sich tagesperiodische Uhren in wenigen Tagen verstellen, wenn man die Versuchstiere einem gegenüber dem Normaltag phasenverschobenen Kunsttag aussetzt. Dies gilt auch für die Uhr, die Stare zur Berechnung der Sonnenwanderung bei ihrer Richtungsorientierung verwenden (K II 1). Die geforderte tagesperiodische Uhr müßte außerdem sehr viel präziser sein als alle bisher bekannten circadianen Systeme. Will man also die Sonnennavigations-Hypothese halten, so muß man eine ganz besondere tagesperiodische Uhr fordern, die sich in wichtigen Eigenschaften anders verhält als alle bisher bekannten circadianen Uhren. Für ihre Existenz gibt es keinerlei Hinweise.

c) Zur Erklärung einiger Versuchsbefunde (siehe unten: Warteversuch) müßte man zudem eine sehr präzise jahresperiodische Uhr fordern, die jahreszeitliche Sonnenbahnänderungen kompensiert.

d) Schließlich müßte man noch einen höchst präzisen Kurzzeitmesser postulieren, mit Hilfe dessen die Vögel die Wanderungsgeschwindigkeit der Sonne messen können.

Solche theoretischen Bedenken könnte man vergessen, wenn es genügend Versuchsbefunde gäbe, die die Sonnennavigations-Hypothese stützen würden. Dies ist aber nicht der Fall. Im folgenden sollen die beiden wichtigsten Gruppen von Experimenten zur Prüfung der Hypothese geschildert werden.

α) Warteversuch. Ein von MATTHEWS (1953) ersonnener Versuch geht von der Annahme aus, daß Brieftauben nicht fähig sind, *jahreszeitlich bedingte Änderungen der Sonnenbahn* in Rechnung zu stellen. Man müßte die Tauben also täuschen können, wenn man sie für einige Tage oder Wochen an der Beobachtung der Sonne hindert. MATTHEWS hat deshalb zur Zeit der herbstlichen Tag- und Nachtgleiche (wo die Änderungen der Sonnenbahn von Tag zu Tag sehr groß sind) Tauben so lange ohne Sonnensicht gehalten, bis die Differenz der Sonnenmittagshöhen vor und nach der Wartezeit einer bestimmten Nordversetzung entsprach. Dann wurden die Tauben nach S verfrachtet, aber nur so weit, daß eine geringe vorgetäuschte Nordversetzung übrigblieb. Das Ergebnis war der Hypothese günstig (Abb. 131, links). Die Mehrzahl der Versuchstauben flog in die dem Schlag entgegengesetzte Richtung ab. RAWSON & RAWSON (1955) und KRAMER (1955) haben in Deutschland die Versuche wiederholt. Die Ergebnisse (Abb. 131 rechts) fielen völlig entgegengesetzt aus: die meisten Tauben flogen in Richtung auf ihren Heimatschlag ab. Unter der Annahme der Sonnennavigations-Hypothese lassen sich diese Befunde nur dann deuten, wenn man Tauben einen hochkomplizierten Mechanismus zubilligt, der jahreszeitliche Änderungen der Sonnenbahn kompensieren kann.

Diese entgegengesetzten Versuchsergebnisse könnten durch Unterschiede in den Eigenschaften der verwandten Taubenstämme oder in den geographischen Bedingungen des englichen und des deutschen Versuchsgebietes zustandegekommen sein. HOFFMANN (1958) wiederholte deshalb den Versuch in der Nähe von Cambridge, wo auch MATTHEWS gearbeitet hatte. Er verwandte als Versuchsvögel sowohl Wilhelmshavener Tauben als auch Tauben des Stammes von MATTHEWS. Aber auch die Ergebnisse dieser Experimente widersprachen den MATTHEWSschen Befunden: Versuchs- und Kontrolltauben bevorzugten gleichermaßen die Heimatrichtung. — Die Erklärung dieser unterschiedlichen Versuchsbefunde steht bis heute aus.

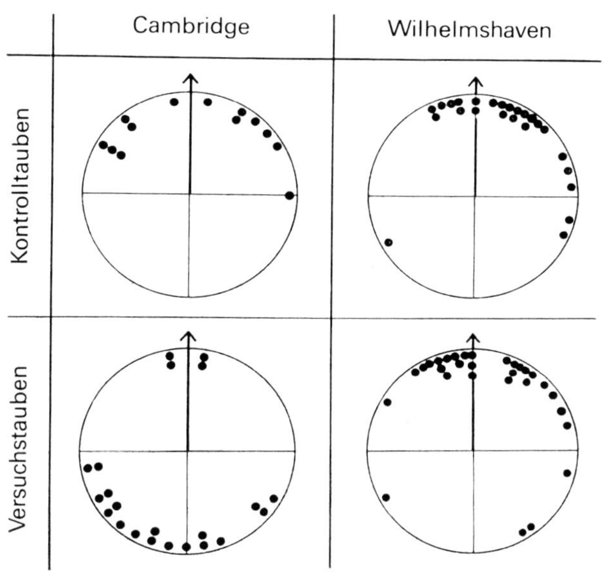

Abb. 131. Vergleich der von MATTHEWS (links) und in Wilhelmshaven (rechts) erhaltenen Brieftauben-Abflüge in je zwei aufeinanderfolgenden Jahren. Den Versuchsvögeln war zur Zeit der herbstlichen Tag- und Nachtgleiche für 7 bzw. 9 Tage die Sonnensicht entzogen worden. Pfeile: Heimrichtungen. (Aus KRAMER 1955.)

β) Verstellen der circadianen Uhr. Der Warteversuch sollte prüfen, ob Tauben Nord-Süd-Versetzungen mit Hilfe der Sonne bestimmen können. In anderen Experimenten wurde gefragt, wieweit der von der Sonnennavigations-Hypothese angenommene Mechanismus der Ost-West-Bestimmung der Realität entspricht. Wie oben geschildert wird dazu angenommen, daß der Azimutwinkel bzw. die Höhe der Sonne am Verfrachtungsort mit den erinnerten Werten des Heimatorts verglichen werden. Voraussetzung für einen solchen Vergleich ist eine sehr genau gehende konservative Uhr, die mit der Heimatzeit synchronisiert bleibt. Die dem Navigationsmechanismus zugrundeliegende circadiane Uhr sollte sich also, anders als im Falle der Sonnenkompaßorientierung (K II 1), nicht verstellen lassen, wenn man die Vögel einem gegenüber dem natürlichen Licht-Dunkel-Wechsel phasen-

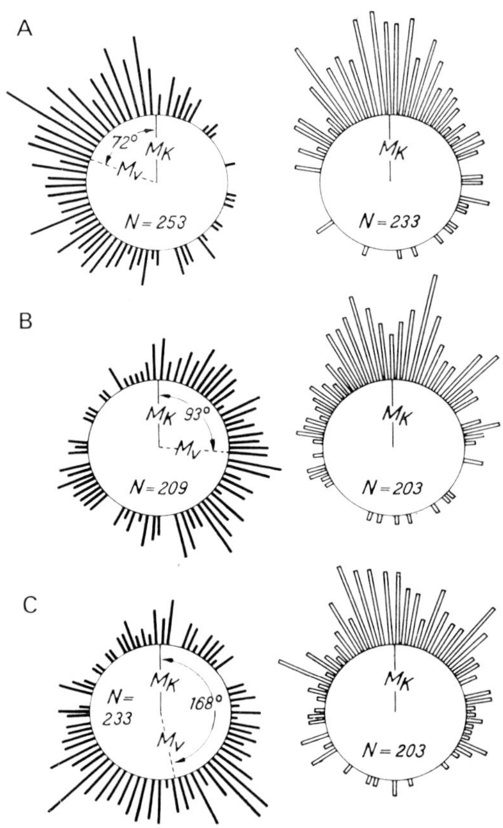

Abb. 132. Anfangsorientierung von Brieftauben nach Verstellen der inneren Uhr in drei Serien: A um 6 Std. im Uhrzeigersinn (Vorverstellung), B um 6 Std. gegen den Uhrzeigersinn (Nachverstellung) und C um 12 Std. (Umkehrtag). Die Versuchstauben sind in schwarz, die Kontrolltauben in weiß wiedergegeben. Jeder Strahl stellt die Zahl von Tauben dar, die in der entsprechenden Richtung verschwanden. M_K ist die mittlere Richtung der Kontrolltauben, M_V die der Versuchstauben. (Nach SCHMIDT-KOENIG 1964.)

verschobenen Kunsttag aussetzt; die Heimkehrfähigkeit so behandelter Vögel sollte nicht gestört sein.

Derartige Experimente hat als erster MATTHEWS (1955) durchgeführt. Schwarzschnabel-Sturmtaucher (D 15) und Brieftauben wurden 4 bzw. 10 Tage lang einem künstlichen Tag ausgesetzt, der gegenüber dem natürlichen Tag um 3 Stunden vorverlegt war. Die Heimorientierung dieser Vögel war nicht schlechter als die unbehandelter Kontrolltiere. — Die KRAMER-Gruppe hat auch diese Experimente wiederholt. SCHMIDT-KOENIG (1958, 1960, 1961, 1964) setzte in einer großen Versuchsserie Tauben verschiedenen phasenverschobenen Kunsttagen aus, bevor er sie verfrachtete. Seine Ergebnisse widersprechen den Befunden von MATTHEWS. Abb. 132 zeigt, welche Abflugrichtungen Tauben bevorzugten, die vor der Auflassung in einem um 6 Stunden vorverstellten (A), in einem um 6 Stunden nachverstellten (B) und in einem invertierten (C) Tag gelebt hatten. Das eindeutige Ergebnis dieses Versuchs war, daß die so behandelten Vögel ihre Heimorientierung im wesentlichen verloren.

Angesichts dieser Befunde an Hand großen Materials kann man die Ergebnisse von MATTHEWS nicht als ausreichende Stütze für die Sonnennavigations-Hypothese betrachten; ihre Richtigkeit ist nach wie vor unbewiesen.

5. *Kramers Karte-Kompaß-Konzept*

Das überraschende Ergebnis der Versuche von SCHMIDT-KOENIG war der Befund, daß die Tauben offenkundig tatsächlich die Sonne bei der Heimorientierung verwenden — allerdings in ganz anderer Weise, als MATTHEWS annahm: Nämlich als Kompaß. Abb. 132 zeigt klar, daß die bevorzugten Abflugrichtungen der Tauben im Mittel gerade um ungefähr denjenigen Betrag von der wahren Heimrichtung abwichen, der zu erwarten ist, wenn die Vögel mit Hilfe ihrer inneren Uhr und der Sinne eine Richtung bestimmen. Nimmt man an, das vom Vogel zur Kompensation der Sonnenwanderung verwendete circadiane Meßsystem sei mit dem um 6 Stunden nachverstellten Tag synchronisiert, so müßte man erwarten, daß die Tauben wie im Falle von HOFFMANNS Staren (K II 1) beim Abflug eine Richtung 90° rechs von der Heimrichtung wählen. Entsprechend müßten Tauben, die in einem um 6 Stunden vorverstellten Tag gelebt haben, eine Abflugrichtung 90° rechts von der Heimrichtung bevorzugen. Und Vögel, die im invertierten Tage gelebt haben, sollten bei der Auflassung gerade entgegen ihrer Heimrichtung abfliegen. Abb. 132 zeigt, daß dies tatsächlich der Fall war.

Die kaum anzweifelbare Interpretation dieser Befunde im Sinne einer Sonnenkompaßorientierung führte KRAMER (1953, zuletzt 1959) zu seinem *Karte-Kompaß-Konzept*. Er nahm an, daß der verfrachtete Vogel zunächst auf bisher unbekannte Weise die Position des Verfrachtungsorts relativ zum Heimatort bestimmt. Danach weiß er, in welcher Richtung er seinen

Heimatort zu finden hat. Zur Orientierung beim Flug dient dann sein Sonnenkompaß. — Während der zweite Teil dieser Hypothese durch die Befunde von SCHMIDT-KOENIG viel an Wahrscheinlichkeit gewonnen hat, fehlen konkrete Vorstellungen über die Art und Weise der Ortsbestimmung. Da alle Vermutungen über die hierzu anwendbaren Faktoren bisher mehr oder weniger unbewiesen geblieben sind, schlugen KRAMER und Mitarbeiter einen indirekten Weg ein. Ohne konkrete Hypothesen über die physikalischen Eigenschaften der Orientierungsfaktoren aufzustellen, versuchten sie, zunächst einmal möglichst genau die *typischen Eigenschaften des Heimkehrverhaltens* von Brieftauben zu charakterisieren. Sie untersuchten die Abhängigkeit des Orientierungserfolgs beispielsweise von räumlich und zeitlich variablen Umweltfaktoren und hofften so, im Lauf der Zeit mögliche Faktoren auszuschließen und etwaige Hinweise auf die tatsächlich relevanten Reize zu erhalten. Hier einige dieser Zusammenhänge:

a) Abhängigkeit des Orientierungserfolgs von der Verfrachtungsentfernung. — Eine Besonderheit der Brieftaubenorientierung, die als *Distanzeffekt* bezeichnet wird, läßt sich besonders gut im Sinn der Vorstellung interpretieren, nach der am Auflassungsort zunächst einmal eine Positionsbestimmung erfolgt (MATTHEWS 1955, 1963, SCHMIDT-KOENIG 1963,

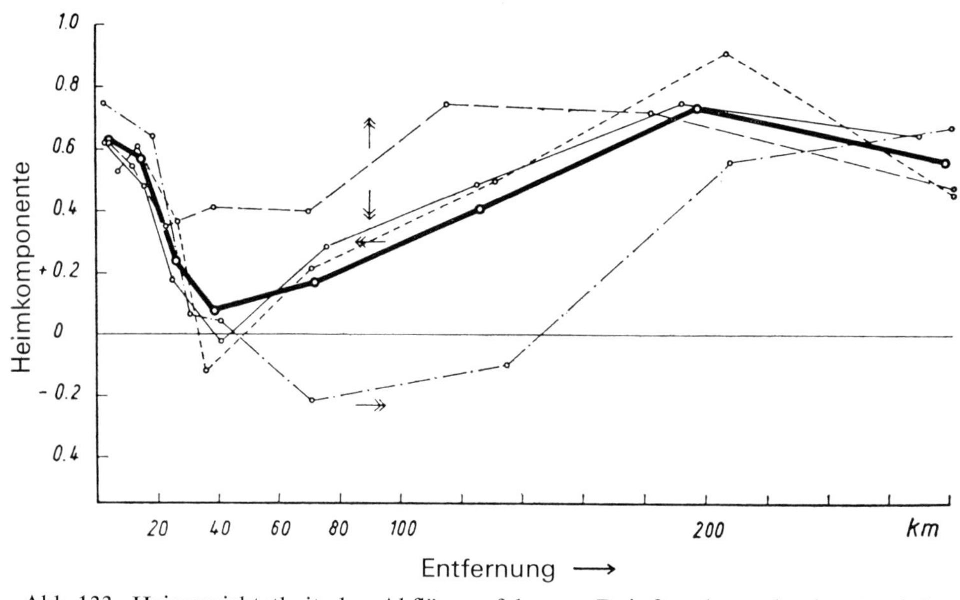

Abb. 133. Heimgerichtetheit der Abflüge erfahrener Brieftauben als eine Funktion der Verfrachtungsentfernung. Die Vögel wurden aus 8 verschiedenen Entfernungen in jeder der 4 Kompaßrichtungen um ihren Schlag herum aufgelassen. Die dicke Linie verbindet alle Mittelwerte der 4 Auflaßrichtungen. Die dünnen Linien beziehen sich auf die verschiedenen Heimatrichtungen, die durch die Richtungen der doppelköpfigen Pfeile angegeben sind. Jeder kleine Punkt repräsentiert 38 bis 40 Einzelwerte. (Nach SCHMIDT-KOENIG 1966 aus WALLRAFF 1967.)

1966, WALLRAFF 1967). Abb. 133 zeigt, daß sich die Präzision der Heimorientierung in regelhafter Weise mit der Verfrachtungsentfernung ändert. Der Erfolg ist bei kurzen Entfernungen zunächst sehr gut; zwischen 20 und 40 km fällt er auf ein Minimum, um dann nach größeren Entfernungen hin wieder zuzunehmen. Es gibt Argumente für die Annahme, daß die guten Orientierungsleistungen der Tauben bei kurzen Auflassungsentfernungen auf das Nützen vertrauter *Landmarken* zurückgehen. Für die Frage nach dem eigentlichen Navigationsmechanismus ist deshalb besonders der ansteigende Teil der Kurve bei Entfernungen von mehr als 40 km von Interesse. Es scheint, als ob der Navigationsvorgang einen Minimalabstand von der Heimat benötigt, bevor er richtig ins Spiel kommt, und daß er wenigstens bis ungefähr 200 km zunehmend besser arbeitet. — Eine solche Abhängigkeit der Navigationsgüte von der Entfernung ist tatsächlich für jedes System einer Zweikoordinaten-Orientierung zu erwarten, weil die Unterschiede zwischen den Meßgrößen zuhause und am Verfrachtungsort mit zunehmendem Abstand größer werden.

b) Örtlich bedingte Variationen. — Bei der quantitativen Untersuchung des Heimfindevermögens von Brieftauben war schon früh aufgefallen, daß die verfrachteten Vögel nicht von allen Auflaßorten aus gleich gut heimkehren (KRAMER 1957, KRAMER, PRATT & v. ST. PAUL 1956, 1958, HOFFMANN 1959). Auch die bevorzugten Abflugrichtungen beim Auflassen wichen in Abhängigkeit vom Verfrachtungsort mehr oder weniger von der Heimatrichtung ab. Abb. 134 zeigt als Beispiel die Abflugrichtungen Wilhelmshavener Tauben von 16 verschiedenen Auflassungsorten. Man erkennt, daß der Bevorzugung der Heimatrichtung in vielen Fällen offensichtlich eine *generelle Nordtendenz* überlagert ist. Im Zusammenhang damit mag stehen, daß in Gießen aufgelassene Tauben aus den nördlichen Schlägen (Hohenkirchen, Wilhelmshaven und Oldenburg) besser gerichtet abflogen (Abb. 128) und zu einem höheren Prozentsatz heimkehrten als Tauben aus Freiburg i. B., die nach S wanderten. Ähnliches scheint auch in den SE-Staaten Nordamerikas zu gelten; in der Umgebung von Durham (North Carolina), Montville (South Carolina) und Richmond (Virginia) südlich des Heimatschlages aufgelassene Tauben waren im allgemeinen besser heimorientiert als nördlich des Heimatschlages aufgelassene Vögel (KRAMER, PRATT & v. ST. PAUL 1958). Die Bedeutung dieser und ähnlicher Erscheinungen für die Frage nach der physikalischen Natur der Orientierungsfaktoren ist unbekannt.

c) Zeitlich bedingte Variationen. — Die Güte der Heimorientierung unterliegt einem *Jahresgang*: Im Sommer ist die Heimkehrleistung wesentlich besser als im Winter (WALLRAFF 1959). Die Ursache dieser Unterschiede ist unklar. Es läßt sich aber ausschließen, daß die Temperatur direkt verantwortlich ist. Auch besteht wahrscheinlich kein direkter Zusammenhang mit dem Fortpflanzungszyklus. — Neben diesen regelhaften Schwankungen kommen *unregelmäßige und aperiodische Änderungen* in der bevorzugten Abflugrichtung vor. Sie können an ein und demselben Ort von Stunde zu

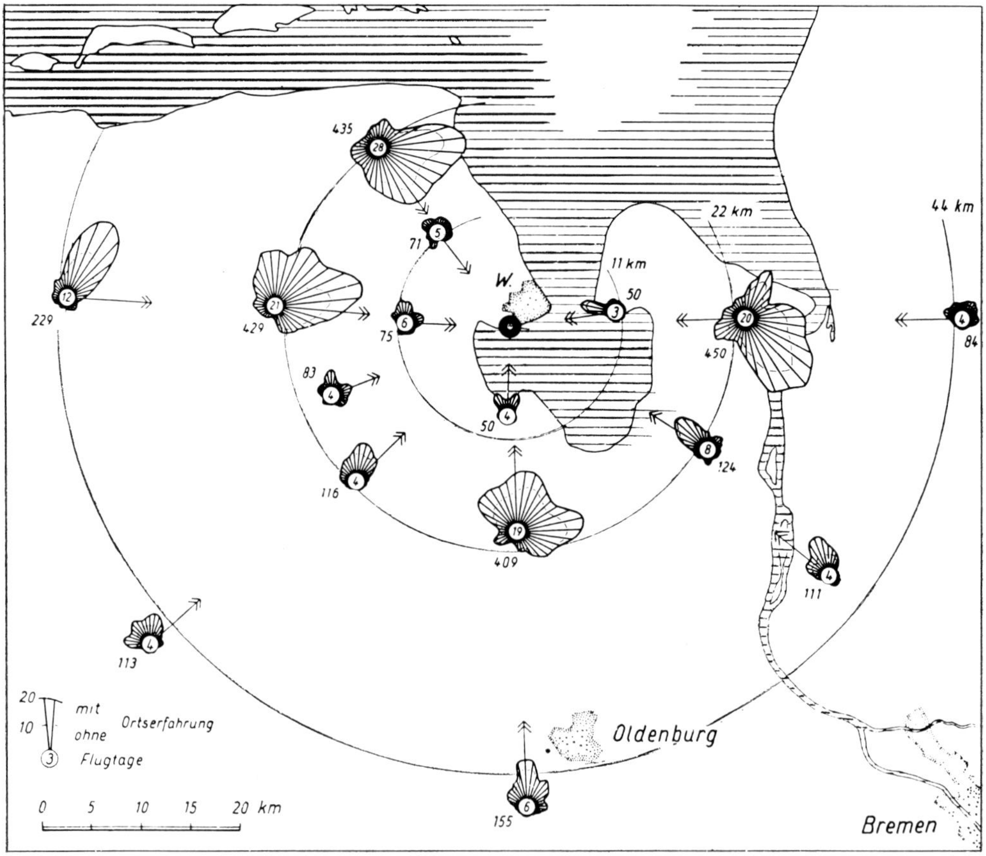

Abb. 134. Örtlich bedingte Variabilität der Anfangsorientierung von Brieftauben aus Wilhelmshaven. Neben den Diagrammen steht die Anzahl der Abflüge, in den Kreisen die der Auflassung. Gestrichelte Kontur: Ortsunerfahrene Tauben allein. Doppelköpfige Pfeile: Tatsächliche Heimatrichtung. (Aus WALLRAFF 1959.)

Stunde, von Tag zu Tag und von Jahr zu Jahr verschieden sein, ohne daß direkte Beziehungen zu irgendwelchen Umweltschwankungen erkennbar sind.

d) Korrelationen mit geophysikalischen, atmosphärischen und kosmischen Faktoren. — WALLRAFF (1960) fand in seinen Analysen keine Beziehungen zwischen Heimkehrleistung und erdmagnetischen Störungen bzw. Sonnenfleckenaktivität. Hingegen sind sowohl Heimkehrleistung als auch Präzision der Abflugrichtungen mit den *interdiuren Luftdruckänderungen* in großen Höhen korreliert: Bei fallendem Höhendruck sind sie besser als bei steigendem Höhendruck. Eine Korrelation mit dem Luftdruck in Erdbodennähe besteht nicht, was dafür spricht, daß Luftdruckänderungen selbst nicht kausal eingreifen (H 5). Offensichtlich wirkt der von den Luftdruckschwankungen angezeigte variierende Faktor nicht unspezifisch (etwa auf Allgemeinbefinden, Fluglust oder Heimkehrimpuls), sondern er greift direkt in den Orientierungsmechanismus ein: „Andernfalls könnte man lediglich erwarten, daß die Abflüge bei steigendem Druck stärker streuen als bei fallendem, nicht aber, daß die Vorzugsrichtungen sich systematisch mit den Druckänderungen verschieben. Da die Streuungen unbeeinflußt bleiben, handelt es sich offenbar nicht um quantitative Unterschiede in der Informationsstärke, sondern um qualitative in der Informationsart. Man muß annehmen, daß sich die ‚subjektive Heimrichtung' mit der Wetterlage verschiebt" (WALLRAFF 1960).

e) Einfluß der Umgebung des Heimatschlages. — Nach KRAMER streben verfrachtete Brieftauben nur dann eindeutig ihrem Heimatkäfig zu, wenn dieser offen im Gelände untergebracht ist und die Tauben dort vor der Verfrachtung die Möglichkeit einer gewissen Horizontsicht gehabt hatten. Da KRAMER aus der Untersuchung dieser Phänomens Aufschluß über die Natur der Orientierungsreize beim Heimfinden erhoffte, begann er (1959 a, b) systematisch, die Käfigumgebung zu verändern. WALLRAFF hat nach KRAMERS Tod diese Experimente fortgesetzt, mit folgenden Befunden (1967):

aa) Tauben wurden in einem ringsum von Holzpalisaden umgebenen Käfig aufgezogen; die Palisaden waren etwas höher als der Käfig selbst. Die verfrachteten Tauben zeigten keine Bevorzugung der Heimatrichtung, und auch Wiederfunde deuteten nicht auf eine heimgerichtete Orientierung hin.

bb) Dasselbe traf auch zu, wenn der Palisadenwall im N oder im S durchbrochen war, so daß die Vögel Horizontsicht über jeweils fast 180° hatten.

cc) Merkwürdigerweise erschienen die Tauben auch dann schlecht orientiert, wenn ihr Heimatkäfig in einer Palisadenumzäunung mit Verglasung des oberen Teils stand. Die Vögel hatten hier von den Sitzstangen dieselbe Sicht wie in normalen, freistehenden Käfigen.

dd) Die in einer vierten Art von Palisadenumzäunung aufgezogenen Tauben hingegen zeigten gute Heimkehrtendenzen: Die Dachpalisade bestand wie im Fall aa) aus einem geschlossenen Holzwall, der aber weniger weit hochgezogen war, so daß die Vögel von den Sitzstangen aus den Horizont und den Himmel dicht darüber sehen konnten. Die Voliere war jedoch mit einem Holzdach abgedeckt.

WALLRAFF zieht den Schluß, *daß wesentliche Orientierungsreize in einem Bereich dicht über dem Horizont liegen müssen.* Diese Reize sind anscheinend nicht optischer Natur (siehe cc). Die Folgerung liegt nahe, „daß irgendein in der Horizontalen sich ausbreitender Informationsträger durch Holz- und Glaswände abgeschirmt oder verändert wird. Innerhalb der bekannten Erscheinungen kämen hierfür wohl nur mechanische Größen in Frage, d.h. Schall im weitesten Sinn, unter Umständen auch mit der Luft fortbewegte chemisch oder physikalisch erfaßbare Partikel. Eine derartige Vorstellung führt allerdings vorläufig nicht weiter, da in dem umschriebenen Bereich meines Wissens kein Phänomen bekannt ist, das einen essentiellen Bestandteil in einem Navigationssystem bilden könnte" (WALLRAFF 1966).

Auch KRAMERS Karte-Kompaß-Konzept ist, wie alle anderen Hypothesen, nicht unwidersprochen geblieben. Vor allem die Verfechter der Sonnen-Navigationshypothese haben dagegen Stellung genommen, und MATTHEWS (1968) hält die zuvor besprochenen Korrelationen der Orientierungsgüte mit räumlich und zeitlich variablen Umweltfaktoren schlicht für Randerscheinungen, die nichts mit dem Problem des Orientierungsmechanismus selbst zu tun haben. Daß eine solche Erklärung nicht immer zutrifft, ist beispielsweise unter 5d diskutiert worden. — Im Widerspruch zum Karte-Kompaß-Konzept (aber auch zur Sonnennavigations-Hypothese) stehen vor allem Ergebnisse, denen zufolge die Heimatrichtung auch dann bevorzugt werden kann, wenn Vögeln *jegliche Himmelssicht verwehrt* ist. PRECHT (1956) und GERDES (1962) haben Lachmöwen an ihren Brutplätzen gefangen, verfrachtet und dann in einem geschlossenen Raum hinter einem sechseckigen Stoffschirm freigelassen. Die Ausbruchsversuche waren zu einem hohen Prozentsatz zum Heimatort hin gerichtet. Sonnensicht, in KRAMERS Konzept notwendige Voraussetzung für die Richtungsbestimmung, benötigten diese Vögel nicht[1].

6. Navigation mit Hilfe der Sterne

Nachdem SAUER entdeckt hatte, daß Grasmücken mit Hilfe der Sterne Richtungen bestimmen können (K II 2), prüfte er im Planetarium die Frage, ob die Sterne auch die Schlüssel für Navigationsleistungen nachts fliegender Vögel liefern. Einer Klappergrasmücke wurden durch Verstellung des Planetariumshimmels Sternmuster gezeigt, die von den zur Versuchszeit am Versuchsort gebotenen verschieden waren. Die dabei und in anderen Versuchen erzielten Ergebnisse hat SAUER (z. B. 1957, 1960, 1961) im Sinn einer Sternen-Navigationshypothese gedeutet. WALLRAFF (1960) hat die von SAUER publizierten Daten einer genauen Analyse unterzogen und gezeigt, daß viele seiner Befunde auch anders gedeutet werden können. Ähnliches gilt auch für SAUERS Ergebnisse von Verfrachtungsversuchen mit Grasmücken zur Zeit des Herbstzuges nach Südwestafrika (WALLRAFF 1960). Die Diskussion über das Problem Sternennavigation ist noch im Gang.

IV. Angeborene Zugrichtungen; Zugweg-Traditionen

Die Frage, wieweit der räumliche Zugablauf einer Vogelart oder Vogelpopulation das Resultat angeborener Richtungsbevorzugungen ist, läßt sich verhältnismäßig leicht für jene Arten beantworten, bei denen die Jung-

[1] KEETON (1969) und KEETON & GOBERT (1970) haben kürzlich bestätigt, daß heimkehrende Brieftauben bei klarem Wetter die Sonne verwenden. Flugerfahrene Tauben sind aber auch bei bedecktem Himmel heimorientiert, während flugunerfahrene in alle Richtungen abfliegen. KEETON schließt aus diesen Befunden, daß erfahrene Tauben wahlweise einen von zwei Orientierungsmechanismen verwenden können: bei klarem Himmel ist die Sonne (als Kompaß) im Spiel; bei bedecktem Himmel können andere, noch unbekannte Umweltfaktoren benutzt werden, für deren Verwendung Erfahrung notwendig zu sein scheint.

vögel unabhängig von den Altvögeln wandern. Das beste Beispiel liefert der Kuckuck, der, nachdem er von seinen Wirtseltern unabhängig geworden ist, allein zu seiner Wanderung weit nach Afrika hinein (D 9) aufbricht. Die Kenntnis der Zugrichtung muß angeboren sein.

Wenn Jungvögel zusammen mit den Alten wandern, könnten sie von ihnen theoretisch die Zugrichtung *erlernen*. Um diese Möglichkeit auszuschließen, hat man Jungvögel im Experiment so lange zurückgehalten, bis alle Alt-

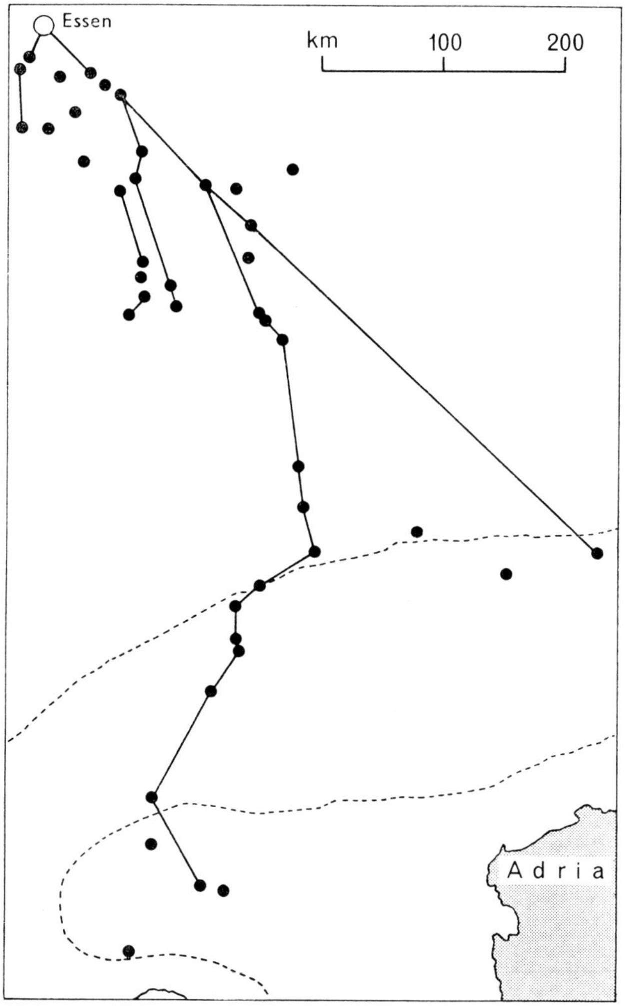

Abb. 135. Ostpreußische junge Weißstörche, die westlich der Zugscheide freigelassen wurden, ohne dem Einfluß von Weststörchen ausgesetzt zu sein, behielten im wesentlichen die ihnen eigene Zugrichtung mit östlichem Einschlag bei. Im Bereich der Alpen (die durch zwei gebrochene Linien eingefaßt sind) wurden sie durch das Bodenrelief (Täler) abgelenkt. (MATTHEWS 1968, vereinfacht aus SCHÜZ 1949.)

vögel weggezogen waren, oder man hat sie in Gebiete versetzt, in denen die Art gar nicht vorkommt. In allen diesen Versuchen zogen die Vögel in eine Richtung ab, die der *art- oder populationsspezifischen Zugrichtung* entsprach. Das klassische Beispiel ist der Storchversuch von SCHÜZ (1949, 1950). 144 junge Weißstörche aus Ostpreußen wurden in Essen aufgezogen und dort dann freigelassen, nachdem alle einheimischen Störche schon abgezogen waren. Die Vögel waren bunt gezeichnet, so daß verhältnismäßig viele beobachtet und gemeldet wurden. Abb. 135 zeigt, daß die meisten Störche in SSE-Richtung abzogen, also in die für die östliche Storchpopulation, der sie entstammten, typische Richtung.

Gerade die Versuche von SCHÜZ am Storch zeigen aber auch drastisch die Bedeutung des *Einflusses von Altvögeln* auf die von den Jungen eingeschlagene Zugrichtung. Ließ man nämlich Ostpreußenstörche, die im Westen aufgezogen worden waren, hier sogleich nach dem Flüggewerden frei, so bevorzugten sie die für die westliche Storchpopulation typische SW-Richtung, wie die Wiederfunde auf Abb. 136 beweisen. Offensichtlich hatten sie sich durchziehenden Weststörchen angeschlossen.

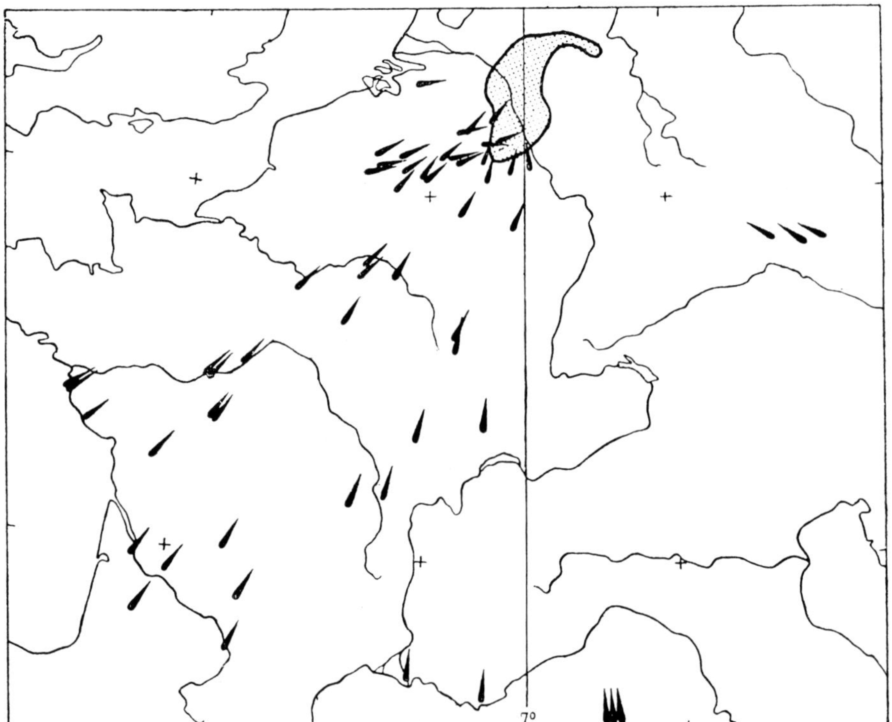

Abb. 136. Ostpreußische junge Weißstörche, die westlich der Zugscheide aufgezogen und so frühzeitig freigelassen wurden, daß sie unter den Einfluß der Weststörche kamen, neigten größtenteils zum Wegzug nach SW. (SCHÜZ 1951.)

Die Einflußnahme erfahrener Altvögel auf die Zugrichtung der Jungen kann zu Zugweg-Traditionen führen, wie sie von vielen gesellig wandernden Vogelarten bekannt sind. Kraniche streben einige wenige populationsspezifische Rastplätze in Mitteleuropa an (D 12), bevor sie ins afrikanische Winterquartier weiterwandern, und viele Anatidenarten zeigen ausgeprägte Bevorzugungen bestimmter Gewässer auf ihrem Zugweg. Für die Rothalsgans haben STERBETZ & SZIJJ (1968) die Rolle der Tradition bei der Wahl bestimmter Zugwege wahrscheinlich gemacht (E 6). In welchem Ausmaße derartige Sozialeinflüsse den räumlichen und zeitlichen Zugablauf formen, ist aber noch sehr wenig erforscht.

V. Zusammenfassung über Orientierung

a) Die Richtungs-Orientierung setzt den Zugvogel instand, eine bestimmte Himmelsrichtung einzuhalten; quer zur Zugrichtung verfrachtet zieht er parallel zu ihr weiter. Außer der sinnvollen Richtung etwa beim Wegzug zum Winterquartier gibt es auch den merkwürdigen Fall der „Nonsense"-Orientierung (MATTHEWS): Im Versuch aufgelassene Vögel, etwa Enten in England, bevorzogen konstant eine bestimmte Richtung, etwa NW, die aber in Nordamerika wieder ganz anders sein kann. Im Fall der Ziel-Orientierung (Navigation) scheint der Vogel Kenntnis von der geographischen Lage des Zielortes zu haben; bei Querverfrachtungen ändert er dementsprechend den Zugwinkel. Die meisten bisherigen Versuche sprechen dafür, daß als Ziel nur ein Ort dienen kann, den der Vogel schon einmal kennengelernt hat. Sowohl Richtungs- als Ziel-Orientierung können auch außerhalb der Zugzeit bewältigt werden.

b) Mechanismus der Richtungs-Orientierung. 1. Viele Versuche, besonders diejenigen von G. KRAMER (Beispiel: Spiegelversuch, künstlich feststehende „Sonne"), haben ergeben, daß der Vogel die Richtung nach dem Sonnenazimut bestimmen kann; eine ‚innere Uhr' erlaubt die dabei notwendige Verrechnung des Sonnenstandes nach der Tageszeit. Eine Anzahl Experimente suchen zu klären, wie der Vogel den dabei auftretenden Schwierigkeiten (etwa beim Transäquatorialzug) begegnet; wesentliche Fragen sind noch offen. 2. Bei Nacht vermögen sich die Vögel offenbar nach den Sternen zu orientieren; anscheinend gibt ein Feld von etwa 35° um den Polarstern die nötige Information. Die tagesperiodische Uhr ist dann entbehrlich. 3. Die Befunde über den Mond als mögliche Orientierungshilfe sind noch unbefriedigend. 4. Es gibt dagegen gute Hinweise auf die Bedeutung des erdmagnetischen Feldes, auch könnte unter günstigen Bedingungen der Wind Anhaltspunkte für das Einhalten der Richtung geben. 5. Es wird erörtert, was dem Vogel die Beendigung des Zuges vorschreibt. Ein Zeitprogramm könnte eine Rolle spielen.

c) Mechanismus der Ziel-Orientierung: Experimentelle Versetzungen stellten die Alternative: 1. Zufalls-Heimfinden nach Auftreffen auf bekannte

Landmarken oder Navigation? Es ist erwiesen, daß letztere möglich ist, ja vielleicht die Regel bildet. Es gibt eine Reihe von Konzepten: 2. Sogenannte Trägheitsnavigation, 3. Navigation mit Hilfe eines geophysikalischen Netzes (Erdmagnetismus und Corioliskraft?), 4. Sonnennavigation durch Erfassen der örtlichen und zeitlichen Verschiebung der Sonnenbahn nach (natürlichem oder künstlichem) Ortswechsel. 5. In seinem Karte-Kompaß-Konzept setzt KRAMER voraus, daß der Vogel auf noch unbekannte Weise die Lage des Verfrachtungsortes im Verhältnis zum Auflaßort bestimmt, so daß er die Richtung zur Heimat kennt; der Sonnenkompaß führt ihn dann richtig. Man suchte die Bedingungen der noch immer rätselhaften Ortsbestimmung einzuengen: a) Die Präzision der Heimorientierung sinkt bei Brieftauben in 20 bis 40 km auf ein Minimum und steigt dann wieder (Distanzeffekt). b) Brieftauben kehren nicht von allen Auflaßorten gleich gut zurück. c) Im Sommer ist die Leistung besser als im Winter, ohne daß man die Auflaßtemperatur oder den Fortpflanzungszustand des Vogels verantwortlich machen kann. d) Luftdruckänderungen in großen Höhen sind mit der Orientierungsgüte korreliert, ferner e) Faktoren der Umgebung des Heimatschlags, die aber noch nicht recht faßbar sind. Mit dem Karte-Kompaß-Konzept unvereinbar sind diejenigen Versuchsergebnisse, die zeigen, daß im geschlossenen Raum freigegebene Lachmöwen ohne jede Sonnensicht zu einem hohen Prozentsatz gerichtet zur Heimatkolonie auszubrechen suchen. 6. Navigation nach den Sternen bei nächtlich ziehenden Vögeln ist noch umstritten.

d) Was ist angeboren? Die Wegzugrichtung scheint den noch unerfahrenen Jungvögeln mindestens in vielen Fällen angeboren zu sein, während die Lage der Heimat und des Winterquartiers als Zielort wahrscheinlich gelernt wird. Der Zugablauf könnte bei gewissen Arten durch die Kenntnis lokaler Faktoren modifiziert werden, so daß bestimmte Populationen nicht nur zur rechten Zeit, sondern auch am rechten Ort eine Kursänderung vornehmen. Bei länger lebenden, sozial ziehenden Arten (Störche), womöglich mit haltbarem Familienverband (Kraniche, Gänse) ist mit Tradition als Führungsfaktor zu rechnen.

Hier sind nur wichtige zusammenfassende Arbeiten zitiert, ferner Arbeiten, auf die als beispielhaft hier im einzelnen Bezug genommen ist. Die Mehrzahl der übrigen Zitate findet sich im Literaturverzeichnis von Matthews (1968), Schmidt-Koenig (1965) und Griffin (1969).

Siehe Bellrose 1967 (B III 4) — Berndt & Sternberg 1966 (E 9) — Carthy 1957 (A) — Dorst 1963 (A) — Emlen 1966 (J III) — Griffin 1965 (A) — Gwinner 1968 a, b (J V 6) — Schüz 1950 (E 6), 1951 (E 9) — Sterbetz & Szijj 1968 (E 6) — L. Tinbergen & Zijlstra 1952 (H 2).

Barlow, J. S. (1964): Inertial navigation as a basis for animal navigation. J. theor. Biol. 6: 76—117.

Bellrose, F. C. (1958): Celestial orientation by wild mallards. Bird-Banding 29: 75—90.

Braemer, W. (1960): A critical review of the sun-azimuth hypothesis. Cold Spring Harbour Symp. Quant. Biol. 25: 413—427.

Emlen, S. T. (1967): Migratory orientation in the Indigo Bunting, *Passerina cyanea* (I, II). Auk 84: 309—342, 463—489.

Evans, P. R. (1968): Reorientation of passerine night migrants after displacement by the wind. Brit. Birds 61: 281—303.

Fromme, H. G. (1961): Untersuchungen über das Orientierungsvermögen nächtlich ziehender Kleinvögel, *Erithacus rubecula, Sylvia communis*. Z. Tierps. 18: 205—220.

Gerdes, K. (1962): Richtungstendenzen vom Brutplatz verfrachteter Lachmöwen unter Ausschluß visueller Gelände- und Himmelsmarken. Z. Wiss. Zool. 166: 350—410.

Griffin, D. R. (1952): Bird navigation. Biol. Rev. 27: 359—400. — (Ders. 1969): The physiology and geophysics of bird navigation. Quart. Rev. Biol. 44: 255—276

Griffin, D. R., & T. H. Goldsmith (1955): Initial flight directions of homing birds. Biol. Bull. 108: 264—276.

Gwinner, E. (1967): Wirkungen des Mondlichts auf die Nachtaktivität von Zugvögeln. Lotsenversuche an *Erithacus rubecula* und *Ph. phoenicurus*. Experientia 23: 227.

Hoffmann, K. (1954): Versuche zu der im Richtungsfinden der Vögel enthaltenen Zeitschätzung. Z. Tierpsychol. 11: 453—475. — (Ders. 1960): Experimental manipulation of the orientational clock in birds. Cold Spring Harbour Symp. Quant. Biol. 25: 379—387. — (Ders. 1965): Clock-mechanisms in celestial orientation of animals. Circadian Clocks (J. Aschoff Ed.): 426—441. North-Holland Publishing Com., Amsterdam. — (Ders. 1968): Kurzreferat des Vortrags 1966: Zum Einfluß der Erfahrung auf die Sonnen-Orientierung. J. Orn. 109: 246.

Keeton, W. T. (1969): Orientation by pigeons: is the sun necessary? Science 165: 922—928.

Keeton, W. T., & A. Gobert (1970): Orientation by untrained pigeons requires the sun. Proc. Nat. Acad. Science 65: 853—856.

Kramer, G. (1949): Über Richtungstendenzen bei der nächtlichen Zugunruhe gekäfigter Vögel. In: Ornithologie als biologische Wissenschaft, Heidelberg: 269—283. — (Ders. 1952): Experiments in bird orientation. Ibis 94: 265—285. — (Ders. 1955): Ein weiterer Versuch, die Orientierung von Brieftauben durch jahreszeitliche Änderungen der Sonnenhöhe zu beeinflussen. Gleichzeitig eine Kritik der Theorie des Versuchs. J. Orn. 96: 173—185. — (Ders. 1957): Experiments in bird orientation and their interpretation. Ibis 99: 196—227. — (Ders. 1959): Recent experiments on bird orientation. Ibis 101: 339—416. — (Ders. 1961): Long-distance orientation. In: Biology and Comparative Physiology of birds (A. J. Marshall Ed., London): 341—371.

Lindauer, M. (1963): Allgemeine Sinnesphysiologie: Orientierung im Raum. Fortschr. Zool. 16: 58—140.

Löhrl, H. (1959): Zur Frage des Zeitpunktes einer Prägung auf die Heimatregion bei *Ficedula albicollis*. J. Orn. 100: 132—140.

Matthews, G. V. T. (1955): Bird navigation, lst edition, Cambridge. — (Ders. 1963): The astronomical bases of "nonsense" orientation. Proc. XIII. Intern. Orn. Congr.: 415—429. — (Ders. 1968): Bird navigation, 2nd edition, Cambridge.

Pennycuick, C. J. (1966): The physical basis of astronavigation in birds: theoretical considerations. J. exp. Biol. 37: 573—593.

Perdeck, A. C. (1958): Two types of orientation in migrating *Sturnus vulgaris* and *Fringilla coelebs* as revealed by displacement experiments. Ardea 46: 1—37.

Rüppell, W. (1935): Heimfindeversuche mit Staren 1934. J. Orn. 83: 462—524. — (Ders. 1944): Versuche über das Heimfinden ziehender Nebelkrähen nach Verfrachtung. J. Orn. 92: 106—132.

Rüppell, W., & A. Schifferli (1939): Versuche über Winter-Ortstreue an *Larus ridibundus* und *Fulica atra* 1935. J. Orn. 87: 224—239.

Rüppell, W., & E. Schüz (1949): Ergebnis der Verfrachtungsversuche von *Corvus corone cornix* während des Wegzuges. Vogelwarte 15: 30—36.

Sauer, E. G. F. (1957): Die Sternenorientierung nächtlich ziehender Grasmücken (*Sylvia atricapilla, borin* und *curruca*). Z. Tierpsychol. 14: 29—70. — (Ders. 1961):

Further studies on the stellar orientation of nocturnally migrating birds. Psychol. Forschg. 26: 224—244.

Sauer, E. G. F., & E. M. Sauer (1960): Star navigation of nocturnal migrating birds. The 1958 planetarium experiments. Cold Spring Harbour Symp. Quant. Biol. 25: 463—473.

Schmidt-Koenig, K. (1958): Experimentelle Einflußnahme auf die 24-Stunden-Periodik bei Brieftauben und deren Auswirkungen unter besonderer Berücksichtigung des Heimfindevermögens. Z. Tierpsychol. 15: 301—331. — (Ders. 1960): Internal clocks and homing. Cold Spring Harbor Symp. Quant. Biol. 25: 389—393. — (Ders. 1964): Über die Orientierung der Vögel: Experimente und Probleme. Naturwiss. 51: 423—431. — (Ders. 1965): Current Problems in bird orientation. In: Advances in the study of behavior (D. S. Lehrmann et al. Ed.) New York & London: 217—278.

Schüz, E. (1949): Die Spät-Auflassung ostpreußischer Jungstörche in Westdeutschland durch die Vogelwarte Rossitten. Vogelwarte 15: 63—78.

St. Paul, U. v. (1956): Compass directional training of Western Meadowlark (*Sturnella neglecta*). Auk 73: 203—210.

Vleugel, D. A. (1959): Über die wahrscheinlichste Methode der Wind-Orientierung ziehender Buchfinken. Ornis Fenn. 36: 78—88.

Wallraff, H. G. (1959): Örtlich und zeitlich bedingte Variabilität des Heimkehrverhaltens von Brieftauben. Z. Tierpsychol. 16: 513—544. — (Ders. 1960): Does celestial navigation exist in animals. Cold Spring Harbor Symp. Quant-Biol. 25: 451—461. — (Ders. 1965a): Versuche zur Frage der gerichteten Nachtzug-Aktivität von gekäfigten Singvögeln. Verh. Deutsch. Zool. Ges.: 338—356. — (Ders. 1965b): Über das Heimfindevermögen von Brieftauben mit durchtrennten Bogengängen. Z. Vergl. Physiol. 50: 313—330. — (Ders. 1967): The present status of our knowledge about pigeon homing. Proc. XIV. Intern. Orn. Congr.: 331—358.

Wiltschko, W. (1968): Über den Einfluß statischer Magnetfelder auf die Zugorientierung der Rotkehlchen. Z. Tierpsychol. 25: 537—558.

Yeagley, H. L. (1947): A preliminary study of a physical basis of bird navigation. J. Appl. Physiol. 18: 1035—1063. — (Ders. 1951): A preliminary study of a physical basis of bird navigation. II. J. appl. Physiol. 22: 746—760.

L. Entstehung und Bedeutung des Vogelzugs

1. Vogelzug älter als die Eiszeit?

Man kann aus den drei Funden des Urvogels *Archaeopteryx lithographica* in den Platten des obersten Jura von Solnhofen folgern, wann ungefähr gewisse Reptilien sich zu Vögeln gewandelt haben. Aber für die Entwicklung des Vogelzugs darf man nicht auf solche Belege rechnen; unsere Schlüsse haben da eine weniger gute Grundlage. Man hat der Eiszeit eine entscheidende Rolle bei der Entstehung des Zuges zugeschrieben. Gewiß blieb sie nicht ohne Wirkung, schon deshalb, weil z. B. auf der Höhe der Würm-Eiszeit (vor etwa 70000 Jahren) die Vogelwelt Europas gegenüber heute vermindert war (Laubholzbewohner auf $^1/_{10}$, Nadelholzbewohner auf $^1/_3$, nach der Schätzung von Moreau 1954). Wegen der Unwirtlichkeit Europas mußten verhältnismäßig mehr Vögel als heute in das (damals feuchtere)

Nordafrika und wohl auch Arabien ziehen. Aber es handelt sich hier um klimagesteuerte Regulationen: Der Vogelzug war schon viel früher entstanden, sicher schon im Tertiär, vielleicht schon im älteren Tertiär. Infolge der Erdachsenschiefe gab es von jeher eine jahreszeitliche Photoperiodizität mit großen Tagesdauerunterschieden in den Pol- und polnahen Lagen. Dies mußte sich auch dann auswirken, wenn, wie zeitweise im Tertiär, günstiges Klima weit nach N reichte. Die „Freßhelligkeit" ist für den Vogel ein sehr wichtiger Faktor. Die winterliche Tageskürze arktischer und subarktischer Breiten läßt nicht genügend Zeit zur Nahrungsaufnahme für Geschöpfe mit so schnellem Stoffwechsel, wie es viele Vogelarten sind. (Es sind Ausnahmen, wenn Vögel in hochnordischen Räumen überwintern: Das Alpenschneehuhn, das Gänge im Schnee bewohnt und Knospen äst, einige Kleinvogel-Arten und unter den Wasservögeln die Gryll-Teiste, die in der Baffinbucht unter 77° N, in eisarmen Wintern noch polnäher [80° bei Spitzbergen!], oft zusammen mit dem Papageitaucher, in völliger Dunkelheit ihre Nahrung findet.)

Die Geschichte des Vogelzugs ist seit PALMÉN (1876) vielfach erörtert worden; erwähnt seien ECKARDT (1909, 1919, 1921), EKMAN (1912), GRAESER (1905), THOMSON (1926) und andere. MAYR & MEISE (1930) haben zu den Theorien dieser Verfasser Stellung genommen und das Gesamtthema aufs beste dargestellt, so daß diese Arbeit auch heute noch in allen wesentlichen Punkten gilt. Als allgemeinste Fassung formulieren sie: *Einst fielen für irgendeinen Vorfahren Brut- und Ruhegebiet zusammen. Durch äußere Einflüsse oder biologische Ansprüche wurden beide getrennt, und es entwickelte sich ein regelmäßiger Zug zwischen beiden.*

Das heutige Bild des Vogelzugs wurde zwar durch die Klimaänderungen des Pleistozäns weitgehend geprägt, aber er selbst ist viel älter. Wieviel älter? WOLFSON (1948) verwies auf manche Eigenarten des heutigen Zugs — Zusammenhänge zwischen den beiden Seiten des Nordatlantik, Bevorzugung der Nordhalbkugel — als mögliches Ergebnis einer Kontinentalverschiebung (Epeirophorese) im Sinn von ALFRED WEGENER. Sie ließ bekanntlich die Landmassen von heute aus zwei Urkontinenten, Gondwanaland und Laurasia, auseinanderschwimmen; noch in der Oberkreide waren sich Afrika und Südamerika sehr nahe. AMADON, DARLINGTON, SALOMONSEN u.a. lehnten eine solche Möglichkeit unter Hinweis auf die nicht ausreichende zeitliche Überschneidung ab. Nachdem sich aber weitere geologische und biogeographische Stützen gefunden haben, wird sowohl die Drifttheorie als auch die Annahme eines Nachwirkens auf den Vogelzug eher wieder ernst genommen. Noch in der Kreide bis ins Eozän war der NW-Arm der Thetis etwa bei 69° N begrenzt und bestand damit ein Landgebiet von Kanada bis Skandinavien (H. ILLIES 1965, J. ILLIES 1965, GERWIN 1968, KRÖMMELBEIN 1966). Waren es in jener Zeit auch noch andere Vogelformen, so könnte der Vogelzug N-Amerika — W-Europa doch damals seine Wurzeln gehabt haben. Auch LINDROTH 1963 postulierte eine späte Brücke Grönland-Schottland.

2. *Arealänderungen*

Der vorausgehende Abschnitt hat deutlich gemacht, daß der Vogelzug eng mit der Entwicklung des Gesamtareals einer Vogelpopulation zusammenhängt. Unsere eigene unmittelbare Erfahrung ist zu kurz für einen auf Beweisen gegründeten Überblick. Aber wir können mit einer gewissen Zuverlässigkeit Folgerungen ziehen, die sowohl das Einst wie auch die derzeitige Entwicklung betreffen.

a. Einstige Arealänderungen

Die pleistozänen Vereisungen brachten für vorher gut geeignete Lebensräume eine solche Verschlechterung der Lage, daß viele Vogelarten den Platz räumten. (Für die Klima- und Vegetationsänderung in der Paläarktis siehe Frenzel 1959 usw., Moreau 1954, ferner Johansen 1955 usw. bis 1961 und Schüz 1954). Man darf nicht an ein individuelles Zurückweichen denken, denn dazu vollzog sich die Abkühlung nicht plötzlich genug. Die Arten starben in dem nicht mehr für sie geeigneten Raum einfach aus. Den im Vorderland der Vereisung übriggebliebenen Beständen dieser Arten wohnte soviel Kolonisationskraft inne, daß sie, ebenso wie die Pflanzenwelt, nach Erwärmung des verlassenen Gebiets wieder vordrangen. Entsprechend dem Wechsel von Eiszeiten, Zwischeneiszeiten und anderen Stadien muß man sich ein wiederholtes Hin und Her vorstellen. Aber auch im Grenzgebiet der Kaltzonen werden viele Arten den Winter nicht überstanden haben, wenn sie nicht im Herbst südwärts wanderten, und dasselbe gilt für die wieder nordwärts einwandernden Vögel schon deshalb, weil die zu lange winterliche Nacht die Nahrungsaufnahme gefährlich einschränkte. Die Verstärkung eines schon vorhandenen erblichen Zugtriebs, vielleicht bei gewissen Gruppen auch das neue Herausmutieren eines solchen, war also ein arterhaltender Faktor.

Wie schon erwähnt, waren ursprünglich Sommer- und Winteraufenthalt identisch, lagen dann noch nahe beisammen und trennten sich schließlich mehr und mehr. Die Prolongation des Zuges (E 8) entweder über das bisherige Brutgebiet oder über das bisherige Ruheziel — oder beides — hinaus ließ die Sommer- und Winterareale immer weiter auseinandertreten. Auch dabei dürfte außer dem Klima die Tagesdauer unter dem Gesichtspunkt der Freßhelligkeit eine entscheidende Rolle gespielt haben. Je weiter die Vögel im Sommer nordwärts und — beim Überschreiten des Äquators — südwärts wanderten, desto länger wurden für sie die Tage. Es bildeten sich Fälle heraus, wo die äußersten Bewohner des Verbreitungsgebiets einen großen Teil des Jahres ständigen Tag genießen; für die nördlichsten Brutvögel der Küstenseeschwalbe mit dem Winterquartier in der Antarktis handelt es sich wohl um 8 Monate (D 10).

b. Gegenwärtige Arealänderungen

Im Unterschied zu den einstigen Verhältnissen haben wir für die Gegenwart bessere Kenntnisse. Wir sind Zeuge davon, daß Vögeln offensichtlich eine Fähigkeit zur Ausbreitung innewohnt. Seit etwa 100 Jahren geht in Südfinnland eine Zunahme und ein Vordringen einer Anzahl von Arten — Winterflüchtern, jedenfalls Frühankömmlingen, und Standvögeln — vor sich. Diese hier ihre Nordgrenze erreichenden Arten unterliegen offenbar dem Einfluß eines maritimer werdenden Klimas mit Zunahme der Wintertemperaturen (H 8). Dies dürfte überhaupt für Nord- und Mitteleuropa, also für die Zone westlicher Winde, gelten (während im S und SE Europas anscheinend gegenteilige Veränderungen stattfinden). Seit den 1920er und 1930er Jahren hat in Finnland auch eine Reihe von Sommervögeln[1] zugenommen

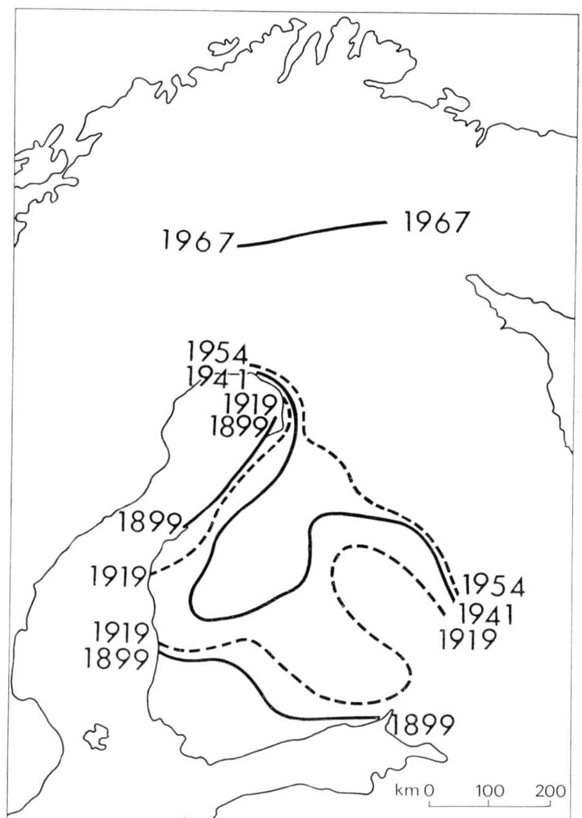

Abb. 137. Ausbreitung (Expansion) des Kiebitzes (*V. vanellus*) in Finnland 1899 bis 1967. Nach Kalela 1955 ergänzt durch Väisänen 1969.

[1] Eriksson (1969) verweist für zwei Schwirle u.a. Arten in Finnland darauf, daß die Zunahme der Beobachtungen 1955 bis 1965 in statistisch signifikanter Korrelation zur Zunahme der Beobachtungstätigkeit steht, so daß manche bisher anerkannte Ausbreitungen zweifelhaft werden.

und sich weiter ausgebreitet, Antwort auf ein Ansteigen der Sommertemperaturen (Abb. 100, 137). Es kommt zu einem Einfluten südlicher Arten auf dem Weg der Zugprolongation (E 8). Sie war schon 1854 von WALLENGREN erkannt, aber erst neuerdings ausführlich studiert worden (SVÄRDSON 1949, OTTERLIND 1954, KESPAIK 1965). „Stoßtrupps zur Arealerwerbung" (V. HAARTMAN 1952) wie etwa beim Grünen Laubsänger (E 8) können zu neuen Kolonisierungen führen.

Indes können bei solchen Vorgängen auch andere Ursachen im Spiel sein. Die Wacholderdrossel brach im Januar 1937 auf Grönland ein, wo sie seit 1947 regelmäßig brütet. Hier war vermutlich eine Windverdriftung beteiligt (SALOMONSEN 1951). Für die Kolonisationsversuche des Stelzenläufers in Mitteleuropa nimmt V. WESTERNHAGEN (1958) als Auslöser die

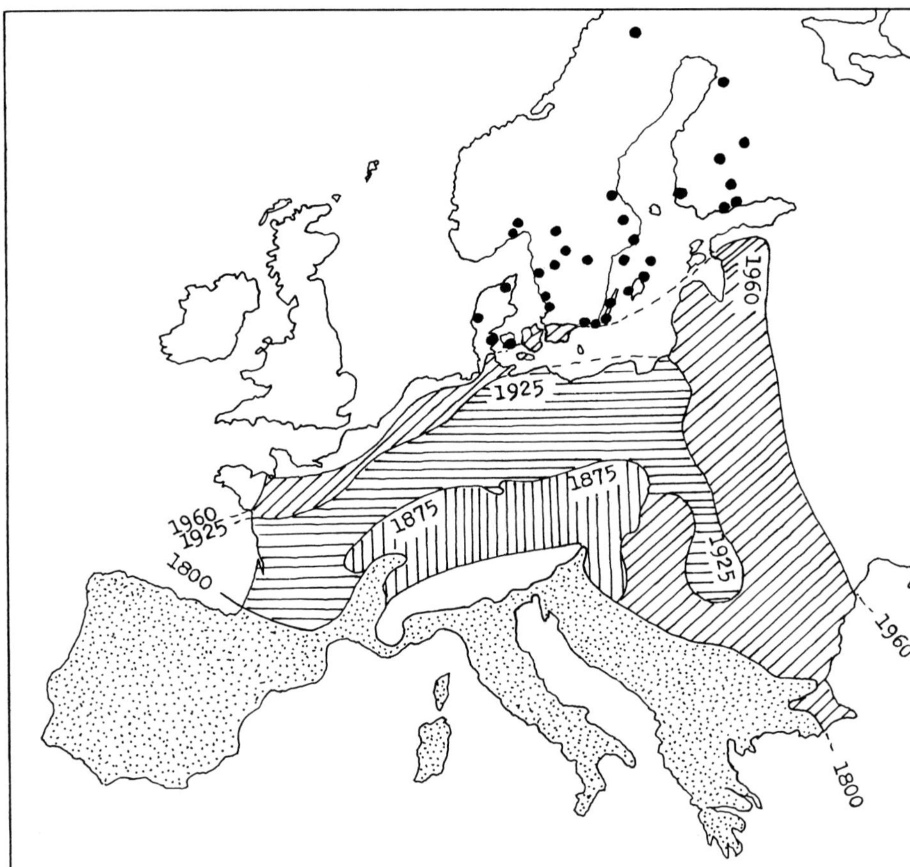

Abb. 138. Expansion des Girlitzes (*S. serinus*) in Europa seit 1800 auf der Grundlage von MAYR (1926) mit Ergänzungen. Die Punkte nördlich der Grenzlinie von 1960 geben Beobachtungen (nicht nur Brutplätze) in Fennoskandien und Dänemark an. OLSSON 1969.

Trockenheit bisheriger Brutplätze im westlichen Mediterrangebiet, besonders Spanien, an; die Vögel wären einfach genötigt gewesen weiterzuziehen. Merkwürdig ist die sich seit 200 Jahren und besonders seit 1889 abzeichnende Ausbreitung des Eissturmvogels nach Süden, nunmehr sogar Südengland. FISHER ist geneigt, dafür die Ausweitung von Walfang und Großfischerei als Futterquelle verantwortlich zu machen, doch erklärt sie nicht alles (E 5 f).

Sind schon hier die Gründe nicht so ganz eindeutig zu erkennen, so gilt das noch mehr für andere Fälle von Ausbreitung. Ein Beispiel ist die Reiherente, die in wenigen Jahrzehnten ihr Brutgebiet vom östlichen Mitteleuropa bis in den Westen ausgeweitet hat. Der Girlitz hat in wenig mehr als einem Jahrhundert vom S her einen Raum von der Breite Deutschlands erobert (E 9 h, Abb. 138). Einem gewissen Stillstand der Bewegung seit 1925 folgte eine neuerliche Ausbreitung ab 1943 (Brut in Falsterbo, 1950er Jahre Estland, 1967 Südküste Finnlands, 1968 Linköping in Schweden). Da Jütland erst 1961 erreicht wurde und die Nordsee- und Ärmelkanalküste noch frei ist, ist das Vorrücken auch jetzt östlich offenbar stärker als westlich; „schiefe Front" (OLSSON 1969). Noch stürmischer ist die Ausbreitung der Türkentaube. Dieser ursprünglich in Indien beheimatete Vogel erschien 1930 in Südungarn, 1943 in Wien und erreicht nunmehr als Brutvogel die Britischen Inseln und Skandinavien (E 9 h). Dabei handelt es sich nicht einmal um einen Zugvogel, wohl aber um eine sehr vom Menschen abhängige, auf Körnerfutter angewiesene Art. Hier muß nicht nur ein starker Vermehrungsüberschuß bestehen, sondern auch eine genotypische Mutation eingetreten sein, die die klimatische und Biotoptoleranz betrifft (MAYR 1967), so daß ein Subtropenbewohner mit Erfolg bis in die Nähe borealer Breiten vordringen konnte. Es wäre wichtig, die Bewegungen dieser am Rande des Optimums angekommenen Türkentauben im Laufe des Jahres zu studieren; darüber ist bisher wenig oder nichts bekannt. Man hat Türkentauben auch schon auf hoher See angetroffen (siehe Karte von Ringfunden britischer Türkentauben bei SPENCER 1967).

In klimabedingten Arealgrenzen können kalte Jahre den polwärtigen Verbreitungsrand einer Art zurückdrängen. Der kalte Winter 1940/41 vernichtete den Bestand des Tordalks in der Ostsee bis auf etwa 10% und führte zum Schwund mehrerer Arten von Landvögeln in weiten Gebieten; diese Vorgänge wiederholen sich (Beispiele H 1 f und Schleiereule G 24), doch verstehen manche Arten, im Lauf einiger Jahre den Verlust wieder aufzuholen. Andere fallen offenbar auf die Dauer in weiten Revieren aus, so die Haubenlerche, wobei wir aber nicht sicher sind, ob hier nur kalte Winter mitsprechen.

3. *Ursprüngliche Heimat der Zugvögel*

Das Nachspüren nach den einzelnen Arten und ihrer Geschichte führt zwingend zum Unterscheiden von Elementen verschiedener Herkunft. Man kann für den größeren Teil der Zugvögel wohl mit Recht die *Urheimat* im heutigen Brutgebiet oder in dessen Nähe annehmen; bei weitziehenden Arten wäre es also ein fremdes Faunengebiet, das sie in der Ruhezeit bevölkern. Manches spricht für die Herausbildung von Vogelarten in einer gemäßigten Zone. Trotzdem muß die Möglichkeit offenbleiben, daß nicht wenige auch äquatorwärts von dem heutigen Brutareal entstanden, denn zweifellos sind nicht nur weit abgelegene Winterquartiere, sondern auch weit vorgeschobene Brutgebiete oft Neueroberungen. Es gibt extreme Fälle, wo wir die Urheimat im Bereich des Winterquartiers oder in seiner Nähe anzunehmen haben: Südlich anmutende Vögel, deren meiste Verwandte im subtropischen oder tropischen Gebiet wohnen: Pirol, Blauracke, Bienenfresser, auch Segler. Es gibt aber auch einen Fall, wo ein Abkömmling tropischer Zonen ein winterharter Nordlandbewohner geworden ist: Der Eisvogel. Gerade dieses Beispiel zeigt, wie vorsichtig man beim theoretischen Zuweisen einer Urheimat sein muß. Es gibt auch Autoren, die grundsätzlich das Winterquartier der Zugvögel für die Urheimat ansehen (WILLIAMS). Bei der territorialen Anpassungsfähigkeit (L 2) ist es am wahrscheinlichsten, daß es keine starre Regel gibt und sich die Arten darin verschieden verhalten.

4. Nachwirken der Einwanderungswege

Der Werdegang der oft verwickelten Zugbilder wird erst bei einer geschichtlichen Betrachtung verständlich. Offenkundig wirken vergangene wie auch gegenwärtige Faktoren zusammen, um die heute bestehenden Zugwege zu gestalten. In vielen Fällen werden beim Zug die einstigen Einwanderungswege der Vorfahren verfolgt (PALMÉN, WEISMANN, MAYR & MEISE). Bezeichnend ist das Verhalten der Rotschwanzwürger, naher Verwandter unseres Rotrückenwürgers (D 8, Abb. 33). Dieser hat sich wohl aus dem (südlichen) asiatisch-europäischen Grenzgebiet heraus westwärts entwickelt und hält als Zugvogel noch immer diese Strecke ein, jedenfalls von Westdeutschland bis etwa zur Ägäis. Erst in diesem Raum findet eine Wendung zum afrikanischen Winterquartier statt, und es wird also seitens der mittel- und westeuropäischen Artgenossen aus „geschichtlicher Gewohnheit" ein großer Umweg in Kauf genommen. (Für den Schwarzstirnwürger gilt ähnliches, während der Rotkopfwürger südwärts hält). Das Verhalten der ostasiatischen Rotschwanzwürger-Rassen ist noch verwickelter, aber ebenfalls durch Ausbreitung aus einem kontinentalen Artmittelpunkt heraus zu verstehen. Auffallend ist die Überkreuzung des Zugweges der Rasse *Lanius cristatus lucionensis* (von China zu den Philippinen) durch die Rasse *superciliosus* (von Japan nach Hinterindien und Sundainseln; Abb. 35). MAYR & MEISE (1930) erklärten dieses Verhalten so: *Lanius cristatus superciliosus* hat sich einst von der ostsibirischen Rasse (*cristatus*) abgezweigt und die japanischen Inseln besetzt. Der Weg zum hinterindischen Winterquartier von *superciliosus* — das dann wohl später auf die Sundainseln verlängert worden ist — dürfte zunächst der Einwanderung entsprechend über Ostsibirien zurück, also um die Chinaform (*lucionensis*) herum, geführt haben. Später wurde der Umweg abgekürzt und überflogen die japanischen Würger die westwärts anschließenden Meere und China, womit es zur Überkreuzung der Zugwege kam. Weitere Beispiele für geschichtlich deutbare Umwege in Europa—Asien sind der Nordische Laubsänger und der Petschora-Pieper (E 5 a). Der Graue Steinschmätzer Europas bewohnt in einer großen Form nicht nur Island und Grönland, sondern auch NE-Kanada von Nord-Quebec bis Boothia und Ellesmereland. Diese Vögel ziehen großenteils über Europa zu einem westafrikanischen Winterquartier. Der Sandregenpfeifer hat sich aus Europa über Grönland bis Baffinland ausgebreitet und zieht ebenfalls über Europa bis zu seinem Ruheziel, vor allem Afrika (Abb. 142). Die Küstenseeschwalbe treibt diese Umwegwanderung Nordamerika—Alte Welt auf die Spitze (D 10, Abb. 37). Bezeichnend ist das Verhalten gewisser Arten, die die Beringstraße überschritten haben: Von Westen nach Osten, bis Alaska die Schafstelze und der Nordische Laubsänger (E 5 a), die wieder nach Asien zurückziehen, von Osten nach Westen der Kanada-Kranich (bis Tschuktschen-Halbinsel) und der Graubrust-Strandläufer *Calidris melanotos* (bis Taimyr-Halbinsel); diese beiden ziehen beim Wegzug alljährlich nach Amerika zurück (der Strandläufer bis zur Südspitze).

Eine geschichtliche Deutung der Zugwege ist auch beim Schleifenzug (E 12) zu erwägen. STRESEMANN (1943, 1948) wies für eine Anzahl Schleifenzügler des Mittelmeergebiets nach, daß sich der Wegzug an die Einwanderungswege anlehnt, daß aber der Heimzug — der im Frühjahr gebotenen Eile entsprechend — eine Abkürzung darstellt, so bei den schwarzweißen Fliegenschnäppern (*Ficedula hypoleuca*, *F. albicollis*) mit Ruheziel Westafrika, Pirol und Blauracke mit Ruheziel Ostafrika. Es handelt sich aber nicht um eine allgemeine Regel, denn bei Rotrücken- und Schwarzstirnwürger gehört der Ostschenkel der Schleife (Sinai—Syrien) zum Heimzug, der Westschenkel (Griechenland—Libyen/Nildelta) zum Wegzug (wenigstens was die europäischen Vertreter anlangt). Hier sind möglicherweise Windverhältnisse im Spiel, die infolge einer gewissen Beständigkeit ein entsprechendes Verhalten herausgezüchtet haben (D 8, F 7 a, H 2 i).

Manche Zugstrecken lassen sich hypothetisch durch Versinken früherer Landgebiete erklären. Im Oligozän war Indien mit Südostafrika durch eine *Landbrücke* verbunden. Es ist zu fragen, ob auf sie der heute noch bestehende Ohnehaltflug gewisser Vogelarten (zwei Arten von Bienenfressern, des Amurfalken [siehe E 5 b] und wohl auch zweier Kuckucke) zwischen Indien und Südostafrika zurückgeht. Natürlich könnte es sich nur um die Vorformen dieser Arten handeln; MICHEJEW (1967) zieht diesen Zusammenhang überhaupt in Zweifel.

Wüstengebiete, die heute für den Durchzug eine Gefahr darstellen und unter dem Gesichtspunkt der Zuchtwahl eine Belastung bedeuten, hatten zum Teil früher günstigeren Grundwasserstand und wesentlich bessere

Lebensbedingungen. Die Sahara wird von vielen busch- und baumbewohnenden Arten in breiter Front überwandert (F 7 a) und dürfte erst neuerdings eine ausmerzende Wirkung größeren Umfangs entfalten. *So besteht nicht nur im Bilde der Landschaft, sondern auch im Bilde des Vogelzugs ein für unser Auge langsamer, aber beständiger Wandel.*

5. *Neue Zuggebiete und Ruheziele*

Im Unterschied zu diesem *Beharren* gibt es auch den Fall, daß Zugvögel bei der Ausbreitung sogleich neue Zuggebiete und Winterquartiere in Besitz nehmen. Die Ohrenlerche, ein Tundrenbewohner, hat wohl im 18. Jahrhundert vom Osten kommend auch Lappland und die skandinavischen Gebirge besiedelt. 1830, etwa gleichzeitig mit dem Bekanntwerden von Brutvorkommen in Ostfinnmarken (1837), tauchte der Vogel erstmals an der englischen Küste auf, wo die Art nunmehr regelmäßiger Wintergast ist. Es ist anzunehmen, daß allgemein ein Bestreben zur Zugwegverkürzung besteht, wenn es sich auch wohl selten so rasch durchsetzen dürfte. MICHEJEW (1967) mißt diesen Neuorientierungen allgemein eine weit größere Bedeutung bei als dem Haften an alten Bahnen.

Auch der Mensch kann an Schwerpunkt-Verschiebungen des Winterquartiers beteiligt sein. In städtischen Bereichen kann die Winterfütterung Vögel zurückhalten, die sonst in die Ferne gezogen wären. In Großbritannien war bis 1940 die Heringsmöwe (*Larus fuscus*, D 4) nur in geringer Zahl zurückgeblieben; seither sind zunehmend große Mengen auch im Winter da, um die wachsenden Müllabladeplätze auszunützen (LACK 1968).

6. *Vorteile und Nachteile des Zugs für den Artbestand*

Wir haben guten Grund dafür, den Vogelzug als nützlich für die Arterhaltung anzusehen. Der Nutzen liegt in vielen Fällen auf der Hand, wenn nämlich durch den Zug vorübergehend unwirtliche Räume aufgegeben und später wieder angeflogen werden; bei vielen Arten hängt die Existenz ganzer Bestände von solchen planmäßigen Ausweichbewegungen und umgekehrt vom Wiederbesetzen eines nach Jahreszeit hochwertigen Platzes ab. Man sollte darüber etwas durch den Vergleich nahverwandter Arten erfahren, die teils Stand-, teils Zugvögel sind. Geheckgröße und Lebensdauer sind Faktoren, die in Abhängigkeit voneinander stehen. Kurzlebenden Arten ist eine große, langlebenden Arten eine kleine Nachwuchszahl in der Zeiteinheit eigen, wie etwa der Gegensatz Meisen zu Segler verdeutlicht. Die Gelegegröße ist ein Ausdruck für die Nachwuchszahl, obwohl sie die Zahl der überlebenden Jungen mehr oder weniger stark zu übertreffen pflegt. Der Vergleich verschiedener, nahe verwandter Arten ergibt: Obwohl ausgesprochene Zugvögel jährlich nur eine Brut zu haben pflegen, zeigt dieses einzelne Gelege gegenüber dem der jährlich zweimal brütenden Verwandten keine Erhöhung der Eizahl (Kipp 1943, 1948). Auch wenn es Ausnahmen gibt (Wendehals), dürfte die Regel gelten, daß zwar wohl nicht der Zug, aber der damit erreichte Aufenthalt in einem entfernten, günstigen Winterquartier ungefährlicher ist als die Überwinterung im Heimatgebiet. Man könnte also fragen, ob die Durchschnittslebensdauer bei Zugvögeln höher wäre als bei verwandten Standvögeln. Interspezifische Vergleiche überzeugen dabei nicht so wie intraspezifische, womit wir in das Gebiet der Teilzieher (E 16) kommen. Nach Lack 1948 verhält sich die jährliche Nachwuchsrate bei schweizerischen und britischen Staren wie 1,0:0,8, der Jahresverlust an alten Staren wie 63%:52%, das Durchschnittsalter der abgängigen Stare wie 1,1:1,4 Jahre. Da schweizerische Stare größere Wanderungen ausführen als britische (D 2), ist es offensichtlich, daß man nicht einfach allgemein sagen kann, Zugvögel haben eine höhere Lebenserwartung als Standvögel. Es kommt entscheidend auf das Zusammenspiel der einzelnen bestimmenden Faktoren an.

Offenbar finden Zugvögel durch das Verteilen auf weit entfernte Lebensräume besonders günstige Lösungen im Sinne des Konkurrenzausschluß-Prinzips: *Zwei Arten können in der gleichen Örtlichkeit nicht zusammen existieren, wenn ihre ökologischen Ansprüche identisch sind.* Dieser Satz heißt auch Gause-Prinzip, weil Gause (1934) die experimentelle Bestätigung erbrachte; der Sachverhalt ist seit langem bekannt und schon von Darwin ausführlich erörtert (Mayr 1967). Es handelt sich dabei hauptsächlich um die Nahrungsrivalität. Tatsächlich haben zusammen (auch im Winterquartier) vorkommende Arten jeweils ihre besonderen Nahrungsnischen, wie es beispielsweise Szijj (1965) für die zahlreich im Untersee sich zusammenfindenden Enten dargetan hat. Es ist wohl sicher, daß die Gunst oder Ungunst des Winterquartiers auf den Gesamtbestand einer Art Einfluß nimmt (Lack 1968).

Dabei ist es keine Frage, daß Zugvögel auch außerhalb der Brutheimat erheblichen Gefahren ausgesetzt sein können. Nicht selten finden Vögel durch Hagelschlag einen gewaltsamen Tod (Beispiele siehe H 3). Stürme verbunden mit Kälte (H 1—3) können ziehenden Vögeln beträchtliche Opfer abfordern. Laut Lincoln (1935) wurden nach einem schweren Schneesturm im nordamerikanischen Mittelwesten Massen von heimziehenden Spornammern (*Calcarius lapponicus*) sterbend und tot gefunden, allein auf dem Eis von zwei Seen von je einer Quadratmeile in Minnesota schätzungsweise 750000, darüber hinaus auf einer Fläche von 1500 Quadratmeilen noch viele weitere. Stürme (H 2 f, g) können Zugvögel in nicht geeignete Lebensräume verdriften und schwere Verheerungen anrichten, nicht nur auf den Weltmeeren, sondern auch an kleinen Meeren: Einmal wurden an der Suesbucht rund 200 Störche tot angeschwemmt. Wo sich Sandstürme mit übermäßiger Hitze und Austrocknung verbinden, tun sich ebenfalls Gefahren auf. Das gilt für den Glutwind, der mit Sand und Staub aus der Sahara und Arabien kommt und besonders im Frühjahr bis Frühsommer in Algerien (als Chichili), Libyen (Gibli) und als entsprechender Ostwind in Ägypten und

Syrien (als Chamsin) auftritt. Die Sinaiwüste kann dann, wie es heißt, von toten und ermatteten Weißstörchen überstreut sein, und wo Büsche wachsen, findet man „unter jedem Strauch einen Fliegenschnäpper, einen Zilpzalp oder eine Bachstelze, die der Hitze erlagen". Andrerseits muß man sich wundern, daß der Zug über Wüste und Meer oft durchgestanden wird (E 5); erst außerordentliche Wetterbedingungen führen zu Massenverlusten.

Gefahren durch menschliche Technik: Pestizide, wenigstens nichtflüchtiger Art, können die an Massenentfaltungen von Insekten versammelten Beutemacher wie etwa Weißstorch und Marabu schwer schädigen, wenn auch neuerdings angewandte Mittel auf Vögel nicht unmittelbar gefährlich wirken (HCH Hexachlorcyclohexan = BHC Benzolhexachlorid; SCHÜZ 1959, LE SUEUR MILSTEIN 1965, TECHNAU 1965). Indes werden noch immer gefährlich persistente chlorierte Kohlenwasserstoffe angewandt, und zu allem hin wissen wir nichts über einen möglichen latenten Dauerschaden. Ein solcher ist möglich; von DDT, Aldrin usw. wissen wir, daß bei Häufung im Vogelkörper das Gift sich sogar im abgelegten Ei findet und die Fortpflanzung betroffen wird. Der Rückgang von Wanderfalk, Weißkopf-Seeadler und Fischadler ist offenbar wenigstens zum Teil auf Pflanzenschutzgifte zurückzuführen, die diese Greifvögel auf dem Umweg über die Beute teils in der Heimat, teils beim Zug und am Ruheziel aufnehmen. Die Wirkung kann nach neueren Untersuchungen in einer Störung des Kalkstoffwechsels mit Folgen unter anderem auf die Eischalendicke bestehen.

Leuchtfeuer können den Zugvogel verwirren, und wenn die Lichtstärke groß genug, kann es in dunklen Nächten zu vernichtenden Massenanflügen kommen (C 4, E 2). In den östlichen und südlichen USA fanden am 5./8. Oktober 1954 an Wolkenscheinwerfern und anderen Feuern erhebliche Verluste statt, an 25 Plätzen über 100000 Tote in 88 Arten. Allein an einem großen Wolkenscheinwerfer in Georgia waren es am 8. Oktober 50000 Vögel in 53 Arten (die häufigste: *Seiurus aurocapillus*). Eine herannahende Kaltfront mit tiefer Wolkendecke war Anlaß für diese Massenanflüge (JOHNSTON & HAINES). Von September 1955 bis Mai 1957 wurden an 7 Daten an einem 300 m hohen Fernsehturm in Illinois (Champaign County) 486 Vögel in 51 Arten aufgesammelt (an der Spitze *Dendroica coronata*). Die Anflüge waren im Herbst zehnmal stärker als im Frühjahr. Sie erfolgten bei weitgehender Bedeckung, niedriger Wolkendecke und schlechter Sicht, vor allem wenn eine Kaltfront in den letzten 12 Stunden durchgezogen war (BREWER & ELLIS). Das Washington-Monument in der amerikanischen Hauptstadt forderte gelegentlich große Opfer, obwohl unbeleuchtet. Mit Zunahme der Stadtbeleuchtung gingen die Verluste zurück, da die Zugvögel das Hindernis nun rechtzeitig erkannten. Als das Monument mit Lampen versehen wurde, flogen wieder viele Vögel an: Am 11. September 1937 waren Ergebnis eines Anflugs von $1^1/_2$ Stunden vor Mitternacht 576 abgestürzte Vögel (OVERING). Ein Massenanflug, bei dem Lichtblendung offenbar keine wesentliche Rolle spielte, ereignete sich am 11. September 1948 am 387 m hohen Empire State Building in New York: Hunderte von Vögeln in 25 Arten fielen einer südwärts fließenden Kaltluftmasse zum Opfer; sie keilte wahrscheinlich so aus, daß die warme, den Zugvögeln nachteilige Gegenströmung die Gebäudespitze erreichte und den Zug nach unten drückte (POUGH). Ungewöhnlich das Massensterben an einem Wolkenscheinwerfer am Flugplatz von Nashville (Tennessee) vom 10. September 1948. Nach Jahren ohne Zwischenfall verunglückten plötzlich 300 Zugvögel, von denen 248 Stück in 34 Arten überprüft wurden; wie üblich in erster Linie Kleinvögel, aber auch 6 Steißfüße, 2 Rallen und 1 Rohrdommel. Die Sicht war gut, die vom Scheinwerfer gefaßte Wolkendecke hatte die Untergrenze von mindestens 1525 m. Die Vögel stießen nicht, wie es bei Türmen und anderen hohen Gebäuden üblich ist, in der Höhe mit etwas zusammen, sondern es sah so aus, als ob die den starken Strahl kreuzenden Vögel gewissermaßen in die Tiefe gerissen wurden und am Boden zerschmetterten. Der Fall ist nicht recht geklärt (SPOFFORD). Über weitere Einzelheiten der Verluste an den mehr als 500 USA-Fernsehtürmen siehe VOSBURGH.

Unmittelbare Vernichtung der Zugvögel durch Menschen: Es ist bekannt, daß in gewissen Ländern die Vögel, besonders die Zugvögel, mit Feuerwaffen oder Netzen hart verfolgt werden, wobei sportliche Wünsche und Nahrungstrieb zusammenwirken. Wir sind über die Herkunft der betroffenen Vögel dort einigermaßen unterrichtet, wo mit Vogelringen gearbeitet wird. Man kann fragen, ob die Einbuße auf diesem Weg bestandsgefährdende Bedeutung hat, im Hinblick auf die Anzahl der natürlichen Massenopfer. Es ist keine Frage, daß die zusätzlichen Zehntungen durch den Menschen fühlbare Folgen haben können. Das gilt vor allem für große Vögel, die von langer natürlicher Lebensdauer sind und sich entsprechend spärlich fortpflanzen, also etwa Greifvögel. Der reißende Rückgang des Schwarzstorchs ist leicht verständlich, wenn man durch SKOVGAARD erfährt, daß von 112 jütländischen Vögeln dieser Art schon im ersten Kalenderjahr 26, also 23%, zurückgemeldet waren, und zwar meist als Opfer ungezügelter Schießlust in den Durchgangsländern! Beim Rückgang des Weißstorchs in Westeuropa sind teilweise ähnliche Folgen im Spiel. (Die Landschaftsverdrahtung und andere Änderungen in der Heimat sind allerdings gewiß nicht ohne Wirkung.)

Schließlich sei mit v. HAARTMAN (1968) ganz allgemein formuliert, daß Standvögel dort entstanden sein dürften, *wo der Zug Nachteile gebracht hätte*. Der Standvogel genießt den Vorteil, für die Festlegung von Revier, Nistplatz (wichtig vor allem für Höhlenbrüter!) und Partner früh genug zur Stelle zu sein. Diese Faktoren sind nicht gering zu schätzen. Es gibt zu denken, daß trotz der allwinterlichen Massenverluste das Wintergoldhähnchen in Finnland bei nur mäßigen Ausweichbewegungen oder gar Verbleiben seinen Bestand zu halten versteht.

7. *Vogelzug schafft als Beutelieferer besondere Nahrungsnischen*

Unser Kapitel L betrachtet den Vogelzug als Gegenstand der Entwicklung; die Abschnitte 7 bis 9 sehen ihn aber nun auch in der Rolle eines Auslesefaktors, als einen Mitgestalter der Entwicklungen von Verhalten und Formen. Hier sei der besondere Fall behandelt, daß große Konzentrationen von Zugvögeln vorteilhaft für Beutemacher sein können, bei denen sich ein entsprechendes Verhalten eingespielt hat. Man denke an das planmäßige Nutzen der Nächtigungsplätze von Schwalbenmassen beim Durchzug (etwa am Bodensee, durch *Falco subbuteo*) oder im Winterquartier (am Tanasee usw., durch *Falco peregrinus* und vielleicht andere Arten). Es gibt aber auch den Fall, daß räumlich, örtlich und zeitlich die Fortpflanzung an den Zug gebunden wird. Der Lannerfalk (*Falco biarmicus*) der Sahara lebt hauptsächlich von Zugvögeln und füttert seine Brut mit den letzten Heimkehrern im April/Mai. Sie bieten sich in dem deckungslosen Gelände leicht als Beute an, zumal viele ermattet sind, und man hat an den Horsten und Standorten Rupfungen sehr vieler Arten nachgewiesen. Die beigefügte Darstellung (Abb. 139), die angesichts der vielen mitsprechenden Faktoren NIETHAMMER allerdings als „extreme Simplifizierung" bezeichnet, macht die Abhängigkeit der Lannerfalken vom Vogelzug anschaulich. Ein weiteres Beispiel in anderer Umwelt ist der Eleonorenfalk (*Falco eleonorae*), der mehr oder weniger gesellig auf Felseninseln des Mittelmeers, besonders der Ägäis, aber auch an der Atlantikküste von Marokko nistet, und zwar so spät, daß der Südwärtszug der Kleinvögel die Fütterung der Brut begünstigt. Die Falken

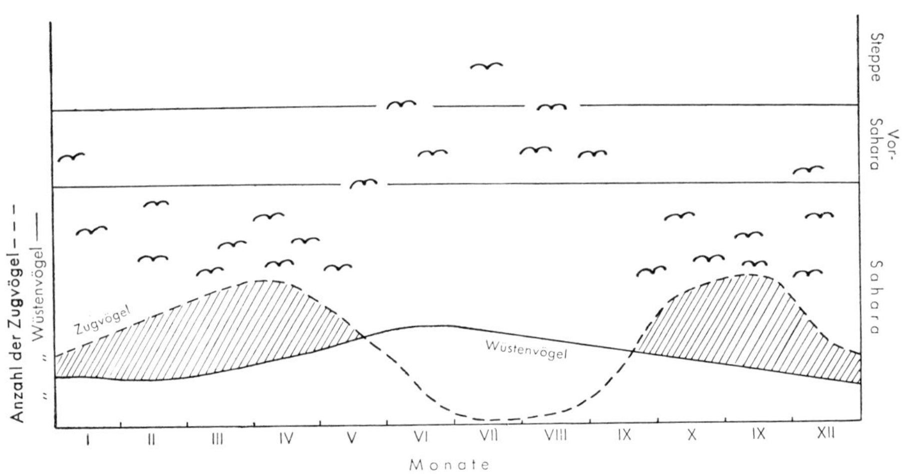

Abb. 139. Darstellung der Auslese, die der Lannerfalk (*Falco biarmicus*) in der Sahara auf die Zugvögel und die endemischen Wüstenvögel ausübt. Die farbangepaßten Wüstenvögel werden das ganze Jahr über nur mäßig gezehntet. Von September bis Mai bilden die Zugvögel die ganz vorherrschende Beute; von Juni bis August werden die einheimischen Wüstenlerchen mehr beansprucht, die dann infolge des Nachwuchses auch stärker vertreten sind als vorher. Aus NIETHAMMER 1959.

beziehen bei steifem Wind im „Standflug“ meist 800 bis 1000 m hoch Lauerstellung; manchmal sind es 10 bis 20 Falken, die der Reihe nach ihre Stöße auf durchziehende Singvögel ausführen. Die Jagd beschränkt sich wohl entsprechend der Stärke des Durchzugs auf die Frühstunden bis 11 Uhr. In der Ägäis wurden am 8. September den Jungen eines Nestes von 5.37 bis 10.05 h 11 Singvögel zugetragen! Sowohl Bruttermin wie Art des Beuteerwerbs sind hier ganz auf den Kleinvogelzug über See eingestellt (WALTER).

8. Gestaltwandel

Den inneren Veränderungen in Richtung zum Zugvogel entsprechen auch gestaltliche Wandlungen. O. KLEINSCHMIDT zeigte 1905, daß die nördlichen Rassen des Grauen Steinschmätzers einen wesentlich spitzeren Flügel haben als die südlichen. Weitere Erfahrungen führten zu der Flügelschnittregel (RENSCH 1934): Innerhalb einer Art findet man bei den Bewohnern kälterer Gebiete gegenüber denjenigen wärmerer Gebiete eine relativ stärkere Verkürzung der 1. (10.) und der 5., 6., 7. (6., 5., 4.) Handschwinge, dagegen eine relativ stärkere Verlängerung der 2., 3., 4. (9., 8., 7.) Handschwinge. (In Klammern die Mausersequenz-Zählweise, die nicht außen, sondern innen am Karpalgelenk beginnt.) Der Flügel wird also spitzer (Abb. 140) und damit flugmechanisch günstiger, und zwar unabhängig von der Bergmannschen Regel, der zufolge die Körpergröße zum kälteren Gebiet hin zunimmt (NIETHAMMER 1937). Das Nord—Süd-Gefälle (der Nordhalbkugel) in der Flügelstreckung beschränkt sich allerdings nicht auf bezeichnende Zugvögel: Der Steinkauz zeigt analog zum Steinschmätzer eine entsprechende Differenz

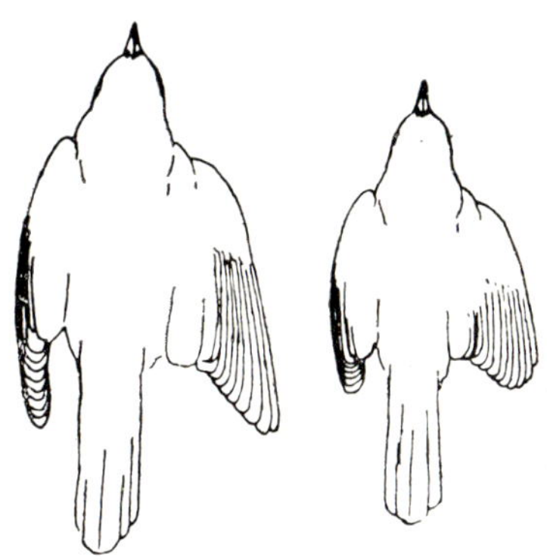

Abb. 140. Gestalt-Unterschiede im Flügelbau von Zugvogel und Standvogel, gezeigt an zwei Rassen des Drosselrohrsängers (*Acrocephalus a. arundinaceus* von Mitteleuropa und *A. a. meyeri* vom Bismarck-Archipel). Der Zugvogel hat spitzere Flügel als der Standvogel (Flügelschnittregel von RENSCH). Das Beispiel zeigt auch, daß der Bewohner kalter Gebiete größer ist als derjenige warmer Gebiete (Bergmannsche Regel), ferner, daß Flügel, Schwanz und Schnabel (bei Säugetieren könnten es auch Ohren und Füße sein) in kalten Gebieten verhältnismäßig kleiner sind als in warmen (Allensche Regel). Nach RENSCH 1947.

der nördlichen und südlichen Rassen (O. KLEINSCHMIDT); indes sind die Unterschiede beim Standvogel viel geringer als beim Zugvogel (KIPP).

In einer Reihe von Arbeiten (1936 usw.) hat KIPP den Flügelschnitt interspezifisch, also bei verschiedenen vergleichbaren Arten mit Beziehung zu ihrem Zugverhalten untersucht. (Vgl. Pirole Abb. 141.) Sein Handflügel-

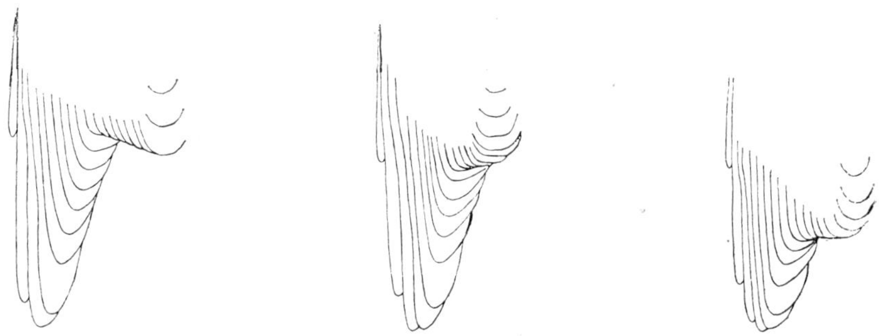

Europäischer Pirol (*Oriolus o. oriolus*), Wintergast vom Äquator bis Südafrika.

Schwarznackenpirol (*Oriolus chinensis*), Brutvogel in Ostsibirien bis Formosa, Wintergast in Indien und Ceylon.

Schwarzkopfpirol (*Oriolus xanthornus*), Standvogel der indischen Inseln.

Abb. 141. Gestalt-Unterschiede im Flügelbau von nahverwandten Zugvögeln verschiedener Zugleistung bzw. eines Standvogels. Man beachte die abnehmende Zuspitzung der Handschwingen in dieser Reihe. Nach KIPP 1936.

index stellt ein zuverlässiges Kriterium für das Maß der Zuspitzung des Flügels dar. Dieser Index erfordert das übliche Messen der Flügellänge, ferner das des Abstandes der Flügelspitze vom Ende der ersten Armschwinge. Der Index ergibt sich aus der Formel: Hundertmal Abstand der 1. Armschwinge von der Flügelspitze, geteilt durch die Flügellänge.

Wir zitieren aus KIPP 1959 einige Vergleichszahlen:

	Flügellänge mm	Abstand mm	Index %
Amsel (*Turdus merula*): Gebüschvogel mit stumpfem Flügel	120	30	25,0
Star (*Sturnus vulgaris*): Streckenflieger, mittlerer Flügeltyp	127	50	39,4
Mauersegler (*Apus apus*): Dauerflieger, extrem spitzer Flügel	177	128	72,3

Diese Methode erlaubt zuverlässige Vergleiche wenigstens von Arten einer engeren Verwandtschaftsgruppe. Bei den weitziehenden Würgerarten entfallen 31 bis 38% der Flügellänge auf die Flügelspitze, beim wenig beweglichen Raubwürger nur 24 bis 25%. Von Pirolen zeigt der fernziehende *O. oriolus* 39 bis 40, der Standvogel Javas *O. chinensis maculatus* 26 bis 29%. Der

Mönchsgrasmücke mit 26 bis 27% steht der Standvogel Samtkopfgrasmücke (*S. melanocephala*) mit 18 bis 20% gegenüber. Diese Regel gilt nicht nur für Kleinvögel; auch für Anatiden liegen nähere Untersuchungen vor (Kipp 1961). In seinem Beitrag zur Geschichte des Vogelzugs (1958) legt Kipp überzeugend dar, daß der hochentwickelte Wanderflügel vieler fernziehender Vogelarten nicht erst nacheiszeitlich, sondern während des Pleistozäns zur Ausbildung gelangte, ja in den Anfangszuständen vermutlich ins Pliozän zurückführt. Dem Flügelbau nach kann man etwa von folgenden Arten annehmen, daß ihre Zugvogelnatur schon in eine sehr alte Zeit zurückreicht: *Phylloscopus sibilatrix, Ph. trochilus, Ph. borealis, Lanius minor, L. collurio, Oriolus oriolus, Coracias garrulus.* Jedenfalls: „*Das Zugverhalten hat bei vielen Vögeln am Artbild mitgeformt und dessen heutige Ausprägung mitbestimmt.*"

Sogar Höhenunterschiede haben Fluganpassungen herausgezüchtet. Rand (1936) und Traylor (1950) wiesen für Neuguinea und Bolivien nach, daß bei Arten mit größerer „Vertikalverbreitung" die Flügellänge mit der Höhe wächst; das läßt sich sogar innerhalb einer einzelnen Rasse nachweisen. Allerdings dürfte die Flügellänge in diesem Fall Größenunterschiede ausdrücken, die noch deutlicher am Gewicht abgelesen werden könnten (Niethammer 1953).

Ein Sonderfall findet sich bei Arten, denen ziemlich kurzfristig große Zugleistungen abgefordert werden, und zwar beim Flug über den Ozean, im vorliegenden Fall über den Atlantik. Der Graue Steinschmätzer Grönlands und Islands ist verglichen mit den Artgenossen des europäischen Festlandes bedeutend größer, mit allometrischer Zunahme von Flügel- und Schwanzlänge, und zwar in einer von Grönland bis Skandinavien gleitenden Form, wie die nachfolgende Tabelle von Salomonsen 1950/51 zeigt:

	Männchen			Weibchen		
Oe. oenanthe	mm	Durchschnitt	(n)	mm	Durchschnitt	(n)
Grönland	102–110	105,00	(36)	100–108	103,37	(37)
Island	99–107	102,55	(49)	96–103	98,81	(23)
Färöer	97–103	99,61	(22)	95–101	97,54	(13)
Skandinavien	92–99	96,38	(56)	89–97	93,22	(36)

Der wegziehende Steinschmätzer vermag aus dem hohen Norden bei zyklonalem Wetter 2400 bis 3200 km in durchgehendem Flug zurückzulegen, mit einem Gewichtsverlust, den die kleineren kontinentalen Rassen nicht aufzuwenden vermöchten. Es ist offenkundig, daß die morphologischen Änderungen mit diesen Leistungen herausgezüchtet worden sind. Unter den Isländern zeigen auch Rotdrossel, Merlin und Rotschenkel (die bis zu den Britischen Inseln etwa 1600 km zu bewältigen haben) solche Unterschiede, während Wiesenpieper und Bachstelze in Island ohne einen solchen Befund sind und nach den jetzt erkennbaren Ausbreitungstendenzen offenbar als neue Einwanderer zu gelten haben.

Der Vogelzug spielt nun auch im Zusammenhang mit der eingangs erwähnten Bergmannschen Regel eine gewisse Rolle. Diese Regel hebt hervor, daß variierende Arten von Säugetieren und Vögeln im kalten Klima größer zu sein pflegen als im warmen. Dieser „Breiteneffekt" ist wärmewirtschaftlich günstig, weil ein Körper nach Oberfläche mit dem Quadrat, nach Volumen aber im Kubus wächst. Diese Regel gilt nicht nur für Zugvögel, wenn auch gerade sie besonders weit in zeitweise sehr kalte Gebiete hineinreichen. Hier ergibt sich nun aber eine bemerkenswerte Modifikation, indem einige wenige Arten sich der Regel nicht zu fügen scheinen. SALOMONSEN (1955) hat im besonderen an Hand des Sandregenpfeifers (Abb. 142) gezeigt: Wenn eine polnahe Form nur kurz im Brutgebiet bleibt und dann im Überspringzug über die Populationen mehr gemäßigter Zonen hinweg nach Afrika zieht, so können die nördlichen Brutvögel im Durchschnitt einer höheren Jahrestemperatur ausgesetzt sein als südlicher brütende Artgenossen; die Brutvögel des kälteren Gebiets sind in diesem Fall kleiner und sogar kürzerflüge-

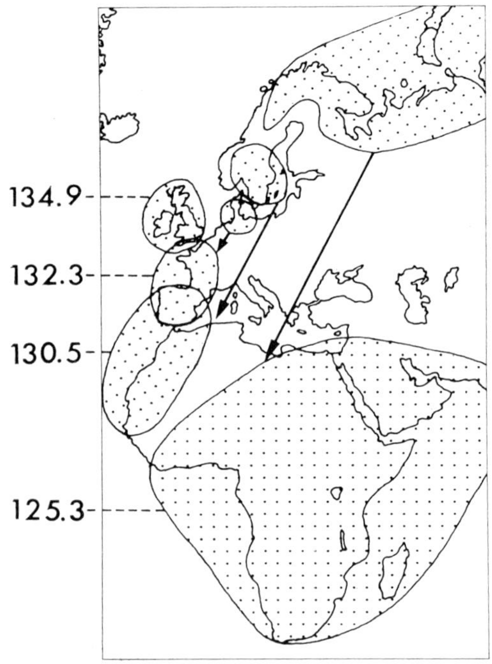

Abb. 142. Überspringzug (Überwanderung) von Populationen des Sandregenpfeifers, mit Angabe der durchschnittlichen Flügellängen. Die nördlichste Form (*Charadrius hiaticula tundrae*) hat entgegen der Bergmannschen Regel die kürzesten Flügel; indes ist sie in Wirklichkeit die längste Zeit des Jahres in einem Warmgebiet. Nach SALOMONSEN 1955 aus VÄISÄNEN 1969.

lig als die des wärmeren. Es kommt weiter hinzu, daß bei nicht wenigen Paläarkten und Nearkten das Maximum an Körpergröße nicht in den nördlichsten Arealen, sondern in den Hochländern der semiariden Subtropen (Atlas, Iran, Mexiko) auftreten. SNOW (1954) macht für diese Regelwidrigkeit bei nicht oder nur wenig Ziehenden die Kürze der arktischen Wintertage verantwortlich, die die Nahrung schmälert und die Körpergröße drückt.

VÄISÄNEN (1969) hat den Sandregenpfeifer aufgegriffen und die nördlichen Tundra-Regenpfeifer mit der südlicheren atlantischen Form verglichen. Die beiden dürften sich getrennt durch die Vereisung umgebildet haben, jedoch nicht soweit, daß verschiedene Spezies entstanden (diesen Rang kann man dem nearktischen *Charadrius semipalmatus* zubilligen); die beiden Altweltler haben ihre Affinität nicht verloren und stellen nur Geographische Rassen dar, die jedoch verschiedene Maße, verschiedene Winterquartiere (Abb. 142) und verschiedene Ankunfts- und Brutzeiten haben. Im Zusammenhang mit der Klimabesserung der letzten 120 Jahre haben sich auf dem Weg der Zugprolongation (E 8) Vertreter der südlichen Gruppe nordwärts vorgeschoben und zum Beispiel am Bottnischen Meerbusen eine genetisch gemischte Gruppe gebildet. Wenn sich diese gut untermauerte Theorie bestätigt, wäre die Veränderlichkeit auch dieser Zusammenhänge bestätigt.

9. Vogelzug und Formenbildung

Die Eigentümlichkeit einer Art, Geographischen Rasse oder Population bezieht sich keineswegs nur auf das Morphologische, wie es im Abschnitt 8 vorwiegend behandelt ist. Die erblich festgelegten Unterschiede betreffen natürlich nicht nur das äußerlich Sichtbare, sondern — wesentlich sogar — das Physiologische in weitem Sinn. Man darf sich nicht dadurch täuschen lassen, daß wir sowohl Arten als auch Geographische Rassen nach Färbung und nach Maßen zu definieren pflegen; es gibt unendlich viel mehr genetische Einheiten, so daß hier die Populationen besonders zu nennen sind. Da es sich aber hier ebenso oder noch mehr als beim Morphologischen oft um kline-artige Übergänge handelt, kommt man nicht in die Versuchung, diese Populationen nun ausdrücklich und womöglich auch nominell zu trennen. Bei einer zusammenfassenden Übersicht ergeben sich aber beachtenswerte Zusammenhänge.

a. Rassenbildung bei nichtziehenden und ziehenden Arten

Es ist bemerkenswert, daß eine Klasse geflügelter Lebewesen einen solchen Reichtum an Formen entfaltet, wie es für die Vögel zutrifft (mit 28500 geographischen Rassen, die sich — nach E. MAYRS Deutung — auf ungefähr 8600 Spezies verteilen). Es ist offensichtlich, daß die Beweglichkeit, also nicht zuletzt der Vogelzug, dabei eine gewisse Rolle spielt. RENSCH (1933) hat gefunden, daß sich paläarktische Vögel zahlenmäßig wie folgt verhalten: Großvögel (44 Arten): kleinen Zugvögeln (288 Arten): kleinen Nicht-Zugvögeln (115 Arten) gliedern sich hinsichtlich des Anteils der im paläarktischen Gebiet *nicht* rassenbildenden Arten wie 54,5:40,0:29,6%, ferner hinsichtlich der Unterartenzahl der rassenbildenden Arten wie 1,6:3,2:7,2. Dieses letztere Verhältnis zeigt, daß die Großvögel mit ihrer entsprechend großen Jahresverbreitung die geringste Rassenzahl, die nichtziehenden Kleinvögel die größte Rassenzahl aufweisen. Was die erste Gruppe anlangt, so ist hier die Rassenarmut bei Enten (vgl. Sonderfall des Durchmischens bei der „Auswanderung" mancher Arten, E 10) und, in zweiter Linie, bei den weltweit ziehenden Limikolen besonders auffallend. Ein Gegenbeispiel, wo sich großer Reichtum an Formen, sogar im Artrang, mit strenger Seßhaftigkeit verbindet, findet sich bei den Paradiesvögeln im Raum von Neuguinea.

b. Dispersion und Formenbildung

Dispersion ist die Verteilung der Vögel im Raum (durch Dispersal und Spacing, siehe E 9 a). Hier spielen Anteile und Ausmaße von Heimat- und Fremdansiedlung mit; Unterschiede sind bei *Stand-, Strich- und Zugvögeln* zu erwarten. Berndt & Sternberg (1969) haben in dieser Hinsicht drei Arten auf Grund reichlich vorliegenden Ringfundmaterials verglichen: Blaumeise, Kleiber, Trauerschnäpper. Bei diesen Arten beträgt die durchschnittliche Ansiedlungsentfernung in Kilometern: 2,1—3,7—4,6. Die Hälfte der Wiederfunde haben sich bei der Ansiedlung entfernt bis 700 m—900 m—1000 m. 90% der Funde reichen in km bis 4—9—17, und zwar auf eine Fläche von 50—250—1000 qkm. Für den Gen-Fluß bedeutet dies ein Verhältnis 1—5—20. Dem entspricht für das Gebiet Europa, Nordafrika und Westasien folgende Anzahl an geographischen Rassen: Blaumeise 14 — Kleiber 8 — Trauerschnäpper 3. Der „Grad der Dispersion und damit des Genflusses dieser Höhlenbrüterarten einerseits und die Anzahl ihrer Unterarten andererseits sind miteinander negativ korreliert." Man könnte vielleicht noch weiter fassen und sagen: Bewegliche Formen neigen in geringerem Maß zur Bildung von Geographischen Rassen als weniger bewegliche.

In ähnlicher Weise wie für Stand-, Strich- und Zugvögel könnte man die Bedeutung der Gen-Mischung *bei synhiemen und allohiemen Zugvögeln* dartun. Begegnung im Winterquartier fördert, winterliche Trennung nach Populationen beschränkt die genetische Variationsbreite. Bei Enten haben wir den Fall nicht seltener Verbindung von allopatrischen Partnern im Winterquartier (E 9), mit der Folge, daß Rassenbildung entweder fehlt oder auf Großräume beschränkt ist. Extremfälle von Synhiemie und Allohiemie sind nicht sehr häufig; oft überschneiden sich die Winterquartiere, wobei es regionale Schwerpunkts-Verteilungen je nach Lage der Brutheimat gibt. Die jahreszeitlich nach Rassen im Gelände erkennbare Schafstelze (*Motacilla flava*) ist ein bezeichnender Fall: Obwohl beim Zug und im Winterquartier fast regelmäßig verschiedene Rassen zusammenkommen, ist die Dispersion offenbar sehr begrenzt. Man muß eine ausgeprägte Ortstreue und eine Paarbildung erst im Brutgebiet annehmen.

c. Der Weg zum Zugvogel

Wenn wir fragen, wie es zur Herauszüchtung so unendlich vielfältiger genetischer Einheiten gekommen ist, in denen sich die Skala vom Standvogel bis zum Fernzieher darstellt, begeben wir uns auf die Ebene allgemeiner Evolutionsfragen, über die es eine Vielzahl von Untersuchungen gibt. Wir können aber nicht umhin, das Thema wenigstens zu berühren. BALDWIN (1896) sah die Entwicklung eines neuen evolutiven Typs oder die genetische Einpassung in eine neue Nische[1] dadurch begünstigt, daß ein Organismus in einer vorteilhaften Umwelt verbleiben kann, bis die Selektion die genetische Fixierung dieses Phänotyps zustande gebracht hat. Diese „Organische Selektion", der auch andere namhafte Genetiker beigetreten waren, wurde von SIMPSON (1953) stark kritisiert, und MAYR (1963, 1967) schloß sich der Ablehnung an: Sollte eine unmittelbare Beeinflussung einer genetischen Induktion durch phänotypische Modifikation gemeint sein, so wäre das reiner Lamarckismus, und fehlt diese Induktion, so wäre es „simple, natürliche Selektion", so daß es nicht berechtigt sei, einen *Baldwineffekt* besonders herauszustellen. Nun hat zur Beantwortung der immer wieder auftauchenden Frage: Was war früher: Struktur oder Verhalten? HARDY (1967, 1968) den Begriff der *Ethologischen Selektion* eingeführt. Er geht damit über BALDWIN hinaus und lehnt es ab, nichts als Darwinismus zu bringen, meint vielmehr eine neue Auffassung vom Evolutionsprozeß. Gewiß hat man schon immer die Auslese der Mutanten durch äußere Faktoren gesteuert geglaubt. Aber HARDY sieht als wesentlich die (ebenfalls durch Umweltänderungen, z. B. hinsichtlich der Nahrungsquelle, herbeigeführte) *Annahme neuer Gewohnheiten*. Das gerade den Vögeln innewohnende forschende Verhalten kann, von der Selektion begünstigt, gewissermaßen belohnt werden. Auch hier sind die Darwinfinken von Galapagos ein Muster: Der Wettbewerb der Vögel in ihrer neuen Umwelt führte zu neuen Freßgewohnheiten; wo Zufallsmutationen die geeigneten Schnäbel lieferten, ergab sich ein entscheidender Überlebensvorteil. Übertragen wir die Überlegung von HARDY auf die Evolution von Zugvögeln, so würde das forschende Sichausbreiten in neue Räume zum Gewinnen einerseits neuer Brutplätze und andrerseits neuer Ruheziele führen. Ein solcher Entwicklungsgang ist kaum zu bezweifeln. Das Problem liegt darin, wie es zur genetischen Fixierung eines solchen Vorgangs auf modifikatorischer Basis kommen konnte (falls er nicht von Anfang an mutativ bedingt und damit fixiert war). Es handelt sich ja keineswegs nur um das Erwerben neuer Räume und bestimmter Wanderstrecken, sondern auch um einen subtilen physiologischen Umbau, der eine Spezialisierung des

[1] Wir nehmen hier die Nische als den speziellen, einem Taxon angemessenen Raum. Heute wird Nische anders definiert: Es wird ein Zusammenspiel zwischen dem Selektionsdruck der Umwelt und der biologischen Rolle (Funktion) des Taxons angenommen. Umwelt/Funktion gliedern sich in einzelne Elemente, die Synergs, und die Nische ist die Summe aller Synergs (BOCK & v. WAHLERT).

Raum- und Zeitprogramms im Jahreszyklus bedeutet. Wir müssen nur daran denken, wie hier bei nahe verwandten Arten Unterschiede komplizierter Form bestehen, so wie bei Fitis und Zilpzalp (siehe J, K), ja daß innerhalb einer Art nach Populationen genetisch fixierte Verschiedenheiten vorkommen. Trotz aller Fortschritte von Genetik und Biochemie stehen wir hier vor einem großen Rätsel, das im Hinblick auf die Mannigfaltigkeit der Vogelzugerscheinungen in fast allen Bereichen symptomatische Bedeutung hat.

Berndt & Sternberg 1969 (E 9) — Darlington 1957 (A) — Fisher 1952, 1953 (E 9) — Freuchen & Salomonsen 1958 (E 1) — v. Haartman 1952 (E 8) — Johansen 1955, 1961 (F 1) — Kalela 1949 (E 8) — Lack 1968 (A) — Lincoln 1935 (F 5) — Mayr 1926 (E 9) — Niethammer 1951 (E 8), 1953 (E 14), 1958 (A) — Ders. & Kramer 1966 (A) — Nowak 1965 (E 9 h) — Olsson 1969 (E 9 h) — Otterlind 1954 (A) — Palmén 1876 (A) — Rensch 1950 (A) — Rudebeck 1950 (A) — Salomonsen 1951 (E 8), 1967 (A) — Schüz 1954 (D 14), 1965 (D 11) — Spencer 1967 (D 7) — Stresemann 1943 (D 8) — Stresemann & Nowak 1958 (E 9) — Szijj 1965 (E 10) — Tordoff & Mengel 1956 (F 5) — Väisänen 1969 (H 8) — Vosburgh 1966 (E 2) — Weismann 1878 (A) — Williams 1960 (E 5) — Zink 1959 (E 9 h).

Amadon, D. (1948): Continental Drift and bird migration. Science 108: 705—707.

Beddall, B. G. (1963): Range Expansion of the Cardinal and Other Birds in the Northeastern States. Wilson Bull. 75. 141—158.

Bergmann, C. (1847): Über die Verhältnisse der Wärmeökonomie der Thiere zu ihrer Größe. Göttinger Studien, 1. Abt. II: 595—708.

Berlioz, F. (1950): Caractères généraux et origines des migrations. In: P. P. Grassé, Traité de Zool. XV: 1074—1088

Bock, W. J., & G. v. Wahlert (1965): Adaptation and the Form-Function Complex. Evolution 19: 269—299.

Brewer, R., & J. A. Ellis (1958): An analysis of migrating birds killed at a television tower in east-central Illinois. Auk 75: 400—414.

Eriksson, K. (1969): On the occurrence of *Locustella naevia* and *L. fluviatilis* in Finland related to the bird watching activitiy. Orn. fenn. 46: 113—125.

Frenzel, B. (1959/60): Die Vegetations- und Landschaftszonen Nord-Eurasiens während der letzten Eiszeit und während der postglazialen Wärmezeit. Ak. Wiss. Lit. Mainz, Math.-Naturw. Kl., Nr. 13 — (1967): Die Klimaschwankungen des Eiszeitalters. Braunschweig. — (Ders. 1968): Grundzüge der pleistozänen Vegetationsgeschichte Nord-Eurasiens. Erdwiss. Forschg. Bd. I. Wiesbaden.

Gerwin, R. (1968): Kontinentaldrift. Naturwiss. Rundschau 21: 151—152.

Haartman, L. v. (1968): The Evolution of Resident versus Migratory Habit in Birds; some Considerations. Orn. fenn. 45: 1—7.

Hardy, A. (1967): The Living Stream. London. Auszug daraus: (Ders. 1968): Verhalten als auslesende Kraft, ein neuer Blick auf die Evolutionstheorie. Umschau 68: 13—17.

Hemmingsen, A. M. (1951): The Relation of Bird Migration in North Eastern China to Body Weight and its Bearing on Bergmann's Rule. Proc. Xth Int. Orn. Congr. Uppsala 1950: 289—294.

Illies, H. (1965): Kontinentaldrift und Polarverschiebungen als Triebkräfte der Erdgeschichte. Naturwiss. Rdsch. 18: 267—273.

Illies, J. (1965): Die Wegenersche Kontinentalverschiebungstheorie im Lichte der modernen Biogeographie. Naturwiss. 52: 505—511.

Johansen, H. (1956, 1958): Revision und Entstehung der arktischen Vogelfauna. Acta Arctica VIII, IX.

Johnston, D. W., & T. B. Haines (1957): Analysis of Mass Bird Mortality in October 1954. Auk 74: 447—458.

Kespaik, J. (1965): The interpretation of the prolongation of the spring migration. Communic. Baltic comm. for the Study of Birds. Tartu.

Kipp, F. A. (1936): Studien über den Vogelzug im Zusammenhang mit Flügelbau und Mauserzyklus. Mitt. Vogelwelt 35: 49—80. — (Ders. 1943): Beziehungen zwischen dem Zug und der Brutbiologie der Vögel. J. Orn. 91: 144—153. — (Ders. 1948): Über die Eizahl der Vögel. Biol. Zbl. 67: 250—267. — (Ders. 1958): Zur Geschichte des Vogelzugs auf der Grundlage der Flügelanpassungen. Vogelwarte 19: 233—242. — (Ders. 1959): Der Handflügel-Index als biologisches Maß. Vogelwarte 20: 77—86. — (Ders. 1961): Flügelbau und Zugverhalten bei den Anatiden. Vogelwarte 21: 28—36.

Kleinschmidt, O. (1905): Saxicola Borealis. Berajah.

Krömmelbein, K. (et al.) (1966): Probleme des Gondwanalandes. Zool. Anz. 177.

Lindroth, C. H. (1963): The Problem of late Land Connections in the North Atlantic Area. North Atl. Biota and their History, Oxford etc.: 73—85

Løppenthin, B. (1967): Danske ynglefugle i fortid og nutid. Kopenhagen.

Mayr, E. (1967): Artbegriff und Evolution. Hamburg und Berlin.

Mayr, E., & W. Meise (1930): Theoretisches zur Geschichte des Vogelzugs. Vogelzug 1: 149—171.

Merikallio, E. (1951): Der Einfluß der letzten Wärmeperiode (1930—1949) auf die Vogelfauna Nordfinnlands. Proc. Xth Int. Orn. Congr. Uppsala: 484—493.

Michijev, A. W. (1967): Einige Fragen zum Ursprung des Zuges paläarktischer Vögel. Proc. Vth Baltic Orn. Conf. Tartu 1963. Tallinn. Russisch.

Milstein, P. le Sueur (1965): Über BHC-vergiftete Heuschrecken als Nahrung des Weißstorchs in Südafrika. Vogelwarte 23: 117—121.

Moreau, R. E. (1954): The main Vicissitude of the European Avifauna since the Pliocene. Ibis 96: 411—431.

Niethammer, G. (1937): Über die Beziehungen zwischen Flügellänge und Wanderstrecke bei einigen europäischen Singvögeln. Arch. Naturgesch. N. F. 6: 519—525. — (Ders. 1959): Auslese bei Wüstenvögeln. Bonner Zool. Beitr. 10: 179—197.

Overing, R. (1938): The 1937 fall migration at the Washington monument. Wilson Bull. 50: 146.

Pough, R. H. (1948): Out of the night sky. Audubon Mag. 50: 354—355.

Rensch, B. (1938): Einwirkung des Klimas bei der Ausprägung von Vogelrassen, mit besonderer Berücksichtigung der Flügelform und der Eizahl. Proc. VIIIth Intern. Orn. Congr. Oxford 1934: 285—311.

Salomonsen, F. (1955): The evolutionary significance of bird-migration. Dan. biol. Med. 22 (6): 1—62.

Schüz, E. (1954): Schädigt der Ausfall des Chamsins den Heimzug des Weißstorchs? Vogelwarte 17: 166—168. — (Ders. 1968): Ornithologischer Oktober-Besuch am Tana-See. Stuttgarter Beitr. zur Naturkde. 189.

Spofford, W. R. (1949): Mortality of birds at the ceilometer of the Nashville Airport. Wilson Bull. 61: 86—90.

Stresemann, E. (1948): Die mittlere Erstankunft von Lanius collurio, Muscicapa striata, Oriolus oriolus und Oenanthe oenanthe im europäischen Brutraum. Vår Fågelvärld 7: 1—18.

Svärdson, G. (1949): Competition and Habitat Selection in Birds. Oikos 1: 157—174.

Walter, H. (1968): Zur Abhängigkeit des Eleonorenfalken (Falco eleonorae) vom mediterranen Vogelzug. J. Orn. 109: 323—365.

Westernhagen, W. v. (1958): Über Verbreitung und Wanderungen des Stelzenläufers (H. himantopus) in Europa. Orn. Beob. 55: 138—155.

Williamson, K. (1958): Bergmann's Rule and obligatory Oversea Migration. Brit. Birds 51: 209—232.

Wolfson, A. (1948): Bird Migration and the concept of continental drift. Science 108, Nr. 2793: 23—30.

M. Literatur-Nachtrag

Auswahl aus der seit Manuskript-Abschluß erschienenen Literatur. Die zugehörigen Abschnitte stehen vor den Titeln.

F 7, J IV Ash, J. S. (1969): Spring-weights of trans-Saharan migrants in Morocco. Ibis 111: 1—10.

C 6, E 6 Benoît, F., O. Biber & H. Märki (1970): Notes sur la migration d'autumne au Chasseral. Nos Oiseaux 30, 332/3: 273—292.

E 9, E 15 Berndt, R., & H. Sternberg (1969): Alters- und Geschlechtsunterschiede in der Dispersion des Trauerschnäppers (*Ficedula hypoleuca*). J. Orn. 110: 22—26. — Erstansiedlung Einjähriger erfolgt bei beiden Geschlechtern in gleicher Entfernung vom Geburtsplatz. Als Mehrjährige sind die ♂♂ jedoch viel ausgeprägter ortstreu als die ♀♀.

J V 6, J VI Berthold, P., E. Gwinner & H. Klein (1970): Vergleichende Untersuchung der Jugendentwicklung eines ausgeprägten Zugvogels, *Sylvia borin*, und eines weniger ausgeprägten Zugvogels, *Sylvia atricapilla*. Vogelwarte 25: 297—331. — (Dieselben 1971): Circannuale Periodik bei Grasmücken (*Sylvia*). Experientia (im Druck).

J IV Blyumental, T. I. (1968): Dependence of flight velocity of some passerines on fat formation and the reserves of energy (in the light of the data for ringing recoveries). Commun. Baltic Commiss. Bird migr. 5: 146—154.

J IV Bower, H., & C. W. Helms (1968): Seasonal variation in the fatty acids of *Junco hyemalis*. Physiol. Zool. 41: 157—168.

D 13 Burckhardt, D., & A. Studer-Thiersch (1970): Über das Zugverhalten der schweizerischen Fischreiher *Ardea cinerea* auf Grund der Beringungsergebnisse. Orn. Beob. 67: 230—255.

G 14 Busche, G. (1970): Invasion des Tannenhähers, *Nucifraga caryocatactes*, 1968/69 in Schleswig-Holstein und Hamburg. Corax 3: 51—70.

C 7 Cramp, S., & P. Conder (1970): A visit to the oasis of Kufra, spring 1969. Ibis 112: 261—263.

F 2 Daniel, J. C. (1970): Bombay Natural History Society, Bird Banding Project 1967/69 (vervielfältigt, siehe Vogelwarte 25: 385).

F 6 Eisenmann, E., & F. Haverschmidt (1970): Northward Migration to Surinam of South American Martins (*Progne*). Condor 72: 368—369.

E 15, F 5 Ely, Ch. A. (1970): Migration of Least and Traill's Flycatchers in West-Central Kansas. Bird-Banding 41: 198—204.

K II 2 Emlen, S. T. (1969): The Development of Migratory Orientation in Young Indigo Buntings. Living Bird (Ithaca) 8: 113 bis 126.

K Emlen, S. T. (1970): Celestial rotation: its importance in the development of migratory orientation. Science 170: 1198

G 14 Erard, C. (1970): L'irruption de Cassenoix mouchetés *Nucifraga caryocatactes* en France durant les années 1968—1969. Alauda 38: 1—26.

G 10 Eriksson, K. (1970): The autumn migration and wintering ecology of the Siskin *Carduelis spinus*. Orn. fenn. 47: 52—68. (Diese Arbeit zieht den Zustrom östlicher Erlenzeisige nach Skandinavien in Zweifel; die nach Verheyen 1956 und Svärdson 1957 hier S. 208 zitierte Annahme ist also möglicherweise zu korrigieren.)

G 11, J V 1 Eriksson, K. (1970): Ecology of irruption and wintering of Fennoscandian Redpolls (*Carduelis flammea* coll.). Ann. Zool. Fennici 273—282.

H 1 Eriksson, K. (1970): Massenrückzug der Rotdrossel (*Turdus iliacus*) im April 1959 an der finnischen Südküste in Beziehung zur Wetterlage. Vogelwarte 25: 193—203.

G 11, J IV, J V 1 Evans, P. R. (1969): Ecological aspects of migration, and premigratory fat deposition in the Lesser Redpoll, *Carduelis flammea cabaret*. Condor 71: 316—330.

J Evans, P. R. (1970): Timing mechanisms and the physiology of bird migration. Sci. Prog., Oxford 58: 263—275.

J Farner, D. S. (1970): Predictive functions in the control of annual cycles. Environmental Research 3: 119—131.

J IV Farner, D. S., J. R. King & M. H. Stetson (1968): The control of fat metabolism in migratory birds. Proc. Third Int. Congr. Endocrinol. Mexico 152—157.

B III 5b Feurer, U., & W. Epprecht (1970): Sichtbarmachung von Beschriftungen abgenützter Vogelringe. Orn. Beob. 67: 275 bis 277.

H 1g, L 6 Fredrickson, L. H. (1969): Mortality of Coots during severe spring weather. Wilson Bull. 81: 450—453 (betr. *Fulica americana*).

F 7, J IV Fry, C. H., J. S. Ash & I. J. Ferguson-Lees (1970): Spring weights of some palaearctic migrants at Lake Chad. Ibis 112: 58—82.

C 6, E 6 Fuchs, E. (1970): La migration d'autumne au col du Hahnenmoos en 1965 et 1966. Nos Oiseaux 30, 332/3: 292—314.

E 10 Gavrin, V. F. (1970): Ecological aspects of waterfowl moulting in Kazakhstan. VIII. Int. Congr. Game Biol. Helsinki 1967, Finn. Game Res. 30: 74—75.

K III 5 Gronau, J., K. Schmidt-Koenig (1970): Annual Fluctuation in Pigeon Homing. Nature 226: 87—88.

L 2b Hald-Mortensen, P. (1970): Nordgraensen for fuglearter med en sydlig eller sydøstlig udbredelse i forhold i Danmark. Flora og Fauna 76: 135—140.

G 11, L 2b Hald-Mortensen, P. (1970): Lille Gråsisken (*Carduelis flammea cabaret*) som ynglefugle i Danmark. Dansk Ornith. For. Tidsskr. 64: 163—193.

D 8 Heckenroth, H. (1970): Ringfunde von Schwarzstirnwürger (*Lanius minor*) und Rotkopfwürger (*L. senator*). Auspicium 4: 101—105 (Karte).

D 13 Heckenroth, H. (1970): Funde in Niedersachsen beringter Graureiher (*Ardea cinerea*). Auspicium 4: 139—162 (Karten). — (Ders. 1970) Funde in Süddeutschland und Österreich beringter Graureiher (*Ardea cinerea*). Auspicium 4: 163—169.

J IV Helms, C. W. (1968): Food, fat, and feathers. Amer. Zool. 8: 151—167.

H 2 Hjelmtveit, I. (1969): On migratory birds at ocean weather station "M". Årbok Univ. Bergen, M.-N. Ser. No. 4: 1—47.

G 14 Hollyer, J. N. (1970): The invasion of Nutcrackers in autumn 1968. Brit. Birds 63: 353—373.

D 5 Hoppe, P. (1970): Wachtelfang am Viktoriasee. Gefied. Welt 94: 161—162 (betr. vor allem *Coturnix delegorguei*).

F 1, F 2 Hüe, F., & R. D. Etchecopar (1970): Les Oiseaux du Moyen Orient. Paris.

J IV Hussell, D. J. T. (1969): Weight loss of birds during nocturnal migration. Auk 86: 75—83.

C 5 Jacoby, H., G. Knötzsch, S. Schuster (1970): Die Vögel des Bodenseegebiets. Orn. Beob. Beiheft zu Band 67.

F 5, J IV Johnston, D. W. (1968): Body characteristics of Palm Warblers following an overwater flight. Auk 85: 13—18.

E 15, F 5 Johnson, N. K. (1970): Fall migration and winter distribution of the Hammond Flycatcher. Bird-Banding 41: 169—190.

K III 5a Keeton, W. T. (1970): "Distance effect" in pigeon orientation: an evaluation. Biol. Bull. 139 : 510—519.

K II 4 b, K III 3 Keeton, W. T. (1971): Magnets interfere with pigeon homing. Proc. Nat. Acad. Sciences 68: 102—106

E 10 Keve, A. (1968): Über die Arealveränderungen des Sichlers, *Plegadis falcinellus*. Abh. Ber. Staatl. Mus. Tierkde. Dresden 29: 159—175.

J King, J. R. (1970): Photoregulation of food intake and fat metabolism in relation to avian sex cycles. Ed. 172 CNRS Paris 365—385.

J IV Kuenzel, W. J., & C. W. Helms (1970): Hyperphagia, polydipsia, and other effects of hypothalamic lesions in the White-throated Sparrow, *Zonotrichia albicollis*. Condor 72: 66—75.

D 4 Lambert, K. (1969): Schwalbenmöwen (*Xema sabini*) im April und Mai 1968 vor Südwest- und Südafrika. Vogelwarte 25: 49—52.

D 11 Lathbury, G. (1970): A review of the birds of Gibraltar and its surrounding water. Ibis 112: 25—51.

J V 1, L 5 Leuzinger, H., & S. Schuster (1970): Auswirkungen der Massenvermehrung der Wandermuschel *Dreissena polymorpha* auf die Wasservögel des Bodensees. Orn. Beob. 67: 269—274.

G 25 Maher, W. J. (1970): The Pomarin Jaeger as a Brown Lemming Predator in Northern Alaska. Wilson Bull. 82: 130—157.

D 7, F 7 Mead, C. J. (1970): The Winter Quarters of British Swallow. Bird Study 17: 229—240.

F 7, J IV Moreau, R. E. (1969): Comparative weights of some trans-Saharan migrants at intermediate points. Ibis 111: 621—624.

F 7 Moreau, R. E. (1970): Changes in Africa as a Wintering Area for Palaearctic Birds. Bird Study 17: 95—103.

F 7, J IV Moreau, R. E., & R. M. Dolp (1970): Fat, water, weights and wing-lengths of autumn migrants in transit on the north-west coast of Egypt. Ibis 112: 209—228.

H 3, J V 1 Mote, W. R. (1969): Turkey Vultures land on vessel in fog. Auk 86: 766—767 (betr. *Cathartes aura*).

A Müller, H. J. (1970): Dormanz und Rezession. Eine vergleichend ökologische Betrachtung analoger Mechanismen der Emanzipation von Witterungsunbilden. Beitr. Vogelkde. 16: 267—279.

J IV Nakamura, T. (1969): Physiological and ecological studies on bird migration with special reference to body lipids. Tori 19: 87—92.

D 10 Nehls, H. W. (1969): Zur Umsiedlung, Brutortstreue und Brutreife der Brandseeschwalbe (*Sterna sandvicensis*). Vogelwarte 25: 52—57.

E 6b Nielsen, B. P., S. Christensen (1969): On the Autumn Migration of Spotted Eagles and Buzzards in the Middle East. Ibis 111: 620—621.

D 3 Niethammer, G. (1970): Mauserzug des Kiebitzes? Vogelwarte 25: 331—334.

F 5, H 1 Niles, D. M., S. A. Rohwer, J. A. Jackson & J. D. Robins (1969): An Observation of Midwinter Nocturnal Movement and Tower Mortality of Tree Sparrows. Bird-Banding 40: 322—323.

F 5 (Abb. 75) Nisbet, I. C. T. (1970): Autumn Migration of the Blackpoll Warbler: Evidence for long Flight Provided by Regional Survey. Bird-Banding 41: 207—240. Nach diesem Befund spielen für *Dendroica striata* Florida und die Inselbrücke beim Wegzug eine geringere Rolle, als die Abb. 75 angibt und aus S. 191 Mitte hervorgeht; der Herbstzug über die hohe See (vgl. Abb. 74) dürfte die Hauptmenge von der Küste Maine bis Virginia direkt zum nördlichen Südamerika bringen.

B III, F 5, H 1, J V 1 Nisbet, I. C. T., & W. H. Drury (1969): A Migration Wave observed by Moon-Watching and at Banding Stations. Bird-Banding 40: 243—252.

E 11e, H 2c Nisbet, I. C. T., & W. H. Drury (1969): Nocturnal Migrants changing Direction in Flight. Bird-Banding 40: 252—254.

J V 1, J V 6 Owen, D. F. (1969): The migration of the Yellow Wagtail from the equator. Ardea 57: 77—85.

F 2 Panday, J. (1969): Ghana Bird Sanctuary, Bharatpur. Rep. 9 Bombay Natur. Hist. Soc., Bird Migr. Study Project.

D 8, F 7, J IV Pearson, D. J. (1970): Weights of Red-backed Shrikes on autumn passage in Uganda. Ibis 112: 114—115.

J IV Pearson, D. J., J. H. Phillipps & G. C. Backhurst (1970): Weights of some palaearctic waders wintering in Kenya. Ibis 112: 199—208.

K II 4b Pressmann, A. (1969): Zugvögel und magnetische Felder. Bild der Wissenschaft 6: 235—243 (dazu Kritik Vogelwarte 25: 107).

L 2b Risberg, E. L. (1970): Rosenfinkens *Carpodacus erythrinus* invandring till Sverige ... Vår Fågelvärld 29: 77—89.

C 2 Roos, G. (1970): Notiser från Falsterbo fågelstation år 1965. Vår Fågelvärld 29: 90—98.

K III 5 Schmidt-Koenig, K. (1970): Entfernung und Heimkehrverhalten der Brieftaube. Z. vergl. Physiol. 68: 39—48.

K III 5 Schmidt-Koenig, K., D. L. McDonald (1970): Orientation by Pigeon. Science 168: 152—153.

E 5i, F 7b, L 2 Schüz, E. (1971): Stand 1970 der Ausbreitung des Kuhreihers (*Ardeola ibis*). Beitr. Vogelkde. 17, im Druck. — Der Kuhreiher ist wie Girlitz und Türkentaube (S. 353) Muster eines Ausbreitungsvogels. Er ist von Afrika aus nach Süd- und von da nach Nordamerika (in beiden jetzt große Kolonien) und von Indien aus nach Australien (Gäste schon in Neuseeland) eingewandert; die von Kleintiere aufjagenden Herden abhängige Art zieht Nutzen aus der Zunahme der Viehhaltung auch in Gebieten ohne Großwild. Die Kuhreiher der weitgehend neuen Brutkolonien in Südafrika wandern teilweise ins mittlere Afrika, wie viele Ringfunde zeigen. Dagegen ist die Querung des Atlantiks (mit Insel- und Schiffsfunden) bisher nicht durch Ringnachweise belegt; diesbezügliche Angaben sind irrtümlich. (Der S. 130 Mitte erwähnte Seidenreiher aus Spanien in Trinidad wurde wiederholt fälschlich als Kuhreiher zitiert.)

G 26 Sharrock, J. T. R. (1970): Scarce migrants ... Part 3, Rough-legged Buzzard ... Brit. Birds 63: 6—23.

E 6b Skutch, A. F. (1969): Notes on the Possible Migration and the Nesting of the Black Vulture in Central America. Auk 86: 726—731 (betr. *Coragyps atratus*).

K III 5a Sonnberg, A., & K. Schmidt-Koenig (1970): Zur Auslese qualifizierter Brieftauben durch Übungsflüge. Z. Tierpsychol. 27: 622—625.

K I 3 Southern, W. (1968): Experiments on the Homing Ability of Purple Martins. Living Bird 7: 71—84 (betr. *Progne subis*).

K I 3, K Va Southern, W. E. (1969): Orientation behavior of Ring-billed Gull chicks and fledglings. Condor 71: 418—425 (betr. *Larus delawarensis*).

B III 5a, K III 1 Southern, W. E. (1970): En route behavior of homing Herring Gulls as determined by radio-tracking. Wilson Bull. 82: 189—200.

B III 5, L 6 Spencer, R. (1970): The Role of Bird-Ringing in Conservation. Bird Study 17: 104—110.

J V 1 Stolt, B.-O. (1969): Temperature and air-pressure experiments on activity in passerine birds with notes on seasonal and circadian rhythms. Zool. Bidrag Uppsala 38: 175—231.

D 15, E 5f, E 17 Stresemann, E. & V. (1970): Über Mauser und Zug von *Puffinus gravis*. J. Orn. 111: 378—393. — Der Große Sturmtaucher (S. 109) der Südhalbkugel begrenzt als Altvogel seine Mauser streng auf die 3 Monate Ruheziel im Nordsommer.

J IV Thomas, D. G. (1970): Pre-migratory deposition of fat in the Rednecked Stint. Emu 70: 87.

E 5d, F 3 Thomas, D. G. (1970): Wader Migration across Australia. Emu 70: 145—154.

B III 5b Thompson, M. C. (1970): Band Wear on Ruddy Turnstone. Bird-Banding 41: 241—242. (Betr. Abnützung der Ringe bei *Arenaria interpres*. Legierungen wie Monel oder noch besser Incoloy sind vorzuziehen.)

A Thomson, A. L. (1968): Ecological and geographical aspects of bird-migration. Ibis 110: 409.

D 15 Tickell, W. L. N., & J. D. Gibson (1968): Movements of Wandering Albatrosses, *Diomedea exulans*. Emu 68: 7—20.

D 7, H 1g Vincent, J. (1969): Mortality among Swallows, *Hirundo rustica*. Lammergeyer (Pietermaritzburg) 10: 97—98.

K II 2 Wallraff, H. G. (1969): Über das Orientierungsvermögen von Vögeln unter natürlichen und künstlichen Sternenmustern; Dressurversuche mit Stockenten. Verh. D. Zool. Ges. Innsbruck 1968. Zool. Anz. 32, Suppl. Bd.: 348—357.

K III 5 Wallraff, H. G. (1970): Über die Flugrichtungen verfrachteter Brieftauben in Abhängigkeit vom Heimatort und vom Ort der Freilassung. Z. Tierpsychol. 27: 303—351.

H 2, J V 1 Williamson, K. (1969): Weather systems and bird movements. Quart. J. Roy. Meteor. Soc. 95: 414—423.

K I 3 Zohrer, J. J. (1970): Observations on premigratory movements of hand-reared Mallards. Wilson Bull. 82: 323—324.

Liste deutscher Namen

Die folgenden Bezeichnungen erscheinen im Buch ein- oder mehrmals ohne Zufügung des lateinischen Namens; Schlüssel zu den Artnamen des Sachverzeichnisses.

Albatrosse *Diomedea*
Alpenschneehuhn *Lagopus mutus*
Alpenstrandläufer *Calidris alpina*
Amsel *Turdus merula*
Auerhuhn *Tetrao urogallus*

Bachstelze *Motacilla alba*
Baßtölpel *Sula bassana*
Baumfalk *Falco subbuteo*
Baumpieper *Anthus trivialis*
Bekassine *Gallinago gallinago*
Bergfink *Fringilla montifringilla*
Berghänfling *Carduelis flavirostris*
Berglaubsänger *Phylloscopus bonelli*
Bienenfresser *Merops apiaster*
Birkenzeisig *Carduelis flammea*
Bläßhuhn *Fulica atra*
Blaukehlchen *Luscinia svecica*
Blaumeise *Parus caeruleus*
Blauracke *Coracias garrulus*
Bluthänfling *Carduelis cannabina*
Bobolink *Dolichonyx oryzivorus*
Brachpieper *Anthus campestris*
Brachschwalbe *Glareola pratincola*
Brandgans *Tadorna tadorna*
Brandseeschwalbe *Sterna sandvicensis*
Braunkehlchen *Saxicola rubetra*
Brieftaube *Columba livia* (dom.)
Bruchwasserläufer *Tringa glareola*
Buchfink *Fringilla coelebs*
Buntspecht *Dendrocopos major*
Bussard *Buteo*

Dachsammerfink *Zonotrichia lencophrys*
Darwinfinken *Geospizinae*
Dohle *Corvus monedula*
Dorngrasmücke *Sylvia communis*
Dreizehenmöwe *Rissa tridactyla*
Drosselrohrsänger *Acrocephalus arundinaceus*

Eichelhäher *Garrulus glandarius*
Eiderente *Somateria mollissima*
Eisente *Clangula hyemalis*
Eissturmvogel *Fulmarus glacialis*
Eisvogel *Alcedo atthis*
Erlenzeisig *Carduelis spinus*
Eulen *Striges*

Feldlerche *Alauda arvensis*
Fichtenkreuzschnabel *Loxia curvirostra*
Fischadler *Pandion haliaetus*
Fitis *Phylloscopus trochilus*
Flamingo *Phoenicopterus ruber*
Flughühner *Pteroclididae*
Flußseeschwalbe *Sterna hirundo*
Fuchskolibri *Selasphorus rufus*

Gambel-Ammerfink *Zonotrichia leucophrys gambelii*
Gänsesäger *Mergus merganser*
Gartengrasmücke *Sylvia borin*
Gartenrotschwanz *Phoenicurus phoenicurus*
Gebirgsstelze *Motacilla cinerea*
Gelbspötter *Hippolais icterina*
Gimpel *Pyrrhula pyrrhula*
Girlitz *Serinus serinus*
Goldammer *Emberiza citrinella*
Goldregenpfeifer *Pluvialis apricaria*
Graugans *Anser anser*
Graukranich *Grus grus*
Grauschnäpper *Muscicapa striata*
Grausteinschmätzer *Oenanthe oenanthe*
Greifvögel *Accipitres*
Großer Brachvogel *Numenius arquata*
Grüner Laubsänger *Phylloscopus trochiloides*
Grünling *Carduelis chloris*
Gryllteiste *Cepphus grylle*

Habicht *Accipiter gentilis*
Hakengimpel *Pinicola enucleator*
Halsbandschnäpper *Ficedula albicollis*
Haubenlerche *Galerida cristata*
Haubentaucher *Podiceps cristatus*

Haussperling *Passer domesticus*
Heckenbraunelle *Prunella modularis*
Heidelerche *Lullula arborea*
Heller Wasserläufer *Tringa nebularia*
Heringsmöwe *Larus fuscus*
Höckerschwan *Cygnus olor*
Hohltaube *Columba oenas*

Indigofink *Passerina cyanea*

Kampfläufer *Philomachus pugnax*
Kanadagans *Branta canadensis*
Kanadakranich *Grus canadensis*
Kappenammer *Emberiza melanocephala*
Kardinal *Richmondena cardinalis*
Karmingimpel *Carpodacus erythrinus*
Kernbeißer *Coccothraustes coccothraustes*
Kiebitz *Vanellus vanellus*
Kiebitzregenpfeifer *Pluvialis squatarola*
Klappergrasmücke *Sylvia curruca*
Kleiber *Sitta europaea*
Kleinspecht *Dendrocopos minor*
Klippenstrandläufer *Calidris maritima*
Knäkente *Anas querquedula*
Knutt *Calidris canutus*
Kohlmeise *Parus major*
Kolbenente *Netta rufina*
Kolibris *Trochilidae*
Kormoran *Phalacrocorax*
Kornweihe *Circus cyaneus*
Krabbentaucher *Alle alle*
Kranich *Grus*
Kreuzschnäbel *Loxia*
Krickente *Anas crecca*
Kuckuck *Cuculus canorus*
Kurzschnabelgans *Anser brachyrhynchus*
Küstenseeschwalbe *Sterna paradisaea*

Lachmöwe *Larus ridibundus*
Lachseeschwalbe *Gelochelidon nilotica*
Laubsänger *Phylloscopus*
Lerchen *Alaudidae*
Löffelente *Anas clypeata*
Löffler *Platalea leucorodia*

Mantelmöwe *Larus marinus*
Marabu *Leptoptilos crumeniferus*
Mauersegler *Apus apus*
Mäusebussard *Buteo buteo*
Mehlschwalbe *Delichon urbica*
Meisen *Parus*
Merlin *Falco columbarius*
Milane *Milvus*
Misteldrossel *Turdus viscivorus*
Mittelsäger *Mergus serrator*
Mönchsgrasmücke *Sylvia atricapilla*
Moorschneehuhn *Lagopus lagopus*

Nachtigall *Luscinia megarhynchos*
Nachtreiher *Nycticorax nycticorax*
Nebelkrähe *Corvus corone cornix*
Neuntöter *Lanius collurio*
Nordamerika-Aaskrähe *Corvus brachyrhynchus*
Nordischer Laubsänger *Phylloscopus borealis*

Odinshühnchen *Phalaropus lobatus*
Oregon-Junco *Junco oreganus*
Ohrenlerche *Eremophila alpestris*
Orpheusgrasmücke *Sylvia hortensis*
Ortolan *Emberiza hortulana*

Papageitaucher *Fratercula arctica*
Petschorapieper *Anthus gustavi*
Pfeifente *Anas penelope*
Pfuhlschnepfe *Limosa lapponica*
Pinguine *Sphenisci*
Pirol *Oriolus oriolus*
Prachteiderente *Somateria spectabilis*
Prachttaucher *Gavia arctica*
Purpurreiher *Ardea purpurea*

Rallenreiher *Ardeola ralloides*
Raubmöwen *Stercorarius*
Raubseeschwalbe *Hydroprogne caspia*
Raubwürger *Lanius excubitor*
Rauchschwalbe *Hirundo rustica*
Rauhfußbussard *Buteo lagopus*
Rauhfußhühner *Tetraonidae*
Regenbrachvogel *Numenius phaeopus*
Reiherente *Aythya fuligula*
Reisstärling *Dolichonyx oryzivorus*
Ringdrossel *Turdus torquatus*
Ringelgans *Branta bernicla*
Ringeltaube *Columba palumbus*
Rohrammer *Emberiza schoeniclus*
Rohrweihe *Circus aeruginosus*
Rosenstar *Sturnus roseus*
Rotdrossel *Turdus iliacus*
Rötelfalk *Falco naumanni*
Rothalsgans *Branta ruficollis*
Rotkehlchen *Erithacus rubecula*
Rotkehlpieper *Anthus cervinus*
Rotkopfwürger *Lanius senator*
Rotrückenwürger *Lanius collurio*
Rotschwanzwürger *Lanius cristatus*
Rotschenkel *Tringa totanus*
Rubinkehlkolibri *Archilochus colubris*

Saatgans *Anser fabalis*
Saatkrähe *Corvus frugilegus*
Säbelschnäbler *Recurvirostra avosetta*
Sanderling *Calidris alba*
Sandregenpfeifer *Charadrius hiatcula*
Schafstelze *Motacilla flava*
Scheckente *Polysticta stelleri*
Schilfrohrsänger *Acrocephalus schoenobaenus*
Schleiereule *Tyto alba*
Schneeammer *Plectrophenax nivalis*
Schnee-Eule *Nyctea scandiaca*
Schwanzmeise *Aegithalus caudatus*
Schwarzmilan *Milvus migrans*
Schwarzschnabelsturmtaucher *Puffinus puffinus*
Schwarzstirnwürger *Lanius minor*
Schwarzstorch *Ciconia nigra*
Schwirl *Locustella*
Seeregenpfeifer *Charadrius alexandrinus*
Segler *Apus*
Seidenreiher *Egretta garzetta*
Seidenschwanz *Bombycilla garrulus*
Sichelstrandläufer *Calidris ferruginea*
Silbermöwe *Larus argentatus*
Singammer *Melospiza melodia*
Singdrossel *Turdus philomelos*
Singschwan *Cygnus cygnus*
Spechte *Pici*
Sperber *Accipiter nisus*
Sperbereule *Surnia ulula*
Sperlingskauz *Glaucidium passerinum*
Spießente *Anas acuta*
Spornammer *Calcarius lapponicus*
Spottdrossel *Mimus polyglottus*
Sprosser *Luscinia luscinia*
Star *Sturnus vulgaris*
Steinkauz *Athene noctua*
Steinschmätzer *Oenanthe*
Steinwälzer *Arenaria interpres*
Stelzenläufer *Himantopus himatopus*
Stieglitz *Carduelis carduelis*
Stockente *Anas platyrhynchos*
Strandläufer *Calidris*
Sturmmöwe *Larus canus*
Sturmschwalbe, Buntfüßige, *Oceanites oceanicus*
Sturmtaucher *Puffinus*
Sumpfohreule *Asio flammeus*
Sumpfrohrsänger *Acrocephalus palustris*

Tafelente *Aythya ferina*
Tannenhäher *Nucifraga caryocatactes*
Tannenmeise *Parus ater*
Teichrohrsänger *Acrocephalus streperus*
Temminckstrandläufer *Calidris temminckii*
Tordalk *Alca torda*
Trauerente *Melanitta nigra*
Trauerschnäpper *Ficedula hypoleuca*
Türkentaube *Streptopelia decaocto*
Turmfalk *Falco tinnunculus*
Turteltaube *Streptopelia turtur*

Uferläufer *Tringa hypoleucos*
Uferschnepfe *Limosa limosa*
Uferschwalbe *Riparia riparia*
Uralkauz *Strix uralensis*

Virginia-Wachtel *Colinus virginianus*

Wacholderdrossel *Turdus pilaris*
Wachtel *Coturnix coturnix*
Waldlaubsänger *Phylloscopus sibilatrix*
Waldschnepfe *Scolopax rusticola*
Waldwasserläufer *Tringa ochropus*
Wanderfalk *Falco peregrinus*
Wasserläufer *Tringa*
Wasserpieper *Anthus spinoletta*
Weidenlaubsänger *Phylloscopus collybita*
Weindrossel *Turdus iliacus*
Weißkehl-Ammerfink *Zonotrichia albicollis*
Weißkehl-Bienenfresser *Merops albicollis*
Weißkopf-Seeadler *Haliaeetus leucocephalus*
Weißstorch *Ciconia ciconia*
Wellenläufer *Oceanodroma leucorhoa*
Wendehals *Jynx torquilla*
Wespenbussard *Pernis apivorus*
Wiedehopf *Upupa epops*
Wiesenpieper *Anthus pratensis*
Wintergoldhähnchen *Regulus regulus*
Winter-Junco *Junco hyemalis*

Zaunammer *Emberiza cirlus*
Zaungrasmücke *Sylvia curruca*
Zaunkönig *Troglodytey troglodytes*
Ziegenmelker *Caprimulgus europaeus*
Zilpzalp *Phylloscopus collybita*
Zippammer *Emberiza cia*
Zitronenzeisig *Serinus citrinella*
Zwergmöwe *Larus minutus*
Zwergohreule *Otus scops*
Zwergrohrdommel *Ixobrychus minutus*
Zwergschnäpper *Ficedula parva*
Zwergseeschwalbe *Sterna albifrons*
Zwergstrandläufer *Calidris minuta*
Zwergtaucher *Podiceps ruficollis*

Sachverzeichnis

Geographische Orte und Gebiete sind nur in besonderen Fällen angeführt. Zahlen in Kursiv geben die wichtigsten Stellen an.

A

P

T